Conditio Judaica 57
Studien und Quellen zur deutsch-jüdischen Literatur- und Kulturgeschichte

Herausgegeben von Hans Otto Horch
in Verbindung mit Alfred Bodenheimer, Mark H. Gelber und Jakob Hessing

Manfred Voigts

Die deutsch-jüdische Symbiose

Zwischen deutschem Sonderweg
und Idee Europa

Max Niemeyer Verlag
Tübingen 2006

Bibliografische Information der Deutschen Bibliothek

Die Deutsche Bibliothek verzeichnet diese Publikation in der Deutschen Nationalbibliografie;
detaillierte bibliografische Daten sind im Internet über *http://dnb.ddb.de* abrufbar.

ISBN 13: 978-3-484-65157-9   ISBN 10: 3-484-65157-1   ISSN 0941-5866

Inhalt

Einleitung

Die deutsch-jüdische Symbiose wird heute weitgehend dargestellt als Mythos mit apologetischem Hintergrund: Das Verhältnis der Deutschen zu den Juden habe doch auch seine guten Seiten gehabt. Die Tatsachen waren aber anders: Der Antisemitismus – untersucht in zahllosen allgemeinen und speziellen Arbeiten – ist im Verhältnis zwischen Deutschen und Juden vorherrschend gewesen, eine ›Symbiose‹, ein ›Dialog‹ hat, außer in wenigen Ausnahmefällen, nicht stattgefunden. Zu dieser Interpretation der Symbiose stehen zahlreiche Aussagen in diametralem Gegensatz; Aussagen, die die Epoche der Symbiose als eine der wichtigsten und schöpferischsten in der gesamten Geschichte der Juden beschreiben; ergänzt werden diese Aussagen von dem hervorragenden Ruf, den die deutschen Juden gerade in dieser Zeit im Ausland hatten. Die hier vertretene Auffassung geht von anderen Voraussetzungen aus: Das Verhältnis von Deutschen und Juden – dies ist schon eine vereinfachende Gegenüberstellung – hatte einen besonderen deutschen Charakter, und dieser bestand darin, daß die Geschichte Deutschlands durch besondere Umstände geprägt war, die eine tiefe innere Spaltung der Gesellschaft, der sozialen Orientierungen und der geistigen Einstellungen nach sich zogen. Symbiose und Judenfeindschaft konnten nebeneinander bestehen, manchmal sogar innerhalb einer Person. Es gab kein einheitliches Deutschland, es gab viele ›Deutschlands‹ – nicht nur wegen der fehlenden staatlichen Einheit, sondern auch aus vielfältigen sozialpolitischen Gründen. Weniger als in anderen europäischen Ländern gab es daher ein Entweder-Oder, es gab viele parallele Entwicklungslinien.

Die hier zusammengefaßten Überlegungen zu einem noch immer heftig umstrittenen Thema können und sollen nicht mehr sein als ein Versuch, als ein Grundriß, der durch weitere Untersuchungen gestützt und inhaltlich gefüllt werden muß. Die bisherige Forschung ist geteilt: Auf der einen Seite stehen die zahllosen Einzeluntersuchungen zu jüdischen Persönlichkeiten, die sich selbst entweder explizit als ›deutsch-jüdisch‹ bezeichneten oder von der Wissenschaft als solche eingestuft wurden; auf der anderen Seite stehen die ebenso zahllosen Versuche, das ›spezifisch Jüdische‹, den ›jüdischen Geist‹ zu ergründen, zu beschreiben oder zu definieren, um von den Ergebnissen verallgemeinernde Aussagen über die deutsch-jüdische Symbiose zu treffen. Natürlich werden beide Ebenen immer miteinander verbunden, aber der individuelle Aspekt kann mit dem allgemeinen nur in einen letztlich willkürlichen Zusammenhang gebracht werden. Wenn man die Veröffentlichungen über Franz Kafka bis Lion Feuchtwanger, von Heinrich Heine bis Paul Celan überschaut, so kann man gelegentlich auf Heinrich Graetz verweisen:

> Was ist nicht alles schon für Judentum ausgegeben worden, seitdem es Objekt des
> konstruierenden Gedankens wurde! Wie viele Grundansichten über Judentum kamen
> nicht in jüngster Zeit in Kurs, traten mit exklusiver Geltung auf [...].

Mit diesen Worten eröffnete Graetz *Die Konstruktion der jüdischen Geschichte*,
das erstmals im Jahre 1846 veröffentlicht wurde.

Die Willkürlichkeit des Zusammenhangs von individuell-biographischer und
allgemein-theoretischer Ebene hat zwei Hauptgründe, die beide ihre Ursache
im Nationalsozialismus finden. Es gibt in Deutschland keine jüdische Tradition
im kulturellen Sinne mehr, die Träger der Tradition sind vernichtet worden.
Allein eine lebendige Tradition könnte den vermißten Zusammenhang wieder-
herstellen. Der zweite Grund ist in dem Traditionsbruch des deutschen Selbstbewußtseins zu finden. Der Nationalsozialismus und die zu ihm führenden
Strömungen haben ›das Deutsche‹ nach 1945 so gründlich diskreditiert, daß
jede Bezugnahme auf dieses ›Deutsche‹ negativ gesehen wurde und eine historisch ausgewogene Betrachtung fast unmöglich war. Die deutsch-jüdische
Symbiose wurde so nur von einer Seite aus betrachtet, nämlich von der jüdischen Seite aus; die andere und sicher ebenso wichtige Seite, nämlich die deutsche, wurde völlig ausgeblendet bzw. allein als negativ, als antijüdisch und
antisemitisch dargestellt. So war eine angemessene Darstellung der Probleme,
die mit der Symbiose verbunden waren, schon vom Ansatz her erschwert.

Dan Diner hat 1986 zurecht von einer ›negativen Symbiose‹ gesprochen:

> Seit Auschwitz – welch traurige List – kann tatsächlich von einer »deutsch-jüdischen
> Symbiose« gesprochen werden – freilich einer negativen: für beide, für Juden wie für
> Deutsche, ist das Ergebnis der Massenvernichtung zum Ausgangspunkt ihres Selbst-
> verständnisses geworden; eine Art gegensätzlicher Gemeinsamkeit – ob sie es wollen
> oder nicht. Denn Deutsche wie Juden sind durch dieses Ereignis neu aufeinander bezo-
> gen worden. Solch negative Symbiose, von den Nazis konstituiert, wird auf Generatio-
> nen hinaus das Verhältnis beider zu sich selbst, vor allem aber gegeneinander, prägen.[1]

So richtig dies ist, so klar muß man aber auch festhalten, daß die Folgen des
totalitären Nazi-Regimes nicht dazu führen dürfen, daß die deutsche Geschichte
von uns totalisiert wird. Die deutsche Geschichte hatte immer unterschiedliche
und oft widersprüchliche Strömungen, und wenn diese auch durch die Nazis
gewaltsam vernichtet oder unterdrückt wurden, so waren sie doch vor ihnen und
auch während der Jahre ihrer Herrschaft in Deutschland selbst und im Exil vorhanden. Man muß noch einen Schritt weiter gehen: Die innere gesellschaftliche
und politische Zerrissenheit Deutschlands war besonders tief und sie war mit
Problemen behaftet, die offensichtlich unter den gegebenen Umständen, zu
denen vor allem die verspätete Demokratisierung der Gesellschaft gehörte,
letztendlich nicht friedlich lösbar waren. Es gab kein einheitliches ›Deutschland‹, es gab dieses Deutschland nicht zur Zeit der Französischen Revolution,
nicht zur Zeit der ›Befreiungskriege‹, nicht nach der mißratenen Revolution

---

[1]   Dan Diner: Negative Symbiose. Deutsche und Juden nach Auschwitz. In: Babylon.
      Beiträge zur jüdischen Gegenwart, H. 1 (1986), S. 9–20, hier S. 9.

1848 und auch nicht zur Zeit der Reichsgründung 1871; gerade hier spalteten sich die Deutschen fast deutlicher als je zuvor in die Vertreter von Demokratie, Emanzipation und Arbeiterbewegung auf der einen, und Vertreter von Kirche, Adel und Kaisertum, Großgrundbesitzer und Industriellen auf der anderen Seite. Es ist alles andere als ein Zufall, daß die Demarkationslinie zwischen der Beurteilung der deutsch-jüdischen Symbiose als geradezu weltgeschichtlichem Glücksfall auf der einen und ebenso weltgeschichtlichem Irrtum auf der anderen Seite genau in den Spuren dieser Spaltung verläuft. Es ist das zentrale Anliegen dieses Buches, diese beiderseitig übertriebenen Urteile zu relativieren. Die deutsch-jüdische Symbiose kann nur dann angemessen beschrieben werden, wenn sie als historisches Ereignis betrachtet wird, das unter bestimmten Umständen entstanden ist und das unter bestimmten Umständen anders hätte beendet werden können, als es dann so furchtbar geschehen ist.

Hierher gehört, daß viele jüdische Emigranten nach 1933 von zweierlei Deutschland sprachen, von einem zivilisierten und einem barbarischen Deutschland (s. Kap. 9).[2] Den Ursprung dieser Spaltung findet man in der Zeit der Besetzung Deutschlands durch die Truppen Napoleons und in den Jahren der Befreiungskriege. Die Alternative zwischen dem revolutionären und freiheitlichen Frankreich, die das eigene Land besetzt hielt, und dem Vaterland, das weiterhin, wenn auch gelegentlich ›aufgeklärt‹, absolutistisch regiert wurde, beherrschte das politische und geistige Leben. In diesen Jahren entstand das höchst problematische Selbstverständnis der Deutschen; hier entwickelten sich auch die Grundlagen der deutsch-jüdischen Symbiose. Sie sind durch diese äußerst problematische Situation gekennzeichnet und bleiben es durch die besondere Geschichte der Deutschen und ihr Selbstverständnis.[3] Nur wenn man bei der Analyse der Frage, was diese Symbiose sei, neben die Frage: Was ist das Judentum? die Frage: Was ist das Deutschtum? stellt, kann ein ausgewogenes Bild entstehen.

Die Diskussionen um die deutsch-jüdische Symbiose sind durch die Position, die Gershom Scholem in diesem Bereich einnahm,[4] leider mit Fragestellungen in Zusammenhang gebracht worden, die eine Einsicht in die historischen Abläufe eher verdecken als erkennbar machen. Scholem behauptete, die deutschen Juden hätten mit und nach Mendelssohn die ›jüdische Totalität‹ aufgegeben und nur noch ›klägliche Stücke‹ gerettet; die Symbiose sei eine fast ausschließlich einseitige Angelegenheit gewesen; sie sei eine ›Fiktion‹ gewesen, für die die Juden

---

2 Vgl. Peter Gay: Begegnung mit der Moderne. Die deutschen Juden in der Wilhelminischen Kultur. In: ders., Freud, Juden und andere Deutsche. Herren und Opfer in der modernen Kultur. Hamburg: Hoffmann und Campe 1986, S. 115–188, hier S. 185.
3 Zur Entwicklung in Frankreich vgl. Esther Benbassa: Geschichte der Juden in Frankreich. Berlin, Wien: Philo 2000, S. 158ff.
4 Vgl. vor allem Gershom Scholem: »Wider den Mythos vom deutsch-jüdischen Gespräch«, »Noch einmal: ›das deutsch-jüdische Gespräch‹« und »Juden und Deutsche«, in: ders., Judaica 2. Frankfurt a. M.: Suhrkamp 1970 (Bibliothek Suhrkamp; 263), S. 7–11, 12–19 und 20–46.

»zu hoch bezahlt« hätten. – Diesen Vorwurf übrigens hatte Scholem schon 1934 gegenüber der Neo-Orthodoxie Samson Raphael Hirschs erhoben.[5]

Es ist sehr fraglich – und von der Geschichtswissenschaft durchaus bestritten –, ob es zu Mendelssohns Zeiten diese ›jüdische Totalität‹ noch gab; diese Totalität war, wie die lange Geschichte der Juden und ihr Zusammenleben mit anderen Völkern zeigt, nur möglich unter besonderen Bedingungen, nämlich im Ghetto. Dort, wo die Juden nicht im Ghetto lebten, gab es in unterschiedlichem Ausmaß immer Assimilationserscheinungen, die der ›Totalität‹ Abbruch taten.

Immerhin retteten auch nach Scholem die Juden Stücke des Judentums; ob diese ›kläglich‹ waren, ist eine Frage der sehr subjektiven Bewertung, wenn man den durchaus begrenzten Horizont Deutschlands verläßt, so ist deutlich, daß die Juden Europas und der USA die Juden Deutschlands sehr hoch einschätzten und die dortigen Entwicklungen in unterschiedlichem Ausmaß als Vorbild ansahen.

Daß die Symbiose eine einseitige Angelegenheit gewesen sei, kann angesichts der Bedeutung vieler Juden in den verschiedensten kulturellen Bereichen nicht ernsthaft behauptet werden. Juden waren in die deutschen Kulturströmungen integriert und fanden ihr nicht-jüdisches Publikum. Die Frage, ob diese Juden ihren Anteil an der Kultur als Juden erbrachten, muß diskutiert werden, darf aber nur innerhalb des Rahmens der Kultur beantwortet werden, die weitgehend entkonfessionalisiert war.

Die Frage nach der Fiktionalität der Symbiose hat zwei Seiten: Sie fragt nach der Qualität von Geschichte überhaupt, die in der Neuzeit immer stärker und seit der Französischen Revolution mit besonderer Intensität durch geistige, d. h. zunächst nicht realisierbare, also fiktionale, aber dennoch anzustrebende gesellschaftspolitische Vorstellungen geprägt wurde. Fiktionalität wurde so zu einem Bestandteil der Realgeschichte. Die andere Seite der Frage zielt auf den Antisemitismus.

Die Aussage, die Symbiose sei zu hoch bezahlt worden, zielt offensichtlich auf die Shoah. Dieser Zusammenhang ist aber unzulässig; keineswegs wurden nur assimilierte oder an der Symbiose teilnehmende Juden vernichtet, sondern auch die Ostjuden, die gerade keine Symbiose anstrebten (und daneben Kommunisten, Sozialdemokraten, Sinti und Roma, Homosexuelle usw.). Die Verknüpfung der Symbiose mit dem Antisemitismus ist auch deshalb fragwürdig, weil die Symbiose gerade keine Antwort auf ihn war, sondern diesen als im Wesentlichen überwunden ansah – er wurde einer vergangenen Epoche zugehörig empfunden –; die Symbiose hatte nie das Ziel, den Antisemitismus zu bekämpfen. Der Fehler der Kritiker der deutsch-jüdischen Symbiose ist generell der, daß sie voraussetzen, daß die Bildung ›an der Macht‹ gewesen sei, daß also der negative Geschichtsverlauf auf einen Fehler, ein Versagen der Sym-

---

[5] Gerhard Scholem: Politik der Mystik. Zu Isaac Breuers »Neuem Kursari«. In: Jüdische Rundschau, Jg 39, Nr 57, 17. Juni 1934, S. 1–2; vgl. hierzu: Jacob Rosenheim: Das Bildungsideal S. R. Hirschs und die Gegenwart. Frankfurt a. M.: Hermon-Verlag o. J. [1935], S. 42.

biose zurückzuführen sei. Diese Vorstellung ist eine Fortsetzung der Beschränkungen der Symbiose selbst, die die Macht der Bildung und des Wissens gerade deshalb deutlich überschätzte, weil die Bildungsbürger nie ernsthaft an der Macht beteiligt waren. Tatsächlich hatte die Symbiose fast keinen Einfluß auf den Gang der realen Geschehnisse.

Der Antisemitismus stellt sich in zweierlei Hinsicht in der hier behandelten Epoche und in unserem Blickwinkel anders dar als heute gemeinhin behauptet. Die Emanzipation der Juden (und die antijüdischen Positionen gegen sie) stand nicht allein im Zentrum der fortschrittlichen gesellschaftspolitischen Kräfte, sondern auch um die Emanzipation der Frau wurde gekämpft und mehr und mehr trat die Emanzipation der Arbeiter(klasse) ins Zentrum der Auseinandersetzungen. Daneben wird heute oft übersehen, daß es nicht nur einen Konflikt zwischen Christen und Juden gab, sondern auch einen zwischen konkurrierenden christlichen Glaubensrichtungen, der mit derselben Intensität geführt wurde. Für viele evangelische Christen und entkonfessionalisierte Gebildete bedeuteten nicht die Juden die Gefahr eines ›Staates im Staate‹, sondern die Katholiken. Eine Herauslösung des Antisemitismus aus diesen Zusammenhängen muß zu Fehlurteilen führen.

Es geht hier aber nicht um eine ›Rettung‹ der Symbiose vor den Angriffen, die Gershom Scholem so wirksam vorgetragen hat. Es geht nicht darum, eine ›positive Seite‹ des deutsch-jüdischen Verhältnisses darzustellen, um der übermächtigen Tradition der Judenfeindschaft etwas entgegenzustellen, denn auch die Symbiose war keineswegs rundum ›positiv‹. Es geht hier einzig darum, verständlich zu machen, warum diese in Europa so einzigartige Verbindung von Juden und Deutschen seit etwa 1780 bis in die dreißiger Jahre des gerade vergangenen Jahrhunderts möglich war. Sie war möglich, weil Teile des Bildungsbürgertums eine Entwicklung durchlaufen haben, die in vielen einzelnen Punkten den Juden entgegenkam, so wie umgekehrt die Entwicklung gebildeter Juden den Deutschen entgegenkam.

Es muß trotz aller Schwierigkeit versucht werden, eine Definition der deutsch-jüdischen Symbiose zu finden, die hier thematisiert wird. Sie war das Ergebnis der partiellen Auflösung des Judentums. An der Symbiose nahmen nur Juden teil, die sich – aus den verschiedensten Gründen – vom Judentum lösen wollten. Dies war ein grundsätzlicher Unterschied zu den vereinzelten Verbindungen zwischen Juden und Christen im Mittelalter, wo es eine selbstverständliche Voraussetzung des geistigen Verkehrs war, daß der Jude Jude und der Christ Christ blieb. Insofern war die Symbiose eine Form der Akkulturation, und Gershom Scholem hatte zweifellos recht, wenn er von einer Einseitigkeit der Symbiose sprach.[6] Angesichts der Größenverhältnisse wäre aber etwas anderes nur zu erwarten, wenn die Juden weiterhin vom gesellschaftlichen Kontakt mit der Umwelt ausgeschlossen worden wären. Übersehen oder übergangen hat Scholem außerdem die Besonderheit Deutschlands. Die sich formierende Schicht des

---

6   Scholem, Wider den Mythos vom deutsch-jüdischen Gespräch (Anm. 4), S. 8f.

Bildungsbürgertums, in der die Symbiose ihren Ausgang nahm, war zunächst deutlich antichristlich eingestellt – sie lehnte die organisierten Kirchen ab. Auch der Katholizismus wurde scharf abgelehnt und das evangelische Geistesleben verdünnte sich zu weitgehend humanistisch-philosophischen Überzeugungen. Die Symbiose verlor aber keineswegs an Kraft, als durch die Idealisten die evangelische Religion und durch die späteren Romantiker sogar die katholische Religion wieder zu Ehren kamen. Das weist darauf hin, daß inzwischen andere Bereiche des gesellschaftlichen Lebens für die geistige und gesellschaftliche Orientierung der Juden wichtiger wurden als die Religion. Die Französische Revolution einerseits und der entstehende deutsche Nationalismus andererseits waren weit wichtiger geworden als die Religionszugehörigkeit. Und das Besondere der Situation des deutschen Bildungsbürgertums war, daß es viele und unterschiedlichste Punkte ihres Selbstverständnisses gab, in denen sich Juden wiederfinden konnten – und dies darzustellen, ist die Aufgabe dieses Buches. Juden konnten sich von ihrem traditionellen Judentum abwenden und in einem Bereich der Bildung geistige Inhalte und Orientierungen finden, die alten jüdischen Inhalten und Orientierungen ähnelten. Dieser Umstand war der Boden der Symbiose, diese Ähnlichkeiten fanden die Juden in keinem anderen europäischen Land, denn nur die besondere Geschichte in Deutschland erlaubte diesen ›neutralen‹ Bezirk, in dem sich gebildete Deutsche und gebildete (ehemalige) Juden zusammenfinden konnten.

Es ist völlig selbstverständlich, daß das deutsche Bildungsbürgertum dabei die Führung hatte. Es hatte in einer Art geistiger Explosion die Führung des europäischen Geisteslebens errungen, ihre Philosophie und Literatur wurde in Europa als maßgebend anerkannt und an diesem Prozeß hatten Juden Anteil. Es ging also – anders als Scholem unterlegt – nicht um statische Größen, die in sich gefestigt miteinander in Kontakt treten, sondern es ging um eine geistige Bewegung von einem Umfang und einer Tiefe, wie sie vielleicht nur in der Reformation ihren Vorgänger hatte.

Die Symbiose betraf – in unterschiedlichem Maße und auf verschiedene Weise – nach und nach das gesamte Judentum. Das deutsche Judentum war um 1850 fast vollständig von der kulturellen Entwicklung in Deutschland ergriffen und verändert. Die Symbiose hatte also keineswegs nur Übertritte zum Christentum zur Folge – als Beispiel wird häufig auf Moses Mendelssohn hingewiesen –, sie verwandelte das Leben der Juden insgesamt. Obwohl für eine Aussicht auf bestimmte berufliche Karrieren das berühmte ›Entreebillett‹ von der deutsch-christlichen Gesellschaft gefordert wurde, stellt sich die Frage, warum Teile des Judentums, das Jahrhunderte lang diesem Ansinnen widerstanden hat, jetzt bereit waren, den Preis des Übertritts zu zahlen. Wie immer der Einzelfall auch aussah: Das kulturelle Leben des Mittelstandes muß ausreichend Attraktivität entwickelt haben, so daß dieser Schritt getan wurde. Aber auch wo dieser Schritt nicht getan wurde, wirkte die Symbiose – und gerade hier bewährte sich ihr so problematischer Name: Die jüdischen Gemeinden blieben jüdische Gemeinden und waren dennoch von der deutschen Kultur beeinflußt. Umgekehrt wurde das deutsche Kulturleben, das sich in den Jahren der Emanzipation erst zu bilden begann und sich von der französischen Kultur unabhängig machte, von jüdischem Denken beeinflußt – wobei selbstverständlich die Größenverhältnisse eine Rolle spielten: Die lange Reihe von jüdischen Philosophen, Musikern, Schriftstellern usw. sowie die noch längere der jüdischen Vermittler von deutscher Kultur braucht hier nicht aufgezählt zu werden. All dies war nur möglich, weil es eine ›neutrale Zone‹ gab, in der sich Juden und Christen jenseits der konfessionellen Unterschiede zusammenfinden konnten und in der Christen philosophische und allgemein-menschliche Positionen vertraten, die für philosophisch und universalistisch orientierte Juden akzeptabel waren. Die soziale Grundlage dieser (halb)neutralen Zone war das Bildungsbürgertum, denn die Symbiose war keine rein geistige Angelegenheit, sondern hatte eine soziologisch erfaßbare realgeschichtliche Basis. Solch eine Zone hat es zu den Zeiten älterer kultureller Verbindungen zwischen Juden und anderen Völkern (Ägypter, Griechen, Araber) nicht gegeben. Die Verbindung von Judentum und deutscher Bildungskultur führte dazu, daß die deutschen Juden ein Jahrhundert lang in Europa eine anerkannte Führungsposition einnehmen konnten und viele jüdische Gemeinden oder einzelne Juden außerhalb Deutschlands ihre eigenen Probleme auf ›deutsche‹ Art und Weise verstanden haben und lösen wollten. Im Ausland sah man die deutschen Verhältnisse keineswegs kritisch, sondern als beispielgebend an. Dies verhinderte vielleicht – neben vielen anderen Faktoren – die Einsicht in die Grenzen, ja in die innere Unzulänglichkeit des Bildungsbegriffs und des Bildungsbürgertums. Gerade aber dann, wenn man die soziale Basis der Symbiose erkennt, wird erklärbar, warum mit der Krise und schließlich mit der Auflösung des Bildungsbürgertums als maßstabgebender Schicht auch die Symbiose hinterfragt wurde und sich schließlich aufzulösen begann.

In diesem Buch wird nicht die Geschichte der Symbiose dargestellt und es wird nicht auf die vielen Einzelpersönlichkeiten von Moses Mendelssohn über Michael Beer, Heinrich Heine und viele andere bis zu Martin Buber, Lion Feuchtwanger, Jacob van Hoddis oder Arnold Zweig eingegangen – um nur die Schriftsteller zu nennen. Allein die Grundfragen und Grundstrukturen der Symbiose sollen untersucht werden. Darüber hinaus werden die Fragen aufgeworfen, warum und wie die Symbiose möglich war. Ihre konkreten Ausgestaltungen, die je nach Zeit- und Lebensumständen und nach der Persönlichkeit sehr unterschiedlich sein konnten, sollen hier kein Thema sein.

Für diese Analyse der Symbiose gibt es kaum Vorarbeiten. Zwar ist sehr viel geforscht worden über *Die Nachtseite der Judenemanzipation*[7] – um nur einen Titel herauszugreifen, die Frage aber, warum sich viele gebildete Juden dem deutschen Geistesleben annäherten und hier tatsächlich eine ›geistige Heimat‹ fanden, blieb dabei unbeachtet. In diesem Buch sollen zumindest Vorarbei-

---

[7] Rainer Erb / Werner Bergmann: Die Nachtseite der Judenemanzipation. Der Widerstand gegen die Integration der Juden in Deutschland 1780–1860. Berlin: Metropol 1989 (Antisemitismus und jüdische Geschichte; 1).

ten zu der Beantwortung dieser Frage geleistet werden. Der im ersten Kapitel dargestellte Grundriß setzt sich aus Theorien zusammen, von denen jede einzelne bekannt und viel diskutiert ist. In der Zusammenstellung aber, die hier versucht wird, ergeben sich neue Fragestellungen, für die im folgenden nicht immer zureichende Antworten vorgeschlagen werden können, wobei aber davon auszugehen ist, daß die Richtung der Antworten das Problem der deutsch-jüdischen Symbiose historisch erklärbar und konkret faßbar machen kann.

Einerseits ist es das Ziel dieser Darstellung, geschichtliche Hauptlinien zu ziehen, Grundfragen quer durch ein Jahrhundert zu erörtern, andererseits sind diese nur allgemein zu behaupten, und können nur in Einzelfällen belegt werden, die immer auch individuelle Färbung haben. Das Thema wird also in einer Mischung von historischer und systematischer Darstellung bearbeitet. In den großen Linien richtet sie sich nach dem Geschichtsverlauf, daneben werden aber immer wieder einzelne Themen durch den gesamten hier betrachteten Geschichtsverlauf hindurch zusammengefaßt, um so die innere Einheit der Fragestellungen und Lösungsvorschläge zu verdeutlichen. So war immer abzuwägen, wie viel Raum dem Einzelfall und seiner Geschichte gegeben werden sollte und wie weit man im Rückgriff auf Sekundärliteratur die Grundfragen als beantwortet darstellen durfte. Diese Problematik war besonders dringlich, weil das Thema eigentlich nicht einzuschränken ist und von der zeitlichen Ausstreckung und der Tiefe der Problematik her ein kaum begrenzendes Material umfaßt. Dennoch sah ich mich von der wissenschaftlichen Literatur, soweit ich sie eingesehen habe, im Stich gelassen: Das zentrale hier darzustellende Thema habe ich nirgends erarbeitet gesehen. Die Aufgabe, die sich mir daher stellte, war die Zusammenführung zweier der Wissenschaft bekannter, aber nie verbundener Bereiche: die Geschichte der deutsch-jüdischen Symbiose und die Geschichte des deutschen Sonderweges. Zwar gibt es über das Bildungsbürgertum und über das Judentum innerhalb des Bildungsbürgertums wissenschaftliche Forschungen, aber die innerhalb dieser Schicht(en) vollzogene Entkirchlichung »ist bislang erst wenig erforscht«.[8] Wenn aber – und dies ist eine zentrale These, die hier verfolgt wird – die Symbiose sich im Bereich des Bildungsbürgertums vollzog, der weitgehend entkirchlicht war, dann stellt sich die Frage, was an dem jüdischen Anteil (noch) spezifisch jüdisch war. In der Symbiose war die Totalität der jüdischen Tradition nicht mehr vorhanden, es handelte sich nur noch um einzelne Traditionsstränge oder Inhalte. Da die europäische Geistesgeschichte darüber hinaus insgesamt seit zwei Jahrtausenden von jüdischen Traditionen mitgeformt wurde, ergab sich bei der Frage nach dem spezifisch Jüdischen eine im Einzelfall problematische Situation – dies hingegen ist in der Literatur über jüdisches Schrifttum und Philosophie oft beschrieben worden. Was in anderen Kulturwissenschaften selbstverständlich ist,

---

8 Lucian Hölscher: Weltgericht oder Revolution. Protestantische und sozialistische Zukunftsvorstellungen im deutschen Kaiserreich. Stuttgart: Klett-Cotta 1989 (Industrielle Welt; 46), S. 140, Anm. 10.

sollte auch hier anerkannt werden: Dies ist ein Interpretationsproblem, welches Hanns Reißner schon 1931 ausgesprochen hat:

> Im ganzen ist es eben noch immer vom Spürsinn und der Intuition des einzelnen Forschers abhängig, ob ihm die jüdische Besonderheit eines Einzelnen oder einer ganzen Schicht aufgeht.[9]

Ein weiteres Problem ergab sich dadurch, daß heute kaum mehr Kenntnisse darüber vorhanden sind, welches Selbstverständnis die Deutschen hatten und welche Probleme und Konflikte mit dem Selbstbewußtsein als Deutscher verbunden waren. Das ›Judentum‹ kann ohne eine Kenntnis dessen, was als ›Deutschtum‹ begriffen wurde, nicht verstanden werden.

Zu einer wirklich umfassenden Erforschung und Darstellung der hier aufgezeigten Breite der Probleme wäre eine möglichst komplette Kenntnis der deutschen Geistesgeschichte notwendig, über die ich nur in Ansätzen verfüge. Hier ist zweifellos vieles zu ergänzen, aber hoffentlich nicht allzu viel zu korrigieren.

Es ist eine der grundlegenden Thesen in den folgenden Ausführungen, daß die deutsch-jüdische Symbiose keine formale, sondern eine inhaltliche Einheit darstellte. Die Symbiose ist zwar durch eine geistige Zusammenarbeit von Juden und Deutschen getragen, aber schon hier zeigt sich, daß sich viele Juden nicht nur vollständig als Deutsche empfanden, sondern dies auch waren. Der Gegensatz der Religionen – als eine zentrale These – war für die Symbiose von keiner entscheidenden Bedeutung mehr. Sowohl die ›konfessionelle‹ als auch die ›nationale‹ Identität stellen keine hinreichenden Definitionskriterien dar, um die Symbiose zu verstehen. Es geht um Inhalte. Und diese Inhalte durchziehen die gesamte Geschichte der Symbiose. Sie wurden unterschiedlich bewertet und mit unterschiedlicher Bedeutung versehen, aber sie blieben thematisch präsent über 120 Jahre hinweg. Das hat Konsequenzen für die Darstellung. Um diese innere thematische Einheit darzulegen, mußte jedes Thema durch die Geschichte hindurch betrachtet und belegt werden. Selbstverständlich kann die historische Betrachtung nicht völlig beiseite geschoben werden, hier aber steht die systematische Betrachtung im Vordergrund und das Ziel ist der Nachweis der inhaltlichen Bestimmung der deutsch-jüdischen Symbiose.

Dieses Buch entstand aus zwei Vorlesungen, die ich im Sommersemester 2003 und im Wintersemester 2004/05 an der Universität Potsdam im Zentrum für Jüdische Studien gehalten habe. Gegen Ende der zweiten Vorlesung erhielt ich Kenntnis über das gerade erschienene Buch *Jüdische Wege ins Bürgertum* von Simone Lässig.[10] Diese umfangreiche historische Studie ist insofern eine in viele Einzelheiten gehende Bestätigung der hier vorgetragenen Thesen, als daß sie die Breite der Emanzipation der Juden untersucht, und dabei extensiv auf Bildung, Individualisierung und Erziehung eingeht sowie immer wieder auf die

---

[9] Hanns Reißner: Weltgeschichte und jüdische Geschichte. In: Der Morgen, Jg 7 (1931), Nr 2, S. 191–197, hier S. 195.

[10] Simone Lässig: Jüdische Wege ins Bürgertum. Kulturelles Kapital und sozialer Aufstieg im 19. Jahrhundert. Göttingen: Vandenhoeck & Ruprecht 2002 (Bürgertum; N. F. 1).

besondere Situation Deutschlands hinweist. Die ›prominenten Vertreter‹ der
jüdischen Aufklärung hat sie bewußt vernachlässigt, da es ihr um die Entwicklungen in der Breite des Judentums ging. Wo sie über Ludwig Philippson, Leopold Zunz oder andere prominente Juden schreibt, geht es nur um den Prozeß der
Sozialisation und Integration in die Welt des Bürgertums und nicht um ihre
theoretischen Schriften. Insofern können sich die hier vorgetragenen Thesen mit
denen von Simone Lässig ergänzen. Weil sich aber die methodischen Vorge-
hensweisen schlecht verbinden ließen und diese Arbeit inhaltlich ein anderes
Ziel verfolgt, habe ich darauf verzichtet, ihre Ergebnisse hier einzuarbeiten.

1 Grundriß

Nach der Erörterung einiger grundsätzlicher Fragen wird in diesem Kapitel der Grundriß, die Hauptargumentation, dargelegt, die in den folgenden Kapiteln entfaltet und mit Literatur belegt werden soll. Entscheidend ist dabei der enge Zusammenhang des besonderen Charakters der deutsch-jüdischen Symbiose mit der Besonderheit der sie tragenden gesellschaftlichen Schicht, dem Bildungsbürgertum. Die Besonderheit der deutschen Geschichte und die aus ihr erwachsene konkrete Form der Bildung umfassen die Grundlage für die Einzigartigkeit dieser Symbiose. Am Schluß wird ein kurzer Überblick über die Abfolge der Kapitel gegeben.

Die deutsch-jüdische Symbiose war Teil der deutschen Geistesgeschichte. Sie war nie ein Massenphänomen, immer betraf sie nur eine kleine intellektuelle Elite.[1] Diese Symbiose war auf ein ziemlich klar beschreibbares Gebiet beschränkt. Niemand würde z. B. das Zusammenwirken eines jüdischen und eines deutschen Architekten beim Bau einer Eisenbahnbrücke als eine Symbiose bezeichnen, niemandem ist es in den Sinn gekommen, die Deutsche Nationalversammlung, die am 18. Mai 1848 in der Paulskirche zusammentrat und an der viele Juden teilnahmen, eine Symbiose zu nennen. Auch das oftmals friedliche Zusammenleben von Christen und Juden in ländlichen Gebieten[2] gilt nicht als Symbiose. Die Symbiose gab es weder auf technischem noch auf politischem Gebiet – und es läßt sich auch der kommerzielle Bereich hinzufügen –, die deutsch-jüdische Symbiose fand in den geistigen Bereichen von Literatur, Kunst und Kultur im allgemeineren Sinne statt.

Der Begriff der Geistesgeschichte war, seit er 1849 in die wissenschaftliche Diskussion eingeführt wurde,[3] immer wieder heftig umstritten, erlebte durch Wilhelm Dilthey eine Neuformulierung, die wiederum zu wissenschaftlichen Auseinandersetzungen führte.[4] Für unseren Zusammenhang sind diese Kämpfe nicht wichtig, denn wir betrachten die Problematik nur von einem spezifischen

---

[1] Vgl. Enzo Traverso: Die Juden und Deutschland. Auschwitz und die »jüdisch-deutsche Symbiose«. Berlin: BasisDruck 1993 (BasisDruck Zeitgeschichten; 12), S. 26.

[2] Vgl. Michael A. Meyer: Judentum und Christentum. In: Michael Brenner / Stefi Jersch-Wenzel / Michael A. Meyer: Deutsch-jüdische Geschichte in der Neuzeit. Bd 2: Emanzipation und Akkulturation 1780–1871. München: Beck 1996, S. 177–207, hier S. 201.

[3] Vgl. Erich Rothacker: Logik und Systematik der Geisteswissenschaften. Bonn: Bouvier 1948 [1927], S. 6.

[4] Vgl. Literaturwissenschaft und Geistesgeschichte 1910 bis 1925. Hg. von Christoph König und Eberhard Lämmert. Frankfurt a. M.: Fischer-Taschenbuch-Verlag 1993 (Fischer-Taschenbücher; 11471 – Literaturwissenschaft).

Aspekt aus. Dennoch sei ein Hinweis angefügt: Wilhelm Dilthey arbeitete gegen jene Tendenzen in der Literaturwissenschaft, die immer stärker auf Fakten soziologischer oder gar naturwissenschaftlicher Herkunft setzten, und er entwarf eine neue Begründung der Geisteswissenschaften. Ein Aufsatz, eine Buchbesprechung war dabei von besonderer Bedeutung, denn Dilthey nahm ihn 1909 in überarbeiteter Fassung als Einführung in seine fast epochemachende Sammlung *Das Erlebnis und die Dichtung* auf. Der Aufsatz war, obwohl Dilthey die Auffassungen seiner jüdischen Freunde Moritz Lazarus und Heymann Steinthal zur ›Volksseele‹ nicht teilte,[5] dennoch in der von ihnen herausgegebenen *Zeitschrift für Völkerpsychologie und Sprachwissenschaft* erschienen.[6]

Die Geistesgeschichte ist zurecht eine »spezifisch deutsche Form der modernen Literatur- und Kulturgeschichtsschreibung« genannt worden.[7] Dieses Spezifische aber ist zugleich etwas Universalistisches. Schon 1807 stellte Friedrich Ast die Philosophie unter das Prinzip der Einheit:

> Alle Systeme, Ideen und Meinungen sind Offenbarungen Eines Geistes, und durch diesen in sich selbst verbunden. Ihre Einheit ist keine von außen durch irgend einen Begriff ihnen aufgedrungene, sondern ihnen unmittelbar eingeboren[8].

Auch für Hegel war die Einheit der Wahrheit Ausgangspunkt seiner Geschichte der Philosophie.[9] Was hier gedacht wurde, war die Übertragung des Monotheismus auf die Geschichte der Philosophie. Der Monotheismus aber war der große abendländische Beitrag der Juden, das Christentum stand immer im Verdacht, diesem Monotheismus in der Differenzierung von Gott-Vater, Gott-Sohn und Heiligem Geist die Schärfe und Konsequenz genommen zu haben. Die Geschichte war immer der Ort der Unterschiede, der widersprüchlichsten Phänomene, der oftmals auch nationalen Götter; der Geist allein war das einigende Band, denn alle Menschen sind mit Geist begabt.

In der Zusammenstellung von Geist und Geschichte im Begriff der Geistesgeschichte hatte der Geist die unbezweifelte Vorherrschaft oder sollte sie zumindest erhalten. Wird dieser Gedanke konsequent durchgeführt, dann kann er historisch nicht mehr überwunden werden. Die Geschichte der Philosophie ist mit

---

5   Vgl. Christofer Zöckler: Dilthey und die Hermeneutik. Diltheys Begründung der Hermeneutik als »Praxiswissenschaft« und die Geschichte ihrer Rezeption. Stuttgart: Metzler 1975, S. 56f., Anm.

6   Wilhelm Dilthey: Über die Einbildungskraft der Dichter. Mit Rücksicht auf Hermann Grimm, Goethe, Vorlesungen. In: Zeitschrift für Völkerpsychologie und Sprachwissenschaft 10 (1878), S. 49–64.

7   Lutz Geldsetzer: Geistesgeschichte. In: Historisches Wörterbuch der Philosophie. Hg. von Joachim Ritter. Darmstadt: Wissenschaftliche Buchgesellschaft 1974, Bd 3, Sp. 207–210, hier Sp. 207.

8   Friedrich Ast: Grundriß einer Geschichte der Philosophie [1807], S. 3, zit. nach: ebd., Sp. 208.

9   Vgl. Georg Wilhelm Friedrich Hegel: Vorlesungen über die Geschichte der Philosophie I. In: ders., Werke in 20 Bänden. Frankfurt a. M.: Suhrkamp 1971, Bd 18, S. 38.

dieser Erkenntnis an ihr Ende gekommen und mehr als die Herrschaft des Geistes über die Wirren der Geschichte ist nicht denkbar. Fichte und Hegel zeigten dies auf unterschiedliche Weise: Der eine in der Setzung des Ich, das die Wirklichkeit erst realisiert und der andere in der Identifizierung seiner Epoche als Abschluß des Ganges des Weltgeistes durch die Geschichte. Beide sahen, wie viele andere Philosophen ihrer Zeit, gerade diese Extremisierung der Philosophie als besondere deutsche Errungenschaft an, für beide waren die Deutschen das ›Volk des Geistes‹. Auf verschiedensten Ebenen und in unterschiedlichsten Bereichen war dieses Selbstbewußtsein für die Deutschen das Zentrum ihrer Identität.

Es gab aber noch ein anderes Volk, das sich als ›Volk des Geistes‹ verstand: die Juden. Für sie war immer der (machtlose) Geist wegweisend durch die Geschichte der Mächtigen. Von zwei Seiten aus trafen sich in der Symbiose Deutsche und Juden im Thema der Geistesgeschichte: In der Vorstellung und Zielsetzung, der Geist möge die Geschichte lenken, und in der Vorstellung, daß ihr eigenes Volk das Beispiel für die Völker der Welt sei.

Diese Symbiose war tatsächlich ein besonderes deutsches Phänomen. Es gab keine englische, keine französische, keine italienische, sondern nur eine deutsche Symbiose. Es gibt Aussagen über eine besondere Verbundenheit der Juden mit der deutschen Sprache, die ja die Grundlage aller geistig-kulturellen Betätigung ist. »Die europäischen Juden« – schrieb Ludwig Bamberger 1880 in seiner Entgegnung auf Heinrich von Treitschkes Angriffe auf die Juden – »sind mit keiner Sprache so verwachsen wie mit der deutschen, und wer Sprache sagt, sagt Geist«.[10] Der Schriftsteller Alfred Wolfenstein erklärte in seiner kleinen Schrift *Jüdisches Wesen und neue Dichtung* von 1922: »Unter den westeuropäischen Sprachen scheint sich die deutsche anders als die übrigen zum jüdischen Wesen zu verhalten: In ihr bewahrt es sich selbst, es bleibt lebendig.«[11] Die frühen Zionistenkongresse wurden auch gegen den Protest von russischen Zionisten in deutscher Sprache abgehalten,[12] für denn Theodor Herzl war es selbstverständlich, daß in dem von ihm vorgedachten Judenstaat Deutsch gesprochen wird.

Es gab zahlreiche Stimmen, die die deutsch-jüdische Symbiose positiv bewerteten. Eva G. Reichmann sah noch 1934 in Deutschland das ›geistig-jüdische Zentrum der Welt‹,[13] der Bankier Max Warburg war der Meinung, daß »nirgendwo in neuerer Zeit das kulturelle Zusammenwirken von Juden und Nichtjuden so fruchtbar war und so positive Resultate gezeitigt hat wie im Deutsch-

---

[10] Ludwig Bamberger: Deutschthum und Judenthum. In: Der Berliner Antisemitismusstreit. Hg. von Walter Boehlich. Frankfurt a. M.: Insel-Verlag 1965, S. 151–181, hier S. 164.

[11] Alfred Wolfenstein: Jüdisches Wesen und neue Dichtung. Berlin: Reiss 1922 (Tribüne der Kunst und Zeit; 29), S. 45.

[12] Vgl. Max Kreutzberger: Bedeutung und Aufgabe deutsch-jüdischer Geschichtsschreibung in unserer Zeit. In: In zwei Welten. Siegfried Moses zum 75. Geburtstag. Hg. von Hans Tramer. Tel-Aviv: Bitaon 1962, S. 627–642, hier S. 631.

[13] Eva G. Reichmann: Vom Sinn deutsch-jüdischen Seins [1934]. In: dies., Größe und Verhängnis deutsch-jüdischer Existenz. Zeugnisse einer tragischen Begegnung. Heidelberg: Schneider 1974 (Bibliotheca Judaica; 2), S. 48–62, hier S. 58.

land des neunzehnten und beginnenden zwanzigsten Jahrhunderts«.[14] Für Abraham Barkai waren die einhundert Jahre vor dem Ersten Weltkrieg die »glücklichste Zeit« für Juden in Deutschland.[15] Es ist eines der zentralen Anliegen der folgenden Ausführungen, die inneren Widersprüche dieser so positiv bewerteten Epoche darzustellen.

Oft wird die Symbiose als eine geschlossene Epoche dargestellt, die mit der Freundschaft von Lessing und Mendelssohn begonnen hat und durch die Vertreibung und schließlich durch die Vernichtung der europäischen Juden beendet wurde. So beschrieb Max Kreutzberger 1962 die hier zu betrachtende Zeit:

> In einer kurzen Zeitspanne von hundert bis hundertfünfzig Jahren (genau genommen ist die Zeitspanne vielleicht noch geringer) hat das deutsche Judentum in vollem Zirkel einen exemplarischen Geschichtsablauf durchschritten: vom Verlassen der Ghettomauern, der beginnenden Emanzipation, der ständig fortschreitenden wirtschaftlichen und kulturellen Rezeption bis zur vollen Gleichberechtigung und außerordentlich fruchtbaren Symbiose und der über Nacht einbrechenden Zerstörung und völligen Vernichtung. In dieser kurzen Zeitspanne ist »Deutschland das Geburtsland des modernen Judentums« geworden, wie es Professor Julius Guttmann in seiner Philosophie des Judentums [München 1933, S. 302] dargelegt hat. Die religiösen, erzieherischen, kulturellen und wissenschaftlichen Probleme, die sich dem Juden von heute in aller Welt stellen, ja selbst die politische Problemstellung, sie alle haben ihren Urgrund, ihren Ausgangspunkt, ihr Vorbild, ihre Diskussionsgrundlagen in der deutsch-jüdischen Geschichte – ein Tatbestand, der der breiten jüdischen Öffentlichkeit in aller Welt fast unbekannt ist und sich sehr allmählich der Forschung zu erschließen beginnt. Fast alle Fragen, die heute die jüdische Welt vordringlich beschäftigen, sind in der deutsch-jüdischen Geschichte vorgezeichnet, teilweise vorerlebt, bestimmt aber vordiskutiert und wissenschaftlich erörtert worden.[16]

Die Ursachen dieser im europäischen Rahmen besonders engen Verbindung von Deutschen und Juden – viele sprachen von einer Verwandtschaft – gilt es zu finden und zu analysieren. Ob die Bedeutung des deutschen Judentums noch immer unterschätzt wird, kann hier nicht untersucht werden – für uns ist es wichtig, auch die Grenzen und inneren Widersprüche dieser Verbindung von Deutschen und Juden zu untersuchen. Wenn man dies tut, wird deutlich, daß die Shoah keineswegs das Ende im Sinne eines Zirkels bedeutete, sondern daß das Ende von außen herbeigeführt wurde. Das Ende der Symbiose als ›exemplarischer Geschichtsablauf‹ war schon früher eingetreten, nämlich in dem Zerfall der Symbiose in Zionismus auf der einen und Europäismus auf der anderen Seite.

---

[14] Von Robert Weltsch wiedergegeben in: ders., Vorbemerkung zur zweiten Auflage [1959]. In: Juden im deutschen Kulturbereich. Ein Sammelwerk. Hg. von Siegmund Kaznelson. 3. Ausg., mit Ergänzungen und Richtigstellungen. Berlin: Jüdischer Verlag 1962, S. XIV–XX, hier S. XVf.

[15] Abraham Barkai: Die Juden als sozio-ökonomische Minderheitsgruppe in der Weimarer Republik. In: Juden in der Weimarer Republik. Hg. von Walter Grab und Julius H. Schoeps. Stuttgart, Bonn: Burg-Verlag 1986 (Jahrbuch des Instituts für Deutsche Geschichte; Beiheft 9 – Studien zur Geistesgeschichte; 6), S. 330–346, hier S. 330.

[16] Kreutzberger, Bedeutung und Aufgabe deutsch-jüdischer Geschichtsschreibung in unserer Zeit (Anm. 12), S. 638f.

Zwei Abgrenzungen weisen den Weg zur Analyse der Symbiose: Die Besonderheit der deutschen Geschichte und die Beschränkung der Symbiose auf den geistig-kulturellen Bereich setzten den Rahmen, der untersucht werden muß. Beides hängt eng zusammen: Die Besonderheit der deutschen Geschichte war der ›Sonderweg‹, die ›Verspätung der Nationenbildung‹ oder die ›deutsche Misere‹. Diese oft beschriebene Besonderheit Deutschlands innerhalb Europas hatte zur Folge, daß der Bereich von Kultur und Literatur eine einzigartige Rolle spielte. Die Deutschen bezeichneten sich als das ›Volk der Dichter und Denker‹; der Ursprung dieser Redewendung scheint allerdings nicht ganz klar zu sein.

Das Verständnis der Symbiose als Teil der deutschen Geistesgeschichte setzt voraus, daß man Gleiches mit Gleichem vergleicht. Nicht nur in den Veröffentlichungen über die Symbiose, aber auch dort, wird heftig diskutiert, was das ›Wesen‹ des Jüdischen, was das ›Judentum‹ sei. Dabei wird als selbstverständlich vorausgesetzt, daß es dieses ›Wesen‹ gibt, über das dann allerdings gestritten werden kann. Friedrich Niewöhner hat zurecht darauf hingewiesen, daß der Begriff des ›Wesens des Judentums‹ höchst problematisch ist.[17] Franz Rosenzweig hat das »Denken im Judentum« unterschieden vom »Denken über das Judentum«[18] – und nur dieses kennt ein ›Wesen des Judentums‹ –, und er fügte hinzu:

> Wer über das Judentum nachdenken sollte, der mußte irgendwie, wenn nicht seelisch, dann doch mindestens geistig, an die Grenzen des Judentums gerissen sein.[19]

Über das Judentum nachzudenken setzt eine Distanz zum Gegenstand voraus, nimmt anderes als das Judentum als Vergleichsmaßstab und stellt das Judentum mit anderen Glaubensweisen auf eine Stufe. Nur so kann die Frage nach einem ›Wesen‹ entstehen, weil nur im Vergleich zwischen Gleich und Gleich die Fragen entstehen, was zentral, was weniger wichtig und was äußerlich ist – Fragen, die im traditionellen Judentum nur gestellt wurden in der Situation des Vertriebenseins aus dem Heiligen Land, keineswegs aber aus irgendwelchen inneren Gründen heraus.

Als Hermann Lewin Goldschmidt *Das Vermächtnis des deutschen Judentums* beschrieb, kam er auf diese Problematik zu sprechen:

> Vom ›Wesen‹ zu sprechen und das ›Wesen des Judentums‹ erhellen zu wollen, kennzeichnet, wie kaum etwas sonst, deutsches Judentum. Mit dem Wort ›Wesen‹ ist sogleich eine hervorstechende Eigenheit und auch Schwäche dieses Judentums und der deutschen Geistigkeit überhaupt angetönt, nämlich ihre Begrifflichkeit, Abgezogenheit, ›Innerlichkeit‹ – ohne unmittelbare Verbindung mit den Gegebenheiten des täglichen, des tatsächlichen Lebens und ohne Einfluß auf sie.[20]

---

[17] Vgl. Friedrich Niewöhner: Judentum, Wesen des Judentums. In: Historisches Wörterbuch der Philosophie (Anm. 7), Bd 4 (1976), Sp. 649–653.

[18] Franz Rosenzweig: Apologetisches Denken. Bemerkungen zu Brod und Baeck [1923]. In: Der Jude 7 (1923), S. 457–464, hier S. 459.

[19] Ebd.

[20] Hermann Levin Goldschmidt: Das Vermächtnis des deutschen Judentums. Frankfurt a. M.: Europäische Verlagsanstalt 1957, S. 83.

Sehr deutlich hat Goldschmidt hier auf die problematische Sonderstellung der deutschen ›Eigenheit‹ hingewiesen, und er hat sie mit dem ›Wesen des Judentums‹, das in ihrem Rahmen diskutiert wurde, als ›Schwäche‹ erkannt. Dennoch markiere die Hinwendung zum ›Wesen den Judentums‹, obwohl sie »sehr deutsch« sei, »einen der kämpferischsten Augenblicke der jüdischen Weltgeschichte und in dem Rahmen ihrer Neuzeit einen entscheidenden Durchbruch und Sieg!«[21] Warum, sagte Kurt Wilhelm:

> Alle geistigen Erscheinungen im neuzeitlichen Judentum sind im deutschen Judentum entstanden: die Wissenschaft des Judentums, die politische Bewegung des Zionismus und vor allem liberales und konservatives Judentum.[22]

Dies war auch, wie wir sehen werden, die Auffassung von Julius Guttmann. Nur selten wurde diese Problematik thematisiert, denn sie wurde durch den viel schärfer ins Auge fallenden Widerspruch zwischen Symbiose und antijüdischen Einstellungen und judenfeindlichen Tätigkeiten überdeckt.

Die deutsch-jüdische Symbiose kann nicht verstanden werden, wenn diesem ›Judentum‹ kein ›Deutschtum‹ gegenüber gestellt wird. Die Frage, was das ›Wesen‹ des Deutschen ausmache, was also das ›Deutschtum‹ sei, durchzog die gesamte Geistesgeschichte seit der Zeit Lessings bis in die Weimarer Republik hinein. Moses Mendelssohn schrieb 1759 von dem »unbestimmten Nationalcharakter der Deutschen«.[23] Die Bedeutung dieser Diskussionen ist heute weitgehend vergessen – die Kämpfe um die Definitionshoheit über den Begriff des Deutschtums waren aber ein Zentrum der deutschen Geistesgeschichte. Von der Schrift *Von deutscher Art und Kunst* (Herder, Goethe, Frisi, Möser, 1773) bis hin zu Hofmannsthals *Das Schrifttum als geistiger Raum der Nation* (1927) gab es zahllose Schriften zu diesem Thema.[24] Das Selbstverständnis der Deutschen war äußerst problematisch und widersprüchlich; 1932 veröffentlichte Friedrich Schulze-Maizier sein als Habilitationsarbeit schon abgelehntes Werk *Deutsche Selbstkritik*,[25] in dem dies mit breitem Material

---

[21] Ebd.

[22] Kurt Wilhelm: Religiöse Weltanschauungen im neuzeitlichen Judentum. In: Juden – Christen – Deutsche. Hg. von Hans Jürgen Schultz. Stuttgart, Olten, Freiburg i. Br.: Kreuz-Verlag 1961, S. 66–75, hier S. 73.

[23] Moses Mendelssohn: Aus den Briefen, die neueste Litteratur betreffend. In: Moses Mendelssohn's gesammelte Schriften. Hg. von G. B. Mendelssohn, 4. Bd 1. Abt., Leipzig: Brockhaus 1844, S. 499.

[24] Einen Überblick ermöglichen Sammelwerke wie: Der deutsche Genius. Ein Sammelwerk aus deutscher Vergangenheit und Gegenwart für Haus und Schule. Hg. von Hanns Martin Elster mit einem Geleitwort von Thomas Mann. Berlin: Deutsche Buchgemeinschaft 1926; Deutscher Geist. Ein Lesebuch aus zwei Jahrhunderten. Hg. von Oskar Loerke. 2 Bde, Berlin: Fischer 1940; Das Buch deutscher Reden und Rufe. Aus vier Jahrhunderten. Hg. von Anton Kippenberg und Friedrich von der Leyen. Leipzig: Insel-Verlag 1942.

[25] Friedrich Schulze-Maizier: Deutsche Selbstkritik. Probleme der nationalen Selbsterkenntnis im neueren deutschen Schrifttum. Berlin: Schneider 1932.

belegt wird; 1947 veröffentlichte der Kunsthistoriker Hermann Voss seine Darstellung der kulturellen Schwäche der Deutschen, die den Sieg der Nationalsozialisten ermöglichte, unter demselben Titel.[26] Nur wenn man die tiefe Problematik des deutschen Selbstverständnisses in diesem Zeitraum betrachtet, wird die enge Beziehung der Juden zu ihnen verständlich.

In dem Zeitraum des Beginns der Symbiose war Deutschland keine Nation, es war zerstückelt in über dreihundert kleine und größere Fürstentümer sowei andere politische Einheiten. Es gab daher auch keine nationale Politik und keine nationale Kultur. Es gab nicht einmal eine nationale Sprache. Schon in diesen allgemeinsten Charakterisierungen der deutschen Sonderposition zeigt sich die Nähe zum Judentum. Auch sie hatten keine politische Nation, sie waren verteilt über ganz Europa und über Europas Grenzen hinaus, sie waren von der Politik seit vielen Jahrhunderten ausgeschlossen und durch ihre Verstreutheit gab es keine nationale Sprache; selbst die Sprache des jüdischen Kultus, das Hebräische, wurde sehr unterschiedlich ausgesprochen. Ebenso wenig wie die Deutschen hatten sie ein kulturelles Zentrum – dies hätte Jerusalem sein müssen – oder eine nationale Kultur. Schon bei diesen allgemeinsten Lebensbedingungen gab es eine grundsätzliche Ähnlichkeit zwischen der Situation der Deutschen und der Juden. Als Moses Hess 1862 sein frühzionistisches Werk *Rom und Jerusalem* veröffentlichte, sah er in der Reformation und im Scheitern der Bauernaufstände den Beginn des deutschen Sonderweges, und er wies auf den Zusammenhang mit der Situation der Juden hin:

> Wäre die Erhebung der deutschen Bauern gegen verrottete feudale Zustände nicht so schmählich von den Koryphäen der deutschen Kultur und Zivilisation verlassen und verraten worden, so hätte das deutsche Volk schon damals seinen regelmäßigen Entwicklungsgang im modernen Leben genommen und nicht nur gleichen Schritt mit den übrigen europäischen Kulturvölkern gehalten, sondern es wäre, wie es ihm als dem Erstgeborenen der neuen Zeit zugestanden, an deren Spitze geblieben. [...] Das Schicksal wollte es anders. Das letzte auserwählte Volk mußte, wie das erste, sein Privilegium zu einer so hervorragenden geschichtlichen Rolle erst durch tiefe Schmach abbüßen, bevor es würdig sein konnte in den modernen Menschheitsbund einzutreten, der auf die Gleichberechtigung aller welthistorischen Völker gegründet ist.[27]

Das letzte auserwählte Volk, das deutsche, habe wegen des blutigen Abbruches der frühneuzeitlichen Revolution im Prinzip den Weg beschreiten müssen, den das erste auserwählte Volk, das jüdische, hatte gehen müssen. Auch heute noch wird die Niederschlagung der Bauernaufstände als ein entscheidender Schritt auf den Sonderweg der Deutschen beurteilt.

Die Konstruktion weltgeschichtlicher Gesetze, wie sie Hess hier aufstellte, war damals vor allem unter dem Einfluß Hegels keine Seltenheit. Auch dies führte zu Parallelisierungen der deutschen und jüdischen Geschichte. Wie die

---

26 Hermann Voss: Deutsche Selbstkritik. Starnberg am See: Bachmair 1947.
27 Moses Hess: Rom und Jerusalem, die letzte Nationalitätsfrage [Leipzig 1862]. In: ders., Ausgewählte Schriften. Ausgewählt und eingeleitet von Horst Lademacher. Köln: Melzer 1962, S. 221–320, hier S. 318.

Juden überlebten die Deutschen die vor allem durch Kriege gekennzeichnete
Geschichte, obwohl das Volk »in politischer Gestalt gar nicht existierte«, we-
der im Heiligen Römischen Reich Deutscher Nation noch im Kaiserreich der
Habsburger.[28] Obwohl – worauf Gerhard Schulz hinwies – die Geschichte der
Juden und der Deutschen doch sehr unterschiedlich war, trat hier eine Ähnlich-
keit hervor, die eine Parallelisierung zumindest nicht völlig ausschloß und einem
Wunsch nach solchen weltgeschichtlichen Konstruktionen Raum öffnete.

Es gab aber um 1800 noch konkretere und aktuellere Ähnlichkeiten. In diesen ersten Jahren der Emanzipation gingen einige davon aus, daß das Judentum
an sein Ende gekommen sei. Schleiermacher erklärte das Judentum für tot und
der preußische Minister Friedrich L. von Schrötter gab ihm noch eine Lebens-
dauer von zwanzig Jahren.[29] Es gab sogar einzelne Rabbiner, die sich noch
nach 1848 aus Angst vor dem Untergang des Judentums gegen die Emanzipation der Juden stellten.[30] Sicherlich war hier die Taufe als ›Entreebillett‹ zur
europäischen Kultur (Heinrich Heine) von Bedeutung, aber auch das Christentum erfuhr in dieser Phase der Geistesgeschichte eine tiefe Krise, und viele
Gebildete gingen davon aus, daß die Religionen insgesamt in den nächsten Jahrzehnten durch die Philosophie ersetzt werden würden. Gerade in diesen Jahren
nach der Auflösung des Heiligen Römischen Reiches Deutscher Nation und
während der Besatzung durch die Franzosen war auch das Überleben der deutschen Kultur alles andere als selbstverständlich. 1807 schrieb Christine Reinhard, die Frau eines französischen Diplomaten, an ihre Mutter:

> Vorgestern ward auf meinem Zimmer über die Begebenheiten der Zeit geschwätzt,
> gefragt, ob wohl Deutschland und deutsche Sprache ganz verschwinden würden?
> Nein, das glaube ich nicht, sagte jemand, die Deutschen würden wie die Juden sich
> überall unterdrücken lassen, aber unvertilgbar sein, wie diese, und wenn sie kein Va-
> terland mehr haben. – Dieser Jemand war Goethe.[31]

Die Parallele von Deutschen und Juden in der Gefahr, aus der Geschichte zu
verschwinden, war vielen bewußt, auch wenn Goethe hier die Gefahr verneinte.

---

[28] Vgl. Gerhard Schulz: Der späte Nationalismus im deutschen politischen Denken des
    neunzehnten Jahrhunderts. In: Das Judentum in der Deutschen Umwelt 1800–1850.
    Studien zur Frühgeschichte der Emanzipation. Hg. von Hans Liebeschütz und Ar-
    nold Paucker. Tübingen: Mohr 1977 (Schriftenreihe wissenschaftlicher Abhandlun-
    gen des Leo-Baeck-Instituts; 35), S. 95–137, hier S. 113.
[29] Vgl. Robert Weltsch: Einleitung. In: Deutsches Judentum – Aufstieg und Krise.
    Gestalten, Ideen Werke. Vierzehn Monographien. Hg. von Robert Weltsch. Stutt-
    gart: Deutsche Verlags-Anstalt 1963 (Veröffentlichungen des Leo Baeck Instituts),
    S. 7–24, hier S. 11.
[30] Vgl. Arno Herzig: Das Assimilationsproblem aus jüdischer Sicht (1780–1880). In:
    Conditio Judaica. Judentum, Antisemitismus und deutschsprachige Literatur vom
    18. Jahrhundert bis zum Ersten Weltkrieg. Hg. von Otto Horch und Horst Denkler.
    Tübingen: Niemeyer 1988, 1. Teil, S. 10–28, hier S. 24.
[31] Goethes Gespräche ohne die Gespräche mit Eckermann. In Auswahl hg. von Flodoard
    Freiherr von Biedermann. Leipzig: Insel-Verlag o. J. [1929], S. 207.

So, wie die Juden in der Gefahr standen, durch die deutsche Kultur aufge-
sogen und aufgelöst zu werden, standen die Deutschen in der Gefahr, von der
französischen Kultur überlagert und schließlich vernichtet zu werden. Schon
1769 klagte Lessing in der *Hamburgischen Dramaturgie*:

> Über den gutherzigen Einfall, den Deutschen ein Nationaltheater zu verschaffen, da
> wir Deutsche noch keine Nation sind! Ich rede nicht von der politischen Verfassung,
> sondern bloß von dem sittlichen Charakter. Fast sollte man sagen, dieser sei: keinen
> eigenen haben zu wollen. Wir sind noch immer die geschworenen Nachahmer alles
> Ausländischen, besonders noch immer die untertänigen Bewunderer der nie genug
> bewunderten Franzosen; alles was uns von jenseit dem Rheine kömmt, ist schön,
> reizend, allerliebst, göttlich; lieber verleugnen wir Gesicht und Gehör, als daß wir es
> anders finden sollten; lieber wollten wir Plumpheit für Ungezwungenheit, Frechheit
> für Grazie, Grimasse für Ausdruck, ein Geklingel für Reimen für Poesie, Geheule
> für Musik, uns einreden lassen, als im geringsten an der Superiorität zweifeln, wel-
> che dieses liebeswürdige Volk, dieses erste Volk in der Welt, wie es sich selbst sehr
> bescheiden zu nennen pflegt, in allem, was gut und schön und erhaben und anstän-
> dig ist, von dem gerechten Schicksale zu seinem Anteile erhalten hat.[32]

Dies war schon vor der Französischen Revolution geschrieben. Die kulturelle
Hoheit der Franzosen war so groß, daß sogar Lessing erwog, in Französisch zu
schreiben und nach der Revolution war die Überlegenheit Frankreichs eher
noch größer. Wie schon bei Lessing, schien die Kultur der Deutschen nur
durch eine scharfe Abgrenzung und eine Herabsetzung der französischen Kultur gerettet werden zu können. Dies aber mußte den Blick für diejenigen Besonderheiten der deutschen Kultur und des deutschen Geisteslebens schwächen, die aus der Sonderstellung Deutschlands erwuchsen.

Richard van Dülmen hat darauf hingewiesen, daß die Aufklärung zwar eine
europäische Erscheinung war, daß sie aber in Deutschland besondere Züge entwickelt hatte. Sie habe einen besonders gelehrt-akademischen Charakter besessen, sie habe der obrigkeitlich-staatlichen Reformpolitik nahe gestanden, sie
habe keinen kulturellen Mittelpunkt gehabt, und die aufklärerische Diskussion
habe stark um religiöse Probleme gekreist.[33] Diese Besonderheiten bildeten die
Grundlage für das besondere deutsche Geistesleben, das im Übergang zum Idealismus noch verstärkt wurde. Wenn man diese vier Punkte betrachtet, so ist erkennbar, daß sie den Eintritt von Juden in das Geistesleben nicht erschwerten,
sondern daß durch sie eine grundsätzliche Nähe zum Judentum hergestellt wurde: Auch das Rabbinertum hatte einen gegenüber dem jüdischen Volk gelehrt-
akademischen Charakter, denn die Rabbiner mußten aus zwingenden Gründen
mit der Obrigkeit zusammenarbeiten, weil sie – wie schon erwähnt – keinen
kulturellen Mittelpunkt hatten, und daß sich das jüdische Geistesleben vor allem
mit religiösen Problemen befaßte, ist selbstverständlich. Es gab also durch die

---

[32] Gotthold Ephraim Lessing: Hamburgische Dramaturgie, 101.–104. Stück. In: ders.,
Werke. Hg. von Herbert G. Göpfert. Darmstadt: Wissenschaftliche Buchgesellschaft
1996, 4. Bd, S. 698f.
[33] Richard van Dülmen: Kultur und Alltag in der frühen Neuzeit. Bd 3: Religion, Magie, Aufklärung. München: Beck 1994, S. 212f.

deutsche Sonderentwicklung eine grundsätzliche Nähe zwischen dem deutschen und dem jüdischen Geistesleben, oder anders gesagt: Ohne den deutschen Sonderweg hätte es die deutsch-jüdische Symbiose nicht gegeben.

Die Symbiose war Teil der Entstehung und Geschichte des Bildungsbürgertums, innerhalb dessen das jüdische »ein Teil des deutschen Bildungsbürgertums« war.[34] Ihr Beginn ist nur verständlich, wenn die Entstehung des Bildungsbürgertums als neue soziale Schicht betrachtet wird und die Symbiose mit der sozialen Realität und ideologischen Ausrichtung dieses frühen Bildungsbürgertums verknüpft wird, das »ein Element der Sonderbedingungen des deutschen Modernisierungspfads« war.[35] Die deutsche Geistesgeschichte wurde in der zweiten Hälfte des 18. Jahrhunderts nicht mehr nur von einzelnen Personen getragen, es bildete sich eine neue, schnell wachsende soziale Gruppe von Gebildeten, die den Ständestaat kritisierte und sich jenseits der ständischen Schranken formierte. Hier zählte nicht mehr die ständische Herkunft, hier zählte auch nicht mehr die religiöse Bindung, sondern die selbst erworbene Bildung. Jacob Katz hat diesen Vorgang in seiner 1935 veröffentlichten Dissertation untersucht und festgestellt:

> Bewirkt hat die Assimilation nicht eine irgendwie geartete Ähnlichkeit zwischen Judentum und Umwelt, sondern die Entstehung einer neuen Begegnungsform, für welche die vorhandenen Unterschiede zwischen Juden und Nichtjuden ihren trennenden Charakter verloren, weil sich Juden und Nichtjuden auf einer gesellschaftlichen Grundlage fanden, die jenseits dieser Unterschiede entstand.[36]

Diese neue Begegnungsform entwickelte sich innerhalb des Bildungsbürgertums. Dieses hat sich unter den besonderen Bedingungen der deutschen Geschichte gebildet, es war gegen den Adel eingestellt, lehnte die französische Kulturhoheit ab, hatte aber keine politische Macht. Der Vergleich innerhalb Europas zeigt:

> Das alte Reich ist im Vergleich mit Westeuropa ökonomisch und politisch erstarrt. Zugleich aber ist die intellektuelle Modernisierung fortgeschritten. Während in England eine industrielle und in Frankreich eine politische Revolution stattfindet, erobert sich die deutsche Intelligenz das luftige Reich der philosophischen Theorie und der schönen Künste. So gewinnen der deutsche Idealismus und die Weimarer Klassik europäische Anerkennung.[37]

---

[34] George L. Mosse: Das deutsch-jüdische Bildungsbürgertum. In: Bildungsbürgertum im 19. Jahrhundert. Teil 2: Bildungsgüter und Bildungswissen. Hg. von Reinhard Koselleck. Stuttgart: Klett-Cotta 1990 (Industrielle Welt; 41), S. 168–180, hier S. 168.

[35] Hans-Ulrich Wehler: Deutsches Bildungsbürgertum in vergleichender Perspektive – Elemente eines ›Sonderwegs‹? In: Bildungsbürgertum im 19. Jahrhundert. Teil 4: Politischer Einfluß und gesellschaftliche Formation. Hg. von Jürgen Kocka. Stuttgart: Klett-Cotta 1989 (Industrielle Welt; 48), S. 215–237, hier S. 237.

[36] Jakob Katz: Die Entstehung der Judenassimilation in Deutschland und deren Ideologie. Frankfurt a. M.: Droller 1935, S. 40.

[37] Georg Bollenbeck: Bildung und Kultur. Glanz und Elend eines deutschen Deutungsmusters. Frankfurt a. M., Leipzig: Insel-Verlag 1994, S. 95.

Zugleich aber, und das ist für das Verständnis der deutschen Geistesgeschichte von ebenso großer Bedeutung, fehlte jedes kulturelle Zentrum und auch Weimar konnte diese Funktion nicht erfüllen. Die Deutschen waren »mehr als ein anderes Volk in Europa während des ganzen 19. Jahrhunderts in seinen verschiedenen Landschaften, Schichten, Gesellschaften und Gemeinschaften in den Bannkreisen verschiedenartiger Traditionen, aber auch geistig wie gesellschaftlich in verschiedenen Zeitaltern« gespalten.[38] Die nationalen Bestrebungen des Bildungsbürgertums hatten keine realen, politischen oder soziologischen Grundlagen – diese konnten nur in einer ethischen Forderung bestehen, da nur durch sie die Stärkung der nationalen Gemeinsamkeit möglich sei. Politik erschien dem deutschen Bildungsbürgertum angesichts der realen Politik der Fürstenhöfe als ein ›schmutziges Geschäft‹ – wohl auch, weil sie selbst ausgeschlossen waren und sie ihre eigenen ethischen Forderungen nicht zur Geltung bringen konnten.

Der Hinweis von Gerhard Schulz, daß die Deutschen ›in verschiedenen Zeitaltern‹ existierten, ist von größter Bedeutung. Die gewöhnlich als zeitliche Abfolge dargestellten Geistes- und Literaturrichtungen Spätaufklärung, Klassik und Frühromantik fanden tatsächlich innerhalb derselben Jahrzehnte statt – es gab kein Nacheinander, sondern ein Nebeneinander. Geistige Einstellungen wurden nicht durch eine von einem kulturellen Zentrum geleiteten Prozeß aneinander angeglichen und somit konnten unterschiedlichste Einstellungen aus verschiedensten Traditionen nebeneinander fortbestehen. Neben den weitgehend traditionell orientierten Bereichen der Gesellschaft begannen sich die dynamischen und auf Veränderungen angelegten Bereiche erst langsam zu bilden. Das Neue wurde keineswegs deshalb, weil es neu war, als besser anerkannt; die ›Entdeckung der Zukunft‹[39] hatte gerade erst begonnen. Nicht zufällig war Lessing einer der ersten, der die Vorstellung »einer immer bessern Zukunft« entwickelte[40] – eine Ansicht, die Moses Mendelssohn keineswegs teilte. Während einerseits die Würde einer Tradition noch aus ihrem Alter abgeleitet wurde, begann jetzt die Überzeugung zu wachsen, daß das Alter eher gegen die Tradition sprach. So wurde das Judentum von vielen als ein Relikt einer längst vergangenen Zeit angesehen; gleichzeitig aber wurde der Fortschritt, für den man als ein Gebildeter eintrat, fast als Naturnotwendigkeit angesehen, denn von der politischen Gestaltung war man ausgeschlossen. Die Judenfeindschaft wurde als ein solches Relikt aus vergangenen Epochen eingestuft, das sich von allein erledigen werde. Die Symbiose, die sich auf eine neue gesellschaftliche Schicht gestützt und die sich den neuen Ideen verpflichtet hatte, sah die Bekämpfung der Judenfeindschaft nicht als ihre Aufgabe an, denn diese Streitigkeiten hatte sie ihrem Selbstverständnis nach schon überwunden.

---

[38] Schulz, Der späte Nationalismus im deutschen politischen Denken des neunzehnten Jahrhunderts (Anm. 28), S. 115.

[39] Vgl. Lucian Hölscher: Die Entdeckung der Zukunft. Frankfurt a. M.: Fischer-Taschenbuch-Verlag 1999 (Fischer-Taschenbücher; 60137 – Europäische Geschichte).

[40] Gotthold Ephraim Lessing: Die Erziehung des Menschengeschlechts. In: ders., Werke (Anm. 32), Bd 8, S. 489–510, hier S. 508, § 85.

Innerhalb dieser vielgestaltigen und unstrukturierten Geisteslage bildeten sich nach der Französischen Revolution und den Befreiungskriegen zwei Extrempositionen heraus, inmitten derer es aber verschiedenste Zwischenpositionen gab, die oft von nur einer Person in ihrer Entwicklung durchlaufen wurden. Auf der einen Seite gab es die Verfechter der Ideen der Französischen Revolution, die mehr oder weniger an die deutschen Verhältnisse angepaßt werden sollten, auf der anderen Seite die Verfechter des Feudalismus, die ihre Positionen gegen die neuen Ideen verteidigen, aber dennoch Antworten auf die neuen Fragen finden mußten. Zu den letzteren gehörte der zum Protestantismus übergetretene bedeutende jüdische Staatsrechtslehrer und Führer der konservativen Fraktion im Preußischen Herrenhaus Friedrich Julius Stahl (1802–1855), der *Das monarchische Prinzip* (1845) verteidigte[41].

Diese beiden Linien der Geistesgeschichte hatten Bestand bis in die Weimarer Republik hinein. Die einhundert Jahre von 1800 bis 1900 waren geistesgeschichtlich angefüllt von Bewegungen, die vergangene Philosophien wiederbeleben wollten. In der zweiten Hälfte dieses Jahrhunderts veränderte sich Deutschland völlig. Das ›Volk der Dichter und Denker‹ wurde das Volk des ›made in Germany‹. Die Besonderheit des deutschen Geisteslebens aber bewirkte, daß diese Entwicklung nicht mit, sondern eher gegen das weiterhin an der Klassik orientierte Bildungsbürgertum vollzogen wurde. Der Idealismus hatte weiterhin eine so prägende Kraft, daß immer wieder auf ihn zurückgegriffen wurde. So, wie sich viele Schriftsteller als ›Epigonen‹ sahen, genauso gab es in der Philosophie zahlreiche ›Zurück-Zu‹-Bewegungen, von denen die Zurück-zu-Kant-Bewegung des Neo-Kantianismus nur die bekannteste ist; noch 1909 rief Paul Friedrich den ›Neuidealismus‹ aus.[42] Mit Ausnahme von wenigen bekannten und heute noch wichtigen Personen gilt die Geschichte der Philosophie in diesem Zeitraum »als Epoche des Niedergangs, ja des Verfalls der ›großen Philosophie‹, wobei ihr Wiederaufstieg dann meist in die 20er Jahre unseres Jahrhunderts verlegt wird«.[43] Dies ist auch erklärlich, denn die Ziele, die das national gesinnte Bildungsbürgertum bis 1820 aufgestellt hatte, waren nie erreicht worden: Die Reichseinigung 1871 war ›von oben‹ erfolgt und erfaßte keineswegs alle Deutschen. Um 1900 begann künstlerisch und philosophisch eine neue Epoche, die zu den geistigen Leistungen der Zwanziger Jahre führte, die oft noch heute unser Denken bestimmen. Wenn die Jahrzehnte um 1800 von solch prägender Kraft blieben, dann muß auch in der Darstellung der deutsch-jüdischen Symbiose in ihnen der erste Schwerpunkt liegen, wonach der zweite Schwerpunkt dann auf den Jahren nach 1900 liegen muß.

Diese Beurteilung ist auch von Julius Guttmann geteilt worden, der 1933 das noch heute gültige Werk über Die *Philosophie des Judentums* veröffent-

---

[41] Zu Stahl vgl. Theobald Ziegler: Die geistigen und sozialen Strömungen Deutschlands im neunzehnten Jahrhundert. 5.–20. Tsd, Berlin: Bondi 1911, S. 294ff.

[42] Paul Friedrich: Schiller und der Neuidealismus. Leipzig: Xenien-Verlag 1909.

[43] Herbert Schnädelbach: Philosophie in Deutschland 1831–1933. Frankfurt a. M.: Suhrkamp 1983 (Suhrkamp-Taschenbuch Wissenschaft; 401), S. 13.

lichte.[44] 1939 veröffentlichte er einen Aufsatz mit dem Titel »Das geistige Erbe des deutschen Judentums«, in dem er die Summe seiner Forschungen zusammenfaßte. Nachdem er die große Bedeutung gerade des deutschen Judentums innerhalb Europas betont hatte und auf den zeitlichen Zusammenfall von Emanzipation und der ›großen Bewegung des deutschen Denkens‹ hingewiesen hatte, schrieb er:

> Ich weise im Anschluß an das zuletzt Gesagte, noch mit einem Wort auf den Verlauf der *geistigen Bewegung* im deutschen Judentum hin. Sie ist von höchster Intensität in der ersten Hälfte des 19. Jahrhunderts, in der sich die Auseinandersetzung mit der neuen Lebenssituation des modernen Judentums vollzieht. Dann folgte eine Zeit des bloßen Beharrens in den einmal abgesteckten Bahnen, eine Zeit ohne neue Impulse und neue Ideen. Erst der Ausgang des 19. Jahrhunderts brachte solche Impulse, die teils von der unter dem Einfluß des wiedererwachten Antisemitismus entstandenen zionistischen Bewegung, teils von den Wandlungen des allgemeinen europäischen Kulturbewußtseins ausgingen.[45]

Auch hier wird davon ausgegangen, daß die geistige Situation sich nach 1900 so stark veränderte, daß etwas Neues entstehen konnte, das zu einer Überwindung der Symbiose hätte führen können, wenn die Schwäche der Weimarer Republik nicht den Aufstieg des Nationalsozialismus erlaubt hätte und die Symbiose erst im Exodus vieler Juden, dann im Schreib- und Sprechverbot vieler antifaschistischer Intellektueller und zuletzt in der physischen Vernichtung fast des gesamten europäischen Judentums beendet worden wäre. Die Symbiose begann sich einerseits mit dem Aufstieg des Kulturzionismus und seiner Herauslösung der jüdischen aus der deutschen Kultur, andererseits mit der Bildung einer übernationalen europäischen Kultur aufzulösen. In diesen scharf widersprüchlichen Entwicklungen traten die beiden Tendenzen der Geistesgeschichte unüberbrückbar auseinander – die nationale, die jetzt von den Zionisten adaptiert wurde und die europäische, die nach den Erfahrungen des Ersten Weltkrieges erstmals als politische Realität auftreten konnte. Beide Linien waren von Anfang an messianisch aufgeladen. Jede der europäischen Nationen sah sich in gewisser Weise als auserwählte Nation an. Ebenso trug die Französische Revolution messianische Züge – mehr noch, sie wurde gerade von Juden als Beginn des messianischen Zeitalters gefeiert (so z. B. von Moses Hess). Die ideologischen Kämpfe nach 1914 sind ohne diese messianischen Aufladungen nicht zu verstehen, denn es war kein Ausgleich mehr möglich. Der ehemalige politische Redakteur der *Berliner Morgenpost*, Hermann Rösemeier, der als jüdischer[46] Kriegsgegner in die Schweiz gegangen war, schrieb 1918:

---

[44] Julius Guttmann: Die Philosophie des Judentums. München: Reinhardt 1933 (Geschichte der Philosophie in Einzeldarstellungen; 3 – Abt. I: Das Weltbild der Primitiven und die Philosophie des Morgenlandes).

[45] Julius Guttmann: Das geistige Erbe des deutschen Judentums [1939]. In: Bulletin des Leo Baeck Instituts, Nr 58 (1981), S. 3–10, hier S. 4f.

[46] Vgl. Romain Rolland: Das Gewissen Europas. Tagebuch der Kriegsjahre 1914–1919. Aufzeichnungen und Dokumente zur Moralgeschichte Europas in jener Zeit. Berlin: Rütten & Loening 1983, Bd 3, S. 583, 731.

Hart noch und mannigfaltigen Wechseln unterworfen wird der Kampf sein, aber schließlich wird *der Geist von 1789*, der Geist der Freiheit und Menschenwürde, über den Geist von 1914, den Geist des Rassendünkels, der Unterdrückung und der Ausbeutung, *siegen*.[47]

In der Weimarer Republik gab es in den Zwanziger Jahren eine allerdings geringe Chance der Lösung der ›deutschen Frage‹ innerhalb des europäischen Rahmens, und mit diesem Ergebnis wäre wohl auch die ›jüdische Frage‹ lösbar gewesen. Weil diese aber von jungen Menschen jüdischer Herkunft als zu schwach empfunden wurde, siegte im Zionismus noch einmal der Nationalismus, und auf seiner Basis wurde in Palästina schrittweise der Staat errichtet, der den Juden einen, wenn auch zunächst unsicheren Schutz bieten konnte.

Die deutsch-jüdische Symbiose war eine Erscheinung innerhalb der Geistesgeschichte wie andere auch, sie hatte aus erklärbaren Ursachen einen Beginn und sie hätte aus ebenso erklärbaren Ursachen ein ›normales‹ Ende gefunden, wenn die ihr zugrundeliegende Problematik hätte gelöst werden können.

Zum Grundriß gehört nicht nur der des Themas, sondern auch der der Darstellung. Die Schwerpunkte sind der Beginn und das Ende der Symbiose. Die sozialen Voraussetzungen der Symbiose zeigen die Möglichkeit einer freundschaftlichen Beziehung zwischen einem Juden und einem Deutschen auf, wie sie in Mendelssohn und Lessing oft dargestellt, aber auch oft überhöht und geschönt wurde. Hier soll versucht werden, ein realistisches Bild zu geben. Die Symbiose war nur möglich vor dem Hintergrund der europäischen Aufklärung. Denn obwohl auch die deutsche Aufklärung sich von der in England oder Frankreich unterschied, trat hier der Sonderweg der deutschen Geschichte noch nicht so deutlich in den Vordergrund. Die Elemente der Symbiose, die dieser aufklärerischen Tradition entstammten, können daher in einem eigenen Kapitel vor der Darstellung des Sonderweges untersucht werden: Freundschaft, Fortschritt, Erziehung und die Religionsverachtung. Das vierte Kapitel befaßt sich dann zentral mit dem deutschen Sonderweg und seinen Auswirkungen auf das Geistesleben. Dort wird im Bereich der Philosophie, bei dem Phänomen des Individualismus mit seinen unterschiedlichen Ausprägungen, in Sprache und Bildung und im spezifisch deutschen Nationalismus die Symbiose dargestellt. In einem eigenen Kapitel werden die zahlreichen Äußerungen zu einer Verwandtschaft von Deutschen und Juden zusammengefaßt, um die Intensität der Symbiose zu belegen. Das sechste und das siebente Kapitel legen einen Querschnitt durch die hier zu betrachtenden 120 Jahre. Auch in Deutschland beherrschte die Französische Revolution das Geistesleben – positiv und negativ. Weitgehend unberücksichtigt blieb bislang die Idee Europa, die durch die Französische Revolution konkrete Formen angenommen hatte und gleichzeitig im Konflikt mit dem beherrschenden Nationalismus stand. Aus diesen Traditionssträngen heraus stellt das achte Kapitel nach einem Rückblick auf die ein-

---

[47] Hermann Rösemeier: Die Wurzeln der neudeutschen Mentalität. Bern: Der Freie Verlag 1918, S. 24f.

hundert Jahre zwischen 1800 und 1900 die Auflösung der Symbiose in den Zionismus einerseits und in den Europäismus andererseits dar. Ein Zwischenabschnitt weist auf den Ursprung des Begriffs der deutsch-jüdischen Symbiose hin. Im Resümee werden dann noch einmal die entscheidenden Problemkomplexe aufgegriffen.

2 Beginn der Symbiose

2.1 Soziale Voraussetzungen

Als Beginn der deutsch-jüdischen Symbiose wird gewöhnlich die Freundschaft zwischen Gotthold Ephraim Lessing und Moses Mendelssohn genannt. Der Freundschaftskult jener Zeit wird besonders zu untersuchen sein. Diese freundliche Beziehung wurde in vielen Jahrestagen gefeiert, sie wurde zu einer Ikone der Symbiose, und – wie gewöhnlich bei solchen Entwicklungen – es wurden die auch vorhandenen problematischen Seiten dieser Freundschaft weitgehend verdrängt. Aber nur wenn man auch diese Seiten erkennt, wird deutlich, daß hier tatsächlich erst der Anfang der Symbiose zu finden ist, keineswegs aber die Symbiose in ihrer ausgeprägten Form.

Moses Mendelssohn war nicht der einzige Jude in jenen Jahren, der den Anschluß an jene Gelehrten suchte, die den Prozeß der Aufklärung und der neu aufblühenden Literatur vorantrieben. Hier muß zumindest auf drei andere Juden hingewiesen werden: auf den Kaufmann und Schriftsteller Ephraim Moses Kuh (1731–1790), über den Berthold Auerbach 1839 das Buch *Dichter und Kaufmann. Ein Lebensgemälde aus der Zeit Moses Mendelssohns* geschrieben hat, und auf Aaron Salomon Gumpertz (1723–1769), der ein Freund von Moses Mendelssohn war und der mit dem berühmten Schriftsteller Johann Christoph Gottsched in Verbindung stand.[1] In dessen Erinnerungen wird deutlich, daß einzelne Juden die Entwicklung nachzuvollziehen begannen, die in gebildeten Kreisen um sie herum stattgefunden hatte: »Die Einstellung der Juden zum Leben beginnt sich zu verändern, ähnlich wie sich jene der Nichtjuden verändert hat.«[2] Gumpertz eignete sich die klassischen und modernen Sprachen an, löste sich vom jüdischen Geistesleben und strebte dem »humanistischen Begriff von Wissenschaft« nach.[3] Dies bedeutete für ihn einen scharfen Bruch mit der angestammten Tradition, da ihn seine Mutter schon vor seiner Geburt durch ein Gelübde zum Rabbinerberuf bestimmt hatte.[4] Bei Gumpertz sind der Bruch mit der Tradition, die Hinwendung zur europäischen Wissenschaft und der Schritt zu einer individuellen Lebensgestaltung untrennbar miteinander verbunden, und ähn-

---

[1] Vgl. Gottsched und seine Zeit. Auszüge aus seinem Briefwechsel zusammengestellt und erläutert von Th. W. Danzel. 2. wohlfeile Ausg., Leipzig: Dyk 1855, S. 333ff.

[2] Michael Graetz: Jüdische Aufklärung. In: Mordechai Breuer / Michael Graetz: Deutsch-jüdische Geschichte in der Neuzeit. Bd 1: Tradition und Aufklärung 1600–1760. München: Beck 1996, S. 251–350, hier S 306.

[3] Ebd. S. 307.

[4] Vgl. ebd.

lich war die Entwicklung bei einigen anderen Juden verlaufen. Salomon Maimon (1754–1800), der dritte hier zu nennende Jude, berichtete darüber in seiner
Lebensgeschichte, die nun schon 1792 von dem früh verstorbenen Schriftsteller
und Kunsttheoretiker Karl Philipp Moritz (1757–1793) herausgegeben wurde.

Solche Entwicklungen bei einzelnen Juden hat es immer wieder auch in den
vergangenen Jahrhunderten gegeben. Man darf sie aber nur unter einen Begriff
zusammenfassen, wenn sie als Teile einer breiten sozialen und geistesge-
schichtlichen Strömung innerhalb Deutschlands verstanden werden können. Dies
festzustellen ist gerade deshalb so wichtig, weil die Strömung, innerhalb derer
die Symbiose entstand, zutiefst individualistisch war. Individualismus bedeutet
das Heraustreten aus den überkommenen Traditionen und Bindungen, ein
Schritt, der fast zwingend zu schwierigen, ja gebrochenen Lebensläufen führen
mußte. Es war gerade in den ersten Generationen ein äußerst gewagter Schritt,
und wenn Kant in den ersten Sätzen seines berühmten Aufsatzes über die Aufklärung den Mut forderte, sich seines eigenen Verstandes zu bedienen, dann
wies er auf diese große Schwierigkeit hin. Als der christliche Arzt und Land-
wirt Albrecht Thaer (1752–1828) nach einem Aufenthalt in Berlin, wo er Lessing, Mendelssohn, Spalding und andere kennengelernt hatte, wieder nach
Celle zurückgekehrt war, hatte sich sein Verhalten deutlich verändert:

> Ich hielt's nicht weiter nötig, die Gunst irgend eines Menschen zu erbetteln, sah je-
> dem starr in die Augen und sagte meine Meinung dreist heraus. Mancher verwun-
> derte sich höchlich darob, mancher hielt mich für einen Narren. Ich behandelte nun
> meine Patienten ganz nach meiner eigenen Methode, ohne mich im geringsten um
> den hiesigen wohlhergebrachten Schlendrian zu richten.[5]

War dieser Schritt zum Individualismus schon für einen Christen schwierig, so
war er für einen Juden noch weitaus schwieriger.

Für die Juden war der innere Zusammenhang immer von besonderer Wich-
tigkeit. Sie fühlten sich als das von Gott auserwählte Volk, und dieser Erwäh-
lungsglaube war tatsächlich ein kollektiver, kein individueller. Eine Übertre-
tung oder Nichtbeachtung der Gesetze belastete nicht nur den Einzelnen, sondern das ganze Volk. Dieser innere Zusammenhalt der Juden bewährte sich
auch nach der Vertreibung durch die Römer. Über ganz Europa verstreut hal-
fen sich die Gemeinden in Notfällen, die Rabbiner wurden über Landesgrenzen
hinweg berufen, die Juden waren europäisch tätig. Im Exil wurden im praktischen Leben noch zwei andere Gemeinschaften für die Juden wichtig: die
Gemeinde und die Familie. Aber gerade im Gemeindeleben vollzog sich in der
ersten Hälfte des 18. Jahrhunderts eine Veränderung, die zu einem engeren
Zusammenleben von Juden und Christen führte.

Es ist für die grundsätzliche Bewertung der Symbiose von entscheidender
Bedeutung, ob man davon ausgeht, daß die Anpassung und Akkulturation der

---

5   Zit. nach: Hans H. Gerth: Bürgerliche Intelligenz um 1800. Zur Soziologie des deut-
    schen Frühliberalismus [1935]. Hg. von Ulrich Herrmann. Göttingen: Vandenhoeck
    Ruprecht 1976 (Kritische Studien zur Geschichtswissenschaft; 19), S. 63.

Juden an die nichtjüdische Umgebung hätte vermieden werden können oder nicht. Wenn die Anpassung hätte vermieden können, dann wäre die Symbiose ein an Verrat grenzender Vorgang gewesen, der die bestehende Ganzheit des Judentums beschädigt oder vernichtet hätte; wäre die Anpassung aber unvermeidlich gewesen, dann wäre sie eine Antwort der Juden auf gesellschaftliche Probleme und Herausforderungen unter anderen. Tatsächlich betraf die Anpassung an die Kultur der Nichtjuden nach und nach das gesamte deutsche Judentum. Auch die Orthodoxie, die sich später als Neo-Orthodoxie konstituierte, war von ihr ergriffen. Die Aufrechterhaltung der Totalität des Judentums wäre nur unter einer Voraussetzung möglich gewesen: daß es (weiterhin) vom Leben der Nichtjuden abgetrennt geblieben wäre. Das wiederum hätte für die Juden bedeutet, »in das Ghetto zurückzukehren«.[6] Der Prozeß der Symbiose wäre nicht möglich gewesen, wären nicht zwei Entwicklungen zusammengekommen: die Lokkerung der inneren Bindungen und die Öffnung der nichtjüdischen Kultur gegenüber den Juden. Asriel Schochat hat in seinem 1960 auf Hebräisch veröffentlichten und erst 2000 ins Deutsche übersetzten[7] Buch detailliert beschrieben, wie das herkömmliche Leben der Juden dadurch verändert wurde[8]. Die Rabbiner, die ihre Gemeinden vor dieser Verweltlichung der Sitten warnten, konnten sich immer weniger durchsetzen, die weltliche Literatur drang – wie in den christlichen Haushalten – immer weiter vor, das Thorastudium ließ nach, immer öfter riefen Juden bei Streitigkeiten die Gerichte ihres Landes und nicht die Rabbiner zu Hilfe. Die Juden »versuchten wieder, sich unter den Menschen zurechtzufinden, sie traten aus ihrer Abgeschiedenheit heraus und wollten sein, wie andere waren. Sie nahmen die Menschenrechte für sich in Anspruch, strebten nach Erleichterung ihrer Stellung im Staate; Verbesserung ihrer bürgerlichen Lage, Erlangung der vollen Gleichberechtigung wurden die Losungsworte, die mehrere Geschlechter hindurch ihr Denken und Tun beherrschten. [...] Sie befleißigten sich allgemeiner Bildung, wurden von dem Strome der herrschenden Gedanken mit fortgerissen, das kritische Denken, das ganz Europa ergriff, bemächtigte sich auch ihrer Religion. Fromme Übungen bildeten nicht mehr den einzigen oder vorwiegenden Gegenstand ihres Interesses, der Dogmatismus, der die jüdische Religion das ganze Mittelalter hindurch beherrscht hatte, wurde überwunden, neues, frisches Leben regte sich in der Behandlung aller Fragen.«[9]

---

6 Robert Weltsch: 1918 – Die Krise der herkömmlichen Einstellung zu jüdischen Problemen. In: Zur Geschichte der Juden in Deutschland im 19. und 20. Jahrhundert. Hg. vom Leo Baeck Institut Jerusalem. Jerusalem: Academic Press 1971 (Veröffentlichungen des Leo Baeck Instituts Jerusalem zur Geschichte der Juden in Mitteleuropa), S. 87–93, hier S. 87.

7 Michael Brocke hat diese Übersetzung auf das schärfste kritisiert in: Kalymnos. Beiträge zur deutsch-jüdischen Geschichte aus dem Salomon Ludwig Steinheim-Institut 5 (2002), H. 1, S. 11–13.

8 Asriel Schochat: Der Ursprung der jüdischen Aufklärung in Deutschland. Frankfurt, New York: Campus 2000 (Campus Judaica; 14).

9 Ismar Elbogen: Der jüdische Gottesdienst in seiner geschichtlichen Entwicklung. 3., verb. Aufl., Frankfurt a. M.: Kauffmann 1931 (Grundriß der Gesamtwissenschaft des

Der besondere Zustand des Judentums in Deutschland leistete dieser Entwicklung Vorschub. Seit der Reformation und unter den drückenden und rechtlosen
Verhältnissen waren die deutschen Juden kulturell zurückgefallen, auch »im
Studium der religiösen Litteratur blieben sie bedeutungslos«,[10] weshalb Rabbiner vorwiegend aus Polen berufen wurden. Der Streit zwischen zwei hoch
angesehenen Rabbinern, zwischen Jonathan Eybeschütz und Jacob Emden,
über die Frage, ob bestimmte Amulette sabbatianische Bedeutung hätten oder
nicht, erregte um 1750 die gesamte europäische Judenheit und führte zu einer
»Spaltung innerhalb der Gemeindevorstände und im Rabbinat« und fügte »diesen Institutionen dauernden Schaden« zu.[11] Scholem sprach in diesem Zusammenhang davon, daß die »Welt des rabbinischen Judentums« von »innen
heraus zerstört« worden sei, »unabhängig von jeder ›aufgeklärten‹ Kritik«;[12]
die »Krise des Judentums« habe »nach der Öffnung des Ghettos sich schon im
Inneren« des Judentums vorbereitet:[13] »So wurde, noch bevor die Mächte der
Weltgeschichte das Judentum im 19. Jahrhundert aufwühlten, seine Wirklichkeit von innen her mit Zerfall bedroht.«[14]

Mit der Zunahme des materiellen Wohlstandes stieg die Tendenz zur Teilnahme am ›bürgerlichen‹ Lebensstandard. Das Gemeindeleben begann zu zerfallen und mit ihm der Zusammenhalt innerhalb der Familien. In dem Maße, in
dem die Bindungskraft der ›Gesamtheit des Judentums‹ (klal jisroel) nachließ,
erstarkten die Möglichkeiten einer individuellen Lebensmöglichkeit. Bei diesem langwierigen Prozeß waren die gebildeten Juden Vorreiter, die den Anschluß an die Aufklärung suchten und ihre Kinder zunehmend nach aufklärerischen Erziehungsprinzipien erzogen. Simon Bernfeld zog den Schluß, »daß
Mendelssohn und seine Freunde die begabten Mitarbeiter an einer geschichtlich notwendig gewordenen Kulturentwickelung der deutschen Juden waren,
wie sie damals im Charakter der Zeit lag«.[15] Ganz ähnlich argumentierte Asriel
Schochat: Für ihn hätten die jüdische Aufklärung und die Assimilation auch
ohne die theoretischen Schriften Moses Mendelssohns ihren Weg genom-

---

       Judentums); Nachdruck Hildesheim, Zürich, New York: Olms 1995 (Olms-Paper-
       backs; 30), S. 394.
[10]   Simon Bernfeld: Juden und Judentum im neunzehnten Jahrhundert. Berlin: Cron-
       bach 1898 (Am Ende des Jahrhunderts; 3), S. 2.
[11]   Mordechai Breuer: Frühe Neuzeit und Beginn der Moderne. In: Breuer / Graetz,
       Deutsch-jüdische Geschichte in der Neuzeit (Anm. 2), Bd 1, S. 85–247, hier S. 246;
       vgl. auch Friedrich Battenberg: Das Europäische Zeitalter der Juden. Darmstadt:
       Wissenschaftliche Buchgesellschaft 1990, 2. Teilband, S. 46.
[12]   Gershom Scholem: Erlösung durch Sünde. In: ders., Judaica 5. Erlösung durch Sünde.
       Hg., aus dem Hebräischen übersetzt und mit einem Nachwort versehen von Michael
       Brocke. Frankfurt a. M.: Suhrkamp 1992 (Bibliothek Suhrkamp; 1111), S. 7–116,
       hier S. 115.
[13]   Ebd. S. 19.
[14]   Gershom Scholem: Die Theologie des Sabbatianismus im Lichte Abraham Cardosos.
       In: ders., Judaica 1. Frankfurt a. M.: Suhrkamp 1963 (Bibliothek Suhrkamp; 106),
       S. 119–146, hier S. 146.
[15]   Bernfeld, Juden und Judentum in neunzehnten Jahrhundert (Anm. 10), S. 4.

men.[16] Es wird später darzustellen sein, daß die deutschen Juden in dem Jahrhundert der Symbiose nicht nur wieder den Anschluß an die kulturelle Höhe des europäischen Judentums gewannen, sondern sich an dessen Spitze stellten.

Die gebildeten Juden vollzogen parallel, was sich in der sie umgebenden Gesellschaft veränderte. Es entstand seit dem Ende des 18. Jahrhunderts eine »neuartige Familienkultur«,[17] die von der Entdeckung von Liebe und Partnerschaft, einer neuen und intensiveren Beziehung zum Kind, der Anerkennung einer besonderen Kindheit und Jugend bis hin zu den architektonischen Voraussetzungen – der Möglichkeit vieler Zimmer in der Wohnung – reichte. In den gehobenen Schichten wurde die Möglichkeit einer »intim häuslich-individuellen Kultur der Geselligkeit« geschaffen, die die »Familienkultur der Gebildeten« kennzeichnete; nicht nur nach außen war dieser Prozeß gerichtet, er betraf auch das familiäre Innenleben, denn »jedes einzelne Mitglied beanspruchte und kultivierte seine Privatheit«.[18] Die Unterscheidung von Öffentlichkeit und Privatsphäre war, wie Arthur A. Cohen bemerkte, zum ersten Mal in dem Zeitalter möglich, »für das Mendelssohn beispielhaft ist«.[19] Diese Privatheit war für traditionelle Juden undenkbar, denn sie hätte den inneren Zusammenhalt der Judengemeinschaft geschwächt.

Diese Entwicklung stand in enger Verbindung mit einer anderen, nämlich der Entstehung einer (bürgerlichen) Öffentlichkeit.[20] Die Produktion von Zeitschriften, Flugschriften, Denkschriften, Büchern – von Reisebeschreibungen bis zu philosophischen Werken – und – dies war ein ganz neues Phänomen – von Briefsammlungen nahm um 1750 und dann um 1800 sprunghaft zu, so daß sich überall Lesezirkel bildeten. Daß in den zahlreichen Briefveröffentlichungen und Autobiographien die Privatheit öffentlich demonstriert wurde, soll hier nur am Rande erwähnt werden. Das Schreiben von Büchern, vorher eine Nebenbeschäftigung vor allem von Pastoren und Professoren, die ihr festes Einkommen hatten,

---

[16] Vgl. Schochat, Der Ursprung der jüdischen Aufklärung in Deutschland (Anm. 8), S. 454.

[17] Hans Erich Bödeker: Die ›gebildeten Stände‹ im spätern 18. und frühen 19. Jahrhundert. Zugehörigkeiten und Abgrenzungen. Mentalitäten und Handlungspotentiale. In: Bildungsbürgertum im 19. Jahrhundert. Teil 4: Politischer Einfluß und gesellschaftliche Formation. Hg. von Jürgen Kocka. Stuttgart: Klett-Cotta 1989 (Industrielle Welt; 48), S. 21–52, hier S. 34.

[18] Ebd.

[19] Arthur A. Cohen: Der natürliche und der übernatürliche Jude. Das Selbstverständnis des Judentums in der Neuzeit. Freiburg, München: Alber 1966, S. 30. Vgl. auch Hans-Georg Werner: Zum Verhältnis zwischen ›öffentlicher‹ und ›privater‹ Sphäre im dichterischen Weltbild Lessings. In: Humanität und Dialog. Lessing und Mendelssohn in neuer Sicht. Beiträge zum Internationalen Lessing-Mendelssohn-Symposium anläßlich des 250. Geburtstages von Lessing und Mendelssohn, veranstaltet im November 1979 in Los Angeles, Kalifornien. Beiheft zum Lessing Yearbook. Hg. von Ehrhard Bahr, Edward P. Harris und Lawrence G. Lyon. Detroit: Wayne State University Press 1982, S. 83–102, hier S. 83ff.

[20] Vgl. den Artikel »Öffentlichkeit« in: Geschichtliche Grundbegriffe. Historisches Lexikon zur politisch-sozialen Sprache in Deutschland. Hg. von Otto Brunner u. a. Stuttgart: Klett 1978, Bd 4, S. 413–467.

oder von Schriftstellern, die von einem fürstlichen oder königlichen Hof unterhalten wurden (daher die wortreichen und demütigen Widmungen), wurde jetzt ein selbständiger Beruf. 1792 erschien von Adolph Knigge das Buch *Über Schriftsteller und Schriftstellerey*,[21] 1814 von Heinrich Luden *Vom freien Geistes-Verkehr*.[22] Die Anerkennung des ›geistigen Eigentums‹ mußte erkämpft werden – Goethes Werke z. B. wurden sofort unrechtmäßig nachgedruckt. Es ist für den Beginn der deutsch-jüdischen Symbiose kein Zufall, daß Lessing einer der ersten war, der seine Familie zumindest einige Jahre von Veröffentlichungen ernähren konnte.[23] Diese Literatur fand im Lesepublikum eine neue Art von Öffentlichkeit, die neue Schicht der ›Bürgerlichen‹ wurde »der eigentliche Träger des Publikums, das von Anbeginn ein Lesepublikum« war.[24] Die Zahl der Neuerscheinungen auf dem Büchermarkt stieg von 1810 bis 1840 von etwa 2.000 auf etwa 12.000 an, der Markt für Bücher explodierte geradezu. Gleichzeitig vollzog sich ein tiefer Wandel in den Lesegewohnheiten. War es vorher üblich, die wenigen Bücher, die in einem Haushalt vorhanden waren, wieder und wieder zu lesen – meistens waren es religiöse Erbauungsbücher oder Jahreskalender –, so wurde jetzt die aktuelle Literatur nur noch einmal gelesen. »Zugespitzt formuliert trat an die Stelle einer intensiven Wiederholungslektüre die extensive Lektüre neuer Lesestoffe.«[25] Damit vollzog sich eine tiefgreifende Wandlung der geistigen Einstellung insgesamt. Vermittelt wurde sie vor allem in den zahlreichen Lesegesellschaften,[26] sie »waren die eigentlichen Bildungsinstitutionen der entstehenden ›gebildeten Stände‹«.[27] Diese hatten oft eigene Räume für ein ungestörtes Lesen und Diskutieren; diese Tradition wurde mit Veränderungen bis weit in das 19. Jahrhundert fortgeführt.

Der Berufsstand des freien Schriftstellers etablierte sich zusammen mit der Entstehung anderer ›freier Berufe‹. Diese standen nicht mehr unter direkter Beauftragung und Kontrolle der Obrigkeit, sondern aus ihnen rekrutierte sich – neben dem Adel – der Großteil des neuen Bildungsbürgertums. Diese Berufe entstanden jenseits der Ständeschichtung und jenseits der traditionellen Ordnung

---

[21] Druckort Hannover.

[22] Heinrich Luden: Vom freien Geistesverkehr. Pressfreiheit, Censur, Buchhandel und Nachdruck. Nachdruck des Beitrags aus *Nemesis, Zeitschrift für Politik und Geschichte*, 2. Band, Weimar 1814. Heidelberg: Winter 1990 (Jahresgabe – Carl-Winter-Universitätsverlag Heidelberg; 1990/91).

[23] Vgl. Walter Horace Bruford: Die gesellschaftlichen Grundlagen der Goethezeit [1936], Frankfurt a. M., Berlin, Wien: Ullstein 1975 (Ullstein-Bücher; 3142), S. 258.

[24] Jürgen Habermas: Strukturwandel der Öffentlichkeit. Untersuchungen zu einer Kategorie der bürgerlichen Gesellschaft. Neuwied, Berlin: Luchterhand 1971 (Politica; 4 – Sammlung Luchterhand; 25), S. 37f.

[25] Bödeker, Die ›gebildeten Stände‹ im späten 18. und frühen 19. Jahrhundert (Anm. 17), S. 36.

[26] Vgl. die Erinnerungen von Henriette Herz in: Sie saßen und tranken am Teetisch. Anfänge und Blütezeit der Berliner Salons 1789–1871. Hg. von Rolf Strube. 2. Aufl., München: Piper 1992 (Serie Piper; 1204), S. 46–52.

[27] Ebd. S. 43.

überhaupt, also auch jenseits der religiösen Bindungen. Es gab eine starke Verbindung zwischen dem Wunsche nach freiem Unternehmertum und freiem Geistesverkehr. So trat auch Moses Mendelssohn für die freie Wirtschaft ein:

> Man suche [...] alle Einschränkungen, so viel sich thun läßt, zu vermindern, die Monopolien, Vor- und Ausschließungsrechte aufzuheben, dem geringsten Aufkäufer mit dem größten Handlungshause gleiche Rechte und Freiheit zukommen zu lassen; mit einem Worte, die Concurrenz unter den Zwischenhändlern auf alle Weise zu befördern; [...] Nur durch Concurrenz, unbeschränkte Freiheit und Gleichheit in den Rechten des Kaufs sind diese Endzwecke zu erreichen ...[28]

Der freie Wirtschafts- und der freie Geistesverkehr standen miteinander in Verbindung. Wie klar diese Verbindung auch später noch von den Gegnern der freien Wirtschaft gesehen wurde, zeigt Moses Hess, der 1862 die »philosophische Spekulation« in Parallele setzte mit der »industriellen Spekulation«.[29] Alfred Sohn-Rethel hat diese Zusammenhänge Mitte des 20. Jahrhunderts systematisch zu analysieren versucht.[30]

Der später als Antisemitismusforscher bekannt gewordene Jacob Katz hat in seiner noch 1935 auf Deutsch veröffentlichten Dissertation dargestellt, wie sich im Bildungsbürgertum eine Form der ›neutralen‹ Gesellschaftlichkeit bildete. Er beschrieb »die Entstehung einer neuen Begegnungsform, für welche die vorhandenen Unterschiede zwischen Juden und Nichtjuden ihren trennenden Charakter verloren, weil sich Juden und Nichtjuden auf einer gesellschaftlichen Grundlage fanden, die jenseits dieser Unterschiede entstand. [...] Mit der Entstehung der Aufklärungselite entstand eine Gesellschaft, die weder christlich noch jüdisch war, zu der man hinzugehören konnte, ohne vor die Frage: Christ oder Jude, überhaupt gestellt worden zu sein. Die Zugehörigkeit zu dieser Gesellschaft war durch die Beteiligung am geistigen Leben der Aufklärung gegeben.«[31]

Die Grundlage der Symbiose war die damalige Einheit der Entstehung einer neuen sozialen Schicht, dem gebildeten Bürgertum und einer neuen Denkform, dem aufgeklärt-gebildeten Denken. Die Träger der alten Bildung, vor allem also die Repräsentanten der christlichen Kirchen, waren in Verruf geraten, weil sie sich von den Regierungen mißbrauchen ließen. Da das Volk nicht lesen konnte, wurden die Anordnungen der Obrigkeit von der Kanzel verlesen, ja

---

[28] Moses Mendelssohn: Vorrede zu Manasseh Ben Israel, *Rettung der Juden* [1782]. In: Moses Mendelssohn's gesammelte Schriften. Hg. von G. B. Mendelssohn, 3. Bd 1. Abt., Leipzig: Brockhaus 1843, S. 177–202, hier S. 192.

[29] Moses Hess: Rom und Jerusalem, die letzte Nationalitätsfrage [Leipzig 1862]. In: ders., Ausgewählte Schriften. Ausgewählt und eingeleitet von Horst Lademacher. Köln: Melzer 1962, S. 221–320, hier S. 268.

[30] Vgl. z. B. Alfred Sohn-Rethel: Geistige und körperliche Arbeit. Zur Theorie der gesellschaftlichen Synthesis. Frankfurt a. M.: Suhrkamp 1970; ders., Warenform und Denkform. Aufsätze. Frankfurt a. M., Wien: Europäische Verlagsanstalt 1971 (Kritische Studien zur Philosophie).

[31] Jakob Katz: Die Entstehung der Judenassimilation in Deutschland und deren Ideologie. Frankfurt a. M.: Droller 1935, S. 40f.

sogar an der Überwachung waren viele Geistliche beteiligt.[32] Die Juden lebten vorher von den Christen trotz vielfältiger Kontakte getrennt in einer eigenen Welt mit anderen Lebens- und Denkformen.

> Das Zusammentreffen als Selbstzweck mit freundschaftlichem oder geselligem Charakter war zwischen Juden und Nichtjuden nicht möglich. Ein solches Zusammentreffen würde eine ›Gesellschaft‹ vorausgesetzt haben, in der Juden und Nichtjuden gleichzeitig verkehrt hätten. Denn nur auf Grundlage des gesellschaftlichen Verkehrs ist ein Zusammentreffen von Menschen als Selbstzweck denkbar. Eine solche Gesellschaft hat es aber bis zur assimilatorischen Zeit nicht gegeben. *Die Entstehungszeit einer solchen Gesellschaft ist der Markstein zwischen der vorassimilatorischen und assimilatorischen Epoche.*[33]

Solch eine Gesellschaft wurde in den Freundeskreisen, in den Salons, in den Lesesälen und in den wissenschaftlich-literarischen Gesellschaften aufgebaut. Hier galt vor allem die Bildung, die Religionszugehörigkeit war von geringer Bedeutung.

Jacob Katz hat später seine Auffassung etwas geändert: er sprach nicht mehr von einer »neutralisierten«, sondern nur noch von einer »halbneutralen« Gesellschaft.[34] Für uns ist dies aber nicht entscheidend, weil wir uns nicht mit der gesamten Breite der Assimilation befassen, sondern nur mit jenem Ausschnitt, der sich in der Symbiose realisierte. Katz wollte aber die Bedeutung dieser Entwicklung keineswegs in Frage stellen:

> Gemessen an den Zuständen, die in den vorangegangenen Generationen herrschten, muß das neue Verhältnis zwischen den Juden und ihrer Umwelt als revolutionär angesehen werden.[35]

Das Besondere der Jahrzehnte, in denen die Symbiose begann, war das bruchlose Umschlagen vom Gesellschaftlichen ins Geistige und umgekehrt. Bildung und alles Dazugehörige war damals das Kennzeichen einer neu entstehenden gesellschaftlichen Schicht, die – wenn auch mit nur geringem Erfolg – das überkommene System der Stände und der absolutistischen Regierungsform überwinden wollte. Die Symbiose ist nicht rein ideologisch zu verstehen. Max Nordau trug auf dem ersten Zionistenkongreß 1897 eine solche Meinung vor:

> Die Philosophie Rousseaus und der Encyclopädisten hatten zur Erklärung der Menschenrechte geführt. Aus der Erklärung der Menschenrechte leitete die starre Logik der Männer der großen Umwälzung die Judenemanzipation ab. Sie stellten eine regelrechte Gleichung auf: jeder Mensch hat von Natur bestimmte Rechte; die Juden sind Menschen; folglich haben die Juden von Natur die Menschrechte. Und so wurde in Frankreich die Gleichberechtigung der Juden verkündet, nicht aus brüderlichen Gefühlen, sondern weil die Logik es erforderte. Das Volksgefühl sträubte sich sogar dagegen [...]. Die Männer von 1792 emanzipierten uns aus Prinzipienreiterei.

---

[32] Vgl. Bruford: Die gesellschaftlichen Grundlagen der Goethezeit (Anm. 23), S. 241.

[33] Katz, Die Entstehung der Judenassimilation in Deutschland (Anm. 31), S. 22f.

[34] Jacob Katz: Aus dem Ghetto in die bürgerliche Gesellschaft. Jüdische Emanzipation 1770–1870. Frankfurt a. M.: Athenäum 1986, S. 252, Anm. 27.

[35] Jacob Katz: Die Anfänge der Judenemanzipation. In: Bulletin des Leo Baeck Instituts 13 (1974), Nr 50, S. 12–31, hier S. 26.

Das übrige Westeuropa ahmte das Beispiel Frankreichs nach, wieder nicht unter dem Drange des Gefühls, sondern weil die gesitteten Völker eine Art sittlicher Nötigung empfanden, sich die Errungenschaften der großen Umwälzung anzueignen.[36]

Dieser Auffassung konnte sich 1912 der Rabbiner Paul Rieger, der im ›Centralverein deutscher Staatsbürger jüdischen Glaubens‹ tätig war, nur teilweise anschließen, denn in Deutschland seien die Vorgänge anders gewesen:

> Die Emanzipation der Juden ist in den meisten Staaten Europas eine Konsequenz des modernen Staatsgedankens gewesen. Sie ist den Juden weder aus Liebe, noch aus Dankbarkeit, sondern lediglich als eine politische Folgerung des französischen Staatsideals der allgemeinen Gleichberechtigung gewährt worden. Der Siegeszug der Waffen Frankreichs und seines Einflusses ist darum der Weg der Emanzipation der Juden in Europa.
> Nur in Preußen ist die Gleichberechtigung der Juden der Siegespreis eines mit sittlichem Ernste geführten Rechtskampfes. Das gesteigerte Rechtsgefühl der christlichen Umwelt und das wachsende Selbstbewußtsein der Juden haben hier gemeinsam den Sieg über zähe Vorurteile und kleinliche Gehässigkeit errungen. Der staatlichen Gleichstellung der Juden in Preußen geht die innere Befreiung, die Selbstemanzipation voraus.[37]

Auch wenn Rieger hier, politisch gegen den Zionismus gerichtet, einen historisch konkreteren Standpunkt einnahm als Nordau, so bleibt auch seine Vorstellung vom ›Rechtskampf‹ zu abstrakt und kann die neue soziale Qualität jener Gesellschaftsschicht nicht erfassen, auf der die Symbiose aufbaute.

Eine fast entgegengesetzte Position vertrat Asriel Schochat, der seine historische Analyse der Vorgeschichte der jüdischen Aufklärung mit dem hier schon paraphrasierten Satz beendete:

> Es hat den Anschein, als ob die Geschichte der Haskalah und der Assimilation auch ohne die theoretischen Betrachtungen Moses Mendelssohns ihren Weg genommen hätte.[38]

Hier wird die Bedeutung des geistigen Elements unterschätzt. Die Einbindung Moses Mendelssohns nicht nur in die Diskussionen um Fragen des Judentums, sondern auch in die über philosophische und ästhetische Fragen, bedeutete eine Einbindung in jene Kreise, die das Projekt des Bildungsbürgertums unterstützten und mit dessen Realisierung begannen. Ohne diesen sozialgeschichtlichen Untergrund hätte die Aufklärung insgesamt ihren Einfluß nicht entwickeln können, der in verschiedenen Wandlungen ein bedeutender Teil der deutschen Geistesgeschichte war.

---

[36] Max Nordau: I. Kongressrede [29.08.1897]. In: Max Nordau's zionistische Schriften. Hg. vom Zionistischen Aktionskomitee. Köln, Leipzig: Jüdischer Verlag 1909, S. 39–57, hier S. 45f.

[37] Zur Jahrhundert-Feier des Judenedikts vom 11. März 1812. Ein Rückblick auf den Kampf der preußischen Juden um die Gleichberechtigung von Prediger Dr. Paul Rieger. Berlin: Rosenthal & Co 1912, S. 5.

[38] Schochat, Der Ursprung der jüdischen Aufklärung in Deutschland (Anm. 8), S. 454.

Die Symbiose wurde durch zwei soziale Vorgänge ermöglicht: Durch die vor allem in den Städten voranschreitende Auflösung der Ghettos dem damit verbundenen Anschluß gebildeter Juden an die moderne Weltsicht einerseits und durch die Bildung einer neuen sozialen Schicht, dem Bildungsbürgertum,[39] das sich erst zu festigen begann, andererseits.[40] Wie die Emanzipation insgesamt so war auch die Symbiose Ergebnis einer beiderseitigen gesellschaftlichen Veränderung und keineswegs nur einseitig.[41] Das bedeutet nicht, daß das entstehende Bildungsbürgertum bewußt auf die Juden zugegangen wäre, es bedeutet aber sehr wohl, daß es die vielgestaltigen Hemmungen und Schranken unter den gesellschaftlichen Gruppen überwand und sich so auch für die Juden öffnete.

2.2 Mendelssohn und Lessing

Der berühmte Germanist Jacob Minor schrieb über Moses Mendelssohn, was vorher schon sehr oft gesagt worden war und was viele Jahrzehnte unwidersprochen blieb:

> Als Lessings Freund und als Urbild des Nathan ist Mendelssohn unsern Augen immer gegenwärtig: er ist gewissermaßen der Idealjude in unserer Literatur.[42]

Natürlich entsprach dieses Bild – wie jedes Idealbild – nicht der Wirklichkeit. Lessing und Mendelssohn wurden 1729 geboren, 1752 lernten sie sich kennen, 1779 veröffentlichte Lessing *Nathan der Weise*, 1781 starb er, 1786 starb Mendelssohn. Dieses ›Urbild‹ der deutsch-jüdischen Symbiose entstand also vor der Epoche der Französischen Revolution, vor der Besetzung Deutschlands durch französisches Militär, vor der Befreiung von dieser Vorherrschaft und vor den Jahren der Restauration. Erst in diesen für Deutschland so tief prägenden Ereignissen aber wurde die Grundlage für die Symbiose in ihren konkreten Ausformungen gelegt. Die Freundschaft zwischen Lessing und Mendelssohn kann daher kein vollgültiges Bild der Symbiose geben.

---

[39] Insgesamt dazu: Shulamit Volkov: Die Verbürgerlichung der Juden in Deutschland als Paradigma. In: dies., Jüdisches Leben und Antisemitismus im 19. und 20. Jahrhundert. Zehn Essays. München: Beck 1990, S. 111–130; George L. Mosse: Das deutsch-jüdische Bildungsbürgertum. In: Das deutsch-jüdische Bildungsbürgertum. In: Bildungsbürgertum im 19. Jahrhundert. Teil 2: Bildungsgüter und Bildungswissen. Hg. von Reinhard Koselleck. Stuttgart: Klett-Cotta 1990 (Industrielle Welt; 41), S. 168–180.

[40] Vgl. Leo Löwenthal: Judentum und deutscher Geist. In: ders., Untergang der Dämonologien. Studien über Judentum, Antisemitismus und faschistischen Geist. Leipzig: Reclam 1990 (Reclam-Bibliothek; 1376 – Philosophie, Geschichte, Kulturgeschichte), S. 26–82, hier S. 27.

[41] Vgl. Katz, Die Entstehung der Judenassimilation (Anm. 31), S. 31.

[42] Zit. nach: Beate Berwin: Moses Mendelssohn im Urteil seiner Zeitgenossen. Berlin: Reuther & Reichard 1919 (Kant-Studien; Ergänzungsheft 49), S. 61, Anm. 1.

Bevor die theoretischen Positionen Mendelssohns und Lessings untersucht werden, kann eine Begebenheit helfen, das Verhältnis dieser beiden Freunde realistischer einzuschätzen. Als 1774 Goethes *Die Leiden des jungen Werther* erschienen war, bekam Sarah (Sophie) Grotthuss dieses Buch geschenkt; Mendelssohn, ihr Mentor, erfuhr davon, kommentierte mit scharfen Worten die Passagen, die sie angestrichen hatte, und warf das Buch aus dem Fenster. Lessing, der gerade Berlin besuchte, war, wie Sarah schrieb, »indigniert gegen Mendelssohn«, und schenkte ihr ein anderes Exemplar des *Werther*.[43] Nicht nur, daß Lessing hier in die Erziehungshoheit Mendelssohns eingriff; ihm war offensichtlich nicht gegenwärtig, daß der *Werther* – was in Leipzig und an anderen Orten zu Verbotsanträgen führte – als »eine Apologie und Empfehlung des Selbst Mordes«[44] aufgefaßt werden konnte. Obendrein verwies dieser Selbstmord auf den Opfertod Christi.[45] Mendelssohn sah im *Werther* mehr ein moralisches Werk, Lessing mehr ein autonomes Kunstwerk. Es ist bekannt, daß durch das Buch Goethes sich eine ganze Reihe von jungen Männern zum Selbstmord entschlossen hat. Nun aber zu den gedanklichen Differenzen der Freunde.

Das Denken war im Bewußtsein der Frühaufklärung ein Akt des Individuums. Der Verstand stand demnach dem Gegenstand gegenüber, der erfaßt und analysiert werden sollte. Im Übergang der Aufklärung zum Idealismus erkannte man im Denken auch eine soziale Dimension. In den 1778 erstmals veröffentlichten *Freimaurer-Gesprächen* beginnen die Freunde Ernst und Falk ein Gespräch, bei dem Falk gleich zu Beginn feststellt: »Nichts geht über das *laut denken* mit einem Freunde.«[46] Lessing war, so Franz Rosenzweig, ein »durchaus *mündlicher* Mensch«.[47] Das Denken selbst wird hier zu einem sozialen Akt zwischen Freunden. Dies wird auch deutlich in den Worten, die Mendelssohn über seinen Freund Thomas Abbt nach dessen frühem Tode schrieb:

---

[43] Vgl. Barbara Hahn: Die Jüdin Pallas Athene. Auch eine Theorie der Moderne. Berlin: Berlin-Verlag 2002, S. 45.

[44] Verbotsantrag der Theologischen Fakultät (in Leipzig). In: Der junge Goethe im zeitgenössischen Urteil. Bearb. und eingeleitet von Peter Müller. Berlin: Akademie-Verlag 1969 (Deutsche Bibliothek; 2), S. 129.

[45] Vgl. Matthias Luserke: Die Bändigung der wilden Seele. Literatur und Leidenschaft in der Aufklärung. Stuttgart, Weimar: Metzler 1995 (Germanistische Abhandlungen; 77), S. 241f.

[46] Gotthold Ephraim Lessing: Ernst und Falk. Gespräche für Freimäurer. In: ders., Werke. Hg. von Herbert G. Göpfert. Darmstadt: Wissenschaftliche Buchgesellschaft 1996, 8. Bd, S. 451–488, hier S. 452.

[47] Franz Rosenzweig: Zu Lessings Denkstil. In: ders., Der Mensch und sein Werk. Gesammelte Schriften. Bd III: Zweistromland. Kleine Schriften zu Glauben und Denken. Hg. von Reinhold Mayer und Annemarie Mayer. Den Haag: Nijhoff 1984, S. 455.

Deutschland verliert an ihm einen trefflichen Schriftsteller, die Menschheit einen
liebreichen Weisen, dessen Gefühl so edel, als sein Verstand aufgeheitert war; seine
Freunde den zärtlichsten Freund, und ich einen Gefährten auf dem Wege zur Wahrheit, der mich vor Fehltritten warnte.[48]

Auch hier war der Weg zur Wahrheit einer, der mit einem Freunde beschritten
werden mußte, wenn auch die Hilfe eingegrenzt wird auf die Vermeidung von
Fehlern; die Wahrheit bleibt erreichbar, der Weg zu ihr ist erkannt, Fehler sind
vermeidbar. Lessing ging hier einen deutlichen Schritt weiter. Für ihn war
nicht die Wahrheit, sondern allein der »Trieb nach Wahrheit« dem Menschen
angemessen, die Wahrheit selbst aber sei nur in Gott.[49]

Das ›laut Denken mit einem Freunde‹ verweist auch auf Nathan, der zum
Tempelherr sagte:

> Kommt,
> Wir müssen, müssen Freunde sein! – [...]
> Sind Christ und Jude eher Christ und Jude
> Als Mensch?[50]

Dies ist es, was Jacob Katz das »Zusammentreffen als Selbstzweck mit freund-
schaftlichem oder geselligem Charakter«, das »Zusammentreffen von Menschen
als Selbstzweck« genannt hat.[51] Dies ist – zumindest der Idee nach – das Zentrum der deutsch-jüdischen Symbiose, in dem das geistige Element, die Suche
nach Wahrheit, mit dem sozialen Element, dem freundschaftlich-geselligen
Zusammentreffen der sich formierenden Bildungsschicht, vereint ist.

In Lessings ›laut Denken mit einem Freunde‹ kann man einen sehr frühen Ursprung für die Dialogik erkennen, die von Martin Buber, Franz Rosenzweig und
anderen entwickelt wurde. Eine von vielen Zwischenstufen war ein Vortrag von
Moritz Lazarus (1824–1903)[52] aus dem Jahre 1876 *Über Gespräche*, wo es heißt:

> So arbeitet Jeder mit dem Andern zusammen; so wird uns die Wahrheit auch darum
> werthvoller und theurer, daß sie eben nicht das Erzeugniß des Individuellen, sondern
> das Erzeugniß des Gesamtgeistes ist.[53]

---

[48] Moses Mendelssohn: Phaedon oder Über die Unsterblichkeit der Seele. In: Moses
Mendelssohn's Schriften zur Philosophie, Aesthetik und Apologetik. Mit Einleitungen, Anmerkungen und einer biographisch-historischen Charakteristik Mendelssohn's. Hg. von Moritz Brasch. Breslau: Jacobsohn 1892, Bd 1, S. 131f.

[49] Gotthold Ephraim Lessing: Eine Duplik. In: ders., Werke (Anm. 46), 8. Bd, S. 30–
101, hier S. 33.

[50] Gotthold Ephraim Lessing: Nathan der Weise. Ein dramatisches Gedicht in fünf
Aufzügen, Vers 1306–1311.

[51] Katz, Die Entstehung der Judenassimilation (Anm. 31), S. 22.

[52] Vgl. zu Lazarus: Georg Eckardt: Einleitung in die historischen Texte. In: Völkerpsychologie – Versuch einer Neuentdeckung. Texte von Lazarus, Steinthal und Wundt.
Hg. von Georg Eckardt. Weinheim: Beltz, Psychologie-Verlags Union 1997, S. 7–123,
hier S. 33ff.

[53] Moritz Lazarus: Über Gespräche. In: ders., Ideale Fragen in Reden und Vorträgen.
2., unveränderte Aufl. Berlin: Hofmann 1879, S. 232–265, hier S. 263; wieder als:

Hatte Lazarus noch gesagt, daß es »viele Dinge« gebe, »die absolut niemals in ihrer Vollständigkeit, Tiefe und Innigkeit von uns erfaßt werden, wenn sie nicht Gegenstand des Gespräches sind«,[54] dann hat Hannah Arendt dies in ihrer Rede zur Verleihung des Lessing-Preises 1959 vertieft und verschärft. Im Gespräch manifestiere sich die »politische Bedeutung der Freundschaft« in der »ihr eigentümlichen Menschlichkeit«. Menschlich werde die Welt erst, »wenn sie Gegenstand des Gesprächs geworden ist«. Erst durch das Gespräch werde die Welt vermenschlicht, »und in diesem Sprechen lernen wir, menschlich zu sein«.[55]

Hinter dieser Verschärfung, die Hannah Arendt formulierte, stand die Erfahrung der Vernichtung der europäischen Juden. Hier finden wir den radikalen Gegensatz zu Lessings Auffassung des Gespräches und dadurch zugleich ihre Bestätigung. Die Vernichtung der europäischen Juden war nur möglich durch das Vermeiden jeden Gespräches in diesem dialogischen Sinne. »Die zwei Wörter ›gute Nacht‹ aus dem Munde eines SS-Mannes wären in der Hölle von Auschwitz eine Ungeheuerlichkeit gewesen.«[56] Was Günther Anders hier hypothetisch formulierte, wurde von Raul Hilberg in dem Film *Shoah* bestätigt:

> Aber der Schlüssel des ganzen Verfahrens war ja, psychologisch gesehen, daß das, was gerade geschah, nie ausdrücklich benannt wurde. Nichts sagen, die Dinge tun. Sie nicht beschreiben.[57]

Ähnlich war für Max Horkheimer die »Rede der Aufseher im Konzentrationslager« ein »furchtbarer Widersinn«, ganz unabhängig von dem, was er zu sagen hat; der einzige Sinn liege darin, »daß sie die Funktion des Sprechers selbst verurteile«.[58]

So machen sich der Anfang der Symbiose und die Shoah gegenseitig in ihrer Bedeutung begreifbar. Die Vernichtung des innersten Kerns der Symbiose bedeutete eine Vernichtung von Geschichte; das ›laut Denken mit einem Freund‹ in seiner einfachen Menschlichkeit ist zum Träger von Geschichtlichkeit geworden. Als einer der ersten nach 1945 hat Max Picard, dessen Urgroßvater ein berühmter Rabbiner war, erkannt, daß dieser Kern der Menschlichkeit und Geschichtlichkeit durch die Nazis vernichtet worden war. In seinem schon 1946 erschienenen Buch *Hitler in uns selbst* heißt es:

---

ders., Über Gespräche. Hg. und mit einem Nachwort von Klaus Christian Köhnke. Berlin: Henssel 1986 (Textura; 36), S. 43.

54 Ebd. S. 262 bzw. S. 42.

55 Hannah Arendt: Von der Menschlichkeit in finsteren Zeiten. In: dies., Denken als Widerspruch. Reden zum Lessing-Preis. Hg. von Volker F. W. Hasenclever. Frankfurt a. M.: Eichborn 1982, S. 39–66, hier S. 60.

56 Günther Anders: Besuch im Hades. Auschwitz und Breslau 1966 nach »Holocaust« 1979. München: Beck 1979 (Beck'sche Schwarze Reihe; 202), S. 205.

57 Claude Lanzmann: Shoah. Düsseldorf: Claassen 1986, S. 187.

58 Zit. nach: Gunzelin Schmid Noerr: Wahrheit, Macht und die Sprache der Philosophie. In: Max Horkheimer heute. Werk und Wirkung. Hg. von Alfred Schmidt und Norbert Altwicker. Frankfurt a. M.: Fischer-Taschenbuch-Verlag 1986 (Fischer-Taschenbücher; 6559), S. 349–370, hier S. 361.

> Der Nationalsozialismus ist kein Teil der Geschichte, keine Episode in ihr, der Na-
> tionalsozialismus ist ein Einbruch in die Geschichte, er ist geschichtslos. [...] Die
> Geschichte wird unterbrochen durch den Nazismus.[59]

Natürlich war der Nazismus ein Faktum der Geschichte, aber dieses Faktum
fiel weit hinter die erreichte Qualität von Geschichte zurück, die durch den
Kampf gegen Absolutismus und Feudalismus, durch die Französische Revolution und die schrittweise Realisierung ihrer Ideale sowie durch die Demokratisierung der Gesellschaft erreicht worden war. Für die ersten Schritte auf diesem schwierigen Weg sind Lessing und Mendelssohn, die hier kräftig mitge-
holfen haben, zu Symbolfiguren geworden.

1779 erschien Lessings *Nathan der Weise*. Schon um 1800 schrieb Herder:

> *Lessing* insonderheit hat dies unbefangenere Urtheil gebildeter Juden, ihre schlichte-
> re Art, die Dinge anzusehen, in *Nathan dem Weisen* dargestellt; wer darf ihm wider-
> sprechen, da der Jude als solcher von manchen politischen Vorurteilen frei ist, die
> wir mit Mühe oder gar nicht ablegen?[60]

Sehr schnell also war Nathan zum Symbol des guten, des besseren Juden geworden. Herder lobte die Juden, die Jahrhunderte lang unter Drangsalen gelit-
ten hatten. Durch Erziehung, Moral und Kultur würden die Folgen beseitigt, die
»Ungleichheit zwischen Menschen und Menschen« werde aufhören; der Anfang sei schon gemacht:

> Wer denkt bei Spinoza's, Mendelssohn's, Herz' philosophischen Schriften daran,
> daß sie von Juden geschrieben wurden?[61]

Hannah Arendt hat hierzu bemerkt, daß natürlich jeder daran denke, denn ein
großer Teil des Interesses an diesen Schriften habe darin bestanden, »daß Juden nicht mehr wie Juden waren«.[62] Die Frage allerdings, wer Jude sei und
wer nicht, konnte zu keiner Zeit unstrittig beantwortet werden.

Die Situation der Juden, die sich dem entstehenden Bildungsbürgertum anschlossen, war äußerst problematisch. Der Übertritt von einem Kulturkreis in
einen anderen kann nur im Ablauf mehrerer Generationen gelingen, hier aber
sollte er sozusagen aus dem Stand vollzogen werden. Da dies nicht gelingen
konnte, ergab sich eine »Zweideutigkeit der Lage«, die oft eine »radikale Zweiteilung der Lebenssphäre« zur Folge hatte.[63] Es entstand der Leitsatz: Draußen
ein Mensch, zu Hause ein Jude. Möglich wurde dies, weil gerade in dieser Zeit

---

[59] Max Picard: Hitler in uns selbst. Erlenbach-Zürich, Stuttgart: Rentsch 1969 [1946],
S. 205.

[60] Johann Gottfried Herder: Adrastea. In: Herder's Werke. Hg. und mit Anm. begleitet
von Heinrich Düntzer und Wollheim von Fonseca. Berlin o. J. [1879ff.], 14. Bd,
S. 1–708, hier S. 565.

[61] Ebd. S. 566.

[62] Hannah Arendt: Elemente und Ursprünge totaler Herrschaft. Bd 1: Antisemitismus,
Frankfurt a. M., Berlin, Wien: Ullstein 1975 (Ullstein-Bücher; 3181), S. 404.

[63] Katz, Die Entstehung der Judenassimilation (Anm. 31), S. 45.

– wie schon erwähnt – »eine wirkliche Unterscheidung zwischen Öffentlichkeit und Privatem möglich« wurde.[64]

Auch Mendelssohn lebte in dieser Zweiteilung. Sein Bild in der Geschichte ist alles andere als klar.[65] Einerseits hieß es: Es war keiner von Moses bis Moses außer Moses, ein Satz, der zunächst auf Mose ben Maimon, den großen mittelalterlichen Philosophen Maimonides, bezogen wurde, der nun aber für Mendelssohn gelten sollte. Er sei der Retter, der als der Reformator des Judentums und als der Vater einer allen Menschen akzeptablen Vernunftreligion galt. Für die Rabbiner war er umgekehrt ein Verderber der Judenheit, weil er den Pentateuch ins Deutsche übersetzt und dadurch die ›heilige Sprache‹ entheiligt hatte. Für viele Zionisten war Mendelssohn später der Vater der Assimilation, der Konversion zum Christentum – fast alle seine Kinder unternahmen diesen Schritt – und der ›Entjudung‹. Außerdem wurde er für die Hinwendung vieler Juden zum ›Materialismus‹, also zu gesellschaftlicher Anerkennung durch materiellen Reichtum verantwortlich gemacht.[66] Franz Rosenzweig hat diese Zweiteilung deutlicher gesehen als viele andere: Mendelssohn sei weder der alte noch der neue Typ des Juden gewesen: »Denn er ist weder noch. Sondern es ist beides *neben*einander in ihm. Unbegreiflich für die Zeitgenossen. Wie sollten sie begreifen, daß nicht *ein* Mensch vor ihnen stand, sondern zwei.«[67] Im deutschen Bildungsbürgertum, zu dem auch immer mehr Juden zählten, war Mendelssohn aber ein noch ganz anderer, nämlich der Freund Lessings.

Hatte Katz die Veränderung des Verhaltens der Juden gegenüber ihrer Umwelt als revolutionär bezeichnet, so waren die Veränderungen in der deutschen Gesellschaft ebenfalls tiefgreifend und – obwohl später noch verschärft durch die Besetzung Deutschlands durch französische Truppen – mit größten Problemen behaftet. Und auch hier gab es Zweideutigkeiten, die nicht unterschätzt werden dürfen. Auch das für die Symbiose so wichtige und idealisierte Verhältnis von Mendelssohn und Lessing war nicht frei von ihnen.

Lessing hat sein schon vor einigen Jahren fast fertiggestelltes dramatisches Gedicht *Nathan der Weise* in den Auseinandersetzungen mit dem Hauptpastor Goeze überarbeitet und 1779 fast als eine Art Kampfschrift für die Idee der Toleranz veröffentlicht.[68] Diese Idee paßte genau in die Vorstellungswelt des entstehenden Bildungsbürgertums, nach dem alle Menschen, jenseits der als

---

[64] Arthur A. Cohen: Der natürliche und der übernatürliche Jude. Das Selbstverständnis des Judentums in der Neuzeit. Freiburg, München: Alber 1966, S. 30.

[65] Vgl. Schochat, Der Ursprung der jüdischen Aufklärung in Deutschland (Anm. 8), S. 423–429.

[66] Vgl. Simon Bernstein: Der Zionismus, sein Wesen und seine Organisation. 3. (Volks-) Auflage Berlin: Jüdischer Verlag 1919, S. 14.

[67] Franz Rosenzweig: Der jüdische Mensch. In: ders., Zweistromland (Anm. 47), S. 559–575, hier S. 566.

[68] Vgl. Arno Schilson: »... auf meiner alten Kanzel, dem Theater« Über Religion und Theater bei Gotthold Ephraim Lessing. Göttingen: Wallstein 1997 (Kleine Schriften zur Aufklärung; 9).

äußerlich empfundenen Grenzen von Stand und Religion, allein nach ihrer
Bildung beurteilt werden sollten. Vom Standpunkt der reinen, religiös neutralen Menschlichkeit konnte einem Christen, dem Klosterbruder, der Jude Nathan als Christ, dem Juden Nathan der Christ als Jude erscheinen.[69] Den Kern
seiner Überzeugungen faßte Lessing in die berühmte Ringparabel.[70]

Vor langer Zeit habe ein »Mann in Osten« einen Ring besessen, der hatte
»die geheime Kraft, vor Gott / Und Menschen angenehm zu machen, wer / In
dieser Zuversicht ihm trug«. Dieser Ring wurde immer an den Lieblingssohn
vererbt. Dieser Mann konnte zwischen seinen drei Söhnen nicht auswählen, er
ließ zwei andere Ringe anfertigen, die so ähnlich waren, daß er auch hier den
richtigen nicht auswählen konnte. Er gab jedem seiner Söhne einen Ring, und
als er starb, wollte jeder der Söhne Herr des Hauses werden. Aber »der rechte
Ring war nicht / Erweislich; – Fast so unerweislich, als / Uns itzt – der rechte
Glaube.« Die Söhne gehen zu einem weisen Richter. Der statuiert ein Exempel
und will, um die geheime Kraft des Ringes zu beweisen, wissen, wer von
zweien der Brüder am meisten geliebt werde. Die aber schweigen, woraus der
Richter schließt, daß keiner der Ringe echt ist. Der Vater habe vielleicht die
»Tyrannei des *einen* Rings« nicht weiter dulden wollen, und so gibt er den Rat:
»So glaube jeder sicher seinen Ring / Den echten.« Und er gab den berühmten
Rat: »Es eifre jeder seiner unbestochnen / Von Vorurteilen freien Liebe nach!«
Jeder solle »mit Sanftmut, / Mit herzlicher Verträglichkeit, mit Wohltun, / Mit
inniger Ergebenheit in Gott« der Kraft des Ringes helfen. Wenn dann nach
langer Zeit die Kraft der Ringe sich wieder äußert, dann »lad ich über tausend
tausend Jahre / Sie wiederum vor diesen Stuhl. Da wird / Ein weisrer Mann auf
diesem Stuhle sitzen / Als ich; und sprechen. Geht!«

Im Gang dieser Legende ist die Zweideutigkeit ersichtlich. Der Grund des
Mannes im Osten, zwei neue Ringe herstellen zu lassen, wird vom Richter in
Frage gestellt; war die Wirkung des wahren Ringes anfangs völlig positiv, so
wird sie später negativ, zur Tyrannei. Wenn man diesen Gedanken auf die drei
großen Offenbarungsreligionen überträgt und diesen in den Gesamtrahmen des
Dramas einfügt, dann bedeutet das die Abkehr vom Monotheismus. Heymann
Steinthal (1823–1899),[71] der uns noch intensiver beschäftigen wird, ist dieser
Gefahr fast erlegen:

> Alle Ringe sind echt, und jedes Volk hat den seinigen vom Vater der Menschheit, der
> in keiner Weise und Form die Tyrannei eines Ringes gewollt hat. Der gütige Vater
> hat jedem Sohne denjenigen Ring gegeben, der für seinen Finger paßte.[72]

---

[69] Verse 3007–3010.
[70] Verse 1911–2054.
[71] Vgl. zu Steinthal, Völkerpsychologie (Anm. 52), S. 44ff.
[72] Heymann Steinthal: Das erwählte Volk oder Juden und Deutsche [1890]. In: Über
Juden und Judentum. Vorträge und Aufsätze. Hg. von Gustav Karpeles. Berlin: Poppelauer 1906 (Schriften / Gesellschaft zur Förderung der Wissenschaft des Judentums),
S. 12–17, hier S. 16.

Entgangen ist Steinthal dem Polytheismus nur, weil er nicht von den monotheistischen Religionen, sondern von den Völkern sprach. Der Monotheismus aber war die verbindende Klammer zwischen den Religionen und der religiöse Hintergrund des Gedankens der, der einigen Menschheit. Die Unerweislichkeit des rechten Glaubens wurde von den Söhnen bewiesen, als sie nach dem Beliebtesten befragt wurden und schwiegen. Von nun an hilft nicht mehr der Ring dem Besitzer, sondern umgekehrt muß der Besitzer dem Ring helfen, seine Kraft neu zu entfalten. Die Frage nach dem echten Ring ist völlig entwertet und hat keine Bedeutung mehr. »Die Unechtheit hat jedenfalls keine Bedeutung für den Endeffekt« – wie 1931 schon Hans Leisegang festgestellt hat[73] –, die »Beweislast« wurde dem Menschen zugeschoben.[74] Eine ›Echtheit‹, wenn von dieser überhaupt noch gesprochen werden kann, eine ›geheime Kraft‹ wäre nach ›tausend tausend Jahren‹ allein von den Menschen hergestellt durch humanitäres Verhalten. Der Bruch und die Zweideutigkeit der Parabel vollzogen sich im Spruch des Richters, der einerseits feststellte, daß keiner der Ringe echt sei, der aber andererseits dazu riet, jeder solle seinen Ring für echt halten, was tatsächlich aber ein frommer Selbstbetrug wäre.

Das Problem der religiösen Toleranz jedenfalls ist so nicht zu lösen gewesen. Toleranz wurde gefordert zwischen Religionen, die sich aus Offenbarungen herleiteten. Dies war in dem echten Ring noch erkennbar, nicht mehr aber in den unechten. Die Offenbarungsreligionen gründen sich auf die Tradition des Offenbarungsgeschehens und diese Tradition ist Teil der Geschichte: »Geschrieben oder überliefert!« und jeder glaubt naturgemäß seinen Vätern: »Wie kann ich meinen Vätern weniger / Als du den deinen glauben?«[75] Das Judentum ist die ›Religion der Väter‹. Lessing aber hatte schon zwei Jahre vor der Veröffentlichung des *Nathan* die Tradition der Offenbarung selbst abgeschnitten; Tradition wurde ihm zum vollständig historischen Medium. Die Wunder der Offenbarung »sollen durch ein *Medium* wirken, das ihnen alle Kraft benimmt«.[76] Der Glaube der Väter ist dieses Medium, das nun aber der Offenbarung alle Kraft genommen hat. Und schon hier kann man den Satz lesen, der auch auf die Ringparabel zu beziehen ist: »Was kümmert es mich, ob die Sage falsch oder wahr ist: die Früchte sind trefflich.«[77] – Was kümmert es mich, ob die Ringe falsch oder wahr sind: Wir müssen sie trefflich fruchtbar machen.

---

[73] Hans Leisegang: Nathan der Weise [1931]. In: Lessings »Nathan der Weise«. Hg. von Klaus Bohnen. Darmstadt: Wissenschaftliche Buchgesellschaft 1984 (Wege der Forschung; 587), S. 116–132, hier S. 130.

[74] Hartmut Sierig: Die große Veränderung. Reimarus – Lessing – Goeze. In: Hermann Samuel Reimarus: Vorrede zur Schutzschrift für die vernünftigen Verehrer Gottes. Facsimile, Göttingen: Vandenhoeck & Ruprecht 1967 (Veröffentlichung der Joachim-Jungius-Gesellschaft der Wissenschaften Hamburg; 9), S. 25.

[75] Verse 1976 u. 1985f.

[76] Gotthold Ephraim Lessing: Über den Beweis des Geistes und der Kraft. In: ders., Werke (Anm. 46), 8. Bd, S. 9–14, hier S. 10.

[77] Ebd., S. 14.

Wie können treffliche Früchte gefunden werden auf einem Weg, der nicht der Weg des ›Triebes nach Wahrheit‹ ist? Die Zweideutigkeit bleibt, und es stellt sich die Frage, warum der Jude Nathan, gegen den Ernst Simon, als einer von sehr wenigen Widerspruch, erhoben hat[78], zu einer so unumstrittenen Symbolfigur und die Ringparabel zu einem so unumstrittenes Symbol der Toleranz werden konnten.

Als Lessing den *Nathan* schrieb und der Ringparabel darin die zentrale Rolle zuteilte, war ihm bewußt, daß er eine Parabel von Boccaccio benutzte und umgestaltete. Was er aber nicht wußte, war, daß es eine weitaus ältere Erzählung gab, die ein ähnliches Thema behandelte, nämlich die *Parabel von den zwei Edelsteinen*, die jüdischen Ursprungs ist und erstmals im 15. Jahrhundert aufgezeichnet wurde. Da ging es um zwei Edelsteine –, die Judentum und Christentum symbolisieren sollen – die ein Vater seinen beiden Söhnen hinterließ, und deren Unterschied ein jüdischer Weiser beschreiben sollte.[79] In dieser Parabel hingegen gab es keinen Zweifel daran, daß beide Steine echt waren.

Der Gedanke der Toleranz hatte seine Ursprünge weit vor der Französischen Revolution. In Deutschland setzte er sich langsam nach dem Dreißigjährigen Krieg durch, der ein Krieg zwischen christlichen Religionen war. Dies galt auch für das Edikt von Potsdam 1685, das der Ansiedelung von Hugenotten den Weg bahnte. An eine Tolerierung außerchristlicher Religionen hatte damals niemand gedacht. Einer der ersten, der dies forderte, war Johann Christoph Gottsched (1700–1766), der 1725 die Rede *Von dem verderblichen Religionseifer und der heilsamen Duldung aller Religionen* hielt. »Das meiste Blut, so jemals die Erde in sich getrunken, ist durch die Religion vergossen worden.«[80] Hieraus forderte er die »allgemeine Religionsfreiheit«[81] und ging dann auf die Forderung der Vernunft ein, »daß die Wahrheit über alles zu schätzen sei«.[82] Nicht nur ein Christ – immer wieder wies er auf die Streitigkeiten innerhalb des Christentums hin –, auch ein Türke oder ein ›Chineser‹ glaube, »daß er die älteste und beste Religion habe. Wer hat von euch dreien recht? Wer soll Macht haben, die anderen zu verfolgen?«[83]

---

[78] Ernst Simon: Lessing und die jüdische Geschichte [1929]. In: ders., Brücken. Gesammelte Aufsätze. Heidelberg: Schneider 1965, S. 215–219.

[79] Die Parabel von den zwei Edelsteinen. In: Der Born Judas. Erster Teil: Legenden, Märchen und Erzählungen. Gesammelt von Micha Josef bin Gorion. Neu hg. und mit einem Nachwort versehen von Emanuel bin Gorion. Leipzig: Insel-Verlag 1978, S. 603–604.

[80] Johann Christoph Gottsched: Von dem verderblichen Religionseifer und der heilsamen Duldung aller Religionen. In: ders., Reden / Vorreden / Schriften. Hg. und mit einem Vorwort versehen von Marianne Wehr. Leipzig: Reclam 1974 (Reclams Universal-Bibliothek; 565 – Sprache und Literatur), S. 65–72, hier S. 66.

[81] Ebd. S. 68.

[82] Ebd. S. 69f.

[83] Ebd. S. 70. Es ist schon bemerkenswert, daß diese Rede Gottscheds in der Literatur zum *Nathan* kaum erwähnt wird, in dem 1984 von Klaus Bohnen herausgegebenen Band *Lessings ›Nathan der Weise‹* (Anm. 73) wird Gottsched nicht genannt.

Gottsched forderte Religionsfreiheit, für Lessing hatten die historischen Religionen an sich keine entscheidende Bedeutung mehr. Die Religionen waren für ihn Äußerlichkeiten, die die wahre Menschlichkeit und Würde nicht berührten.[84] Die Toleranz galt folglich etwas letztlich Nebensächlichem. Goethe nahm die Religionen ernster. An Lavater, der Mendelssohn 1769 aufgefordert hatte, zum Christentum überzutreten, schrieb er 1782:

> Mein Pflaster schlägt bey dir nicht an, deins nicht bey mir, in unsers Vaters Apotheke sind viele Recepte. So habe ich auf deinen Brief nichts zu antworten, nichts zu widerlegen, aber dagegen zu stellen habe ich vieles. Wir sollten einmal unsere Glaubensbekenntnisse in zwey Columnen neben einander setzen und darauf einen Friedens- und Toleranzbund errichten.[85]

Goethe, der sich hier auf Johannes 14, Vers 2 bezieht – »In meines Vaters Hause sind viele Wohnungen« –, erkannte die Verschiedenheit der Religionen an und versuchte keineswegs, die Unterschiede als unwichtig darzustellen. Gerade deshalb wurde ihm später der Begriff der Toleranz verdächtig, weil er in sich zweideutig ist: Toleranz kann vom Tolerierten nicht eingeklagt werden und gilt nur jemandem, den man eigentlich nicht vollständig anerkennt. In den *Maximen und Reflexionen* heißt es:

> Toleranz sollte eigentlich nur eine vorübergehende Gesinnung sein: sie muß zur Anerkennung führen. Dulden heißt beleidigen.
> Die wahre Liberalität ist Anerkennung.[86]

Dieses Problem – hier ein erster Querschnitt durch die zu betrachtende Zeit – blieb ungelöst bestehen. Als Max Brod 1911 mit Franz Kafka in Zürich war, sahen sie die 1835 uraufgeführte Oper *Die Jüdin* von Jacques Fromental Halévy. Darin sagt Elazar über einen Christen:

> Nicht seine Duldung, seine Güte
> Versöhnen meinen Rachegeist;
> Haß und Verderben jedem Christen,
> Wenn er auch Duldung uns verheißt.[87]

Ein Jahr später, also 1912, erschien im *Kunstwart* der großes Aufsehen erregende Aufsatz *Deutsch-jüdischer Parnaß* von Moritz Goldstein. Dort heißt es schon im zweiten Absatz:

---

[84] Vgl. Wilhelm Dilthey: Das Erlebnis und die Dichtung. Lessing / Goethe / Novalis / Hölderlin. Göttingen: Vandenhoeck & Ruprecht 1965 (Kleine Vandenhoeck-Reihe; 191), S. 95.

[85] Goethe an Lavater am 4. Oktober 1782. In: Johann Wolfgang von Goethe / Johann Caspar Lavater: Briefe und Tagebücher. Hg. von Heinrich Funck. Weimar: Verlag der Goethe-Gesellschaft 1901 (Schriften der Goethe-Gesellschaft; 16), S. 226.

[86] Maximen und Reflexionen, Nr 151 und 152.

[87] Jacques Fromental Halévy: Die Jüdin. Große Oper in fünf Akten. Neue Ausgabe von Georg Hartmann. Berlin o. J., S. 9.

Welcher gesittete Deutsche wollte sich auch das Lob entgehen lassen, daß er tolerant sei? Aber wir Juden verlangen endlich Ehrlichkeit, und die Zeit ist hoffentlich nicht mehr fern, wo ein Jude den Schurken vor seine Klinge fordern wird, der es wagt, gegen ihn ›tolerant‹ zu sein.[88]

Seine Position zu den historischen Religionen hat Lessing 1777 bzw. 1780 in *Die Erziehung des Menschengeschlechts* dargelegt. Er teilte die Meinung vieler, daß die jüdische Religion veraltet sei und nicht in die Gegenwart passe. Hier wird der Pentateuch als Kinderbuch für eine junge Menschheit dargestellt; die Menschheit aber werde vernünftiger, und da müsse ein »bessrer Pädagog [...] dem Kinde das erschöpfte Elementarbuch aus den Händen reißen. – Christus kam.« (§ 53) Aber auch dem Christentum müsse die Menschheit entwachsen. Lessing hoffte auf »die Zeit eines neuen ewigen Evangeliums« (§ 86). Alle geoffenbarten Religionen geben nach Lessing vor, zu wissen, wie das Leben nach dem Tode sei. Er hielt dem entgegen: »Wenn es auch wahr wäre, daß es eine Religion gäbe, die uns von jenem Leben ganz ungezweifelt unterrichtete, so sollten wir lieber dieser Religion kein Gehör geben.«[89] Es ist dies die Kurzfassung der Ringparabel und der Kern der Position Lessings gegenüber den Offenbarungsreligionen, in dem die mit ihnen verbundenen Probleme nicht gelöst, sondern einfach verdrängt und geleugnet werden. Lessing sah in der Überwindung der historischen Religionen eine der wichtigsten Stationen des Fortschritts der Menschheit.

Über diese für Lessing so wichtige Schrift, eine Art Testament, haben Lessing und Mendelssohn nicht mehr korrespondiert. Friedrich Heinrich Jacobi berichtete allerdings von einem Gespräch zwischen beiden, in dem es um ähnliche Fragen ging, und Lessing habe ihm bei dieser Gelegenheit gesagt: »Wir wurden nicht miteinander fertig, und ich ließ es dabei.«[90] Es gab dennoch eine Antwort Mendelssohns auf Lessings Idee des Fortschritts der Menschheit, in der sich eine tiefgreifende Differenz zwischen beiden manifestierte. Hier zeigt sich eine Zweideutigkeit bei Mendelssohn.

Als Mendelssohn 1784 auf die Frage ›Was ist Aufklärung?‹ antwortete, waren Aufklärung, Kultur und Bildung für ihn ›gleichbedeutende Wörter‹. Enger als Kant schloß er Aufklärung und Bildung an ein Volk:

Je mehr der gesellige Zustand eines Volks durch Kunst und Fleiß mit der Bestimmung des Menschen in Harmonie gebracht worden; desto mehr Bildung hat dieses Volk.[91]

---

[88] Moritz Goldstein: Deutsch-jüdischer Parnaß. In: Menora. Jahrbuch für deutsch-jüdische Geschichte 13 (2002), S. 39–59, hier S. 40.

[89] Gotthold Ephraim Lessing: Womit sich die geoffenbarte Religion am meisten weiß, macht mir sie gerade am verdächtigsten. In: ders., Werke (Anm. 46), 7. Bd, S. 643–644, hier S. 644.

[90] Gotthold Ephraim Lessings Gespräche nebst sonstigen Zeugnissen aus seinem Umgang. Zum ersten Mal gesammelt und Hg. von Flodoard Freiherrn von Biedermann. Berlin: Propyläen-Verlag 1924, S. 222.

[91] Moses Mendelssohn: Ueber die Frage: was heißt aufklären? In: Was ist Aufklärung? Beiträge aus der Berlinischen Monatsschrift. Hg. von Norbert Hinske. 2., um ein

Aber gerade weil er Bildung und Aufklärung für die ›Bestimmung des Menschen‹ als notwendig erachtete, war der Schluß seines Aufsatzes bemerkenswert:

> Eine Nation, die durch die Bildung auf den höchsten Gipfel der Nationalglükselig-
> keit gekommen, ist eben dadurch in Gefahr zu stürzen, weil sie nicht höher steigen
> kann. – Jedoch dieses führt zu weit ab von der vorliegenden Frage![92]

Die Frage, ob es für die Bildung überhaupt einen ›höchsten Gipfel‹ gibt, warum es diesen gibt und weshalb Bildung einer inneren oder äußeren Beschränkung unterliegt, – dies sind Fragen, die keineswegs weitab liegen, sondern sie
gehören in den Begriff der Bildung und Aufklärung hinein.

Im Mai 1793, also ein Jahr zuvor, war Mendelssohns vielleicht wichtigstes
Werk erschienen: *Jerusalem oder Über religiöse Macht und Judenthum*. Dort
ging er auf seinen verstorbenen Freund Lessing und dessen *Erziehung des Menschengeschlechtes* ein und beantwortete zumindest indirekt diese Fragen:

> Ich für meinen Theil habe keinen Begriff von der Erziehung des Menschenge-
> schlechts, die sich mein verewigter Freund Lessing von, ich weiß nicht welchem
> Geschichtsforscher der Menschheit hat einbilden lassen.[93]

In diesem wahrhaftig nicht nebensächlichen Punkt waren sich Mendelssohn
und Lessing also keineswegs einig. Für Mendelssohn gab es eine Entwicklung
zum Besseren nur für den einzelnen Menschen und die jeweilige Nation, nicht
aber für die Menschheit insgesamt:

> Der Mensch geht weiter, aber die Menschheit schwankt beständig zwischen festge-
> setzten Schranken auf und nieder, behält aber im ganzen betrachtet, in allen Peri-
> oden der Zeit ungefähr dieselbe Stufe der Sittlichkeit, dasselbe Maß von Religion
> und Irreligion, von Tugend und Laster, von Glückseligkeit und Elend [...].[94]

Es fragt sich natürlich, wer diese Schranken festgesetzt hat. Kant sah in dem
Auf und Nieder ein »Trauerspiel«, das »wenigstens nach unseren Begriffen
sogar der Moralität eines weisen Welturhebers und Regierers zuwider« sei.[95]
Der Fortschritt zum Besseren sei zwar zu unterbrechen, nicht aber abzubre-
chen. Mendelssohn stellte noch das Volk bzw. die Gesellschaft in den Mittelpunkt seines Denkens, Kant dagegen das Individuum;[96] gleichzeitig dachte er
vom jüdischen Volk aus, das durch seine Erwählung schon am Ende der Ge-

---

Nachwort vermehrte Aufl., Darmstadt: Wissenschaftliche Buchgesellschaft 1977,
    S. 444–451, hier S. 445.
[92] Ebd., S. 451.
[93] Moses Mendelssohn: Jerusalem oder über religiöse Macht und Judenthum. In: Mo-
    ses Mendelssohn's gesammelte Schriften (Anm. 28), 3. Bd, S. 317.
[94] Ebd., S. 427.
[95] Immanuel Kant: Über den Gemeinspruch: Das mag in der Theorie richtig sein, taugt
    aber nicht für die Praxis. In: ders. / Friedrich von Gentz / August Wilhelm Rehberg:
    Über Theorie und Praxis. Einleitung von Dieter Henrich. Frankfurt a. M.: Suhrkamp
    1967 (Theorie; 1), S. 39–87, hier S. 81.
[96] Vgl. Werner Schneiders: Die wahre Aufklärung. Zum Selbstverständnis der deutschen
    Aufklärung. Freiburg, München: Alber 1974 (Alber Broschur Philosophie), S. 43.

schichte angekommen war, weshalb ihm ›der Gipfel‹ als schon erreicht erschien. »Aufgeklärtsein« hieß für Mendelssohn in erster Linie »Richtigdenken« und nicht »Freidenken« im Gegensatz zu Kant.[97] Mendelssohn aber blieb traditioneller Jude, auch wenn er sich der Aufklärung so weit angeschlossen hatte, wie es ihm möglich war.

Etwa hundert Jahre später hatte sich das Verhältnis, wie es sich hier zwischen einem Juden und einem Deutschen darstellte, umgekehrt. Der zu seiner Zeit berühmte Moritz Lazarus hatte 1894 seinem guten Bekannten, Theodor Fontane, mit dem er oft in der literarischen Vereinigung ›Rütli‹ zusammengesessen hatte, sein neues geschichtsoptimistisches Buch *Der Prophet Jeremias* geschickt. Dieser dankte artig, setzt dann aber hinzu:

> Ich glaube, das ist so von Anfang an entschieden: Das Glücks- und Leidensmaß bleibt dasselbe, das Sündenmaß bleibt dasselbe und das Maß von Anstrengung, das Sündenmaß zu verkleinern, bleibt auch dasselbe. Nichts hilft. Ich bin davon so durchdrungen (und ich fühle mich dabei *auch* wie ein Prophet; Sie werden freilich sagen von der falschen Sorte) dass mir das Weltregierenwollen im Jeremiasstil, das Politikmachenwollen nach Sittlichkeitsgesetzen, also auf dem Fundament göttlicher Gerechtigkeit, als etwas nicht blos Unfruchtbares, sondern, in Erwägung der Umstände, als etwas geradezu zu Bekämpfendes erscheint.[98]

Das ›Nichts hilft‹ signalisierte angesichts einer Politik, die sich nicht (mehr) nach Sittlichkeitsgesetzen richtete – die Aufklärung hatte noch die Verbindung von Politik und Moral gefeiert – die Resignation breiter Schichten des Bildungsbürgertums vor der ›Realpolitik‹[99] des neuen Deutschen Reiches. Jetzt waren es vor allem Juden, die an den alten Zielsetzungen der Bildung festhielten, gegen die Fontane nun ankämpfen wollte.

Die Zweideutigkeit Moses Mendelssohns bestand darin, daß er zwar für Aufklärung und Bildung eintrat, die damit aber notwendig verbundene Idee des Fortschritts nicht mit dem entstehenden Bildungsbürgertum teilte. Die Geschichte war für ihn von allenfalls untergeordnetem Interesse; er müsse gähnen, wenn er etwas Geschichtliches lese, und er, der große Autodidakt, könne ohne Unterricht keine Geschichte studieren.[100] Die Geschichte war für ihn ein ›unzuverlässiger Führer‹, voller »Irrationalitäten und Widersprüchen«, voll von »Schwankungen und Irrtümern«; dieser Sphäre könne die »Erreichung des höchsten Menschheitszieles« nicht anvertraut werden.[101] Während Mendelssohn

---

97   Ebd., S. 51.
98   Zit nach: Ingrid Belke: »Der Mensch ist eine Bestie ...« Ein unveröffentlichter
      Brief Theodor Fontanes an den Begründer der Völkerpsychologie, Moritz Lazarus.
      In: Bulletin des Leo Baeck Instituts 13 (1974), Nr 50, S. 32–50, hier S. 36.
99   Vgl. Ludwig August von Rochau: Grundsätze der Realpolitik. Angewendet auf die
      staatlichen Zustände Deutschlands [1853 / 1869]. Hg. und eingeleitet von Hans-
      Ulrich Wehler. Frankfurt a. M., Berlin, Wien: Ullstein 1972 (Ullstein-Buch; 2915).
100   Vgl. Brief an Thomas Abbt vom 16. Februar 1765. In: Moses Mendelssohn's
      gesammelte Schriften (Anm. 28), 5. Bd, S. 342.
101   Ernst Cassirer: Die Philosophie der Aufklärung. 3. Aufl., unveränd. Nachdruck der
      2. Aufl., Tübingen: Mohr 1973 [1932], S. 261.

hier der Frühaufklärung verhaftet blieb, finden wir bei Lessing den »Durchbruch zu einer neuen Grundansicht vom Wesen und von der Wahrheit des Geschichtlichen«.[102]

Die neue Grundansicht von der Geschichte schloß die Idee des Fortschritts ein, Fortschritt war das große Losungswort der Epoche. Für einen normalen Juden war dies nicht nachvollziehbar. Die Ablehnung historischer Literatur durch Mendelssohn entsprach traditioneller jüdischer Einstellung:

> Im 16. Jahrhundert hatten die Leser im Grunde keine andere Einstellung zur Geschichtsschreibung als in früheren Epochen. Historische Werke galten als amüsante Zerstreuung für Mußestunden, bestenfalls auch als Mittel moralischer Erbauung. Der Gattungsbegriff für Werke zur Geschichte ungläubiger Völker war ›Kriegsbücher‹ *(sifrey milhamot)*, und in der halachischen Literatur stritt man sich weiter, ob man sie lesen dürfe und gegebenenfalls wann und in welcher Sprache.[103]

Geschichte war – radikal negativ bewertet – die Sphäre der nichtjüdischen Völker; ihre entscheidenden Wendepunkte waren durch verheerende Kriege gekennzeichnet und sie mußten Ausplünderung, Vertreibung und Mord erleiden. Für die Juden war mit den fünf Büchern Moses, der Thora, das Grundgerüst des Weltenlaufes gegeben; die Beachtung der Gesetze erfüllte das tägliche Leben, allein die Wiedererrichtung des Tempels in Jerusalem war eine hoffnungsvolle Zukunft, die der – keineswegs bei allen Juden – künftige König aus dem Stamme Davids herbeiführen sollte. Die Offenbarung war zur »Ewigen Gegenwart der Erfüllung« geworden, alle Momente der Geschichte waren »gleichsam auswechselbar, vertauschbar, weil der Inhalt, auf den es ankam, immer derselbe blieb«.[104] Der Gedanke des Fortschritts mußte hier die Grundpfeiler des historischen Selbstverständnisses erschüttern, denn hier war das Neue nicht mehr zunächst das Schlechte und das Alte zunächst das Gute.[105] Das Gesetz war ewig, es stand im Mittelpunkt ihres Lebens, was eine unterschiedliche Auslegung, unterschiedliche Kleidung und ähnliches aber nicht ausschloß. Der jährliche Zyklus der Gedenk- und Festtage aktualisiert das Vergangene unmittelbar, weshalb das vergangene Geschehen als selbst Erfahrenes begriffen werden sollte. Die Vorstellung, daß in der Geschichte etwas wesentlich Neues geschehen konnte, war ihnen fremd.[106] Das Judentum lebte von alters her gleichzeitig in der verlorenen Vergangenheit und in der verheißenen Zukunft; die geschichtliche Gegenwart war von geringer Bedeutung.[107] Die Traditionskette band jeden Juden so fest, daß er die Distanz

---

102 Ebd.
103 Yosef Hayim Yerushalmi: Zachor! Erinnere Dich! Jüdische Geschichte und jüdisches Gedächtnis. Berlin: Wagenbach 1988, S. 79.
104 Max Wiener: Jüdische Religion im Zeitalter der Emanzipation. Berlin: Philo-Verlag 1933, S. 39.
105 Vgl. Rudolf Eucken: Geistige Strömungen der Gegenwart. 6., umgearb. Aufl., Berlin, Leipzig 1928, S. 208f.
106 Vgl. Wiener, Jüdische Religion im Zeitalter der Emanzipation (Anm. 104), S. 38.
107 Vgl. Moritz Güdemann: Jüdische Apologetik. Nachdruck der Ausg. Glogau: Flemming, 1906. Hildesheim, New York: Olms 1981, S. 208.

zum historischen Geschehen nicht aufbringen konnte, die notwendig ist, um etwas Neues zu denken.[108] Ernst Ludwig Ehrlich faßt zusammen:

> Dem gesetzestreuen Handeln muß notwendigerweise das geschichtsbezogenen Denken fremd sein, denn was ist, ist für den orthodoxen Juden nicht geworden, sondern einst gestiftet worden. Im wesentlichen besitzen daher alle diese als Offenbarungsakte verstandenen Lehren der Tradition gleiche Dignität. Das moderne Judentum des 19. Jahrhunderts hat damit begonnen, historisch zu denken und kritisch zu werten, damit aber auch das Ethische in den Mittelpunkt zu stellen und das Rituelle eher an den Rand der jüdischen Religion zu drängen.[109]

Als das Reformjudentum sich dem Geschichtsverständnis der gebildeten Umwelt anzunähern begannen, wehrten sich orthodoxe Rabbiner, so Moshe Sofer (1763–1839) in Preßburg, der die Sentenz prägte: »Das Neue ist überall von der Thora untersagt.«[110] Sofer gehörte zu den führenden halachischen Autoritäten seiner Zeit; er und andere orthodoxe Rabbiner versuchten im Bund mit konservativen Regierungen die religiösen Reformen zu verlangsamen.[111]

In verschiedenen Ausprägungen blieb dies die Auffassung des orthodoxen Judentums. Samson Raphael Hirsch (1808–1888), der Begründer und geistige Führer der Neu-Orthodoxie, brachte dies so zum Ausdruck:

> Ist ja das Altern der Welt überhaupt an sich eine Lüge! Jedem Menschen ist die Welt nur so alt als er selbst. Frisch wie dem ersten Menschen, lacht dem zum Bewußtsein erwachten Kinde die Welt mit Paradiesesgrüßen zu. [...] Wenn der Großvater seinen Enkel in die Kenntnis der Thora einführt, dann ist ihm, dem Großvater, diese Thora so frisch und neu als hätte er sie eben selbst am Sinai aus Gottes Händen empfangen, dann ist ihm dieses Gotteswort, das ewige, nimmer alternde, nimmer obsolet und antiquiert werdende, [...] das für *alle* Geschlechter und *alle* Zeiten in ewiger Frische und ewigem Jugendglanze und in idealer Hoheit dastehende Lebensgesetz [...].[112]

Dieser orthodoxen Grundauffassung gegenüber der Geschichte war auch Moses Mendelssohn verpflichtet – trotz seiner Hochschätzung der Bildung und trotz

---

[108] Vgl. Heinz Mosche Graupe: Die Entstehung des modernen Judentums. Geistesgeschichte der deutschen Juden 1650–1942. Hamburg: Leibniz-Verlag 1969 (Hamburger Beiträge zur Geschichte der deutschen Juden; 1), S. 119f.

[109] Ernst Ludwig Ehrlich: Geistige und religiöse Strömungen im heutigen Judentum. In: Die geistige Gestalt des heutigen Judentums. Hg. von Franz Henrich. München: Kösel 1969 (Münchener Akademie-Schriften; 47), S. 13–38, hier S. 19.

[110] Vgl. Shulamit Volkov: Juden und Judentum im Zeitalter der Emanzipation. Einheit und Vielfalt. In: Saul Friedländer: Die Juden in der europäischen Geschichte. Sieben Vorlesungen. Hg. von Wolfgang Beck. München: Beck 1992 (Beck'sche Reihe; 496), S. 86–108, hier S. 96.

[111] Vgl. Michael A. Meyer: Jüdische Gemeinden im Übergang. In: Michael Brenner / Stefi Jersch-Wenzel / Michael A. Meyer: Deutsch-jüdische Geschichte in der Neuzeit. Bd 2: Emanzipation und Akkulturation 1780–1871. München: Beck 1996, S. 96–134, hier S. 133.

[112] Samson Raphael Hirsch: Pädagogische Plaudereien XII. In: ders., Gesammelte Schriften. Hg. von Naphtali Hirsch. Frankfurt a. M.: Kauffmann 1912, 6. Bd, S. 215–240, hier S. 222, 226.

seiner philosophisch-ästhetischen und literarischen Schriften, in denen er mit großem Erfolg an der zeitgenössischen Diskussion teilnahm. Die Halacha – die rabbinische Literatur über die Gebote und Verbote im Leben eines Juden – war für ihn keineswegs veraltet, sondern weiterhin aktuell gültig.[113] Auch Mendelssohn konnte sich der ›Zweideutigkeit der Lage‹ jener ersten Generation von Menschen nicht entziehen, die der deutsch-jüdischen Symbiose den Weg bahnte.

Die Problematik in ihrer Beziehung war bei Lessing und Mendelssohn aufeinander bezogen, ja miteinander verknüpft. Das Problem der Religion, das Lessing überwinden wollte und das für Mendelssohn im Kern gar keines war, weil die Religion der Väter ständig verpflichtend blieb, wurde entgegen dem Idealbild, das die Geschichte malte, nicht überwunden; die Idee der Toleranz war und blieb einem im Kern absolutistischen Gesellschaftsbild verhaftet. Dieser Gegensatz konnte aber die Freundschaft nicht stören, denn das Religionsproblem stand damals keineswegs im Zentrum des Interesses. Erst während seiner letzten Lebensjahre – 1777 sprach sich Mendelssohn gegen die Veröffentlichung eines Fragmentes von Hermann Samuel Reimarus aus, das Lessing dann doch veröffentlichte – stellte Lessing das Religionsproblem ins Zentrum seiner Veröffentlichungen, aber da war ihre Freundschaft schon ein fester Bestandteil ihrer Reputation, obwohl ihr Kontakt merklich abnahm.

Die Religionsproblematik konnte erst dann gelöst werden, als die Französische Revolution eine radikale Veränderung der Geschichte mit sich brachte und vor diesem Hintergrund das religiös neutrale Bildungsbürgertum zusätzlich erstarkte. Der schon früher begonnene Prozeß der Zurückdrängung, ja des Verlustes der Religion, wurde beschleunigt und die Bildung trat als ›Bildungsreligion‹ die Nachfolge an. Zugleich ergab sie die Möglichkeit der deutschjüdischen Symbiose auf viel breiteren und das Leben konkreter bestimmenden Feldern.

---

[113] Vgl. Christoph Schulte: Die jüdische Aufklärung. Philosophie, Religion, Geschichte. München: Beck 2002, S. 61.

3 Elemente der Symbiose

3.1 Freundschaft

Freundschaften waren lange Zeit vor Mendelssohn und Lessing die Basis von Verbindungen zwischen Juden und Christen. Schon 1642 beschwor Manasse ben Israel (1604–1657), dessen *Rettung der Juden* Mendelssohn übersetzte und 1782 mit einem Vorwort veröffentlichte, in der Widmung seines Buches *De fragilitate humana* an den Christen Gherbrand van Anslo den »allmächtigen Gott unserer Freundschaft«[1]. Dies waren aber vereinzelte Beziehungen, die keine soziale Bedeutung hatten, da es noch kein selbständiges Bildungsbürgertum gab. Erst mit dem Freundeskreis um Lessing und Mendelssohn begann eine neue Entwicklung. Hier wurde das Gespräch zur »Denkform«, an ihm konnte jeder teilnehmen, »der sich von der dogmatischen Enge und der ständischen Gebundenheit befreit hat«.[2] Freundschaft hatte jetzt eine soziale Basis und einen sozialen Auftrag: Kampf gegen den Dogmatismus in allen Religionen und Kampf gegen die ständische Gliederung der Gesellschaft, die eine freie Entfaltung der persönlichen Kräfte und Möglichkeiten verhinderte. Nur wenn man sich die strenge Ständeschichtung vergegenwärtigt, die jedem seinen auch äußerlich erkennbaren Ort innerhalb der Gesellschaft anwies, die jeden gesellschaftlichen Verkehr verhinderte. Wenn man die herausragende Bedeutung des Adels sieht – noch der alte und weltberühmte Goethe zog den Hut vor adligen Studenten –, wenn man die völlige Rechtlosigkeit der Leibeigenen, die beschränkten und jederzeit veränderbaren Rechte der mittleren Stände sieht, kann man ermessen, was Freundschaft damals bedeutete.

Der Dichter Johann Wilhelm Ludwig Gleim hatte in der Nähe von Halberstadt sein Haus und ein Gartenhaus, das als ›Freundschaftstempel‹ diente,[3] und 1746 veröffentlichte er anonym *Freundschaftliche Briefe*. Klopstock schrieb 1759 *Von der Freundschaft*.[4] 1798 hieß es in den *Athenäums-Fragmenten* von Friedrich Schlegel:

---

[1] Vgl. Carsten Wilke: Jüdische Kultur vor der Aufklärung. In: Jüdisches Leben und jüdische Kultur in Deutschland. Geschichte, Zerstörung und schwieriger Neubeginn. Hg. von Hans Erler und Ernst Ludwig Ehrlich. Frankfurt a. M., New York: Campus 2000, S. 44–73, hier S. 55.

[2] Wanda Kampmann: Deutsche und Juden. Studien zur Geschichte des deutschen Judentums. Heidelberg: Schneider 1963, S. 102.

[3] Vgl. Jan Assmann: Nachwort. In: Carl Leonhard Reinhold: Die Hebräischen Mysterien oder die älteste religiöse Freymaurerey. Hg. und kommentiert von Jan Assmann. Neckargemünd: Edition Mnemosyne 2001 (Reihe GegenSatz; 4), S. 157–192, hier S. 161.

[4] Friedrich Gottlieb Klopstock: Von der Freundschaft. In: ders., Ausgewählte Werke. Hg. von Karl August Schleiden. München: Hanser 1962, S. 934–942.

> Es ist schön, wenn ein schöner Geist sich selbst anlächelt, und der Augenblick, in welchem eine große Natur sich mit Ruhe und Ernst betrachtet, ist ein erhabener Augenblick. Aber das höchste ist, wenn zwei Freunde zugleich ihr Heiligstes in der Seele des andern klar und vollständig erblicken und ihres Wertes gemeinschaftlich froh ihre Schranken nur durch die Ergänzung des andern fühlen dürfen. Es ist die intellektuale Anschauung der Freundschaft.[5]

Novalis ging noch weiter und notierte in den Vorarbeiten zu seinen Fragmentsammlungen:

> Die Möglichkeit der Phil[osophie] beruht auf der Möglichkeit Gedanken *nach Regeln* hervorzubringen – wahrhaft gemeinschaftlich zu denken. / Kunst zu symphilosophieren / Ist gemeinschaftliches Denken möglich, so ist ein gemeinschaftlicher Wille, die Realisirung großer, neuer Ideen möglich.[6]

Freundschaft war die Voraussetzung von Philosophie, d. h. von einer neuen Philosophie, die ein neues Zeitalter der Menschheit herbeiführen sollte. Die soziale Bedeutung der Freundschaft war den Beteiligten klar; so schrieb Moses Mendelssohn am 25. August 1761 an seine Braut Fromet Guggenheim:

> Bei mir ist es eine ausgemachte Sache, unsere *k'zinim* [Reichen] sind zu keiner Freundschaft auf-gelegt. Man muß auch auf keinem andern Fuß mit ihnen leben, als mit guten Bekannten, aber zur Freundschaft gehört ein Mittelstand.[7]

Dieser ›Mittelstand‹ war der soziale Ort des frühen Bürgertums.

Es gab geradezu einen Freundschaftskult – Freundschaftskreise waren das Organisationsmodell der Gebildeten. Freundschaften, die einen von Gesellschaftszwängen ungehinderten Umgang erlaubten, verbanden sich oft mit den damals fast modischen Gefühlsregungen wie Sentimentalität und Enthusiasmus, was anzeigte, daß man die innere Gefühlswelt ohne ›Etikette‹ und ohne Falschheit offenbaren dürfe. Der fürstliche oder königliche Hof war das Gegenbild, gekennzeichnet durch politische Zwänge und Ränke, durch Intrigen und Liebedienerei. Schiller, der später mit Goethe einen der berühmtesten Freundschaftsbünde praktizierte, ließ Philipp den Zweiten, König von Spanien in *Don Carlos* bitten und klagen:

> Jetzt gib mir einen Menschen, gute Vorsicht –
> Du hast mir viel gegeben. Schenke mir
> Jetzt einen Menschen. Du – du bist allein,
> Denn deine Augen prüfen das Verborgne,
> Ich bitte dich um einen Freund; denn ich
> Bin nicht wie du allwissend. [...]

---

5   Friedrich Schlegel: Athenäums-Fragmente. In: ders., Kritische Schriften. Hg. von Wolf-dietrich Rasch. 2., erw. Aufl., München: Hanser 1964, S. 25–38, hier S. 66f., Nr 342.
6   Novalis: Vorarbeiten zu verschiedenen Fragmentsammlungen. In: ders., Werke, Tagebücher und Briefe Friedrich von Hardenbergs. Hg. von Hans-Joachim Mähl und Richard Samuel. Bd 2: Das philosophisch-theoretische Werk. München, Wien: Hanser 1978, S. 309–424, hier S. 347f.
7   Moses Mendelssohn: Brautbriefe. Berlin: Schocken 1936, S. 69.

> Gib mir
> Den seltnen Mann mit reinem, offnem Herzen,
> Mit hellem Geist und unbefangnen Augen,
> Der mir sie finden helfen kann –[8]

Selbst oder gerade der König brauche Freunde, die nichts als Menschen und keinen Eigen- oder Fremdinteressen verpflichtet seien; ein Herrscher, der sich von solchen Freunden beraten ließ, galt als aufgeklärt.

1792 wurde in Berlin die ›Gesellschaft der Freunde‹ gegründet, in der sich nach eigenem ausdrücklichen Beschluß ungetaufte und getaufte Juden trafen; dies war einer der ersten Vereine aufgeklärter Juden.[9] Diese Gesellschaft hatte entsprechend der Zeit ein eigenes Lied, dessen Refrain lautete: »Wo finden wir unser Vaterland? / In unserer brüderlichen Liebe.«[10] Ludwig Geiger schrieb über diese Gesellschaft der Freunde:

> Die wahre Aufklärung in Geist und Religion unter das Volk zu bringen, das war das tiefere bewußte Streben dieser Gesellschaft, die von einem Sohne Mendelssohns die ersten Jahre geleitet wurde und die sich das Wort des jüdischen Weisen zum Motto nahm: »Nach Weisheit forschen, Schönheit lieben, Gutes wollen, das Beste thun«.[11]

In diesem Zusammenhang gehören auch die berühmten Berliner Salons von Henriette Herz und Rahel Varnhagen.[12] Hier wurde man nur nach seiner Persönlichkeit beurteilt, nicht nach Stand, materiellem Vermögen, öffentlichem oder literarischem Erfolg.[13] Hannah Arendt schrieb über Henriette Herz:

> Zwar blieb auch in dem Salon der Henriette Herz das Element der Freundschaft noch ausschlaggebend; immerhin versuchte sie bereits, die Freundschaften zu organisieren – in dem sogenannten »Tugendbund«, zu dem die Gebrüder Humboldt, die beiden Grafen Dohna und Schleiermacher gehörten. Das rein Gesellschaftliche, das Persönlich-Intime wurde unter ihren Händen zu einem Programm. Die Assimilation hatte begonnen.[14]

Arendt betonte, daß die oft engen Beziehungen zwischen jungen Adligen und jüdischen Frauen ihre Grundlage darin fanden, daß beide dieselben Probleme hatten, nämlich ihre individuelle Emanzipation, was beide vor die Notwendigkeit eines Bruches mit ihren traditionsbestimmten Familien stellte.[15] Auch hier

---

[8] Friedrich Schiller: Don Carlos, Infant von Spanien. 3. Akt, 5. Auftritt.

[9] Vgl. Jacob Katz: Aus dem Ghetto in die bürgerliche Gesellschaft. Jüdische Emanzipation 1770–1870, Frankfurt a. M.: Jüdischer Verlag bei Athenäum 1986, S. 128f.

[10] Von mir rückübersetzt nach: David Sorkin: The Transformation of German Jewry 1780–1840. New York, Oxford: Oxford University Press 1987 (Studies in Jewish History), S. 119.

[11] Ludwig Geiger: Geschichte der Juden in Berlin. Berlin: Guttentag 1871, 1. Bd, S. 115.

[12] Vgl. z. B. Sie saßen und tranken am Teetisch. Anfänge und Blütezeit der Berliner Salons 1789–1871. Hg. von Rolf Strube. 2. Aufl., München: Piper 1992 (Serie Piper; 1204), Kap. II und III.

[13] Vgl. Hannah Arendt: Elemente und Ursprünge totaler Herrschaft. Bd 1: Antisemitismus. Frankfurt a. M., Berlin, Wien: Ullstein 1975 (Ullstein-Buch; 3181), S. 110.

[14] Ebd. S. 109.

[15] Vgl. ebd. S. 111f.

brach die Freundschaft in alte und sehr hoch bewertete Bindungen ein; und die
familiären Bindungen waren gerade bei Juden wohl die stärksten.

Diese Salons wurden von Feinden der Juden angegriffen. Friedrich Schleiermacher, dem Kreis um Henriette Herz eng verbunden, verteidigte sie.[16] 1799
veröffentlichte dieser seinen Aufsatz *Versuch einer Theorie des geselligen
Betragens*, dessen erster Satz so lautet:

> Freie, durch keinen äußeren Zweck gebundene und bestimmte Geselligkeit wird
> von allen gebildeten Menschen als eins ihrer ersten und edelsten Bedürfnisse laut
> gefordert.[17]

Schon hier aber war der gesellschaftskritische Ansatz in Frage gestellt, denn
Schleiermacher forderte, »das gesellige Leben als ein Kunstwerk [zu] con-
struiren«.[18]

Es gehört zu der Besonderheit der deutschen Geschichte, daß dieses gesellschaftskritische Moment in der »kämpferischen Freundschaft«[19] verblaßte und
einer verinnerlichten und gesellschaftsabgewandten Form der Freundschaft
wich. Freundschaft wurde mehr und mehr gerade als ein vor der Gesellschaft
und ihren Zumutungen, gegen die man sich nicht hat durchsetzen können,
geschützter Raum erfahren. Auch Juden wurden von dieser Entwicklung ergriffen. Moritz Lazarus äußerte sich über die Freundschaft in seiner *Ethik des
Judenthums* im Kapitel »Heiligung als Vereinigung«. Er erinnerte an die
Freundschaften, die in Talmud und Midrasch eine Rolle spielen, wie die zwischen Jochanan und Simon ben Lakisch, die er trotz der stark veränderten
Umstände mit der Freundschaft zwischen Luther und Melanchthon verglich.[20]
Aber er schrieb auch: »[...] höher als alle Freundesthaten steht die Freundschaft selbst, das innere, reine, feste und tiefe Gefühl, das die Seelen der
Freunde vereinigt.«[21] Warum hat er das Gefühl der Freundschaft auf die Seelen beschränkt und von der praktischen, tätigen Ausübung der Freundschaft
getrennt und dann das Innere dem bloß ›Äußeren‹ vorgezogen?

Noch einen Schritt weiter ging Max Brod (1884–1968), der heute zu Un-
recht fast nur noch als Freund Kafkas bekannt ist. Gerade weil Brod einem
großen Freundeskreis angehörte, dessen innerster Zirkel als ›Prager Kreis‹
bekannt wurde, ist folgende Aussage von 1916 überraschend:

---

[16] Vgl. Gunnar Och: Imago judaica. Juden und Judentum im Spiegel der deutschen Lite-
      ratur 1750 – 1812. Würzburg: Königshausen & Neumann 1995, S. 262ff.
[17] Friedrich Schleiermacher: Versuch einer Theorie des geselligen Betragens. In: Rahel
      Varnhagen: Rahel-Bibliothek. Gesammelte Werke. Hg. von Konrad Feilchenfeldt,
      Uwe Schweikert und Rahel E. Steiner. München: Matthes & Seitz 1983, Bd 10,
      S. 253–279, hier S. 253.
[18] Ebd. S. 256.
[19] Vgl. Wilhelm Gartzen: Das Wesen und die Entwicklung der kämpferischen Freund-
      schaft in der Dichtung des 18. Jahrhunderts. Wuppertal-Elberfeld: Pfriem 1935.
[20] Vgl. Moritz Lazarus: Die Ethik des Judenthums. Frankfurt a. M.: Kauffmann 1898,
      1. Bd, S. 445.
[21] Ebd. S. 356.

Freundschaft ist nicht Gemeinschaft, Freundschaft, dieses höchste, vielleicht einzige wahre Glück der Menschheit (denn auch in jeder Liebe ist die Freundschaft der beste Teil), bindet zwei Herzen und Köpfe so fest aneinander, daß es neben diesem Eins-sein gar kein Problem der gegenseitigen Beziehung mehr gibt.

Man könne ein guter Freund sein »und dabei der gefühlloseste, hartherzigste, gleichgiltigste Mensch gegen dritte Personen sein«.[22] Auch Tyrannen, so Brod, »hätten Freundschaften gehegt«. Hier ist die soziale Dimension und die ursprünglich allgemein-menschliche und herrschaftsfeindliche Dimension der Freundschaft völlig negiert, an eine ›Realisierung großer, neuer Ideen‹ durch Freundschaften, wie sie Novalis erhofft hatte, ist hier nicht mehr zu denken; Freundschaft gebe es nur zwischen zwei Menschen. Niemand in den Jahrzehnten des frühen Bildungsbürgertums hätte die Meinung geteilt, daß auch gefühllose, hartherzige und gleichgültige Menschen gute Freunde sein könnten. Auch unter den Zionisten waren viele, die von der Freundschaft anders dachten. Als Hans Kohn (1891–1971), in Prag mit Brod befreundet, in seinem *Brief an die Jugend* schrieb: »Ihr seid jung, Freunde«,[23] da hatte er sicher ein überindividuell verbindendes und kämpferisches Bild der Freundschaft vor Augen.

3.2 Fortschritt

Fortschritt war die Losung, unter der das entstehende Bildungsbürgertum seine Ansprüche gegen das alte Regime zusammenfaßte – wir sahen schon, daß Moses Mendelssohn dieser Losung nicht folgen konnte. Johann Heinrich Schulz (1739–1823), der wegen seiner unorthodoxen Position gegenüber dem Christentum scharf angegriffen wurde und eine heftige Kontroverse auslöste, schrieb im vierten Band seines großen Werkes *Versuch einer Anleitung zur Sittenlehre für alle Menschen, ohne Unterschied der Religionen* 1783 über »die beständigen Fortschritte auf dem Wege zur Vollkommenheit«.[24] Friedrich Schiller war der Überzeugung: Der »Zweck der Menschheit ist kein andrer als Ausbildung aller Kräfte des Menschen, Fortschreitung«.[25] Er unterschied in *Über naive und sentimentalische Dichtung* den natürlichen vom kulturellen Menschen:

---

[22] Max Brod: Zum Problem der Gemeinschaft. In: Das jüdische Prag. Eine Sammelschrift. Prag: Selbstwehr 1916, S. 8–10, hier S. 10.

[23] Hans Kohn: Brief an die Jugend [Anfang 1921]. In: ders., Nationalismus. Über die Bedeutung des Nationalismus im Judentum und in der Gegenwart. Wien, Leipzig: Löwit 1922, S. 53–60, hier S. 58.

[24] Johann Heinrich Schulz: Anleitung zur Sittenlehre für alle Menschen, ohne Unterschied der Religionen. Berlin: Stahlbaum 1783, Bd 4, S. 44.

[25] Friedrich Schiller: Die Gesetzgebung des Lykurgus und Solon. In: ders., Sämtliche Werke. Hg. von Gerhard Fricke und Herbert G. Göpfert. 2., durchges. Aufl., München: Hanser 1960, 4. Bd, S. 805–836, hier S. 815.

Der eine erhält also seinen Wert durch absolute Erreichung einer endlichen, der andre erlangt ihn durch Annäherung zu einer unendlichen Größe. Weil aber nur die letztere *Grade* und einen *Fortschritt* hat, so ist der relative Wert des Menschen, der in der Kultur begriffen ist, im ganzen genommen niemals bestimmbar [...].[26]

Die Geschichte wird nun als eine offene begriffen, in der die Menschen sich mit ihren jetzt positiv bewerteten Kräften Schritt für Schritt den hohen Zielen der Humanität nähern könnten. Für Kant ist dem Menschen die »sukzessive Vollendung der Schöpfung« aufgetragen,[27] ein Gedanke, der der alten jüdischen Überzeugung von der Aufgabe des Menschen, bei der Vollendung der Welt Gottes Mitarbeiter zu sein, ähnelt. Schon bei Schiller wurde deutlich, daß der Begriff des Fortschritts dabei keineswegs immer naiv und kritiklos verwendet wurde. Friedrich Schlegel schrieb 1795 in seiner Condorcet-Rezension:

> Das eigentliche Problem der Geschichte ist die Ungleichheit der Fortschritte in den verschiedenen Bestandteilen der gesamten menschlichen Bildung, besonders die große Divergenz in dem Grade der intellektuellen und der moralischen Bildung [...].[28]

Die Grundüberzeugung aber war positiv und optimistisch. Schiller formulierte sie Ende Mai 1789 in seiner Antrittsvorlesung *Was heißt und zu welchem Ende studiert man Universalgeschichte?* als er über den philosophischen Geist sagte:

> Er nimmt also diese Harmonie aus sich selbst heraus und verpflanzt sie außer sich in die Ordnung der Dinge, d. i. er bringt einen vernünftigen Zweck in den Gang der Welt und ein teleologisches Prinzip in die *Weltgeschichte*.[29]

Am 5. Mai, also nicht einmal einen Monat zuvor, waren in Paris die General-stände zusammengetreten, der dritte Stand erklärte sich zum eigentlichen Trä-ger des Nationalwillens und konstituierte sich am 17. Juni zur Nationalver-sammlung – die Französische Revolution hatte begonnen. Der Fortschritt war von nun an nicht mehr nur ein Thema der Philosophen, er war als geschichtli-che Macht hervorgetreten, und dies veränderte das gesamte geistige Klima. In Deutschland gab es dagegen keine Nation, keinen politischen Gesamtwillen, die Gebildeten revolutionierten dort nur das Denken.

Das taten sie allerdings gründlich. Hatte schon der Rationalismus der Früh-aufklärung mit seiner Konstruktion der Philosophie ›more geometrico‹ die geschichtlichen Traditionen geschwächt, so kam nun die Veränderung aus der Sphäre der Geschichtlichkeit selbst. Das statische und traditionszentrierte

---

[26] Friedrich Schiller: Über naive und sentimentalische Dichtung. In: ebd., 5. Bd, S. 694–780, hier S. 718.

[27] Immanuel Kant: Allgemeine Naturgeschichte und Theorie des Himmels. In: ders., Werke in sechs Bänden. Hg. von Wilhelm Weischedel. Wiesbaden: Insel-Verlag 1960, Bd 1, S. 333.

[28] Friedrich Schlegel: Condorcets »Esquisse d'un tableau historique des progrès de l'esprit humain. In: ders., Kritische Schriften (Anm. 5), S. 231–238, hier S. 236.

[29] Friedrich Schiller: Was heisst und zu welchem Ende studiert man Universalgeschich-te? In: ders., Sämtliche Werke (Anm. 25), 4. Bd, S. 749–767, hier S. 764.

Geschichtsbild wich einem dynamischen, das sein Hauptaugenmerk auf die Zukunft und ein dort zu erreichendes Ziel legte – Schillers ›teleologisches Prinzip‹. Dieses neue Prinzip widersetzte sich dem alten, eine Spaltung der Gesellschaft wurde erkannt und bezweckt, und diese wurde sofort zu einer großen Teilung der Welt erklärt, die durch die Fortschrittsphilosophie vollzogen wurde. Der berühmte Pädagoge Adolph Diesterweg (1790–1866) – die Erziehung wird uns gleich beschäftigen – schrieb 1834 im *Wegweiser zur Bildung für deutsche Lehrer*:

> Alles Hierarchische, Bevormundende, Despotische, Vernunftwidrige, Stabile usw. ist der Gegensatz des modernen Unterrichtsprinzips. Dagegen fraternisiert und sympathisiert es mit allem, was sich bewegt, sich entwickelt, verändert, fortbildet, lebt. Es ist das Prinzip des Fortschritts. Wir können es das geographisch-*europäische* oder *amerikanische*, das Gegenteil (die dogmatische Methode) das asiatische *Prinzip* nennen.[30]

Schon hier wurde jene ins Geschichtsphilosophische überhöhte Trennung von Europa und Asien vollzogen, wie sie z. B. von dem Hegel-Schüler Eduard Gans (1797–1839) beschrieben wurde: »Europa ist artikulierter und akzentuierter als Asien: es ist eine freie Welt. Der Sklave, der sie berührt, ist frei.«[31] So stand auch für Moses Hess fest: »Asien ist wohl das Land des Anfanges, aber nicht des Fortganges. Nur der Westen hat eine Geschichte, der Osten hat keine.«[32] Hier ist Geschichte mit Fortschritt gleichgesetzt. Diese Unterscheidung wurde in der Trennung von Ost- und Westjudentum auf die Juden übertragen. Das assimilierte Judentum in Deutschland bewertete entsprechend ihrer Tradition das Ostjudentum negativ, die Zionisten hingegen bewerteten es positiv.

Zunächst aber stand das Judentum der von Diesterweg beschriebenen Entwicklung ohnmächtig gegenüber. In einem Brief vom 26. Januar 1770 schrieb Moses Mendelssohn:

> Der Druck, unter welchem wir seit so vielen Jahrhunderten leben, hat unserm Geiste alle *vigueur* benommen. Es ist nicht unsere Schuld; allein wir können nicht läugnen, daß der natürliche Trieb zur Freiheit in uns alle Thätigkeit verloren hat. Er hat sich in eine Mönchstugend verändert, und äußert sich bloß im *Beten* und *Leiden*, nicht im *Wirken*.[33]

---

[30] Adolph Diesterweg: Wegweiser zur Bildung für deutsche Lehrer. Hg. von Julius Scheveling. Paderborn: Schöningh 1958 (Schöninghs Sammlung pädagogischer Schriften), S. 165.

[31] Eduard Gans: Introduction à l'histoire universelle par Michelet [1831]. In: ders., Philosophische Schriften. Hg. und eingeleitet von Horst Schröder. Berlin: Akademie-Verlag 1971 (Philosophische Studientexte), S. 260–276, hier S. 264.

[32] Moses Hess: Die europäische Triarchie [1841]. In: ders., Ausgewählte Schriften. Ausgewählt und eingeleitet von Horst Lademacher. Köln: Melzer 1962, S. 81–128, hier S. 89.

[33] Moses Mendelssohn's gesammelte Schriften. Hg. von G. B. Mendelssohn, 5. Bd, Leipzig: Brockhaus 1844, S. 494.

Beten und Leiden, nicht Wirken, das ist der Verzicht auf das aktive Gestalten der Gegenwart. Das deutsche Bildungsbürgertum kam nun aber auch nicht in jene politische Position, die ihr ein wirksames politische Handeln ermöglichen konnte. Am Fortschritt wurde festgehalten, aber nur als Idee, als grundlegende Bestimmung der Bildung. So konnte das Prinzip des Fortschritts in seiner realen Beschränktheit eine starke Stütze der Annäherung gebildeter Juden an die deutsche Philosophie und Bildung werden. Nach Heinrich Heine sind die Deutschen »Träumer, die nur in der Vergangenheit und in der Zukunft leben«,[34] nach Heinrich Graetz ist das Judentum »keine Religion der Gegenwart, sondern eine der Zukunft«.[35] Die Niederlage des realen Fortschritts und die Etablierung eines geistigen Fortschrittsbegriffes machte diese Annäherung möglich.

In der Mitte des 19. Jahrhunderts traten dann schon die Positionen gegenüber dem Fortschritt innerhalb des Judentums auseinander. Ludwig Philippson setzte sich in *Die Israelitische Religionslehre* gegen die Willkürherrschaft, gegen die Unterdrückung einzelner Klassen, aber für die Anerkennung der Rechte aller Menschen und für den Frieden ein; er behauptete zur Begründung, der »Lehrbegriff der fortschreitenden Entwicklung ist nicht im Widerspruch mit der Offenbarung«.[36] Er interpretierte die Geschichte der Juden um, indem er die klassische Zeit des Judentums als »wenig von der Offenbarung durchdrungen« und die »Verwirklichung der Offenbarung« als »einen allmähligen Fortschritt« darstellte.[37] So, wie Philippson bereit war, zugunsten des Fortschritts die jüdische Geschichte umzuinterpretieren, so tat der Frühzionist Moses Hess (1812–1875) auf der anderen Seite dasselbe mit dem Fortschrittsbegriff. Er warnte vor einer gedankenlosen Verwendung der Begriffe Freiheit und Fortschritt,[38] insbesondere vor der Idee eines unendlichen Fortschritts, und stellte diesen in Analogie zu Naturprozessen: »Was wir ›Fortschritt‹ nennen, ist die Entwicklung vom Keimalter zum reifen Lebensalter. In diesem Alter hat jedes Wesen seine Bestimmung erreicht.«[39] Auch in dieser Skepsis gegenüber dem Fortschritt war Hess Vorläufer der Zionisten.

Nietzsche war einer der ersten Philosophen, die, von einer tiefgreifenden Kritik des Idealismus ausgehend, den Begriff des Fortschritts kritisierten:

---

[34] Heinrich Heine: Reisebilder. Vierter Teil: Englische Fragmente. In: ders., Sämtliche Schriften. Hg. von Klaus Briegleb. München: Hanser 1969, 2. Bd, S. 471–605, hier S. 535.

[35] Heinrich Graetz: Die Konstruktion der jüdischen Geschichte. Eine Skizze. Berlin: Schocken 1936 (Bücherei des Schocken-Verlags; 59), S. 18.

[36] Ludwig Philippson: Die Israelitische Religionslehre. Erste Abtheilung: Die Einleitung. Leipzig: Baumgärtner 1861, S. 262.

[37] Ebd., S. 264.

[38] Moses Hess: Rom und Jerusalem, die letzte Nationalitätsfrage [1862]. In: ders., Ausgewählte Schriften (Anm. 32), S. 221–320, hier S. 269.

[39] Ebd., S. 271.

Der »Fortschritt« ist bloß eine moderne Idee, das heißt eine falsche Idee. Der Europäer von Heute bleibt, in seinem Werthe tief unter dem Europäer der Renaissance; Fortentwicklung ist schlechthin *nicht* mit irgend welcher Nothwendigkeit Erhöhung, Steigerung, Verstärkung.[40]

Er hatte großen Einfluß auf die Generation junger Menschen, die das späte Wilhelminische Deutschland scharf kritisierte, in dem der Fortschrittsbegriff zu einer Art Automatismus verkommen war, und die dann den Ersten Weltkrieg als Katastrophe schlechthin erlebte. Stellvertretend für viele von ihnen formulierte Walter Benjamin:

Der Begriff des Fortschritts ist in der Idee der Katastrophe zu fundieren. Daß es »so weiter« geht, *ist* die Katastrophe. Sie ist nicht das jeweils Bevorstehende, sondern das jeweils Gegebene. Strindbergs Gedanke: die Hölle ist nichts, was uns bevorstünde – sondern *dieses Leben hier.*[41]

Sein Freund Gershom Scholem hatte schon 1918/19 die »Umdeutung des Judentums zum Hort des Liberalismus« und die ihr verpflichtete Wissenschaft des Judentums scharf angegriffen: »Das Messianische wurde zum unendlichen Fortschritt in der Zeit.«[42] Für Scholem war dies »eine miserable Fälschung der jüdischen messianischen Tradition, für die die Philosophie der Aufklärung verantwortlich sei«.[43] Was Scholem hier vortrug, war eine grundsätzliche Kritik an der aufklärerischen Tradition in Deutschland.

Auch Franz Rosenzweig kritisierte die »Fortschrittsanbeter«, denn für sie »ist die Zukunft keine Zukunft, sondern nur eine in unendliche Länge hingezogene, nach vorwärts projizierte Vergangenheit«.[44] Dem Fortschritt stellte Rosenzweig die »sakrale Zeit des jüdischen Volkes« entgegen.[45] Mosche Schwarz kommentierte: »Mit dem Verlust des Glaubens an den Fortschritt in der Geschichte hebt sich die geistige Gemeinsamkeit zwischen Judentum und

---

[40] Friedrich Nietzsche: Der Antichrist. Fluch auf das Christentum. In: ders., Sämtliche Werke. Kritische Studienausgabe in 15 Einzelbänden. Hg. von Giorgio Colli und Mezzino Montinari. München, Berlin, New York: de Gruyter 1980, Bd 6, S. 165–254, hier S. 171.

[41] Walter Benjamin: Zentralpark. In: ders., Gesammelte Schriften. Unter Mitwirkung von Theodor W. Adorno und Gershom Scholem hg. von Rolf Tiedemann und Hermann Schweppenhäuser. Frankfurt a. M.: Suhrkamp 1974, Bd I.2, S. 655–690, hier S. 683.

[42] Gershom Scholem: Tagebücher nebst Aufsätzen und Entwürfen bis 1923, 2. Halbband 1917–1926. Hg. von Karlfried Gründer, Herbert Kopp-Oberstebrink und Friedrich Niewöhner. Frankfurt a. M.: Jüdischer Verlag 2000, S. 331.

[43] Michael Löwy: Messianismus im Frühwerk Gershom Scholems. In: Im Gespräch. Hefte der Martin Buber-Gesellschaft, Nr 2 (Frühjahr 2001), S. 24–42, S. 29.

[44] Franz Rosenzweig: Der Mensch und sein Werk. Gesammelte Schriften. Bd 2: Der Stern der Erlösung. Hg. von Reinhold Mayer. Den Haag: Njihoff 1976, S. 253f.

[45] Ulrich Hortian: Zeit und Geschichte bei Franz Rosenzweig und Walter Benjamin. In: Der Philosoph Franz Rosenzweig (1886–1929). Internationaler Kongress – Kassel 1986. Hg. von Wolfdietrich Schmied-Kowarzik. Freiburg: Alber 1988, Bd II, S. 815–827, hier S. 824.

Deutschtum von selbst auf.«[46] Sobald die aufklärerische Idee des Fortschritts, die eine entscheidende Voraussetzung der deutsch-jüdischen Symbiose war, negiert wird, muß auch die Symbiose selbst negiert werden, was deutlich auf ihre Auflösung hinweist.

Die Voraussetzungen der spezifisch deutschen Fassung des Fortschrittsbegriffs konnten von den Zionisten dennoch nicht vollständig rückgängig gemacht werden. Das gegen die bloße Fortsetzung des Bestehenden gesetzte Neue war immer wieder ebenso unpolitisch wie der geistige Fortschrittsbegriff. Hans Kohn schrieb in dem schon herangezogenen *Brief an die Jugend*:

> Ihr kommt aus der Vergangenheit und lebt in der Zukunft, in die Ihr geht. Euch schrecken die Bedingtheiten und Kompromisse der Gegenwart nicht, denn Ihr wißt, daß sie vorbeigehen wird und daß eine neue Zeit kommt: Euere Zeit.[47]

Mit dem kritisierten, tatsächlich unpolitischen Fortschritt teilt diese Position die Negierung der Gegenwart mit ihren konkreten Notwendigkeiten.

Ernst Bloch erinnerte in seiner *Tübinger Einleitung in die Philosophie* an die Vorstellung des ›Selbstlaufes des Fortschritts‹, den die spätere Sozialdemokratie behauptet hatte, er kritisierte den ›zeitfetischistischen Fortschrittsgedanken‹,[48] und er schloß an die traditionelle jüdische Gottesvorstellung an, die Jahwe als ›Zeitgott‹ gesehen habe, der, »des Futurum voll, seinen Namen vor Moses so definiert: Ehje ascher ehje, Ich werde sein, der ich sein werde.«[49] Es waren nicht nur, aber vor allem und in erster Reihe, Juden, die nach dem Ersten Weltkrieg die Notwendigkeit eines radikalen Neuanfangs erkannten und zu denken begannen. Die durchaus widerspruchsvollen Verknüpfungen zu Vorstellungskomplexen aus der Zeit des Beginns der Symbiose sind dabei deutlich.

Ähnlich wie am Begriff der Freundschaft kann an dem des Fortschritts die Geschichte der Symbiose nachvollzogen und in ihren entscheidenden Entwicklungsstadien dargestellt werden. Und schon hier finden wir die ersten Hinweise auf die Gründe der Auflösung der Symbiose.

---

[46] Mosche Schwarz: Die verschiedenen Strömungen der deutsch-jüdischen Orthodoxie in ihrem Verhältnis zur Kultur der Umwelt. In: Zur Geschichte der Juden in Deutschland im 19. und 20. Jahrhundert. Hg. vom Leo Baeck Institut Jerusalem. Jerusalem: Academic Press 1971 (Veröffentlichungen des Leo Baeck Instituts Jerusalem zur Geschichte der Juden in Mitteleuropa), S. 53–58, hier S. 57.

[47] Kohn, Brief an die Jugend (Anm. 23), S. 59.

[48] Ernst Bloch: Differenzierungen im Begriff Fortschritt. In: ders., Tübinger Einleitung in die Philosophie I. 7. Aufl., Frankfurt a. M.: Suhrkamp 1971, S. 162.

[49] Ebd., S. 185.

3.3 Erziehung

Eine zweifellos bedeutende Rolle spielte die tiefgreifende Veränderung des Erziehungswesens für die Möglichkeit der Symbiose. Für die breiten Volksschichten war Erziehung kaum mehr als das Grundwissen der Religion und die Einübung von jenem Gehorsam, den sie später dem Meister und dem Pfarrer gegenüber zu leisten hatten. Nur zwei Ziele wurden verfolgt: Gehorsam gegenüber der Obrigkeit und einfachste technische Fertigkeiten, die für den Broterwerb notwendig waren. Kinder wurden als fertige Menschen angesehen, ob geraten oder ungeraten – die Vorstellung einer Entwicklung des Menschen, in der er sich formt, seine Möglichkeiten in einem geschützten Bereich entwickelt, um seinen ihm passenden Lebensweg zu beschreiten, war damals nicht vorhanden. Die Kinder übernahmen den Beruf des Vaters oder mußten anderswo ihr Auskommen suchen. Dies änderte sich ab dem 18. Jahrhundert gründlich: Erziehung blieb nicht mehr bloße Dressur, sie wurde mehr und mehr von der Vorstellung einer Bildung der Persönlichkeit bestimmt. Das 18. Jahrhundert war das ›Jahrhundert der Erziehung‹, hier hatte Lessing mit seiner *Erziehung des Menschengeschlechts* das passende Stichwort gegeben. Kant schrieb: »Der Mensch kann nur Mensch werden durch Erziehung. Er ist nichts, als was die Erziehung aus ihm macht.«[50] Die Aufklärung war keineswegs eine rein philosophische Angelegenheit, sie war eine breite volkserzieherische Bewegung.

Die Erziehung der Kinder setzte Eltern und Lehrer voraus, die sich den neuen Ideen öffneten. Um diese Ideen zu verbreiten, wurden ›Moralische Wochenschriften‹ verfaßt und verbreitet, an vielen Universitäten wurden *Moralische Vorlesungen* gehalten, diejenigen von Christian Fürchtegott Gellert (1715–1769) wurden 1770 kurz nach seinem Tode veröffentlicht.

Als vornehmstes Objekt der wissenschaftlichen Untersuchung galt der Aufklärung schließlich der Mensch, und seiner Erziehung zum Sittlichen war ihr Eifer fast allein gewidmet. Kein Zeitalter hat so fest an die Allmacht der Erziehung geglaubt wie das der Aufklärung.[51]

So wandte sich z. B. Johann Georg Schlosser (1739–1799), Goethes Schwager, 1771 mit seinem zunächst anonym erschienenen *Katechismus der Sittenlehre für das Landvolk* an breite Kreise, die bisher nur den Katechismus der Kirchen gekannt hatten.

---

[50] Immanuel Kant: Über Pädagogik. In: ders., Werke in sechs Bänden (Anm. 27), Bd VI, S. 693–761, hier S. 699.

[51] Curt Gebauer: Geistige Strömungen und Sittlichkeit im 18. Jahrhundert. Beiträge zur deutschen Moralgeschichte. Berlin: Volksverband der Bücherfreunde, Wegweiser-Verlag 1931 (Zweite Wissenschaftliche Jahresreihe für die Mitglieder des Volksverbandes der Bücherfreunde; 12,3), S. 110f.

Für die Juden waren »Erziehung und Unterricht durch die Eltern eine religiöse Pflicht«.[52] Im 5. Buch Mose, Kapitel 6, Vers 7, heißt es über die von Gott an Moses gegebenen Gebote in der Übersetzung von Moses Mendelssohn: »Du sollst sie deinen Kindern einschärfen und immer davon reden, wenn du zu Hause sitzt oder auf Reisen bist, wenn du dich niederlegst und wenn du aufstehst.«[53] Samson Raphael Hirsch beschrieb die Macht der Erziehung so:

> Unter allen Mächten, denen der Segen und der Fluch der Menschheit anvertraut ist, ist keine stiller und zugleich offenbarer, keine zarter und zugleich allmächtiger, keine edler und zugleich allgemein zugänglicher, als die Macht der Erziehung. [...]
> Stärker als die vereinte Macht aller irdischen Gewalten, mächtiger als die vereinte Kraft aller Berechnungen der Klugen ist der Zauber, den das Mutterauge über das Gemüt ihres Kindes übt, ist die Macht des Vaterwortes, ist die Kraft der Elternlehre, des Elternbeispiels für die Gestaltung des kommenden Geschlechtes.[54]

Die Verantwortung, die aus dieser Macht der Erziehung erwächst, sollte hiermit verdeutlicht werden.

Noch 1872 bedauerte Leopold Zunz, daß nicht nur Kant, sondern auch Pestalozzi und Diesterweg gestorben sind, weil er von ihnen lernen wollte.[55] In dem großen Werk *Die Lehren des Judentums nach den Quellen* wurde eine direkte Verbindung zur frühbürgerlichen Pädagogik gezogen:

> Es sollte also jedes Kind im Elternhause belehrt und erzogen werden, eine Forderung, deren Erfüllung Joh. Heinr. Pestalozzi für das wesentlichste Mittel hielt, dem Elend des Volkes, das ihn jammerte, abzuhelfen.[56]

Pestalozzi (1746–1827) schrieb in seiner ersten programmatischen Schrift *Die Abendstunde eines Einsiedlers*, daß nicht der Beruf und die Ausbildung das Familienleben beherrschen dürften, sondern ihm dienen müßten:

> Daher muß die Bildung des Menschen für seine Berufs- und Standeslage dem Endzweck der Genießung reiner häuslicher Glückseligkeit untergeordnet werden.
> Daher bist du, Vaterhaus, Grundlage aller reinen Naturbildung der Menschheit.
> Vaterhaus, du Schule der Sitten und des Staates. [...]
> Der Mensch muß zu innerer Ruhe gebildet werden, Genügsamkeit mit seiner Lage und mit ihm erreichbaren Genießungen, Duldung, Achtung und Glauben an die Liebe des Vaters bei jeder Hemmung, das ist Bildung zur Menschenweisheit.[57]

---

[52] Die Lehren des Judentums nach Quellen. Hg. von Verband der deutschen Juden [1928–1930]. Neu hg. und eingeleitet von von Walter Homolka. München: Knesebeck 1999, Bd II, S. 133.

[53] Die Tora. Buch der Friedenspfade. Nach der Übersetzung von Moses Mendelssohn. Mit den Prophetenlesungen im Anhang. Hg. im Auftrag des Abraham Geiger Kollegs und des Moses Mendelssohn Zentrums Potsdam von Annette Böckler. Mit einem Vorwort von Tovia Ben-Chorin. Berlin: Jüdische Verlagsanstalt 2001, S. 327.

[54] Samson Raphael Hirsch: Der Sabbath und die Erziehung. In: ders., Gesammelte Schriften. Hg. von Naphtali Hirsch. Frankfurt a. M.: Kauffmann 1912, 1. Bd., S. 205–211, hier S. 205f.

[55] Leopold Zunz: Deutsche Briefe. Leipzig: Brockhaus 1872, S. 23.

[56] Die Lehren des Judentums nach den Quellen (Anm. 52), S. 133.

Schon das frühe Judentum wußte: »*Frömmigkeit ist Bildung*, Frömmigkeit und Tugend sind lehrbar. Es kommt auf Zucht und Erziehung an. Daher ist die Gesellschaft, in der der Mensch sich bewegt, so ungemein wichtig.«[58] Diese religiöse Erziehung kam allerdings vor allem den Jungen zu, die Mädchen waren weitgehend ausgeschlossen. Die Jungen wurden auf diese Weise in großem Umfang lese- und lernfähig.

Entscheidend in diesem Erziehungskonzept war, daß nicht ein künftiger Beruf im Mittelpunkt stand, sondern die Erziehung zu einem religiösen und – das ist im Judentum eine Einheit – sozialen Menschen. Die aufklärerische Erziehung hatte dasselbe Ziel und wollte die einseitige Ausrichtung auf berufliche Fähigkeiten, aber auch auf konfessionelle Bindungen, überwinden und eine umfassende, gesamtmenschliche Erziehung durchsetzen.

Am 18. Oktober 1795 schrieb Jean Paul an seinen jüdischen Freund Emanuel Osmund – eine Freundschaft, die Leopold Zunz auf die gleiche Ebene wie die von Lessing und Mendelssohn stellte:[59]

> Die besten Völker hatten die schlechtesten Schulen – die Griechen, Römer und Engländer – und wir werden mit allen unsern bessern Schulen wohl gelehrter aber nicht besser. Kurz, damit der Mensch gut werde, braucht er ein lebenslanges Pädagogium, nämlich einen *Staat*. So lange unsere Regierungsform sich nicht so ändert, daß aus Sklaven Menschen, aus Egoisten Freunde des Vaterlandes werden, so lange uns nicht der Staat und der Ruhm darin ein Motiv wird, groß zu handeln, so lange der Reichtum geachtet wird (und das muß so lange dauern als die Sklaverei die Mittel erschweret, nicht zu verhungern): so lange bleibt die Menschheit ein elender, niedriger, ängstlicher Schwarm, aus dem nur einzelne moralische Halbgötter vorragen, und den alles Predigen und Erziehen nur veränderlich, aber nicht gut macht [...].[60]

Mit aller Klarheit hat Jean Paul hier das Elend der bürgerlichen Pädagogik innerhalb des absolutistischen Staates beschrieben und den Grund dafür in der Rückständigkeit der politischen Entwicklung in Deutschland benannt. Fast könnte man die Formulierung von den ›moralischen Halbgöttern‹ auf die Klassiker insgesamt anwenden, denn Götter, so wie auch Halbgötter, stehen über dem Elend des Weltgetriebes.

Emanuel Osmund antwortete:

---

57 Johann Heinrich Pestalozzi: Die Abendstunde eines Einsiedlers [1779]. In: ders., Sämtliche Werke und Briefe. Bd 2: Schriften zur Menschenbildung und Gesellschaftsentwicklung. Zürich: Verlag Neue Zürcher Zeitung 1986, S. 29–44, hier S. 35.

58 Wilhelm Bousset: Die Religion des Judentums im späthellenistischen Zeitalter. Hg. von Hugo Gressmann. 4., photomechanisch gedruckte Aufl., Tübingen: Mohr 1966 (Handbuch zum Neuen Testament; 21), S. 164.

59 Vgl. Deutsche Briefe (Anm. 55), S. 47.

60 Jean Paul an Emanuel Osmund am 18. Oktober 1795. In: Jean Paul. Ein Lebensroman in Briefen mit geschichtlichen Verbindungen von Ernst Hartung. Ebenhausen: Langewiesche-Buchhandlung 1925 (Die Bücher der Rose – Neue Friedensreihe), S. 96.

Werden Mäusefallen, Katzen und Gift alle Mäuse ausrotten? Und befreien uns Pran-
ger, Zuchthäuser und Galgen von Verbrechern? Ich gehe vielleicht zu weit, doch
will ich das noch sagen, daß ich alle moralischen Fehler auf die Erziehung wälze.
Wenn die einmal besser wird, dann lieben die Kinder ihre Eltern, die Menschen ihren Gott, die Geschwister ihre Geschwister, die Juden die Christen, die Christen die
Juden vielleicht ebenso sehr als jetzt und ewig Sie Ihr Emanuel.[61]

Osmund setzte – anders als die von der Aufklärung herkommenden Klassiker –
als Jude nicht auf den Staat; die Regierungsformen, unter denen die Juden
lebten, waren für jüdische Erziehung von keiner zentralen Bedeutung. Im selben Jahr versuchte Jean Paul »in die rabbinische Weisheit einzudringen, wobei
er bedauert, die hebräische Sprache nicht zu kennen«.[62] Sieben Jahre später
veröffentlichte er *Levana oder Erziehungslehre*.

Selbstverständlich hatte Jacob Katz recht, als er schrieb: »Es hätte mehr bedeutet, wenn sich der Landpfarrer und der jüdische Dorflehrer über ihre Erzie-
hungsprobleme beraten hätten, als wenn Kant und Marcus Herz die kritische
Philosophie erörterten.«[63] Dies war aber damals sicher nicht möglich. Dennoch
brachte die neue Pädagogik die beiden voneinander weitgehend abgeschlosse-
nen Lebenssphären näher zueinander. Die Auffassungen von Wesen und Ziel
des Menschen wurden ähnlicher, die bürgerliche Erziehung verpflichtete sich
mehr und mehr dem neuen Menschenbild der autonomen Persönlichkeit und
die jüdische Erziehung nahm zunehmend dieselbe Richtung. In unserem Zusammenhang ist von besonderem Gewicht, daß sich beide Seiten immer klarer
von ihren institutionalisierten Glaubensorganisationen trennten.

3.4 Religionsverachtung

Die deutsch-jüdische Symbiose wäre nicht möglich gewesen, wenn im deutschen Geistesleben die christlichen Kirchen noch eine bedeutende Rolle gespielt hätten.[64] In vielen Darstellungen der deutsch-jüdischen Geschichte wird
der Gegensatz von Christen und Juden zu stark betont. Darüber hinaus wird
dabei die Spaltung innerhalb des Christentums übersehen.

Als Georg Forster 1789 in der *Berlinischen Monatsschrift* einen Aufsatz mit
dem Titel »Über Proselytenmacherei« veröffentlichte, ging es nicht um das Verhältnis von Christen und Juden, sondern um das von Katholiken und Protestanten. Ein scharfer Angriff eines protestantischen Amtmannes gegen katholische

---

[61] Ebd., Emanuel Osmund an Jean Paul am 27. Oktober 1795.
[62] Léon Poliakov: Geschichte des Antisemitismus. Bd 6: Emanzipation und Rassenwahn. Worms: Heintz 1987, S. 212.
[63] Jacob Katz: Die Anfänge der Judenemanzipation. In: Bulletin des Leo Baeck Instituts 13 (1974), Nr 50, S. 12–31, hier S. 24.
[64] Zum Gesamtzusammenhang vgl. Thomas Nipperdey: Deutsche Geschichte 1800–
1866. Bürgerwelt und starker Staat. 3. Aufl., München: Beck 1985, S. 403–451.

Werbung von protestantischen Proselyten nahm Forster zum Anlaß, um zur gegenseitigen Achtung der Religion aufzurufen:

> Ist es aber in den Augen eines Protestanten schändlich, ein Katholik zu sein, und seinem Glauben gemäß zu handeln; so wird man sich auch nicht wundern müssen, wenn Katholiken den Protestantismus verabscheuen, und von den Handlungen der Protestanten, die aus ihrem Lehrbegriff fließen, manches lieblose Urtheil fällen sollten. Wahrlich, diese gegenseitige gute Meinung bereitet die beiden Parteien zu einer gar brüderlichen Verträglichkeit als Christen und Landsleute vor![65]

Seine Mahnung zu Toleranz und Gewissensfreiheit schloß er mit jenem Zitat aus Lessings Ringparabel (V. 2015–2024), in dem als Beweis für die Echtheit des Ringes die Beliebtheit bei den Menschen angeführt wird – Forster sah es also als notwendig an, die Toleranzforderung zwischen Christen und Juden auf die christlichen Religionen selbst anzuwenden.

Die antijüdischen Ausfälle von Seiten der christlichen Kirchen können nur dann richtig bewertet werden, wenn die Schärfe der innerchristlichen Kontroversen als Vergleich herangezogen wird. Moritz Lazarus trug 1879 ein besonders eklatantes Beispiel vor:

> Der Dr. *August Rohling*, Professor der katholischen Theologie in Prag, der vor einigen Jahren ein Buch »Der Talmudjude« geschrieben, fällt in seinem mit Genehmigung der geistlichen Oberen 1875 erschienenen Buche über den »Antichrist« folgendes Urteil über den Protestantismus: »Wohin der Protestantismus seinen Fuß setzt, verdorrt das Gras, geistige Leere, Verwilderung der Sitte, schauerliche Trostlosigkeit der Herzen sind seine Früchte; ein Protestant, der nach *Luther's* Recepten lebt, *ist ein Ungeheuer*; Vandalismus und Protestantismus sind identische Begriffe.«
> Würde man nun deshalb sagen dürfen: alle Katholiken oder »die« Katholiken verachten den Protestantismus?[66]

Dieser Hinweis soll nicht bedeuten, daß die antijüdischen Stellungnahmen harmlos, wohl aber, daß sie nicht einzigartig waren.

Samson Raphael Hirsch beschrieb die religionsfeindliche Stimmung jener Jahre um die Französische Revolution sehr richtig:

> Hatte doch der Sturm, den man endlich beschworen zu haben glaubte, seinen Ausgang in einer Zeit genommen, in welcher eben dieses ›religiöse Momente‹ zum Spielball und Gelächter der Welt, und ›Religionsverachtung‹ zum vollgiltigsten Stempel der Bildung und der ›Geistesstärke‹ gerade in den höchsten, leitenden Schichten der Gesellschaft geworden war![67]

---

[65] Georg Forster: Über Proselytenmacherei. In: ders., Werke in vier Bänden, Hg. von Gerhard Steiner. 3. Bd: Kleine Schriften zu Kunst, Literatur, Philosophie, Geschichte und Politik. Frankfurt a. M.: Insel-Verlag 1970, S. 91–120, hier S. 109.

[66] Moritz Lazarus: Was heißt national? [1879]. In: ders., Treu und frei. Gesammelte Reden und Vorträge über Juden und Judenthum. Leipzig: Winter 1887, S. 53–110, hier S. 87.

[67] Samson Raphael Hirsch: ›Glauben‹ und ›Wissen‹. In: ders., Gesammelte Schriften (Anm. 54), 6. Bd, S. 12–22, hier S. 12.

Nicht in den breiten Schichten des Volkes, wohl aber in den gebildeten und führenden Schichten breitete sich eine anti-religiöse Stimmung aus, die aus vielen Quellen genährt wurde. Die christlichen Kirchen waren von den absolutistischen Herrschern oft als Transmissionsriemen ihrer Politik mißbraucht worden,[68] die Aufklärung hatte die Vernunft gegen den Glauben gestärkt und das herrschaftsheischende Gottesgnadentum verlor an innerer Berechtigung und Ansehen. Arthur A. Cohen schrieb:

> Der deutschen Aufklärung ging es nicht weniger als der französischen vor ihr darum, sich dem einengenden Einfluß der christlichen Religion zu entziehen oder vielmehr aller Religionen einschließlich des Judentums, die hinsichtlich ihrer Wahrheit von der irrationalen Gnade eines sich offenbarenden Gottes abhingen. Eine Offenbarungsreligion, die, wie geschehen war, die Einheit von Staat und Kirche, in gegenseitiger Abhängigkeit stehende Politik und kirchliche Lehre, geistige Zensur, wuchernden Aberglauben und Behinderung freier Forschung mit sich brachte, verhinderte nur das Wachstum eines übernationalen und überreligiösen Humanismus.[69]

Und er fügte hinzu:

> Die deutsche Aufklärung beruhte auf dem Wunsch nach einer interkonfessionellen Gemeinschaft, deren kulturelle Bande über die kirchlichen Unterschiede hinweggingen und sie dadurch zweitrangig machten.[70]

In einer Mendelssohn-Gedenkrede führte Moritz Lazarus aus, daß die enge Verbindung von Sittlichkeit und Religion von der Aufklärungsphilosophie, an der Mendelssohn so bedeutenden Anteil hatte, gelockert und die Sittlichkeit nun an die ›allgemeine Menschlichkeit‹ gebunden wurde:

> Darauf also kam es vor allem an, die Menschen zu lösen und neu zu binden; zu zeigen, man könne, man dürfe und solle ein Mensch vor allem sein, frei von der Bestimmtheit einer Religion. Wie werthvoll und wie verschieden die Religiosität also auch sei, die Sittlichkeit des Menschen, sein Werth und seine Würde müsse von ihr unabhängig gedacht, gefordert und – anerkannt werden.[71]

Gleichzeitig aber warnte er:

> Der Sinn für Religion hat allerdings bei der ganzen europäischen Menschheit in diesem Jahrhundert wesentlich abgenommen. Die Religion übt nicht mehr die anziehende Gewalt über die Menschen aus, welche sie vormals gehabt hat. Allein nirgends ist das Gehen- und Liegelassen so weit gediehen als bei den Juden. Mit offenen Augen sieht man es und nichtsdestoweniger läßt man es geschehen, daß Hunderte und aber Hun-

---

[68] Vgl. Ludwig Fertig: Einleitung: Staatsräson und Armeleutebildung. In: Die Volksschule des Obrigkeitsstaates und ihre Kritiker. Texte zur politischen Funktion der Volksbildung im 18. und 19. Jahrhundert. Hg. von Ludwig Fertig. Darmstadt: Wissenschaftliche Buchgesellschaft 1979 (Texte zur Forschung; 30), S. VII–XLII, hier S. VIIIf.

[69] Arthur A. Cohen: Der natürliche und der übernatürliche Jude. Das Selbstverständnis des Judentums in der Neuzeit. Freiburg, München: Alber 1966, S. 28.

[70] Ebd., S. 29.

[71] Moritz Lazarus: Zwei Reden auf Moses Mendelssohn zur Gedenkfeier seines hundertjährigen Todestages (1886). In: ders., Treu und frei (Anm. 66), S. 181–223, hier S. 208.

derte völlig gleichgültig gegen jede Beziehung zur Religion dahinleben. Neben dem
äußerst seltenen Besuch des Gottesdienstes und dem jüdischen Begräbniß ist es nur
noch ein wenig specifischer Aberglaube und der Beitrag zur Gemeindeverwaltung, der
die Genossenschaft zusammenhält. Kein Wunder! Eine Religion, welche nicht an ihrer
Fortbildung arbeitet, in welcher alle diejenigen, welche berufen sind, sie zu vertreten
und sie innerlich, geistig zu beleben, aus Rücksichten, nennen Sie sie, welche Sie wollen,
nennen wir sie die besten und vortrefflichsten Rücksichten, gleichwohl immer nur aus
Rücksichten, beiseite stehen – eine Religion, sage ich, deren Lehrer und deren Führer
den Muth nicht haben, sich die Frage vorzulegen: was ist denn eigentlich noch unser
Gesetz, was kann es noch sein? – eine solche Religion ist in der allertiefsten Gefahr.[72]

Gerade der Verlust der Religion wurde in den Jahrzehnten um 1800 nicht als
Gefahr gesehen. Richard Lichtheim erinnerte daran, daß Fichte in Jena verkündete:»In fünf Jahren ist keine Religion mehr. Die Vernunft ist unsere Religion.«[73] Das bedeutete aber auch, daß die Vernunft zumindest einige Aufgaben
der Religion übernehmen mußte.

Der Gegensatz zwischen Christen und Nicht-Christen verringerte sich und
wurde letztendlich gar aufgelöst.[74] Der Katholizismus verlor an Boden, die
evangelische Kirche tendierte stark zu philosophischen Positionen und insgesamt wurde dem ›Alten Testament‹ wieder größeres Interesse gewidmet.[75]
Konrad Burdach, der große, heute weitgehend vergessene Germanist, hat die
innere Zwiespältigkeit dieser Rezeption 1926 genau gesehen:

Für Goethe und seine Mutter war der sittlich-religiöse und poetische Gehalt des Alten
Testaments, war sein Bilderschatz und seine Fülle geschichtlichen Lebens ein köstlicher
unverlierbarer Besitz, eine oft erprobte Quelle des Rates und Trostes. Gleiches gilt für
Klopstock, Hamann und Herder. Nicht als ob sie alle besondere Freunde des Judentums
in seiner späteren Entwicklung und seiner modernen Erscheinung gewesen wären. Im
Gegenteil, man könnte ihnen eher einen gewissen Antisemitismus nachsagen. Aber das
Alte Testament brachte der Geniebewegung, brachte der antiklassizistischen Strömung
in England, aus der jene schöpfte, die wertvollste Grundlage für die Idee der ursprünglichen menschlichen Kultur und der ersehnten Naturpoesie, eine großartige urwüchsige
und ergreifende Sprachgestaltung und religiöse Dichtkunst, die älter waren als die Antike und von dieser unabhängig. Wollte man die aus der Renaissance ererbte Ästhetik
überwinden, so war dazu das sicherste Mittel, aus einem Nebeneinanderstellen der Antike und des biblischen Altertums das neue menschliche Kulturideal zu erschließen.[76]

---

[72] Ebd., S. 220.
[73] Richard Lichtheim: Rückkehr. Lebenserinnerungen aus der Frühzeit des deutschen
Zionismus. Stuttgart: Deutsche Verlags-Anstalt 1970 (Veröffentlichung des Leo Baeck
Instituts), S. 18.
[74] Vgl. Helmuth Plessner: Die verspätete Nation. Über die politische Verführbarkeit
bürgerlichen Geistes. 2., erweiterte Aufl., Stuttgart: Kohlhammer 1959, S. 32.
[75] Vgl. Gerhard Schulz: Der späte Nationalismus im deutschen politischen Denken des
neunzehnten Jahrhunderts. In: Das Judentum in der Deutschen Umwelt 1800–1850.
Studien zur Frühgeschichte der Emanzipation. Hg. von Hans Liebeschütz und Arnold Paucker. Tübingen: Mohr 1977 (Schriftenreihe wissenschaftlicher Abhandlungen des Leo-Baeck-Instituts; 35), S. 95–137, hier S. 116f.
[76] Konrad Burdach: Die Wissenschaft von deutscher Sprache. Ihr Werden, ihr Weg, ihre
Führer. Berlin, Leipzig: de Gruyter 1934, S. 41.

Nicht aus Freundlichkeit gegenüber den Juden in ihrer Umwelt geschah diese Rezeption, aber sie führte objektiv zu einer Geisteshaltung, die den Juden eine Annäherung erlaubte, weil sie natürlich diese Wendung vom griechischen zum jüdischen Weltbild erkannten.

Das Christentum begann innerhalb des Volkes von einer Alltagsreligion zu einer Sonntagsreligion zu schrumpfen. Schon seit der Mitte des 18. Jahrhunderts hatte ein Rückgang des Kirchen- und Abendmahlbesuchs stattgefunden und nun ein solches Maß angenommen »das alle früheren Perioden der Abkehr von der Kirche in den Schatten stellte«.[77] Dabei verfolgte die Entkirchlichung in den unterschiedlichen sozialen Schichten auch unterschiedliche Zielrichtungen:

> Die Kritik der bürgerlichen Bildungsschicht, die die Entkirchlichungsbewegung der Städte im 18. und frühen 19. Jahrhundert vorangetrieben hatte, richtete sich nämlich hauptsächlich gegen die religiöse Dogmatik, die der vormodernen Unterschichten und der Arbeiterschaft im 19. Jahrhundert dagegen gegen die Kirche als politisch-soziale Institution.[78]

Hinzu kam, daß nun eine andere Bindung in Europa und dann auch in Deutschland wichtig wurde und die zentrale Bedeutung der Religionszugehörigkeit schwächte: der entstehende Nationalismus. Zumindest die gebildeten Juden schlossen sich dieser Entwicklung an. Sie begannen »historisch zu denken und kritisch zu werten, damit aber auch das Ethische in den Mittelpunkt zu stellen und das Rituelle eher an den Rand der jüdischen Religion zu drängen«.[79] Aber auch in der Breite des Judentums war ein starker Verfall der religiösen Autorität zu konstatieren: »Im Judentum nahm der Zerfall religiöser Autorität seinen eigenen Weg, geschah aber parallel zu demjenigen im Christentum.«[80]

Sittlichkeit – oft als positiver Gegensatz zum Verhalten der französischen Oberschicht – und Menschlichkeit – gegen die menschenverachtende Behandlung der unteren Volksmassen – bildeten die ›neutrale‹, weil religionsübergreifende Basis der Symbiose. Die von ihnen wesentlich geprägte Klassik ist nicht mehr christlich. Der schon genannte Buchtitel *Versuch einer Anleitung zur Sittenlehre für alle Menschen, ohne Unterschied der Religionen* von Johann Heinrich Schulz entsprach völlig dem Geist der Zeit; Carl Friedrich Bahrdt veröffentlichte 1787 in Berlin das Buch *System der moralischen Religion zur endlichen Beruhigung für Zweifler und Denker. Allen Christen und Nichtchristen.*

---

[77] Lucian Hölscher: Weltgericht oder Revolution. Protestantische und sozialistische Zukunftsvorstellungen im deutschen Kaiserreich. Stuttgart: Klett-Cotta 1989 (Industrielle Welt; 46), S. 98.

[78] Ebd., S. 192.

[79] Ernst Ludwig Ehrlich: Geistige und religiöse Strömungen im heutigen Judentum. In: Die geistige Gestalt des heutigen Judentums. Hg. von Frank Henrich. München: Kösel 1969 (Münchener Akademie-Schriften; 47), S. 13–38, hier S. 19.

[80] Shulamit Volkov: Jude und Judentum im Zeitalter der Emanzipation. Einheit und Vielfalt. In: Die Juden in der europäischen Geschichte. Sieben Vorlesungen. Hg. von Wolfgang Beck. München: Beck 1992 (Beck'sche Reihe; 496), S. 86–108, hier S. 93.

Für diese Sittlichkeit stand vor allem Kant. Er hatte nicht nur das Judentum kritisiert, sondern auch die kirchlichen Lehren des Christentums am zentralen Punkt
angegriffen. Das Handeln der Menschen müsse – so Kant – aus »eigenem Gebrauch seiner moralischen Kräfte« entspringen, der »Einfluß einer äußeren höheren wirkenden Ursache« müsse ausgeschlossen werden.[81] Diesem Grundsatz
unterwarf er auch das große Vorbild der Christen: Jesus Christus. Ein Mensch,
der gleichzeitig Gott sei, könne kein Beispiel sein, weil die anderen Menschen
hier nicht folgen könnten; und es sei zu fragen, warum Gott, wenn solch eine
Vereinigung von Mensch und Gott möglich sei, nicht allen Menschen zu Gott-
menschen gemacht hat, »welche alsdenn unausbleiblich ihm alle wohlgefällig
geworden wären«.[82] Die autonome Moral also war für Kant mit der zentralen
Lehre des Christentums nicht vereinbar. Für die Menschlichkeit stand vor allem
Goethe, der eine Art Religion der Humanität vertrat, in der sich Christliches mit
Antik-Griechischem und Gegenwärtig-Aufklärerischem verband. »Goethe ist der
erste dezidierte Nicht-Christ in Deutschland, der auch dadurch ganz außerordentlich auf die deutsche Bildungsgeschichte gewirkt hat.«[83] Friedrich Gundolf wies
in seiner kurz vor seinem Tode verfaßten und nicht mehr gehaltenen *Rede zu
Goethes hundertstem Todestag* auf dessen Stellung zum Christentum hin: »Mittler und Heilande nahmen ihm nichts ab von seiner persönlichen Bürde.«[84] Für
Ernst Troeltsch hatte sich Goethe »der Ehrfurchts- und Humanitätsreligion des
Hebraismus stark angenähert«.[85] Wogegen sich Goethe besonders wehrte, war
die christliche Erbsündenlehre, die Lehre vom »heillosen Verderben der menschlichen Natur und der eigen Verdammnis aller, die nicht kirchlich gläubig sind.«[86]
Diese Lehre – die das Judentum nicht kennt – stand völlig gegen den grundsätzlich optimistischen Geist des Bildungsbürgertums, das der Kirche das Recht
absprach, über Wohl und Wehe von Menschen zu entscheiden, die ihr nicht
angehören wollten.

In philosophischen Texten dieser Jahrzehnte muß man grundsätzlich nach-
fragen, was genau gemeint war, wenn von Christentum die Rede war. Johann
Gottlieb Fichte z. B. sprach in seinen Vorlesungen und schrieb häufig vom

---

[81] Immanuel Kant: Der Streit der Fakultäten in drey Abschnitten. In: ders., Werke in
        sechs Bänden. Hg. von Wilhelm Weischedel. Wiesbaden: Insel-Verlag 1960, Bd VI,
        S. 277–393, hier S. 308.
[82] Ebd., S. 305; vgl. hierzu Hans Liebeschütz: Das Judentum im Geschichtsbild von
        Hegel bis Max Weber. Tübingen: Mohr 1967 (Schriftenreihe wissenschaftlicher Ab-
        handlungen des Leo-Baeck-Instituts; 17), S. 17f.
[83] Nipperdey, Deutsche Geschichte (Anm. 64), S. 441.
[84] Friedrich Gundolf: Rede zu Goethes hundertstem Todestag. Berlin: Bondi 1932, S. 15.
[85] Zit. nach: Albert Lewkowitz: Das Judentum und die geistigen Strömungen des 19. Jahr-
        hunderts. Breslau: Marcus 1935 (Grundriß der Gesamtwissenschaft des Judentums),
        S. 211.
[86] Friedrich Paulsen: Goethes ethische Anschauungen. In: ders., Zur Ethik und Politik.
        Gesammelte Vorträge und Aufsätze, 1. Bd: Zur Politik und Ethik, 2. verm. Aufl., Berlin:
        Verlag Deutsche Bücherei o. J. [um 1907] (Deutsche Bücherei; 31), S. 3–40, hier S. 11.

Christentum, aber das, was er damit bezeichnete, hatte mit dem kirchlich verfaßten Christentum nur wenig zu tun. Er wollte die gesamte Sphäre des Glaubens durch die Philosophie, die er als höchste Wissenschaft begriff, ersetzen:

> Die Welt geht aus von einer *geglaubten*, und endet in einer durchaus *verstandenen* Theokratie. Gott wird wirklich allgemein herrschen, und er allein, ohne andere, die Welt in Bewegung setzende Kräfte: nicht bloß mehr als Lehrer, sondern als lebendige und lebendig machende Kraft.[87]

Diese Auffassungen können mit dem Christentum weniger und mit dem Judentum weitaus enger verbunden werden.

Der Deismus wurde zur Religionsphilosophie der Aufklärung, für ihn gab es keine natürliche, geschichtliche und offenbarte Religion, sondern allein eine philosophisch-transzendentale. Er besaß keine Dogmen, die Offenbarungen spielten allenfalls eine pädagogische Rolle; der Glaube an sie sollte überwunden werden, dessen Zentrum die Moral, verbunden mit völliger Religionsfreiheit, war. Die alten Religionen, so die verbreitete Meinung in gebildeten Kreisen, werden in den nächsten Jahrzehnten verschwinden und durch die Philosophie ersetzt. Eduard Gans, der den ›Verein für Cultur und Wissenschaft des Judentums‹ mitbegründet hat, in dem auch Heinrich Heine engagiert war, schrieb:

> Wir wollen [...] die Religion auf ihr eigenes Bezirk zurückrufen und der klaren und reinen Vernunft in ihrem Gebiet die Herrschaft lassen. Insofern ist unser Streben gerade antireligiös [...]. Über Gott, Unsterblichkeit usw. gibt einem die Philosophie genügende Auskunft, und nach ihr hat sich jeder seine subjektive Religion zu formen.[88]

Bis zur Revolution von 1848 war dieser Vorgang weitgehend abgeschlossen, die Bildungsschicht war nicht mehr christlich, Handel und Gewerbe stellten sich gegen die Ansprüche der Kirche, und in den Städten machte sich Feindseligkeit gegen Pfarrer und Kirchentum breit.[89] Thomas Nipperdey schrieb über diesen Prozeß der Entchristianisierung: »Das war in Wahrheit eine Revolution.«[90]

Die Lockerung der religiösen Bindungen bei Christen und Juden schuf eine Art neutralen Raum, in dem sich beide treffen konnten. In seinem *Wegweiser zur Bildung für deutsche Lehrer* äußerte sich Adolph Diesterweg über Bestimmung und Aufgabe des Menschen und ging auch auf die Bibel ein:

---

[87] Johann Gottlieb Fichte: Politische Fragmente aus den Jahren 1807 und 1813. In: Johann Gottlieb Fichte's sämmtliche Werke. Hg. von J. H. Fichte. Berlin: Veit 1845/46, 7. Bd, S. 517–613, hier S. 613, der erste Satz im Original kursiv.

[88] Zit nach: Hanns Günther Reissner: Eduard Gans. Ein Leben im Vormärz. Tübingen: Mohr 1965 (Schriftenreihe wissenschaftlicher Abhandlungen des Leo-Baeck-Instituts; 14), S. 70.

[89] Vgl. Franz Schnabel: Deutsche Geschichte im neunzehnten Jahrhundert. Bd 4: Die religiösen Kräfte. Freiburg i. Br.: Herder 1937 [Nachdruck München: Deutscher Taschenbuch-Verlag 1987], S. 570.

[90] Nipperdey, Deutsche Geschichte (Anm. 64), S. 442.

> Die *Heilige Schrift* bezeichnet das Wesen der menschlichen Bestimmung mit den Aus-
> drücken: *Gottähnlichkeit, Gottesfurcht, Frömmigkeit, Liebe zu Gott und dem Näch-
> sten (Divinität)*. So lautet die Antwort von dem *religiösen* Standpunkt aus.[91]

Hier ist nichts spezifisch Christliches mehr zu finden, dies könnte jeder sogar
orthodoxe Jude ebensogut gesagt haben.

Schon vorher hatte ein anderer bedeutender Pädagoge, Johann Heinrich Pestalozzi, ähnlich argumentiert. In seiner ersten programmatischen Schrift *Die
Abendstunde eines Einsiedlers* heißt es:

> Gott – den alle Kinder Gottes hören – Gott, den die ganze sanfte, fühlende, reine,
> liebende Menschheit versteht und ganz gleich versteht ... [...]
> Glauben an Gott – Scheidung der Menschheit in die Kinder Gottes und die Kin-
> der der Welt.
> Gott, Vater der Menschheit, Mensch, Kind der Gottheit, das ist der reine Vorwurf
> des Glaubens.[92]

Nicht der Gott als solcher, als Gegenstand philosophischer Betrachtung, vereint
die Menschen im gemeinsamen Verstehen, sondern nur der Gott als Vater, der
Gott, mit dem der Mensch in lebendige Beziehung tritt als Vater aller Menschen.

Vergleicht man allerdings die Zurückdrängung der Religion in Deutschland
mit entsprechenden Entwicklungen in England oder Frankreich, dann wird
deutlich, daß in Deutschland die Religion weit weniger scharf kritisiert, die
Grenze zwischen Religion und Philosophie weit weniger scharf gezogen wurde. Der Deismus wurde nach und nach ersetzt durch die ›deutsche Bildungsreligion‹, die schon durch den Sonderweg der Deutschen gekennzeichnet war.

Am Ende des Jahrhunderts, im Jahre 1898, stellte Maximilian Stein dennoch fest: »Die europäische Kultur hat trotz ihres religiösen Ausgangspunk-
tes aufgehört, konfessionell zu sein.« Er sprach im Rahmen eines Referates
über den Zionismus kurz nach dem ersten Zionistenkongreß über die Gefahr
der Re-Konfessionalisierung, und er fuhr fort:

> Soll nun der Gegensatz zwischen jüdischem und nicht jüdischem Kulturbegriff neu
> hervorgesucht und verschärft werden, sollen wir daran gehen, den spezifisch jüdi-
> schen Kulturbegriff von dem europäischen loszulösen und ihn zu seiner Konservie-
> rung mit einem Judenstaat zu ummauern, oder sollen wir weiter daran arbeiten, das
> gemeinsame Kulturideal erreichen zu helfen?[93]

Das ›Ummauern‹ spielt auf die Mauern des Ghettos ebenso an wie auf die
Zäune um die jüdische Lehre. Auch hier wird deutlich, daß mit einer Re-
Konfessionalisierung die Emanzipation in Frage gestellt und die Symbiose auf-
gelöst werden könnte. Im 8. Kapitel wird hierauf zurückzukommen sein.

---

[91] Diesterweg, Wegweiser zur Bildung für deutsche Lehrer (Anm. 30), S. 15.
[92] Pestalozzi, Die Abendstunde eines Einsiedlers (Anm. 57), S. 38.
[93] Maximilian Stein: Zionismus. Referat nach dem ersten Zionistenkongreß [1898]. In:
   Vorträge und Ansprachen. Mit einem Geleitwort von Leo Baeck hg. von der Großloge für Deutschland VIII. U. O. B. B., Frankfurt a. M. 1928, S. 61–72, hier S. 70.

4   Der deutsche Sonderweg

4.1 Grundlagen

Die bisherige Darstellung der ›Elemente‹ der deutsch-jüdischen Symbiose beschränkte sich vor allem auf Fragen, die in der Aufklärung vor der Französischen Revolution formuliert wurden. Auch hier waren schon die Auswirkungen des deutschen Sonderwegs erkennbar, entscheidend aber wurden sie erst in den Jahren von Revolution, Freiheitskriegen und Restauration. Der nicht nur in bildungsbürgerlichen Kreisen begrüßten Revolution folgte die Besetzung zunächst westlicher deutscher Länder und schließlich die Besetzung Preußens, was zur Folge hatte, daß der König fliehen mußte und sich die Lebensverhältnisse dramatisch verschlechterten. Der Mittelstand begann mit kräftiger Unterstützung von Professoren und Studenten den Aufstand zu organisieren, so daß im Oktober 1813 die Truppen Napoleons bei Leipzig geschlagen wurden. 1819 schon wurden auf Betreiben Metternichs die Karlsbader Beschlüsse gefaßt, die das Ziel hatten, die vorrevolutionären Verhältnisse wiederherzustellen. Nun wurden national orientierte Männer wie Friedrich Ludwig Jahn, der ›Turnvater‹ Jahn, oder Ernst Moritz Arndt verhaftet, verfolgt und ihrer Ämter enthoben, obwohl diese keinerlei Sympathien für die Französische Revolution hegten. Dies war die ›Urszene‹, die das deutsche Selbstbewußtsein über einhundert Jahre beherrschte und deren Widersprüche vor allem wegen des Fehlschlagens revolutionärer Aktionen nicht überwunden werden konnten.

Es ist schon eingangs betont worden, daß man – alle konkreten Probleme zurückgestellt – über das ›Wesen des Judentums‹, das in der Debatte um die Symbiose eine Rolle spielen muß, nichts sagen kann, wenn man dabei das ›Wesen des Deutschtums‹ nicht beachtet. Dieses Thema wird heute gern übergangen, und so ist kaum mehr bekannt, was es hieß, ein Deutscher zu sein, als die nationale Identität von entscheidender Bedeutung, gleichzeitig aber in sich widersprüchlich und gesellschaftlich unentwickelt war. Allenfalls ist noch im Bewußtsein, daß die Deutschen sich als ›Volk der Dichter und Denker‹ begriffen, und dieses Selbstverständnis hat tatsächlich für die Symbiose die größte Bedeutung. Es gab aber noch andere Aspekte des deutschen Selbstverständnisses. Viele Deutsche fühlten sich einem Volke angehörig, das von den Kulturvölkern erst in der Zukunft als letztes zu Macht und Ansehen gelangen werde. Als nach den Koalitionskriegen gegen Frankreich und die Französische Revolution im Frieden von Campo Formio das linke Rheinufer an Frankreich abgetreten werden mußte, da schrieb Schiller *Deutsche Größe*, ein halb prosaischer, halb lyrischer Text, in dem er aus der Niederlage auf einen letztendlichen Sieg der Deutschen schloß:

> Jedes Volk hat
> seinen Tag in der Geschichte, doch der Tag
> des Deutschen ist die Ernte der ganzen Zeit –
> wenn der Zeiten Kreis sich füllt, und des
> Deutschen Tag wird scheinen.[1]

Als Schelling (1775–1854) 1807 *Über das Wesen der deutschen Wissenschaft* schrieb, mußte er das Besondere der ›deutschen Nation‹ darlegen, um von hier aus die Besonderheit der ›deutschen Wissenschaft‹ abzuleiten:

> Die deutsche Nation ist ihrem innersten Wesen nach religiös; jedes Volk hat aber nur durch dasjenige Kraft und Macht, was seine besondere Natur ist. [...] Kein Volk hat mit diesem Sinn und dieser Ausdauer den heiligen Krieg gekämpft wie das deutsche.

Und er fuhr fort:

> Man hat es oft bemerkt, daß alle übrigen Nationen von Europa durch ihren Charakter viel bestimmter sind als die deutsche, welche daher wegen ihrer allgemeinen Emp-fänglichkeit als die Wurzel, wegen der in ihr liegenden Kraft der Vereinigung des Widerstreitenden wohl als die Potenz der anderen Nationen betrachtet werden könn-te. Sollte nicht das Loos des Deutschen darin das allgemeine des Menschen seyn, daß auch er die verschiedenen Stufen, welche andere Völker gesondert darstellen, allein alle durchliefe, um auch am Ende die höchste und reichste Einheit, deren die menschliche Natur fähig ist, darzustellen?[2]

Wie bei Schiller erscheint hier das deutsche Volk als jenes, das seine Bestim-mung später als alle anderen Völker finden werde und gerade deshalb als das höchste anzusehen sei.

1863 verfaßte der Altgermanist Karl Simrock, der Übersetzer Walthers von der Vogelweide und des Nibelungenliedes, *Lieder vom Deutschen Vaterland*, in denen es heißt:

> Wenn die Deutschen Deutsche werden,
> Gründen sie das Reich auf Erden,
> Das die Völker all umschlingt
> Und der Welt den Frieden bringt.[3]

Während hier schon – oder: noch – Parallelen zum Selbstverständnis der Juden zu erkennen sind, so wird auf der anderen und entgegengesetzten Seite deut-schen Selbstverständnisses der Hintergrund erkennbar, der die Ausgrenzung

---

[1] Friedrich Schiller: Sämtliche Werke. Hg. von Gerhard Fricke und Herbert G. Göpfert. 2., durchges. Aufl., München: Hanser 1960, 1. Bd, S. 477.

[2] Friedrich Wilhelm Joseph Schelling: Ueber das Wesen deutscher Wissenschaft. Frag-ment [1807]. In: ders., Ausgewählte Schriften in sechs Bänden. Frankfurt a. M.: Suhr-kamp 1985 (Suhrkamp-Taschenbuch Wissenschaft; 524), Bd 4, S. 11–28, hier S. 23.

[3] Zit. nach: Hans Kohn: Propheten ihrer Völker. Mill, Michelet, Mazzini, Treitschke, Dostojewski. Studien zum Nationalismus des 19. Jahrhunderts. Bern: Francke 1948 (Sammlung Dalp; 47), S. 224.

der Juden aus dem Deutschtum unterstützte: Felix Dahn, der mit *Ein Kampf um Rom* eines der meistgelesen Bücher seiner Zeit schrieb, dichtete auch:

Thor stand am Mitternachtende der Welt.
Die Streitaxt warf er, die schwere:
Soweit der sausende Hammer fällt,
Sind mein das Land und die Meere.
Und es flog der Hammer aus seiner Hand,
Flog über die ganze Erde,
Fiel nieder an fernsten Südens Rand,
Daß alles sein eigen werde.
Seitdem ist freudig Germanenrecht,
Mit dem Hammer Land zu erwerben:
Wir sind von des Hammergottes Geschlecht
Und wollen sein Weltreich erben.[4]

Zwischen diesen Polen, zwischen einer eschatologischen Friedensvision und einer der Dunkelheit entwachsenen und gewaltverherrlichenden Weltmachtsphantasie schwankte das deutsche Selbstbewußtsein, das gekennzeichnet war durch die Sonderentwicklung Deutschlands im Vergleich mit den beiden anderen westlichen Großmächten in Europa, also England und mit besonderem Gewicht – da direkter Nachbar – Frankreich; in diesem Widerspruch bewegte sich über ein Jahrhundert lang das, was das ›Wesen der Deutschen‹ genannt wurde.

Die deutsch-jüdische Symbiose wurde keineswegs, wie meist dargestellt, nur von der Toleranz, von der rechtlichen Gleichstellung und von der stark ethisch gefärbten Philosophie des Idealismus getragen. Das Selbstverständnis der Juden und dasjenige der Deutschen hatten an vielen und sehr unterschiedlichen Punkten gleichzeitig Berührungen und Abstoßungen. Es gab daher viel mehr und teilweise viel lebendigere und konkretere Verbindungen als die staatsrechtlichen und abstrakt-philosophischen, wenn diese auch von größter Bedeutung waren und die Emanzipationsdiskussion nirgends so intensiv war wir in Deutschland.[5] Diese Verbindungen und Parallelen lagen zum größten Teil in der besonderen geschichtlichen Situation Deutschlands. Es braucht hier nicht die Diskussion nachvollzogen zu werden, ob es einen deutschen Sonderweg in dem Sinne gab, daß alle anderen Nationen einen gemeinsamen Weg eingeschlagen hätten, oder ob nicht jede Nation ihren Sonderweg ging.[6] Wenn man – wie Helga Grebing vorschlug – neben einer ›schwarzen Linie‹ in der deutschen Geschichte, die zum Nationalsozialismus führte, eine ›weiße Linie‹ stellt, in der die Erfolge

---

[4] Zit. ebd.

[5] Vgl. Kurt Nowak: Schleiermacher und die Emanzipation des Judentums am Ende des 18. Jahrhunderts in Preußen. In: Friedrich Schleiermacher: Briefe bei Gelegenheit der politisch theologischen Aufgabe und des Sendschreibens jüdischer Hausväter von einem Prediger außerhalb Berlin. Faksimile der Ausg. Berlin 1799. 1. Aufl., Berlin: Evangelische Verlags-Anstalt 1984, S. 70.

[6] Vgl. Helga Grebing: Der ›deutsche Sonderweg‹ in Europa 1806–1945. Eine Kritik. Stuttgart, Berlin, Köln, Mainz: Kohlhammer 1986 (Urban-Taschenbücher; 381).

von Aufklärung und Arbeiterbewegung zusammengefaßt werden,[7] dann verweist die deutsch-jüdische Symbiose auf das äußerst vielgestaltige und widersprüchliche Gebiet zwischen diesen Linien. Daß in der deutschen Geschichte immer die preußische, die obrigkeitliche, zensierende und zuletzt chauvinistisch-imperialistische Linie die stärkere war, bedeutet, daß die andere, die liberale, aufklärerische und humanistische Linie die schwächere war. Dennoch war diese Linie vorhanden. 1830 und 1848 versuchte sie, die Macht des Adels und der Großgrundbesitzer zu brechen, erlitt jedoch Niederlagen. Diese Schwäche darf auf keinen Fall übersehen werden, indem man die Ideale für eine Realität hält. Um es zugespitzt zu sagen: Die Ideale blieben Ideale, weil sie nie realisiert werden konnten. Ihr Fehler war es, ideal zu sein, sich nie in der harten politischen Realität bewährt und sich dabei zum Realistischen hin verändert zu haben. Es gab in Deutschland viele Gebildete, die gerade vor dieser Bewährung der Ideale im politischen Kampf zurückschreckten und ihre Reinheit der Realisierung vorzogen.

Schon 1952 wies Christopher Dawson darauf hin, daß die Geschichte Deutschlands vielschichtig und uneinheitlich war, daß das Verhältnis von Nation und Staat, zwischen Kultur und Politik, zwischen Regierung und Gesellschaft anders gewesen ist als in England oder Frankreich. Deutschland war eine Staatengemeinschaft sowohl als das mittelalterliche ›Heilige Römische Reich Deutscher Nation‹, das nach langem Schattendasein 1803 aufgelöst wurde, als auch als Deutscher Bund, der bis 1866 bestand. Es gab keinen Nationalstaat, sondern ›lockere zwischenstaatliche Verbindungen‹, einen ›Völkerbund kleineren Maßstabes‹. Innerhalb dieses Bundes gab es drei rivalisierende Deutschlands, »deren keines im vollen Umfang national, deren jedes aber imstande war, Grundlage eines deutschen Nationalstaates zu werden«.[8] Die drei Deutschlands waren einmal das ›Weimarer‹ Deutschland, also Weimar, Göttingen und Heidelberg, damals führende Universitätsstädte, das zweite Deutschland war Österreich mit der Kaiserstadt Wien und das dritte war Preußen, das später die Führung innerhalb (Klein-)Deutschlands übernahm. Besonders erschwert wurde die Entwicklung zum Nationalstaat dadurch, daß das nach dem Dreißigjährigen Krieg zersplitterte Deutschland immer mehr unter den gesellschaftlich-politischen Einfluß Frankreichs geriet, das unter Ludwig XIII. und vor allem unter Ludwig XIV. einen kulturellen Höhepunkt erlebte und noch unter Ludwig XVI. so große Strahlkraft besaß, daß Französisch als die Kultursprache schlechthin galt. Dies schwächte Deutschlands nationale Kräfte weiter, so daß die Französische Revolution, die Besetzung Deutschlands und die Befreiungskriege zu einer Kumulierung von Problemen führten, die gleichzeitig nicht gelöst werden konnten. Das galt auch noch von der Revolution 1848/49:

---

[7] Vgl. ebd., S. 199f.
[8] Christopher Dawson: Europa. Idee und Wirklichkeit. München: Heyne 1953, S. 67f.

Deutsche Einheit, deutsche Grenzen, deutsche Freiheit und ein Stück sozialer Gerechtigkeit, das waren schon vier Probleme, die gleichzeitig anstanden und die doch ältere (und insofern glücklichere) Nationen nacheinander zu lösen hatten versuchen können.[9]

Die ›Verspätung‹ gegenüber den anderen wichtigen westeuropäischen Nationen setzte sich fort und führte zur Schwäche des Bürgertums und des Liberalismus, zu ihren Niederlagen bei Revolutionen und zu Lösungsversuchen und Lösungen ›von oben‹, bis dann der Erste Weltkrieg die ›totale‹ Lösung bringen sollte.
Nicht nur die Deutschen, sondern auch die in Deutschland lebenden Juden waren vom ›Sonderweg‹ betroffen.

Diese politische Zersplitterung hatte in gesellschaftlicher und in geistiger Hinsicht keinen geringen Einfluß auf die Situation der Juden in Deutschland. Es war unmöglich, daß unter diesen Umständen eine allgemein-jüdische Organisation wie in Polen oder in Mähren entstehen konnte, und zwar weder in den die Steuern betreffenden Angelegenheiten, noch auch in religiöser und geistiger Hinsicht. Die letzte Versammlung der Rabbinen, in der man allgemeine Reformen für die Gesamtheit der Juden Deutschlands einzuführen versuchte, fand im Jahr 1603 statt.[10]

So war Ludolf Wienbarg (1802–1872), der zum ›Jungen Deutschland‹ gezählt wird, sogar der Meinung, daß gerade Juden die Besonderheit der Deutschen erkennen könnten:

Kein Franzose und überhaupt kein Ausländer kann die Narrheiten, die Schwächen, den Ahnenstolz, die Pedanterie der Deutschen nackter in aller ihrer Blöße wahrnehmen, als ein in Deutschland geborener Jude.[11]

Der radikale Demokrat und Publizist Georg Friedrich Rebmann (1768–1824) stellte 1811 fest,

[...] daß auch in meinen Augen der edelste und schätzbarste Zug im Nationalcharakter der Deutschen ihre Neigung zu dem, was ewig wahr und recht ist, ihre Liebe zum Idealen, ihre Kraft, das wirklich Vorhandene dem, *was sein soll*, unterzuordnen, mit einem Wort, ihre Anhänglichkeit ans Höhere und Geistige ist. [...] wahre Gemütlichkeit oder, wie man sonst verständlicher sagt, echtes Gefühl und Religiosität sind die Eigenschaften, die den Deutschen so vorteilhaft vor andern Völkern auszeichnet, aber gerade die *schiefe Richtung*, die man diesem Geiste der Nation zu geben sich bemüht, war und ist unser Unglück; und was uns *erheben* sollte und müßte, erniedrigt am Ende die Deutschen unter alle andere Völker.[12]

---

9 Thomas Nipperdey: Deutsche Geschichte 1800–1866. Bürgerwelt und starker Staat. 3. Aufl., München: Beck 1985, S. 669.

10 Asriel Schochat: Der Ursprung der jüdischen Aufklärung in Deutschland. Frankfurt, New York: Campus 2000 (Campus Judaica; 14), S. 22.

11 Ludolf Wienbarg: Ästhetische Feldzüge. Zit. nach: Friedrich Schulze-Maizier: Deutsche Selbstkritik. Probleme der nationalen Selbsterkenntnis im neueren deutschen Schrifttum. Berlin: Schneider 1932, S. 73.

12 Andreas Georg Friedrich von Rebmann: Über den Unfug vieler deutscher Schriftsteller unserer Zeit und über die Richtung, welche sie der Nation geben wollen [1811]. In: ders., Werke und Briefe in drei Bänden. Hg. von Hedwig Voegt, Werner Greiling und Wolfgang Ritschel. Berlin: Rütten & Loening 1990, Bd 3, S. 397–411, hier S. 398.

Immer wieder wurde diese ›schiefe Richtung‹ nicht nur verharmlost, sondern geradezu als Vorzug der Deutschen dargestellt; ein typisches Beispiel noch aus dem Jahre 1942:

> Dem deutschen Redner fehlte lange Zeit der Widerhall einer geeinten Nation. Wir haben auch lange warten müssen, bis das Wort bei uns eine politisch entscheidende Macht gewann. Es gab keine öffentliche Beredsamkeit wie einst in Hellas und Rom, wie bei den angelsächsischen Völkern. Dafür segnete uns eine andere Gnade: unsere großen Reden waren Rufe an den Geist und an den Glauben der ganzen Welt. Und wenn es dem Redner an Weite der öffentlichen Wirkung fehlte, so besaß sein Wort dafür die Wärme der Nähe, des vertrauten Umgangs, herzlicher und hingebender Liebe und echter Freundschaft und Verehrung.[13]

Dieses Beispiel wird herangezogen, weil es für das konservative, antimoderne Denken noch während der Nazi-Diktatur typisch ist. Es entstammt dem Vorwort zu *Das Buch deutscher Reden und Rufe*, herausgegeben von Anton Kippenberg und Friedrich von der Leyen. Einerseits konstatieren sie, daß jetzt, »im Kriegsjahr 1942«, das Wort eine politisch entscheidende Macht wurde, andererseits aber lobten sie den apolitischen Charakter der deutschen Redner mit Worten, die unmittelbar an den Freundschaftskult zur Zeit der Entstehung des Bürgertums erinnern. Daß die ›Macht der Rede‹ diesen Kriterien nicht mehr entsprochen hat, wird den Autoren kaum entgangen sein.

In Deutschland war das Besondere der eigenen Situation bekannt und wurde breit diskutiert. Lessing hatten wir schon zitiert: »Über den gutherzigen Einfall, den Deutschen ein Nationaltheater zu verschaffen, da wir Deutsche noch keine Nation sind!« Goethe und Schiller schrieben in den *Xenien* gegen Ende der Französischen Revolution:

> Zur Nation euch zu bilden, ihr hoffet es, Deutsche, vergebens;
> Bildet, ihr könnt es, dafür freier zu Menschen euch aus.[14]

Direkt davor hatte es unter dem Titel *Das deutsche Reich* geheißen:

> Deutschland? Aber wo liegt es? Ich weiß das Land nicht zu finden;
> Wo das gelehrte beginnt, hört das politische auf.

Hier war schon die gegenseitige Distanz von Politik und Bildung erkannt, man kann Goethe aber auch umkehren und sagen: Wo das politische Deutschland beginnt, hört das gelehrte auf. 1795 veröffentlichte Goethe seinen Aufsatz *Literarischer Sansculottismus*, in dem er aufzählt, was an Voraussetzungen für einen klassischen Autor in Deutschland fehlte:

---

[13] Anton Kippenberg / Friedrich von der Leyen: Geleitwort. In: Das Buch deutscher Reden und Rufe. Aus vier Jahrhunderten. Hg. von Anton Kippenberg und Friedrich von der Leyen. Leipzig: Insel-Verlag 1942, S. 5*–7*, hier S. 6*.

[14] Johann Wolfgang Goethe / Friedrich Schiller: Xenien. In: J. W. Goethe: Berliner Ausgabe. Bd 2: Gedichte und Singspiele II. Berlin, Weimar: Aufbau 1980, S. 429–487, hier S. 441.

Wann und wo entsteht ein klassischer Nationalautor? Wenn er in der Geschichte seiner Nation große Begebenheiten und ihre Folgen in einer glücklichen und bedeutenden Einheit vorfindet; wenn er in den Gesinnungen seiner Landsleute Größe, in ihren Empfindungen Tiefe und ihren Handlungen Stärke und Konsequenz nicht vermißt; wenn er selbst vom Nationalgeiste durchdrungen, durch ein einwohnendes Genie sich fähig fühlt, mit dem Vergangenen wie mit dem Gegenwärtigen zu sympathisieren; wenn er seine Nation auf einem hohen Grade der Kultur findet, so daß ihm seine eigene Bildung leicht wird [...].[15]

Eine Generation später diagnostizierte Heinrich Heine in *Deutschland. Ein Wintermärchen* ganz ähnlich:

Franzosen und Russen gehört das Land,
Das Meer gehört den Briten,
Wir aber besitzen im Luftreich des Traums
Die Herrschaft unbestritten.[16]

In seinen *Notizen* ist das Zuspätkommen der Deutschen klar erfaßt:

Die Deutschen arbeiten an ihrer Nationalität, kommen aber damit zu spät. Wenn sie dieselbe fertig haben, wird das Nationalitätswesen in der Welt aufgehört haben, und sie werden auch ihre Nationalität gleich wieder aufgeben müssen, ohne, wie Franzosen oder Briten, Nutzen davon gezogen zu haben –[17]

Dies war eine auf ihre besondere Art fast prophetische Voraussage der Geschichte der nächsten einhundert Jahre.

Der Sonderweg der Deutschen wurde also keineswegs, wie allgemein dargestellt wird,[18] erst nach 1945 diskutiert. Moses Hess sah in *Rom und Jerusalem* das entscheidende Versäumnis der deutschen Geschichte in der Niederschlagung der Bauernaufstände 1524/25:

Völker wie Individuen haben in ihrem Entwicklungsgange bestimmte Lebensalter. Nicht jedes Alter ist für jede Stufe der Entwicklung geeignet; und das Versäumte oder Verfehlte ist meist schwer, oft gar nicht im späteren Lebensalter der Völker einzuholen.

[...] Das sechzehnte Jahrhundert war die Epoche für Deutschlands Wiedergeburt. Wirklich brachte Deutschland in jenem Jahrhundert eine Reform zustande, aber nur eine solche, welche, weit entfernt, national zu werden, die Nation innerlich spaltete. Die politisch-soziale Revolution auf deutsch-nationaler Grundlage wurde im Blute der deutschen Bauern erstickt.[19]

Hess knüpft an den Sonderweg der Deutschen – noch deutlicher als Heinrich Heine – dunkele Prophezeiungen für die Zukunft:

---

15 Johann Wolfgang Goethe: Literarischer Sansculottismus. In: ebd., Bd 17 (1970), S. 322.
16 Heinrich Heine: Deutschland. Ein Wintermärchen. In: ders., Sämtliche Schriften. Hg. von Klaus Briegleb. 4. Bd, München: Hanser 1971, S. 571–646, hier S. 592, Caput VII.
17 Heinrich Heine: Aufzeichnungen. In: ebd., Bd 6/1 (1975), S. 663.
18 Vgl. z. B. Grebing, Der ›deutsche Sonderweg‹ in Europa 1806–1945 (Anm. 6), S. 12f.
19 Moses Hess: Rom und Jerusalem. Die letzte Nationalitätenfrage. In: ders., Ausgewählte Schriften. Ausgewählt und eingeleitet von Horst Lademacher. Köln: Melzer 1962, S. 221–320, hier S. 318.

Deutschland kränkelt an seiner gemordeten Revolution; es kann heute ohne Mithilfe der fortgeschrittenen europäischen Völker keine Bewegung mehr machen, die es zur Zeit seiner eignen Reformation verpfuscht, zur Zeit der ersten französischen Revolution bekämpft hat. Wenn die Deutschen zu stolz sind, mit jenen Völkern Hand in Hand zu gehen, die sich von der christlich-germanischen, mittelalterlich-feudalen Herrschaft befreit haben oder befreien wollen, so müssen sie einer mittelalterlichen Reaktion dienen, die sie nicht zu rechten Zeit zu überwinden wußten. [...]
Was wir im sechzehnten Jahrhundert verbrochen, haben wir noch heute zu büßen. Wer vermag die Katastrophen vorherzusehen, die uns noch bevorstehen, weil unsre moderne Entwicklung im Keime erstickt worden?[20]

Georg Gottfried Gervinus (1805–1871), einer der bedeutendsten (Literatur-) Historiker des 19. Jahrhunderts, schrieb im letzten Abschnitt seiner 1853 veröffentlichten *Einleitung in die Geschichte des neunzehnten Jahrhunderts*, die ihm einen Hochverratsprozeß einbrachte:

Unser Geschick schien das aller getheilten Nationen zu sein, daß wir wie Judäa, Griechenland, das neuere Italien ein weltbürgerliches Volk bilden und uns begnügen sollten mit den geistigen Wohlthaten, die wir uns und der Menschheit bereitet hatten.[21]

Gervinus sah aber auch die andere Möglichkeit, nämlich daß Deutschland – wenn auch mit großen Schwierigkeiten – seine nationale Einheit erlangen könne. Seine große Hoffnung setzte er allerdings auf eine Politik, die die »gefährlichen einheitlichen Großstaaten« überall auflöst und »die Vortheile großer und kleiner Staaten« vereinigt und »der allgemeinen Freiheit und der friedlichen Ausbreitung aller Art von Bildung sicherere Gewähr« bietet.[22] Hier wird deutlich, daß Gervinus, der zu den ›Göttinger Sieben‹ gehörte, die 1837 gegen den Verfassungsbruch des Königs von Hannover protestiert hatten und der 1848 in der Frankfurter Paulskirche saß, sowohl in der Zersplitterung als auch in der nationalen Einigung Gefahren sah. Das Weltbürgertum auf der einen Seite, der Nationalismus auf der anderen – beides war für ihn problematisch und er erhoffte sich für eine ferne Zukunft einen ›dritten Weg‹. In der Epoche des Vormärzes hatte er über die große Zeit der deutschen Literatur geschrieben:

Wir hatten in Deutschland wie noch jetzt, keine Geschichte, keinen Staat, keine Politik, wir hatten nur Literatur, nur Wissenschaft und Kunst. Sie überflügelte alles, sie herrschte und siegte allerwege, sie dominierte daher in allen Bestrebungen der Zeit.[23]

Er sah in der Ohnmacht und Zersplitterung Deutschlands den Grund dafür, daß es keine große epische Poesie gegeben hatte:

---

[20] Ebd., S. 320.

[21] Georg Gottfried Gervinus: Einleitung in die Geschichte des neunzehnten Jahrhunderts. Hg. von Walter Boehlich. Frankfurt a. M.: Insel-Verlag 1967 (Sammlung Insel; 24/1), S. 176.

[22] Ebd., S. 178.

[23] Georg Gottfried Gervinus: Aus der Geschichte der poetischen Nationalliteratur der Deutschen. In: ders., Schriften zur Literatur. Berlin: Aufbau-Verlag 1962, S. 278–291, hier S. 281.

Es fehlte das handelnde Leben, das der Vorwurf der epischen Poesie ist, wenn nicht in der Wirklichkeit, so doch in der Nähe. [...] Nun hatten wir zwar damals solche Ereignisse der Welt, die es der Zeit des alten deutschen Epos wohl bieten konnten, allein sie gingen uns Deutsche nicht an, sie drückten uns nieder, wo sie uns angingen [...].[24]

Gervinus erkannte also auch im Geistesleben der Deutschen die tiefen Spuren der deutschen Sondersituation.

Schon hier sei angemerkt, daß die Beschreibungen der deutschen Situation durch Gervinus deutliche Parallelen zu der Situation der Juden aufzeigt – die Ähnlichkeit zu Judäa hatte er selbst genannt; das Fehlen von einheitlicher Geschichte, eigenem Staat und nationaler Politik sind erste Hinweise darauf, daß gerade der deutsche Sonderweg Eigentümlichkeiten im deutschen Selbstbewußtsein hervorbrachte, die Ähnlichkeiten zum Bewußtsein von der besonderen Geschichte der Juden aufwiesen.

Die Besonderheiten des deutschen Geisteslebens, die sich hieraus entwickelten, traten schon während der Aufklärung hervor. Durch die Französische Revolution und die Befreiungskriege wurden sie dann aber noch einmal verstärkt zu einer im europäischen Vergleich ›typisch deutschen‹ Geistesverfassung. Vier Punkte sind von Richard van Dülmen als ›besondere Merkmale‹ der deutschen Aufklärungsbewegung festgehalten worden: 1. ein stark gelehrt-akademischer Charakter, 2. die Nähe zur obrigkeitlich-staatlichen Reformpolitik, 3. das Fehlen eines kulturellen Mittelpunkts, und 4. die Tatsache, daß Diskussionen in Deutschland besonders stark um religiöse Probleme kreisten.[25] Diese Besonderheiten kennzeichneten das Selbstbewußtsein des frühen deutschen Bildungsbürgertums, die ohne jede Beziehung zur Frage nach dem Judentum formuliert sind. Um so aussagefähiger werden die Antworten, wenn diese Merkmale nach einer möglichen Nähe bezüglich jüdischen Selbstbewußtseins befragt werden. Beim ersten Punkt fällt die Nähe zur rabbinischen Gelehrsamkeit auf, die einen ähnlichen Charakter hatte und in mehr oder weniger starkem Gegensatz zum Judentum der breiten Volksschichten stand. Da die Rabbiner selbst in bestimmten Grenzen obrigkeitliche Funktionen wahrnahmen, ist die Nähe zur deutschen Aufklärung im zweiten Punkt offensichtlich. Ebenso ersichtlich ist das Fehlen eines kulturellen Mittelpunktes im deutschen Judentum, bedingt auch durch die Zersplitterung Deutschlands. Daß – wie schon angedeutet – die Diskussionen in den gebildeten Kreisen sich mehr als in Frankreich oder England um religiöse Fragen drehten, kam ebenfalls den innerjüdischen Diskussionen entgegen. So ergaben sich allgemeine Eigenschaften im deutschen Geistesleben, die, hervorgerufen durch die deutsche Sonderentwicklung, den Juden eine Annäherung zumindest erleichterten. Aber ebenso deutlich ist: Diese Ähnlichkeiten waren Ergebnis der Schwäche des deutschen Bildungsbürgertums.

---

[24] Ebd., S. 302.
[25] Richard van Dülmen: Kultur und Alltag in der frühen Neuzeit. Bd 3: Religion, Magie, Aufklärung. München: Beck 1994, S. 212f.

Es traten noch andere Umstände hinzu: Deutschland mußte, wie die Juden, einen Nationalstaat erst errichten, dessen Idee – was noch auszuführen sein wird – eine geistig-kulturelle, zukünftige Nation sein sollte. Deutschland litt unter der kulturellen Oberhoheit der französischen Kultur, mußte seine kulturellen Ansprüche gegenüber einer fremden aufrechterhalten und durchzusetzen versuchen. Ähnlich ging es den Juden, die mit der Oberhoheit der deutschen Kultur zu kämpfen hatten. Diese Kulturkämpfe aber sollten (oder konnten) nur mit geistigen Mitteln geführt werden. Deutschland war damals insgesamt keineswegs militaristisch ausgerichtet, woran Preußen zunächst wenig änderte. Die Notwendigkeit, sich militärisch gegen Napoleon und seine Truppen zu wenden, war ein äußerer Zwang, der erste Spuren allerdings auch in der Philosophie hinterließ. Johann Gottlieb Fichte war einer der ersten, der in seiner scharfen Opposition gegen Napoleon bedauerte, daß der »Beruf des Gelehrten von dem des Kriegers abgetrennt« wurde »und die Bildung zum letzteren nicht in den Bildungsplan des ersteren« hineingenommen wurde.[26] 1811 veröffentlichte der Naturphilosoph Lorenz Oken seine *Überlegungen zu einer neuen Kriegskunst*.[27] Schon immer gab es eine Traditionslinie, die den Krieg für förderlich und den Frieden für schädlich hielt, aber das junge Bildungsbürgertum, das sich mit Aufklärung und Klassik, mit Idealismus und Geistesfreiheit identifizierte, war mit weit überwiegender Mehrheit dem Frieden zugetan. Ihm konnten die Juden sich schrittweise annähern.

Der deutsche Sonderweg wurde diskutiert, die Gefahren wurden gesehen, aber der Wunsch nach nationaler Einheit war in der Breite des deutschen Volkes wenig verbreitet – die deutsche Einheit war »keineswegs eine Sache des Herzensdranges der Nation«, wie Ludwig August von Rochau 1869 feststellte.[28] Deutschland war mehr als andere Völker in Europa während des 19. Jahrhunderts in unterschiedliche Landschaften, Schichten, Gesellschaften und Gemeinschaften verschiedener Traditionen gespalten.[29]

Die innere Spaltung und Zerklüftung der Deutschen muß gerade in unserem Zusammenhang betont werden, weil der deutsche Sonderweg zumindest der Tendenz nach in den verschiedenen Volksschichten ganz unterschiedliche Ergeb-

---

[26] Johann Gottlieb Fichte: Reden an die deutschen Krieger zu Anfange des Feldzuges 1806. In: Johann Gottlieb Fichte's sämmtliche Werke. Hg. von J. H. Fichte. Berlin: Veit 1845/46, 7. Bd, S. 509–512, hier S. 510.

[27] Okens Überlegungen zu einer neuen Kriegskunst [Jena 1811]. In: Lorenz Oken: Gesammelte Schriften. Die sieben Programme zur Naturphilosophie, Physik, Mineralogie, vergleichenden Anatomie und Physiologie. Berlin: Keiper 1939 (Schöpferische Romantik), S. 275–307.

[28] Ludwig August von Rochau: Grundsätze der Realpolitik. Angewendet auf die staatlichen Zustände Deutschlands. Hg. und eingeleitet von Hans-Ulrich Wehler. Frankfurt a. M., Berlin, Wien: Ullstein 1972 (Ullstein-Bücher; 2915), S. 230.

[29] Vgl. Gerhard Schulz: Der späte Nationalismus im deutschen politischen Denken des neunzehnten Jahrhunderts. In: Das Judentum in der Deutschen Umwelt 1800–1850. Studien zur Frühgeschichte der Emanzipation. Hg. von Hans Liebeschütz und Arnold Paucker. Tübingen: Mohr 1977 (Schriftenreihe wissenschaftlicher Abhandlungen des Leo-Baeck-Instituts; 35), S. 95–137, hier S. 115.

nisse zeitigte. Es wurde festgestellt: »Der Antisemitismus als Rassenideologie ist eher – um die Formel von H. Plessner zu gebrauchen – ein Kennzeichen einer ›verspäteten Nation‹ als das eines imperialistischen Eroberungsvolkes.«[30] Iring Fetscher betonte, »daß das Gegenbild des jüdischen Volkes bei einer derart ›verspäteten Nation‹ bewußt oder unbewußt als Mittel der Steigerung des eigenen Volksbewußtseins herangezogen wird«.[31] Gerade die Labilität des deutschen Nationalbewußtseins habe das »imaginierte Gegenbild des jüdischen Volkes« als Mittel zur Steigerung des eigenen Nationalbewußtseins hervorgebracht.[32] Die Spaltung von Gebildeten und Volksmassen, die in Deutschland besonders ausgeprägt war, machte es möglich, daß dieselbe Ursache, das Verspätetsein der Deutschen bei der Nationbildung, zu ganz unterschiedlichen Folgen führen konnte.

Nun sollen einzelne Aspekte der durch die Sonderentwicklung bedingten Ähnlichkeiten zwischen Deutschen und Juden untersucht werden.

4.2 Philosophie

Am einfachsten ist die Nähe von Juden zur neuen Philosophie zu erklären. Kant und Fichte hatten viele jüdische Schüler. Schiller wurde von vielen Juden auch als Philosoph verehrt; als die Juden in Rußland ihre Namen ändern konnten, benannten sich viele russische Juden nach Schiller. Die lange Liste der Goetheverehrer reicht von Rahel Varnhagen bis zu Friedrich Gundolf.[33] Ludwig Geiger gründete die Goethe-Gesellschaft und war viele Jahre der Herausgeber des Goethe-Jahrbuches. Einige der erfolgreichsten Goethebiographien wurden von Juden geschrieben (Albert Bielschowsky 1895, Emil Ludwig 1922), wobei nicht nur der Dichter, sondern auch die Weltanschauung Goethes im Mittelpunkt standen. Der Neu-Kantianismus wurde 1865 von dem Juden Otto Liebmann durch sein Buch *Kant und die Epigonen* ins Leben gerufen.

Für Moritz Güdemann war das Judentum »die Religion des Idealismus par excellence«. In seiner Begründung setzte er das Judentum gegen das Christentum ab und zeigte so, daß er den Idealismus keineswegs als bloße Philosophie, sondern als eine Grundrichtung innerhalb des geschichtlichen Handelns auffaßte:

---

[30] Hans Paul Bahrdt: Soziologische Reflexionen über die gesellschaftlichen Voraussetzungen des Antisemitismus in Deutschland. In: Entscheidungsjahr 1932. Zur Judenfrage in der Endphase der Weimarer Republik. Ein Sammelband. Hg. von Werner E. Mosse unter Mitwirkung von Arnold Paucker. Tübingen: Mohr 1965 (Schriftenreihe wissenschaftlicher Abhandlungen des Leo-Baeck-Instituts; 13), S. 135–155, hier S. 150.

[31] Iring Fetscher: Zur Entstehung des politischen Antisemitismus in Deutschland. In: Antisemitismus. Zur Pathologie der bürgerlichen Gesellschaft. Hg. von Hermann Huss und Andreas Schröder. Frankfurt a. M.: Europäische Verlags-Anstalt 1965 (Sammlung »Res novae«; 36), S. 9–33, hier S. 15.

[32] Ebd., S. 23.

[33] Vgl. Wilfried Barner: Von Rahel Varnhagen bis Friedrich Gundolf. Juden als deutsche Goethe-Verehrer. Göttingen: Wallstein 1992 (Kleine Schriften zur Aufklärung; 3).

Oder wäre es das Christentum mit seinen Kreuzzügen, seinen Juden- und Albigenser-
verfolgungen, seinem Dreißigjährigen Kriege, den Grausamkeiten der Konquistadoren
und Inquisitionen, den Völkerschlachten, den Sklavenjagden, einer Weltbeglückung,
die ganze Stämme ausgerottet hat und deren Hand noch heutzutage schwer auf den
Völkern Asiens und Afrikas lastet! Dagegen ist ein Kinderspiel, was die Bibel hinsichtlich der Ausrottung der Ureinwohner Kanaans anbefiehlt, die übrigens nie aus-
geführt wurde.[34]

Unschwer erkennt man, daß Güdemann eine enge Verbindung zwischen
Idealismus und der jüdischen Ablehnung der Geschichte als Kette von Ge-
walttaten herstellte, an der auch das Christentum teil hatte. Idealismus war
für ihn untrennbar mit Frieden verbunden. Die Idee des Friedens, der die
Juden sich verpflichtet sahen, auch wenn sie sich dadurch aus der Geschichte, die eine Geschichte der Kriege und der Unterdrückung war, ausschlossen,
wurde jetzt in der neuen Philosophie zur Verpflichtung eines anderen Volkes, der Deutschen.

Die Distanz zum Christentum, wie die Juden sie bei Kant und Goethe, der
Einsatz für Toleranz, den sie bei Lessing und Goethe, die Hinwendung zu
anderen, kleineren Nationen, die sie bei Herder, der hohe moralische Anspruch, den sie bei Kant und Schiller sahen – all dies machte die neue deutsche
Philosophie für Juden interessant und anziehend. Während in Frankreich und
England der »Kurs des Empirismus« fortgesetzt wurde,[35] stieg in Deutschland
der Idealismus zur höchsten Philosophie empor. Daß nicht der Stärkere siege,
sondern der Schwache beschützt werden müsse, daß nicht die niedrigen Be-
dürfnisse, sondern der Geist die Handlungen beherrschen solle, das war alte
jüdische Überzeugung, und hier sahen die Juden, daß gebildete Deutsche ähnlich dachten. Heinrich Heine erkannte schon 1840 in der jüdischen Geistigkeit
die Möglichkeit, judenfeindliche Tendenzen zu überwinden:

Die Juden sind das Volk des Geistes, und jedesmal, wenn sie zu ihrem Prinzipe zurückkehren, sind sie groß und herrlich, und beschämen und überwinden ihre plumpen
Dränger.[36]

Nur fünf Jahre später argumentierte Leopold Zunz ganz ähnlich. Angesichts
der weiter bestehenden judenfeindlichen Einstellung des Staates forderte er:

So räume man denn dem Geiste sein Recht ein; der Anerkennung des Geistes wird
die der Person folgen.[37]

---

[34] Moritz Güdemann: Jüdische Apologetik. Nachdruck der Ausg. Glogau: Flemming,
1906. Hildesheim, New York: Olms 1981, S. 208.

[35] Hajo Holborn: Deutsche Geschichte in der Neuzeit. Bd 2: Reform und Restauration,
Liberalismus und Nationalismus (1790–1871). Frankfurt a. M.: Fischer-Taschenbuch-
Verlag 1981 (Fischer-Taschenbücher; 6415), S. 8.

[36] Heinrich Heine: Ludwig Börne. Eine Denkschrift [1840]. In: ders., Sämtliche Schriften (Anm. 16), 4. Bd, S. 7–148, hier S. 119.

Simon Dubnow, der große jüdische Historiker, schrieb um 1920:

> Die jüdische Geschichte flößt uns vor allem die Überzeugung ein, daß die Judenheit zu allen Zeiten (selbst in der Periode der politischen Selbständigkeit) vornehmlich eine *geistige* Nation war und auch noch in unseren Tagen ist. Ferner gibt sie uns den Glauben, daß die Judenheit als ein geistiges Individuum nicht untergehen kann: der Körper, die Form kann zugrunde gehen, der Geist aber ist unsterblich.[38]

Es gab eine ununterbrochene Tradition, das jüdische Volk als ein geistiges Volk zu verstehen.

Die neue Philosophie war getragen von einer kaum zu überbietenden Spannung zwischen Idee und Realität. Metaphysik war das Modewort, in dem sich die messianische Grundstimmung wiederfand. Viele Juden waren der Überzeugung, »daß mit dem deutschen Idealismus und Kant das messianische Reich angebrochen sei«.[39] Der Messianismus der Geschichtslehre Kants und der Aufklärung sei ein »Messianismus ›in weltbürgerlicher Absicht‹«, der an die Erziehung des Menschengeschlechtes und – von größter Bedeutung – »an die aktuelle Realisierbarkeit des ewigen Friedens« glaube.[40] Ein Geschichtsbild, das den Krieg als überwindbar darstellte, mußte die größte Sympathie der Juden finden: 1795 veröffentlichte Kant seinen ›philosophischen Entwurf‹ *Zum ewigen Frieden*. Kant, der klar zwischen dem jüdisch-historischen und dem moralischen Messianismus unterschied,[41] konnte nun neben die jüdischen Propheten gestellt werden:

> Neben den Propheten begeistern uns Lessing und Herder, Kant, Fichte und Schiller, Goethe und beide Humboldt, die ebenso wenig außerhalb des deutschen Volkes erstehen konnten, als die Propheten außerhalb Israels.[42]

Die Zionisten sahen Deutschland als das Land der Dichter und Denker: »Stellen wir uns das deutsche Volk vor ohne Fichte, ohne Schleiermacher, ohne Kant, ohne die vielen Professoren, die die Erziehung des deutschen Volkes

---

37 Leopold Zunz: Zur Geschichte und Literatur. Erster Band, Berlin 1845, S. 21; zit. nach: Simon Bernfeld: Juden und Judentum im neunzehnten Jahrhundert. Berlin: Cronbach 1898 (Am Ende des Jahrhunderts; 3), S. 66.

38 Simon M. Dubnow: Die Jüdische Geschichte. Ein geschichtsphilosophischer Versuch. 2. Aufl., Frankfurt a. M.: Kauffmann 1921, S. 107.

39 Nathan Peter Levinson. In: Jüdisches Leben in Deutschland. Siebzehn Gespräche. Geführt, hg. und mit einem Vorwort versehen von Ingrid Wiltmann. Frankfurt a. M.: Suhrkamp 1999 (Suhrkamp-Taschenbuch; 3009), S. 137.

40 Heinz Mosche Graupe: Die Entstehung des modernen Judentums. Geistesgeschichte der deutschen Juden 1650–1942. Hamburg: Leibniz-Verlag 1969 (Hamburger Beiträge zur Geschichte der deutschen Juden; 1), S. 181.

41 Vgl. Immanuel Kant: Die Religion innerhalb der Grenzen der bloßen Vernunft [1793]. In: ders., Werke in sechs Bänden. Hg. von Wilhelm Weischedel. Wiesbaden: Insel Verlag 1956, Bd 4, S. 645–879, hier S. 803, Anm.

42 Heymann Steinthal: Das erwählte Volk oder Juden und Deutsche [1890]. In: Über Juden und Judentum. Vorträge und Aufsätze. Hg. von Gustav Karpeles. Berlin: Poppelauer 1906 (Schriften / Gesellschaft zur Förderung der Wissenschaft des Judentums / Gesellschaft zur Förderung der Wissenschaft des Judentums), S. 12–17, hier S. 15.

geleitet haben – was bleibt übrig?« fragte Max Sternberg in den *Herzl-Bund-Blättern* 1915.[43]

Kant und Schiller betonten am deutlichsten, daß kein Mensch als Mittel benutzt werden dürfe; nicht erst der ›Mißbrauch‹, sondern schon der ›Gebrauch‹ von Menschen sei zutiefst unmoralisch. Das Zentrum dieser neuen Philosophie war die Freiheit: »Die Wörter ›Anhänger der kantischen Philosophie‹ und ›Freiheitsfreunde‹ sind Synonyma geworden«[44] – schrieb 1795 der revolutionsbegeisterte Karl Friedrich Reinhard nach Frankreich. Aber der Ruf nach Freiheit allein war für Juden nicht sehr überzeugend, es mußte eine moralische Bindung hinzutreten, und da tat Kant mit seinem ›kategorischen Imperativ‹, der noch näher zu betrachten sein wird, den für Juden so wichtigen Schritt.

Die durch dieses neue Denken beeinflußte neue Lebensform, das neue Familienleben, das neue Verhältnis zwischen den Geschlechtern, war für gebildete Juden sehr anziehend, da sie gerade hier Mängel in der Lebensführung des Judentums erkannten. Nicht zuletzt war es der Kantische Gedanke der moralischen Pflicht als Zentrum der neuen Lebensführung, für den sich viele Juden begeisterten. Die Sittlichkeit als Handlungsmaxime setzte sich gegen die Unsittlichkeit des höfischen Lebens ab. Moritz Lazarus:

> Kant hat seine ganze Sittenforschung darauf gerichtet, die reine Würde des Sittlichen zu retten. Von dem großen Gedanken ausgehend, daß »es überall in dieser Welt nichts gibt, was ohne Einschränkung für gut könnte gehalten werden, als ein guter Wille«, zeigt er (in der Grundlegung der Sittenlehre –) daß das, was einen guten Willen zum *guten* macht, nicht seine Tauglichkeit zur Erreichung irgend eines Zweckes, nicht die Befriedigung irgend einer Neigung, überhaupt nichts Äußerliches und nichts von außen Kommendes sei, sondern allein die Beschaffenheit des Willens selbst. Der Werth des guten Willens ist ein absoluter; »er glänzt wie ein Juwel für sich selbst, als etwas, das seinen vollen Werth in sich selbst hat[«] (womit übrigens Spr. Salom. 3, 15 zu vergleichen ist). Der gute Wille aber ist der von der Vernunft zur Erfüllung der Pflicht auch ohne und gegen seine Neigung geleitete.[45]

Der den normalen Bedürfnissen und Leidenschaften der Menschen forderd und ›von außen‹ herantretende moralische Imperativ Kants schien vielen Juden sehr vertraut: »Ein Jude, der mit religiösen Geboten aufgewachsen war, konnte sich in der Religionsphilosophie und Ethik Kants durchaus zu Hause fühlen.«[46]

---

[43] Max Sternberg: Eine Antwort an Walter Roth. In: Herzl-Bund-Blätter, Nr 29/30, Juni/Juli 1915, S. 228.

[44] Zit. nach: Alain Ruiz: Auf dem Wege zur Emanzipation. Der ideologische Werdegang des aufgeklärten ›Gelehrten jüdischer Nation‹ H. S. Pappenheimer (1769–1832) bis zur Französischen Revolution. In: Deutsche Aufklärung und Judenemanzipation. Internationales Symposium anläßlich der 250. Geburtstage Lessings und Mendelssohns. Hg. von Walter Grab. Tel-Aviv 1980 (Jahrbuch des Instituts für Deutsche Geschichte; Beiheft 3), S. 183–222, hier S. 220.

[45] Moritz Lazarus: Die Ethik des Judenthums. Frankfurt a. M.: Kauffmann 1898, 1. Bd, S. 102f.

[46] Michael A. Meyer: Von Moses Mendelssohn zu Leopold Zunz. Jüdische Identität in Deutschland 1749–1824. München: Beck 1994, S. 104.

Gleichzeitig aber ist schon hier festzuhalten, daß der gute Wille nicht an irgendein praktisches Ziel, eine reale Wirkung, gebunden war, denn die Sphäre der materiellen Realität wurde als eine der naturhaften Gesetze begriffen, in der die Freiheit nur eingeschränkt realisiert werden könne.

Die Nähe wurde so groß – Moritz Lazarus hatte Kant mit den Sprüchen Salomos gestützt –, daß es Tendenzen gab, den Idealismus als Annäherung an jüdisches Denken zu deuten. So erläuterte Samson Raphael Hirsch 1858 in einer Schillerfeier:

> Der Gedankenkreis Schillerscher Dichtungen, den uns diese durcheinanderschwebenden Nachklänge vergegenwärtigen möchte – ist es nicht *jüdischer* Boden, dem sie entstammen? Sind es nicht jüdische Lebensanschauungen, die in allem diesem leben und weben? Diese heitere Anschauung der Lebensbestimmung, diese in frohem Bewußtsein erfüllter Lebensbestimmung vor Gott zu findende Freude – dieses Verständnis Gottes in seiner Allmacht Tempel der Natur, und diese Heiligkeit des Hauses, und die hohe Bedeutung des Weibes: das Haus im Weibe und das Weib im Hause, dieser Staatenbau auf Gesetz in der Freiheit und der Freiheit im Gesetz, diese göttliche Gleichheit jedes gottgeborenen Menschen, dieser gleiche Adel und gleiche Wert und diese gleiche Würde jedes Gott geweihten Menschenlebens – sind das, fast bis auf den Wortausdruck, nicht Blüten von dem jüdischen Baume des Lebens? Sind dies nicht Keime jenes Gottesvermächtnisses, das das Judentum seit Jahrtausenden für die Menschheit gepflegt und die immer mehr, bewußt und unbewußt, aufgehen in der Brust der Menschheit und ihre Erleuchtung und Veredlung vollenden?[47]

Diese Rede, die »damals in Frankfurt Sensation machte«, war von der Ansicht getragen »daß es jüdische Pflicht sei, G'tt, den Offenbarer der Thora und Schöpfer *aller* Nationen, beim Anblick nichtjüdischer Weisen zu segnen dafür, daß Er Menschen von Fleisch und Blut, *nichtjüdischen* Menschen, einen Hauch vom Strahle seiner ewigen Weisheit geschenkt hat!«[48]

Und noch 1961 stellte Heinz Mosche Graupe fest:

> Gehen wir aber den Kantischen Umdeutungen dogmatisch-christlicher Begriffe nach, so entdecken wir, daß es häufig theologische Grundvorstellungen des Judentums sind, die nach dieser Umdeutung übrigblieben. Ein Ergebnis, das Kant natürlich ferngelegen hat und ihm unbekannt war.[49]

---

[47] Samson Raphael Hirsch: Worte am Vorabend der Schillerfeier. In: ders., Gesammelte Schriften. Hg. von Naphtali Hirsch. Frankfurt a. M.: Kauffmann 1912, 6. Bd, S. 308–321, hier S. 315.

[48] Jacob Rosenheim: Das Bildungsideal S. R. Hirschs und die Gegenwart. Frankfurt a. M.: Hermon-Verlag o. J. [1935], S. 49f.

[49] Heinz Mosche Graupe: Kant und das Judentum. In: Zeitschrift für Religions- und Geistesgeschichte 13 (1961), H. 1, S. 308–333, hier S. 323f.; später hieß es vorsichtiger: »Die kantische Religiosität tendiert in die Richtung des Judentums, während sie sich von spezifisch christlich-theologischen Vorstellungen recht weit entfernt hat.« (Graupe, Die Entstehung des modernen Judentums [Anm. 40], S. 150)

Diese allerdings problematische Tendenz[50] zeigte, daß es eine große Überein-
stimmung zwischen jüdischen und deutschen Philosophen gab. Es war Hölderlin, der an seinen Bruder schrieb:

> Kant ist der Moses unserer Nation, der sie aus der ägyptischen Erschlaffung in die
> freie, einsame Wüste seiner Spekulation führt, und der das energische Gesetz vom
> heiligen Berge bringt. Freilich tanzen sie noch immer um ihre güldenen Kälber und
> hungern nach ihren Fleischtöpfen, und er müßte wohl im eigentlichen Sinne in ir-
> gendeine Einsamkeit mit ihnen auswandern, wenn sie vom Bauchdienst und den toten,
> herz- und sinnlos gewordenen Bräuchen und Meinungen lassen sollten, unter denen
> ihre bessere, lebendige Natur unhörbar, wie eine tief eingekerkerte, seufzt.[51]

Die Intensität, mit der Hölderlin hier das deutsche Volk mit dem jüdischen
gleichsetzt und dadurch eine der Schlüsselszenen des jüdischen Selbstverständnisses auf Kant und seine Rolle im Geistesleben der Deutschen überträgt,
hat eine Parallele bei Schiller. In seiner durchaus nicht judenfreundlichen Vorlesung *Die Sendung Moses* stellte dieser eine Verbindung von Judentum und
Aufklärung her, die auf dem strikten Monotheismus gründet:

> Ja in einem gewissen Sinne ist es unwiderleglich wahr, daß wir der mosaischen Re-
> ligion einen großen Teil der Aufklärung danken, deren wir uns heutigentags erfreu-
> en. Denn durch sie wurde eine kostbare Wahrheit, welche die sich selbst überlassene
> Vernunft erst nach seiner langsamen Entwicklung würde gefunden haben, die Lehre
> von dem einigen Gott, vorläufig unter dem Volk verbreitet und als ein Gegenstand
> des blinden Glaubens so lange unter demselben erhalten, bis sie endlich in den hel-
> len Köpfen zu einem Vernunftbegriff reifen konnte. Dadurch wurden einem großen
> Teil des Menschengeschlechtes alle die traurigen Irrwege erspart, worauf der Glaube
> an Vielgötterei zuletzt führen muß [...].[52]

Schiller, der hier offensichtlich der Vorstellung Lessings von der *Erziehung
des Menschengeschlechts* verpflichtet ist, sah in den ›Hebräern‹ ein »wichtiges
universalhistorisches Volk«,[53] eine Bezeichnung, die man in den Zusammenhang mit seiner Antrittsvorlesung *Was heißt und zu welchem Ende studiert
man Universalgeschichte?* stellen muß.

Aber nicht nur die Inhalte der neuen Philosophie führten zu einer Nähe von
gebildeten Deutschen und gebildeten Juden. Es war auch die Art und Weise des
Denkens und Philosophierens. Als der Romanist Ernst Robert Curtius (1886–
1956) zu Anfang der dreißiger Jahre die geistige Situation in Deutschland analysierte, war für ihn *Deutscher Geist in Gefahr*. Er untersuchte die Besonderheiten des geistigen Lebens vor allem im Vergleich mit Frankreich und schrieb:

---

[50] Vgl. Manfred Voigts: »Wir sollen alle kleine Fichtes werden!« Johann Gottlieb Fichte
       als Prophet der Kultur-Zionisten. Berlin: Philo 2003, S. 171ff.
[51] Hölderlin an den Bruder am 1. Januar 1799. In: ders., Sämtliche Werke. Kleine Stutt-
       garter Hölderlin-Ausgabe. Im Auftrag des Kultusministeriums Baden-Württemberg hg.
       von Friedrich Beißner. Bd 6: Briefe. Stuttgart: Kohlhammer 1959, S. 327.
[52] Friedrich Schiller: Die Sendung Moses [1790]. In: ders., Sämtliche Werke (Anm. 1),
       S. 783–804, hier S. 783f.
[53] Ebd., S. 784.

Deutschland schafft sich seine eigene Kulturgestalt, als letztes der abendländischen Völker, um 1800. Unsere Kultur ist also rund 150 Jahre jünger, als das klassische Kultursystem Frankreichs. Sie ist unendlich viel zerklüfteter, weiter, reicher und tiefer. Aber sie fand als Trägerin keinen starken Nationalstaat und keine herrschende Gesellschaftsschicht. Schon aus diesen beiden Gründen konnte sie bei weitem nicht so formend und maßgebend wirken, wie die klassische Kultur Frankreichs.

Sie ist gewaltig und tief und polyphon wie unser deutsches Weltgedicht, der Faust. Aber sie ist auch ebenso schwer überschaubar, ebenso vielgestaltig und vielsinnig. Sie ist in viel geringerem Grade mitteilbar als die französische Klassik. Sie mußte schon bei ihrem Entstehen ein ganzes Heer von Auslegern auf den Plan rufen. Mußte erforscht, erklärt, gedeutet werden.

Er fügte aber, das spätere Bildungsbürgertum kritisierend, hinzu:

Und dadurch ist sie mit innerer Notwendigkeit dem Schicksal verfallen, aus dem lebendigen Besitz der Nation in die Ebene historisch-philosophischer Forschung hinüber- und hinunterzugleiten. Wir *hatten* einmal eine große Kultur, aber kaum hatten wir sie, da übergaben wir sie der Wissenschaft, den Schulen und Hochschulen.[54]

Tatsächlich wurde jede Neuerscheinung der großen Philosophen sofort in zahlreichen Zeitschriften rezensiert und es gab philosophische Auseinandersetzungen über die Möglichkeiten der verschiedensten Interpretationen, jeder der Großen hatte seine Schüler, die sich alsbald in einander bekämpfende Fraktionen teilten. Carl Leonhard Reinhold – um nur ein Beispiel zu nennen – veröffentlichte 1798, also zu Lebzeiten Kants, das Buch *Über die bisherigen Schicksale der Kantischen Philosophie*, ein Jahr später die *Briefe über die Kantische Philosophie*. Es war damals so, daß ein Philosoph, dessen Schriften man einfach verstehen konnte, schnell zum Populärphilosophen herabgestuft wurde; erst die Tatsache, daß ein Philosoph schwer verständlich war, daß seine Ideen vielfach und ganz unterschiedlich zu interpretieren waren, machten aus ihm einen großen Philosophen. Friedrich Schlegel schrieb in seinen *Kritischen Fragmenten*:

Eine klassische Schrift muß nie ganz verstanden werden können. Aber die, welche gebildet sind und sich bilden, müssen immer mehr draus lernen wollen.[55]

Über Hegel schrieb Heine: »Ich glaube, er wollte gar nicht verstanden sein, und daher sein verklausulierter Vortrag ...«[56] Für die deutschen Dichter galt, wie Helmuth Plessner mit kritischem Unterton formulierte, »je unzugänglicher sie sind, um so besser«.[57]

---

54 Ernst Robert Curtius: Deutscher Geist in Gefahr. Stuttgart, Berlin: Deutsche Verlags-Anstalt 1932, S. 12.
55 Friedrich Schlegel 1794–1802. Seine prosaischen Jugendschriften. Hg. von Jacob Minor, 2. (Titel-)Auflage, Wien: Konegen 1906, 2. Bd, S. 185, Nr 20.
56 Heinrich Heine: Geständnisse. In: ders., Sämtliche Schriften (Anm. 16), Bd 6/1, S. 443–513, hier S. 471.
57 Helmuth Plessner: Ein Volk der Dichter und Denker? In: ders., Diesseits der Utopie. Ausgewählte Beiträge zur Kultursoziologie. Frankfurt a. M.: Suhrkamp 1974 (Suhrkamp-Taschenbuch; 148), S. 66–73, hier S. 73.

Der aus dem Judentum kommende Literaturwissenschaftler Fritz Strich schrieb über die deutschen Dichter:

> Ob der deutsche Dichter verstanden wird oder nicht, darauf kommt es ihm nicht an. Ja wenn er verstanden wird, erregt dies schon eine gewisse Skepsis an der Güte seines Werks. Originalität und Individualität wird nirgends so hoch geschätzt wie in Deutschland. Ein öffentliches und gemeinschaftliches Leben gibt es hier nicht.[58]

Jeden Juden mußte diese Tendenz an das rabbinische Schrifttum erinnern, wo jede Einzelheit von jedem möglichen Standpunkt aus betrachtet und in verschiedenste Zusammenhänge gestellt wird, um den tiefen, unergründlichen Sinn zu erforschen. Bei Moritz Lazarus finden wir die Entsprechung zu Curtius; er beschrieb zunächst den ›rabbinischen Geist‹ und die Vieldeutigkeit der klassischen Literatur der Juden:

> Vieles, was auf dem Boden den Judenthums geschaffen, was innerlich erlebt, in Gemüth und Gesinnung ergriffen worden ist, hat den Weg zum methodisch geformten Gedanken, vollends zur systematisch geordneten Fassung desselben gar nicht gefunden; und es ist, wenn schon zum Denken, doch nicht zum strengen und klaren, kurz gesagt, zum sprachlich-wissenschaftlichen Ausdruck gekommen. Bald ist es überhaupt nur als innerliche That erlebt, als Handlung geübt und so auch erzählt, bald hat sich eine Allegorie, eine Legende, eine Hindeutung auf einen biblischen Spruch oder Vorgang an die Stelle schlichter aber begrifflich deutlicher Lehre gesetzt. Die ethische Grundanschauung geht eben weiter, ist tiefer und klarer als die entwickelten Begriffe und als die *formal durchgeführte Anwendung*; deshalb gewinnt sie nicht die prägnante wissenschaftliche Form.

Hier fügte er die Anmerkung an:

> Wir werden uns über dies Verhältnis im Innersten des Rabbinische Geistes um so weniger wundern, wenn wir bei *Eucken* die feine Beobachtung hören, daß ein Gleiches selbst bei Kant, dem großen Meister der philosophischen Zergliederung, stattfindet. »Es kommt (bei Kant) zu keinem deutlichen Gesammtbegriff vom lebendigen Wesen des Menschen. Wenn Kant, um die Begriffe: Persönlichkeit, Charakter, Handlung, u. s. w. die größten Verdienste hat, ja, wenn dieselben erst hier recht in das Licht wissenschaftlicher Erkenntnis treten, so geschieht das keineswegs von der Form her, sondern es wird vielmehr die Form durch eine *reichere ursprüngliche Induction ergänzt*. Aber wenn die Grundanschauung weiter ist, als die Begriffe, so kann sie natürlich in ihnen nicht zur Entfaltung kommen.« (S. die Lebensanschauung großer Denker. Leipzig, 1890 S. 455.)[59]

Die Unabschließbarkeit und daher unendliche Deutbarkeit war eine den Juden vertraute Eigenart der neuen Philosophie. Die alte jüdische Orthodoxie verstand den Begriff der ›heiligen Sprache‹ so, »daß ihre *allgemeine* Anwendung verboten sei«.[60] Ernst Simon ergänzte:

---

[58] Fritz Strich: Natur und Geist der deutschen Dichtung. In: ders., Dichtung und Zivilisation. München: Meyer & Jessen 1928, S. 1–24, hier S. 6.

[59] Lazarus, Die Ethik des Judenthums (Anm. 45), S. 65f.

[60] Ernst Simon: Zum Verständnis Bialiks. Aus einer größeren Arbeit über den Dichter. In: Der Morgen 1 (1925/26), S. 606–616, S. 610.

Juden sind kein ›Volk der Bücher‹, sondern das Gegenteil: das Volk *des* Buches, des *einen*, der *Bibel* nämlich – und da wir ja doch tatsächlich sehr viele Bücher haben, so sind diese nicht recht eigentlich ›Literatur‹, keine selbständigen Schöpfungen, sondern Kommentare zu dem einen Buch: Midraschim, Mischna, Sohar zur Bibel, die Gemara ein Kommentar zur Mischna, der Schulchan-Aruch im Grunde wieder ein Kommentar zum Talmud, und die Kommentare zum Schulchan-Aruch letzten Endes also, zurück die lange Kette, Kommentare zur Bibel selbst.[61]

Ganz ähnlich begriff sich ein großer Teil der philosophischen und literaturwissenschaftlichen Literatur als Kommentar zum ›Urtext‹ – seien es nun Kants Kritiken oder Goethes Faust – oder als Kommentar zu Kommentaren.

Die unterschiedliche Interpretierbarkeit Kants führte dazu, daß seine Philosophie sowohl als religiös als auch als irreligiös aufgefaßt wurde. Einmal konnte man seinen Schriften entnehmen, daß der »vermeintliche Gegensatz zwischen der Autonomie der Vernunft und der Unterwerfung unter Gottes Gebot überwunden« war.[62] Der berühmte Satz: »Zwei Dinge erfüllen das Gemüt mit immer neuer und zunehmender Bewunderung und Ehrfurcht, je öfter und anhaltender sich das Nachdenken damit beschäftigt: *Der bestirnte Himmel über mir, und das moralische Gesetz in mir.*«[63] – dieser Satz ist interpretierbar als Hinweis auf das Verbot, sich von Gott ein Bildnis zu machen, er kann aber auch als Identifizierung der Natur mit einem unpersönlichen höchsten Wesen gelesen werden. So konnte Moritz Goldstein sich auf Kant berufen, obwohl ihm die zweitausend Jahre alte Antwort auf die Fragen nach »Sinn, Zweck und Wert von Welt und Leben«, nämlich der Hinweis auf Gott, nicht mehr genügte.[64] Für ihn setzt der Mensch selbst die Werte:

Wo der Mensch hinkommt oder auch nur hinblickt, da sind Werte.
[...] Unser Grundwille ist dasselbe, was Kant in die Formel des kategorischen Imperativs gefaßt hat, ist dasselbe, was als sittliche Forderung und als Gewissen in unser Bewußtsein tritt.[65]

Diese Nähe eines jüdischen Denkens, das sich von Riten und Gesetzesobservanz getrennt hatte, zu der neuen Philosophie ging auch auf gesellschaftspolitische Gründe zurück; viele Juden waren der Überzeugung, die politische Emanzipation könne nur aus einer universalistischen Weltanschauung hervorgehen, die die eingeborene Gleichheit der Menschen statt ihrer Verschiedenheit betonte.[66]

---

[61] Ebd., S. 613.
[62] Richard Schaeffler: Die Wissenschaft des Judentums in ihrer Beziehung zur allgemeinen Geistesgeschichte im Deutschland des 19. Jahrhunderts. In: Wissenschaft des Judentums. Anfänge der Judaistik in Europa, Hg. von Julius Carlebach. Darmstadt: Wissenschaftliche Buchgesellschaft 1992, S. 113–131, hier S. 120.
[63] Immanuel Kant: Critik der praktischen Vernunft [1788]. In: ders., Werke in sechs Bänden (Anm. 41), Bd 4, S. 103–302, hier S. 300.
[64] Moritz Goldstein: Die Überwindung des europäischen Nihilismus. In: Die Grenzboten 72 (1913), S. 598–605, hier S. 599.
[65] Ebd., S. 603.
[66] Vgl. Meyer, Von Moses Mendelssohn zu Leopold Zunz (Anm. 46), S. 100.

Hier öffnet sich ein umfassendes Problem: »Das Nebeneinander von Universalismus und Partikularismus, die Bindung des Weltgottes an eine besondere Familie, bildet das große gelebte Paradox des Judentums.«[67]

In unserem Zusammenhang ist wichtig, daß diese Spannung von vielen Deutschen ähnlich empfunden wurde wie von Juden. Das Partikulare war für beide nicht ein Spezialfall für das Universale, sondern ein besonderes Partikulares war beispielgebend für das Universale. Samson Raphael Hirsch wies auf das alte Judentum zu Abrahams Zeiten hin:

> War ja eben dieser Universalismus, diese Menschheit umfassende Gesinnung, dieses Menschheit umfassende Wirken, Wesen und Zweck, Grund und Bedeutung seiner Isolierung! *War es ja eben dieser Universalismus, der ihn isolierte!* [...]
> Und das blieb Grundtypus des Judentums; für die Menschheit war Abraham isoliert, und für die Menschheit hat das Judentum seinen isolierten Gang durch die Zeiten zu gehen.
> Gerade das Judentum ist's ja, das *nicht* spricht: außer mir kein Heil! Gerade das wegen seines vermeintlichen Partikularismus verschrieene Judentum lehrt ja: die Wackeren aller Völker wandeln dem seligsten Ziele entgegen![68]

Eine der wirksamsten Formulierungen des ›Deutschtums‹ sah entsprechend die Deutschen als ›Letzte‹ der Geschichte, daher aber auch als Zusammenfassung der Geschichte und damit als Beispiel für die anderen Völker. Novalis brachte es auf den Punkt: » ... denn in energischer Universalitaet kann keine Nation gegen uns auftreten.«[69] Auch hier war es gerade der Universalismus des ›Deutschtums‹, der die Deutschen von den anderen Völkern trennte.

Gerade diese Nähe zwischen Philosophie und jüdischer Religion wurde aber zunehmend auch als Gefahr empfunden, daß das spezifisch Jüdische verloren gehen könnte. Der Monotheismus des Judentums paßte zu dieser neuen Philosophie weit besser als das Christentum, das im Dogma der Trinität polytheistische Tendenzen barg. So war für die Juden die Gefahr entstanden, mit dieser neuen Philosophie »einfach in Eins gesetzt zu werden und jeden spezifischen Gehalt zu verlieren«.[70] Deswegen wurden nach und nach auch kritische Positionen gegenüber den Klassikern entwickelt. Diesen Schritt kann man bei Moritz

---

[67] Michael Landmann: Universalismus und Partikularismus im Judentum. In: Jüdische Miniaturen. Erster Band: Messianische Metaphysik. Bonn: Bouvier 1982, S. 13–49, hier S. 39.

[68] Samson Raphael Hirsch: Der Jude und seine Zeit. In: ders., Gesammelte Schriften (Anm. 47), 1. Bd, S. 149–159, hier S. 155.

[69] Novalis: Vorarbeiten zu verschiedenen Fragmentsammlungen [1798]. In: ders., Werke, Tagebücher und Briefe Friedrich von Hardenbergs. Hg. von Hans-Joachim Mähl und Richard Samuel. Bd 2: Das philosophisch-theoretische Werk. München, Wien: Hanser 1978, S. 311–424, hier S. 414.

[70] Julius Guttmann: Die Philosophie des Judentums. München: Reinhardt 1933 (Geschichte der Philosophie in Einzeldarstellungen; 3 – Abt. I: Das Weltbild der Primitiven und die Philosophie des Morgenlandes), S. 302f.

Lazarus klar nachvollziehen. Dieser kritisierte Schillers *Briefe über die ästhe-tische Erziehung des Menschen*:

> Schiller hat für die sittliche Erziehung des Menschen den Umweg über das ästheti-sche Gefühl als nothwendig dargestellt; viel mehr psychologisch begründet ist der in allen höheren Religionen, besonders aber im Judenthum eingeschlagene pädagogi-sche Weg: zum Ziele ethischer Gesinnung durch religiös-symbolische Handlungen zu gelangen.[71]

Hier wird in aller Deutlichkeit der klassische jüdische Ritus gegen den ästhe-tisch orientierten Klassizismus in Schutz genommen und wieder als besserer und höherer Weg zur Erziehung des Menschen dargestellt. Noch wichtiger ist die Kritik, die Lazarus an Kants kategorischem Imperativ[72] übte. Hier finden wir einen der Anstöße für die von ihm und Heymann Steinthal begründete Völkerpsychologie. Es geht dabei um die Frage, wie bei der Beschreibung des Volksgeistes der einzelne Mensch mit der Gemeinschaft verbunden ist oder verbunden werden soll:

> Zu der durch Kant bereits ausgesprochenen Maxime der *Allgemeinheit*, welche we-sentlich nur die *Gleichheit* enthielt, tritt die der *Gesammtheit* oder der in Wechsel-wirkung begriffenen Einheit des Handelns einer Gesellschaft. Sowohl für den Werth und die Würde jedes Individuums tritt dadurch ein anderes Maß ein, wie auch für die psychologische d. h. causale Stellung derselben eine erhöhte Bedeutung gewon-nen wird. Handle so, daß du wollen kannst, daß die psychologischen Folgen deines Handelns in der Gesammtheit zur Geltung kommen.**[73]

Neben das Individuum, von dem Kant gesprochen hatte, tritt hier die Gemein-schaft, genauer: Das Individuum wird hier als Teil der Gemeinschaft begriffen, die Lazarus als völkerpsychologische Einheit sah, in der das ›Wesen‹ des jewei-ligen Volkes beschlossen liegt. Die Anmerkung bringt die Kritik an Kant auf den Punkt:

> **) Es sei gestattet, hier einen allgemeinen ethischen Gedanken anzufügen. Nicht auf das formale Gesetz der Allgemeinheit, als dem Grunde der *Gleichheit* aller Ein-zelnen in der sittlichen Verpflichtung, sondern nur auf das reale Gesetz der Zusam-menschließung, als dem Grunde der Bildung einer *Gesammtheit* aller Einzelnen in der sittlichen Gemeinschaft, ist ein System der sittlichen Lebensaufgabe zu erbauen. Die Kantische Maxime: »handle so, daß du wollen kannst, daß alle Anderen eben so handeln,« kann eine Probe für die Richtigkeit der ethischen Rechnung, aber nicht der Grund derselben sein.[74]

Hier ist die Leerheit des kategorischen Imperatives, wie ihn Kant formulierte, durch einen Juden mit dem Hinweis auf die Bedeutung der sittlichen Gemein-

---

[71] Lazarus, Die Ethik des Judenthums (Anm. 45), S. 43.
[72] Vgl. Immanuel Kant: Grundlegung zur Metaphysik der Sitten [1785]. In: ders., Werke in sechs Bänden (Anm. 41), Bd 4, S. 7–102, hier S. 51.
[73] Moritz Lazarus: Das Leben der Seele in Monographien über seine Erscheinungen und Gesetze [1855]. Erster Band, Berlin: Schindler 1917, S. 22.
[74] Ebd., S. 22f.

schaft kritisiert worden; Kant habe nur die formale, nicht die inhaltliche Begründung der Sittlichkeit erfaßt. Das »theoretische Wissen« und »einsame Streben« reiche bei der Bildung nicht aus, nur »dauernde und praktische Pflege, wie sie nur durch den Umgang und die Gesellschaft der Gebildeten geboten wird«,[75] könne die Bildung des Volksgeistes sichern. Dem ethischen und individualistischen Rigorismus Kants wird hier mit einem Rückgriff auf jene soziale Dimension des Bildungsbürgertums widersprochen, die die soziologische Basis der Symbiose war.

Auch Felix Weltsch (1885–1964), enger Freund Kafkas und Kulturzionist, hat diese Leerheit des kategorischen Imperativs festgestellt: Sein Mangel liege darin, »daß er nicht geeignet ist, eine Wertskala aufzustellen; er kann mich wohl abhalten, *a* zu tun, aber er kann mir nicht das *b* zeigen, das ich tun soll«.[76] Für Kant allerdings wäre dies kein Mangel gewesen, denn für ihn waren Freiheit und Autonomie die wichtigsten Elemente menschlichen Handelns, die keine von außen herangetragene ›Werteskala‹ einschränken dürfe. Es ging bei ihm um eine Gesinnungs-, nicht um eine Erfolgsethik.[77] Es charakterisiert den messianischen Grundzug des deutschen Idealismus, daß einerseits zwar nur »ein *guter Wille*«[78] und nicht der äußere Erfolg zählt, daß es aber andererseits z. B. bei Fichte heißt: »Der Mensch *kann*, was er *soll*; und wenn er sagte: ich *kann* nicht, so *will* er nicht.«[79] Auch die jüdische Ethik war keine Erfolgs-, sondern eine Gesinnungsethik, und Samson Raphael Hirsch schrieb im Sinne der Tradition: »*Was Gott fordert, dazu gibt er auch Kraft.*«[80] Die Tendenzen der jüdischen Ethik ließen sich gut mit dem Ziel der deutschen Metaphysik verbinden: Nur das einzig wahre Gute sollte zur Realität werden und nicht das gesellschaftlich vermittelte und geschichtlich korrumpierte.

Die Abwendung dieses hochgespannten metaphysischen Idealismus von der gesellschaftlichen Realität, der mit den Zwängen des politischen Alltags nichts zu tun haben will – dies waren Eigentümlichkeiten der neuen Philosophie, die durch den deutschen Sonderweg hervorgebracht und verstärkt wurden. Im Selbstbewußtsein vieler Gebildeter war es gerade diese metaphysische Überspannung, die sie als Deutsche auszeichnete und über andere Nationen erhob. Friedrich Wilhelm Joseph Schelling, der – wie Fichte – die Philosophie als ›Wissenschaft‹ bezeichnete, schrieb 1807 über die ›deutsche Wissenschaft‹:

---

[75] Ebd., S. 23.

[76] Felix Weltsch: Sinn und Leid. Hg. von Manfred Voigts, Berlin: Philo 2000 (Studien zur Geistesgeschichte; 26), S. 137.

[77] Vgl. Albert Lewkowitz: Das Judentum und die geistigen Strömungen des 19. Jahrhunderts. Breslau: Marcus 1935 (Grundriß der Gesamtwissenschaft des Judentums), S. 30.

[78] Kant, Grundlegung zur Metaphysik der Sitten (Anm. 72), S. 18.

[79] Johann Gottlieb Fichte: Beiträge zur Berichtigung der Urtheile des Publicums über die französische Revolution [1793]. In: Johann Gottlieb Fichte's sämmtliche Werke (Anm. 26), 6. Bd, S. 37–288, hier S. 73.

[80] Samson Raphael Hirsch: Choreb. Versuche über Jissroels Pflichten in der Zerstreuung. Zunächst für Jissroels denkende Jünglinge und Jungfrauen [1837]. 5. Aufl., Frankfurt a. M.: Kauffmann 1921, S. 337.

Sie ist das wahre Innere, das Wesen, das Herz der Nation, sie ist mit ihrem Daseyn selbst verflochten, und wer möchte nicht sagen, daß sie nur in dieser ein wahres Daseyn hat. Zeugnisse dieser Behauptung sind die religiösen und wissenschaftlichen Revolutionen, mit denen dieses Volk allen anderen vorangegangen [...]. Verwunderungswerth hat manchen insbesondere geschienen, wie die Liebe metaphysischer Untersuchungen unter den Deutschen nicht, wie unter allen anderen Nationen, gealtert, vielmehr immer neu sich verjüngt hat. [...] Zu eigenthümlich von Gemüth und Geist ist dieses Volk gebildet, um auf dem Weg anderer Nationen mit diesen gleichen Schritt zu halten. Es muß seinen eigenen Weg gehen, und wird ihn gehen, und sich nicht irren noch abwenden lassen, wie es immer vergebens versucht wurde.[81]

Die geschichtliche Realität sah aber anders aus. Sehr pointiert schrieb der Sozialist Kurt Eisner über Schiller, daß der »kaum merkbare Bruch seiner Weltanschauung« – es läßt sich hinzufügen: von der freiheitlichen zur ästhetischen Erziehung – »der Tribut [war], den er dem deutschen kleinstaatlichen Despotismus unbewußt zahlen mußte, der sozialen Misere eines mühselig um sein Brot arbeitenden armen Literaten, der von der Gnade gerade jener Elemente zu leben verurteilt war, die man in Frankreich guillotinierte«.[82] Die Kritik an diesem deutschen Sonderweg wurde schon früh formuliert, z. B. von Ludolf Wienbarg:

Es ist sonderbar, wenn der Weltgeist den Menschen etwas offenbaren will, so flüstert er es zuerst den Deutschen ins Ohr, und diese machen ein Religionssystem, eine Philosophie, eine Literatur daraus. Die Denker und Dichter der deutschen Nation fühlten von jeher den Drang und die Kühnheit, sich als nackte Gedanken vor den Weltgeist zu stellen und ihm auf die naivste Weise seine Geheimnisse abzufragen. Franzosen und Engländer verlangten so hohe Dinge nicht. Sie begnügten sich mit den praktischen Ergebnissen und dem verständig sinnlichen Zusammenleben in der Gesellschaft.[83]

Aber diese Kritik wurde als ›undeutsch‹ empfunden und blieb folgenlos. Gerade die metaphysische Spannung, das messianische Element des deutschen Geistes, dem sich gebildete Juden so verwandt fühlten, war erzeugt durch die Ohnmacht des sich formierenden Bildungsbürgertums und führte zum »Rückzug des Individuums aus der Teilnahme an der Öffentlichkeit in eine Innerlichkeit, deren eigentümliche Bildung sich der äußeren Kontrolle entzieht«, sie hat »den Willen zur durchgreifenden Auseinandersetzung mit der Umwelt erlahmen lassen«.[84] Es waren gerade die Auswirkungen des deutschen Sonderwegs auf die Philosophie, denen sich gebildete Juden anschlossen und wo sie, aus ganz anderen Traditionen herkommend, Ähnlichkeiten fanden.

---

[81] Friedrich Wilhelm Joseph Schelling: Über das Wesen deutscher Wissenschaft. Fragment [1807]. In: ders., Ausgewählte Schriften (Anm. 2), S. 11–28, hier S. 13f.

[82] Kurt Eisner: Über Schillers Idealismus [1905]. In: ders., Gesammelte Schriften. Berlin: Cassirer 1919, 2. Bd, S. 217–234, hier S. 219.

[83] Ludolf Wienbarg: Zur neuesten Literatur [1835]. In: ders., Ästhetische Feldzüge. Berlin, Weimar: Aufbau 1964, S. 195–280, hier S. 209.

[84] Hugo Bieber: Der Kampf um die Tradition. Die deutsche Dichtung im europäischen Geistesleben 1830–1880. Stuttgart: Metzler 1928 (Epochen der deutschen Literatur; 5), S. 100.

Es war nicht die nebensächlichste Besonderheit, daß sich Deutsche vom
Ausland nicht oder falsch verstanden fühlten. Der bedeutende jüdische Religi-
onsphilosoph Joseph Wohlgemuth (1867–1942) schrieb 1915:

> Nur wenige Nichtdeutsche können aus der deutschen Literatur erschließen, was Kant
> und Fichte auf der einen und Göthe und Schiller auf der anderen Seite für das Eigen-
> ste des Deutschtums bedeuten [...]. Ebensowenig bietet die Thora und der Talmud
> dem Nichtjuden ohne weiteres die Möglichkeit, in das innerste Wesen der jüdischen
> Gedanken- und Gefühlswelt einzudringen.[85]

Daß ›der Ausländer‹ – so schon Fichte – »den wahren Deutschen niemals
verstehen kann«, daß der Deutsche dagegen den Ausländer »besser, denn er
sich selbst, verstehen« kann, dies habe die Ursache darin, das beim »Volke der
lebendigen Sprache« die »Geistesbildung« ins Leben eingreife; »beim Gegen-
theile geht geistige Bildung und Leben, jedes seinen Gang für sich fort.«[86] Tatsächlich war die geschichtliche Wirklichkeit genau umgekehrt – in Deutschland hatte der Geist weniger Einfluß auf das Leben des Volkes als in anderen
Ländern. Zumindest hier kann man mit Georg Lukács von einer »Idealisierung
der deutschen Zurückgebliebenheit« sprechen.[87] Der Theologe Adolf Schlatter
(1852–1932) sagte 1919 über die Idealisten:

> Nicht der Zukunft sind sie zugewendet, sondern schmiegen sich an das Geschehene
> und Geschehende an, und dieses wird in ihrer Hand ›ideal‹. Denn sie breiten über al-
> le Ereignisse einen sie verklärenden Glanz.[88]

Im Verlauf des 19. Jahrhunderts wurde immer deutlicher, daß die Ideale des
Idealismus immer und immer wieder in der Realität nicht durchgesetzt werden
konnten; der Idealismus wurde mehr und mehr zu einem Bekenntnis, mit dessen Realisierung niemand mehr ernsthaft rechnete. Kurz vor dem Weltkrieg,
als der Expressionismus den Zusammenbruch der gutbürgerlichen Welt schon
erahnte, schrieb der junge Hans Kohn, der dem Prager Zirkel junger Zionisten
um Max Brod angehörte:

> Wir sehen das jüdische Volk, kaum ein Volk mehr, eine zerrissene, verlorene Herde,
> ängstlich und feige, tatenlos und stumpf, dem Alltag ergeben, in Ehrfurcht allein vor
> seinen Bedingtheiten, seine Schwäche als seine Norm empfindend. Nirgendwo ein
> großes Gefühl, das das Netz der Bedingtheiten zerrisse und ihm ein neues Reich,
> dem Geiste und der alle Materie formenden Idee entsprossen, entgegensetzte, nir-
> gendwo ein großes Wollen, das eine schöpferische Tat zeugte. [...]

---

[85] Joseph Wohlgemuth: Der Weltkrieg im Lichte des Judentums. Berlin: Jeschurun 1915,
      S. 105f.

[86] Johann Gottlieb Fichte: Reden an die deutsche Nation. In: Johann Gottlieb Fichte's
      sämmtliche Werke (Anm. 26), 6. Bd, S. 257–499, hier S. 326f.

[87] Georg Lukács: Die Zerstörung der Vernunft. Der Weg des Irrationalismus von Schel-
      ling zu Hitler. 3. Aufl., Berlin, Weimar: Aufbau 1984, S. 51.

[88] Adolf Schlatter: Die religiöse Bedeutung des Weimarer Dichterkreises, zit. nach:
      Deutsche Weltbetrachtung. Ein Lesebuch. Hg. von Joachim G. Boeckh. Heidelberg:
      Kerle 1946 (Vorsemesterkurse der Universität – Deutsche Texte; 2), S. 170.

Leben war stets Kampf. Zionismus ist der Kampf der Jugend, die höher will, gegen die Alten, die Trägen, die Müden, die nicht mehr wachsen können und die kein Sturm der Begeisterung mehr aufrütteln kann. [...] Dieses Ringen mit dem Volke kann nichts weniger bedeuten wollen, als daß wir uns in selbstgenügsamer Höhe mit unsern Idealen von der Masse entfernen und entfremden wollen. Im Gegenteil! *Dies* ist jüdischer Idealismus! Das Hohe und Große am Alltag und an seiner Wirklichkeit bewahren. Wie der Zionismus unsere heilige Sprache aus ihrer Tagesfremdheit erlöst und wieder zur Sprache des Alltags gemacht hat, nicht um sie zu profanieren, vielmehr um diesen Alltag durch seine Sprache zu heiligen, so ist uns dies eine große Wunder, das wir schon erlebt haben, die Verlebendigung des Hebräischen, nur ein Symbol für den Sinn unseres ganzen Kampfes mit dem Volke und um dieses Volk.[89]

Hier wurde die ursprüngliche Intention des Idealismus noch einmal aufgenommen und nun gegen die ›Alten‹ gewendet, die sich mit den Realitäten abgefunden hatten. Daß die Sprache hier eine herausgehobene Rolle als äußere Form des Geistes spielte, wird uns noch beschäftigen.

4.3 Individualismus

So verständlich die Nähe von deutschen und jüdischen Gebildeten bezüglich der neuen Philosophie war, so problematisch stellte sie sich angesichts des Individualismus dar. Der Individualismus aber war die Grundlage der Symbiose: »Es war eine punktuelle Symbiose von Individualitäten, jüdischer und nichtjüdischer Menschen, und es gelang darüber hinaus für einen historischen Augenblick die Ebenbürtigkeit und Gleichrangigkeit der Geschlechter.«[90] Der Individualismus hatte zwei starke Wurzeln, eine in der deutschen Geistesgeschichte und die andere in der jüdischen Emanzipation. Diese Emanzipation galt den Juden als Individuen, nicht als geschlossener Gemeinschaft oder gar als Nation. Die Emanzipation wurde von der Französischen Revolution realisiert und kam mit Napoleon nach Deutschland. Dies wird im Zusammenhang mit der Französischen Revolution genauer darzustellen sein.

Das traditionelle Judentum kannte den modernen Individualismus nicht, der eine stark subjektivistische Tendenz hatte. Jude war man nicht durch individuelle, gar subjektive Entscheidung, sondern durch Geburt.

---

[89] Hans Kohn: Geleitwort. In: Vom Judentum. Ein Sammelbuch. Hg. vom Verein jüdischer Hochschüler Bar Kochba in Prag. 3. Aufl., Leipzig: Wolff 1914, S. V–IX, hier S. VIIff.

[90] Horst Meixner: Berliner Salons als Ort deutsch-jüdischer Symbiose. In: Gegenseitige Einflüsse deutscher und jüdischer Kultur von der Epoche der Aufklärung bis zur Weimarer Republik. Internationales Symposium Tel-Aviv, April 1982. Hg. von Walter Grab. Tel-Aviv 1982 (Jahrbuch des Instituts für deutsche Geschichte; Beiheft 4), S. 97–107, hier S. 99.

Der Individualismus der Gesinnung geht nicht so weit, daß der Spielraum der freien Überzeugung *gegen* die eigene Gemeinschaft ausgefüllt, daß einem Menschen die Abkehr vom Gesamtgeist der Gemeinde gestattet werden könnte.[91]

Gerade deshalb bedeutete der moderne, d. h. subjektivistische Individualismus eine tiefgreifende Abkehr vom traditionellen Judentum. Werner E. Mosse:

Ein weiteres Element bei der Lockerung jüdischen Zusammenhalts war der im liberalen Denken tief verankerte Individualismus. Die jüdische Religion, kollektivistisch in Ursprung und Wesen, war gegründet auf Gemeinschaft, Gemeinde, und Familie, und bot daher relativ wenig Raum für individuelle Belange, für Seelenheil oder Selbstbestimmung des Einzelnen. Daher wirkte auch die liberale Lehre von der Einzigartigkeit und erstrangigen Bedeutung des Individuums im jüdischen Bereich zumindest teilweise zerstörerisch.[92]

Isaac Breuer (1883–1946), einer der führenden Orthodoxen seiner Zeit, hat dies 1910 sehr deutlich gemacht:

Ehedem hatte in Israel das Individuum zu schweigen und sich zu unterwerfen. Weder individueller Geschmack noch individuelle Neigung konnten die jüdische Lebenspraxis beeinflussen, die unantastbar, von gesetzlicher Autorität getragen war. Des Juden oberste, ja einzige Pflicht war der *Gehorsam*.[93]

Für Breuer war die Französische Revolution für den Bruch im Judentum verantwortlich:

Da brach die Renaissance des dritten Standes aus: die große Revolution. Sie befreite allenthalben das Individuum aus der Umklammerung des Standes und Herkommens und setzte an die Stelle der Menschen*pflichten* in vollendeter Einseitigkeit die Menschen*rechte*.
    Sie ward dem Judentum zum Verhängnis.[94]

Damit hatte sich die Grundachse des Judentums verschoben:

Da Zwangsmittel dem Judentum nicht zur Verfügung standen, konnten die bisher dem Gesetz Gehorsam gewährleistenden Gemeinschaftsinstinkte und Gemeinschaftsgefühle nur durch *individualistische* Motive ersetzt werden, die das Individuum zur Treue gegen das Judentum bewegen sollten: *Das Individuum verlangte, daß das Judentum ihm zum Gegenstand seiner subjektiven Überzeugung werde.*

---

[91] Max Wiener: Einfluß auf grundlegende Anschauungen der Umwelt in Religion und Kultur. In: Die Lehren des Judentums nach Quellen. Hg. von Verband der deutschen Juden [1928–1930]. Neu hg. und eingeleitet von von Walter Homolka. München: Knesebeck 1999, Bd 3, S. 430–468, hier S. 440.

[92] Werner E. Mosse: Einleitung: Deutsches Judentum und Liberalismus. In: Das deutsche Judentum und der Liberalismus – German Jewry and Liberalism. Dokumentation eines internationalen Seminars der Friedrich-Naumann-Stiftung in Zusammenarbeit mit den Leo Baeck Institute London. Sankt Augustin: COMDOK-Verlagsabteilung 1986 (Schriften der Friedrich-Naumann-Stiftung – Liberale Texte), S. 15–21, hier S. 16.

[93] Isaac Breuer: Lehre, Gesetz und Nation [1910]. In: ders., Wegzeichen. Frankfurt a. M.: Kaufmann 1923, S. 1–39, hier S. 6f.

[94] Ebd., S. 8.

Damit war geradezu ein revolutionäres Moment in das Judentum hineingetragen. Es war nichts Geringeres, als eine Art Umkehrung des kopernikanischen Systems: Das Individuum setzte sich selbst zum Mittelpunkt, indes es bisher willenlos der allmächtigen Attraktion der Gesamtheit gefolgt war.[95]

Zur gleichen Zeit schrieb der Zionist Georg Hecht:

Der Anspruch des Individuums, auch der auf die ihm eigene und gemäße Religion, braucht nicht mehr als gerechtfertigt ›bewiesen‹ zu werden; doch auch jene Ängstlichkeit, es könnte die Erfüllung dieser Ansprüche völlige Anarchie im Gefolge haben, ist unbegründet.[96]

Denn auch die Individuen folgten der ›Zeitnotwendigkeit‹ und waren so in objektive Entwicklungen eingebunden.

Diese tiefgreifende Veränderung hätte im Judentum aber nicht stattfinden können, wenn es nicht schon längst vorher Tendenzen zum Individualismus hin gegeben hätte. Seit der Frühaufklärung war die Hauptstoßrichtung des neuen Denkens gegen Tradition und Fremdbestimmung gerichtet, die frühaufklärerische Philosophie *more geometrico* setzte allen Autoritäten, die sich nur historisch, nicht aber mathematisch-logisch ausweisen konnten, ein Ende. Der Kern des jüdischen Selbstverständnisses stand von nun an in deutlichem Gegensatz zum ›Geist der Zeit‹, so sehr sich auch z. B. Mendelssohn bemühte, einen Weg der Vermittlung zu finden. Das Menschenrecht, das nach Breuer die Menschenpflichten ersetzte, – zu erinnern ist daran, daß bei den Römern das Menschenrecht nur bedeutete, daß der Mensch kein Tier sei, nicht aber, daß er als Bürger behandelt werden sollte[97] – ist kein historisches, es trennt jeden von den geschichtlichen und ›erworbenen‹ Rechten und stellt alle als Individuen auf eine Rechtsstufe. Kein Vorrecht, so ehrwürdig auch die Tradition sei, von der es sich herleite, sollte anerkannt werden.

Das entstehende Bildungsbürgertum fand darin den Kern seines Selbstbewußtseins. Die Bildungsbürger begriffen sich als Individuen, die frei von den als hinderlich und unterdrückend empfundenen sozialen Bindungen waren. Der Gebildete jener Zeit »wurde zum Individuum durch ›Selbstbildung‹, das im Beziehungsgeflecht von Beruf, privater Lebensführung und Familienleben neue, spezifische Kulturformen entwickelte«.[98] Auch die sich dieser Bildungsschicht anschließenden Juden mußten diesen Weg gehen:

---

[95] Ebd., S. 9.

[96] Georg Hecht: Der Neue Jude. Leipzig: Engel 1911, S. 29.

[97] Vgl. Hannah Arendt: Über die Revolution. Neuausg., 2. Aufl., München: Piper 1974 (Serie Piper; 76), S. 55f.

[98] Hans Erich Bödeker: Die ›gebildeten Stände‹ im späteren 18. und frühen 19. Jahrhundert: Zugehörigkeit und Abgrenzungen. Mentalitäten und Handlungspotentiale. In: Bildungsbürgertum im 19. Jahrhundert. Teil 4: Politischer Einfluß und gesellschaftliche Formation. Hg. von Jürgen Kocka. Stuttgart: Klett-Cotta 1989 (Industrielle Welt; 48), S. 21–52, hier S. 33.

Sie hatten die konkreten sozialen Gebilde ihrer Herkunft, an denen sie sich orientieren konnten, verlassen und waren auf sich selbst gestellt. Die damit verbundene Individualisierung von Person und Lebensführung war ihre bewußte Entscheidung.[99]

Madame de Staël bereiste Deutschland 1803/04 und ein zweites Mal 1807 bis 1813, ihr Buch *Über Deutschland*, das 1810 von Napoleon verboten wurde, erschien 1813 und war ein sofortiger großer Erfolg. Über den Hang vieler Deutscher zum Individualismus schrieb sie:

Da es keine Hauptstadt gibt, die der Sammelplatz der guten Gesellschaft von ganz Deutschland ist, so kann der gesellige Geist seine Macht nur wenig geltend machen, so fehlt es dem herrschenden Geschmack an Einfluß und den Waffen des Spotts am Stachel. Der größte Teil der Schriftsteller arbeitet in der Einsamkeit oder nur von einem kleinen Zirkel umgeben, in dem sie dominieren. Sie geben sich, jeder für sich, allem hin, was eine ungezügelte Einbildungskraft ihnen eingibt; und wenn sich in Deutschland eine Spur modischer Einflüsse bemerken läßt, so besteht sie bloß darin, daß jeder den Wunsch hat, sich von allen andern zu unterscheiden.[100]

Sie habe hier »den wesenhaftesten Zug des deutschen Menschen in seiner geistigen Einsamkeit« beschrieben, befand Fritz Strich.[101] Wenige Jahre zuvor hat Jakob Wassermann den deutschen Roman folgendermaßen beschrieben:

Keine Literatur schleppt solchen Ballast von Entwicklungsgeschichten, Sonderlingsgeschichten, Zuständlichkeiten, poetischen Kuriositäten mit sich wie die deutsche. Größe, Charakter, Bedeutung können dem deutschen Roman in seiner höchsten Stufung immer erst durch den Schöpfer verliehen werden, der in viel weiterem Ausmaß, als man ahnt, Erfinder, Verdichter, Dichter sein muß. Der deutsche Roman ist in erster Linie individuell (meist auch provinziell), während der englische oder russische in erster Linie national ist und daher auch für die Nation repräsentativ.[102]

Das große Zeitalter der deutschen Dichter und Denker war zutiefst individualistisch geprägt, von der frühen Aufklärung bis zum Sturm und Drang und darüber hinaus zu den pädagogischen Entwürfen des Neuhumanismus – wie z. B. dem von Wilhelm von Humboldt – stand in verschiedenen Formen die Autonomie der Einzelperson im Mittelpunkt. Umgekehrt wollten alle restaurativen und reaktionären Tendenzen zu historisch legitimierten Gemeinschaften zurück – von der Familie, wobei die Familie des Königs Vorbild sein sollte, bis zu einer gewachsenen Einheit des Volkes, die angeblich im Deutschland des Mittelalters gefunden werden konnte.

---

[99]   Ebd., S. 24.
[100]   Anne Germaine de Staël: Über Deutschland. Vollständig und neu durchgesehene Fassung der deutschen Erstausgabe von 1814. Hg. und mit einem Nachwort versehen von Monika Bosse. Frankfurt a. M.: Insel-Verlag 1985 (Insel-Taschenbuch; 623), S. 26f.
[101]   Strich, Natur und Geist der deutschen Dichtung (Anm. 58), S. 6.
[102]   Jakob Wassermann: Mein Weg als Deutscher und Jude [1921]. In: ders., Deutscher und Jude. Reden und Schriften 1904–1933. Hg. und mit einem Kommentar versehen von Dierk Rodewald. Mit einem Geleitwort von Hilde Spiel. Heidelberg: Schneider 1984 (Veröffentlichungen der Deutschen Akademie für Sprache und Dichtung Darmstadt; 57), S. 35–131, hier S. 86.

Der aus dem Judentum stammende Literaturhistoriker Hugo Bieber beschrieb die innere Spannung des spezifisch deutschen Individualismus am Beispiel Schillers:

> Schillers Ideal der Freiheit und der Verbindung von Kunst und Leben in der ästhetischen Erziehung bezeichnet – gerade weil seine stürmischen Anfänge mit den politischen und sozialen Auflehnungstendenzen eine Übereinstimmung zeigen, die ihm später die Sympathien der liberalen und demokratischen Jugend sichern sollte, und weil er seine Geringschätzung der deutschen Verhältnisse rückhaltlos ausgesprochen hat –, noch deutlicher die Abkehr von der revolutionären Auffassung der Aufklärung der Freiheit als einer Grundlage geistigen Lebens. Sie wird zu einem Begriff des Ausruhens in der absoluten Idealität gewendet, deren seelischer Berührungspunkt mit der Persönlichkeit außerhalb der tatsächlichen Verhältnisse und des Streites und ihre Gestaltung gegeben ist. Auch dieser Freiheitsbegriff hat in Schillers Fassung, sowenig wie in der Philosophie Fichtes und Hegels, seinen Ursprung aus der politischen Oppositionsstimmung verleugnen können und hat auch Anlaß zu revolutionären Folgen gegeben; aber er bedeutet den Rückzug des Individuums aus der Teilnahme an der Öffentlichkeit in eine Innerlichkeit, deren eigentümliche Bildung sich der äußeren Kontrolle entzieht, aber sich auch in ihren Äußerungen Reserve auferlegen muß. Es hat das deutsche Geistesleben, soweit es unter seinem Einfluß stand, vor Einförmigkeit und Starrheit bewahrt, er hat die Kapitulation vor rechnerischer Zweckmäßigkeitsbewertung verhindert und die Unerschöpflichkeit und Souveränität des Geistigen gegenüber Verwechslungen mit Tagesforderungen und programmatischen Verengungen behauptet; aber er ist auch die Ursache quietistischer Selbstgenügsamkeit, seines Verharrens im verschwiegenen Bezirk der Betrachtung, einer Bereitschaft, mit Gewalten, deren Rechtmäßigkeit nicht anerkannt wurde, Kompromisse zu schließen, er hat den Willen zur durchgreifenden Auseinandersetzung mit der Umwelt erlahmen lassen und damit schließlich auch die geistige Unabhängigkeit und die Rührigkeit des Charakters gefährdet; er hat die Spannung zwischen Individuum und Gemeinschaft, zwischen den Bildungsbedürfnissen des einzelnen und den Forderungen einer Volksmasse, die an der Geistesbildung keinen zureichenden Anteil hatte und keine Befriedigung fand, nicht aufgehoben. Er ist nicht die einzige Quelle der Vereinsamung des deutschen Gebildeten innerhalb seiner Volksgemeinschaft und innerhalb der europäischen Nationen gewesen – einer Vereinsamung, die Studium und Kenntnis, selbst geistige Überlegenheit nicht beseitigen konnten und deren verhängnisvolle Folgen erst im Weltkrieg offenbar geworden sind; aber er hat weder dieser Differenz da entgegengewirkt, wo sie einen Grundfehler der deutschen Bildung anzeigte, noch sein Recht geltend machen können. Er hat endlich nicht verhindern können, daß die Tendenzen nach einem Ausgleich der politisch-sozialen und der Bildungsbedürfnisse sich an außerdeutsche Muster anlehnten und teilweise in einen radikalen Gegensatz zu einer geistigen Überlieferung getrieben wurden, die ihnen eine Stütze hätten bieten können, teilweise sogar in einen Gegensatz, der dem unbefangenen und ureigenen Kunstschaffen gefährlich werden konnte.[103]

Dies muß als Hintergrund gesehen werden für Fritz Stern, der den Weg der Juden in dem sie umgebenden Individualismus beschrieb:

> Im neuzeitlichen Klima des 19. Jahrhunderts kam das deutsche Judentum sichtbar zur Blüte – und litt im Verborgenen. Als Gruppe komprimierten die Juden die Erfahrungen, die der Europäer in seiner Entwicklung zur Individualität gemacht hatte. Dieser Prozeß hatte schon früher begonnen und ist von Lionel Trilling definiert worden als Vorgang, der

---

[103] Bieber, Der Kampf um die Tradition (Anm. 84), S. 100f.

einen Menschen dahin führt, »sich dessen bewußt zu sein, was ein Historiker, Georges Gusdorff, ›inneren Raum‹ nennt ... Wenn ein Mensch zum Individuum wird, lebt er immer mehr in privaten Räumen; ob die Privatheit die Individualität hervorbringt oder ob die Individualität Privatheit erfordert – das sagen uns die Historiker nicht.« Das deutsche Judentum entwickelte ein starkes Gefühl für den Individualismus, mit all der Freiheit, der Einsamkeit und dem Selbstzweifel, die mit diesem neuen Zustand einhergingen.[104]

So sehr man vom gesellschaftlich-politischen Standpunkt aus und gerade im Hinblick auf die von Hugo Bieber angesprochenen ›außerdeutschen Muster‹ den besonderen deutschen Individualismus kritisch hinterfragen muß, so muß man auch erkennen, daß gerade die Erfahrungen von Einsamkeit und die Selbstzweifel in der Künstlerexistenz zu großen künstlerischen Leistungen geführt haben – bis hin zu Franz Kafka, der sein Ausgeschlossensein aus allen Gemeinschaften, nicht zuletzt der der Juden, und seine Selbstzweifel in Werken darlegte, die heute zum Grundbestand der Weltliteratur gehören.

Noch 1924 setzte sich der Rabbiner Max Dienemann (1875–1939) mit dem Individualismus der Aufklärung kritisch auseinander.

Die im religiösen Judentum begründete innige Verknüpfung von Gott und sittlicher Tat wurde durch die Kantische Theorie von dem Herauswachsen des Gottesbewußtseins aus dem moralischen Bewußtsein so gestützt und bekräftigt, daß die Kantische Idee als geläuterte und gereinigte Anschauung sich an die Stelle des religiösen Judentums setzte, sie verdrängte und man dabei noch die Empfindung hatte, man sei eine Stufe emporgestiegen und habe sich dabei jüdisches Erbe erhalten. Es ist gar nicht zu verkennen, daß in dieser Entwicklung, die das Judentum leider in vielen seiner Söhne und nicht den schlechtesten durchmacht, kantischer Einfluß nachweisbar ist. Wenn man noch dazu hält, daß indem Kant den Menschen ganz auf sich stellte, auf seine autonome Freiheit, der Mensch in gewissem Sinne von der geschichtlichen Gemeinschaft losgelöst wurde, so begriff man, daß auch von dieser Seite her die Bindung an das jüdische Gemeinschaftsleben gelockert wurde und so ein Anstoß mehr gegeben war zu der Herausbildung jenes Typus Jude, der uns so häufig begegnet, der streng moralischen Persönlichkeit, die aber jedem Bekenntnis, jeder religiösen Bindung und jeder Bindung an die geschichtliche Gemeinschaft abhold ist. Und an dieser Stelle müssen wir über diesen falsch erfaßten kantischen Einfluß hinaus, sind wir zu einem Teil schon über ihn hinweg. Wir müssen von der Ueberspannung des Moralischen innerhalb des Religiösen hinweg. Ueberspannung soll nicht heißen, daß man dem Moralischen überhaupt jemals einen zu hohen Rang einräumen könnte, sondern es soll heißen, daß man das Moralische nicht als alleinigen Ausdruck des religiösen Bewußtseins empfinden darf. Wir müssen den Weg zurückfinden zu einem Gottesbewußtsein, in dem Gott nicht als Erfüllung der Idee des Sittlichen nur empfunden wird, sondern als wirkende sittliche Persönlichkeit, als Quelle und Ausgangspunkt alles Sittlichen. In dem Augenblick, da das geschieht, erwachen die Gefühle, die neben dem Moralischen ein unabtrennbarer Bestandteil des Religiösen sind, die Gefühle der Verbundenheit mit Höherem, der Demut, des Vertrauens und der Hingabe. Und wir müssen hinauskommen über die mit der unverhüllten Autonomie des Menschen untrennbar verknüpfte Vereinzelung des Individuums, seiner Loslösung von der Gemeinschaft.[105]

---

[104]   Fritz Stern: Der Traum vom Frieden und die Versuchung der Macht. Deutsche Geschichte im 20. Jahrhundert. Erweiterte Neuaufl., Berlin: Siedler 1999, S. 120f.

[105]   Max Dienemann: Zu Kants 200. Geburtstag. In: K. C.-Blätter 14 (1924), H. 1 (Januar/April 1924), S. 2–6, hier S. 5.

Max Dienemann verkannte hier die Wirkung Kants, der nicht trotz, sondern wegen seiner ›Überspannung des Moralischen‹ und wegen der ›unverhüllten Autonomie des Menschen‹ solch eine große Wirkung auch auf Juden hatte. Gerade diese ›Überspannung der moralischen Autonomie des Menschen‹, die sich selbstverständlich auf das Individuum bezog, machte es gebildeten Juden möglich, sich der als einengend und fremd empfundenen Gemeinschaftsbande der alten Judengemeinden zu entledigen und den Schritt zum deutschen Bildungsbürgertum zu wagen. Die großen Dichter und Denker waren für viele dieser Juden »Propheten der Humanität«,[106] wie es später Hermann Cohen sagte, und die Figur des Propheten stand immer in einem gewissen Gegensatz zum zeitgenössischen Judentum. Gerade diese nicht kirchlich-organisatorische, sondern philosophisch-religiöse Komponente, die viele als prophetisch oder messianisch interpretierten, ermöglichte diesen Schritt, also gerade eine deutsche Besonderheit, die in dieser Intensität und Richtung in keinem anderen europäischen Land zu finden war.

Goethe, die große Leitfigur des Individualismus, hat deren Gefahren sehr wohl gesehen:

> Niemals haben sich die Individuen vielleicht mehr vereinzelt und von einander abgesondert als gegenwärtig. Jeder möchte das Universum vorstellen und aus sich darstellen; aber indem er mit Leidenschaft die Natur in sich aufnimmt, so ist er auch das Überlieferte, das was andere geleistet, in sich aufzunehmen genötigt.[107]

Und Wilhelm von Humboldt berichtete 1808 seiner Frau von einem Gespräch mit Goethe:

> Jeder, sagt er, will für sich stehen, jeder drängt sich mit seinem Individuum hervor, keiner will sich an eine Form, eine Technik anschließen, alle verlieren sich im Vagen, und die das tun, sind wirklich große und entschiedene Talente, aus denen aber eben darum schlechterdings nichts werden kann. Er versichert darum, daß er sich nicht mehr um andere bekümmern, sondern nur noch seinen Gang gehen wolle, und treibt es so weit, daß er versichert, der beste Rat, der zu geben sei, sei, die Deutschen wie die Juden in alle Welt zu zerstreuen, nur auswärts seien sie noch erträglich.[108]

Wenige Monate zuvor hatte Goethe in seinem Tagebuch notiert: »Mittags allein: Deutsche gehen nicht zugrunde, wie die Juden, weil es lauter Individuen sind.«[109]

---

[106] Hermann Cohen: Antwort auf das offene Schreiben des Herrn Dr. Martin Buber an Hermann Cohen. In: Hermann Cohens jüdische Schriften. Hg. von Bruno Strauß. Berlin: Schwetschke 1924 (Veröffentlichungen der Akademie für die Wissenschaft des Judentums), 2. Bd., S. 328–340, hier S. 336.

[107] Johann Wolfgang Goethe: Die Farbenlehre. In: ders., Sämtliche Werke nach Epochen seines Schaffens. Münchner Ausgabe. München: Hanser 1989, Bd 10, S. 561.

[108] Wilhelm von Humboldt an Karoline von Humboldt, 19. November 1808. In: ders., Sein Leben und Wirken. Dargestellt in Briefen, Tagebüchern und Dokumenten seiner Zeit. Ausgewählt und zusammengestellt von Rudolf Freese. Berlin: Verlag der Nation 1953, S. 574–575, hier S. 574f.

[109] Johann Wolfgang Goethe: Tagebücher. Hg. von Peter Boerner. Zürich, Stuttgart: Artemis 1964, S. 287 (15. März 1808).

Obwohl diese Tagebucheintragung zweideutig ist, weil aus ihr nicht deutlich hervorgeht, ob er auch die Juden als ›lauter Individuen‹ ansieht, so ist doch bemerkenswert, daß Goethe, gerade im Zusammenhang mit dem übersteigerten Individualismus, die Juden einfallen und er den Deutschen gar das Schicksal der Zerstreuung wünscht. Daß er selbst »nur noch seinen Gang gehen wolle« bleibt bei aller Kritik des Individualismus zutiefst individualistisch – er war Vertreter eines besonders privilegierten, genialischen Individualismus.

Für die Juden kam allerdings noch etwas anderes hinzu, nämlich der Kampf gegen ihre Feinde. In diesen Jahrzehnten, in denen die traditionellen Kollektive immer tiefer in die Kritik gerieten, wurden die Juden weiterhin als geschlossene Einheit angesehen:

> Das solidarische Steueraufkommen, die kollektive Haftung bei Diebstählen und Bankerotten band die Judenschaft damals zu einer Zwangsgemeinschaft zusammen und begünstigte das Kollektivurteil, daß man es mit einer betrügerischen und sittlich verdorbenen Volksgruppe zu tun habe [...].[110]

Im ›Berliner Schriftenkampf‹ von 1802 bis 1804, der von den Behörden beendet werden mußte,[111] äußerte sich der Judenfeind Carl Wilhelm Friedrich Grattenauer über die Juden, aber er sprach »von keinem jüdischen Individuo, sondern vom Juden überhaupt, vom Juden überall und nirgends«, für ihn war es »freilich mit dem Juden als einem Individuum, das die Gesellschaft fast schon assimiliert hatte, vorbei«.[112] Die Kollektivhaftung der Juden begünstigte das Urteil, das durch die Feinde der Juden immer wieder propagiert wurde – so auch nach dem Wiederaufleben der Judenfeindschaft im und nach dem ›Berliner Antisemitismusstreit‹ von 1879/80.[113] Im Dezember 1880 beschlossen die jüdischen Gemeinden in Berlin eine Resolution, in der es hieß:

> Die Versammlung spricht ihre Zustimmung zu den vom Vorsitzenden entwickelten Gedanken aus. Sie erhebt entschieden Einspruch: 1) gegen den in der Agitation der sogenannten Antisemiten immer wieder gemachten Versuch, die Gesammtheit der deutschen Juden für Taktlosigkeit und Vergehen Einzelner verantwortlich zu machen.[114]

Und noch im März 1893 beschloß der ›Centralverein deutscher Staatsbürger jüdischen Glaubens‹ Leitsätze, in denen es hieß:

---

[110] Wanda Kampmann: Deutsche und Juden. Studien zur Geschichte des deutschen Judentums. Heidelberg: Schneider 1963, S. 113f.

[111] Vgl. Ludwig Geiger: Geschichte der Juden in Berlin. Berlin: Guttentag 1871, 2. Bd, S. 301ff.

[112] Carl Wilhelm Friedrich Grattenauer: Wider die Juden [1802], zit. nach: Hannah Arendt: Elemente und Ursprünge totaler Herrschaft. Bd 1: Antisemitismus. Frankfurt a. M., Berlin, Wien: Ullstein 1975 (Ullstein-Buch; 3181), S. 116.

[113] Vgl. Der Berliner Antisemitismusstreit. Hg. von Walter Boehlich. Frankfurt a. M.: Insel-Verlag 1965.

[114] Zit. in: Moritz Lazarus: An die deutschen Juden. In: ders., Treu und frei. Gesammelte Reden und Vorträge über Juden und Judenthum. Leipzig: Winter 1887, S. 157–180, hier S. 160.

> Wir verwahren uns gegen die leichtfertige oder böswillige Verallgemeinerung, mit der Vergehen einzelner Juden der jüdischen Gesamtheit zur Last gelegt werden.

So erhielt die Tendenz zum innerlichen Individualismus eine Tendenz zum äußerlichen zur Seite gestellt. Den Kollektivurteilen der Judenfeinde konnte oder wollte man nicht mehr mit einem eigenen positiven Kollektivbegriff entgegentreten. Daß die antijüdischen Klischees von keinem realen, sondern von einem imaginierten Juden sprachen, der ›überall und nirgends‹ existierte, machte den ›fiktionalen Charakter‹ des Antisemitismus aus, von dem schon die Rede war.

4.4 Sprache

Während der Individualismus zur Auflösung der traditionellen jüdischen Bindungen beitrug, aber auch die individuelle Verpflichtung auf dem hohen moralischen Standard sicherte, bot die Übernahme der deutschen Sprache kollektive Bindungen an. Dieser Prozeß war allerdings äußerst kompliziert, da die deutsche Sprache weder in den breiten Volksschichten kodifiziert noch in den Bildungsschichten als Sprache der Wissenschaft und Künste akzeptiert war. Der Eintritt der Juden in den deutschen Sprachbereich vollzog sich, als dieser selbst sich erst konstituierte. Shulamit Volkov hat darauf hingewiesen, daß sich erst in der zweiten Hälfte des 18. Jahrhunderts eine gemeinsame Sprache in Deutschland durchsetzte gegen eine Vielzahl von Dialekten und Mundarten. Das Hochdeutsch entwickelte sich erst langsam zu einer Einheitssprache, die die Zugehörigkeit zu einer Nation nach innen und außen deutlich machte. Diese hochdeutsche Sprache wurde zunächst nur von einer sozialen Schicht, dem Bildungsbürgertum, gebraucht und damit wies das Hochdeutsche die Zugehörigkeit zur entstehenden ›deutschen Kulturnation‹ aus.[115] Hagen Schulze wies darauf hin, daß die Mehrheit der Nationalsprachen, auch wenn sie heute so »dauerhaft und festverwurzelt« erscheinen, tatsächlich »erst im Laufe des 19. Jahrhunderts normiert, ja teilweise erst erfunden« wurden.[116] Vor diesem Hintergrund ist jetzt zu fragen, warum sich deutsche Juden gerade in der deutschen Sprache wiederfinden und sich mit ihr besonders eng verbinden konnten. Es wurde schon im Grundriß (1. Kapitel) auf die besondere Bedeutung der deutschen Sprache für die Juden innerhalb Europas hingewiesen. Ludwig Bamberger wurde zitiert mit dem Wort »wer Sprache sagt, sagt Geist«.

Deutscher Geist und deutsche Sprache wurden in besonderer Weise miteinander identifiziert. In der von Moritz Lazarus und Heymann Steinthal herausgegebenen *Zeitschrift für Völkerspychologie und Sprachwissenschaft* konnte man 1886 lesen:

---

[115] Shulamit Volkov: Die Verbürgerlichung der Juden in Deutschland als Paradigma. In: dies., Jüdisches Leben und Antisemitismus im 19. und 20. Jahrhundert. Zehn Essays. München: Beck 1990, S. 111–130, hier S. 118.

[116] Hagen Schulze: Staat und Nation in der europäischen Geschichte. München: Beck 1999 (Beck'sche Reihe; 4024), S. 176.

Das Identificieren der Sprache und Nationalität scheint uns zunächst ein *deutscher* Gedanke. [...] Daß diese Anschauung gerade im deutschen Volk am klarsten hervorgetreten ist, liegt nicht allein in einer ideellen Richtung seines Volksgeistes, sondern auch wesentlich in den – allerdings mit dieser Richtung in inniger Wechselwirkung stehenden – äußeren Verhältnissen des deutschen Volkes, in dem Wegfall solcher sichtbaren Grundlagen, an welche derselbe so leicht wie andere Völker einen Begriff der Nationalität anschließen konnte, in dem Mangel einer Gestaltung, welche durch Verheißung größerer Macht und Herrschaft der nationalen Eitelkeit schmeichelnd, die Anschauungen nach einer falschen Seite zu treiben geeignet war. Dem freigewordenen deutschen Gedanken wurde es leichter, die Form zu finden, in welcher der Geist jeder Nation sich mit voller Bestimmtheit und Treue verkörpert, die Form, welche – dieselbe für alle – jeden, dessen Geist sich in ihr bewegt, als einen der Nation Angehörigen bezeichnet.[117]

Hier ist durch Richard Böckh die Identifizierung von Geist und Sprache schon weitgehend aus der Sondersituation Deutschlands abgeleitet, gleichzeitig aber ist das Ergebnis dieser Entwicklung als großer Vorteil gegenüber den anderen Nationen dargestellt worden: Der von Macht und Herrschaft ›freigewordene‹ deutsche Gedanke vom sprachlichen Geist der Nation solle ›jeder Nation‹ zum Vorbild dienen.

Gottfried Wilhelm Leibniz (1646–1716) sprach nur in seiner Kindheit deutsch, dann Französisch und Latein.[118] Dennoch gibt es – als besondere Einheit – ›Deutsche Schriften‹ von ihm; 1683 veröffentlichte er *Ermahnung an die Deutschen, ihren Verstand und ihre Sprache besser zu üben samt beigefügtem Vorschlag einer deutschgesinnten Gesellschaft*. Die Sprache der Gebildeten war Latein, auch Italienisch, oder Französisch. Die deutsche Sprache erschien als mundartlich zu unterschiedlich, durch Halbgebildete zu sehr mit fremden Wortbeständen versetzt und in ihrer Reinheit verschüttet; sie müsse erst ›gereinigt‹ und verbessert werden.[119] Schon im Barock versuchten die ›Sprachpatrioten‹ – eine Tradition, auf die sich noch Leopold Zunz berief[120] – die deutsche Sprache dadurch aufzuwerten, daß sie ihr vermeintlich ehrwürdiges Alter feststellten und sie mit Griechisch und Latein gleichstellten – Philipp von Zeesen setzte ›deut‹ mit ›deus‹ gleich –,[121] sie sogar als eine

---

[117] Richard Böckh: Die statistische Bedeutung der Volkssprache als Kennzeichen der Nationalität. In: Zeitschrift für Völkerpsychologie und Sprachwissenschaft 4 (1886), S. 259–402, hier S. 264f.

[118] Vgl. Walter Horace Bruford: Die gesellschaftlichen Grundlagen der Goethezeit [1936]. Frankfurt a. M., Berlin, Wien: Ullstein 1975 (Ullstein-Bücher; 3142), S. 277.

[119] Vgl. Henning Buck: Zum Spannungsfeld der Begriffe Volk – Nation – Europa vor der Romantik. In: Volk – Nation – Europa. Zur Romantisierung und Entromantisierung politischer Begriffe. Hg. von Alexander von Bormann. Würzburg: Königshausen & Neumann 1998 (Stiftung für Romantikforschung; 4), S. 21–34, hier S. 26.

[120] Leopold Zunz: Deutsche Briefe. Leipzig: Brockhaus 1872, S. 13.

[121] Hartmut Riemenschneider: Sprachpatriotismus. Nationale Aspekte in der literarischen Kultur des deutschen Barock. In: Dichter und ihre Nation. Hg. von Helmut Scheuer. Frankfurt a. M.: Suhrkamp 1993 (Suhrkamp-Taschenbuch; 2117 – Materialien), S. 38–52, hier S. 44.

Tochtersprache der hebräischen darstellten, die als Sprache der Bibel als die älteste galt.[122]

Die Auffassung, daß das Deutsche keine Sprache für Wissenschaft und Literatur sei, wurde durch den kulturellen Einfluß Frankreichs bestärkt. Friedrich der Große, der so gern für die preußische und deutsche Tradition in Anspruch genommen wurde, sprach Deutsch »wie ein Fuhrmann«, denn er hatte »von Jugend an kein deutsches Buch« gelesen.[123] Voltaire schrieb 1750 vom preußischen Hof: »Ich bin hier in Frankreich. Man redet nur unsere Sprache. Das Deutsche ist für Soldaten und Pferde.«[124]

Die Erinnerung an dieses Bewußtsein von der Unzulänglichkeit der deutschen Sprache hatte auch Heinrich Heine. In seinem Buch *Zur Geschichte der Religion und Philosophie in Deutschland* schrieb er:

> Leibniz hatte seine Werke, die Ihr kennt, teils in lateinischer, teils in französischer Sprache geschrieben. Christian Wolf heißt der vortreffliche Mann, der die Ideen des Leibniz nicht bloß systematisierte, sondern auch in deutscher Sprache vortrug [...]. Sein Verdienst besteht darin, daß er uns anregte, auch in unserer Muttersprache zu philosophieren. [...] Aber erst in neuerer Zeit ward die Benutzbarkeit der deutschen Sprache für die Philosophie recht bemerklich. In keiner anderen Sprache hätte die Natur ihr geheimstes Wort offenbaren können, wie in unserer lieben deutschen Muttersprache. Nur auf der starken Eiche konnte die heilige Mistel gedeihen.[125]

Und der Reformpädagoge Berthold Otto (1859–1933) beschrieb 1905 die Zeit vor Schiller so:

> Noch immer war es die Meinung aller Gelehrten, ja aller gebildeten Menschen, daß das deutsche Volk ein rohes, barbarisches Volk und *die deutsche Sprache eine rohe, barbarische Sprache* sei. Lange Zeit hatte man für die einzig gebildete Sprache die *lateinische* gehalten. [...] Und als man überall zu merken anfing, daß sich die lateinische Sprache doch nicht mehr gut für die neue Zeit eignete, [...] da nahm man doch nicht die *deutsche* Sprache zur Sprache der Gebildeten, sondern die *französische*, weil das französische Volk eher als das deutsche mächtig, groß und stolz geworden war und auch schon Dichter hatte, deren Werke die Gebildeten und die Gelehrten in Deutschland bewunderten. [...]
> So sah es also aus in Deutschland, als unsere großen Dichter kamen. Die Sprache der Gelehrten war noch überall lateinisch, die Sprache der Gebildeten überall französisch. Auch der große Preußenkönig sprach und schrieb lieber französisch als deutsch, und alle Gebildeten und Gelehrten sagten damals, in der deutschen Sprache ließe sich kein großer Gedanke und kein schönes Gefühl aussprechen. [...] Erst durch unsere großen Dichter ist unsere deutsche Sprache zu einer gebildeten Sprache geworden, »die für uns dichtet und denkt«. Denn es ist wirklich so, jetzt dichtet und

---

[122] Ebd., S. 39.

[123] Friedrich der Große: Über die deutsche Literatur. Übersetzt und mit Justus Mösers Gegenschrift. Hg. von Heinrich Simon. Leipzig: Reclam 1886 (Reclams Universal-Bibliothek; 2211), S. 60, Anm. des Hg.

[124] Zit. ebd.

[125] Heinrich Heine: Zur Geschichte der Religion und Philosophie in Deutschland. In: ders., Sämtliche Schriften (Anm. 16), Bd 3, S. 505–641, hier S. 572f.

denkt die deutsche Sprache für uns, und wer versucht, deutsche Verse zusammenzu-
schmieden, dem begegnet es immer wieder, daß er gerade in den schönsten Stellen
nur das wiederholt, was irgend einer unserer großen Dichter schon ebenso zusam-
mengefügt hat.[126]

Ganz ähnlich beschrieb diese Zeit Johann Gottfried Herder, der aber sein Au-
genmerk auf die gesellschaftliche Problematik richtete und der das Fehlen
einer deutschen Sprache als großes Hindernis zum Aufbau eines Vaterlandes
empfand:

> Nicht aber nur Provinzen und Kreise, selbst Stände haben sich voneinander gesondert,
> indem seit einem Jahrhunderte die sogenannten obern Stände eine völlig fremde Spra-
> che angenommen, eine fremde Erziehung und Lebensweise beliebt haben. In dieser
> fremden Sprache sind seit einem Jahrhundert unter den genannten Ständen die Ge-
> sellschaftsgespräche geführt, Staatsunterhandlungen und Liebeshändel getrieben, öf-
> fentliche und vertraute Briefe gewechselt worden, so daß, wer einige Zeilen schrei-
> ben konnte, solche notwendig vormals italienisch, nachher französisch schreiben
> mußte. Mit wem man deutsch sprach, der war ein Knecht, ein Diener. Dadurch also
> hat die deutsche Sprache nicht nur den wichtigsten Teil ihres Publikums verloren,
> sondern die Stände selbst haben sich dergestalt in ihrer Denkart entzweiet, daß ihnen
> gleichsam ein *zutrauliches gemeinschaftliches Organ ihrer innigsten Gefühle* fehlt.
> [...] Ohne eine gemeinschaftliche Landes- und Muttersprache, in der alle Stände als
> Sprossen *eines* Baumes erzogen werden, gibt es *kein wahres Verständnis der Gemüter,
> keine gemeinsame patriotische Bildung, keine innige Mit- und Zusammenempfin-
> dung, kein vaterländisches Publikum mehr.* [...] Wenn die Stimme des Vaterlandes die
> Stimme Gottes ist, so kann diese zu gemeinschaftlichen, allumfassenden und aufs
> tiefste greifenden Zwecken nur in der *Sprache des Vaterlandes* tönen.[127]

Die Stimme des Vaterlandes, das konnte nur die deutsche Sprache sein, und sie
wurde hier zur Stimme Gottes. Ganz ähnlich hatte Ludwig Wachler in seinen
Vorlesungen über die Geschichte der teutschen Nationallitteratur auf die Muttersprache hingewiesen:

> Ihr Geist weissagte Errettung aus unwürdigen Banden. Bald mußte als einzige Hülfe
> in der Noth erkannt werden Rückkehr zu teutscher Gesinnung, zu teutschem Glau-
> ben, zu teutscher Frömmigkeit. Es war Gottes Stimme, die das teutsche Volk in sein
> Inneres zurückwies; dieses vernahm sie mit Ergebung und Vertrauen, und erwachte
> zu einem neuen Leben.[128]

---

[126] Berthold Otto: Warum feiern wir Schillers Todestag? Halle a. S.: Buchhandlung
des Waisenhauses 1905, S. 16f.

[127] Johann Gottfried Herder: Humanitätsbriefe. Briefe zu Beförderung der Humanität.
Berlin, Weimar: Aufbau 1971, Bd 1, S. 296f.

[128] Ludwig Wachler: Vorlesungen über die Geschichte der teutschen Nationallitteratur-
tur. 2. Aufl., Frankfurt a. M.: Verlag der Hermann'schen Buchhandlung, G. F. Kettembeil 1834, S. 3; zit. nach: Hinrich C. Seeba: Zum Geist- und Struktur-Begriff in
der Literaturwissenschaft. In: Literaturwissenschaft und Geistesgeschichte 1910 bis
1925. Hg. von Christoph König und Eberhard Lämmert. Frankfurt a. M.: Fischer-
Taschenbuch-Verlag 1993 (Fischer-Taschenbücher; 11471 – Literaturwissenschaft),
S. 240–254, hier S. 253, Anm. 27.

Gerade weil sie die Deutschen aus ›unwürdigen Banden‹ rettete, wurde die deutsche Sprache zu Gottes Stimme. Auch Ludwig Uhland schrieb in seinem Gedicht »Die deutsche Sprachgesellschaft« davon, »Daß, wo sich Deutsche grüßen, / Der Atem Gottes weht.«[129]

An die Unterdrückung durch die französische Kultur erinnerte auch Joachim Heinrich Campe, der mit so großem Enthusiasmus aus dem revolutionären Paris berichtet hatte. 1798 schrieb er in *Väterlicher Rat für meine Tochter*:

> Sollst Du Französisch lernen, um in der großen Welt zu figurieren und mit dem deutschen Adel mitten in Deutschland französisch plaudern zu können? Aber ich habe gute und triftige Gründe, zu wünschen, daß Du in der großen Welt nie figurieren mögest; und gefällt es je zuweilen Personen höheren Standes, sich zu Dir herabzulassen – ich wünsche aber, daß dieses nicht oft und nicht zu sehr geschehe –, nun, so mögen sie das Maß ihrer Güte vollmachen und sich bis zum Gebrauch Deiner verachteten, aber auf diese Verachtung stolzen Muttersprache herablassen. Können oder wollen sie das nicht, nun, so bleibe jeder in seinem Kreise, der Vornehme in seinem französisierenden, Du in Deinem deutschen, und beiden wird geraten sein.[130]

Wie lange diese Frontstellung gegen das Französische fortwirkte, kann man am Beispiel von Leopold Zunz und Franz Rosenzweig nachvollziehen. Als Zunz 1872 seine *Deutschen Briefe* veröffentlichte, griff er scharf die Französisierung des Deutschen an und stellte lange Listen von Beispielen aus Zeitungen zusammen. »Gewisse deutsche Blätter werden mir fast zuwider, indem sie athemlos auf die Franzosen in französirtem Deutsch schimpfen, und dadurch die höhere Cultur des geschmähten Volks anerkennen.«[131] Er fragt, ob das deutsche Volk denn niemals einsehe, »daß man dem Dünkel der Franzosen den Boden ebnet, wenn in Deutschland das Französische herrscht«.[132] Zunz ging noch weiter: »Hätten die Deutschen nicht sich mit ihrer Sprache vernachlässigt, würden sie nicht nöthig gehabt haben, mit so viel Blut Metz und Straßburg wieder zu erobern.« Denn: »Alle Großthaten der Soldaten helfen nichts gegen inneren Krebsschaden: dem Verderbniß der Sprache folgt die der Sprechenden.«[133]

In einer kleinen Rezension einer französischen Bibelübersetzung schloß sich Franz Rosenzweig der Auffassung Goethes an, der in den *Noten und Abhandlungen zum West-östlichen Divan* geschrieben hatte:

> Der Franzose, wie er sich fremde Worte mundgerecht macht, verfährt auch so mit den Gefühlen, Gedanken, ja den Gegenständen, er fordert durchaus für jede fremde Frucht ein Surrogat, das auf seinem eignen Grund und Boden gewachsen sei.

---

129 Ludwig Uhland: Die deutsche Sprachgesellschaft [1817]. In: 1813. Ein Lesebuch für unsere Zeit. Hg. von Gerhard Steiner und Manfred Häckel. Weimar: Volksverlag 1960, S. 430.

130 Johann Heinrich Campe: Väterlicher Rath für meine Tochter [1789]. In: ders., Briefe aus Paris, während der Französischen Revolution geschrieben. Hg. von Helmut König. Berlin: Rütten & Loening 1961, Vorwort, S. 5–60, hier S. 22f.

131 Deutsche Briefe (Anm. 120), S. 4.

132 Ebd., S. 18f.

133 Ebd., S. 5.

Rosenzweig fügte an:

> Man kann die französische Bibel an jeder beliebigen Stelle aufschlagen, etwa 2 M.
> 36,1, wo aus den weisen Männern Luthers, den Herzensweisen des Originals, hommes
> de talent geworden sind, um zu erkennen, daß – Goethe recht hatte.[134]

Für Herder war die deutsche Sprache eine notwendige Voraussetzung für ein
deutsches Vaterland, das erst – wie die Muttersprache – in der Zukunft geschaffen werden müsse:

> Mittelst der Sprache wird eine Nation erzogen und gebildet; mittelst der Sprache
> wird sie ordnung- und ehrliebend, folgsam, gesittet, umgänglich, berühmt, fleißig
> und mächtig.[135]

Wir werden sehen, daß Moses Mendelssohn schon zehn Jahre vorher einen
ganz ähnlichen Gedanken formuliert hatte.

Welche geradezu existentielle Bedeutung die deutsche Sprache damals hatte
– und weshalb sie als Voraussetzung aller Bildung und Kultur deswegen eine
so überragende Bedeutung in Deutschland besaß – zeigt ein nochmaliger Blick
auf Campe:

> In unseren unglücksschwangeren Zeiten gibt es zum Besten unserer deutschen Völker-
> schaft nichts Notwendigeres und Verdienstlichres zu tun, als an dem Umbau unserer
> herrlichen Sprache zu arbeiten. Sie, das einzige letzte Band, welches uns noch völker-
> schaftlich zusammenhält, ist zugleich der einzige noch übrige Hoffnungsgrund, der
> uns zu erwarten berechtigt, daß der deutsche Name in den Jahrbüchern der Mensch-
> heit nicht ganz verschwinden werde; der einzige, der die Möglichkeit zukünftiger
> Wiedervereinigung zu einer selbständigen Völkerschaft uns jetzt noch denkbar macht.
> Deutsche, greift in euren Busen und fühlt, ob ihr verdient, eine solche Sprache zu
> besitzen, und ob ihr noch wert seid, wo nicht eine eigene Völkerschaft auszumachen,
> doch als eine solche von der Nachwelt mit Achtung genannt zu werden![136]

Die gemeinsame Sprache war das einzig vorhandene Element der deutschen
Nation. Mit ihr wäre, so die verbreitete Vorstellung damals, auch die Nation verloren. Herder war kosmopolitisch eingestellt – für ihn waren alle ›Stimmen der
Völker‹[137] gleich wichtig und gleichviel wert. 1782/83 veröffentlichte er sein
umfangreiches Werk *Vom Geist der ebräischen Poesie*, in dem er erklärte, daß
alle Menschen diese Lektionen lernen müßten:

> Kein Volk sei ein von Gott einzig auserwähltes Volk der Erde; die Wahrheit müsse
> von *allen* gesucht, der Garten des gemeinen Bestens von *allen* gebauet werden. [...]

---

[134] Franz Rosenzweig: La Bible [Rez.]. In: Der Morgen 5 (1929/30), H. 1 (April 1929),
S. 95.
[135] Herder, Humanitätsbriefe (Anm. 127), Bd 1, S. 218.
[136] Johann Heinrich Campe: Wörterbuch der deutschen Sprache [1807–1812]. In: ders.,
Briefe aus Paris (Anm. 130), Vorwort, S. 55.
[137] Vgl. Herders Sammlung von Volksliedern, die nach seinem Tode unter dem Titel
Stimmen der Völker in Liedern veröffentlicht wurde.

Den Deutschen ist's also keine Schande, daß sie von andern Nationen, alten und neuen, lernen.[138]

Daneben aber gab es auch schon vorher ganz andere Töne: Johann Christoph Gottsched (1700–1766) hatte bereits 1723 das Italienische, Französische und Spanische als »ein unendlicher Mischmasch zusammengestoppelter, ja oftmals gar seltsam verkehrter und verstümmelter Wörter und Redensarten« bezeichnet und nur das Deutsche als »eine Grundsprache, an sich regelmäßig und vollkommen« anerkannt.[139] Friedrich Gottlob Klopstock (1724–1803) führte diese Vorstellung weiter:

> Leibnitz, (verzeiht dem erhabenen Manne den Fehltritt seiner französischen Theodizee) Leibnitz that den Ausspruch:
> ›Was ich nicht deutsch sagen kann, das ist nicht wahr.‹
> Aber können wir denn wirklich alles, was wahr ist, deutsch sagen?
> Diese große Frage durfte man zu Leibnitzens Zeit noch nicht so beantworten, wie man jetzo darf. Wir können. Können's die Engländer? die Franzosen? Les't und entscheidet. Aber ihr müsset den Inhalt und die Sprachen verstehn: wo nicht; so enthaltet euch des Entscheidens!
> Ihr sehet doch, auf welche Höhe ich euch geführt habe? Wenn wir alles, was wahr ist, sagen können; so dürfen wir ja nur auf dem großen Wege der Wahrheitsbestimmung (ich nehme hier alte noch nicht genug entwickelte, und neue Wahrheiten zusammen) immer weiter vorwärts gehen; und wir werden die Franzosen und Engländer, weil sie oft nicht alles sagen können, was wahr ist, hinter uns lassen.[140]

War bei Gottsched die Überlegenheit des Deutschen noch mit der Geschichte der Sprache begründet, so ging Klopstock einen entscheidenden Schritt weiter: Bei ihm ging es um die Wahrheitsfindung, also um den innersten Kern der philosophischen und religiösen Bemühungen.

Johann Gottlieb Fichte (1762–1814) stellte dann in seinen für das deutsche Selbstverständnis so wichtigen *Reden an die deutsche Nation* (1808) fest,

> [...] daß der Deutsche [...] auch dieses Ausländers eigene Sprachen weit gründlicher verstehen und weit eigenthümlicher besitzen lernt, denn jener selbst, der sie redet; daß daher der Deutsche, wenn er sich nur aller Vortheile bedient, den Ausländer immerfort übersehen und ihn vollkommen, sogar besser, denn er sich selbst, verstehen, und ihn nach seiner ganzen Ausdehnung übersetzen kann; dagegen der Ausländer, ohne eine höchst mühsame Erlernung der deutschen Sprache, den wahren Deutschen niemals verstehen kann, und das ächt Deutsche ohne Zweifel unübersetzt lassen wird.[141]

---

138 Herder, Humanitätsbriefe (Anm. 127), Bd 1, S. 218.
139 Zit. nach: Theodor Wilhelm Danzel: Gottsched und seine Zeit. Auszüge aus seinem Briefwechsel zusammengestellt und erläutert von Th. W. Danzel. 2. wohlfeile Ausg., Leipzig: Dyk 1855, S. 328.
140 Friedrich Gottlob Klopstock: Vom edlen Ausdrucke [1779]. In: Klopstock's sämmtliche Werke. Leipzig: Göschen 1857, 9. Bd, S. 425–442, hier S. 439f.
141 Fichte, Reden an die deutsche Nation (Anm. 86), S. 326.

Das Lernen von anderen ist hier nicht mehr möglich, und indem Fichte die deutsche Sprache als »Ursprache« auffaßt,[142] mißt er den Deutschen eine messianische Rolle zu: »Wenn ihr versinkt«, – richtete er sich an seine Hörer und an alle Deutschen – »so versinkt die ganze Menschheit mit, ohne Hoffnung einer einstigen Wiederherstellung«.[143]

Hinzu kam eine parallele Entwicklung im Selbstverständnis vieler Schriftsteller und Dichter. Auch für diese gilt: »Die eigene Sprache wird als Sprache des Segens für alle Völker, als einzig legitime Bewahrerin des göttlichen Geheimnisses empfunden.«[144] Novalis brachte es auf den Punkt: »Der ächte Dichter ist aber immer Priester, so wie der ächte Priester immer Dichter geblieben.«[145] Nicht nur der zu seiner Zeit außerordentlich einflußreiche Johann Caspar Lavater (1741– 1801) schrieb in *Physiognomische Fragmente zur Beförderung der Menschenkenntnis und Menschenliebe* von 1775:

> Der *Dichter* ist *Prophet der Schöpfung und der Fürsehung Gottes. Mittler zwischen der Natur und den Söhnen und Töchtern der Natur.* Bedarf's gesagt zu werden: *Alle Propheten Gottes waren Poeten.* Wer war's mehr, als *David, Moses, Jesaias* und *Johannes?* – Die Sprache der Offenbarung ist Sprache der Dichtkunst.[146]

Auch Gottfried August Bürger (1747–1794) fühlte sich, wenn nicht als Messias selbst, so doch als sein Vorgänger:

> Wenn ich gleich derjenige nicht bin, auf welchen unser Volk hoffet, (denn ich müßte den unverschämtesten Knabenstolz besitzen, wenn ich mir einbildete, daß ich's wäre), so kann ich doch vielleicht zu der Ehre eines Vorläufers dessen, der kommen wird, gelangen.[147]

Der Dichter hatte eine tief religiös verstandene Heilsaufgabe. Er sollte sein Volk aus dem Schlaf wecken und es in die bewußte Existenz rufen, ihm wie Moses das gelobte Land zeigen und es dorthin führen.

---

[142] Ebd., S. 328.

[143] Ebd., S. 499.

[144] Gerhard Kaiser: Pietismus und Patriotismus im literarischen Deutschland. Ein Beitrag zum Problem der Säkularisation. Wiesbaden: Steiner 1961 (Veröffentlichungen des Instituts für europäische Geschichte Mainz; 24 – Abteilung für abendländische Religionsgeschichte), S. 198.

[145] Novalis: Blüthenstaub Nr. 71. In: ders., Das philosophisch-theoretische Werk (Anm. 69), S. 225–285, hier S. 255.

[146] Johann Caspar Lavater: Physiognomische Fragmente zur Beförderung der Menschenkenntnis und Menschenliebe [1775], zit. nach: Sturm und Drang. Kritische Schriften. Hg. von Erich Loewenthal. 3. Aufl., Heidelberg: Schneider 1972, S. 813–825, hier S. 823.

[147] Gottfried August Bürger: Gedanken über die Beschaffenheit einer Deutschen Uebersetzung des Homer. In: Gottfried August Bürger's sämmtliche Werke. Neue Original-Ausgabe in vier Bänden. Göttingen: Dieterich 1844, 2. Bd, S. 1–25, hier S. 3f.

Er ist Schöpfer eines Volkes. Nie sonst ist eine höhere und umfassendere Aufgabe des Dichters und der Sprache formuliert worden, und nirgends wäre sie möglich ohne die religiöse Idealisierung der Sprache als göttliches Organ.[148]

Es war dies sicherlich eine extreme und nicht überall geteilte Überhöhung der Aufgabe des Dichters, aber sie war zumindest untergründig vorhanden und prägte das Selbstbewußtsein vieler Gebildeter und blieb als Hintergrund des Eigenbildes als ›Volk der Dichter und Denker‹ mitprägend.

Die Durchsetzung einer Volkssprache der Deutschen sollte ein Volk schaffen, in dem die Hüter der Sprache, die Gebildeten, das geistige Definitionsrecht, die geistige Führung übernehmen sollten. Dieses Ziel war gegen andere Kulturen, insbesondere gegen die kulturelle Überlegenheit Frankreichs und die französischen Sprache gerichtet. Die künftige Nation sollte aus »einer Einheit sprachlich-kulturell gleichgeformter Individuen« bestehen, wie Jacob Katz schrieb.[149] Die religiösen, aber nicht konfessionellen Untertöne dieses Projekts sind offensichtlich.

In diesen Jahrzehnten, in denen die Deutschen in immer weiteren Schichten Hochdeutsch zu lernen begannen, vollzogen auch viele Juden den Schritt in die deutsche Sprache. Auch hier ging es um die Verdrängung des ›Dialekts‹, des Jiddischen, das Moses Mendelssohn als ›korrupt‹ und ›unsittlich‹ verwarf,[150] und gleichzeitig um die Verbesserung des Hebräischen, dessen Niedergang er bekämpfte.[151] In einem Brief an Ernst Ferdinand Klein schrieb Mendelssohn über die »jüdisch-deutsche Mundart«:

> Ich fürchte, dieser Jargon hat nicht wenig zur Unsittlichkeit des gemeinen Mannes beigetragen; und verspreche mir sehr gute Wirkung von dem unter meinen Brüdern seit einiger Zeit aufkommenden Gebrauch der reinen deutschen Mundart.[152]

Die deutsche Sprache als Weg zur Sittlichkeit – dies schloß an die ethischen Ziele des Idealismus an, eine Überzeugung, der Herder später, wie wir schon sahen, gefolgt ist.

Salomon Maimon berichtete in der *Geschichte des eigenen Lebens* von der ›Gesellschaft der Forscher der hebräischen Sprache‹, die ab 1784 die hebräische Monatsschrift *Ha-Measef* herausgab:

---

148 Kaiser, Pietismus und Patriotismus im literarischen Deutschland (Anm. 144), S. 198.
149 Jakob Katz: Die Entstehung der Judenassimilation in Deutschland und deren Ideologie. Frankfurt a. M.: Droller 1935, S. 69.
150 Zum Zusammenhang: Jacob Toury: Die Sprache als Problem der jüdischen Einordnung in den deutschen Kulturraum. In: Gegenseitige Einflüsse deutscher und jüdischer Kultur von der Epoche der Aufklärung bis zur Weimarer Republik. Internationales Symposium Tel-Aviv, April 1982. Hg. von Walter Grab. Tel-Aviv 1982 (Jahrbuch des Instituts für deutsche Geschichte; Beiheft 4), S. 75–95.
151 Vgl. Volkov, Die Verbürgerlichung der Juden in Deutschland als Paradigma (Anm. 115), S. 117.
152 Moses Mendelssohn an Klein am 29. August 1782. In: Moses Mendelssohn's gesammelte Schriften. Hg. von G. B. Mendelssohn, 5. Bd, Leipzig: Brockhaus 1844, S. 605.

Sie bemerkten mit Recht, daß der üble, sowohl moralische als politische Zustand der Nation in ihren Religionsvorurteilen, in dem Mangel einer vernünftigen Auslegung der Heiligen Schrift und der willkürlichen, auf der Unwissenheit in der hebräischen Sprache beruhenden rabbinischen Auslegung derselben gegründet sei.[153]

Auch hier stand also, jedenfalls zunächst,[154] die Verbesserung des Hebräischen im Mittelpunkt. Wie Moses Mendelssohn drängten viele andere die Juden, deutsch zu sprechen, und beklagten das schlechte Deutsch bei den Juden, die es schon sprachen.

Die Schwierigkeiten, die damit verbunden waren, daß Juden Deutsch lernen sollten, als die Deutschen selbst noch keine einheitliche Sprache ausgebildet hatten, lassen sich nachzeichnen. Der 1823 geborene Heymann Steinthal berichtete in seinen Jugenderinnerungen:

> Wir Kinder kannten ein vierfaches Deutsch: Unsere Eltern sprachen das eigentliche Jüdisch-Deutsch, mit eingestreuten hebräischen Wörtern, die in der lebendigen Rede oft anders gesprochen wurden als im hebräischen Gebet. Die christlichen Knaben sprachen den mitteldeutschen Volksdialekt. Wir jüdische Knaben sprachen weder wie unsere Väter und Mütter, noch auch wie die christlichen Kinder, die natürlich genau so wie ihre Eltern sprachen. Es war ein gemäßigtes Judendeutsch. Ich muß hinzufügen, daß manche der älteren Juden und Jüdinnen, die eine gewisse Bildung hatten, z. B. auch mein Vater, der sogar französisch gelernt hatte und ein ziemlich korrektes Deutsch schrieb, im Umgang mit den Christen genau so sprach wie diese: den Dialekt mit den Bürgern; reines oder dem reinen sich näherndes Deutsch mit den Honoratioren.[155]

Hatte ein Jude das Hochdeutsch erlernt, war es oft auch wieder nicht recht:

> Ein deutscher Professor konnte sächseln, berlinern, schwäbeln, wienern oder Goethes Frankfurterisch sprechen. Ein gebildeter Jude sprach hochdeutsch. Das war seine Auszeichnung, das war aber auch sein Manko. Denn damit gehörte er eben doch nicht zu der autochthonen Sprachfamilie seines Wohnsitzes.[156]

Die Spannung zwischen den Dialekten und der Hochsprache blieb erhalten bis in die Weimarer Republik hinein. Für Theodor Heuss war die »Erhaltung einer farbigen Unmittelbarkeit« nur im Dialekt möglich, und er sah die Entwicklung einer einheitlichen Schriftsprache an die Lutherische Bibelübersetzung geknüpft:

> Das aber bleibt merkwürdig genug, daß sich an den *einen* Namen [Luther] beides knüpft: Einheit und Zerreißung, sprachliche Sammlung, religiös-konfessionelle Scheidung des deutschen Volkes.[157]

---

153 Salomon Maimon: Geschichte des eigenen Lebens (1754–1800). Berlin: Schocken 1935 (Bücherei des Schocken-Verlags; 33/34), S. 200.

154 Vgl. Meyer, Von Moses Mendelssohn zu Leopold Zunz (Anm. 46), S. 134f.

155 Leo Baeck: Aus den Jugenderinnerungen Steinthals mit einer Vorbemerkung. In: Der Morgen 8 (1932/33), H. 2 (Juni 1932), S. 141–146, hier S. 145.

156 Toury, Die Sprache als Problem der jüdischen Einordnung in den deutschen Kulturraum (Anm. 150), S. 84.

157 Theodor Heuss: Staat und Volk. Betrachtungen über Wirtschaft, Politik und Kultur. Berlin: Deutsche Buch-Gemeinschaft 1926 (Veröffentlichung der Deutsche Buch-Gemeinschaft), S. 13f.

Für die erste Generation aufgeklärt-bürgerlicher Juden stellten sich diese Fragen noch nicht. Als Beispiel soll ein Brief des Aufklärers und konsequenten Vertreters der Emanzipation, David Friedländer (1750–1834), an den jüdischen Kaufmann Meier Eger dienen, in dem die Vorteile der deutschen gegenüber der hebräischen Sprache dargestellt werden.

Mein lieber Reb Meier!

Ihr Schreiben vom 11., worinnen Sie mir von der Feuersbrunst in Glogau Nachricht erteilen, hat mich dermaßen gekränkt, daß, wenn ich Ihnen gleich geantwortet hätte, Sie einen sehr heftigen Brief erhalten haben würden. Ich bin jetzt ruhiger und schreibe Ihnen deshalb in deutscher Sprache, weil sich im Hebräischen sowohl die frommen abergläubischen Gesinnungen, als die freien vernunftmäßigen Urteile so ausnehmen, daß man leicht jene für Ausbrüche andächtiger und diese für freigeistige Meinungen halten könnte. In deutscher Sprache verschwindet der Nebel, und die Wahrheit erscheint in ihrem reinen, mit keiner Bildersprache verunreinigten Dialekte [...]

[...] Nach Ihrer Beschreibung war es just an einem Sabbath, wie unser lieber Herrgott unwillig wurde oder bei übler Laune war und eine glühende Kohle durch einen Nordwind anblies, daß sie die nächsten Materialien angriff und in Flammen ausschlug. Da Gott Christen und Juden strafen wollte, vermutlich wegen ihrer Sünden, so handelte er nicht weise genug, daß er just abwartete, daß der Jude oder Christ aus Nachlässigkeit Feuer bloß liegen ließ. Nun konnten die Ketzer sagen: wahrlich Gott hat an dem Brande keine Schuld, der hundsföttliche Glogauer Jude hat Schuld, der auf sein Gesind nicht Achtung gab und keine Ordnung hielt.

Er überhüpfte die Häuser der Juden. Woher wissen Sie das? Haben Sie die Engel Gottes gesehen, wie sie mit ihren sechs Flügeln die Flamme auslöschten, die die Judenhäuser anzünden wollte, oder war es wohl der Windstoß, der über die niedrigen Häuser wegging und die großen anzünden half? [...]

»Es war aber nicht unser Verdienst, sondern das Verdienst unserer entschlafenen Väter.« Welcher Väter? Reb Meier Egers seine? Reb Gnantsches seine oder Wolf Elias' seine? Oder meinen Sie »Abraham, Isaak und Jakob?« Welcher unsinnige Gedanke! Gott will unsere Häuser abbrennen lassen, auf einmal fällt ihm ein, daß etwa vor 3300 Jahren ein Mann in den Wüsten Arabiens gelebt hat, der seinen Engeln Rinderzunge mit Senf vorgesetzt hat. Und nun ist er so artig und läßt das Feuer seine Natur verlassen, daß es Häuser, die auf Spinngewebe und faules Holz gebaut sind, verschont und Götzendienerwohnungen verzehrt [...]

Der allmächtige Gott, der immer nach ewigen und weisen Regeln handelt, und seine Natur wirken läßt, gebe Ihnen in das Herz, vernünftige Bücher zu lesen, daß Ihr Verstand aufgeheitert wird, und Sie sich in einer Sprache ausdrücken, die keine solchen Abweichungen von richtigen und wahren Grundsätzen zuläßt. Das wünscht Ihnen zum neuen Jahr

Ihr Freund   David Friedländer.[158]

---

[158] David Friedländer an Meier Eger, August 1789, zit. nach: Ludwig Geiger: Sechs Briefe David Friedländers (1789–1799). In: ders., Vorträge und Versuche. Beiträge zur Litteratur-Geschichte. Dresden: Ehlermann 1890, S. 131–153, hier S. 134f.; vgl. auch: Juden und Judentum in deutschen Briefen aus drei Jahrhunderten. Hg. von Franz Kobler. Wien: Kobler 1935, S. 119f. (Nachdruck: Königstein/Ts 1984).

In aller Klarheit wird hier nicht ein durch das Hebräische beschränktes Denken kritisiert, sondern das Hebräische selbst, demgegenüber nur im Deutschen die klare Wahrheit erkannt werden könne. Während die ›Gesellschaft der Forscher der hebräischen Sprache‹ noch nach der »spezifischen Vernunftgestalt« jeder Sprache suchte,[159] wurde sie hier hingegen dem Hebräischen abgesprochen.

Daß Juden in dem religiös und messianisch aufgeladenen Verständnis der deutschen Sprache Ähnlichkeiten zu ihrem traditionellen Verständnis des Hebräischen feststellen konnten, liegt auf der Hand; die Hervorhebung der großen deutschen Dichter und Denker als ›Propheten‹ – später bei assimilierten Juden ebenso wie bei Zionisten – war nicht nur den Inhalten geschuldet, der Prophet wirkte immer auch durch seinen prophetischen Sprachstil, der jetzt im Deutschen gefunden wurde – nach Berthold Otto ›dichtet und denkt‹ die Sprache für die Deutschen.

Die gebildeten Juden, die jetzt deutsch sprachen, traten dadurch nicht nur der entstehenden Schicht des Bildungsbürgertums bei. Die deutsche Sprache wurde im Kampf gegen das Französische durchgesetzt, das zunehmend als Sprache des Hofes, der Intrigen und Verstellung und später als Sprache der Besatzer begriffen wurde. Franz Rosenzweig hat diese Tradition fortgeführt. Im Gegensatz zur französischen war für die Gebildeten damals die deutsche Sprache die der Ehrbarkeit, Ehrlichkeit und Moral und der Beziehung zu Gott. Die Juden, die sich zur deutschen Sprache bekannten, traten aus einer unterdrückten Sprache in eine andere unterdrückte Sprache ein; daß diejenige Sprache, die ihre eigene unterdrückte, vielfach die deutsche war, hatte weitaus geringere Bedeutung als das Bewußtsein, jetzt eine philosophisch-moralische Sprache zu sprechen. Der hier angedeutete, später genauer darzustellende Widerspruch zwischen der kosmopolitischen, aufklärerischen und der nationalistischen, religiös-messianischen ›Linie‹ der Sprachauffassung war anfangs noch nicht so deutlich erkennbar, zumal auch in der nationalistischen Linie vieles als dem Judentum verwandt angesehen werden konnte.

4.5 Bildung und Politik

Da sich die Symbiose innerhalb des Bildungsbürgertums vollzog, muß die Bildung und der mit ihr zusammenhängende Problemkomplex eine besondere Bedeutung für die Symbiose haben. Da das aufstrebende Bürgertum gerade durch das Bildungskonzept auch politische Ziele verfolgte, muß der Zusammenhang von

---

[159] Richard Schaeffler: Die Wissenschaft des Judentums in ihrer Beziehung zur allgemeinen Geistesgeschichte im Deutschland des 19. Jahrhunderts. In: Wissenschaft des Judentums. Anfänge der Judaistik in Europa. Hg. von Julius Carlebach. Darmstadt: Wissenschaftliche Buchgesellschaft 1992, S. 113–131, hier S. 117.

Bildung und Politik genauer betrachtet werden. Es ist zu fragen: Was war dies für eine Bildung? Sie muß sich als besondere deutsche Bildung, als Ergebnis des deutschen Sonderwegs, erweisen. In einem großangelegten vierbändigen Werk über *Bildungsbürgertum im 19. Jahrhundert* heißt es in der Einleitung:

> Wort und Begriff »Bildungsbürgertum« entspringen spezifisch deutschen und hier wiederum vorwiegend protestantischen Traditionen. Der Terminus ist offenbar erst nach 1945 in Gebrauch gekommen. Doch wiesen seit dem Beginn des 19. Jahrhunderts Wortbildungen wie »Gebildete«, »gebildete Stände«, »Bürgertum der Bildung (und des Besitzes)« u. a. m. auf das neue Wort hin, in dem der Sozialbegriff »Bürger« mit dem aus der deutschen literarisch-philosophischen Bewegung des ausgehenden 18. Jahrhunderts herauswachsenden Neologismus »Bildung« treffend verbunden worden ist. »Bildung«, und damit »Bildungsbürgertum« hat in den meisten romanisch-germanischen Sprachen keine Entsprechung.[160]

Die Tatsache, daß der Begriff der Bildung unübersetzbar ist,[161] verweist darauf, daß er ›typisch deutsch‹, daß er mit der besonderen Geschichte der Deutschen verbunden ist und weder in Frankreich noch in England oder Amerika eine Entsprechung findet.[162] Die Bildung war deutsche Bildung, und »das jüdische Bildungsbürgertum war ein Teil des deutschen Bildungsbürgertums«.[163] Die Religionszugehörigkeit war – dies war die entscheidende Basis der Symbiose – für die Bildung gleichgültig, Bildung war völlig individualistisch und hob alle Gläubigen aus ihren kirchlichen Bindungen heraus; dies betraf Juden ebenso wie evangelische und katholische Christen. George L. Mosse betonte:[164]

> Der Bildungsbegriff des frühen 19. Jahrhunderts war, meiner Ansicht nach, der wichtigste Faktor, der den Juden nicht nur als Juden den Eintritt in das deutsche Bürgertum ermöglichte, sondern auch die persönliche Integration durch Freundschaften zwischen gebildeten Juden und gebildeten Deutschen förderte.[165]

Durch die Bildung war Freundschaft über trennende Konfessionsgrenzen hinaus möglich. Jacob Toury zitierte Berthold Auerbach (1812–1882), der in einem Roman geschrieben hatte, »die gebildeten Juden sind nicht sowohl Juden als

---

[160] Werner Conze / Jürgen Kocka: Einleitung. In: Bildungsbürgertum im 19. Jahrhundert, Teil 1: Bildungssystem und Professionalisierung in internationalen Vergleichen. Hg. von W. Conze und J. Kocka. 2. Aufl., Stuttgart: Klett-Cotta 1992 (Industrielle Welt; 38), S. 9–26, hier S. 11, Anm. 7a.

[161] Vgl. Hans-Ulrich Wehler: Deutsches Bildungsbürgertum in vergleichender Perspektive – Elemente eines ›Sonderwegs‹? In: Bildungsbürgertum im 19. Jahrhundert, Teil 4 (Anm. 98), S. 215–237, hier S. 219.

[162] Vgl. ebd. S. 223.

[163] George L. Mosse: Das deutsch-jüdische Bildungsbürgertum. In: Bildungsbürgertum im 19. Jahrhundert. Teil 2: Bildungsgüter und Bildungswissen. Hg. von Reinhard Koselleck. Stuttgart: Klett-Cotta 1990 (Industrielle Welt; 41), S. 168–180, hier S. 168.

[164] Vgl. zum Gesamtzusammenhang George L. Mosse: Jüdische Intellektuelle in Deutschland. Zwischen Religion und Nationalismus. Frankfurt a. M., New York: Campus 1992 (Edition Pandora).

[165] Mosse, Das deutsch-jüdische Bildungsbürgertum (Anm. 163), S. 169.

vielmehr Nichtchristen«.[166] Für »die meisten Juden war gerade die Tatsache, daß dieser Bildungsbegriff den Bekehrungszwang aufhob, wichtig«.[167] Bildung wurde durch Literatur vermittelt und lebte in freundschaftlichen Briefwechseln und in Gesprächen. Bildung war auf eine gehobene Sprache angewiesen, sie war individualistisch und in letzter Konsequenz philosophisch geleitet, in ihr bündelte sich alles, was hier bisher erörtert wurde: Philosophie, Individualismus und neues Sprachbewußtsein. »Bildung, Kultur und Aufklärung« – hatte Moses Mendelssohn geschrieben – »sind Modifikationen des geselligen Lebens; Wirkungen des Fleißes und der Bemühungen der Menschen ihren geselligen Zustand zu verbessern«.[168] Die religionsfeindliche Aufklärung wurde durch Idealismus und Humanismus ersetzt, die religiöse Komponenten zuließen, die aber – und das war von entscheidender Bedeutung – nicht mehr konfessionell gebunden waren. Kultur wurde das Ziel, das die Nationalbestrebungen leitete, Bildung aber war der konkrete und jeden verpflichtende Weg dorthin. Man kann sich das Selbstverständnis der ersten Generationen von Gebildeten kaum besser vor Augen führen als mit Fichtes *Reden an die Deutsche Nation*, wo er feststellt,

> [...] daß es somit jetzt zum erstenmale geschieht, daß den gebildeten Ständen die ursprüngliche Fortbildung der Nation angetragen wird, und daß, wenn sie diesen Antrag wirklich ergriffen, auch dies das erstemal geschehen würde.[169]

Während die Aufklärung vorwiegend kritisch eingestellt war und daher die gesamte Breite des persönlichen und gesellschaftlichen Lebens nicht erfassen konnte, wurde nun die Bildung zu einem umfassenden, persönliche wie gesellschaftliche Belange gestaltenden Prinzip: Sie mußte ihrem Anspruch nach eine neue Gesellschaft formen.

Bildung war ein ›sozialer Kampfbegriff‹, der sich »gegen den Vorrang der Geburtsaristokratie oder des Besitzreichtums« wendete.[170] Das Bildungsbürgertum vertrat »die Repräsentanz des Bürgerschaftlichen, die Pars-pro-toto-Funktion ausstrahlungskräftiger Humanität«.[171] Dieser Humanismus, der Neuhumanismus der Idealisten und Reform-Pädagogen, hatte starke religiöse Untertöne. Berthold Auerbach faßte dies 1843 in dem Satz zusammen: »Das alte Reli-

---

[166] Jacob Toury: Soziale und politische Geschichte der Juden in Deutschland 1847–1871. Zwischen Revolution, Reaktion und Emanzipation. Düsseldorf: Droste 1977 (Schriftenreihe des Instituts für Deutsche Geschichte; 2), S. 209, Anm. 105.

[167] Mosse, Das deutsch-jüdische Bildungsbürgertum (Anm. 163), S. 169.

[168] Moses Mendelssohn: Ueber die Frage: was heißt aufklären? In: Was ist Aufklärung? Beiträge aus der Berlinischen Monatsschrift. Hg. von Norbert Hinske. 2., um ein Nachwort vermehrte Aufl., Darmstadt: Wissenschaftliche Buchgesellschaft 1977, S. 444–451, hier S. 444f.

[169] Fichte, Reden an die deutsche Nation (Anm. 86), S. 278.

[170] Wehler, Deutsches Bildungsbürgertum in vergleichender Perspektive (Anm. 161), S. 221.

[171] Hermann Timm: Bildungsreligion im deutschsprachigen Protestantismus – eine grundbegriffliche Perspektivierung. In: Bildungsbürgertum im 19. Jahrhundert, Teil 2 (Anm. 163), S. 57–79, hier S. 59.

gionsleben geht von der Offenbarung, das moderne von der Bildung aus.«[172] Bildung vermittelte eine ›Weltanschauung‹,[173] die oft als ›Bildungsreligion‹ bezeichnet wurde – so auch von Thomas Nipperdey, der dieses spezifisch deutsche Phänomen beschrieb. Die »deutsche Bildungsreligion« sei »die Religion der Klassik, jenseits der Kirchen, am Rande des Christentums«, ein Phänomen der oberen Bildungsschicht und »darum der Geistesgeschichte«, aber dennoch »für 125 Jahre prägend für eine Linie der Auseinandersetzung von Christentum und Modernität«. Kultur sei nichts Selbstverständliches, sondern eine Aufgabe, »ein ethischer Imperativ«. Vom »Kult des Genies« bis zum Glauben »an die Immanenz des Göttlichen in der Welt« reichte das Kulturverständnis:

> Eine Religion nenne ich das, weil es um ›letzte Dinge‹ geht, um das, worauf es den Menschen zuletzt ankommt, um das, was bis dahin ›Heil‹ und ›Reich Gottes‹ hieß. Die neue Humanität meint eine nicht-christliche Form des menschlichen Lebens und setzt sie vielfach auch bewußt gegen die christliche Lebensdeutung ab.

Nicht mehr die »rationalen Einwände der Aufklärung gegen das überlieferte Christentum«, sondern eine »Umwertung der Lebenswerte« sei nun wichtig geworden:

> Die Welt des Idealen wird das ›Sakrament‹, durch das sich der Mensch zum Göttlichen erhebt. Was den eigentlichen Gegensatz des Lebens, den von Pflicht und Neigung löst, ist nur für die Masse die Religion, in Wahrheit aber die Kunst – sie macht das Sittliche nicht mehr primär fromm, wohl aber schön.[174]

Die Bildung, Zentrum des Bildungsbürgertums und daher auch Grundlage der Symbiose, war einerseits gegen Kirche, Adel und Geldaristokratie gerichtet und blieb dies über einhundert Jahre lang. Noch 1903 schrieb der Philosoph und Pädagoge Friedrich Paulsen, daß das Erziehungsideal der Bildung die freie Menschengestalt sei, »im Gegensatz zu der verkrüppelten Gestalt, die das Ergebnis staatlich-konfessioneller Dressur ist«.[175] Andererseits aber war die Bildung das Ergebnis der eigenen Machtlosigkeit, was von Nipperdey in der Wendung ins Ästhetische angedeutet worden ist. Nach Paulsen entwickelte sich Bildung von innen heraus, in ihr habe der ›innere Mensch Gestalt gewonnen‹, der dann aber »eine gewisse Weite der Beziehung zur Wirklichkeit, besonders eine umfassende Berührung mit der geistig-geschichtlichen Welt« erlangen müsse.[176] Entscheidend dabei sei die Freiheit: »Bildung ist eine Sache der Freiheit, nicht

---

172 Berthold Auerbach: Schrift und Volk. Grundzüge der volksthümlichen Literatur, angeschlossen an eine Charakteristik J. P. Hebel's. Leipzig 1846, S. 323, zit. nach: Mosse, Das deutsch-jüdische Bildungsbürgertum (Anm. 163), S. 170f.
173 Wehler, Deutsches Bildungsbürgertum in vergleichender Perspektive (Anm. 161), S. 231.
174 Nipperdey, Deutsche Geschichte (Anm. 9), S. 440f.
175 Friedrich Paulsen: Bildung [1903]. In: ders., Zur Ethik und Politik. Gesammelte Vorträge und Aufsätze. 2. verm. Aufl., Berlin: Verlag Deutsche Bücherei o. J. [um 1907] (Deutsche Bücherei; 31), 1. Bd, S. 78–103, hier S. 84.
176 Ebd., S. 91.

des Zwanges.«[177] Als die Miniatur-Bibliothek ab 1826 die deutschen Klassiker unter das Volk brachte, stand ›Bildung macht frei‹ auf den Umschlägen.[178] Paulsen argumentierte dann weiter:

> Von hier aus ist uns nun auch einleuchtend, warum der Sprachgebrauch Bildung in so enge Beziehung zu Literatur und Kunst, Philosophie und Poesie setzt, mehr als zu Naturwissenschaft und Technik, Politik und Wirtschaftsleben; in jenen erscheint das geistige Leben eines Volkes am freiesten und eigentümlichsten.[179]

Die enge Verbindung der Symbiose mit der deutschen Bildung zeigt sich hier besonders deutlich: Der materielle Umfang der Symbiose ist mit dem der Bildung identisch: Technik, Politik und Wirtschaft bleiben, wie eingangs dargelegt, ausgeschlossen, und in diesem Ausschluß ist der besondere deutsche, weil besonders ›geistige‹ Charakter sowohl in der Bildung als auch in der Symbiose begründet.

Frei war man diesem Bildungskonzept entsprechend nur dort, wo man nicht durch äußerliche Notwendigkeiten bestimmt war; daß Bildung sich in der tätigen Auseinandersetzung mit diesen Notwendigkeiten entwickeln könnte, war diesem Konzept fremd. Die Innerlichkeit der Bildung hatte in ihrer Machtlosigkeit gegenüber der äußeren Welt ihre Ursache. Eduard Gans beschrieb als Ziel des ›Vereins für Cultur und Wissenschaft des Judenthums‹, »die Juden durch einen von innen heraus sich entwickelnden Bildungsgang mit dem Zeitalter und den Staaten, in denen sie leben, in Harmonie zu setzen«.[180] Gans war sogar noch ein politisch denkender Mensch, aber auch bei ihm war die Bildung nur als ein Prozeß denkbar, der in der Innerlichkeit wurzeln muß.

Politik, Wirtschaft und später Technik wurden als bildungsfern eingestuft, obwohl Bildung doch gerade hier hätte praktisch werden sollen und sich hätte bewähren können. Freiheit bedeutete geistige Freiheit, den Bereich der Freiheit auszudehnen auf andere Bereiche sah die Bildung(sschicht) nicht als ihre Aufgabe an. Bildung war literarische Bildung. Karl Biedermann beschrieb, daß um 1800 weder aus der Politik noch aus Wirtschaft und sozialem Leben jener Gesprächsstoff gezogen werden konnte, der für Gebildete interessant sein könnte:

> Man nahm also seine Zuflucht sogleich von Haus aus zu jenen sublimeren Materien, welche die Literatur, insbesondere die schöne, an die Hand gab, gebrauchte auch gern dieselben sprachlichen Wendungen, in denen die letztere sich bewegte. Die ganze Bildung der besseren Gesellschaft nahm dadurch einen überwiegend literarischen Charakter an.[181]

---

[177] Ebd., S. 93.
[178] Vgl. Georg Bollenbeck: Tradition, Avantgarde, Reaktion. Deutsche Kontroversen um die kulturelle Moderne 1880–1945. Frankfurt a. M.: Fischer 1999, S. 47.
[179] Paulsen, Bildung (Anm. 175), S. 91f.
[180] Zit. nach Hanns Günther Reissner: Eduard Gans. Ein Leben im Vormärz. Tübingen: Mohr 1965 (Schriftenreihe wissenschaftlicher Abhandlungen des Leo-Baeck-Instituts; 14), S. 63.
[181] Karl Biedermann: Deutschland im 18. Jahrhundert. Hg. und eingeleitet von Wolfgang Emmerich. Ausg. in einem Bd, Frankfurt a. M., Berlin, Wien: Ullstein 1979 (Ullstein-Buch; 35013 – Ullstein-Materialien), S. 405.

Hier war das Reich der Freiheit gefunden, hier bildete sich das Selbstwertgefühl des Bildungsbürgertums. Das Bildungsbürgertum vereinigte sich in der
Epoche der Klassik als Lesepublikum: »Dieser geistige Faktor in der Gesellschaftsgeschichte hat während des neunzehnten Jahrhunderts die Eingliederung des jüdischen Außenseiters erleichtert.«[182] Eine Gesellschaft, die sich vor
allem über das Buch und über das Lesen definierte, mußte für Juden anziehend
sein, deren Zusammenhalt in ganz Europa und über die Jahrhunderte hinweg
vor allem durch ihre klassische Literatur gewährleistet worden war.

Die extreme Geistigkeit und Orientierung auf die Thora und ihre zahllosen
Kommentierungen hatte ihre Ursache auch in dem Umstand, daß die Juden
von der Politik ausgeschlossen waren. Ähnlich verhielt es sich mit dem deutschen Bildungsbürgertum. Tatsächlich hatte die Schicht der Gebildeten, der
sich viele emanzipierte Juden zurechneten, nie einen größeren Einfluß auf die
Politik; zunächst waren es zu wenige, um eine gesellschaftspolitische Macht
darzustellen, und dann, als sie Mitte des Jahrhunderts zu einer wirklich bedeutenden Schicht angewachsen waren, hatten Industrie und Großagrarier das
politische Heft in der Hand. Die Bildungsschicht hatte ein ›halb gebrochenes,
halb übersteigertes kollektives Selbstgefühl‹,[183] das aus der Situation der materiellen Unterlegenheit bei geistiger Überlegenheit resultierte: Wenn man sich
mit Politik befaßte, dann nur mit dem ›letzten Zweck der Politik‹, nicht aber
mit der praktischen Realisierung[184] – wenn überhaupt Politik, dann eine philosophisch angeleitete. Der schon angesprochene Ausweg war die Ästhetisierung
der Bildung, die der zunehmend als ›schmutziges Geschäft‹ abgelehnten Politik entgegengesetzt wurde. Das Leitwort für den ästhetischen Unterton der
Bildung hatte Kant gegeben mit dem Begriff des ›interesselosen Wohlgefallens‹.[185] Der Bildungsbürger kämpfte für die ›reine Wissenschaft‹ und für die
»absolut desinteressierte Betrachtung des Guten und Wahren«.[186] Leopold
Zunz sah durch die Sprachentwicklung die »Kraft für das Thun« geschwächt:
»Jetzt wimmeln die Zeitungen von Thatsachen – nicht von Thaten.«[187]

Für Wilhelm Dilthey waren die Ursachen hierfür gerade im Vergleich mit
Frankreich und England schon während der Reformation entstanden:

> Von der Religiosität Luthers her war der eigenste Grundzug der deutschen Denkart
> die Innerlichkeit des moralischen Bewußtseins, gleichsam die Rückkehr der religiö

[182] Hans Liebeschütz: Von Georg Simmel zu Franz Rosenzweig. Studien zum Jüdischen
Denken im deutschen Kulturbereich. Tübingen: Mohr 1970 (Schriftenreihe wissenschaftlicher Abhandlungen des Leo-Baeck-Instituts; 23), S. 2.
[183] Bahrdt, Soziologische Reflexionen über die gesellschaftlichen Voraussetzungen des
Antisemitismus in Deutschland (Anm. 30), S. 147.
[184] Vgl. Fritz K. Ringer: Die Gelehrten. Der Niedergang der deutschen Mandarine 1890–
1933. Stuttgart: Klett-Cotta 1983, S. 114.
[185] Immanuel Kant: Kritik der Urteilskraft [1790]. In: ders., Werke in sechs Bänden
(Anm. 41), Bd 5, S. 233–620, hier S. 281–289 (§ 3–6).
[186] Ringer, Die Gelehrten (Anm. 184), S. 28.
[187] Deutsche Briefe (Anm. 120), S. 9, 29.

sen Bewegung in sich selbst – die Überzeugung, daß in der Gesinnung und nicht in
dem äußeren Werk der höchste Wert des Lebens gelegen sei. Die Zersplitterung der
Nation, die Einflußlosigkeit der gebildeten bürgerlichen Klassen auf die Regierung
mußten diesen Zug verstärken.[188]

Dies hatte schon im Zeitalter Lessings die gespannt-überspannte Moralität zur
Folge:

> Gegenüber einer politischen Welt, wo staatliche Gebilde, Personen und Ziele zu
> klein waren, um zu praktischen Idealen werden zu können, in deren Dienst ein star-
> ker Charakter sich genugtun konnte, ja selbst von dieser Welt ausgeschlossen durch
> eine Staatsform, deren Wesen gerade auf der strengsten Scheidung des Fürsten und
> seines Regierungsapparates mit seinen Offizieren und seinem Beamtentum von dem
> »Bürger« beruhte: flüchteten sich diese Menschen in die abstrakte Welt der morali-
> schen Prinzipien, wie sie das Individuum von innen unabhängig von allen historischen
> Bedingtheiten bestimmen – ewig gleich, unverbrüchlich und unerbittlich.[189]

Jacob Toury hat die Geschichte des unpolitischen Bildungsideals zusammengefaßt:

> Hinsichtlich ihrer Einstellung zur Politik gehörten viele Repräsentanten der ›Kultur-
> deutschen‹ zu jenen apolitischen, wenn nicht sogar politikfeindlichen Menschen, die
> überzeugt waren, daß nicht politische Betätigung, sondern »nur Bildung und Wissen
> not tue, um die Menschen gut und glücklich zu machen«. Unter ihnen fanden sich
> »Idealisten und Schwärmer«, denen selbst ein kultureller Nationalismus gefährlich
> schien, da »von der ›Kultur‹ zur Kanone [nur] ein kleiner Schritt« sei. Deutschland
> bedeutete ihnen »eben Schiller und Goethe und nur es«. [...]
>   Das führte dazu, daß diese jüdischen Kulturdeutschen sich in ihrer Verehrung der
> deutschen Klassiker und des philosophischen Idealismus »ein Idealbild der Deutschen
> schufen, welches in der Wirklichkeit nur einen ständig schrumpfenden Halt« fand.[190]

In unserem Zusammenhang ist von Bedeutung, daß Moses Mendelssohn in die
Diskussionen um die Ästhetik zwischen sinnlicher Erkenntnis und rationaler
Vollkommenheit als drittes Seelenvermögen das ›Billigungsvermögen‹ einge-
führt hat, das ein Wohlgefallen ohne materielles Interesse erlaubt.[191] Ernst
Cassirer kommentierte: »Mit dieser Auffassung hat M[endelssohn] der *Kanti-
schen* Begriffsbestimmung des Schönen vorgearbeitet, in der es als Gegen-

---

188 Wilhelm Dilthey: Das Erlebnis und die Dichtung. Lessing / Goethe / Novalis / Höl-
     derlin. Göttingen: Vandenhoeck & Ruprecht 1965 (Kleine Vandenhoeck-Reihe; 191),
     S. 49.
189 Ebd., S. 50.
190 Jacob Toury: Die politischen Orientierungen der Juden in Deutschland. Von Jena bis
     Weimar. Tübingen: Mohr 1966 (Schriftenreihe wissenschaftlicher Abhandlungen des
     Leo-Baeck-Instituts; 15), S. 272f. Toury zitierte Rahel Straus, Hans Goslar und Adolf
     Leschnitzer.
191 Vgl. Manfred Voigts: Naturrecht und Ästhetik bei Moses Mendelssohn. In: Men-
     delssohn-Studien 4 (1979), S. 161–198, bes. S. 186ff.

stand eines ›interesseloses Wohlgefallens‹ bezeichnet wird.«[192] Das interesse-
lose und daher unpolitische Wohlgefallen wurde durch Kant zu einer Grundidee
der deutschen Bildung, die von Juden geteilt wurde. Ein typisches Beispiel von
1913:

> Dabei ist es an sich gleichgültig, ob unser Wollen den gewünschten Effekt hat oder
> nicht; es kommt einzig auf den guten Willen an, mit dessen Verherrlichung Kant seine
> Ethik beginnt [...].[193]

So konnte das, was Friedrich Schlegel 1800 in seinen *Ideen* schrieb, einem gebildeten Juden keine Probleme bereiten:

> Nicht in die politische Welt verschleudre du Glauben und Liebe, aber in der göttlichen
> Welt der Wissenschaft und Kunst opfre dein Innerstes in den heiligen Feuerstrom
> ewiger Bildung.[194]

Der heilige Feuerstrom – das war nach rabbinischer Lehre der Ort, aus dem an
jedem Tag eine neue Engelschar geschaffen wurde, und er bestand aus dem
Schweiß der Chajoth (Tiere), »welchen sie von sich geben, wenn sie den Thron
Gottes tragen«.[195] Obwohl kaum anzunehmen ist, daß Schlegel den *Midrasch
Bereschit Rabba* kannte, ist doch anzunehmen, daß er die jüdischen Gebete
kannte, in denen dieser Feuerstrom erwähnt wird.

Die Gründe, die diesen apolitischen Bildungsbegriff für Juden so attraktiv
machten, sind aus Pestalozzis früher Schrift *Die Abendstunde eines Einsiedlers*
abzulesen:

> Daher muß die Bildung des Menschen für seine Berufs- und Standeslage dem End-
> zweck der Genießung reiner häuslicher Glückseligkeit untergeordnet werden.
>   Daher bist du, Vaterhaus, Grundlage aller reinen Naturbildung der Menschheit.
> Vaterhaus, du Schule der Sitten und des Staates. [...]
>   Der Mensch muß zu innerer Ruhe gebildet werden, Genügsamkeit mit seiner Lage
> und mit ihm erreichbaren Genießungen, Duldung, Achtung und Glauben an die Lie-
> be des Vaters bei jeder Hemmung, das ist Bildung zur Menschenweisheit.[196]

---

192 Ernst Cassirer: Die Philosophie Moses Mendelssohns. In: Moses Mendelssohn. Zur
     200jährigen Wiederkehr seines Geburtstages. Hg. von der Encyclopaedia Judaica.
     Berlin: Schneider 1929, S. 40–68, hier S. 56.
193 M. Windmüller: Religion und Erziehung vom Standpunkte des Judentums. Eine
     Bekenntnisschrift. Rheda: Röttger 1913, S. 29.
194 Friedrich Schlegel: Ideen. In: ders., Kritische Schriften. Hg. von Wolfdietrich Rasch.
     2., erw. Aufl., München: Hanser 1964, S. 89–108, hier S. 101.
195 Der Midrasch Bereschit Rabba. Das ist die haggadische Auslegung der Genesis.
     Zum ersten Male ins Deutsche übertragen von August Wünsche. Leipzig: Schul-
     ze 1881 (Bibliotheca rabbinica), S. 379; Nachdruck: Hildesheim: Olms 1967 (Par.
     LXXVIII V. 26).
196 Johann Heinrich Pestalozzi: Die Abendstunde eines Einsiedlers [1779]. In: ders.,
     Sämtliche Werke und Briefe. Bd 2: Schriften zur Menschenbildung und Gesellschafts-
     entwicklung. Zürich: Buchclub Ex Libris 1986, S. 29–44, hier S. 35.

Hier steht kein Wort, das ein Jude nicht auch hätte schreiben können; dieses Bild der Verbindung von Bildung und Vaterhaus in einer der pädagogischen Grundschriften dieser Zeit war mit jüdischen Vorstellungen fast völlig deckungsgleich – vielleicht mit Ausnahme des Wortes ›Naturbildung‹, das rousseauschen Hintergrund hatte.

Hier soll eine kurze und lediglich hinweisende Bemerkung über Judentum und Politik angefügt werden: Der Sphäre der Politik stand das Judentum seit der endgültigen Vertreibung distanziert bis feindlich gegenüber; Politik war für die Juden vor allem Machtpolitik, deren Ultima ratio immer der Krieg war. Ihr unpolitischer Messianismus führte zu einem »extremen Quietismus«, durch den »politische Passivität für selbstverständlich gehalten« wurde als »etwas, das zum Wesen des jüdischen Schicksals in der Diaspora gehörte«.[197]

Martin Sicker erinnerte 1994 an die Aussagen des klassischen Judentums zur Politik vor der Vertreibung, die er als ›politische Theologie‹ bezeichnete.[198] Moritz Lazarus kannte diese politische Theologie auch, hielt sie aber für überholt:

> Die Politik hat vorzugsweise alle Bedingungen eines Staates, welche durch Natur und Geschichte des Landes und der Bewohner gegeben sind, zu beachten. Deshalb ist für den modernen Staat und ebenso für das moderne Judentum die Politik auf ganz andere Grundlagen gestellt, als etwa die biblischen oder nachbiblischen Zeiten des jüdischen Altertums aufweisen.[199]

Daher galt für ihn:

> Die Politik des hebräischen Altertums ist uns gleichgültig [...]. Was uns heute noch interessiert, sind nur die ethischen Maximen, welche in den politischen Vorschriften jener Zeit enthalten sind.[200]

Martin Sicker war da allerdings ganz anderer Meinung:

> The political theology of the Torah may be viewed by some, at first consideration, as archaic and out of touch with the modern world and its progressive notions of state and society. However, upon deeper reflections it will become increasingly evident that modernity has not fulfilled its promise of a rational and humane social order.[201]

Es war die für Sicker offensichtliche Erkenntnis, daß die Geschichte der Neuzeit keinen Fortschritt gebracht hat und daß die Ziele der politischen Theorie

---

[197] Jacob Katz: Messianismus und Zionismus. In: ders., Zwischen Messianismus und Zionismus. Zur jüdischen Sozialgeschichte. Frankfurt a. M.: Jüdischer Verlag 1993, S. 21–36, hier S. 27.

[198] Martin Sicker: What Judaism Says about Politics. The Political Theology of the Torah. Northvale/NJ, London: J. Aronson 1994.

[199] Moritz Lazarus: Die Ethik des Judenthums [2. Bd]. Aus dem handschriftlichen Nachlasse des Verfassers hg. von Jacob Winter und August Wünsche. Frankfurt a. M.: Kauffmann 1911, S. 354.

[200] Ebd., S. 355.

[201] Sicker, What Judaism Says about Politics (Anm. 198), S. 234.

der Thora nicht realisiert worden sind, die ihn die fortbestehende Relevanz der
jüdischen politischen Theologie behaupten ließ.

Samson Raphael Hirsch legte noch 1884 die Grundzüge der talmudischen
Auffassung von Politik dar: Mit drei Eiden habe Gott Israel ins Exil gesandt:
mit dem Eid, geduldig auszuharren, bis Gott die Juden wieder in ihr Land
zurückführen werde; mit dem Eid, daß sich Israel nie gegen die Staaten, die sie
aufnehmen würden, auflehnen sollten, und Gott habe die Völker beschworen,
Israel nie über die Maßen zu unterdrücken. Der einzige Sinn jüdischen Lebens
ist daher »die Zuversicht auf die einstige Wiederkehr in das Land der Väter,
den Wiederaufbau des Tempels und die dann vollkommene Erfüllung des göttlichen Gesetzes auf dem diesem Gesetze ureigenen Boden des gelobten Landes,
Hand in Hand mit dem Anbruch des den ewigen Frieden bringenden Gottesrei-
ches auf Erden durch Sammlung *aller* Menschen zur Erkenntnis Gottes«.[202]
Hier ist für die Sphäre konkreter, gesellschaftsorientierter Politik kein Raum.
Es ist aufschlußreich, diese Position mit der von Schelling zu vergleichen, der
sich 1856 an die Deutschen wendete:

> Laßt *Euch* dagegen ein unpolitisches Volk schelten, weil die meisten unter euch mehr
> verlangen *regiert zu werden* (wiewohl auch dieses ihnen oft nicht oder schlecht genug
> zu Theil wird) als zu regieren, weil ihr die Muße (σχολή), die Geist und Gemüth für
> andere Dinge frei läßt, für ein größeres Glück achtet, als ein jährlich wiederkehrendes,
> nur zu Parteiungen führendes politisches Gezänke, zu Parteiungen, deren Schlimm-
> stes ist, daß durch sie auch der Unfähigste Namen und Bedeutung gewinnt; laßt poli-
> tischen Geist euch absprechen, weil ihr, wie Aristoteles, für die erste vom Staat zu
> erfüllende Forderung die ansehet, daß den Besten Muße gegönnt sey, und nicht bloß
> die Herrschenden, sondern auch die ohne Antheil am Staat Lebenden, nicht in un-
> würdiger Lage sich befinden.[203]

Auch hier, obwohl die Deutschen keineswegs im Exil lebten, finden wir die
Distanz zur Sphäre der Politik und die Bevorzugung des Geistigen und Innerlichen; daß ›die Besten‹, denen Muße gegönnt werden müsse, die wahrhaft Gelehrten und Gebildeten sind, versteht sich von selbst.

Nur drei Jahre nach Schelling schrieb Ludwig Philippson über *Die rechte
Politik*, und er erkannte die Sphäre der Politik an. Er unterschied drei Arten der
Politik, nämlich die »Politik des Augenblicks«, die »hohe Politik«, und die
»höchste Politik, die *religiöse*«.[204] Diese höchste Politik lasse sich von dem
Prinzip leiten, »*daß die göttliche Vorsehung die Menschheit leitet, sie in freier
Entwicklung vorgehen läßt, aber durch ihre Fügungen sie den Weg des Fort-
schrittes führt*«; dieser Fortschritt führe nicht nur zu Recht und Liebe, sondern

---

[202] Samson Raphael Hirsch: Über die Beziehung des Talmuds zum Judenthum und zu
der sozialen Stellung seiner Bekenner. Frankfurt a. M.: Kauffmann 1884, S. 16.

[203] Friedrich Wilhelm Joseph Schelling: Philosophie der Mythologie. Erster Band [1856].
Darmstadt: Wissenschaftliche Buchgesellschaft 1957, S. 549.

[204] Ludwig Philippson: Die rechte Politik [1859]. In: ders., Weltbewegende Fragen in
Politik und Religion. Aus den letzten dreißig Jahren. Erster Theil: Politik. Leipzig:
Baumgärtner 1868 (Schriften), S. 12–15, hier S. 12.

auch zur »*Feststellung des allgemeinen Friedens und der Sicherung des Ganzen wie des Einzelnen*«.[205] Im Gegensatz zu Schelling dachte Philippson durchaus politisch, aber die Verknüpfung von Freiheit und Vorsehung, von der seine Vorstellung von religiöser Politik getragen wurde, und die religiöse Interpretation des Fortschrittes schränkten die Politik stark ein. Die Anwendung der religiösen Politik zeige, daß keine der »modernen politischen Bezeichnungen« auf sie zutreffe; religiöse Politik sei konservativ, »denn sie beruht auf alten, geoffenbarten Grundsätzen«, sie ist aber auch liberal, denn »ihr Lebensprinzip ist die Entwickelung« – und ihr Ziel ist, die »gefährliche Trennung der Politik von Sittlichkeit und Religion zu vermeiden, das heißt: wirklich religiössittliche Menschen werden.«[206] Auch hier ist – wie bei Hirsch und Schelling – Politik als Interessenpolitik nur niederen oder niedrigsten Ranges, und wahre Politik bleibt die Ausbildung einer an den höchsten Zielen der Bildung orientierten Persönlichkeit.

Bildung aber wurde im Verlauf des 19. Jahrhunderts vermehrt zu einem exklusiven Besitz.[207] Das Bildungsprinzip, schrieb Hans Weil 1930, »galt in Deutschland nur für die relativ kleine Gruppe der Geisteselite, der Akademiker, der Künstler und Schriftsteller«; er fügte hinzu:

> Es reicht nicht in die breiten Schichten der Bevölkerung, die sich von dem traditionellen deutschen Arbeits- und Gewissensprinzip leiten ließen. Beide Prinzipien hatten jedoch eine spezifische Schwäche gemeinsam, die sich späterhin katastrophal auswirken sollte: die Gewissensethik wie die Bildungsethik der Deutschen führte zu einer zur Tradition gewordenen persönlichen und politischen Vereinzelung.[208]

Für Friedrich Paulsen gehörten die Einteilungen der Menschen in Adlige und Bürgerliche, Gläubige und Ungläubige, Protestanten und Katholiken, Christen und Juden der Vergangenheit an, »die praktisch wichtige, die entscheidende Einteilung ist die in Gebildete und Ungebildete«.[209] In seinen Jugenderinnerungen schrieb Moritz Lazarus, die Jahre um 1830 betreffend: »Die tiefste, am meisten beachtete soziale Scheidung ist die zwischen Gelehrten und Ungelehrten.«[210] In der deutschen Gesellschaft des späten 19. Jahrhunderts aber fügte dieses Bildungsideal den mannigfaltigen Spaltungen der Deutschen eine neue hinzu, und diese Spaltung hatte auch für die Juden Folgen:

---

[205]   Ebd., S. 13.
[206]   Ebd., S. 14f.
[207]   Vgl. Georg Bollenbeck: Bildung und Kultur. Glanz und Elend eines deutschen Deutungsmusters. Frankfurt a. M.: Insel-Verlag 1994, Kap. III.
[208]   Hans Weil: Die Entstehung des deutschen Bildungsprinzips. 2. Aufl., Bonn: Bouvier 1967 [¹1930], S. IX.
[209]   Paulsen, Bildung (Anm. 175), S. 78.
[210]   Moritz Lazarus: Eine kleine Gemeinde. In: Jüdische Memoiren aus drei Jahrhunderten. Ausgewählt und hg. von Hans Bach. Berlin: Schocken 1936 (Bücherei des Schocken-Verlags; 52/53), S. 165–181, hier S. 167.

> Was ich die kulturelle Emanzipation der Juden in Deutschland nannte, hinderte sie
> daran, die historischen Realitäten zu erkennen: zur Massenpolitik hatten sie im gan-
> zen keinen Zugang, ihr Bildungsideal stand ihnen im Wege und auch daß sie [...] zu
> dem Volk keinen wirklichen Kontakt hatten.[211]

Für die Symbiose ist es wichtig zu erkennen, was schon als ›halb gebrochenes,
halb übersteigertes kollektives Selbstgefühl‹ angesprochen wurde, daß nämlich
die Bildung ein doppeltes Gesicht hatte. Gerade der besondere, besonders
deutsche, dieser philosophisch, ästhetisch und auch pädagogisch überhöhte Bildungsbegriff[212] war es, der für gebildete Juden so attraktiv war. Diese deutsche
Bildung bedeutete »einen teilweisen Rückzug aus der bestehenden Situation
ebenso wie eine totale Revolte gegen sie«.[213] Dieses Sich-Abfinden mit den
beklagten Umständen bei gleichzeitiger radikaler Ablehnung, diese reale Ohnmacht bei geistiger Übermacht hatte Jahrhunderte lang auch das Selbstbewußtsein der Juden geprägt; dies war eine Konstellation, von der aus sich messianische Kräfte bilden konnten, hier fanden sie im deutschen Bildungsbürger einen
Verwandten, in der Bildungsideologie eine verwandte Geisteseinstellung.
Nicht realpolitisch, wohl aber geistig-philosophisch machte das deutsche Bildungsbürgertum »die Revolution zum Medium ihres absoluten Begehrens:
Weltgeschichte sollte Heilsgeschichte werden.«[214] Dies aber ist keine christliche, sondern eine jüdische Vorstellung. Der Messianismus war und blieb der
Untergrund der Bildung – dort, wo sie nicht zum Bildungsphilistertum verkam
–, weil er sich nicht »an den relativierenden Schranken politischer Praxis«
bewähren mußte.[215] Das deutsche Bildungskonzept enthob sich der Notwendigkeit, sich mit den herrschenden Realitäten, d. h. mit der Realität der Herrschaft, konkret auseinanderzusetzen – das Austragen von gesellschaftlichen
Konflikten war ihm fremd. Diese politikferne, ja unpolitische und spekulati-
ve Bildung konnte dem Antisemitismus kein politisches Konzept entgegen-
setzen, »die Vermeidung von Informationen über die tatsächliche Gesellschaft und Politik«[216] erlaubte das Entstehen jener Phantasmagorie von Ju-
denbildern, die – wie noch genauer zu untersuchen sein wird – keine Realität
beanspruchen konnte, aber dennoch politische Folgen hatte. Der Rückzug

---

[211] Mosse, Das deutsch-jüdische Bildungsbürgertum (Anm. 163), S. 175.
[212] Vgl. Wehler, Deutsches Bildungsbürgertum in vergleichender Perspektive (Anm.
161), S. 219.
[213] Ringer, Die Gelehrten (Anm. 184), S. 28.
[214] Gert Sautermeister: Literarischer Messianismus in Deutschland. Politische Ästhetik im Banne der Revolution (1789–1914). In: Schreckensmythen – Hoffnungsbilder. Die Französische Revolution in der deutschen Literatur. Essays. Hg. von Harro Zimmermann. Frankfurt a. M. 1989 (Athenäums Taschenbuch; 130), S. 122–
161, hier S. 122.
[215] Ebd., S. 122f.
[216] Bahrdt, Soziologische Reflexionen über die gesellschaftlichen Voraussetzungen des
Antisemitismus in Deutschland (Anm. 30), S. 149.

und die totale Revolte gegen die Realität hatte so zwei scharf widersprüchliche Konsequenzen.

Als Moritz Lazarus[217] 1855 sein großes und damals vielgelesenes Werk *Das Leben der Seele* veröffentlichte, behandelte er zuerst Bildung und Wissenschaft. Gleich zu Beginn stellte er fest, daß der Begriff der Bildung »in seiner *specifischen* Bedeutung, in welcher er bei uns Deutschen gedacht wird, bei den übrigen Nationen als ein *einziger* Begriff nicht vorhanden zu sein scheint, da ein congruentes Wort zu seiner Bezeichnung in allen neueren Sprachen fehlt«.[218] In der zweiten Auflage von 1875 fügte er in einer Anmerkung hinzu: »Aus der Geschichte der deutschen Bildung ist es erklärlich, daß lange Zeit die im engeren Sinne sogenannte Literatur im Gegensatz zu aller Naturwissenschaft als Inhalt und Quelle der Bildung gegolten hat.«[219] Obwohl Lazarus großen Wert auf die Wissenschaft, auch auf die Naturwissenschaft, legt, bleiben bei ihm die Ursprünge der Bildung lebendig:

> Freilich kann Intelligenz und Bildung auf einem ganz anderen Boden, als auf dem der Sittlichkeit emporsprießen; äußere Nützlichkeit und Luxus sind gar oft die einzigen Motive ihres Erwerbes; sie *sollen* aber Producte und Elemente eines sittlichen Strebens sein, und ihr wahrer, idealer Werth besteht vorzüglich darin, eine Seite der ethischen Vollkommenheit des Menschen auszumachen. Ein wesentliches Element der wahren Bildung ist die sittliche Absicht derselben.[220]

Besonders intensiv befaßte Lazarus sich mit der ästhetischen Bildung, die er zwar anerkannte, gleichzeitig aber zu beschränken suchte:

> Bildung in seiner ursprünglichen Bedeutung heißt: Gestalt, Form, Schönheit; eine wahrhaft gebildete Seele ist demnach diejenige, deren Dasein und Leben, Empfinden und Handeln den Gesetzen der Schönheit folgt, und sie verdient den Namen einer schönen Seele. Man wolle aber hierbei ja nicht an die in jedem Betracht blasse und sieche Schönheit der Seele denken, die uns im Wilhelm Meister entgegentritt. Ganz anders ist das Bild derselben, welches Schiller in der überaus vortrefflichen und nicht genug zu empfehlenden Abhandlung über Anmuth und Würde entwirft.[221]

Es scheint so, daß Lazarus die sich nun erst abzeichnende Trennung der Bildung vom praktischen Leben schon ahnte:

> Wohl ist die Bildung überhaupt mit sammt dieser Richtung auf das Schöne ein Theil der menschlichen Aufgabe und Lebensbestimmung; aber auch nur ein Theil! wenn nun die Seele gebildet ist in aller Weise, dann soll sie ihrem eigentlichen und höchsten Berufe folgen, dem der Sittlichkeit. In einem praktischen und sittlichen Beruf

---

217 Zu Lazarus siehe Lewkowitz, Das Judentum und die geistigen Strömungen des 19. Jahrhunderts (Anm. 77), S. 87–115.
218 Lazarus, Das Leben der Seele in Monographien über seine Erscheinungen und Gesetze (Anm. 73), S. 4f.
219 Ebd., S. 31, Anm.
220 Ebd., S. 99.
221 Ebd., S. 117.

allein liegt der Werth und die Würde, die wahrhafte Erfüllung menschlichen Lebens; die Bildung aber ist nur Vorbereitung und dann Zierde für dasselbe.[222]

Lazarus wollte offensichtlich den rein literarischen Begriff der Bildung korrigieren und der praktischen Berufstätigkeit, wenn sie den sittlichen Anforderungen genügte, der ästhetischen Bildung gegenüber, den Vorzug geben – er hatte die Beschränkung der besonderen deutschen Bildung erkannt.

Die Bildung wurde von einzelnen Weitsichtigen nicht nur von innen heraus überwunden, sondern hatte auch äußere Feinde. Es dürfte nicht zuletzt den Angriffen von Feinden der Bildung geschuldet sein, daß das Bildungsbürgertum sein Selbstbewußtsein über die Jahrzehnte wenig änderte. Nur zwei Jahre nach Fichtes *Reden an die deutsche Nation* schrieb Heinrich Luden über die Gebildeten, sie hätten »alle Nationalität« verloren:

> Dem Leibe fehlt das Haupt, der Masse der Geist. Was auch die Gebildeten sein mögen: für die Nation sind sie nichts. Sie aber, diese Gebildeten, die das verschwindende Vaterland hätten zurückhalten mögen – sie suchten die allwaltende Gottheit überall, nur nicht in den Verhältnissen der Völker und Staaten; ihre Sehnsucht nach dem Heiligen und Ewigen strebten sie überall zu befriedigen, nur nicht da, wo sie am ersten und schönsten befriedigt wird, in den Erscheinungen des Vaterlandes.[223]

Dieser auch aus politischen Gründen vorgetragene Angriff auf den Kosmopolitismus vieler Gebildeter kann als Ursprung des politischen Kampfbegriffs vom ›vaterlandslosen Intellektuellen‹ gelten.

Der »Reichtum einer neu erworbenen *Bildung*« hat zweifellos, wie Robert Weltsch feststellte, bei vielen gebildeten Juden »jedes Interesse am Judentum« genommen.[224] Einer der frühesten und schärfsten Angriffe auf die Bildung kam von jüdischer Seite, bezeichnenderweise von Moses Hess, dem Frühzionisten. In *Rom und Jerusalem* heißt es:

> Die deutsche Bildung scheint sich mit den jüdischen Nationalitätsbestrebungen nicht zu vertragen. [...] der Deutsche, wie sehr er sich auch dagegen sträuben mag, ist in seinem bessern Teil zu sehr Philosoph, hat eine zu universelle Geistesrichtung, um sich für Nationalitätsbestrebungen in der rechten Weise, ohne Affektation, begeistern zu können.[225]

Die Bildung sah er als die schlimmste Gefahr für das Judentum an:

> Das Judentum, welches im ersten Kontakte mit der modernen Bildung sich aufzulösen drohte, das Judentum – wir dürfen es heute aussprechen, ohne Furcht, vor der Geschichte Lügen gestraft zu werden – hat auch diese letzte Gefahr, vielleicht die größte, die jemals seine Existenz bedrohte, glücklich überstanden![226]

---

222 Ebd., S. 122f.
223 Heinrich Luden: Über das Studium der vaterländischen Geschichte [1810]. Darmstadt: Wissenschaftliche Buchgesellschaft 1955, S. 24.
224 Robert Weltsch (1957), zit. nach: Toury, Die politischen Orientierungen der Juden in Deutschland (Anm. 190), S. 70.
225 Hess, Rom und Jerusalem (Anm. 19), S. 234.
226 Ebd., S. 251.

Hess sah – wie später zu zeigen sein wird – die ›universelle Geistesrichtung‹
als typisch deutsch an, sie war für ihn, der als einer der ersten die Juden wieder
zu einem Nationalbewußtsein zurückführen wollte, eine existentielle Gefahr.
Berthold Auerbach, dem er freundschaftlich verbunden war, kritisierte ihn und
sein Buch genau an diesem Punkte:

> Ich bin ja, ich bekenne es gern (obgleich Du das lächerlich oder schimpflich finden
> magst) ein germanischer Jude, ein Deutscher, so gut als es glaub' ich einen gibt, we-
> nigstens möchte ich es mit dem ganzen Einsatze meiner Lebenskraft betätigen. – Es
> ist nicht umsonst, daß man von Vaterland und Muttersprache spricht. Es gibt eine
> Heimat des Geistes durch die Sprache und das ganze geschichtliche Seelenleben, die
> die innigst angeborene ist.[227]

Obwohl Auerbach hier den Begriff der Bildung nicht ausspricht, ist doch erkennbar, daß er sie meinte, als er von der ›Heimat des Geistes durch die Sprache‹ und das ›geschichtliche Seelenleben‹ schrieb.

Eduard Strauß (1876–1952), Biochemiker von Beruf, zionistisch orientierter
Religionswissenschaftler aus Neigung und Freund von Franz Rosenzweig,
wehrte 1920 den Zugriff der Bildung auf die Bibel ab:

> Besinnen wir uns nur einmal ganz einfach auf unser ewiges Verhältnis zur heiligen
> Schrift als Juden; nicht als sogenannte ›Gebildete‹ oder noch sogenannte ›moderne
> Menschen‹! – Sofort spüren wir, daß ›Bibelkritik‹ (sie mag wissenschaftlich noch so
> Tüchtiges leisten, den Text literargeschichtlich in die Weltliteratur einzuordnen) und
> Philosophie (sie mag sich noch so große Mühe gegeben haben, den Idealismus von
> Platon bis Kant hinein zu interpretieren) uns der heiligen Schrift entfremdet, unse-
> rem lesenden, ›lernenden‹ Auge die Unmittelbarkeit genommen hat.[228]

Im Grundsatz wurde diese Position von Rosenzweig, Buber und anderen geteilt.

Aber es gab auch Feinde der Bildung auf der entgegengesetzten Seite. Im
Verlauf des Berliner Antisemitismusstreits meldete sich Johannes Nordmann[229]
unter Pseudonym in der scharf judenfeindlichen und in zahlreichen Auflagen
verbreiteten Schrift *Professoren über Israel* zu Wort:

> Es giebt Redensarten und Worte, welche, so unscheinbar sie sind, ein Volk verderben
> können. [...] Aehnlich ist es mit dem Worte ›Bildung‹, welches in dem deutschen
> Sinne in keiner anderen Sprache etwas Gleiches findet. Der Deutsche hat sich dadurch
> an den Gedanken gewöhnt, daß man einen lebendigen Menschen ›bilden‹ d. h. durch
> äußere Einwirkung formen könne, während er doch nur von Innen heraus entwickelt
> werden kann. Der Deutsche vergißt, daß jede ›Bildung‹ im eigentlichen Sinne etwas
> Falsches ist – denn ›bilden‹ heißt nicht, die Sache selbst, sondern das ›Bild‹, den

---

227 Berthold Auerbach an Moses Hess, 8. April 1861. In: Moses Hess: Briefwechsel. Hg.
     von Edmund Silberner. 'S-Gravenhage: Mouton 1959 (Quellen und Untersuchungen
     zur Geschichte der deutschen und österreichischen Arbeiterbewegung; 2), S. 376.

228 Eduard Strauß: Vom Lesen der Heiligen Schrift [1920]. In: Aufsätze und Anmerkun-
     gen 1919–1945. New York: Congregation Habonim 1946, S. 36–38, hier S. 37.

229 Vgl. Alex Bein: Die Judenfrage. Biographie eines Weltproblems. Bd 2: Anmer-
     kungen, Exkurse, Register. Stuttgart: Deutsche Verlags-Anstalt 1980, S. 184.

Schein derselben hervorbringen – und daß selbst der Marmorblock, wenn er zum Apollo gebildet worden, als Stein seinen Werth verloren hat und als Gott eine Lüge ist.[230]

Das Ideal der Bildung war also keineswegs unangefochten und mußte immer wieder gegen Angriffe verteidigt werden.

Spätestens mit der Reichseinigung 1871, die in keinem Belange den Zielen des Bildungsbürgertums genügte, der aber dennoch breite Teile von ihm zustimmten, war der normale Bildungsbürger zum ›Bildungsphilister‹ verkommen, der von Theodor Fontane und anderen kritisiert wurde. Da gerade Juden an den Bildungsidealen festhielten, war es für antijüdisch Eingestellte einfach, dieses Bildungsphilistertum mit ›den Juden‹ in Verbindung zu bringen: Juden könnten sich nur die äußere Form, nicht aber den Geist der deutschen Bildung aneignen. Genau diese Vorstellung bediente Moritz Goldstein, als er 1912 in *Deutsch-jüdischer Parnaß* schrieb: »Wir Juden verwalten den geistigen Besitz eines Volkes, das uns die Berechtigung und die Fähigkeit dazu abspricht.«[231] Der Begriff der Verwaltung weist auf die (angebliche) Entleerung des geistigen Besitzes hin, und es kann nicht verwundern, daß die Nazis diese Äußerung als Bestätigung ihrer eigenen Position auffaßten.[232] Schon vorher, 1908, hatten Egon Friedell und Alfred Polgar – beides Juden – in einer kleinen Groteske das antijüdische Bild bestätigt. Um 1900 prüft ein typisch deutscher Professor der Literaturgeschichte zwei Studenten, von denen einer der herbeigezauberte Goethe selbst und der andere der Student Kohn ist, »ein guter Schüler«, der unschwer als Jude erkennbar ist. Nachdem Goethe seine Unkenntnis bewiesen hat, wurde Kohn aufgerufen, der alle Daten und Fakten wußte und dessen am Ende völlig unsinnige Antworten vom immer schneller fragenden Professor akzeptiert wurden. Goethe »schüttelt sich vor Lachen«, der Professor aber wendet sich an ihn: »Sehen Sie! Das ist Bildung!« »Raschest Vorhang.«[233] Es gab aber auch einige, die am gesellschaftskritischen Potential des Bildungsbegriffs festhielten, unter denen sich Fontanes Freund Moritz Lazarus befand , der 1877 äußerte:

Die Sachen stehen heute bei uns so: daß tausende und abertausende von gebildeten Leuten zu einer unsichtbaren Kirche der Zukunft gehören, daß sie Anderes für Wahrheit halten, als was öffentlich für solche gilt, daß sie Anderes als sittliche Anforderung als menschliche Bestimmung erkennen, als was aus der Vergangenheit herüber als solche gelehrt wird. [...] Wahrlich, das Zeitalter braucht nur wieder einmal an

---

230 H. Naudh [= Heinrich Nordmann]: Professoren über Israel. Von Treitschke und Breßlau. Berlin: Hentze 1880. In: Der Berliner Antisemitismusstreit (Anm. 113), S. 182–204, hier S. 185.

231 Moritz Goldstein: Deutsch-jüdischer Parnaß. In: Menora. Jahrbuch für deutschjüdische Geschichte 13 (2002), S. 39–59, hier S. 42, im Orig. gesperrt.

232 Vgl. z. B. Theodor Fritsch: Handbuch der Judenfrage. Die wichtigsten Tatsachen zur Beurteilung des jüdischen Volkes. 42. Aufl., Leipzig: Hammer 1938, S. 320.

233 Egon Friedell / Alfred Polgar: Goethe. Groteske in zwei Bildern. Wien, Leipzig: Stern 1926, S. 3, 20.

den Fesseln zu rütteln und viele werden brechen; an jenen selbst geschmiedeten Fesseln des Geistes, die morsch und rostig geworden sind; die nur halten, weil wir verlernt haben, sie zu brechen. [...] Die Macht des Geistes ist groß, die Schaar ist zahlreich genug, um wieder einmal zu siegen über Dumpfheit und Dummheit, über Nacht und Finsternis.[234]

Hier finden wir zwar noch den ursprünglichen Elan des Bürgers, der sich gegen verkrustete Verhältnisse wendet und die Anerkennung neuer Wahrheiten und neuer Sittlichkeit fordert, aber Lazarus sprach nicht mehr für das Bildungsbürgertum als ganzes, sondern nur für einen kleinen – wenn man will – radikalen Teil. Die große Masse der Bildungsbürger begann, alle Ansprüche auf politische Wirksamkeit aufzugeben, und weil große Teile der Hochgebildeten eine ›hochvergeistigte unpolitische Bildung‹[235] vertraten, wurden sie zweifellos am Scheitern der Weimarer Republik mitschuldig. Durch die »Erinnerung an den literarischen Humanismus der Goethezeit« hatten viele Gebildete einen »apolitischen, idealistischen Bildungsgedanken« entwickelt – so Helmut Plessner –, der zu »politischer Gleichgültigkeit gegen den herrschenden Zustand« geführt hat: »Weder in Frankreich noch in England hat das 19. Jahrhundert ideologisch so gewirkt wie in Deutschland.«[236] Dennoch gab es einzelne Personen, die die Bildung als politische Aufgabe sahen, so Hermann Grimm, der in seiner Rezension schrieb:

> Niemand ahnte unsere heutige Aufgabe: colossale Massen materiell emporgestiegener, aber fast ganz bildungsloser Menschheit, in deren Händen und Stimmen die allgemeine Gewalt liegt, mit den Resten jener schwindenden humanistischen Bildung zu erziehen.[237]

Bildung, so Hermann Grimm weiter, seien die Gedanken der Zeit Goethes; daß diese Bildung zur Bewältigung der Aufgaben des späten 19. Jahrhunderts aber nicht ausreichten, hat er nicht gesehen.

Schon 1904 warnte der sozialliberale Politiker Friedrich Naumann (1860–1919):

> Sicher ist, daß weite Kreise der gebildeten Schichten sich heute jeder aktiven Teilnahme an der Politik entziehen. Das aber sind die Schichten, deren Vorbild im Laufe der Zeit nach unten hin weiter wirkt. Ist erst einmal die Bildung unpolitisch geworden, dann wird auch die Politik ungebildet, und die Kluft zwischen Staatsbürgertum und Bildungsideal wird so breit, daß man schließlich von einem Menschen, der sich den öffentlichen Dingen widmet, glaubt extra versichern zu müssen, daß er ›trotzdem

---

234 Moritz Lazarus: Gedanken über Aufklärung [1877]. In: ders., Ideale Fragen in Reden und Vorträgen. 2., unveränderte Aufl. Berlin: Hofmann 1879, S. 267–362, hier S. 281f.

235 Friedrich Minssen: Perspektiven politischer Bildung in der Gegenwart. In: Antisemitismus (Anm. 31), S. 141–165, hier S. 144.

236 Helmuth Plessner: Die verspätete Nation. Über die politische Verführbarkeit bürgerlichen Geistes. 2., erweiterte Aufl., Stuttgart: Kohlhammer 1959, S. 80f.

237 Hermann Grimm: Das Leben Schleiermacher's von Dilthey. In: Die Grenzboten 2 (1870), S. 1–8, hier S. 2f.

nicht ungebildet‹ sei. Soll das das Ende der liberalen Epoche der deutschen Geschichte sein? [...] Jedes Scheltwort, das heute unsere Bildungsschicht über den politischen Ton sagt, enthält eine Ungerechtigkeit, wenn es nicht gleichzeitig eine Selbstanklage in sich trägt. Eine Schicht, die keine Opfer für Politik bringt, darf an die Politik keine Ansprüche machen. Sie verzichtet auf Herrschaftswillen, also muß sie beherrscht werden.[238]

Theodor Heuss äußerte sich 1926, als er Dozent an der Deutschen Hochschule für Politik in Berlin war, über das Gymnasium als die wichtigste Institution zur Verbreitung höherer Bildung:

> Wir sind der Meinung, daß etwa die ›Zwecklosigkeit‹, die Zweckentbundenheit vom reinen Nützlichkeitswert *die* Rechtfertigung des humanistischen Gymnasiums ist [...].[239]

Fast ungebrochen äußert sich hier die Tradition von Kant und Schiller als Lob der ›Zweckmäßigkeit ohne Zweck‹. Und selbst nach dem Zweiten Weltkrieg schrieb der damals sehr beachtete Philosoph und Pädagoge Erich Weniger in der Zeitschrift *Die Sammlung* vom »Sündenfall des Politischen« und forderte eine »Erziehung zum Menschentum schlechthin«.[240]

Diese Überordnung des Philosophischen über das Politische hatte eine historische und spezifisch deutsche Ursache, auf die Ludolf Wienbarg schon 1834 hingewiesen hatte, wenn er sie auch auf das Ästhetische bezog: »Nationalgefühl muß dem Gefühl fürs Schöne, politische Bildung der ästhetischen vorausgehen.«[241] Eine Philosophie war in Deutschland entwickelt worden, die Ansprüche an die Politik erhob, ohne daß diejenigen, die diese Philosophie entwickelten, an der Politik teilhaben konnten.

Das Sich-Abfinden mit den schlechten Verhältnissen bei gleichzeitig radikaler Ablehnung dieser Verhältnisse hatte angehalten und verhinderte weitgehend ein angemessenes gesellschaftspolitisches Handeln des Bildungsbürgertums. Die radikalste Kritik des Bürgertums wurde nach dem Ersten Weltkrieg von jenen formuliert, die nicht mehr an den Fortschritt glaubten und die der Bildung äußerst skeptisch gegenüberstanden: Ernst Bloch, Gershom Scholem, Franz Rosenzweig und Walter Benjamin.[242] Aber auch ihre radikale Position, ihre Ab-

---

238 Friedrich Naumann: Die politische Mattigkeit der Gebildeten [1904]. In: ders., Ausgewählte Schriften. Eingeleitet und mit Anmerkungen versehen von Hannah Vogt. Frankfurt a. M.: Schauer 1949 (Civitas gentium; 6), S. 188–194, hier S. 189f.

239 Heuss, Staat und Volk (Anm. 157), S. 256.

240 Theresia Vennebusch-Beaugrand: Die Sammlung. Zeitschrift für Kultur und Erziehung. Ein Beitrag zur deutschen Nachkriegspädagogik. Köln, Weimar, Wien: 1993 (Studien und Dokumentationen zur deutschen Bildungsgeschichte; 50), S. 165.

241 Wienbarg, Ästhetische Feldzüge (Anm. 83) S. 10.

242 Vgl. Steven E. Aschheim: German Jews Beyond Bildung and Liberalismus. The Radical Jewish Revival in the Weimar Republic. In: The German-Jewish Dialogue Reconsidered. A Symposium in Honor of George L. Mosse. Ed. by Klaus L. Berghahn. New York u. a.: Lang 1996 (German life and Civilization; 20), S. 125–140, hier S. 132.

lehnung jedes Kompromisses,[243] war gesellschaftspolitisch unangemessen.
Auch sie konnten zur Realisierung dessen, was der Begriff der Bildung als
freie Entfaltung der Persönlichkeit durch die geistige Auseinandersetzung
mit der Welt und unter sittlichen Wertsetzungen forderte, nicht durchsetzen.
Dieser Horizont der Hoffnung blieb unerfüllt, und immer wieder gab es
Menschen, die den Anspruch der Bildung ernst nahmen und ihn trotz widrig-
ster Umstände realisieren wollten; unter ihnen waren in der Weimarer Republik sehr viele Juden.

4.6 Nationalismus

Das Ziel des entstehenden Bildungsbürgertums war die Errichtung einer deutschen Nation.

In diesem Ziel flossen die neuen philosophischen Strömungen, der von den
althergebrachten Kollektivbindungen befreiende Individualismus, das Forcie-
ren einer einheitlichen deutschen Sprache und das Bildungskonzept zusammen. Im nationalen Leben sollten die neuen Ideen Realität werden und die
neue Philosophie sollte sich in den verschiedenen Lebenssphären bewähren.
Aber es blieb bei den Anstrengungen und den Wünschen.

Die Juden, die sich damals aus den jüdischen Traditionen lösten und den
Deutschen anschlossen, vollzogen nicht einfach einen Wechsel der Nation. Es
gab kein Deutschland, »sondern das deutsche Volk wurde um die Jahrhundertwende ›erfunden‹. Als ein sich selbst so nennendes Handlungssubjekt entstand
es jetzt erst und projizierte sich als solches in die Vergangenheit zurück. Vorher hatte man von einer ›Geschichte der Deutschen‹ gesprochen (Michael
Ignatz Schmidt veröffentlichte eine solche in elf Bänden), jetzt konzipierte und
schrieb Heinrich Luden eine zwölfbändige ›Geschichte des deutschen Volkes‹
(1825/37).«[244] Luden (1778–1827), auf den noch zurück zu kommen sein wird,
war Professor für Geschichte vor allem in Jena und Gesprächspartner Goethes.
Die Nation, die sich Herder und andere vorstellten, hatte wenig mit der Wirklichkeit zu tun: Es gab keine deutsche Sprache oder Kultur, die eine nationale
Identität über Jahrhunderte hinweg aufrecht erhalten hätte.

Die Juden, die der deutschen Nation beitraten, verließen eine gesellschaftlich-
politisch nicht vorhandene und nur religiös-geistige Nation und traten einer
gesellschaftlich-politisch nicht vorhandenen und nur philosophisch-geistig vorhandenen Nation bei. Für das Jahr 1800 und die ersten Jahrzehnte danach galt:

---

[243] Vgl. Manfred Voigts: Der Kompromiß. Plädoyer für einen umstrittenen Begriff.
        In: Zeitschrift für Religions- und Geistesgeschichte 46 (1994), H. 3, S. 193–210.
[244] Ernst Schulin: »Das geschichtlichste Volk«. Die Historisierung des Judentums in
        der deutschen Geschichtswissenschaft des 19. Jahrhunderts. In: ders., Arbeit an der
        Geschichte. Etappen der Historisierung auf dem Weg zur Moderne. Frankfurt a. M.,
        New York: Campus 1997 (Edition Pandora; 35), S. 114–163, hier S. 123f.

Ein Begriff von Nation »im Sinne späterer politischer Einigungsparolen« war noch nicht ausgebildet, »das deutsche Vaterland der Freiheitskriege besaß noch keine feste Gestalt, es war poetisch, historisch und utopisch, ein Ideal«.[245] Das Nationalbewußtsein war allein Sache der entstehenden Schicht des Bildungsbürgertums: »Der Geist des Volkes, der beschworen wurde, um die Nation zu rechtfertigen, war ganz und gar der Geist einer kleinen Schicht gebildeter Enthusiasten.«[246] Fritz Ringer, der die Intellektuellen als ›Mandarine‹ bezeichnete, faßte zusammen:

> Die Nation mußte in rein kulturellen Begriffen definiert werden, weil sich keine Gelegenheit bot, einen institutionellen oder konstitutionellen Staatsbegriff zu entwickeln. Der neue Nationalismus war zugleich beinahe ausschließlich eine Schöpfung der gebildeten Klassen, und dies erklärt zum Teil die Form, die er annahm. Die kulturellen Argumente der Neuhumanisten und Idealisten wurden aus dem kosmopolitischen Kontext des 18. Jahrhunderts auf das neue Bezugssystem der Kulturnation übertragen. Zuweilen spielte das romantisch gesehene *Volk* bei dieser Übertragung eine Vermittlerrolle; doch dies war nicht immer oder notwendig der Fall. Von zentraler Bedeutung ist der Umstand, daß die Nation und (durch sie) der Staat als Schöpfung und Agent der kulturellen Ideale des Mandarinentums definiert wurden.[247]

Hier sei nur angemerkt, daß Ludwig Philippson – und sicher nicht nur er – die Juden als »*Kulturvolk*« begriff.[248] Noch kritischer formulierte Hans Paul Bahrdt, »jener verblasene, wirklichkeitsfremde, in Wahrheit unpolitische Nationalismus einer im übrigen recht belesenen Gesellschaftsschicht« sei vor dem Hintergrund des Fehlens eines Nationalstaates gewachsen.[249]

Georg Gottfried Gervinus, der 1848 Mitglied des Frankfurter Parlaments war, hat dies genau gesehen:

> Wir hatten in Deutschland, wie noch jetzt, keine Geschichte, keinen Staat, keine Politik, wir hatten nur Literatur, nur Wissenschaft und Kunst. Sie überflügelte alles, sie beherrschte und sie siegte allerwege, sie dominierte daher in allen Bestrebungen der Zeit.[250]

In seiner schon zitierten *Einleitung in die Geschichte des neunzehnten Jahrhunderts* von 1853 folgerte er:

---

[245] Schulze, Staat und Nation in der europäischen Geschichte (Anm. 116), S. 202.
[246] Ebd., S. 177.
[247] Ringer, Die Gelehrten (Anm. 184), S. 110.
[248] Ludwig Philippson: Deutschtum und Judentum. In: ders., Gesammelte Abhandlungen. Leipzig: Fock 1911, Bd 1, S. 161–170, hier S. 166.
[249] Bahrdt, Soziologische Reflexionen über die gesellschaftlichen Voraussetzungen des Antisemitismus in Deutschland (Anm. 30), S. 148.
[250] Gervinus, Geschichte der poetischen Nationallitteratur der Deutschen (Anm. 23), S. 281.

Unser Geschick schien das aller getheilten Nationen zu sein, daß wir wie Judäa, Griechenland, das neuere Italien ein weltbürgerliches Volk bilden und uns begnügen sollten mit den geistigen Wohlthaten, die wir uns und der Menschheit bereitet hatten.[251]

Das deutsche Selbstbewußtsein, ging – ganz ähnlich wie bei den Juden – darauf
zurück, »daß das deutsche Volk nie aus der Geschichte verschwand, obgleich es
in politischer Gestalt gar nicht existierte, weder im spätmittelalterlichen ›Heiligen Römischen Reich Deutscher Nation‹ noch im frühneuzeitlichen Kaiserreich
der Habsburger. Die Deutschen bewiesen ein zähes, aber doch kaum politisch
faßbares Dasein, mögen sich auch nationalistische gefärbte Historiographien oder
Literaturgeschichten um handfest erscheinende Interpretationen in ihrem Sinne
bemüht haben.«[252] Es ist offensichtlich, daß diese Beschreibung fast wörtlich auf
die Juden übertragen werden kann. Salo W. Baron zog hieraus den Schluß:

Ursprünglich hatten die Wortführer des jungen deutschen Nationalismus wie Herder
und Fichte davon geträumt, daß ihre Nation, vereint in einem Lande und ihrer bedeutenden kulturellen Rolle folgend, die wahre ›Menschheitsnation‹ werden würde, eine
Nation im Dienste der Menschheit. So erblickte Fichte in der Tatsache, daß das deutsche Volk ohne einheitliche politische Geschichte und ohne staatliche Einheit war, die
große Herausforderung an die Deutschen, eine noch nie dagewesene Form von Nation
zu schaffen. Es konnte nicht ausbleiben, daß zu diesem Zeitpunkt und unter dieser Be-
trachtungsweise die Ähnlichkeit zwischen dem Schicksal des deutschen und des jüdischen Volkes den Beobachtern auffiel – die Juden waren ja das typische Beispiel eines
verstreuten und staatenlosen Volkes ohne einheitliche politische Geschichte.[253]

Die Ähnlichkeit zwischen der Geschichte der Deutschen und der der Juden
ergab sich aus der Sonderentwicklung Deutschlands, aus dem ›Zuspätkommen‹ der nationalen Einigung. Gerhard Schulz wies allerdings zurecht darauf
hin, daß der Zustand der Diaspora ein völlig anderer war als der Zustand der
Zersplitterung wegen innerer religiöser und politischer Widersprüche.[254] Aber
im Ergebnis überwogen die Ähnlichkeiten der beiden Völker bei weitem.

In diesem bildungsbürgerlichen, kulturellen Nationalismus, in seinen Chancen
wie allerdings auch in seinem Versagen, bildete sich das deutsche Selbstbewußtsein, das ›Deutschtum‹. Es gibt zahllose Aufsätze und Zeitungsartikel mit dem

---

[251] Gervinus, Einleitung in die Geschichte des neunzehnten Jahrhunderts (Anm. 21),
       S. 176.
[252] Schulz, Der späte Nationalismus im deutschen politischen Denken des neunzehn-
       ten Jahrhunderts (Anm. 29), S. 113.
[253] Salo W. Baron. In: Deutsche und Juden. Beiträge von Nahum Goldmann, Gershom
       Scholem, Golo Mann, Salo W. Baron, Eugen Gerstenmaier und Karl Jaspers. Frank-
       furt a. M.: Suhrkamp 1967 (Edition Suhrkamp; 196), S. 70–95, hier S. 83f. Erst-
       druck u. d. T.: Deutsche und Juden ein unlösbares Problem. Reden zum Jüdischen
       Weltkongreß 1966. Düsseldorf: Verlag Kontakte 1966, S. 81–102, hier S. 92f, an-
       dere Übersetzung.
[254] Vgl. Schulz, Der späte Nationalismus im deutschen politischen Denken des neun-
       zehnten Jahrhunderts (Anm. 29), S. 113.

Titel ›Deutschtum und Judentum‹ oder ›Judentum und Deutschtum‹.[255] Über Judentum spricht man noch heute, das Wort Deutschtum aber ist unangenehm, da es von den Nazis bis zur Unkenntlichkeit verfälscht wurde. Schon 1862 bemerkte Moses Hess, man könne nicht zugleich »Teutomane und Judenfreund« sein.[256] Wenn man Deutschtum nicht auf Deutschtümelei verengt und anerkennt, daß es seit 1750 (und früher) eine breite und äußerst engagierte Diskussion darüber gegeben hat, was denn das ›Wesen des Deutschen‹, das ›Deutschtum‹ sei – übrigens nicht nur in Deutschland selbst, sondern auch im Ausland –, dann wird deutlich, daß man die deutsche Geschichte ohne diesen Teil des deutschen Selbstverständnisses kaum verstehen kann. Es muß daran erinnert werden, daß es viele Deutsche gab, die den Judenhaß als zutiefst undeutsch empfunden haben. Einer von ihnen war der spätere Hölderlinbiograph Wilhelm Michel, der Antisemiten schlicht als »Verräter am Deutschtum« bezeichnete.[257]

Das Problem war und ist, daß das ›Deutschtum‹ nie klare Grenzen hatte, daß es äußerst vielschichtig und widersprüchlich war, daß es aber dennoch immer mit großem Selbstbewußtsein auftrat. Nietzsche spitzte zu:

> Ein Deutscher, der sich erdreisten wollte, zu behaupten »zwei Seelen wohnen, ach! In meiner Brust« würde sich an der Wahrheit arg vergreifen, richtiger, hinter der Wahrheit um viele Seelen zurückbleiben. Als ein Volk der ungeheuerlichsten Mischung und Zusammenrührung von Rassen, vielleicht sogar mit einem Übergewicht des vor-arischen Elementes, als »Volk der Mitte« in jedem Verstande, sind die Deutschen unfaßbarer, umfänglicher, widerspruchsvoller, unbekannter, unberechenbarer, überraschender, selbst erschrecklicher, als es andere Völker sich selbst sind: – sie entschlüpfen der *Definition* und sind damit schon die Verzweiflung der Franzosen. Es kennzeichnet die Deutschen, daß bei ihnen die Frage »was ist deutsch?« niemals ausstirbt.[258]

---

[255] L. A. Rosenthal: Deutsche und Juden [1895]. In: Jüdisches Literatur-Blatt 30 (1902), H. 4, S. 38–40, H. 5, S. 50–52 u. H. 6, S. 62–65; Sigbert Feuchtwanger: Deutschtum und Judentum. In: ders., Die Judenfrage als wissenschaftliches und politisches Problem. Berlin: Heymann 1916, S. 65–76; Eugen Fuchs: Um Deutschtum und Judentum. Gesammelte Reden und Aufsätze (1894–1919). Im Auftrage des Centralvereins deutscher Staatsbürger jüdischen Glaubens hg. von Leo Hirschfeld. Frankfurt a. M.: Kauffmann 1919; Ludwig Philippson: Judentum und Deutschtum [1865]. In: ders., Gesammelte Abhandlungen. Leipzig: Fock 1911, Bd 1, S. 161–170; Hermann Cohen: Deutschtum und Judentum. Mit grundlegenden Betrachtungen über Staat und Internationalismus. Gießen: Töpelmann 1915 (Von deutscher Zukunft; 1); Fritz Edinger: Deutschtum und Judentum. In: Die Tat 15 (1923), H. 5 (August 1923), S. 374–378; Leopold von Wiese: Deutschtum und Judentum. Ein Versuch. In: Neue Jüdische Monatshefte 1 (1916/17), H. 13, S. 372–376, H. 14, S. 401–407.

[256] Hess, Rom und Jerusalem (Anm. 19), S. 242.

[257] Wilhelm Michel: Verrat am Deutschtum. Eine Streitschrift zur Judenfrage. Hannover, Leipzig: Steegemann 1922, S. 26.

[258] Friedrich Nietzsche: Jenseits von Gut und Böse. Vorspiel einer Philosophie der Zukunft [1886], Nr 244. In: ders., Sämtliche Werke. Kritische Studienausgabe in 15 Einzelbänden. Hg. von Giorgio Colli und Mezzino Montinari. München, Berlin, New York: de Gruyter 1980, Bd 5, S. 9–243, hier S. 184.

Martin Buber hat eine ganz ähnliche Aussage über die Juden gemacht, und gerade weil es nicht unwahrscheinlich ist, daß diese Passage Nietzsches dabei bewußt oder unbewußt im Hintergrund stand, ist ihre Übertragung auf das Judentum bezeichnend:

> Die jüdische Gemeinschaft ist schlechthin uneinreihbar, sie widerstrebt allen geschichtlichen Kategorien und Allgemeinbegriffen, sie ist einzig. An dieser Einzigartigkeit Israels muß das natürliche Bedürfnis der Völker nach Erklärung – und Erklärung bedeutet immer Einordnung – zerschellen. Was sich aber nicht einreihen, sich also nicht verstehen läßt, das ist durch sein Dasein erschreckend. Die Bemerkung, der Antisemitismus sei eine Gespensterfurcht, hat in diesem Sachverhalt ihren Wahrheitsgrund.[259]

1934, als Buber dies schrieb, war für ihn diese Uneinreihbarkeit der Grund dafür, daß jede Symbiose, in die das Judentum eintrete, »trügerisch« sei und eine »unsichtbare Kündigungsklausel« enthalte.[260] Erst im Januar 1939 sprach er vom ›Ende der deutsch-jüdischen Symbiose‹ und meinte zur Ausstoßung der Juden aus der deutschen Gesellschaft: »Sie bedeutet eine tiefere Zerreißung im Deutschtum selbst, als sich heute ahnen läßt.«[261]

Ein Jahr zuvor, 1938, hatte August Winnig (1878–1956) in seinen Europagedanken die Unerklärbarkeit des Judentums zur Grundlage seiner antijüdischen Ausführungen gemacht: »Es kann niemand sagen, was der Jude ist, auch der Jude selbst nicht. Es steht zuviel zwischen uns, als daß wir uns einander zu erkennen vermöchten.«[262]

Da es sich bei dem bildungsbürgerlich-kulturellen Nationenbegriff, aus dem sich das ›Deutschtum‹ herleitete, das dem ›Judentum‹ gegenüberstand, um das Zentrum der deutsch-jüdischen Symbiose handelt, müssen hier einige grundsätzliche Überlegungen zum imaginativen Charakter des Nationbegriffs vorgenommen werden.

Gershom Scholem hat, wie eingangs dargestellt, der deutsch-jüdischen Symbiose vorgeworfen, sie sei »niemals etwas anderes als eine Fiktion« gewesen.[263] In einem gewissen Sinne hatte er recht, aber in einem Sinne, der seinen Intentionen völlig widerspricht: Die Fiktionalität war real. Diese Problematik ist sehr komplex und kann hier nur angedeutet werden, denn das, was wir gewöhnlich als ›Geschichte‹ bezeichnen, ist Ergebnis eines Prozesses, in dem viele Wertungen und Akzentuierungen, viele unaufgearbeitete Traditionen, aber

---

259 Martin Buber: Der Jude in der Welt [1934]. In: ders., Der Jude und sein Judentum. Gesammelte Reden und Aufsätze. 2., durchgesehene und um Register erweiterte Aufl., Neuausg., Gerlingen. Schneider 1992 (Bibliotheca judaica), S. 211–215, hier S. 211.

260 Ebd.

261 Martin Buber: Das Ende der deutsch-jüdischen Symbiose [1939]. In: ebd., S. 629–632, hier S. 631.

262 August Winnig: Europa. Gedanken eines Deutschen, Berlin-Steglitz: Eckart-Verlag 1938, S. 45.

263 Gershom Scholem: Wider den Mythos vom deutsch-jüdischen Gespräch. In: ders., Judaica 2. Frankfurt a. M.: Suhrkamp 1970 (Bibliothek Suhrkamp; 263), S. 7–11, hier S. 10.

auch viel schöpferische Imagination die ›Tatsachen‹ formen bzw. erst zu ›Tatsachen‹ machen.[264] Der Begriff der Fiktion, wie ihn Scholem gebrauchte, insinuiert, daß es eine Geschichte als ›factum brutum‹ gebe, demgegenüber sich etwas als Fiktion erweisen kann. Das Verständnis dessen, was als ›Wirklichkeit‹ gilt, ist immer kulturell geformt. Man braucht nur an die Hexen zu denken, deren Existenz im Mittelalter kaum angezweifelt war, man braucht nur an das für Malerei und Dichtung so wichtige Motiv des Einhorns zu denken – um nur in unserem Kulturbereich zu bleiben –, um die Bedeutung der Kultur bei der Realitätsauffassung zu erkennen. Es gibt grundsätzlich keine strenge Unterscheidung zwischen Fiktion oder Einbildung und objektiver Realität in der Geschichte, denn diese ist das Ergebnis gemeinschaftlichen und durch Gespräche geleiteten Handelns, wie Hannah Arendt betonte. Noch problematischer wird die Frage, wenn man ideelle Werte in der Realität durchsetzen will – und dies war das Ziel sowohl der Französischen Revolution als auch das des deutschen Idealismus. So wurde Scholem von Manfred Schlösser entgegnet:

> Liefert uns nicht die Geschichte und die Literatur unzählige Beweise dafür, daß die Aufrechterhaltung einer Illusion schließlich zur Wirklichkeit führte, auch wenn diese Wirklichkeit nachher ein wenig anders aussah als die ihr vorangegangene Illusion?[265]

Diese Problematik, die später noch einmal unter dem Stichwort der Messianisierung der Geschichte aufgenommen werden wird, ist unlösbar. Die Geschichtswissenschaft selbst ist von ihr ebenso betroffen wie jeder einzelne Mensch.

Ein geradezu klassischer Text[266] zu einem subjektiven Begriff der Nation ist die am 11. März 1882 von Ernest Renan gehaltene Rede *Was ist eine Nation?* Dort heißt es: »Eine Nation ist eine Seele, ein geistiges Prinzip.«[267] Und er konkretisierte dies:

> Die Existenz einer Nation ist – erlauben Sie mir diese Metapher – ein Plebiszit, das sich jeden Tag wiederholt [...].[268]

Davon leitete er das Prinzip des Selbstbestimmungsrechts der Völker ab. Renan war ein großer Verehrer der klassischen deutschen Philosophie,[269] er wurde sogar als ›Opfer Deutschlands‹ und des ›deutschen Geistes‹ angegrif-

---

264 Vgl. zum Zusammenhang z. B. Otto Vossler: Geschichte als Sinn. Frankfurt a. M.: Suhrkamp 1983 (Suhrkamp-Taschenbuch; 893).

265 Manfred Schlösser: Über das Verhältnis der Deutschen zu den Juden. In: Bulletin des Leo Baeck Instituts 8 (1965), Nr 30, S. 158–166, hier 161.

266 Vgl. z. B. Schulze, Staat und Nation in der europäischen Geschichte (Anm. 116), S. 109ff.

267 Ernest Renan: Was ist eine Nation? In: ders., »Was ist eine Nation?« und andere Schriften. Hg. von Walter Euchner. Wien, Bozen: Folio 1995 (Transfer Kulturgeschichte; 2), S. 41–58, hier S. 56.

268 Ebd., S. 57.

269 Vgl. Walter Euchner: Qu'est-ce qu'une nation? Das Nationenverständnis Ernest Renans im Kontext seine politischen Denken. In: ebd., S. 7–39, hier S. 26f.

fen.[270] Der Forschung zu Renan scheint aber die direkte Quelle für den Vortrag unbekannt geblieben zu sein. Moritz Lazarus hatte 1880 seinen Vortrag *Was heißt national?* vom 2. Dezember 1879 an Renan übergeben lassen,[271] und bei dieser Gelegenheit sagte Renan, daß er mit den Forschungen von Lazarus und Heymann Steinthal vertraut sei. Die Grundideen Renans waren dem Vortrag von Lazarus entlehnt. Lazarus hatte vorgetragen:

> Die wahre Natur und das eigentliche Wesen der Nationalität ist nur aus dem Geiste zu verstehen.[272]

Er verwies dabei auf den ersten Band der *Zeitschrift für Völkerpsychologie und Sprachwissenschaft*, die er mit Heymann Steinthal zusammen herausgab, wo der subjektive Faktor der Nationalität stark betont wird:

> Die geistige Verwandtschaft und Verschiedenheit ist also unabhängig von der genealogischen. Auf diesem Eingriff nun der geistigen, geschichtlichen Verhältnisse in die natürlich gegebenen Unterschiede beruht der Begriff Volk [...]. Der Begriff Volk beruht auf der subjectiven Ansicht der Glieder des Volkes selbst von sich selbst, von ihrer Gleichheit und Zusammengehörigkeit.[273]

Lazarus übrigens wurde sehr schnell von Renans Vortrag berichtet. Er freute sich, daß zwar nicht sein Name, wohl aber seine Gedanken von Renan verbreitet würden. Es kam zu keiner Verstimmung, so daß Lazarus sich später für die Schriften Renans in Deutschland einsetzte.[274]

Der tief durch den Idealismus geprägte Gustav Landauer (1870–1919) hat 1911 in seinem *Aufruf zum Sozialismus* den Zusammenhang zwischen Ideal und Wirklichkeit so beschrieben:

> Der Sozialismus ist das Bestreben, mit Hilfe eines Ideals eine neue Wirklichkeit zu schaffen. [...] Nicht das Ideal wird zur Wirklichkeit; aber durch das Ideal, nur durch das Ideal wird in diesen unseren Zeiten unsere Wirklichkeit. [...] Geist ist Gemeingeist, Geist ist Verbindung und Freiheit, Geist ist Menschenbund [...]; und wo Geist ist, ist Volk, wo Volk ist, ist ein Keil, der vorwärts drängt, ist ein Wille; wo ein Wille ist, ist ein Weg; das Wort gilt; aber auch nur da ist ein Weg.[275]

---

270 Vgl. Silvio Lanaro: Nachwort. In: ebd., S. 175–203, hier S. 201.

271 Vgl. Moritz Lazarus' Lebenserinnerungen. Bearb. von Nahida Lazarus und Alfred Leicht. Berlin: Reimer 1906, S. 261.

272 Moritz Lazarus: Was heißt national? [1879]. In: ders., Treu und frei. Gesammelte Reden und Vorträge über Juden und Judenthum. Leipzig: Winter 1887, S. 53–113, hier S. 64.

273 Moritz Lazarus / Heymann Steinthal: Einleitende Gedanken über Völkerpsychologie. Als Einladung zu einer Zeitschrift für Völkerpsychologie und Sprachwissenschaft. In: Zeitschrift für Völkerpsychologie und Sprachwissenschaft 1 (1860), S. 1–73, hier S. 34f.

274 Vgl. Lazarus, Lebenserinnerungen (Anm. 271), S. 262.

275 Gustav Landauer: Aufruf zum Sozialismus [1911]. Hg. von Hans-Joachim Heydorn. Frankfurt a. M.: Europäische Verlags-Anstalt 1967 (Politische Texte), S. 58f.

Hier wird die vom Idealismus tradierte Problematik von Ideal und Volk unmittelbar erkennbar. Deutlich ist auch, daß diese Position durch seine Sympathie für die Französische Revolution bestimmt ist. In einer Aussage des assimilierten Juden Stefan Zweig (1881–1942) sehen wir eine andere Tendenz:

> [...] jeder Gedanke, der Wirklichkeit wird, ist immer früher ein Traum gewesen, nichts können wir Menschen erfinden und erreichen, was nicht längst schon kühne Vorgänger einmal als Wunsch oder Forderung ersehnt haben.[276]

Gegen Scholem gewendet: Alles Erreichte muß vorher einmal ›Illusion‹ gewesen sein, tatsächlich aber war es Imagination, Hoffnung, Vorstellung. Stefan Zweig kam später in seinem Aufsatz noch einmal auf diesen Gedanken zurück und faßte ihn nun in folgende Worte:

> Aber – ich sagte es schon – eine wahrhafte Überzeugung braucht nicht die Bestätigung durch die Wirklichkeit, um sich richtig und wahr zu wissen.[277]

Diese Aussage ist, obwohl auch Stefan Zweig die Tradition der Französischen Revolution schätzte, problematisch. Während seine erste Aussage das Verhältnis von Imagination und Realisierung beschreibt, verzichtet die zweite auf jede ›Bestätigung durch die Wirklichkeit‹ und erweist sich dadurch als ›typisch deutsch‹. Hier unterliegt die Überzeugung keiner Kritik und keiner Kontrolle der Wirklichkeit mehr und entzieht sich der praktischen Politik.

James J. Sheehan, der Deutschland als ›imaginierte Gemeinschaft‹ untersuchte, hat auf Schiller hingewiesen, der in seinem »Deutsche Größe« benannten Fragment geschrieben hat:

> Deutsches Reich und deutsche Nation sind zweierlei Dinge [...]. Abgesondert von dem politischen hat der Deutsche sich einen eigenen Wert gegründet, und wenn auch das Imperium unterginge, so bliebe die deutsche Würde unangefochten.[278]

Sheehan kommentierte: Die Nation, wie sie imaginiert wurde, »hatte keine territoriale Wirklichkeit. Sie war durch Geschichte und Kultur definiert und nicht durch einen Rechtsstaat oder staatsbürgerliche Institutionen.«[279] Dies für Deutschland festzustellen, ist unproblematisch; Sheehan formulierte darüber hinausgehend allgemein: »Jede Nation ist eine imaginierte Gemeinschaft.«[280] Nation ist kein rechtlich fixierter Begriff, es ist unmöglich, ihn abschließend zu

---

[276] Stefan Zweig: Der europäische Gedanke in seiner historischen Entwicklung [1932]. In: ders., Die Monotonisierung der Welt. Aufsätze und Vorträge. Ausgewählt und mit einem Nachwort von Volker Michels. Frankfurt a. M.: Suhrkamp 1976 (Bibliothek Suhrkamp; 493), S. 47–71, hier S. 50.

[277] Ebd., S. 70.

[278] Friedrich Schiller: Deutsche Grösse. In: ders., Sämtliche Werke (Anm. 1), 1. Bd, S. 473–478, hier S. 473.

[279] James J. Sheehan: Nation und Staat. Deutschland als ›imaginierte Gemeinschaft‹. In: Nation und Gesellschaft in Deutschland. Historische Essays. Hg. von Manfred Hettling und Paul Nolte. München: Beck 1996, S. 33–45, hier S. 36.

[280] Ebd., S. 34.

definieren, immer ist Nation etwas Subjektives, Vorgestelltes, Imaginiertes. Das heißt freilich nicht, daß sie Illusion oder Phantasie ist:

> Sobald Nationen einmal in einem Akt der Vorstellung (Imagination) geschaffen sind, können nationale Gemeinschaften zu einem mächtigen Anlaß individueller Verpflichtung und kollektiven Handelns werden.[281]

Dies festzuhalten, ist deshalb wichtig, weil nur so der Begriff des ›Volkscharakters‹ oder des ›Wesens einer Nation‹ sowohl als imaginiert als auch als real erkannt werden kann. ›Der Jude‹ wie ›der Deutsche‹ sind sowohl imaginative Konstrukte als auch wirkungsmächtige Ideen. Der gesamte Bereich der deutsch-jüdischen Symbiose ist auf diese Weise imaginiert, deswegen aber nicht irreal, »obwohl imaginiert, keineswegs unwirklich«.[282]

Betraf dies alle (europäischen) Nationen, so erkannte Sheehan in Deutschland besondere Verhältnisse: Hier war der Nationalismus »ungewöhnlich form- und manipulierbar«,[283] weil die kulturelle Imagination des Volkes in Deutschland sich lange vor einem staatsbürgerlichen Leben verfestigte. Es konnte der deutsche Nationalismus »sowohl subversiv wie auch legitimierend auftreten, sowohl als Gegner wie als Partner der bestehenden Ordnung«.[284] So führte die deutsche Sonderentwicklung zu einer geistig-kulturellen, staatsfernen und in sich äußerst widersprüchlichen nationalen Identität. Der Anhänger der Französischen Revolution konnte sich als ebenso deutsch-national empfinden wie ein Vertreter der Restauration. Das machte die innerdeutschen Diskussionen ebenso kompliziert wie ideologisch überhöht. Dies ist der Hintergrund für die Entstehung der ›zwei Linien‹ innerhalb der deutschen Geistesgeschichte, die republikanisch-europäische und die deutsch-nationale Linie, die uns noch intensiv beschäftigen werden.

Auch Zygmunt Baumann ging von einem imaginativen Charakter Deutschlands aus, aber er hat dieses Problem verkürzt, als er sich mit den Hoffnungen der Juden auseinandersetzte, die sich in die deutsche Gesellschaft integrieren wollten. Für Baumann war nur das ›gute‹, das humanistische Deutschland imaginiert. »Das imaginierte ›wirkliche Deutschland‹ war das einzige Deutschland, zu dem die Juden vernünftigerweise hoffen konnten, Zugang zu finden.« Im nächsten Satz aber sprach er vom ›empirisch gegebenen‹ Deutschland und weiter von der Hoffnung vieler Juden, daß sie ihre Ideale auf die Dauer in der Geschichte realisieren könnten – im Kampf gegen die »zeitweilige Lüge der Realität«.[285] Hier gibt es letztlich keine Dialektik von Imagination und Realität, die letztere bleibt empirisch oder gegenüber den Hoffnungen lügnerisch, die Hoffnung der Juden damit illusionär.

---

[281] Ebd.
[282] Ebd.
[283] Ebd., S. 38.
[284] Ebd., S. 39.
[285] Zygmunt Baumann: Moderne und Ambivalenz. Das Ende der Eindeutigkeit. Frankfurt a. M.: Fischer-Taschenbuch-Verlag 1995 (Fischer-Taschenbuch; 12688), S. 157.

Das Bild ›des Juden‹ war natürlich nicht nur bei Freunden der Juden gegeben, sondern auch bei ihren Feinden. »Der Antisemitismus« – schrieb Shulamit Volkov – »war keine direkte Reaktion auf reale Umstände«.[286] Antijüdische Einstellungen konnten in der Geschichte immer auch da beobachtet werden, wo kaum oder keine Juden lebten. Volkov bezog folgende Feststellung gerade auf den Antisemitismus: »Jede Interpretation der Wirklichkeit ist ein selbständiges, schöpferisches Produkt des menschlichen Geistes, und oft ist sie gerade darum um so wirksamer, weil sie ganz oder teilweise falsch ist.«[287] Genau genommen aber gibt es nur Interpretationen der Wirklichkeit – Kant hat zu dieser Erkenntnis die entscheidenden Schritte getan –, und deshalb ist der Maßstab von ›wahr‹ und ›falsch‹ problematisch; was Volkov gemeint hat, ist aber klar: Das Bild ›des Juden‹ muß mit den real vorhandenen Juden nichts zu tun haben.

Die Nation, hatte Hagen Schulze geschrieben, war ein Ideal. Dies in seiner vielfältigen Bedeutung zu erfassen, ist entscheidend. Heinrich Luden hielt 1809/10 Vorlesungen über die *Geschichte der Teutschen*, von denen die ersten vier noch 1809 gedruckt wurden. Er gehörte zu jenen, die – wie für die Juden zehn Jahre danach Isaac Marcus Jost oder später Heinrich Graetz – das Selbstbewußtsein der Deutschen durch eine Darstellung ihrer Geschichte entwickeln wollten. Luden wollte den Gemeinsinn der Deutschen stärken:

> Aber zugleich mußt du (was die Väter versäumten), den Sinn lenken auf das Gemeinsame, auf das Vaterland und auf die Ehre des Vaterlandes, fest überzeugt, daß du nur dadurch werden könnest, was du sein sollst.[288]

Daß auch um 1900 noch die innere Einheit Deutschlands sehr unsicher war, zeigt eine Bemerkung von Moritz Lazarus in seinem großen Werk über *Die Ethik des Judentums*:

> Schwabe und Ostpreuße sind schwer zusammenzuzählen, aber die *Gemeinsamkeit des nationalen Handelns* muß die Grundlage der Einheit bilden. Die Einheit und ihre *steigende* Bedeutung ist eine *ethische* Forderung, welche jedoch die Mannigfaltigkeit nicht aus-, sondern umschließt.[289]

Es ist dies ein Zentrum, vielleicht das Zentrum des deutschen Nationalismus: daß die nationale Identität mit der ethischen zusammenfällt. Der angestrebte Nationalstaat müsse in Überwindung sowohl des alten Systems (Feudalismus) als auch der bloßen gewaltsamen Zerschlagung dieses Systems (Französische Revolution) etwas ganz Neues darstellen. Es ist von größter Bedeutung, im Verständnis des ›Deutschtums‹ zu erkennen, daß der metaphysische, ethische Rigorismus der neuen Philosophie und die Forderung eines Nationalstaates eine unauflösliche Einheit bildeten. Ein Jude, den die innere Bindung der jüdischen Nation nicht mehr festhielt, konnte in dieser kulturellen und staatsfernen

---

[286] Shulamit Volkov: Antisemitismus als kultureller Code. In: dies., Jüdisches Leben und Antisemitismus im 19. und 20. Jahrhundert (Anm. 115), S. 13–36, hier S. 25.
[287] Ebd.
[288] Luden, Über das Studium der vaterländischen Geschichte (Anm. 223), S. 58f.
[289] Lazarus: Die Ethik des Judenthums (Anm. 199), 2. Bd, S. 359.

Idealnation sehr viel von dem, was die jüdische Nation hinter den Riten und Gesetzen zusammenhielt, wiederfinden.

Friedrich Wilhelm Joseph Schelling (1775–1854) setzte in seinem hier schon herangezogenen Fragment *Über das Wesen deutscher Wissenschaft* – ähnlich wie Fichte – die Wissenschaft weitgehend mit der Philosophie gleich:

> Wiedergeburt der Religion durch die höchste Wissenschaft, dieses eigentlich ist die Aufgabe des deutschen Geistes, das bestimmte Ziel aller seiner Bestrebungen. [...] Jetzt fängt die Zeit der Vollführung und Vollendung an. [...]
>
> Man hat es oft bemerkt, daß alle übrigen Nationen von Europa durch ihren Charakter viel bestimmter sind als die deutsche, welche daher wegen ihrer allgemeinen Empfänglichkeit als die Wurzel, wegen der in ihr liegenden Kraft der Vereinigung des Widerstreitenden wohl als die Potenz der anderen Nationen betrachtet werden könnte. Sollte nicht das Loos des Deutschen darin das allgemeine des Menschen seyn, daß auch er die verschiedenen Stufen, welche andere Völker gesondert darstellen, allein alle durchliefe, um auch am Ende die höchste und reichste Einheit, deren die menschliche Natur fähig ist, darzustellen? [...]
>
> Man hat den deutschen Philosophen mehrmals vorgeworfen ihre Gleichgültigkeit gegen das Gemeinwesen, ihr Nichteinstimmen in die allgemeine Wehklage über Untergang des Alten und des hergebrachten Zustandes, ja im Allgemeinen ist ihnen sogar verargt worden, daß sie mit übersinnlichen und die gemeine Fassungsgabe übersteigenden Dingen sich beschäftigen, indeß die Begebenheiten der Welt alle menschlichen Kräfte zur Erde zurückzurufen scheinen. Wäre die Richtung der neueren Philosophie auch noch so überirdisch, schiene es so sehr tadelswerth, sich von der Erde, die nichts darbietet als ein grässliches Schauspiel organischer Auflösung, zum Himmel sich zu wenden? [290]

Hier sehen wir alles in einem Argumentationsgang: die engste Verknüpfung von Metaphysik, Religion und der deutschen (nicht vorhandenen) Nation, die Heraushebung der Deutschen gegenüber allen anderen Völkern und die Rechtfertigung der gesellschaftspolitischen Ohnmacht sowie die Identifizierung des Deutschen mit der Bestimmung des Menschen allgemein – all dies konnte von Juden als dem ›Wesen‹ des Judentums verwandt interpretiert werden. Das traf auch auf Novalis zu, der seine ähnlichen Überzeugungen so zum Ausdruck brachte:

> Das Volk ist eine Idee. Wir sollen ein Volk werden. Ein vollkommener Mensch ist ein kleines Volk. Ächte Popularitaet ist das höchste Ziel des Menschen.[291]

Hier ist die fast gewaltsame Verbindung von Idee und Volk, von Philosophie und Popularität, die die neue Philosophie nie hatte, dargestellt, und jeder gebildete Jude konnte sich hier wiederfinden. Nur zu einfach aber ist diese Vorstellung als Abwehr der Mängel und Versäumnisse des Bildungsbürgertums deutbar.

Vor hier aus läßt sich auch die zentrale Rolle der Sprache begreifen: Die Nation existierte nur in der Sprache, im Gespräch oder im gedruckten Text. Ludwig Bamberger sagte, wer Sprache sage, sage auch Geist; das läßt sich auch umkehren: Wer (deutscher) Geist sagt, sagt auch (deutsche) Sprache. Zu

---

[290] Schelling, Über das Wesen deutscher Wissenschaft (Anm. 82), S.13f, 19, 23, 27.
[291] Novalis, Blüthenstaub (Anm. 145), S. 246.

den Eigentümlichkeiten des deutschen Nationalgefühls gehörte es – dies war
für die Juden nachvollziehbar und konnte als geistesverwandt empfunden
werden –, daß es sich sehr stark an der gemeinsamen Sprache orientierte als
dem einzigen Band, das alle umfaßte. Es ist hierauf schon hingewiesen worden, auch darauf, daß Fichte die deutsche Sprache als ›Ursprache‹ ansah. Noch
1846 äußerte Jakob Grimm: *»Unsere Sprache ist auch unsere Geschichte.«*[292]
Und fünf Jahre später:

> Lassen Sie mich mit der einfachen Frage anheben: was ist ein Volk? und ebenso ein-
> fach antworten: ein Volk ist der Inbegriff von Menschen, welche dieselbe Sprache reden.
> Das ist für uns Deutsche die unschuldigste und zugleich stolzeste Erklärung [...].[293]

Und noch 1903 schrieb der angesehene Professor Friedrich Paulsen:

> Wer für die Erhaltung und Ausbreitung der deutschen Sprache arbeitet, der steht mit
> seiner Arbeit zugleich im Dienst der Menschheit: das nationale Interesse ist zugleich
> ein Menschheitsinteresse.[294]

Diese Identifizierung von nationalem und Menschheitsinteresse – nun aber
nicht mehr wie bei Gervinus an das Zersplittertsein Deutschlands gebunden,
sondern an seine nationale Einheit – war ein wichtiger Teil des ›Deutschtums‹,
der uns weiter beschäftigen wird. Deutschland war demnach, wo deutsch gesprochen wurde, aber diese Vorstellung wurde – realpolitisch gesehen: glückli-
cherweise – nie realisiert.

Der zu gründende Nationalstaat war kein Kompromiß aus widerstreitenden
historischen Kräften, er war eine Neugründung, die durch seine ethischen Zielsetzungen überhaupt erst Anspruch auf Existenz erheben konnte. Deutschland
würde entweder untergehen oder eine ethisch geleitete Nation sein: Das Sollen
und das Werden – siehe Luden – fielen zusammen, es war nicht die Frage, ob
Deutschland gut oder schlecht überleben werde, es war die Überzeugung in
den gebildeten Kreisen, daß Deutschland nur ein Chance auf Existenz habe:
eine ethisch geleitete, eine neue und gleichzeitig beste Nation zu sein. Fichte
antwortete in seinen so wirkungsmächtigen *Reden an die deutsche Nation* auf
die Frage, wie man die schlechte Gegenwart überwinden könne: »Wir müssen
eben zur Stelle werden, was wir ohnehin seyn sollten, Deutsche.«[295] Und später ergänzte er:

> Unser Maaßstab der Größe bleibe der alte: daß groß sey nur dasjenige, was der Ideen,
> die immer nur Heil über die Völker bringen, fähig sey, und von ihnen begeistert.[296]

---

[292] Jakob Grimm: Über den Ursprung der Sprache [1851]. In: ders., Auswahl aus den
       Kleinen Schriften. Hamburg: Gutenberg-Verlag 1904, S. 161–213, hier S. 203.
[293] Jakob Grimm: Über die Beziehungen von Sprachwissenschaft, Geschichte und Rechts-
       wissenschaft [1846]. In: ebd., S. 257–268, hier S. 259.
[294] Friedrich Paulsen: Deutsche Bildung – Menschheitsbildung. In: ders., Zur Ethik und
       Politik (Anm. 175), S. 67–77, hier S. 73.
[295] Fichte, Reden an die deutsche Nation (Anm. 86), S. 446.
[296] Ebd., S. 480.

Das ›Heil‹ oder das ›Licht‹ der Völker‹ zu sein gehörte zum zentralen Selbstverständnis des klassischen Judentums; Jesaja 60,2.3 lautet:

> Denn siehe, Finsternis bedeckt die Erde und Dunkel die Völker; doch über dir strahlt
> auf der Herr, und seine Herrlichkeit erscheint über dir, und Völker strömen zu dei-
> nem Lichte, und Könige zu dem Glanz, der über dir aufstrahlt.

Friedrich Schleiermacher (1768–1834) nahm in einer seiner Predigten, gehalten unter der Napoleonischen Besetzung, das Bild vom jüdischen Volk, das
von Gott gezüchtigt werde, weil er es liebt (Sprüche 3,12) und übertrug es
umstandslos auf die Deutschen:

> Das alte Wort, daß Gott erwählt hat was schlecht und thöricht geachtet ist vor der
> Welt, bewährt sich jedesmal aufs neue an einem Volk, bei welchem die Züchtigungen
> Gottes anschlagen. Es kann sein, daß auch unserm Volk noch größere Demüthigungen
> bevorstehen, daß es noch mehr seines Ansehns und seiner Stelle unter den Mächten
> der gebildeten Welt beraubt wird: wenn nur statt dieser äußeren Macht eine innere
> sich zeigt; wenn nur Eintracht, Anhänglichkeit und Treue immer mehr die Oberhand
> gewinnen; wenn nur die allgemeine Ueberzeugung von dem was unser wahres Wohl
> ist sich lauter und deutlicher ausspricht; wenn wir nur standhafter fortfahren zu un-
> serer Erhaltung alle schlechten Mittel, Lug, Verrath, Kriecherei, Ungerechtigkeit je-
> der Art zu verabscheuen und zu zeigen, daß es unter uns etwas heiliges giebt, worauf
> wir unverbrüchlich halten, daß wir noch immer das nemliche Volk sind, dessen
> schönster Beruf es immer gewesen ist, die Freiheit des Geistes und die Rechte des
> Gewissens zu beschützen: o dann müssen wir ja dastehn als ein großes Beispiel unter
> den Völkern; dann muß sich ja auch in unsern Leiden am meisten, eben durch den
> Gegensatz der sich darin aufstellt, die Herrlichkeit des göttlichen offenbaren; dann
> müssen wir ja, wenn auch erst für künftige Zeiten, der Mittelpunkt werden, um den
> sich alles gute und schöne vereiniget.[297]

Auch hier wurde – in fast jüdischer Tradition – den Deutschen eine entscheidende, rettende Rolle im Weltgeschehen zugewiesen.

Und hier zeigt sich, daß die Problematik, die diesem Selbstverständnis zugrunde lag, nicht überwunden werden konnte und über einhundert Jahre fortwirkte. Noch im November 1918, mitten in der Revolution, schrieb Gustav
Landauer über die politischen Perspektiven, die er nicht in einer geeinten Nation, sondern in den ›vereinigten Republiken Deutschlands‹ sah:

> Wer zuletzt lacht, lacht am besten, und wer zuletzt die Politische Revolution macht,
> darf und soll sich die beste Demokratie erlauben.[298]

Diese Aussage muß im Rahmen des tief messianischen Denkens Landauers
gesehen werden.[299]

---

[297] Friedrich Schleiermacher's sämmtliche Werke. Zweite Abtheilung: Predigten. Erster
    Band, Berlin: Reimer 1834, S. 264.
[298] Gustav Landauer: Die vereinigten Republiken Deutschlands und ihre Verfassung.
    In: ders., Zeit und Geist. Kulturkritische Schriften 1890–1919. Hg. von Rolf Kauf-
    feldt und Michael Matzigkeit. München: Boer 1997, S. 294–301, hier S. 298.

Das Bewußtsein, das Heil der Völker zu sein, muß das Problem von Partikularismus und Universalismus aufwerfen.[300] Im Judentum gab es »von jeher zwei Richtungen«, nämlich »die *national-partikularistische* und die *menschheitlich-universalistische*«.[301] Arthur A. Cohen unterschied zwischen einem »partikularistischen Universalismus« und einem »universalistischen Partikularismus«,[302] und diese Unterscheidung trifft das Problem sehr gut, weil hier die enge Verbindung zwischen beiden Positionen deutlich wird.

Über die Jahrhunderte hat das Judentum diesen Kampf zwischen der Hoffnung auf eine Wiederherstellung eines jüdischen Gemeinwesens in Palästina und der Hoffnung auf die Befreiung der gesamten Menschheit von Krieg und Aberglauben ausgetragen, ohne sich wirklich zu entscheiden. Jetzt, in der Situation des geistigen Entwerfens einer neuen deutschen Nation schien der Streit beendet werden zu können. Novalis schrieb, wie schon zitiert:

> [...] denn in energischer Universalitaet kann keine Nation gegen uns auftreten.[303]

Und wie ein Kommentar hierzu und zu der schon zitierten Passage über die Popularität heißt es:

> Deutsche giebt es überall. Germanitaet ist so wenig, wie Romanitaet, Graecitaet, oder Brittannitaet auf einen besondern Staat eingeschränckt – Es sind allgemeine Menschenkaractere – die nur hie und da vorzüglich allgemein geworden sind. Deutschheit ist ächte Popularitaet und darum ein Ideal.[304]

Universalität bedeutet hier keineswegs die Fähigkeit, sich mit den vorhandenen Nationen zu verbünden, mit ihnen auf friedlichem Wege zusammenzuarbeiten, sondern bedeutet vielmehr eine Idee, der alle Nationen zu folgen haben. Diese Idee sei in der deutschen Nation am besten und nicht durch nationale Interessen beeinflußt entwickelt worden. Die beiden im Judentum vorhandenen Richtungen gab es in Deutschland ebenfalls, sie traten hier deutlicher auseinander als in anderen vergleichbaren Ländern und wurden daher heftiger diskutiert. In diesen Diskussionen verbanden sich jüdisches und deutsches Selbstverständnis besonders eng. Ein dafür geradezu klassisches Beispiel entstammt der Feder Hermann Cohens:

---

[299] Vgl. z. B. Adam Weisgerber: Gustav Landauers mytischer Messianismus. In: Aschkenas. Zeitschrift für Geschichte und Kultur der Juden 5 (1995), H. 2, S. 425–439.

[300] Vgl. z. B. Güdemann, Jüdische Apologetik (Anm. 34), 3. Kapitel: Die jüdische Religion in nationaler und universalistischer Hinsicht, S. 46ff.

[301] Lazarus, Die Ethik des Judenthums (Anm. 45), 1. Bd, S. 161.

[302] Vgl. Arthur A. Cohen: Der natürliche und der übernatürliche Jude. Das Selbstverständnis des Judentums in der Neuzeit. Freiburg, München: Alber 1966, S. 106.

[303] Novalis: Vorarbeiten zu verschiedenen Fragmentsammlungen (Anm. 69), S. 414; vgl. zum Gesamtzusammenhang: Friedrich Meinecke: Weltbürgertum und Nationalstaat. Studien zur Genesis des deutschen Nationalstaates. 3., durchgesehene Aufl., München, Berlin: Oldenbourg 1915, S. 69.

[304] Novalis, Blüthenstaub (Anm. 145), S. 252.

> Wir lieben unser Deutschtum nicht nur, weil wir, wie der Vogel sein Nest, unsere Heimat lieben, und auch nicht nur, weil wir unsere geistige Bildung doch wahrhaftig nicht allein aus Bibel und Talmud, sondern auch aus den Schätzen und Schächten des deutschen Geistes schöpfen. Alle diese gewichtigen Motive treten für unsere Liebe zum deutschen Volke zurück gegen das Bewußtsein, daß wir uns vorzugsweise im deutschen Geisteswesen in innerlichster Harmonie erkennen mit unserer messianischen Religiosität. Der deutsche Geist ist der Geist der klassischen Humanität und des wahrhaftigen Weltbürgertums. Welches Volk hätte einen *Kant*, der bei aller seiner Originalität nur die volkstümliche Vollendung von *Leibniz* ist! Und welches Volk hätte diese geistige Einheit von Dichterheroen, wie sie durch *Lessing* und *Herder*, durch *Schiller* und *Goethe* unsere Geistesgeschichte lebendig macht! Welches Volk hätte überhaupt diese Einheit von klassischer Dichtung und Philosophie! Die deutschen Geister sind allesamt Propheten der Humanität.[305]

Und Cohen fügte noch an die ›ausländischen Juden‹ gerichtet hinzu, daß sie, »unbeschadet ihres politischen Nationalgefühls, diesen deutschen Mittelpunkt der sittlichen Kultur erkennen und achten«, ja sogar »zur Anerkennung zu bringen als ihre Kulturaufgabe erkennen lernen« sollten.[306] Hier sehen wir den Anspruch eines durch den Humanismus überformten und vom jüdischen Prophetismus gespeisten Volksmessianismus. Cohen identifiziert umstandslos und ohne jede Selbstkritik das Bildungsbürgertum mit der Gesamtheit des Volkes, der ›deutsche Geist‹ wird als Geist des gesamten Volkes ausgegeben, und Cohen sieht damit die messianisch-zukünftige Idee des Volkes als realisiert an.

Aber nicht nur der betont deutsche Hermann Cohen dachte so. Auch bei den Zionisten waren ähnliche Tendenzen wirksam – man war dort der Meinung, »daß der Freiheitsbegriff und (wie z. B. bei Fichte) die Verbindung des Nationalen mit dem Universalistischen von einigen Autoren in Herzls *Die Welt* gepriesen, aber auch als deutsches Monopol verherrlicht wurde. Die Feinde der Freiheit und des Universalismus waren zugleich die Feinde Deutschlands, so etwa die Franzosen in den Freiheitskriegen.«[307] Wir werden bei der Darstellung des Zionismus auf diese Tendenzen zurückkommen.

War dies ein Beispiel für die Tradition des universalistischen Partikularismus, so muß auch auf den partikularistischen Universalismus hingewiesen werden. Hier wirkte die individualistische Tendenz fort. Dabei war Herder von größter Bedeutung, denn für ihn hatte jede Epoche ein Recht auf sich selbst, die gesamte Geschichte war für ihn eine Abfolge von unterschiedlichen Volkseinheiten, die durch ihren jeweiligen Volksgeist geprägt waren, der wiederum in der Dichtung seine klarste Prägung erhalten habe.[308] Von hier aus kam er zu

---

[305]   Hermann Cohen: Antwort auf das offene Schreiben des Herrn Dr. Martin Buber (Anm. 106), S. 335f.

[306]   Ebd., S. 336.

[307]   George L. Mosse: Juden im Zeitalter des modernen Nationalismus. In: Die Konstruktion der Nation gegen die Juden. Hg. von Peter Alter, Claus-Ekkehard Bärsch und Peter Berghoff. München: Fink 1999, S. 15–25, hier S. 17.

[308]   Vgl. Walter Schulz: Philosophie in der veränderten Welt. Pfullingen: Neske 1972, S. 489.

ganz anderen Schlüssen und Konsequenzen als Novalis und diejenigen, die die deutsche Nation als Vorbild für andere Nationen Europas dachten:

> Offenbar ist's die Anlage der Natur, daß wie ein Mensch, so auch ein Geschlecht, also auch ein Volk von und mit dem anderen lerne, unaufhörlich lerne, bis alle endlich die schwere Lektion gefaßt haben: »Kein Volk sei ein von Gott einzig auserwähltes Volk der Erde; die Wahrheit müsse von *allen* gesucht, der Garten des gemeinen Bestens von *allen* gebauet werden. Am großen Schleier der Minerva sollen alle Völker, jedes auf seiner Stelle, ohne Beeinträchtigung, ohne stolze Zwietracht wirken.«
> Den Deutschen ist's also keine Schande, daß sie von andern Nationen, alten und neuen, lernen.[309]

Dieses Lernen könne zwar ein Wettstreit sein, aber ein Wettstreit »nicht der körperlichen, sondern der *Geistes- und Kunstkräfte* miteinander«.[310] Ganz ähnlich hatte Fichte – allerdings unter der französischen Besetzung – einen »Kampf der Grundsätze, der Sitten, des Charakters« gefordert.[311] Auf eine andere Weise, nicht so sehr auf die Sittlichkeit fixiert wie vor allem Fichte, nämlich an allgemeiner Humanität ausgerichtet, stellte sich Herder gegen den Despotismus:

> Müßte ein Vaterland notwendig gegen eine andres, ja gegen *jedes* andre Vaterland aufstehn, das ja auch mit denselben Banden seine Glieder verknüpft? Hat die Erde nicht für uns alle Raum? Liegt ein Land nicht ruhig neben dem andern? Kabinette mögen einander betrügen; politische Maschinen mögen gegeneinander gerückt werden, bis eine die andre zersprengt. Nicht so rücken *Vaterländer* gegeneinander, sie liegen ruhig nebeneinander und stehen sich als Familien bei. *Vaterländer gegen Vaterländer* im Blutkampf ist der ärgste Barbarismus der menschlichen Sprache.[312]

Und noch deutlicher:

> Verwünscht seien überhaupt alle Eroberungskriege! Aus dem zivilisierten Europa wenigstens sollten sie durch einen *allgemeinen Fürstenbund* alle verbannt sein.[313]

Es war zweifellos dieser Hintergrund der Ludwig Philippson schreiben ließ:

> Um so klarer erscheint es nun aber, daß es die Aufgabe jedes Volkes ist, seine Individualität zur höchsten Blüte und Entwicklung zu bringen, und alles was es mit der Begabung seines besondern Volksgeistes und Volkscharakters erreichen kann, zu erzielen. [...] Ein jedes Volk erscheint wie ein Buchstabe des großen menschengeschlechtlichen Abc.[314]

Und auch die von Moritz Lazarus vorgetragene Idee einer ›Völkerpsychologie‹ war von der Vorstellung einer individuellen Volksseele bestimmt. Als »Fortsetzung« der *individuellen Psychologie* untersuchte er die *Völkerpsychologie*, denn die »Form des Zusammenlebens der Menschheit ist eben ihre Trennung in

---

309 Herder, Humanitätsbriefe (Anm. 127), Bd 1, S. 218.
310 Ebd., S. 326.
311 Fichte, Reden an die deutsche Nation (Anm. 86), S. 470.
312 Herder, Humanitätsbriefe (Anm. 127), Bd 1, S. 328.
313 Ebd., S. 57.
314 Ludwig Philippson: Stoff und Geist in der Menschheit. In: ders., Gesammelte Abhandlungen (Anm. 255), Bd 1, S. 11–24, hier S. 21.

Völker«.[315] Diese Tradition führte bis zu Berthold Auerbach, der noch 1871 davon ausging, daß Deutschland für die Gleichberechtigung aller Völker kämpfe.[316]

Die Universalisierung der eigenen Volkspartikularität auf der einen Seite und die Volkspartikularität als universales Prinzip auf der anderen Seite entsprach genau der inneren Problematik im Volksverständnis der Juden. Die erste Möglichkeit betonte die messianische Zukunftsperspektive der vereinten Menschheit, die zweite, die Anerkennung der Völker als unersetzliche Bestandteile der Menschheitsgeschichte, betonte die Rechtmäßigkeit der geschichtlichen Völker, also auch die der Juden. Mit beiden Traditionslinien haben sich Juden identifiziert, je nach ihrer Auffassung des Judentums.

Für Deutsche wie für Juden war die französische Besetzung und der Kampf gegen Napoleon das für die nationale Selbstfindung entscheidende Ereignis. Nach Gerhard Ritter »ist niemals ein Krieg mit besserem Gewissen, mit schönerem Einklang von Rechtsempfinden und politischen Machtinteressen geführt worden, als dieser Kampf«, und er zitierte Benjamin Constant:

> Preußen hat sich von seinem Sturz erhoben, es hat sich in die erste Reihe der Nationen gestellt; es hat ein Anrecht auf den Dank der kommenden Geschlechter erworben, auf die Achtung und Begeisterung aller Freunde der Menschheit.[317]

Viele Juden kämpften also an der Seite der Deutschen (auch gegen andere Deutsche, deren Obrigkeiten sich für Napoleon entschieden hatten) gegen Napoleon. Eduard Michaelis, der an der Hamburger Freischule arbeitete, betonte, daß der »würdige Anteil der deutschen Israeliten am Vaterländischen Kampfe« die Voraussetzungen geschaffen habe, daß sich »Israel nicht mehr isoliert auf europäischem Boden, sondern in europäischer Gesinnung und Gesittung, in deutscher Liebe und Treue, in vaterländischer Sprache, Lebensweise, Wissenschaft und Kunst« betrachte.[318] Diese Rolle der Juden wurde als religionsübergreifende Verbundenheit anerkannt. »Am Jahrestag der Schlacht von Leipzig 1814 besuchten in vielen deutschen Städten Christen die Synagogen und Juden die Kirchen.«[319]

In der Stellungnahme von Eduard Michaelis ist die Mittelstellung zwischen Kosmopolitismus (hier: Europa) und Nationalismus (Deutschland) unmittelbar abzulesen. Liebe, Treue, Sprache, Gesittung – dies alles gehörte zum Grundbestand des typischen Deutschen. Heinrich Luden sprach von der »großen Einfalt der Sitten«, lobte die »redliche Freundschaft« bei den Deutschen, ebenso den

---

315 Lazarus, Das Leben der Seele in Monographien über seine Erscheinungen und Gesetze (Anm. 73), 1. Bd., S. 335.

316 Vgl. Mosse, Das deutsch-jüdische Bildungsbürgertum (Anm. 163), S. 174.

317 Gerhard Ritter: Europa und die deutsche Frage. Betrachtungen über die geschichtliche Eigenart des deutschen Staatsdenkens. München: Münchener Verlag 1948, S. 57, 62.

318 Zit. nach: Arno Herzig: Das Problem der jüdischen Identität in der deutschen bürgerlichen Gesellschaft. In: Deutsche Aufklärung und Judenemanzipation. Internationales Symposium anläßlich der 250. Geburtstage Lessings und Mendelssohns. Hg. von Walter Grab. Tel-Aviv 1980 (Jahrbuch des Instituts für Deutsche Geschichte; Beiheft 3), S. 243–262, hier S. 256f.

319 Mosse, Juden im Zeitalter des modernen Nationalismus (Anm. 307), S. 16.

»Sinn für Recht und Pflicht«, einen Deutschen zeichne »hoher Mut und ein tiefes Gefühl der Ehre« aus.[320] Dennoch blieb Michaelis als dem Volk Israel zugehörig und der ›europäischen Gesinnung‹ verpflichtet.

Diese Mittelstellung ließ sich in der Praxis aber meist nicht durchhalten, man mußte sich entweder als Europäer, und das hieß damals als Freund der Französischen Revolution, oder als Deutscher, und das hieß als Feind der Französischen Revolution, bekennen. In diesem frühen Stadium der Herausbildung des deutschen Bildungsbürgertums verlor es seine innere Geschlossenheit und geriet in einen tiefen Zwiespalt, der über ein Jahrhundert nicht überwunden werden konnte. Der Humanismus der später als Klassiker Gefeierten[321] wurde als unpatriotisch angegriffen. Heinrich Luden war der Meinung, daß die Gleichgültigkeit gegenüber der Geschichte des Vaterlandes das Vaterland selbst zum Verschwinden bringen würde und machte dafür »die gebildeten Deutschen« haftbar;[322] gleichzeitig behauptete er, »diese sogenannte Humanität riß gleichfalls weit hinweg von Vaterland und Gemeinwohl«.[323] Friedrich Ludwig Jahn schrieb 1810 in *Deutsches Volkstum*:

> Gehören nicht Wielands sämtliche Werke sämtlichen Völkern? Könnte der ›Oberon‹ nicht in jeder beliebigen reimenden Sprache sein? Einst müssen alle in die Welt geschickten Büchermißgeburten im stillen aufgekauft werden, wie falsches Geld eingewechselt wird. – – – Ein ungeratener Sohn, der sich seiner Eltern schämt! Verflucht der Schriftsteller, der sein Volkstum vor dem Auslande schmäht![324]

Die ideologischen Kämpfe um das Nationalbewußtsein nahmen an Schärfe zu, die ›zwei Linien‹ bildeten sich immer stärker aus.

Auch für Heinrich Heine war die Humanität an die Namen von Lessing, Herder, Goethe, Schiller oder Jean Paul gebunden, die keinesfalls für ein patriotisches Vaterlandsverständnis zu gewinnen waren, aber er kritisierte den deutschen Patriotismus:

> Der Patriotismus der Franzosen besteht darin daß sein Herz erwärmt wird, durch diese Wärme sich ausdehnt, sich erweitert, daß es nicht mehr bloß die nächsten Angehörigen, sondern ganz Frankreich, das ganze Land der Zivilisation, mit seiner Liebe umfaßt; der Patriotismus des Deutschen hingegen besteht darin daß sein Herz enger wird, daß es sich zusammenzieht wie Leder in der Kälte, daß er das Fremdländische haßt, daß er nicht mehr Weltbürger, nicht mehr Europäer, sondern nur eine enger Deutscher sein will.
>
> [Jahn stand] gegen jene Humanität, gegen jene allgemeine Menschen-Verbrüderung, gegen jenen Kosmopolitismus, dem unsere großen Geister, Lessing, Herder, Schiller, Goethe, Jean Paul, dem alle Gebildeten in Deutschland immer gehuldigt haben.[325]

---

[320] Luden, Über das Studium der vaterländischen Geschichte (Anm. 223), S. 36.

[321] Vgl. Franz Herre: Nation ohne Staat. Die Entstehung der deutschen Frage. Köln, Berlin: Kiepenheuer & Witsch 1967, S. 15ff.

[322] Luden, Über das Studium der vaterländischen Geschichte (Anm. 223), S. 23.

[323] Ebd., S. 25.

[324] Friedrich Ludwig Jahn: Deutsches Volkstum [1910]. Berlin, Weimar: Aufbau 1991 (Hacks-Kassette; 3), S. 270.

[325] Heinrich Heine: Die romantische Schule [1833/35]. In: ders., Sämtliche Schriften (Anm. 16), Bd 3, S. 357–504, hier S. 379; diese Stelle wurde 1836 vom Zensor gestrichen.

Dies aber war eine vereinfachte Darstellung der Situation, denn man kann Heinrich Luden, Ernst Moritz Arndt, aber auch Heinrich von Kleist mit seinem *Katechismus der Deutschen* (1809) und viele andere nicht als Ungebildete bezeichnen. Dennoch war Heine, wie schon dargestellt, einer der weitsichtigsten seiner Zeit, wenn es um das Problem des deutschen Nationalismus ging.

Für das Verständnis der deutsch-jüdischen Symbiose ist es wichtig, zu erkennen, daß dem jüdischen Selbstverständnis nicht nur die aufklärerisch-sittliche, sondern auch die patriotisch-romantische Fassung des Nationenbegriffs Anknüpfungspunkte bot. Erst unter dem Einfluß der Romantik hat sich das nationale Denken, das allerdings in gebildeten Kreisen schon vorhanden war, voll entfaltet,[326] vor allem, weil der Kampf gegen Napoleon breitere Schichten erfaßte und weil die Vordenker ihren Nationenbegriff an die Denkweise dieser Schichten anpaßten. Auch in diesem romantischen Volksbegriff konnten Juden sich wiederfinden. Einer der wichtigsten im Kampf gegen Napoleon verfaßten Texte stammt von Ernst Moritz Arndt (1796–1860), der ein deutsch-germanisches Christentum konstruierte und als Deutschtümler kein Freund der Juden war,[327] gleichwohl aber wegen seiner Angriffe auf die Leibeigenschaft nach Schweden fliehen mußte; dort hieß es:

> Darum, o Mensch, hast du ein Vaterland, ein heiliges Land, ein geliebtes Land, eine Erde, wonach deine Sehnsucht ewig dichtet und trachtet.
>
> Wo dir Gottes Sonne zuerst schien, wo dir die Sterne des Himmels zuerst leuchteten, wo seine Blitze dir zuerst seine Allmacht offenbarten und seine Sturmwinde dir mit heiligem Schrecken durch die Seele brausten, da ist deine Liebe, da ist dein Vaterland.
>
> Wo das erste Menschenaug sich liebend über deine Wiege neigte, wo eine Mutter dich zuerst mit Freuden auf dem Schoße trug und dein Vater dir die Lehren der Weisheit ins Herz grub, da ist deine Liebe, da ist dein Vaterland.
>
> Und seien es kahle Felsen und öde Inseln, und wohne Armut und Mühe dort mit dir, du mußt das Land ewig lieb haben; denn du bist ein Mensch und sollst es nicht vergessen, sondern behalten in deinem Herzen.[328]

Hier ist sehr viel Alttestamentlich-Jüdisches zu finden: die Sehnsucht nach dem Land der Väter, der Blitz als Zeichen der Allmacht Gottes, die Lehren der Weisheit, durch den Vater dem Sohne ›ins Herz gegraben‹, die Armut und Mühe des Alltages und vor allem das Gebot: du sollst nicht vergessen – זכור *Zachor: Erinnere Dich!* betitelte Yosef Hayim Yerushalmi sein bedeutendes Buch über jüdische Geschichtsauffassung und jüdisches Gedächtnis.[329]

---

[326]   Vgl. Schulz, Der späte Nationalismus im deutschen politischen Denken des neunzehnten Jahrhunderts (Anm. 29), S. 114.

[327]   Vgl. Léon Poliakov: Geschichte des Antisemitismus. Bd 6: Emanzipation und Rassenwahn. Worms: Heintz 1987, S. 184ff.

[328]   Ernst Moritz Arndt: Du hast ein Vaterland. In: 1813. Ein Lesebuch für unsere Zeit (Anm. 129), S. 123.

[329]   Yosef Hayim Yerushalmi: Zachor! Erinnere Dich! Jüdische Geschichte und jüdisches Gedächtnis. Berlin: Wagenbach 1988.

Herder wird oft als Ausgangspunkt für die romantische Geschichtsphilosophie angesehen. Er gehört in die Vorgeschichte des Historismus,[330] der jede Epoche aus sich selbst heraus verstehen will und jeden überhistorischen Maßstab ablehnt. Um den Schritt beurteilen zu können, den Herder mit seiner individualistischen Auffassung der Völker ging und der so tief in das Judentum, besonders später in den Zionismus hineinwirkte, muß man auf Christoph Martin Wieland (1733–1813) zurückblicken. Dieser sah in der Tatsache, daß Deutschland »nicht *eine* Nation, sondern ein Aggregat von vielen Nationen« war, keinen Mangel.[331] Er hielt »es für einen starken Fortschritt auf dem Wege, der zum Ziel der öffentlichen Glückseligkeit des menschlichen Geschlechtes führt [...], daß wenigstens die Nationen in Europa immer mehr von dem verlieren, was ehmals den Charakter einer jeden ausmachte«; das, was die Völker »erlangen durch diese Absonderung und durch die Sorgfalt, ihre Begriffe und Sitten nicht mit fremden zu vermischen, eine Art Individualität, die oft an die Karikatur grenzt«, lehnte er ab[332] – und deswegen wurde er, wie dargestellt, von Friedrich Ludwig Jahn angegriffen. Herder faßte umgekehrt die Völker als Individuen auf, aber das Problem, mit dem er sich nun konfrontiert sah, war, daß ein konsequenter Individualismus in der Geschichtsbetrachtung jeden Fortschritt ausschließt,[333] denn jede Epoche kann nur nach den ihr selbst entnommenen Kriterien beurteilt werden. Die Idee des Fortschritts aber war das Zentrum des politischen Widerstands gegen Feudalismus und Despotismus. Später folgte ihm der große Historiker Leopold Ranke und hielt die Idee des Fortschritts für ungerecht gegenüber den jeweils ›überwundenen‹ Entwicklungsstufen, die nur noch »die Stufe der nachfolgenden Generation« sei: »Ich aber behaupte: jede Epoche ist unmittelbar zu Gott, und ihr Wert beruht gar nicht auf dem, was aus ihr hervorgeht, sondern in ihrer Existenz selbst, in ihrem eignen Selbst.«[334]

Herder hatte das Vaterland als Familie bezeichnet. Für Juden war die Familie von besonderer, zentraler Bedeutung; der Mensch wurde für sie als Mann-und-Frau geschaffen (Genesis 1,27), der Auftrag des Menschen war: Seid fruchtbar und mehret euch (Genesis 1,28). Im Gegensatz zu anderen Religionen

---

330 Vgl. Friedrich Meinecke: Die Entstehung des Historismus. Hg. und eingeleitet von Carl Hinrichs. München: Oldenbourg 1959 (Werke; 3), S. 355ff.

331 Christoph Martin Wieland: Nationalpoesie [Originaltitel: Bemerkungen zu Schmidts Aufsatz ›Über den gegenwärtigen Zustand des deutschen Parnasses‹]. In: Meisterwerke deutscher Literaturkritik. 1. Bd: Aufklärung, Klassik, Romantik. Hg. und eingeleitet von Hans Mayer. Berlin: Rütten & Loening 1954, S. 206–213, hier S. 206. Wielands Aufsatz erschien im Original u. d. T. »Bemerkungen zu Schmidts Aufsatz ›Über den gegenwärtigen Zustand des deutschen Parnasses‹«.

332 Ebd., S. 209.

333 Vgl. Schulz, Philosophie in der veränderten Welt (Anm. 308), S. 489.

334 Leopold von Ranke: Über die Epochen der neueren Geschichte. In: ders., Geschichte und Politik. Ausgewählte Aufsätze und Meisterschriften. Hg. von Hans Hofmann. Stuttgart: Kröner 1940 (Kröners Taschenausgabe; 146), S. 138–347, hier S. 141; siehe hierzu: Friedrich Meinecke: Deutung eines Ranke-Wortes. In: ders., Aphorismen und Skizzen zur Geschichte. Leipzig: Koehler & Amelang 1942, S. 127–162.

war das Judentum immer sittenstreng, kannte weder orgiastische Feste noch Tempelhuren – wir sahen, wie nah Pestalozzi diesem Bild der Familie stand. Die Familie war das Zentrum des traditionellen jüdischen Lebens, die Gemeinde war der Zusammenschluß der Familien; nach außen war der Vater bestimmend, im Hause die Mutter. Jetzt wurde das Volk als Familie gedacht, der Vater sei der König – wie bei Novalis: »Ein König muß, wie ein Vater, keine Vorliebe zeigen.«[335] Über die Königin schrieb er: »Die Königin hat zwar keinen politischen, aber einen häuslichen Wirkungskreis im Großen.«[336] Novalis sah – so Friedrich Meinecke – »den engen Zusammenhang von Staat und Familie und das Familienhafte im Wesen des Staates«.[337] Der konservative, vom Judentum zum Katholizismus übergetretene Adam Müller (1779–1829) schrieb:

> Der Staat ist nicht bloß die Verbindung vieler nebeneinander lebender, sondern auch vieler aufeinander folgender Familien; sie soll nicht nur unendlich groß und innig im Raum sein, sondern auch unsterblich in der Zeit.[338]

Für das mittelalterliche Lehensrecht, das er zur Begründung seines Staatsrechtes heranzog – nun sollte alles geschichtlich, nicht mehr more geometrico, aus der Vernunft hergeleitet werden –, nahm er als Vorbild das mosaische Recht.[339]

Es gab natürlich auch gebildete Juden, die sich dem deutschen Nationalismus – welcher Färbung auch immer – nicht anschließen konnten. Einer von ihnen war Emanuel Osmund, der Freund von Jean Paul, der diesem am 12. Juli 1795 schrieb:

> Ich kann nicht ohne Rührung bleiben, wenn ich von der Tugend der Vaterlandsliebe lese. Und doch! Den Juden, und wäre er einer der angesehensten, größten, brauchbarsten, d. h. reichste, kann ich bei der jetzigen Lage der Dinge, nach welcher er dem Staat nicht im mindesten nützlich sein kann, darf und soll, nicht zum christlichen Tagelöhner hinauf heben, auch nicht, wenn er die Ehre hätte, Hofjude zu sein! (Wie häßlich klingt das in mein Ohr [...].) Von Kindesbeinen an d. h. so lange ich von Vaterlandsliebe nur etwas höre, war es mein Wunsch, sie an den Tag legen zu können. Aber es war und ist nicht möglich.[340]

Die Situation in Deutschland war außerordentlich widersprüchlich – jede Gruppe stand in mehrfacher Frontstellung: gegenüber Napoleon, gegenüber den Ideen der Französischen Revolution, gegenüber der ›geschichtslosen‹ Aufklärung, die nun als Popularphilosophie und theologischer Rationalismus in die Breite der

---

335 Novalis: Glaube und Liebe oder Der König und die Königin. In: ders., Das philosophisch-theoretische Werk (Anm. 69), S. 290–304, hier S. 301.
336 Ebd., S. 297.
337 Meinecke, Weltbürgertum und Nationalstaat (Anm. 303), S. 62.
338 Adam Müller: Elemente der Staatskunst. Zit. nach: Herre, Nation ohne Staat (Anm. 321), S. 37.
339 Vgl. Adam H. Müller: Die Elemente der Staatskunst. Mit einer Einführung, erklärenden Anmerkungen und bisher ungedruckten Orginaldokumenten versehen von Jakob Baxa. Jena: Fischer 1922 (Die Herdflamme; 1,1/1,2), 2. Halbbd., S. 352f.
340 Emanuel Osmund an Jean Paul, 12. Juli 1795. In: Gert Mattenklott: Jüdische Intelligenz in deutschen Briefen 1619–1988. Frankfurt a. M.: Frankfurter Bund für Volksbildung 1988 (Zerstörung, Verlust, Erinnerung), S. 65.

städtischen und ländlichen Massen einzudringen begann,[341] gegenüber den Fürsten und gegenüber den Vorstellungen einer künftigen Nation. So konnten sich innerhalb dieser Frontstellungen die unterschiedlichsten Verbindungen und Bündnisse ergeben, was dazu führte, daß überall Möglichkeiten der Nähe und Verwandtschaft zwischen Deutschen und Juden vorhanden waren, daß Juden überall Anknüpfungspunkte einer Symbiose finden konnten und daß man aber auch überall in Gegenpositionen geraten konnte, die man vielleicht nicht wünschte.

Ein Blick auf Moses Hess zeigt, daß die mit Universalismus und Partikularismus verbundenen Probleme nicht gelöst werden konnten. In seinem Hauptwerk *Rom und Jerusalem* heißt es:

> Die ›rein menschliche Natur‹ des Deutschen ist die Natur der rein deutschen Rasse, welche sich nur durch den Gedanken, theoretisch, zur Humanität erheben kann, im praktischen Leben aber ihre naturwüchsigen Sympathien und Antipathien noch nicht überwunden hat.[342]

Und in der Darstellung seines Messiasglaubens, den er geschichtlich durch die Hinwendung vieler Völker zu nationalem Selbstbewußtsein unterstützt sah, gab er seiner Hoffnung Ausdruck, daß er

> von der Wiedergeburt der Völker auch die Wiedergeburt einer lebendigen Religion erwarte, die jedes Volk zu einem Volke Gottes macht.[343]

Einerseits entlarvte Hess den Universalismus der Deutschen als spezifisch deutsches und partikularistisches Phänomen, andererseits erhob er den Partikularismus eines Volkes, nämlich die Auserwähltheit der Juden durch Gott, zu einem universalen Prinzip.

Tatsächlich muß man zum Verständnis dieser komplizierten Situation die messianische Stimmung dieser Jahre kennen. Die Idee der Nation, wie sie auch konkret gestaltet war, wurde von vielen gebildeten Juden mit wahrem Enthusiasmus begrüßt.

> Das ist der Enthusiasmus einer Generation, die in ihrer Jugend noch den schweren Ghettodruck erlebt hat und die nun den politischen Fortschritt und die sich ankündigende Gleichstellung im Staate wie den Anbruch des messianischen Zeitalters begrüßte.[344]

Eduard Gans (1798–1839) sah »die messianische Zeit herangebrochen, von der die Propheten sprachen«.[345] Viele Juden waren der Überzeugung, »daß mit

---

[341] Vgl. Hans Rosenberg: Politische Denkströmungen im deutschen Vormärz. Göttingen: Vandenhoeck & Ruprecht 1972 (Kritische Studien zur Geschichtswissenschaft; 3), S. 97.

[342] Hess, Rom und Jerusalem (Anm. 19), S. 234.

[343] Moses Hess: Mein Messiasglaube [1862]. In: ders., Jüdische Schriften. Hg. und eingeleitet von Theodor Zlocisti. Berlin: Lamm 1905, S. 1–8, hier S. 5.

[344] Kampmann, Deutsche und Juden (Anm. 110), S. 180.

[345] Eduard Gans: Rede bei der Wiedereröffnung der Sitzungen des Vereins für Kultur und Wissenschaft der Juden [28. Oktober 1821]. In: Der Jüdische Wille 1 (1918/19), S. 36–42, hier S. 42.

dem deutschen Idealismus und Kant das messianische Reich angebrochen sei. Sie fanden so viel Jüdisches in dieser großen deutschen Philosophie Ende des 18. / Anfang des 19. Jahrhunderts.«[346] Dieser messianische Unterton legitimierte die Politikferne des rein geistigen Begriffs der Nation; er verhinderte die Auseinandersetzung mit den gegebenen Realitäten und die Korrektur der Ideen an den Realitäten.

Diese messianische Orientierung läßt sich durch einen Zeitraum von über einem Jahrhundert verfolgen. Friedrich Hölderlin begann die erste Fassung seines Gedichts »Stimme des Volkes« mit den Versen:

> Du seiest Gottes Stimme, so glaubt ich sonst,
> In heilger Jugend; ja und ich sag es noch![347]

Hans Kohn, dem zionistischen Prager Kreis um Max Brod zugehörig, schrieb 1924:

> So wird Israel, das Volk selbst, zum Messias ... [348]

Es gehört zur deutschen Geistesgeschichte, daß die Ziele der Klassik, da sie untergründig oder offen messianisch aufgeladen waren, nicht realisierbar gewesen sind. Die Hoffnungen derjenigen, die das Bild einer Geistesnation entwarfen, lebten über Generationen fort, und allen Generationen erschien die Realität als minderwertig gegenüber diesen Hoffnungen. Der Germanist Konrad Burdach zitierte 1905, also etwa einhundert Jahre nach der zitierten Äußerung Hölderlins, den bekannten Zweizeiler Schillers und Goethes:

> Zur Nation euch zu bilden, ihr hoffet es, Deutsche, vergebens:
> Bildet, ihr könnt es, dafür freier zu Menschen euch aus.

Und er fuhr dann fort:

> Wir sind nun eine Nation im politischen Sinn. Aber ›der deutsche Nationalcharakter‹, den Schiller uns in diesen Versen absprach, harrt noch immer der Vollendung.[349]

Hess hatte, wie wir sahen, in Herderscher Tradition jedes Volk als Volk Gottes gesehen. Ganz ähnlich sah sich auch der frühe Martin Buber in einer »Epoche der Kulturkeime«, in der jede Nation ihre »individuelle Nuance« ausleben wolle: »Es ist eine Selbstbesinnung der Völkerseelen.« Und diese neuen nationalen Bestrebungen sah er ganz literarisch:

---

[346] Nathan Peter Levinson. In: Jüdisches Leben in Deutschland (Anm. 39), S. 137.
[347] Friedrich Hölderlin: Stimme des Volkes. Erste Fassung. In: ders., Sämtliche Werke (Anm. 51), 2. Bd (1953), S. 50.
[348] Hans Kohn: Die politische Idee des Judentums. München: Meyer & Jessen 1924, S. 65.
[349] Konrad Burdach: Schiller-Rede [1905]. In: ders., Goethe und sein Zeitalter. Halle/ Saale: Niemeyer 1926 (Deutsche Vierteljahrsschrift für Literaturwissenschaft und Geistesgeschichte; Buchreihe 3), S. 238–262, hier S. 259.

Goethes Traum einer Weltliteratur nimmt neue Formen an: nur wenn jedes Volk aus seinem Wesen heraus spricht, mehrt es den gemeinsamen Schatz.[350]

Ein anderer Zionist, Gustav Krojanker (1891–1945), war auch wie Hess der Meinung, der messianisch unterlegte Nationalismus sei den europäischen Völkern durch die Juden vermittelt worden, aber sah auch die hiermit verbundenen Probleme – ebenfalls wie Herder, der vor einem Krieg der Vaterländer gewarnt hatte:

> Die Idee der Auserwähltheit, ursprünglich Eigengut des jüdischen Volkes, ist heute Sache jeder kräftigen und ihrer selbst bewußten Nation. Wie der Einzelne nicht nur lebt, um zu leben, sondern nach dem Sinn seines Daseins sucht, um es vor sich selbst und einem engeren oder weiteren Gemeinschaftskreis zu rechtfertigen, so fühlt auch jedes Volk in sich den Trieb, die natürliche Tatsache seines Eigenlebens vor dem höheren Forum der Menschheit zu vertreten. [...] Jede einzelne Nation hält sich für den allein richtigen Weg zur Menschheit und ist deshalb bestrebt, die anderen Nationen mit liebseliger Gewalt auf ihren Pfad der Tugend zu führen. Alle sind auserwählt, alle wollen sich gegenseitig führen. Das Resultat ist der Kampf aller gegen alle.[351]

Dies wurde nach dem Weltkrieg geschrieben, von dem damals niemand wußte, daß er nur fünfundzwanzig Jahre später als bloß Erster Weltkrieg in die Geschichte eingehen würde.

Der Sonderweg Deutschlands hat das Geistesleben des deutschen Bildungsbürgertums tief geprägt. Gerade die hieraus entstandenen Eigentümlichkeiten boten Juden auf unterschiedlichen Ebenen und in unterschiedlichen Bereichen Möglichkeiten, sich mit diesem besonderen ›deutschen Geist‹ zu identifizieren, weil er gerade dort Ähnlichkeiten zu jüdischen Traditionen entwickelte. Es entstand so ein Geistesleben, das weitgehend neutral gegenüber den kirchlichreligiösen Bindungen war und das die fehlende nationale Einheit durch eine ideelle Vorstellung von Nation ersetzte – dies war die Voraussetzung für die deutsch-jüdische Symbiose. Der geistige Aufbruch in den Jahrzehnten um 1800 trug messianische Züge, die durch die tiefe Spaltung des Geisteslebens, die die Französische Revolution und der ›Freiheitskrieg‹ gegen die Besetzung durch Napoleon hervorrief, noch verstärkt wurden. Dies führte fast zwangsläufig dazu, daß der Vorbildcharakter der Epoche der Klassik über mehr als ein Jahrhundert erhalten blieb. Das Fehlen eines Nationalstaates und die späte Einsetzung nationaler Einheit von oben einerseits und die untergründige messianische Aufladung des klassischen Erbes andererseits bedingten sich gegenseitig und verhinderten eine Lösung der ›deutschen Frage‹, die allein eine Voraussetzung zur Lösung der ›jüdischen Frage‹ hätte bilden können.

---

[350] Martin Buber: Jüdische Renaissance [1900]. In: ders., Die Jüdische Bewegung. Gesammelte Aufsätze und Ansprachen 1900–1914. Erste Folge, Berlin: Jüdischer Verlag 1920, S. 7–16, hier S. 7f.

[351] Gustav Krojanker: Vom falschen Geist des Judentums. In: Der jüdische Wille 2 (1919/20), S. 117–131, hier S. 126.

5 Verwandtschaft

Als besonders problematisch wurde immer das Bewußtsein einer inneren Verwandtschaft empfunden, das viele in der Symbiose verbundene Juden und
Deutsche hatten. Diese Vorstellung einer besonderen Verbindung, die oft als
schicksalhaft gedeutet wurde, war keine Einzelerscheinung, sondern war eine
Erfahrung, die weite Kreise erfaßte und dabei einen Konflikt keineswegs ausschloß. Am bekanntesten ist wohl der Vers Stefan Georges: »Verkannte brüder
suchend euch und hassend.«[1] Oft wurde gerade das Empfinden einer besonderen
Verbundenheit zwischen Juden und Deutschen auch als Begründung des Antisemitismus herangezogen. Die über den von uns untersuchten Zeitraum verstreuten Aussagen zu dieser Verwandtschaft sind nirgends umfassend gesammelt
worden und schon deshalb steht »eine umfassende kritische Untersuchung dieses
Diskurses« noch aus.[2] Es ist allerdings fraglich, ob man von einem ›Diskurs‹
sprechen kann, denn diese Verwandtschaft wurde m. W. nie als eigenständiger
und besonderer Gegenstand thematisiert und diskutiert. Daß dieses Thema
bisher nicht bearbeitet wurde, hat sicherlich seinen Grund darin, daß die Vorstellung der Verwandtschaft zwischen Juden und Deutschen geradezu als die
Spitze, als das Extrem der Symbiose empfunden wurde. Der Begriff legt eine
›natürliche‹, grundsätzlich positive Verbindung nahe, die deshalb so wichtig
war, weil in der hier betrachteten Zeitspanne die Familienbeziehungen eine weitaus bedeutendere Rolle gespielt haben als heute – insbesondere im Judentum.
  Die Vorstellung einer besonderen Verbundenheit von Juden und Deutschen
kann als solche soziologisch nicht nachgewiesen werden und wurde daher als
ein »»Mythos‹, eine Geschichte, die jenseits möglicher Erfahrung angesiedelt
ist«,[3] beschrieben. Selbst wenn hier offensichtlich der Begriff des Mythos
nicht in dem antiken, Weltanschauungen formenden Sinne gebraucht wurde,
so bleibt doch fraglich, ob er der Erfahrung völlig entzogen war und sich allein
»auf der Ebene des ›Geistes‹« vollzogen hat.[4] Die Symbiose hatte eine soziale
Basis im Bildungsbürgertum, die Brüderlichkeit zwischen allen Menschen war
eines der Ziele der Französischen Revolution. Diese Vorstellung wurde in ge-

---

[1] Stefan George: Ihr Äusserste. In: ders., Werke. Ausgabe in vier Bänden. München:
    Deutscher Taschenbuchverlag 1983, Bd 2: Der Stern des Bundes, S. 145.
[2] Daniel Weidner: Das Dämonische. Gershom Scholem über Stefan George. In: »Ver-
    kannte Brüder«? Stefan George und das deutsch-jüdische Bürgertum zwischen Jahr-
    hundertwende und Emigration. Hg. von Gert Mattenklott, Michael Philipp und Julius H.
    Schoeps. Hildesheim, Zürich, New York: Olms 2001, S. 231–246, hier S. 242, Anm. 20.
[3] Ebd., S. 234.
[4] Ebd., S. 235.

wissem Sinne Realität innerhalb der intellektuellen Schichten und Gruppen von Deutschen und Juden. Die ›Verwandtschaft‹ von Deutschen und Juden war eine Imagination,[5] welche in breiten Kreisen der gebildeten deutschen und jüdischen Schichten weiter als bisher bekannt verbreitet war – und hatte deshalb weitreichende Folgen als gewöhnlich erkannt. Dafür gab es besondere Gründe. Denn diese Verwandtschaft bezog sich durchgängig nicht darauf, was die Deutschen mit anderen europäischen Völkern gemeinsam hatten, sondern gerade und mit besonderem Gewicht darauf, was die Deutschen von den anderen Völkern unterschied. Die Vorstellung dieser Verwandtschaft stellte im europäischen Vergleich etwas Besonderes dar.

Die Vorstellung einer deutsch-jüdischen Verwandtschaft stand keineswegs am Beginn der Symbiose, Mendelssohn und Lessing wäre es nicht in den Sinn gekommen, in diesem Sinne von einer solchen Verwandtschaft zu sprechen. Diese exklusive Verwandtschaft hat sich weit von dem eigentlichen Bereich der Symbiose entfernt, nämlich von der geistigen Verbindung Einzelner im Vor-Denken einer Gesellschaft, die keine essentiellen Trennungsgräben zwischen Deutschen und Juden mehr kennen sollte. Die Symbiose war der Zukunft entgegengerichtet, die Verwandtschaft wies dagegen in die Vergangenheit. Der Ursprung der Symbiose liegt zwar auch und mit besonderem Nachdruck in der Aufforderung: Laßt uns Brüder sein! Aber dies war eine Aufforderung für die Zukunft, keine Feststellung einer blutsähnlichen Verwandtschaft, die zuvor schon bestanden hätte. Diese Brüderschaft war eine, wie sie die Französische Revolution gefordert hatte: Freiheit, Gleichheit, Brüderlichkeit; allenfalls wurde sie als die religiöse Sohnschaft Gottes in den Weltreligionen verstanden, wie sie Lessing in *Nathan der Weise* dargestellt hat. Zu Beginn der Symbiose bedeutete die ›Verwandtschaft‹ keineswegs eine fast schicksalhafte Vorbestimmung, wie sie dann oft mit theo-politischen Konstruktionen gestützt wurde, und daher war das Brudersein ein Kennen und Anerkennen des anderen; ein Verkennen aber im Sinne Stefan Georges war ganz undenkbar. Die Vorstellung einer Verwandtschaft – oft auch Wahlverwandtschaft – zwischen Juden und Deutschen hatte seine Geschichte; der Übergang von der Brüderschaft im Sinne der Französischen Revolution zu dem einer exklusiven Verwandtschaft vollzog sich etwa in den vierziger Jahren des 19. Jahrhunderts.

Die hier vorgetragene Darstellung setzt sich gegen eine Auffassung der Verwandtschaft ab, wie sie z. B. von Arthur A. Cohen vertreten wurde. Cohen beschrieb den deutschen Charakter, um Ähnlichkeiten zum jüdischen Charakter aufzuzeigen und daraus die besonders intensive Verbindung von Deutschen und Juden zu erklären, folgendermaßen. Die Deutschen seien »auffallend romantisch, gesetzes- und autoritätshörig und doch einer monumentalen Ausschweifung und

---

5 Vgl. Thomas Koebner: ›Feindliche Brüder‹. Stereotypen der Abgrenzung jüdischen
   und deutschen Wesens. In: Jahrbuch des Archivs Bibliographia Judaica e. V. 1 (1985),
   S. 29–55, der allerdings nur die antisemitischen Aspekte darstellt.

Grausamkeit fähig, provinziell ohnegleichen und doch erschreckend nationalistisch, arrogant, stolz und peinlich kleinbürgerlich und doch schöpferisch auf allen Gebieten des Geistes und der Einbildungskraft«.[6] Diese Eigenschaften aber leitete er nicht aus der Besonderheit der deutschen Geschichte ab, obwohl das hier sehr nahe gelegen hätte, sondern machte aus diesen Eigenschaften der Deutschen geradezu überhistorische Qualitäten, indem er sie den Eigenschaften der Juden zur Seite stellte, die aus der uralten jüdischen Geschichte hergeleitet werden könnten. Er zog daher zum deutsch-jüdischen Verhältnis folgenden Schluß:

> Die innige Verbindung mag metaphysischen Status haben, wenn sie, von der Geschichte isoliert, durch den religiösen Denker untersucht wird; sie mag symbolische Erheblichkeit haben, wenn sie durch den Eschatologen als Bedeutungsträger in der Geschichte gedeutet wird; aber sie wird zu einem echten historischen Phänomen nur, wenn sie als psychologische Abirrung betrachtet wird.[7]

Hier wird umgekehrt davon ausgegangen, daß die ›psychologische Abirrung‹, als die die deutsch-jüdische Symbiose im europäischen Vergleich qualifiziert werden kann, dadurch zu einem ›echten historischen Phänomen‹ wird, daß sie als Ergebnis der deutschen Misere gedeutet wird. Die innere Zerrissenheit des ›deutschen Charakters‹ verweist auf die innere Zerrissenheit der deutschen Geschichte. Diese Zerrissenheit, die vielfach von deutschen und ausländischen Autoren beschrieben und gedeutet wurde, läßt es schwierig erscheinen, von einem einheitlichen ›deutschen Charakter‹ sprechen zu können – diese Frage wird uns noch beschäftigen.

Von Goethe gibt es zwei Äußerungen, die seine ambivalente Haltung zu den Juden belegen und in unserem Zusammenhang bedeutsam sind.[8] Beide sind indirekt überliefert und befassen sich mit dem Zustand der Deutschen.

Am 1. Juni 1807, also während der Besatzungszeit Preußens durch Napoleon, schrieb die Frau des Theologen und französischen Diplomaten Karl Friedrich Graf von Reinhard, Christine Reinhard, an ihre Mutter:

> Vorgestern ward auf meinem Zimmer über die Begebenheiten der Zeit geschwätzt, gefragt, ob wohl Deutschland und deutsche Sprache ganz verschwinden werden? Nein, das glaube ich nicht, sagte jemand, die Deutschen würden wie die Juden sich überall unterdrücken lassen, aber unvertilgbar sein, wie diese, und wenn sie kein Vaterland mehr haben. – Dieser Jemand war Goethe.[9]

Auf den Umstand, daß die Symbiose zu einer Zeit begann, als Frankreich positiv (Französische Revolution) und negativ (Basetzung durch Napoleon) eine entscheidende Rolle nicht nur für die Politik, sondern auch für das gesamte

---

6 Arthur A. Cohen: Der natürliche und der übernatürliche Jude. Das Selbstverständnis des Judentums in der Neuzeit. Freiburg, München: Alber 1966, S. 75.

7 Ebd., S. 76f.

8 Vgl. die Materialsammlung von Günter Hartung: Goethe und die Juden. In: Weimarer Beiträge 40 (1994), H. 3, S. 398–416.

9 Goethes Gespräche ohne die Gespräche mit Eckermann. In Auswahl hg. von Flodoard Freiherr von Biedermann. Leipzig: Insel-Verlag o. J. [1929], S. 207.

Geistesleben Deutschlands spielte, wird später ausführlich einzugehen sein. Jetzt ist es wichtig, daß Goethe die Gefahr des Unterganges Deutschlands und der deutschen Sprache mit einem Hinweis auf die Geschichte der Juden abwehrte. Noch 1936, in seiner Antwort auf die Frage »Warum braucht das jüdische Volk nicht zu verzweifeln?«, antwortete Thomas Mann mit einem Hinweis auf Goethes Meinung, die Juden seien »das beharrlichste Volk der Erde«,[10] und was Goethe über die Deutschen gesagt habe – hier richtig zitiert: »Das Schicksal der Deutschen ist, mit Napoleon zu reden, noch nicht erfüllt.«[11] –, dies gelte auch für die Juden. Goethe also sah eine gerade für die Zukunft wichtige Parallelität von Deutschen und Juden: Beide hätten ihre Sendung und Aufgabe in der Geschichte noch nicht erfüllt, mehr noch, er beschrieb das Schicksal der Deutschen mit Begriffen, die sonst einzig und allein dem der Juden zugeschrieben wurden: Unterdrückung, Verlust des Vaterlandes, ›Unvertilgbarkeit‹.

Knapp ein Jahr später, am 19. November 1808, berichtete Karoline Humboldt, die Frau Wilhelm von Humboldts, über einen Besuch Goethes brieflich an ihre Tochter:

> Unendlich weh tut es einem, daß Goethe nicht wegen des fremden Einflusses, sondern wegen des inneren Unwesens an allem literarischen Heil in Deutschland verzweifelt. Jeder, sagt er, will für sich stehen, jeder drängt sich mit seinem Individuum hervor, keiner will sich an eine Form, eine Technik anschließen, alle verlieren sich im Vagen, und die das tun, sind wirklich große und entschiedene Talente, aus denen aber eben darum schlechterdings nichts werden kann. Er versichert darum, daß er sich nicht mehr um andere bekümmern, sondern nur seinen Gang gehen wolle, und treibt es so weit, daß er versichert, der beste Rat, der zu geben sei, sei, die Deutschen wie die Juden in alle Welt zu zerstreuen, nur auswärts seien sie noch erträglich.[12]

Das Verhältnis von Deutschen und Juden wird hier seltsam zwiespältig dargestellt: Die Zerstreuung ›in alle Welt‹ wurde bei den Juden in der Regel als Strafe für die ›Sünden der Väter‹ gedeutet – gemeint ist der mit Waffengewalt vorgetragene Widerstand gegen die Besetzung durch die Römer, der mit der Zerstörung des Zweiten Tempels endete –, bei Goethe ist die Zerstreuung der Deutschen weniger Strafe als vielmehr Rettung. Der Verlust des Vaterlandes, ein Jahr zuvor noch als Unglück dargestellt, wird hier geradezu als letzter Ausweg aus der Krise (des Individualismus) gesehen. Knapp einen Monat später unterhielt sich Goethe mit dem Kanzler Friedrich von Müller über dasselbe Thema und sagte, die Verpflanzung und Zerstreuung der Deutschen führe »zum Heil aller

---

[10] Thomas Mann: Warum braucht das jüdische Volk nicht zu verzweifeln? In: ders., Das essayistische Werk. Taschenbuchausgabe in acht Bänden. Politische Schriften und Reden. Hg. von Hans Bürgin. Frankfurt a. M.: Fischer 1968 (Moderne Klassiker – Fischer Bücherei), 2. Bd, S. 334–335, hier S. 334.

[11] Goethes Gespräche ohne die Gespräche mit Eckermann (Anm. 9), S. 304.

[12] Wilhelm von Humboldt: Sein Leben und Wirken. Dargestellt in Briefen, Tagebüchern und Dokumenten seiner Zeit. Ausgewählt und zusammengestellt von Rudolf Freese. Berlin: Verlag der Nation 1953, S. 574f.

Nationen«.[13] Umgekehrt aber heißt dies: Die Juden sind allein durch und in ihrer Zerstreuung ›erträglich‹; dies ist ein versteckter Vorbote von Goethes heftigem Widerstand gegen das von Wilhelm von Humboldt unterstützte liberalere Judengesetz von 1823.[14]

Das Schicksal der Juden als heimatloses Volk wurde zum Vorbild für die Rettung der Deutschen – eine höchst problematische, man könnte fast sagen zynische Parallele, die in einem komplementären Widerspruch zu der Aussage stand, die er ein Jahr zuvor getroffen hatte. Aber dennoch bleibt festzuhalten, daß Goethe Deutsche und Juden in engsten Zusammenhang brachte und die Juden in gewissem Sinne den Deutschen als Vorbild entgegenhielt.

Als Heinrich Heine 1838 den gutdotierten Auftrag annahm, eine Galerie von Stahlstichen, die Frauen aus Shakespearestücken darstellten, zu kommentieren, kam er auch auf das Verhältnis von Juden und ›Germanen‹ zu sprechen:

> Es ist in der Tat auffallend, welche innige Wahlverwandtschaft zwischen den beiden Völkern der Sittlichkeit, den Juden und Germanen, herrscht. Diese Wahlverwandtschaft entstand nicht auf historischem Wege, weil etwa die große Familienchronik der Juden, die Bibel, der ganzen germanischen Welt als Erziehungsbuch diente, auch nicht weil Juden und Germanen von früh an die unerbittlichsten Feinde der Römer, und also natürliche Bundesgenossen waren: sie hat einen tiefern Grund, und beide Völker sind sich ursprünglich so ähnlich, daß man das ehemalige Palästina für ein orientalisches Deutschland ansehen könnte, wie man das heutige Deutschland für die Heimat des heiligen Wortes, für den Mutterboden des Prophetentums, für die Burg der reinen Geistheit halten sollte.[15]

Zwei Jahre später, in seiner Denkschrift *Ludwig Börne*, sah er die ›Sendung‹ des jüdischen Stammes noch nicht erfüllt – »namentlich mag dieses in Beziehung auf Deutschland der Fall sein«; denn die Deutschen erwarteten einen Messias, »einen König der Erde, einen Ritter mit Szepter und Schwert, und dieser deutsche Befreier ist vielleicht derselbe, dessen auch Israel harret ...«[16] Heine betonte immer wieder die Gemeinsamkeiten zwischen Juden und Deutschen und stellte sogar, wie Hans Mayer feststellte, die Probleme der Emanzipation dafür zurück:

> Er verlangt nicht, oder nicht ausschließlich, die *staatsbürgerliche Emanzipation der Juden in Deutschland*. Wichtiger ist ihm die *Überwindung der gemeinsamen Begrenztheit* im Verhalten von Juden und Deutschen: ihre Gedankenfülle und Tatenarmut.[17]

---

13 Goethes Unterhaltungen mit dem Kanzler Friedrich von Müller. Hg. von C. A. H. Burkhardt. 3. vermehrte und verbesserte Aufl., Stuttgart, Berlin: Cotta 1904, S. 2.

14 Vgl. ebd., S. 72f.

15 Heinrich Heine: Shakespeares Mädchen und Frauen. Erläuterungen. In: ders., Sämtliche Schriften. Hg. von Klaus Briegleb. 4. Bd, München: Hanser 1971, S. 171–293, hier S. 257f.

16 Heinrich Heine: Ludwig Börne. Eine Denkschrift [1840]. In: ebd., S. 7–148, hier S. 119.

17 Hans Mayer: Das unglückliche Bewußtsein. Zur deutschen Literaturgeschichte von Lessing bis Heine. Berlin: Aufbau 1990 [1986], S. 602.

Nach Hans Mayer kritisierte Heine nicht nur »*das Auseinanderfallen der politischen und der geistigen ›Deutschheit‹*«,[18] er bezog in diese Kritik, die auf das Auseinanderfallen von Bildung und Politik zielte, auch die Juden ein.

Einer der wichtigsten Texte Heinrich Heines über das Judentum sind seine *Denkworte* an Ludwig Marcus, einen Mitstreiter im ›Verein für Kultur und Wissenschaft der Juden‹, in dem zeitweilig auch Heine engagiert war. 1844 blickte er auf die Arbeit dieses Vereins zurück und schrieb seine Meinung über Emanzipation und Assimilation nieder. Bei dieser Gelegenheit mußte er sich auch über die Furcht vieler Deutscher vor der Assimilation äußern:

> Aber die deutsche Nationalität, wird sie nicht Schaden leiden durch die gänzliche Verschmelzung mit den Juden? [...] Aber gibt es in der Tat eine so große Nationalverschiedenheit zwischen den deutschen Juden, die seit anderthalb Jahrtausenden in Deutschland angesiedelt, und ihren christlichen Landsleuten? Wahrlich, nein. Merkwürdigerweise herrschte schon in den ältesten Zeiten die größte Wahlverwandtschaft zwischen Juden und Germanen, und in Vergleichung mit den Nachbarländern erschien mir Judäa immer als eine Art Deutschland, ich möchte fast sagen als die Mark Brandenburg des Orients. Wunderbare Übereinstimmung in der Sinnesart der beiden Völker: der tapferste Haß gegen Rom, persönliches Freiheitsgefühl, Sittlichkeit.

Dies waren die drei zentralen Inhalte der Aufklärung: Kampf gegen den Katholizismus, seinen ›Obskurantismus‹, seinen universalen Herrschaftsanspruch und seine strenge Kirchenhierarchie, demgegenüber Kampf für die persönliche Freiheit sowie – ebenso gegen den Feudaladel gerichtet – Kampf für eine an hohen ethischen Zielen ausgerichtete Sittlichkeit. Weiter Heine:

> Auch haben die Germanen den jüdischen Spiritualismus am gründlichsten in sich aufgenommen; sogar die Geschichtsurkunden der Juden, die Bibel, wurde das Nationalbuch im germanischen Norden, ging über in Fleisch und Blut, gab dort dem innern und äußern Leben sein eigentümliches Gepräge – und die Leute, die von den Spuren des Morgenländischen bei den Juden sprachen, bemerken gar nicht die alttestamentalische, echtjüdische Physiognomie des germanischen Nordens in Europa und Amerika.[19]

Was Heine hier beschrieb, war eine Symbiose, getragen von einer ›Wahlverwandtschaft‹; daß er diese mit den Zielen der Aufklärung verband, die Symbiose dennoch bereits in der Zeit der Germanen beginnen ließ, muß nicht interessieren, es geht hier um eine Imagination, um das Bild der Vorstellung des deutsch-jüdischen Verhältnisses, das hier von Heine als ein im europäischen Vergleich besonders enges beschrieben wurde.

Heinrich Heine, der zeitweilig Marx nahe stand , der immer an den Zielen der Französischen Revolution festhielt, wurde Ferdinand Lassalle zum Sozialismus geführt. Mehrfach wurde Lassalle wegen politischer Agitation und Aufreizung zum Klassenhaß verhaftet, später wurde er einer der Väter der

---

[18] Ebd., S. 21.
[19] Heinrich Heine: Ludwig Marcus Denkworte. In: ders., Sämtliche Schriften (Anm. 15), 5. Bd (1974), S. 175–191, hier S. 185f.

Sozialdemokratie. 1862, zum 100. Geburtstag Fichtes,[20] hielt er eine Rede über *Die Philosophie Fichtes und die Bedeutung des deutschen Volksgeistes*, aus der für uns eine Passage wichtig ist, in der er allerdings kein Wort über das Judentum sagte, dem er durchaus kritisch gegenüberstand[21]:

> Das *deutsche* Volk hat *kein* Territorium! Ein abgeschiedener Geist irrt dieses Volk, das deutsche Volk, umher, bestehend in einer bloßen geistigen Innerlichkeit und *lechzend* nach einer Wirklichkeit, ein Postulat der Zukunft! Dem metaphysischen Volke, dem deutschen Volke, ist so durch seine gesamte Entwicklung und in höchster Übereinstimmung seiner inneren und äußeren Geschichte, dieses höchste metaphysische Los, diese höchste weltgeschichtliche Ehre zugefallen, sich aus dem bloßen *geistigen* Volksbegriff einen nationalen Boden, ein *Territorium* zu schaffen, sich aus dem Denken ein Sein zu erzeugen. Dem metaphysischen Volk die metaphysische Aufgabe! Es ist ein Akt wie der Weltschöpfungsakt Gottes! Aus dem reinen Geist heraus soll nicht eine ihm gegebene reale Wirklichkeit bloß gestaltet, sondern sogar die bloße Stätte seines Daseins, sein Territorium erst geschaffen werden![22]

Konnte das, was Lassalle hier beschrieb, wirklich Deutschland sein, das zwar in viele politische Teile zerfallen, dessen Territorium aber vorhanden war? War das deutsche Volk der abgeschiedene Geist, der herumirrte? Alles, was Lassalle hier sagte, paßte weitaus besser auf das jüdische Volk als auf das deutsche. Der irrende Geist ohne Heimat war Ahasver, der für das ruhelose Wandern des jüdischen Volkes stand; das ›metaphysische‹ Volk, ohne Zusammenhang in der realen Geschichte, war das jüdische Volk; diesem hat, nach eigener Auffassung, Gott das Wissen von der Erschaffung der Welt offenbart. Lassalle identifizierte geradezu das deutsche mit dem jüdischen Volk, ohne dies beim Namen zu nennen. Auch hier muß davon ausgegangen werden, daß Lassalle von einer tiefen inneren Verwandtschaft zwischen Deutschen und Juden ausging.

Wir können schon hier den Hintergrund dieser Verwandtschaft andeuten. Das Metaphysische und der Weltschöpfungsakt Gottes weisen darauf hin, daß nach Lassalles Meinung das deutsche Volk keine Geschichte hatte.[23] Geschichte bedeutet nicht existieren, sondern die Realität gestalten, mit Macht den Lauf der Geschichte verändern. Die ›metaphysische Aufgabe‹, die Lassalle dem deutschen Volk auftrug, war eine Aufgabe ohne Geschichte und ohne Macht. Der bedeutende Sozialdemokrat Eduard Bernstein wandte in seinem Vorwort zu Lassalles Rede ein, daß es »die Dinge auf den Kopf stellen heißt, von den Deutschen zu sagen, sie ›seien gewachsen ohne Geschichte‹«, Lassalle habe Fichte

---

[20] Vgl. Manfred Voigts: »Wir sollen alle kleine Fichtes werden!« Johann Gottlieb Fichte als Prophet der Kultur-Zionisten. Berlin: Philo 2003, S. 110ff.

[21] Vgl. Ferdinand Lassalle: Der Mensch und Politiker in Selbstzeugnissen. Hg. und eingeleitet von Konrad Haenisch. Leipzig: Kröner 1925 (Kröners Taschenausgabe; 43), S. 25, 42ff.

[22] Ferdinand Lassalle: Die Philosophie Fichtes und die Bedeutung des deutschen Volksgeistes. In: ders., Gesammelte Reden und Schriften. 6. Bd: Philosophisch-literarische Streifzüge. Hg. von Eduard Berstein. Berlin: Cassirer 1919, S. 103–152, hier S. 150f.

[23] Vgl. ebd., S. 145f.

»gar noch verschärft«.[24] Hermann Cohen betonte dagegen unter Hinweis auf
diese Rede Bernsteins deshalb, daß Lassalle »den Staat der Deutschheit als den
Staat der *Zukunft* aus dem Geiste der deutschen Metaphysik heraus verkünden
konnte«,[25] weil das ›Volk ohne Geschichte‹ par excellence das Volk der Juden
war. Da die Veränderung und Gestaltung der Geschichte in der Regel durch
Krieg geschah, hatten die Juden sich aus dieser Geschichte der Kriege, als die
sie die Geschichte der gojim, der nichtjüdischen Völker, verstanden, zurückge-
zogen und waren, wie es Franz Rosenzweig beschrieb, als passives aber ewi-
ges Volk neben die Geschichte der Völker getreten. Es gab also eine gewisse
Grundübereinstimmung der die Geschichte negierenden Metaphysik vor allem
Kantischer Prägung – die bei Fichte nachwirkte – und der jüdischen Sicht des
Weltenlaufs. Hier bestand eine besondere Nähe gerade und nur mit der deutschen Philosophie zu traditionellen Auffassungen im Judentum.

Heinrich von Treitschke, der Historiker mit erheblichem Einfluß innerhalb
des neu gegründeten Kaiserreiches, war der erste Intellektuelle, der sich deutlich antisemitisch äußerte und dadurch die Judenfeindschaft salonfähig machte.
In den angesehenen *Preußischen Jahrbüchern* erschien im November 1879
sein Artikel »Unsere Aussichten«, in dem es hieß:

> Bis in die Kreise der höchsten Bildung hinauf, unter Männern, die jeden Gedanken
> kirchlicher Unduldsamkeit oder nationalen Hochmuths mit Abscheu von sich weisen
> würden, ertönt es heute wie aus einem Munde: die Juden sind unser Unglück![26]

Unter jenen Juden, die sich heftig zur Wehr setzten, war auch Ludwig Bamberger, der Führer der Nationalliberalen Partei des Deutschen Reiches. In seiner Antwort lesen wir:

> Denn mit keinem Volke haben sie sich auch nur entfernt so eng zusammengelebt,
> man könnte sagen, identificirt, wie mit den Deutschen. Sie sind germanisirt nicht
> blos auf deutschem Boden, sondern weit über Deutschlands Grenzen hinaus. [...] Die
> europäischen Juden sind mit keiner Sprache so verwachsen wie mit der deutschen,
> und wer Sprache sagt, sagt Geist.[27]

Die Identifizierung von Sprache und Geist hatte uns schon beschäftigt (Kap.
4.4); sie mußte für die Juden von großem Interesse sein. Weiter heißt es:

> Bedenkt man, durch welche besonderen Härten den Juden das Leben in Deutschland
> schwer gemacht worden ist und zum Theil noch schwer gemacht wird, und wie sie
> dennoch zu allen Zeiten sich in Deutschland behaupteten, so wird man zu der Ver-
> muthung gedrängt, daß gemeinsame Berührungspunkte im Grundcharakter es be-
> wirkt haben müssen, Deutschland und deutsches Wesen besonders anziehend für die

---

[24] Eduard Bernstein: Vorbemerkung, ebd., S. 105–108, hier S. 106.

[25] Hermann Cohen: Über das Eigentümliche des deutschen Geistes. Berlin: Reuther &
      Reichard 1914 (Philosophische Vorträge; 8), S. 34.

[26] Heinrich von Treitschke: Unsere Ansichten. In: Der Berliner Antisemitismusstreit. Hg.
      von Walter Boehlich. Frankfurt a. M.: Insel-Verlag 1965, S. 7–14, hier S. 13.

[27] Ludwig Bamberger: Deutschthum und Judenthum. In: ebd., S. 151–181, hier S.164.

Juden wie auch die Juden zur Ergänzung des deutschen Wesens besonders nütz-
lich zu machen. Aber neben dem, was sie gegenseitig anzieht, gibt es wieder so
manches, was die einen von den andern abstößt. Eine Mischung von heterogenen
und verwandten Geisteseigenschaften: das ist gerade der Stoff, aus welchem die
intimen Feindschaften gebraut werden. So wol auch hier. Das Gemeinsame ist der
spiritualistische Grundzug: Juden und Deutsche ist zweifelsohne die beiden spiri-
tualistischsten Nationen aller Zeiten und Länder. [...] Ja, beide besitzen das Ge-
heimniß der Speculation, wie im Philosophischen, so auch im kaufmännischen
Sinne, wie denn das Wort nicht blos durch äußern Zufall die beiden Verstandes-
operationen, die philosophische und die mercantile, mit der gleichen tiefbegründe-
ten Bezeichnung deckt. [...]
  Aber neben die Züge merkwürdiger Geistesverwandtschaft treten wieder andere
hervor, die beide Theile scharf voneinander scheiden. Bedächtiges, feierliches, an-
dächtiges, ernstes, gehorsames Wesen sticht ab gegen einen wundersam bewegli-
chen, sarkastischen, skeptischen, undisciplinirbaren Geist.[28]

Hier wird die Judenfeindlichkeit vieler Deutscher noch von der besonderen
›Geistesverwandtschaft‹ unterschieden, obwohl diese neben vielen Ähnlichkeiten eben auch komplementäre Ergänzungen beinhalte. Für uns ist außerdem
wichtig, daß die ›Germanisierung‹ weit über die Grenzen Deutschlands erfolgt
sei, so daß also alle europäischen Juden mit ihr in Berührung gekommen seien;
wir werden später auf die überragende Stellung des deutschen Judentums in
Europa im 19. Jahrhundert zurückkommen.
  In einem Artikel für die *Allgemeine Zeitung des Judentums* schrieb der bedeutende Sprachforscher Heymann Steinthal 1890 über »Das auserwählte Volk oder
Juden und Deutsche«, in dem er sich an seine Zeit als Student an der Berliner
Universität erinnerte, wo er einen Professor hatte sagen hören, daß die Deut-
schen das Volk der Religion seien:

Das hatte mich erschüttert oder vielmehr freudig durchschauert. Sind denn nicht wir
Juden das Volk der Religion? und die Deutschen sind es auch! So bin ich denn von
dem ›dreifachen Faden‹ umwunden: Jude, Deutscher, Mensch, und der wird nicht
reißen, und er soll auch nicht aufgedreht und nicht zerfasert werden.[29]

Als Hermann Bahr 1890 begann, Interviews zum Thema Antisemitismus in
ganz Europa zu sammeln, wandte er sich auch an Maximilian Harden, der zwei
Jahre später seine berühmte Zeitschrift *Die Zukunft* herausgeben sollte. Harden
widersprach Verallgemeinerungen gegen und für die Juden und forderte alle
auf, »ob Jude oder Christ, gegen die korrumpierende Allmacht des Kapitalismus und das Dogma von Manchester für gesündere, reinlichere, rechtschaffene
Zustände [zu] kämpfen«. Dem fügte er hinzu:

---

28 Ebd., S. 166f.
29 Heymann Steinthal: Das auserwählte Volk oder Juden und Deutsche. In: Über Juden
   und Judentum. Vorträge und Aufsätze. Hg. von Gustav Karpeles. Berlin: Poppelauer
   1906 (Schriften / Gesellschaft zur Förderung der Wissenschaft des Judentums / Gesellschaft zur Förderung der Wissenschaft des Judentums), S. 12–17, hier S. 14.

[...] dann wird sich schon auch zwischen Juden und Deutschen der eheliche Friede geben, der bei uns ein bischen schwieriger noch als anderwärts ist, weil hier homöopathisch sich die Ähnlichkeiten fanden: der Jude und der Deutsche gleichen sich zu sehr.[30]

Hier ist, wenn auch nicht in ausführlicher Erörterung, die Ähnlichkeit von Deutschen und Juden als Problem dargestellt, wir werden sehen, daß ihm hierin andere folgten.

Eine der bekanntesten Aussagen in unserem Zusammenhang ist in dem Sammelband *Vom Judentum* 1914 veröffentlicht worden, nämlich in Gustav Landauers Aufsatz »Sind das Ketzergedanken?«. Dort heißt es:

[...] mein Deutschtum und Judentum tun einander nichts zuleid und vieles zulieb. Wie zwei Brüder, ein Erstgeborener und ein Benjamin, von einer Mutter nicht in gleicher Art, aber in gleichem Maße geliebt werden, und wie diese beiden Brüder einträchtig miteinander leben, wo sie sich berühren und auch, wo jeder für sich seinen Weg geht, so erlebe ich dieses seltsame und vertraute Nebeneinander als ein Köstliches und kenne in diesem Verhältnis nichts Primäres oder Sekundäres.[31]

Nicht einmal ›verkannte Brüder‹ sah Landauer in Juden und Deutschen, sondern ein normales und daher nicht immer nur eng verbundenes Bruderverhältnis.

1910 hielt Julius Goldstein,[32] der spätere Herausgeber der Zeitschrift *Der Morgen*, eine Rede mit dem Titel »Das deutsche Geistesleben und die Juden«, in der er eine »Wahlverwandtschaft« nicht nur konstatiert, sondern über die verschiedenen Geschichtsepochen seit Luther genauer darstellt und analysiert.[33] Ihm kam es in Abwehr antisemitischer Vorurteile, die gerade die »gebildeten Kreise des deutschen Volkes« ergriffen hätten,[34] darauf an, die Notwendigkeit dieser Verwandtschaft deutlich zu machen, z. B. bei Kant und den ersten Kantianern, von denen die bedeutendsten Juden waren:

Ist es Zufall, daß Kant und die Juden so eng miteinander verknüpft sind? Ist es Zufall, daß der größte der deutschen Philosophen einen so begeisterten Widerhall, ein solches Verständnis bei den Juden gefunden hat? Es ist kein Zufall, denn in den tieferen Zusammenhängen des Geistes gibt es keinen Zufall und gibt es nicht das, was man beliebt, als äußere Assimilation zu bezeichnen. Zufall ist es nicht, sondern innerste Verwandtschaft des Kantischen Geistes mit dem jüdischen Geiste. [...] Die kosmische Bedeutung des Ethischen: in diesem Gedanken liegt die innere Verbin-

---

[30] Hermann Bahr: Der Antisemitismus. Ein internationales Interview [1894]. Hg. und mit einem Anhang versehen von Hermann Greive. Königstein/Ts: Jüdischer Verlag 1979, S. 37.

[31] Gustav Landauer: Sind das Ketzergedanken? In: Vom Judentum. Ein Sammelbuch. Hg. vom Verein jüdischer Hochschüler Bar Kochba in Prag. 3. Aufl., Leipzig: Wolff 1914, S. 250–257, hier S. 255.

[32] Zu Julius Goldstein vgl. die Gedenkartikel nach seinem Tode in: Der Morgen 5 (1929/30), H. 4 (Oktober 1929), S. 313–345.

[33] Julius Goldstein: Das deutsche Geistesleben und die Juden. In: K. C.-Blätter. Monatsschrift der im Kartell-Konvent vereinigten Korporationen 1 (1910/11), S. 169–175.

[34] Ebd., S. 169.

dung zwischen Kant und dem Judentum. [...] Eine innere Wahlverwandtschaft liegt hier vor, eine Wahlverwandtschaft, die gleichzeitig jüdischen Geist und deutschen Geist in unauflöslicher Verknüpfung zeigt.[35]

Julius Goldstein war Philosophieprofessor, verstand sich als deutscher Bürger jüdischen Glaubens[36] und kämpfte im Ersten Weltkrieg; er war einer der vielen Juden, die am deutschen Idealismus noch festhielten, als die geistige Entwicklung in Deutschland schon andere Wege ging. Er verband die Kritik des kaiserlichen Deutschlands, das längst zu einem Industriestaat geworden war und sich nun imperialistische Ziele setzte, mit einer Kritik des ›deutschen Geistes‹.

Alfred Weber, der jüngere Bruder Max Webers, seit 1907 an der Heidelberger Universität als Professor tätig, war im Ersten Weltkrieg Offizier und hielt vor seinen Soldaten Vorträge. Im Juni 1915 behandelte er Dostojewskis politische Schriften und dessen Panslawismus. In seinen »Gedanken zur deutschen Sendung«, in denen er die deutsche Kriegszielpropaganda unterstützte, berichtete er:

> Nein, – objektiv sein können auf dieser ganzen Welt wohl nur die Deutschen – und vielleicht die Juden. Sollte das aus einem ähnlichen Schicksal hervorgehen? Diese Parallele mit den Juden wird man jetzt gar nicht los. Ich habe sie meiner Mannschaft am Sonntag vorgebracht, – sie haben nachher stundenlang darüber diskutiert.[37]

Leider wird über diese Diskussion nichts berichtet.

1916 veröffentlichte Hanns Floerke seine umfassende Materialsammlung *Deutsches Wesen im Spiegel der Zeiten*. Dreimal kommt dabei das Verhältnis von Deutschen und Juden zur Sprache, und dreimal ist es die Verwandtschaft beider, die hervorgehoben wird. Floerke zitierte die auch hier schon herangezogenen Goethepassagen,[38] wies als Beweis für die »Schmiegsamkeit« der Deutschen, »die in vielen Punkten der jüdischen so ähnlich ist«, auf mehrere Autoren hin[39] und zitierte Bogumil Goltz, der Deutsche und Juden in einer ›angeborenen Philisterei‹ und einem ›absonderlichen Partikularismus‹ vereint sah[40] und dies heftig kritisierte.

Ebenfalls 1916 erschien in der Schriftenreihe ›Weltkultur und Weltpolitik‹ von Nachum Goldmann das Heft *Von der weltkulturellen Bedeutung und Aufgabe des Judentums*. Er verschwieg seine zionistische Haltung keineswegs, sondern endete mit dem Abschnitt »Der zionistische Gedanke«. Goldmann verfolgte klare politische Ziele, er wollte »die deutsche Regierung beeinflussen [...], sich

---

[35] Ebd., S. 172.

[36] Vgl. ebd., S. 175.

[37] Alfred Weber: Gedanken zur deutschen Sendung [1915]. In: Alfred-Weber-Gesamtausgabe. Bd 7: Politische Theorie und Tagespolitik (1903–1933). Hg. von Eberhard Demm unter Mitwirkung von Nathalie Chamba. Marburg: Metropolis-Verlag 1999, S. 116–177, hier S. 142.

[38] Hanns Floerke: Deutsches Wesen im Spiegel der Zeiten. Berlin: Reichl 1916, S. 361.

[39] Ebd., S. 352.

[40] Ebd., S. 160.

zum Anwalt der zionistischen Forderungen zu machen«.[41] Über das Verhältnis
von Deutschtum und Judentum schrieb er:

> Es gibt nun zahllose Arten solcher Stellungnahme zum Daseinsproblem: man kann das
> menschliche Leben als Spiel oder Ernst auffassen, als sinnlose Posse oder tiefernstes
> Trauerspiel, als Quelle unendlichen Genusses oder Bedingung namenloser Qual und
> auf unzählige andere Art. Jede Auffassungsweise ist auf ihre Art berechtigt und eigent-
> lich undiskutabel; in solch letzten Fragen gibt es keine Beweise, sondern nur Ent-
> scheidungen; es heißt bei ihnen nicht prüfen, sondern bekennen. Und nun glaube
> ich: *Judentum und Deutschtum haben beide prinzipiell dieselbe Lebensauffassung:
> ihnen beiden ist das Dasein vor allem und in erster Reihe eine Aufgabe, ein Beruf,
> eine Mission, ein Sollen*, das es nicht so sehr zu beurteilen, zu bejahen oder zu ver-
> neinen, als vielmehr zu erfüllen gilt. Das Leben, wie es gegeben ist in seiner nackten
> Tatsächlichkeit, beherrscht von den eisernen Fesseln der Kausalität, ist nur das Ma-
> terial, aus dem nun der Mensch das wahre, reine, höhere Leben formen soll, nach ei-
> genen Idealen, nach freigewählten Zwecken, in autonomer sittlicher Freiheit.[42]

Kürzer und treffender kann der Kern der Symbiose kaum beschrieben werden:
Das ethische Sollen wird keiner Beurteilung unterworfen, es ist eine messianisch unterlegte Mission, die sich der Kritik der Realität schon deshalb nicht
unterwerfen soll, weil diese den Willen nur fesseln kann, der an den freige-
wählten Zwecken autonomer Freiheit auszurichten sei. In dieser Lebensauffassung seien Deutsche und Juden geeint.

Hermann Rösemeier veröffentlichte 1918 im ›Freien Verlag‹ in Bern eine
Broschüre über *Die Wurzeln der neudeutschen Mentalität*, in der es heißt:

> In Frankreich, England, Rußland ist man geneigt, an eine besondere Schlechtigkeit
> des deutschen Volkes zu glauben. Unerklärlich ist diese Auffassung ja nicht, sogar
> nicht einmal völlig unberechtigt. Ein so milder Beobachter, wie der Pazifist A. H.
> Fried, hat in seiner »Friedenswarte« ein hübsches Diktum zum besten gegeben. Je-
> des Volk, läßt er einen Bekannten sagen, das sich für das auserwählte hält, wird ge-
> haßt, die Deutschen so gut wie die Juden.[43]

Als nach dem Ersten Weltkrieg Deutschland unter den Lasten des Versailler
Vertrags zusammenzubrechen drohte, erschien Ende 1919 in den *K. C.-
Blättern*, der Monatsschrift der im Kartell-Konvent vereinigten Verbindungen
jüdischer Studenten, ein Artikel über »Deutschenhaß und Judenhaß«:

> Das *Waldhofner Prinzip*, daß der *Jude* aller Ehre bar und der Satisfaktion unwürdig
> sei, wurde mit grauenvoller Härte Deutschland in Versailles gegenüber angewandt. So
> wenig wie der Jude von ›deutschen‹ Studenten in einen gemeinschaftlichen Waffen-
> ring, wird der Deutsche in den *Völkerbund* aufgenommen. Nicht nur die Einzelnen
> sind ausgeschlossen, nein, die Gesamtheit: Haß der Entente gegen ganz Deutschland.

---

[41]   Jacob Dränger: Nahum Goldmann. Ein Leben für Israel. Frankfurt a. M.: Europäische
       Verlags-Anstalt 1959, Bd 1, S. 184.
[42]   Nachum Goldmann: Von der weltkulturellen Bedeutung und Aufgabe des Judentums.
       München: Bruckmann 1916 (Weltkultur und Weltpolitik – Deutsche Folge; 8), S. 34.
[43]   Hermann Rösemeier: Die Wurzeln der neudeutschen Mentalität. Bern: Der Freie Ver-
       lag 1918, S. 5f.

Haß der Deutschnationalen gegen alle Juden. Die ›*weltgeschichtliche Parallele* zum *Antisemitismus*‹, von der ich schon 1915 in diesen K. C.-Blättern (S. 539) erzählen durfte: sie ist heute noch, trotz vier Jahre, ebenso festzustellen wie zu Beginn des Krieges.

Der Autor Ernst Hochschild führte weiter aus:

> Selbst die lächerlichsten und faustdicken Lügen, die Antisemiten gegen Deutsche gesponnen haben, wie, daß unsere Rasse übelriechend sei, überhaupt keine Menschen, sondern Halbtiere, daß der Jude sich an Christenblut berausche und dergleichen (ich will in diesem Schmutz nicht waten), haben wir die Feinde gegen die Deutschen ausstoßen hören, »deren Geruch als tierisch ›wissenschaftlich‹ festgestellt sei, die als Rassen unter den Negern ständen und im Kriege belgische und französische Kinder abgeschlachtet hätten«. Genug davon.
> Es gibt überhaupt keinen Vorwurf antisemitischer Art, der nicht auch antideutscher Art wäre. Beide gleicher Weise verrückt oder bewußt boshaft, aber *wir Juden befinden uns in großer Gesellschaft*. Das gesamte Deutschland wird von denen draußen besudelt, wie wir auch besonders von den Antisemiten.
> Auf eine besondere Parallele möchte ich noch verweisen: es ist dies der internationale Haß, mit dem die stammverwandten *Elsässer und Lothringer* seit der französischen Invasion gegen die altdeutschen Bürger des Reichslandes gewütet haben. Pogromartig wurden ihre Geschäfte demoliert, z. T. sogar angezündet, wie ich selber gesehen habe. Fanatisch wurde die Vertreibung aller Deutschen, der Frauen und Kinder, verlangt und durchgesetzt: das Wort ›Boche‹ tönte nicht anders als das ›Hepp, hepp‹! gegen die Juden. Wahrlich, *ein vollendetes Judenschicksal* war es, das über alle Altdeutsche jeglicher Konfession in Elsaß-Lothringen hereinbrach [...].[44]

Auch wenn hier keine innere Verwandtschaft zwischen Deutschen und Juden behauptet wird, so ist doch deutlich, daß die Deutschen als die Juden Europas dargestellt werden und daß die behauptete Parallelität des geschichtlichen ›Schicksals‹ nun auch im Negativen gesehen wurde. Das Judesein wurde jetzt zu einem vielseitig verwendbaren Topos, wie ihn z. B. Otto Flake 1920 verwendete: »Wir Intellektuelle teilen im jetzigen Deutschland das Los der Juden, außerhalb zu stehen, geistig heimatlos zu sein, keine Gemeinschaft mit dem zu haben, was als nationales Denken gilt.«[45] Das Bild des Intellektuellen als Jude hat sich bis in die Schriften der Frankfurter Schule gehalten, erfuhr dort aber eine positive Wertung.

Als Anton Kuh 1921 seine mit psychoanalytischen Kategorien versetzte kritische Beschreibung des Judentums veröffentlichte, bemerkte er:

> Nun – ich hätte dies alles von einem einzigen Volk noch sagen können: den Deutschen.[46]

Auch für ihn waren Juden und Deutsche ›Brüder‹, freilich Brüder mit erheblichem »Altersunterschied«, aus dem heraus »Haß und Gegensatz« erklärbar

---

[44] Ernst Hochschild: Deutschenhaß und Judenhaß. In: K. C.-Blätter, Jg 9, H. 11/12, November/Dezember 1919, S. 189–190, hier S. 189.

[45] Otto Flake: Die großen Worte. In: Der Neue Merkur, Jg 4, 1. Halbband April–September 1920, S. 68–72, hier S. 72.

[46] Anton Kuh: Juden und Deutsche. Hg. und mit einer Einleitung von Andreas B. Kilcher. Wien: Löcker 2003, S. 127.

seien;[47] beschrieben hat er allerdings nur den Haß und Gegensatz des Deutschen gegen den Juden, nicht das Übereinstimmende.

Daneben gab es weiter die Parallelisierungen von deutschem und jüdischem Wesen. In dem noch immer wichtigen Buch *Juden in der deutschen Literatur*, das der den Zionisten nahe stehende Gustav Krojanker 1922 herausgab, schrieb Alfred Wolfenstein mit Hinblick auf die durch Weltkrieg und Revolution veränderten Verhältnisse:

> Inmitten des hin und her stoßenden Gedränges ist der Jude am glücklichsten und am unglücklichsten daran. Das alte Ufer gehört ihm nicht, selbst die Brücke noch nicht. Aber die Bewegung darüber hin ist sein Schicksal. Und das Kommende winkt ihm nun so gut wie den andern, er wird es sich erkämpfen. Die Zukunft wird von dem allzu festen Halt am Vaterlande, das der Bürger nach der ersessenen Zeit, nicht nach den Maßen der Ewigkeit sich zurechnete, schneller forttreiben. Die Starre der Geschichte lockert sich, alles wird von allen neu verdient werden müssen. Und bleibt es die Sendung der Juden, den Boden unter den Füßen nie so sicher wie die anderen zu besitzen: *die Schicksale werden einander ähnlicher werden.*[48]

Dies war eine überarbeitete Fassung seiner im selben Jahr erschienenen kleinen Schrift *Jüdisches Wesen und neue Dichtung*, in der er die innere Verwandtschaft zwischen Juden und Deutschen beschrieb:

> Wie zum Sinnbild einer späten Vereinigung begegnen sich im Gedicht jüdisches Wesen und deutsche Sprache.
> Unter den westeuropäischen Sprachen scheint sich die deutsche anders als die übrigen zum jüdischen Wesen zu verhalten: In ihr bewahrt es sich selbst, es bleibt lebendig; [...] Wir sehen, an allen Unterschieden vorbei, in eine dunklere Verwandtschaft.
> Manchmal, wenn Gegensatz und Liebe zwischen ihnen hervortritt, erscheint der Jude wie ein Doppelgänger des Deutschen.
> Ausdruck der deutschen Unruhe, eines Wesens der Bewegung, ist diese Sprache. Ihre Ruhe ist nur vordergründig. Keiner, außer dem Juden, lebt so vielfältig verstreut in allen Völkern und Erdteilen wie der Deutsche. Er hat zwar eine Heimat, aber vom Übermaß an rings offenen Grenzen ist sein Reich, von drängenden Nachbarschaften, wie aufgehoben. Das deutsche Schicksal, sagt Fichte, hat keine eigne Geschichte mehr.[49]

Wie bei Lassalle ist hier die Grundlage der Ähnlichkeit eine spezifische Geschichtslosigkeit beider Völker:

> Die deutsche Ruhelosigkeit des Idealismus erscheint wie eine Schwester der jüdischen ruhelosen Sucht nach Unbedingtheit. Die Wege zur Idee liegen nicht weit von denen, die zur Einheit führen. Beide über der Wirklichkeit. Aber die Schritte uner-

---

[47] Ebd., S. 133.
[48] Alfred Wolfenstein: Das neue Dichtertum des Juden. In: Juden in der deutschen Literatur. Essays über zeitgenössische Schriftsteller. Hg. von Gustav Krojanker. Berlin: Welt-Verlag 1922, S. 333–359, hier S. 333.
[49] Alfred Wolfenstein: Jüdisches Wesen und neue Dichtung. Berlin: Reiss 1922 (Tribüne der Kunst und Zeit; 29), S. 46f.; wieder in: ders., Werke. 5. Bd: Vermischte Schriften. Hg. von Hermann Haarmann und Günter Holtz. Mainz: v. Hase und Koehler 1993 (Die Mainzer Reihe; 53), S. 176–207, hier S. 202.

müdlich –. (Es gibt, wie den ewigen Juden, auch den ewigen Deutschen, als den vor der eignen Rastlosigkeit, vor der eignen Wandlung Fliehenden.) [...]

Auch der Deutsche ist unplastisch, und seine Sehnsucht nach Griechentum bestätigt es, und seine Abneigung gegen Judentum ist wieder Unzufriedenheit mit sich selbst, freilich auch mit den wirklichen Juden. Denn schwer wird diese Wiederholung einer Eigenschaft bei anderen ertragen.

Feindliche Brüder in der Ortlosigkeit ihres Suchens! [...] Und dort, wo Brüder sich versöhnen, schauen sie sich und den Zusammenhang der Welt tiefer als zuvor.

Dann wieder unterscheidet sie viel – zwei für das Leben der Welt notwendige Substanzen.[50]

Nicht ›verkannte Brüder‹ sondern ›feindliche Brüder‹ erkannte Wolfenstein in Juden und Deutschen, und doch seien beide für Zusammenhang und Leben der Welt notwendig.

1930 erschien in der *Europäischen Revue* ein Aufsatz von Erich von Kahler über »Juden und Deutsche«; für Kahler

[...] gründet das fragwürdige Verhältnis zwischen Deutschen und Juden in der ganz besonderen Spannung zwischen diesen beiden Völkern, einer Spannung, welche gerade die tiefste Wesensbeziehung in sich birgt, welche aus besonderer Ähnlichkeit und besonderer Fremdheit zusammengewoben in leidenschaftlicher Zuneigung wie in heftigster Abneigung von beiden Seiten her sich äußert. [...] Gleichgeartet, gleichgerichtet aber ist die Fahrt der beiden Völker: die Unerfülltheit, Unrast der Erdenbahn, das Wandern und Werden in eine endliche Reife, die ›die Ernte der ganzen Zeit‹ ist, die besondere Rolle unter den Völkern des Erdkreises, die sich hieraus ergibt, die notwendige Einsamkeit und Verfehmtheit, und die notwendige, tragisch emporgedrängte Auserlesenheit, der missionarische Beruf, das Schöpfertum aus Mühsal und Unglück und nicht aus dem Glück.[51]

Die ›Ernte der ganzen Zeit‹ spielt auf Friedrich Schillers erst 1905 veröffentlichtes Fragment »Deutsche Größe« an, auf das hier schon hingewiesen wurde. In seinem 1933 und 1934 von den Nationalsozialisten beschlagnahmten und erst 1936 in der Schweiz erschienenen Buch[52] *Israel unter den Völkern*, bezeichnete Kahler zwar das deutsche Volk als »*das* judenfeindliche Volk schlechthin«, ergänzte aber sogleich, daß »zwischen diesen Wesenheiten ein so brennendes Zueinanderstreben, ein so tiefes Sich-begegnen möglich [ist] wie niemals im Verhältnis der Juden zu den anderen Nationen«.[53]

1932 widmete die *Europäische Revue* das Augustheft ganz der Judenfrage. Neben Leo Baeck, Jakob Wassermann und Arnold Zweig, aber auch Hans Blüher und Werner Sombart wurde dort Kahlers Aufsatz von 1930 fast vollständig noch einmal abgedruckt. Unter den anderen Autoren, die hier zu Wort

---

50 Ebd., S. 46f., 49.
51 Erich von Kahler: Juden und Deutsche. In: Europäische Revue 6 (1930), H. 10, S. 744–756, hier S. 754.
52 Vgl. Gerhard Lauer: Die verspätete Revolution. Erich von Kahler. Wissenschaftsgeschichte zwischen Konservativer Revolution und Exil. Berlin, New York: de Gruyter 1995 (Philosophie und Wissenschaft; 6), S. 102.
53 Erich von Kahler: Israel unter den Völkern. Zürich: Humanitas-Verlag 1936, S. 113.

kamen, war auch Hans Kohn, der gute Beziehungen zu Martin Buber pflegte und mit dessen Hilfe er 1914 die bedeutende Sammelschrift *Vom Judentum* herausgegeben hatte. Kohn schrieb jetzt, daß der »deutsch-protestantische« Antisemitismus ein besonderer und zu einer »theologischen Absolutheit gesteigert« worden sei, und er schloß an:

> Das Verhältnis zwischen Juden und Deutschen scheint affektbeladener als zwischen Juden und anderen Völkern. Liegt es nicht daran, daß Juden und Deutsche in ihrer Artung und in ihrem Schicksal näher verwandt sind? Das Unvollendete und scheinbar Unvollendbare der deutschen Form, ein suchendes Forschen und Fragen in den Tiefen des Lebensgrundes, Individualismus bei aller Ausgeprägtheit der Artgemeinschaft, das In-der-Mitte-sein und sogar das Verfehmt-sein, das sich mit Staunen und distanzierter Anerkennung verbindet, all das ist, mit aller Vorsicht der Metapher sei es angedeutet, beiden gemeinsam.[54]

Im selben Jahr veröffentlichte der protestantische Theologe Paul Tillich – nun einmal eine Stimme von christlicher Seite – zwei seiner Reden über *Hegel und Goethe.* In der ersten ging er auch auf das Verhältnis von Deutschen und Juden ein:

> Unser Volk hat, wie Hegel scharf gesehen hat, kein ursprüngliches und einheitliches Schicksal gehabt, es ist von Anbeginn an ein Volk der Entgegensetzungen. Sein Schicksal ist bestimmt durch das Prinzip, das Hegel als das jüdische Prinzip abgeleitet und als Moment in seinen Lebensbegriff aufgenommen hat. Vielleicht ist so viel Feindschaft unter uns gegen das Jüdische, weil wir es als eigenes ahnen und fürchten.[55]

Für das, was er hier als Problem skizziert, hat er freilich keine Lösung:

> Es ist verständlich, wenn in diesem Volk der Wunsch lebt, einmal ein Ende zu machen mit diesen Entgegensetzungen, eine einheitliche, ganz auf sich gestellte Nation zu werden. Es ist verständlich, wenn heute im Namen eines ungeformten Lebensdranges Kampf angesagt wird allem, was objektiv, was Geist, was Entzweiung ist. [...]
> Aber hüten wir uns, zu solchen zu werden, die nach Hegel gegen das Schicksal anrennen! Versöhnung mit dem Schicksal läßt sich nicht erzwingen. Was in andern Völkern gelungen ist, kann unserem Wesen widersprechen. [...] Wir sind durch Judentum und Christentum ein zeitgebundenes Volk geworden. Das jüdische Prinzip ist unser eigenes Schicksal geworden und eine ›secessio judaica‹ wäre eine Trennung von uns selbst. Der Versuch aber, alle Elemente unseres Schicksals in einer Einheit zusammen zu schmelzen, und so zu einer Art Versöhnung nach Art anderer Völker zu gelangen, ist geistig und politisch immer wieder mißlungen.[56]

---

[54] Hans Kohn: Über einige Gesichtspunkte des politischen Judenproblems in Deutschland und in Europa. In: Europäische Revue 8 (1932), H. 8, S. 479–489, hier S. 480.
[55] Paul Tillich: Hegel und Goethe. Zwei Gedenkreden. Tübingen: Mohr 1932 (Sammlung gemeinverständlicher Vorträge und Schriften aus dem Gebiet der Theologie und Religionsgeschichte; 158), S. 29.
[56] Ebd., S. 30.

Den Satz über das ›jüdische Prinzip‹ zitierte Martin Buber in seinem hier schon herangezogenen Aufsatz über »Das Ende der deutsch-jüdischen Symbiose«,[57] die ›secessio judaica‹ nahm Bezug auf die scharf antisemitische Schrift *Secessio Judica. Philosophische Grundlegung der historischen Situation des Judentums und der antisemitischen Bewegung* Hans Blühers von 1922.

Der dem Expressionismus verbundene Friedrich Schulze-Maizier wies 1932 auf den damals bekannten Kulturphilosophen Leopold Ziegler hin, der die Besonderheit des deutschen Geistes darin sah, daß er mit dem Erreichten nie zufrieden und immer auf der Suche nach anderen geistigen Welten sei; er nahm diesen Gedanken auf:

> Wenn diese Folgerung Leopold Zieglers richtig ist, dann wäre also das Übermaß an nationaler Selbstkritik im deutschen Schrifttum vor allem darauf zurückzuführen, daß die Unrast seiner ewig ›wandernden‹ und werdenden Gemütsverfassung den Deutschen zu immer erneuter Selbstprüfung und Selbsterziehung nötigte.[58]

Daß Schulze-Maizier hierbei auch das Bild des ›ewig wandernden Juden‹ vor Augen hatte und damit eine gewisse Wesensverwandtschaft zwischen Juden und Deutschen ansprach, kann als sicher angenommen werden. Auf eine ähnliche Aussage Alfred Wolfensteins über die »deutsche Ruhelosigkeit des Idealismus« als eine »Schwester der jüdischen ruhelosen Sucht nach Unbedingtheit« ist schon hingewiesen worden.

1933 äußerte sich Heinrich Mann über die Ähnlichkeit von Deutschen und Juden:

> In Wirklichkeit sind die Deutschen das letzte Volk, das auf den Judenhaß ein Recht hatte. Sie sind den Juden viel zu ähnlich. Auch sie zeichnen sich als einzelne aus in ihren ›großen Männern‹. Als einzelne übertreffen sie oft den Wert ihrer Nation.[59]

Noch 1936 – wir haben auf diese Aussage schon hingewiesen – antwortete Thomas Mann auf eine Frage nach der Zukunft der Juden, indem er Goethe zitierte und auf die unerfüllte ›Sendung‹ von Deutschen und Juden hinwies, »deren Schicksal und Stellung in der Welt ja dem deutschen Lose so verwandt sind, daß schon daraus ein gut Teil des deutschen Antisemitismus sich erklärt«.[60] Ganz ähnlich, aber mit anderer Akzentuierung, hatte bereits ein Jahr zuvor der Soziologe Helmuth Plessner den Antisemitismus beschrieben:

---

[57] Martin Buber: Das Ende der deutsch-jüdischen Symbiose. In: ders., Der Jude und sein Judentum. Gesammelte Reden und Aufsätze. 2., durchgesehene und um Register erweiterte Aufl., Neuausg., Gerlingen. Schneider 1992 (Bibliotheca judaica), S. 629–632, hier S. 631.

[58] Friedrich Schulze-Maizier: Deutsche Selbstkritik. Probleme der nationalen Selbsterkenntnis im neueren deutschen Schrifttum. Berlin: Schneider 1932, S. 154.

[59] Heinrich Mann: Der Haß. Deutsche Zeitgeschichte [1933]. Berlin, Weimar: Aufbau 1983, S. 94.

[60] Thomas Mann: Warum braucht das jüdische Volk nicht zu verzweifeln? In: ders., Das essayistische Werk. Taschenbuchausgabe in acht Bänden. Politische Schriften und Re-

Man hört immer wieder sagen, der ganze Antisemitismus sei bloßer Konkurrenzneid. Das ist zum guten Teil richtig, erklärt aber nicht die besondere Art ideologischer Verbrämung und Rechtfertigung. Ihr kommt man näher, wenn man in einem tieferen Sinn von Konkurrenz spricht und nicht Geschäft und Position, sondern die Schicksale der beiden Gegenspieler bedenkt. Beide sind ›Völker‹ und mehr als Staaten. Beide sind in ihrem Mißverhältnis zum Staat, in dem ihnen von der Geschichte auferlegten Wartezustand zugleich Zeugen einer untergegangenen Vorwelt und Unterpfänder einer erst kommenden Weltordnung. Beide sind unglücklich und darin groß: von vorgestern und von übermorgen, ohne Ruhe im Heute. Gibt es einen stärkeren Beweis für diese Ähnlichkeit im Schicksal, als daß die Deutschen in ihrer Furcht vor Überfremdung sogar die archaische Denkweise der alttestamentarischen Volksfrömmigkeit übernehmen und von Halb-, Viertel- oder Achtel-Juden, von Reinheit des Blutes und völkischem Geist sprechen konnten; daß sie sich, wenn auch in biologischer Ausdrucksweise des Rassentheorems und der Vererbungswissenschaft, dem vorchristlichen Stammesdenken ihres vermeintlichen Gegners in einer, sonst nur in moderner bildender Kunst vorhandenen, veritablen *préhistoire moderne* anzugleichen suchten?[61]

Zweifellos hat Plessner Friedrich Nietzsche gelesen, der über die Musik Richard Wagners geschrieben hatte: »Diese Art von Musik drückt am besten aus, was ich von den Deutschen halte: sie sind von Vorgestern und von Übermorgen, – *sie haben noch kein Heute.*«[62] Auch hier ist auffallend, daß das Volk, das sich am intensivsten seiner Vergangenheit und Zukunft verpflichtet fühlte, im ›Heute‹ aber keine tiefen Wurzeln schlagen wollte, die Juden waren. Der durch Hegel beeinflußte große Historiker der Geschichte der Juden, Heinrich Graetz, schrieb:

> Das Judentum ist keine Religion der Gegenwart, sondern eine der Zukunft. Wie seine Patriarchen nur in Verheißungen gelebt haben, und in ihrer Gegenwart nur eine Vorbereitung für die Zukunft ihres Geschlechtes erblickten, so ringt das Judentum nach einer Gegenwart, die ihm fehlt, und im Bewußtsein dieser Mangelhaftigkeit, dieser wenig entsprechenden Wirksamkeit schaut es rückwärts nach Sinais Flammenbusch und vorwärts auf das Zeitenideal der Propheten, wo Gotteserkenntnis, Gerechtigkeit und Glückseligkeit alle Menschen zu einem Bruderbunde vereinigt haben werden.[63]

Man kann die hier herangezogenen Zitate über die deutsch-jüdische Verwandtschaft nur richtig beurteilen, wenn man bedenkt, daß auch noch in der Weimarer Republik kollektive Urteile eine weitaus tiefere Bedeutung hatten als heute,

---

den. Hg. von Hans Bürgin. Frankfurt a. M.: Fischer 1968 (Moderne Klassiker – Fischer Bücherei), 2. Bd, S. 334–335, hier S. 334.

[61] Helmuth Plessner: Die verspätete Nation. Über die politische Verführbarkeit bürgerlichen Geistes. 2., erweiterte Aufl., Stuttgart: Kohlhammer 1959, S. 173; 1935 war das Buch erschienen unter dem Titel *Das Schicksal deutschen Geistes im Ausgang seiner bürgerlichen Epoche.*

[62] Friedrich Nietzsche: Jenseits von Gut und Böse. Vorspiel einer Philosophie der Zukunft [1886], Nr 244. In: ders., Sämtliche Werke. Kritische Studienausgabe in 15 Einzelbänden. Hg. von Giorgio Colli und Mezzino Montinari. München, Berlin, New York: de Gruyter 1980, Bd 5, S. 9–243, hier S. 180, Nr 240.

[63] Heinrich Graetz: Die Konstruktion der jüdischen Geschichte. Eine Skizze. Berlin: Schocken 1936 (Bücherei des Schocken-Verlags; 59), S. 18f.

in denen die Individualisierung der Beurteilungen viel weiter voran geschritten ist. Herkunft, Familie, Berufsstand und Glaubensrichtung waren für die Beurteilung von Menschen von erheblicher Bedeutung und hatte fast normierenden Charakter. Kollektive – Schwaben, Lehrer, Berliner, Lutheraner, Freidenker – waren weniger eine Summation des Vorhandenen, als vielmehr inhaltlich bestimmt, und gegen diese Inhalte, die wir heute als Vorurteile bezeichnen würden, konnte man sich nur schwer durchsetzen. Die Kollektivbegriffe ›Jude‹ und ›Deutscher‹ gehörten zweifellos zu den am intensivsten besetzten in der hier zu betrachtenden Zeit.

Ähnliche Zitate über die Wahlverwandtschaft von Juden und Deutschen ließen sich sicher noch mehr finden; es kann sich hier nicht um einfache Beschönigung oder pure Phantasie handeln, dazu sind die über die Jahrzehnte getrennten Feststellungen in sich zu ähnlich und sie haben ja keineswegs einen rein apologetischen Charakter. Die Ursachen können ebensowenig, wie es die Scholemdebatte nahelegt,[64] nur im Wunsch der Verharmlosung oder gar Verschleierung des Antisemitismus gesucht werden, denn auch Juden hatten diese Vorstellung und immer wieder wurde der Antisemitismus sogar aus dieser Verwandtschaft erklärt. Die Besonderheit der deutschen Geschichte, das besondere ›Deutschtum‹, das sich unter den historischen Umständen entwickelt hatte, umschloß Deutsche und Juden, die sich gerade in dieser Besonderheit wiederfanden. Gab es sie aber, dann ist jene z. B. von Fritz Stern aufgestellte Alternative in dieser Schärfe relativiert, daß Juden entweder in der Assimilation ihre Eigenart aufzugeben oder ihre Sonderstellung innerhalb der Deutschen aufrecht zu erhalten hätten[65] – die Sonderstellung der Deutschen ermögliche für eine gebildete und aus dem nationalen Selbstbewußtsein heraus lebenden Schicht die Symbiose des Deutsch-Jüdischen oder Jüdisch-Deutschen.

---

[64] Vgl. Weidner, Das Dämonische (Anm. 2), S. 235.
[65] Fritz Stern: Kulturpessimismus als politische Gefahr. Eine Analyse nationaler Ideologie in Deutschland. München: Deutscher Taschenbuch-Verlag 1986 (dtv; 4448), S. 174f.

6 Französische Revolution

In den Kapiteln über Beginn und Elemente der Symbiose sowie über den deutschen Sonderweg wurde der neutrale oder halbneutrale Charakter des deutschen Bildungsbürgertums in seiner Entstehung nachgezeichnet, wobei schon an einzelnen Punkten die historische Entwicklung angedeutet wurde. Gelegentlich wurde dabei auf die ›zwei Linien‹ hingewiesen, die sich innerhalb der deutschen Geistesgeschichte gebildet hatten. Vor allem in dem Kapitel über den Nationalismus wurde die nationale Linie beschrieben; hier soll nun die revolutionär-demokratische Linie thematisiert werden. Zu Beginn des Kapitels über die Auflösung der Symbiose wird dann noch einmal auf diese Geschichte von über einhundert Jahren zurückgeblickt, um genauer darzustellen, warum die Epoche der Klassik über diesen gesamten Zeitraum hinweg das für das Bildungsbürgertum beherrschende Vorbild geblieben ist.

Die Französische Revolution führte in Deutschland zu extremen Reaktionen:

> Die Verführungskraft des Absoluten hat dort [in Deutschland] leichtes Spiel: Sie ist dem Einspruch und dem Widerspruch der praktischen Politik entrückt. [...] Die bürgerliche Intelligenz in Deutschland machte die Revolution zum Medium ihres absoluten Begehrens: Weltgeschichte sollte Heilsgeschichte werden. [...] In der Ferne zur revolutionären Realität verharrend, neigt das absolute Begehren nicht nur zur Verhimmelung der Revolution: Es schlägt auch leicht in ihre Verteufelung um, wenn sich der revolutionäre Prozeß den verstiegenen Vorstellungen der Fernbetrachter nicht fügt.[1]

In diesem Kapitel geht es um die divergierenden Folgen der Französischen Revolution, um die Radikalisierung und Messianisierung des Geisteslebens mit ihren unterschiedlichen Auswirkungen einerseits und um Gerechtigkeit und Verrechtlichung andererseits. An beiden Entwicklungen haben auch Juden teilgenommen.

Die Verrechtlichung der Gesellschaft ist im Rahmen unseres Themas ein Grenzgebiet, da sie nicht in den Kern der Geistesgeschichte gehört. Dennoch ist sie für uns wichtig, da es hier einerseits nur um die Legitimierung des Anspruchs auf Recht und Abwehr der obrigkeitlichen Willkür geht und andererseits ein Thema angesprochen wird, das so nah, wie der Symbiose nur möglich, zur konkreten Politik stand. Abschließend wird auf die Ablehnung der Französischen

---

[1] Gert Sautermeister: Literarischer Messianismus in Deutschland. Politische Ästhetik im Banne der Revolution (1789–1914). In: Schreckensmythen – Hoffnungsbilder. Die Französische Revolution in der deutschen Literatur. Essays. Hg. von Harro Zimmermann. Frankfurt a. M. 1989 (Athenäums Taschenbuch; 130), S. 122–161, hier S. 122f.

Revolution durch die Zionisten eingegangen. Zunächst aber geht es um die europäische und die weltgeschichtliche Bedeutung der Französischen Revolution.

Die Französische Revolution war ein Ereignis, das sofort als weltgeschichtlich einzigartig angesehen wurde, und die Faszination, die von ihr ausging, wirkte bis in die Weimarer Republik nach. Was bisher nur gedacht worden war, wurde jetzt Wirklichkeit: Freiheit. Die Kriege der Koalitionsheere gegen die republikanischen Franzosen, die Verurteilung und Hinrichtung des Königs, der Aufstieg Napoleons, seine Eroberungszüge durch Europa, seine Kaiserkrönung, seine Niederlage in Rußland – all dies konnte der Initialzündung, dem schlechthin Neuen, das – mit einer neuen Zeitrechnung versehen – in die Geschichte eingetreten war, nicht entscheidend schaden. Im Verlauf der Geschichte war nicht etwas Neues eingetreten, die Geschichte selbst hatte sich verändert. Hegel beschrieb es in seinen *Vorlesungen über die Philosophie der Geschichte* (ab 1822/23 bis 1830/31) so:

> Solange die Sonne am Firmamente steht und die Planeten um sie herum kreisen, war das nicht gesehen worden, daß der Mensch sich auf den Kopf, d. i. auf den Gedanken stellt und die Wirklichkeit nach diesem erbaut. Anaxagoras hatte zuerst gesagt, daß der νοῦς die Welt regiert; nun aber erst ist der Mensch dazu gekommen, zu erkennen, daß der Gedanke die geistige Wirklichkeit regieren solle. Es war dies somit ein herrlicher Sonnenaufgang. Alle denkenden Wesen haben diese Epoche mitgefeiert. Eine erhabene Rührung hat in jener Zeit geherrscht, ein Enthusiasmus des Geistes hat die Welt durchschauert, als sei es zur wirklichen Versöhnung des Göttlichen mit der Welt nun erst gekommen.[2]

Fast ein Jahrhundert später, während des Ersten Weltkriegs und bei der Beendigung seines großen Werkes über Hegel,[3] schrieb Franz Rosenzweig in den Schützengräben den *Stern der Erlösung*. Dort lesen wir über die ›Goethezeit‹:

> Es ist ja kein Zufall, daß nun zum ersten Mal ernsthaft begonnen wurde, die Forderungen des Gottesreichs zu Zeitforderungen zu machen. Erst seitdem wurden alle jene großen Befreiungswerke unternommen, die, so wenig sie an sich schon das Reich Gottes ausmachen, doch die notwendigen Vorbedingungen seines Kommens sind. Freiheit, Gleichheit, Brüderlichkeit wurden aus Herz-Worten des Glaubens zu Schlag-Worten der Zeit und mit Blut und Tränen, mit Haß und eifervoller Leidenschaft in die träge Welt hineingekämpft in ungeendeten Kämpfen.[4]

Fast wie eine Vorahnung dieser ungeendeten Kämpfe liest sich ein Brief, den Jean Paul an ein jüdisches Ehepaar schrieb, das sich nach dem Tode ihrer Tochter an ihn gewendet hatte, um Trost zu erlangen:

---

[2]   Georg Wilhelm Friedrich Hegel: Vorlesungen über die Philosophie der Geschichte. In: ders., Werke in 20 Bänden. Frankfurt a. M.: Suhrkamp 1971, Bd 12, S. 529.

[3]   Franz Rosenzweig: Hegel und der Staat. 2 Bde, München, Berlin: Oldenbourg 1920, Nachdruck: Aalen: Scientia 1982.

[4]   Franz Rosenzweig: Der Mensch und sein Werk. Gesammelte Schriften. Bd 2: Der Stern der Erlösung. Hg. von Reinhold Mayer. Den Haag: Njihoff 1976, S. 319.

> Die Menschheit geht jetzt durch ein rotes Blutmeer, vielleicht mehr als ein Jahrhundert lang, ihrem geloben Land entgegen, und unsere frühere Geburt erspart uns Wunden: Wissen Sie, ob das weich organisierte Wesen nicht zu sehr wäre von den blutigen Wellen erschüttert worden, die schon in unserer Zukunft rauschen?[5]

Jean Paul hatte durch seinen Freund Emanuel Osmund einiges über das Judentum erfahren, so daß diese Zeilen weit mehr als bloße Anpassung an die Denkungsart derer waren, denen er Trost zusprechen wollte.

War dies unmittelbar auf die Französische Revolution bezogen, so stellt eine von Heinrich Graetz zitierte Passage aus dem Jahre 1819, geschrieben von Alexander Lips, die judenfeindlichen Übergriffe in eine allgemeine Zeittendenz:

> Eine Stimmung verbreitete sich, welche Bürger ein und desselben Staates als feindselige Prinzipe einander gegenüberstellt und Fractionen in seinem Innern erzeugt, die sich in jedem Momente blutig bedrohen. Ein Haß wird rege, wie er kaum in den düstern Zeiten des Mittelalters geherrscht haben mag und uns Erscheinungen ahnen läßt, die mit dem Geiste der Humanität und des inneren Friedens im Widerspruche stehen.[6]

Die Radikalisierung und Messianisierung der deutschen Philosophie, die sich gerade durch ihre Distanz zur realen Politik gebildet hatte, konnte der Entstehung ›feindseliger Prinzipe‹ nur Vorschub leisten.

Zweifellos als Ergebnis der Lektüre Rosenzweigs lesen wir bei Fritz Strich, dem berühmten jüdischen Germanisten, in einer Rede über Goethe von 1932:

> Napoleon war es dann, der, mit der Idee eines neuen Europa vor Augen, die Revolution über das alte Europa hintrug und jenen ersten Welt- und Völkerkrieg entfachte, jenen europäischen Brand, der heute noch lodert, jene tobende Weltbewegung entfesselte, die heute noch weitertobt. Denn mochte auch das alte Europa noch einmal Napoleon und die Revolution besiegen, und die alten Ordnungen noch einmal aufrichten, die Revolution von 1830 setzte die allstürzende, sozialpolitische Bewegung fort. Ob Revolution oder Reaktion, Europäismus oder Nationalismus, es gab nichts anderes mehr als Kampf und Haß der Völker und Parteien, und alles was noch kam, war nur die weiterrollende Bewegung, die mit dem Anstoß der französischen Revolution begonnen hatte. Das ist die sogenannte Goethezeit, die Kunstepoche, die in Wahrheit aufgewühlt wie keine andere war, bedroht vom Sturze aller Dinge, aufgeschreckt von Kriegen, Revolutionen und Reaktionen, und so hat Goethe selbst auch seine Zeit empfunden [...].[7]

---

[5]   Jean Paul an Samuel und Rebekka Friedlaender, 8. Mai 1799, zit. nach: Jean Paul. Ein Lebensroman in Briefen mit geschichtlichen Verbindungen von Ernst Hartung. Ebenhausen: Langewiesche-Buchhandlung 1925 (Die Bücher der Rose – Neue Friedensreihe), S. 210.

[6]   Alexander Lips: Über die künftige Stellung der Juden in den deutschen Bundesstaaten [März 1819], zit. nach: Heinrich Graetz: Geschichte der Juden von den allerältesten Zeiten bis auf die Gegenwart. Leipzig: Leiner 1870, 11. Bd, S. 356.

[7]   Fritz Strich: Goethe und unsere Zeit. Rede, gehalten an der Feier der Berner Universität zum hundertsten Todestag Goethes 1932. In: Der Dichter und die Zeit. Eine Sammlung von Reden und Vorträgen. Bern: Francke 1947, S. 149–169, hier S. 152f.

Hier sind exemplarisch die beiden Seiten der Entwicklung zusammengefaßt: Der ›Enthusiasmus des Geistes‹ auf der einen Seite, der die Ideen der Französischen Revolution, Freiheit, Gleichheit und Brüderlichkeit auf seine Fahnen geschrieben hatte und die Zeit von Blut und Tränen, voll Haß und eifervoller Leidenschaft auf der anderen Seite. Hegel wie Rosenzweig diagnostizierten eine Messianisierung der Geschichte; es ging nicht mehr allein um das mit gesellschaftspolitischen Mitteln erreichbare Beste für die Menschen, sondern um das Wahre – auch bei der Durchsetzung der Ideale von Freiheit, Gleichheit und Brüderlichkeit. In Frankreich wurde diese messianische Tendenz durch die politische Diskussion und durch das nationale politische Handeln korrigiert, in Deutschland dagegen fehlte diese Korrektur – hier verband sich vielmehr das messianische Element mit dem nationalen. Das erschwerte die Demokratisierung und erlaubte es, diejenigen, die für die revolutionären Ideale eintraten, als ›vaterlandslose Gesellen‹ zu verteufeln. Es entstand in Europa das, was Herder am meisten gefürchtet hatte: die Möglichkeit und zuletzt die Realität des Krieges der Vaterländer gegen Vaterländer, etwas, das nach den Vorstellungen der gemäßigten Nationalisten gerade ausgeschlossen werden sollte, weil nach ihren Vorstellungen die Nationen allein für das Wohl der Menschen arbeiten sollten.

Frankreich war das Land, in dem die Juden zuerst emanzipiert und als gleichberechtigte Bürger anerkannt wurden. Am 28. Januar 1790 wurde von der Nationalversammlung ein entsprechender Beschluß gefaßt; das ›infame Dekret‹ vom 17. März 1808 war ein nur kurzfristiger Rückschlag.[8] Vorbereitet wurde die Emanzipation auch durch die Rezeption der Schriften Mendelssohns und Naphtali Herz Wesselys in Frankreich, von denen wichtige Werke ins Französische übersetzt wurden.[9] Graf Mirabeau (1749–1791)[10] erhielt Anstöße für seine judenfreundliche Politik in Berlin, wo er auch Gast im Salon von Henriette Herz war; 1787 schrieb er *Über Mendelssohn und über die politische Reform der Juden*:

> Wollt Ihr, daß die Juden bessere Menschen, natürliche Bürger werden? Verbannt aus der Gesellschaft jede erniedrigende Scheidung, öffnet ihnen alle Wege des Erwerbs und des Unterhalts. [...] Möge diese Nation wie jede andere die freie Übung ihres Kultus haben. [...] Die Verfassung wird zugleich den Übeln, die man ihnen angetan, und den Fehlern abhelfen, deren sie sich gezwungenerweise schuldig gemacht haben.[11]

Es gab also eine gewisse Vorarbeit für die politische Emanzipation der Juden in Frankreich durch die geistige Entwicklung in Deutschland.

---

[8] Vgl. Esther Benbassa: Geschichte der Juden in Frankreich. Berlin, Wien: Philo 2000, S. 120.

[9] Vgl. ebd., S. 102f.

[10] Vgl. Hanns Reißner: Mirabeaus Judenpolitik. In: Der Morgen 8 (1932/33), H. 2 (Juni 1932), S. 122–130.

[11] Zit. nach: Quellenbuch zur jüdischen Geschichte und Literatur. Bearb. von Julius Höxter. 5. Teil: Neueste Zeit. 1789 bis zur Gegenwart. Frankfurt a. M.: Kauffmann 1930, S. 4.

Immer wieder wird in diesem Zusammenhang kritisch auf die Rede des Abgeordneten Stanislas de Clermont-Tonnerre in der Nationalversammlung am 23. Dezember 1789 hingewiesen:

> Den Juden als Nation ist alles zu verweigern, den Juden als Menschen aber ist alles zu gewähren.

Dieser so häufig zitierte Satz allein genügt aber zur Beurteilung nicht, erst der Zusammenhang läßt die Intentionen Clermont-Tonnerres klar erkennen:

> Indem ihr in der Deklaration der Menschenrechte erklärt habt, daß niemandem, selbst seiner religiösen Überzeugungen wegen, Beschränkungen auferlegt werden dürften, habt ihr euch bereits festgelegt. [...] Das Gesetz darf das Glaubensbekenntnis des Menschen nicht antasten, es hat keine Macht über seine Seele; die Macht des Gesetzes erstreckt sich lediglich auf die Handlungen des Menschen, die es, soweit sie der Gesellschaft nicht abträglich sind, auch in Schutz nehmen muß [...]. So lasset denn dem Gewissen seine Freiheit! [...] Jedes Glaubensbekenntnis hat nur das eine zu bezeugen: seine moralische Vollwertigkeit. Den Juden als Nation ist alles zu verweigern, den Juden als Menschen aber ist alles zu gewähren. Sie sollen Bürger werden. Nun behauptet man, sie selbst wollten keine Bürger sein; mögen sie es nur ausdrücklich erklären – dann sollen sie des Landes verwiesen werden, denn es darf keine Nation in der Nation geben [...]. In ihrer Petition bringen sie aber gerade die Forderung zum Ausdruck, daß man sie als Bürger betrachte, und dem Gesetz liegt es ob, ihnen diese Würde, die allein ein Vorurteil ihnen vorenthalten konnte, endlich zuzugestehen.[12]

Eine ›Nation innerhalb der Nation‹ sei nicht tragbar. Die Kritik an dieser Auffassung geht dahin, daß mit der Emanzipation der Juden als ›Menschen‹, d. h. als Individuen,[13] die Gemeinschaft der Juden aufgelöst worden sei; Jude aber könne man nur innerhalb der jüdischen Gemeinschaft sein. Lassen wir die Frage beiseite, ob unter dieser Maßgabe Sigmund Freud, Albert Einstein, Stefan Zweig und viele andere überhaupt als Juden bezeichnet werden können und wenden wir uns der damaligen Situation zu.[14]

Die Französische Revolution hatte sich gegen die Teilung der Gesellschaft in Stände gewendet und wollte diese Spaltung durch den Absolutismus überwinden. Abbé Emmanuel Joseph Sieyès (1748–1836), einer der großen Vordenker der Revolution, fragte nach dem dritten Stand, erklärte ihn als ganze und vollständige Nation, schied den ersten und zweiten Stand, den Adel und die Geistlichkeit, aus der Nation aus: »Der dritte Stand ist eine vollständige Nation.«[15] Eine neue Teilung der Nation sollte nicht mehr stattfinden, da die

---

[12] Zit. nach: ebd., S. 8.

[13] So eine andere Übersetzung vgl. Benbassa, Geschichte der Juden in Frankreich (Anm. 8), S. 109.

[14] Zum Zusammenhang vgl. Arthur Hertzberg: The French Enlightenment and the Jews. New York, London: Columbia University Press 1968, S. 360f.

[15] Emmanuel Sieyès: Was ist der dritte Stand? Zit. nach: Die Französische Revolution. Eine Dokumentation. Hg. von Walter Grab. München: Nymphenburger Verlagshandlung 1973 (Nymphenburger Texte zur Wissenschaft – Modelluniversität; 14), S. 24–30, hier S. 25.

Nation unteilbar sei.[16] Die revolutionäre französische Nation proklamierte sich als *une et indivisible*, »als ein und unteilbar«.[17] Eine ›Nation innerhalb der Nation‹ hätte das Projekt der Französischen Revolution gesprengt. Die unteilbare Nation war eine Einheit, in gewissem Sinne also ein Individuum. Die Emanzipation der Juden als Individuen, als Bürger, war also eine unumgängliche Notwendigkeit. Dieser nationale Individualismus war freilich ein ganz anderer als der deutsche, der nur ein geistiges Konstrukt darstellte, wohingegen der französische gesellschaftlich und politisch bestimmt war.

Schon 1789 reisten bedeutende Philosophen und Pädagogen nach Paris, um das dortige ›Schauspiel‹ mit eigenen Augen erleben zu können. Einer der ersten war Joachim Heinrich Campe (1746–1818), der 1790 seine *Briefe aus Paris, während der französischen Revolution geschrieben* herausgab. Dort heißt es:

> Es ist unmöglich, glaube ich, in der ganzen Natur etwas Schöneres und Rührenderes zu sehen. Noch jetzt, da dies Herz und Sinn erhebende Schauspiel mir nicht mehr neu ist, stehe ich, in Erstaunen und Entzücken versunken, oft stundenlang an öffentlichen Plätzen, wohin die schwellende Flut des Menschenstroms sich unaufhörlich ergießt, und beobachte, bis zu süßen Freudentränen gerührt, in tausend kleinen Zügen die allgewaltigen wunderähnlichen Wirkungen, welche das neue Freiheitsgefühl auf die Erhebung und Veredlung der menschlichen Gemüter und Sitten äußert. Aber ich fühle die Unmöglichkeit, dies in Deutschland seit dem Untergange der ursprünglichen deutschen Freiheit nie gesehene Schauspiel mit deutschen Worten darzustellen, und tue Verzicht auf den Versuch.[18]

Und weiter:

> Keinem wird, wenn er angestellt werden soll, ein Taufschein oder Glaubensbekenntnis abgefordert. Man fragt nicht: »Bist du getauft oder beschnitten?«, sondern bloß: »Bist du französischer Bürger, und hast du die zu dem Amte, welches du suchst, erforderlichen Kenntnisse, Fähigkeiten und Geschicklichkeiten oder nicht?« [...] Von *Duldung* ist dabei die Rede nicht. Frankreich ist das erste Land in Europa, in welchem man eingesehen hat (was der unbefangenen Vernunft so nahe liegt, daß man kaum begreift, wie es jemals hat übersehen werden können), daß die Duldung in Glaubenssachen keine *Tugend*, sondern eine ungeheure, ebenso lächerliche als verabscheuungswürdige *Anmaßung* ist. Was ist der Mensch, der Wurm, der überall, wo von geistigen Dingen die Rede ist, im finstern tappt, daß er sich herausnehmen dürfte, zu bestimmen, welche Meinung über solche Dinge geduldet oder nicht geduldet werden solle? Nur Gott, der Allwissende, vor welchem allein Wahrheit und Irrtum unverschleiert und offen daliegen, kann dulden und wirklich den irrenden Rechtgläubigen wie den irrenden Ketzer (sie irren ja beide, weil beide Menschen sind), selbst den, der ihn verkennt, ihm sogar das Dasein abzusprechen sich unterwindet![19]

---

[16] Vgl. Hans Fenske / Dieter Mertens / Wolfgang Reinhard: Geschichte der politischen Ideen. Von Homer bis zur Gegenwart. Durchgesehene Ausg., Frankfurt a. M.: Fischer-Taschenbuch-Verlag 1987 (Fischer-Taschenbücher; 4367), S. 384.

[17] Hagen Schulze: Staat und Nation in der europäischen Geschichte. München: Beck 1999 (Beck'sche Reihe; 4024), S. 172.

[18] Johann Heinrich Campe: Briefe aus Paris, während der Französischen Revolution geschrieben. Hg. von Helmut König. Berlin: Rütten & Loening 1961, S. 124f.

[19] Ebd., S. 354f.

Gleichzeitig mit dieser Überwindung der Idee der Duldung und Toleranz sieht man in anderen Äußerungen, die auf diese erste Phase der Französischen Revolution antworten, die ›typisch deutschen‹ Interpretationsmuster. Johann Heinrich Merck (1741–1791) schrieb noch in seinem letzten Lebensjahr an Ernst Schleiermacher:

> Was soll ich Ihnen von allem dem, was mich jetzt umgibt, sagen? Alles, was wir von Anfang der Dinge wünschten, ist wahr – und das andere alles erlogen und mit dem Farben gemalt, die man bestellt hat. [...] Die Umwandelung dieses Volkes ist unglaublich, und sowie man sich der Hauptstadt nähert, wird alles schlackenreiner. [...] *Paris* aber übertrifft alle Erwartung an Ganzheit und Gesinnung, an Größe der Bilder, an Festigkeit des Ausdrucks, an Durst nach Wahrheit, Tugend, Menschengefühl. Ich habe die ›Einnahme der Bastille‹, ein völlig Shakespearsches Drama, gesehen, das *Goethe* nicht besser hätte kalkulieren können. Ich bin in Tränen geschwommen, nicht sowohl wegen der Vorstellung der Dinge, sondern wegen der Teilnahme des Publikums. Nichts Erhebliches war, das nicht zwei- bis dreimal mußte gesagt werden. [...] Ich war in dieser großen, großen Familie mit bei Tische. Es konnte kein Apfel zur Erde, die Akteurs übertrafen sich selbst; sie spielten nicht mehr, sie handelten. So war ich in einem andern Stück, ›Esope à la cour‹ [Äsop am Hof], [...] das [...] mit einer Gierigkeit aufgeleckt wurde, weil es die reinste Moral in der herrlichsten Diktion enthielt und immer gegen Despotismus, Ungleichheit der Stände, Fühllosigkeit der Reichen usw. auftrat.[20]

Auch wenn damals die Französische Revolution allgemein als ›Schauspiel‹ aufgefaßt wurde, so ist hier doch eine Ästhetisierung und Dramatisierung zu erkennen, die den politischen Hintergrund fast vergessen läßt. Aber die Französische Revolution bestärkte nicht nur den »Zug ins Innerliche und Tiefe« des Ästhetischen und den Zug »ins Prinzipielle, Radikale« im Messianischen,[21] sondern sie führte zu einer weitaus realistischeren Entwicklung, nämlich zu der Tendenz der Verrechtlichung der bürgerlichen Lebensverhältnisse.

Gerhard Anton von Halem (1752–1819), Schriftsteller und Historiker, erkannte gerade im Gegensatz zu den Ereignissen in Frankreich den Charakter der Deutschen:

> Was namentlich uns Deutsche betrifft, wir sind mehr als irgend eine andere Nation *Weltbürger*. Haben wir doch im politischen Sinne fast kein Vaterland.[22]

Und er gab in wenigen Sätzen wieder, was damals viele dachten:

---

[20] Johann Heinrich Merck an Ernst Schleiermacher, 23. Januar 1791, Paris. In: ders., Galle genug hab ich im Blute. Fabeln, Satiren, Essays. Hg. von Hedwig Voegt. Berlin: Rütten & Loening 1973, S. 616.

[21] Vgl. Helmuth Plessner: Ein Volk der Dichter und Denker? In: ders., Diesseits der Utopie. Ausgewählte Beiträge zur Kultursoziologie. Frankfurt a. M.: Suhrkamp 1974 (Suhrkamp-Taschenbuch; 148), S. 66–73, hier S. 68.

[22] Gerhard Anton vom Halem: Blicke auf einen Theil Deutschlands, der Schweiz und Frankreichs bey einer Reise vom Jahre 1790, zit. nach: Alfred Stern: Der Einfluß der Französischen Revolution auf das deutsche Geistesleben. Stuttgart, Berlin: Cotta 1928, S. 29.

Was ist doch alles, so die Völkergeschichte bisher uns zeigt, in Vergleichung mit dem Schauspiele, das uns jetzt Gallien giebt? Hundert Schlachten und Siege und Bündnisse änderten fürs Menschengeschlecht nichts, denn was interessiert es die Menschheit, ob ein Stück Landes unter den Auspicien des einköpfigen oder zweiköpfigen Adlers seine Abgaben zahlt? ... Wie viel interessanter für den Freund der Menschheit ist denn nicht der Anblick eines Volks, das durch Gesetzgebung sein inneres Wohlsein zu vermehren sucht![23]

Die gesetzliche Fassung der Gesellschaft war eines der entscheidenden Ziele der Revolution. Emmanuel Sieyès schrieb:

Was ist eine Nation? Ein Körper, dessen Mitglieder unter einem gemeinsamen Gesetz leben und durch eine und dieselbe gesetzgebende Versammlung vertreten sind.[24]

Dies war eine vollkommen andere Definition der Nation als diejenige, die in Deutschland so heftig diskutiert wurde. Neben dieser gab es in Deutschland aber auch – wenn auch ohne den breiten Widerhall – die Diskussion um die rechtliche Fassung und Absicherung der bürgerlichen Ziele, die keine messianischen Untertöne hatte. Der berühmte Schweizer Pädagoge Johann Heinrich Pestalozzi betonte:

Wenn je ein Volk würdig ist, durch gesetzlich gesicherte Rechte zu einem höheren Grade von Wohlstand und bürgerlicher Kraft emporgebildet zu werden, so ist es das deutsche.[25]

Von der gesetzlichen Formierung der Gesellschaft erhoffte man sich eine Sicherung des Friedens, wie es Fichte folgerte:

So erfolgt nothwendig aus der Errichtung einer rechtlichen Verfassung im Inneren, und aus der Befestigung des Friedens zwischen den Einzelnen Rechtlichkeit im äußeren Verhältnisse der Völker gegeneinander, und allgemeiner Friede der Staaten.[26]

Heute mag uns die Überlegenheit der Idee des Friedens vor der des Krieges selbstverständlich erscheinen, aber weder damals noch ein Jahrhundert später war das so. Viele, auch Gebildete und Philosophen gingen davon aus, daß eine lang anhaltende Friedenszeit die Menschen schwäche, daß Krieg nicht nur Mittel der Macherweiterung nach außen, sondern auch Mittel zur Stärkung nach innen sei – wir werden hierauf zurückkommen. Nur die Juden vertraten nach der Zerstörung des Zweiten Tempels die Idee des Friedens rückhaltlos und ächteten jeden Krieg.

---

[23] Ebd.

[24] Sieyès, Was ist der dritte Stand? (Anm. 15), S. 27.

[25] Johann Heinrich Pestalozzi: Ist es denn wirklich wahr, daß die Zeitaufklärung schuld ist, daß Europens Fürsten nicht mehr auf ihren Thronen sicher sind? Zit. nach: Stern, Der Einfluß der Französischen Revolution auf das deutsche Geistesleben (Anm. 22), S. 47f.

[26] Johann Gottlieb Fichte: Die Bestimmung des Menschen [1800]. In: Johann Gottlieb Fichte's sämmtliche Werke. Hg. von Immanuel Hermann Fichte. Berlin: Veit 1834, Bd 2, S. 165–319, hier S. 275.

Einer der ersten deutschen Juden, vielleicht sogar der erste, der sich mit der Französischen Revolution öffentlich auseinandersetzte und solidarisierte, war Saul Ascher (1767–1822), ein radikaler Publizist. Schon 1799 hatte er sein Manuskript *Ideen zur natürlichen Geschichte der politischen Revolutionen* geschrieben, das zunächst von der Zensur als ein ›unverhüllter Aufruf zum wirklichen Revolutionieren‹ verboten wurde,[27] dann aber anonym 1802 mit dem neuen Titel *Philosophische Skizzen zur natürlichen Geschichte des Ursprungs, Fortschritts und Verfalls der gesellschaftlichen Verfassungen* erscheinen konnte. Er setzte sich gegen das Judentum und den reinen Idealismus ab; die Gesellschaft als menschliche Verbindung sei weder durch »die reine unschuldige Verbindung, das sanfte unschuldige Band der Geselligkeit, in welchem unsere Dichter im goldenen Zeitalter unsere Voreltern am Ufer des *Tigris* vegetieren lassen«, noch »die große himmlische Idee, welche unsere Weltweisen wie eleusische Geheimnisse im großen Buche der Geisteskultur vorgefunden«, sie sei vielmehr eine »äußere Triebfeder« gewesen, die Menschen zur Geselligkeit führte.[28] Und er fragte:

Was waren die Gesetzgeber des Altertums? Was bewirkte ein *Moses*, *Romulus* oder *Lykurg* zum Heile der Menschheit? Nehmen Sie ihnen ihr politisches Talent, durch ihre Gesetze und Verordnungen einen rohen Nomadenhaufen regiert zu haben, so entreißen Sie ihnen ihr ganzes Verdinest.[29]

Revolutionen seien die Rückkehr zu einem vor-gesellschaftlichen Zustand, den er – entgegen Rousseau – kritisch beurteilte; der gesellschaftliche Zustand müsse nach einer Revolution neu errichtet werden, und dann gelte:

Der revolutionäre Geist sucht [...] zuerst die Freiheit des Genusses, endlich die der Meinungen und darauf die der Rechte zu entwickeln.[30]

Ascher sah also in der Verrechtlichung den Höhepunkt der Revolution, die er – im Gegensatz zu den meisten deutschen Gebildeten – als politischen Prozeß begriff. Sein Fazit:

Bis am Ende des achtzehnten Jahrhunderts hat uns die Natur keine Erscheinung dargeboten, in welcher wir eine Gesellschaft sehen, welche, nachdem sie die Freiheit aller ihrer Kräfte erobert, im Bewußtsein ihrer Stärke und Schwäche sich selbst eine Norm ihrer Handlungsweise schuf.[31]

---

[27] Vgl. Walter Grab: Saul Ascher, ein jüdisch-deutscher Spätaufklärer zwischen Revolution und Restauration. In: Jahrbuch des Instituts für Deutsche Geschichte 6 (1977), S. 131–179, hier S. 148.

[28] Saul Ascher: Die Revolution in geschichtsphilosophischer Perspektive, Auszüge in: Revolutionäre Vernunft. Texte zur jakobinischen und liberalen Revolutionsrezeption in Deutschland 1789–1810. Hg. von Jörn Garber. Kronberg/Ts: Skriptor 1974 (Skripten Literaturwissenschaft; 5), S. 10–21, hier S. 11.

[29] Ebd., S. 13.

[30] Ebd., S. 16.

[31] Ebd., S. 20.

Walter Grab hat diese Passage als »Vorahnung« jenes Diktums Hegels gedeutet, das eingangs dieses Kapitels zitiert wurde, weil es »die französische Revolution als Beginn einer neuen Menschheitsära rühmte«.[32]

Gerechtigkeit stand traditionell im Zentrum des jüdischen Gemeindelebens; Abraham, der Ahnherr Israels, wurde in Genesis 18,19 von Gott mit den Worten erwählt:

> Denn ich hab' ihn ersehen, daß er es hinterlasse seinen Söhnen und seinem Hause nach ihm, daß sie wahren den Weg des Ewigen, zu thun Gebühr und Recht.[33]

In Frankreich war Joseph Salvador (1796–1873), der väterlicherseits von Marannen abstammte und eine katholische Mutter hatte,[34] einer der ersten, der die Gerechtigkeit der Juden im Geist der neuen Zeit uminterpretierte. 1828 erschien in Paris das Werk, das 1836 unter dem Titel *Geschichte der mosaischen Institutionen und des jüdischen Volkes* ins Deutsche übersetzt wurde. Für ihn stand das mosaische Gesetz ganz im Sinne Rousseaus unter den Idealen von Freiheit, Gleichheit und Brüderlichkeit,[35] das offenbarte Gesetz war für ihn »Ausdruck der vom allgemeinen Willen anerkannten politischen Wahrheit«. Daraus folgte: »Kein andres Volk bietet das Beispiel eines so weisen und erhabenen Staats-Vertrages.«[36] Das Volk der Juden wurde ihm eine »Republik der Hebräer«, und Salvador führte aus:

> Wenn Moses der eigentliche Vater der geschriebenen Gesetzgebung und der Staatswissenschaft zu heißen verdient [...] wenn sein Gesetz die ewigen Grundlagen des öffentlichen Rechts, der Bedürfnisse und Pflichten der Menschen enthält, wenn in ihm das Verlangen nach Gleichheit, nach Freiheit, nach Unabhängigkeit, Frieden und Gemeinwohl leuchtend hervortritt – warum, sage ich, sollte nicht ein Tag kommen, an welchem diese mächtige Versammlung der Nationen also spräche: »Kinder Israels, Euch, die wir so lange unterdrückt und verläumdet haben, bieten wir mit Freude den Fleck der Erde an, den Eure Voreltern einst bewohnten [...]. Erbauet den Tempel Jahves, den Palast des Gesetzes wieder und möge Zion nicht mehr die Verlassene heißen [...].«[37]

---

[32] Grab, Saul Ascher (Anm. 28), S. 151.

[33] Nach der Übersetzung von Zunz; Moses Mendelssohn hatte übersetzt »Tugend und Gerechtigkeit«.

[34] Vgl. Robert Raphael Geis: Einleitung. In: Versuche des Verstehens. Dokumente jüdisch-christlicher Begegnung aus den Jahren 1918–1933. Hg. und eingeleitet von Robert Raphael Geis und Hans-Joachim Kraus. München: Kaiser 1966 (Theologische Bücherei; 33 – Systematische Theologie), S. 13–38, hier S. 33.

[35] Vgl. Michael Graetz: Jüdischer Messianismus in der Neuzeit. In: Zukunftshoffnung und Heilserwartung in den monotheistischen Religionen. Hg. von Abdoldjavad Falaturi, Walter Strolz und Shemaryahu Talmon. Freiburg, Basel, Wien: Herder 1983 (Veröffentlichungen der Stiftung Oratio Dominica – Weltgespräch der Religionen – Schriftenreihe zur großen Ökumene; 9), S. 167–188, hier S. 172.

[36] Zit. ebd., S. 171f.

[37] Zit. ebd., S. 172.

In Deutschland gab es entsprechende Tendenzen. Auch hier stand der Ursprung des mosaischen Gesetzes im Mittelpunkt. Ludwig Philippson (1811–1889), der Begründer der *Allgemeinen Zeitung des Judentums*, schrieb 1845 über »Staat und Religion, die religiöse Gemeinschaft«:

> Aus allem diesem geht klar hervor, daß der mosaische Staat der Staat der gesetzlichen Freiheit und Gleichheit war, allen antiken und mittelalterlichen Staaten gegenüber, und daß der moderne Staat erst mühsam nach der Anerkennung und Verwirklichung der Prinzipien unter furchtbaren Erschütterungen und Krämpfen ringt, welche das mosaische Gesetz vor so viel tausend Jahren aufgestellt und in seinen Sozialgesetzen ausgeprägt, soweit dies nur die zeitlichen, örtlichen und nationalen Bedingungen gestatteten. In der That ist der Mosaismus auch für die politische und soziale Entwickelung ein Pharus [Leuchtturm] in dunkler, stürmischer Nacht, dessen Strahlen durch die ganze Vergangenheit fallen und deren selbst noch die Zukunft der Menschheit nicht entbehren kann.[38]

Auch etwa zwanzig Jahre später heißt es über den Gesetzgeber Moses:

> Auf diesem Grunde [dem Gesetz und Recht in Gott] sollte aber das israelitische Volk in seinem Bestande und in seiner Organisation ein völlig freies sein, so daß ihm die Annahme des Gesetzes selbst wiederholt zur freien Entschließung und Zustimmung vorgelegt worden, daß Moses selbst ihm Vorschläge macht, die es annimmt, und wiederum das Volk Wünsche vorträgt, denen Moses zustimmt (5 Mos. 1, 13. 14. 22. 23).[39]

Die angegebenen Verse aus dem Deuteronomium haben freilich mit der Annahme des Gesetzes nichts zu tun und beschreiben keineswegs einen wechselseitigen Vorgang von Vorschlag und Annahme des Vorschlages zwischen Moses und dem Volk.

Als Samson Raphael Hirsch (1808–1888), Begründer der Neo-Orthodoxie, 1867 bis 1878 *Der Pentateuch, übersetzt und erläutert* veröffentlichte, kommentierte er auch Exodus 32,15.16 in seiner Übersetzung:

> Nun wendete sich und ging Moscheh von dem Berge hinab, und die beiden Tafeln des Bundes in seiner Hand, Tafeln, geschrieben von ihren beiden Seiten, von hier und von hier sind sie geschrieben.
>
> Und die Tafeln sind ein Werk Gottes, und die Schrift ist eine Gottesschrift, durchgegraben auf die Tafeln.

In seinem Kommentar machte Hirsch aus dieser Offenbarung einen demokratischen Vertragsschluß:

> Jedenfalls scheint uns [...] ein *Zwiefaches* gesagt zu sein: einmal, daß die Schrift die beiden Seiten des Steines völlig durchdrang, nicht nur bis in eine gewisse Tiefe eingegraben war, und zweitens, daß man sie dennoch von beiden Seiten in rechter Form und Folge lesen konnte. [...] daß nämlich der innere Körper eines ם und eines ס in der durchgehenden Tafelschrift nur durch ein Wunder gehalten gewesen sein kann, er hätte naturgemäß hinausfallen müssen. [...]

---

[38] Ludwig Philippson: Staat und Religion, die religiöse Gemeinschaft. In: ders., Weltbewegende Fragen in Politik und Religion. Aus den letzten dreißig Jahren. Erster Theil: Politik. Leipzig: Baumgärtner 1868 (Schriften), S. 84–112, hier S. 107.
[39] Ludwig Philippson: Die Theokratie [1864]. In: ebd., S. 134–139, hier S. 139.

Eine nur auf einer Seite beschriebene Gesetzestafel bringt den, der, davon ablesend, dem Volke ein Gesetz promulgieren [bekannt geben] soll, in eine Stellung entschiedner Überordnung zu der aufhorchenden Menge. Nur Er hat das Gesetz vor sich, und die Menge muß hinnehmen, was er ihnen vorliest. Er ist der entschieden notwendige Mittler zwischen dem Volke und dem Gesetz. Steht aber dasselbe Gesetz, und zwar wie hier in derselben göttlichen Unmittelbarkeit, auf beiden Seiten, schreibt sich gleichsam das Gesetz in jedem Augenblicke auf *beide* Seiten, dem Moses wie dem Volke zugewandt, nieder, so tritt das Gesetz unmittelbar an das Volk und an jeden aus dem Volke hinan, so schwindet Moses völlig aus dieser Vermittelung, tritt völlig in den Kreis des Volkes ein, das Volk liest ebenso Moses das Gesetz vor, wie Moses dem Volke; und wenn auch ›dieser Mann Moses‹ schwände, das Volk bedarf des Moses nicht, das Gesetz stellt sich in jedem Augenblicke einem jeden unmittelbar von Gott dar.[40]

Nicht Moses brachte das Gesetz dem Volk, sondern das Volk selbst entschied in eigener Verantwortung, in einem der Demokratie vergleichbaren Akt, der gleichwohl durch das Wunder der beidseitig beschriebenen Tafeln ermöglicht wurde.

Diese Uminterpretation, die sogar die für das Judentum so zentrale Figur des Moses relativierte, wirkte nur in das Judentum hinein. Die national gesinnten Deutschen sahen den Ursprung von Recht und Gesetz anderswo. Heinrich Luden hatte 1810 geschrieben:

Alle Völker Europas verdanken ihre Gesetze und Rechte und den Grund ihrer ganzen gesellschaftlichen Verfassung den Deutschen.[41]

Die Demokratisierungstendenzen der Französischen Revolution wirkten tief in das Judentum hinein, in ihnen sahen sich viele Juden den Deutschen verbunden, die die Demokratie zunächst auf geistigem Gebiet, dann aber auch praktisch fördern wollten. 1865 hielt Leopold Zunz in Berlin einen Vortrag mit dem Titel »Revolution«, in dem er auf die Vor- und Nachgeschichte der Französischen Revolution bis in seine Gegenwart einging:

1789 steht mit 1773 und mit 1865 in Verbindung: die Bewegung von 1789, die man ›die Revolution‹ nennt, ist noch nicht zu Ende. Sie ist wohl momentan in ihren heftigen Ausbrüchen verstopft, es sind wie bei einem lecken Schiff die Löcher zugestopft![42]

Und er ging auf die Ursachen ein, warum die Revolution noch nicht beendet sei:

Die Bewegung von 1789 kann noch nicht beendigt, vielmehr wird noch eine Weltrevolution in Europa nöthig sein, um diese Ideen der Freiheit und des gleichen Rechtes durchzusetzen, daß dieselben bis in die kleinsten Verhältnisse eindringen; es muß das Wort, der Gedanke, die Schrift, die Druckpresse, das Vereinsrecht, die Glaubensmeinung frei werden. Wenn mit der Selbstregierung der Rechtsstaat in dem gesamm-

---

[40] Der Pentateuch. Übersetzt und erläutert von Samson Raphael Hirsch. Zweiter Teil: Exodus. 2. Neuaufl., Frankfurt a. M.: Rosenzweig 1994, S. 471f.

[41] Heinrich Luden: Über das Studium der vaterländischen Geschichte [1810]. Darmstadt: Wissenschaftliche Buchgesellschaft 1955, S. 39.

[42] Leopold Zunz: Revolution [1865]. In: ders., Gesammelte Schriften. Hg. vom Kuratorium der Zunzstiftung. Berlin: Gerschel 1875, Bd 1, S. 347–354, hier S. 353.

ten Europa aufgerichtet sein wird, dann ist ›die Revolution‹ geschlossen. Das ist alsdann zugleich Recht und Autorität und der wirkliche Sieg der Demokratie.[43]

Hier, wie an vielen anderen Punkten, sehen wir den Übergang des von der Französischen Revolution unterstützten deutschen Kosmopolitismus in eine Position, die ein einiges und demokratisches Europa als Ziel der Geschichte sah.

Diese Linie läßt sich weiterverfolgen bis zu Hermann Cohen, der in seiner *Ethik des reinen Willens* gegen Hegels berühmten Satz »Was vernünftig ist, das ist wirklich«[44] und für Kant Stellung bezog:

> Hier zeigt sich der himmelweite Unterschied zwischen Hegel und Kant; denn Kant würde sagen: was vernünftig ist, das ist nicht wirklich; sonders es soll wirklich werden. Der Unterschied von Sein und Sollen unterscheidet nicht nur allgemein zwei Welten, sondern hiernach auch die Weltanschauung der pantheistischen Metaphysik von der des ethischen, weil des theoretischen Idealismus; von der Ethik der Selbstgesetzgebung.[45]

Es gab aber auch die umgekehrte Entwicklung. 1837 erschien anonym das stark von Hegel beeinflußte Werk *Die heilige Geschichte der Menschheit* von Moses Hess, in dem die Französische Revolution in einen weltgeschichtlichen Rahmen gestellt wird:

> Keine *Wasserflut*, wie nach Adam, keine *Völkerflut*, wie nach Christus, sondern eine *Ideenflut* stieg verhängnisvoll aus dem Schoße der Zeit hervor und vernichtete, was ihr hemmend in den Weg trat. [...] Mit der Französischen Revolution, die, wie *Mirabeau* von ihr prophezeiet, die Reise um die Welt gemacht hat, begann die dritte und letzte Entpuppung der Menschheit, deren Prozeß noch nicht vorüber ist.[46]

Hier war für Hess die Französische Revolution noch keine politische, sondern eine Ideenrevolution. Das änderte sich, als er mit Karl Marx, Bruno Bauer und Ferdinand Lassalle sozialistische Tendenzen entwickelte und – wie schon Saul Ascher – die Frage des (Privat-)Eigentums in das Zentrum seiner Überzeugungen stellte.

Zu Beginn der 1860er Jahre besann sich Hess – tief bewegt durch die Ereignisse der ›Damaskus-Affäre‹ von 1858 – wieder seiner jüdischen Wurzeln; 1862 erschien *Rom und Jerusalem*. Jetzt aber war die Französische Revolution für ihn der »Völkerfrühling«[47] und der Beginn eines ganz Europa erfassenden Nationalismus:

---

[43] Ebd., S. 354.

[44] Georg Wilhelm Friedrich Hegel: Grundlinien der Philosophie des Rechts. In: ders., Werke in 20 Bänden. Frankfurt a. M.: Suhrkamp 1970, Bd 7, S. 24.

[45] Hermann Cohen: Ethik des reinen Willens. 3. Aufl., Berlin: Cassirer 1921, S. 333f.

[46] Moses Hess: Die heilige Geschichte der Menschheit. Von einem Jünger Spinoza's [1837]. Zit. nach: ders., Ausgewählte Schriften. Ausgewählt und eingeleitet von Horst Lademacher. Köln: Melzer 1962, S. 55–80, hier S. 59.

[47] Moses Hess: Rom und Jerusalem. Die letzte Nationalitätenfrage. In: ebd., S. 221–320, hier S. 223.

Die Offenbarungen des heiligen Geistes weisen wirklich auf keine andere Zukunft hin als auf die der sozialen Welt im reifen Lebensalter. – Dieses Weltalter beginnt nach unserer Geschichtsreligion mit der Messiaszeit. Es ist die Zeit, in welcher die jüdische Nation und alle geschichtlichen Völker wieder zu neuem Leben aufstehen, die Zeit der ›Auferstehung der Toten‹, der ›Wiederkunft des Herrn‹, des ›neuen Jerusalems‹ und wie die verschiedenen symbolischen Bezeichnungen, deren Bedeutung nicht mehr mißverstanden werden kann, sonst noch heißen mögen.

Die Messiaszeit ist das gegenwärtige Weltalter, welches mit *Spinoza* zu keimen begonnen hat und mit der großen *Französischen Revolution* ins weltgeschichtliche Dasein getreten ist. Mit der Französischen Revolution begann die Wiedergeburt der Völker, die dem Judentum ihren nationalen Geschichtskultus verdanken.[48]

Hess hat der allgemeinen messianischen Grundstimmung Ausdruck verliehen und dabei mit dem Begriff der ›Wiedergeburt der Völker‹ eines der wichtigsten Stichwörter der Epoche gegeben, das später die Zionisten aufgriffen. Da er diesen Völkerfrühling als Zeichen der messianischen Zeit betrachtete, kam ihm nicht in den Sinn, daß der Nationalismus auch große Gefahren in sich barg.

Daß diese nationalistische Interpretation der Französischen Revolution in Widerspruch zu den universalistischen Tendenzen, den Ideen von Freiheit, Gleichheit und Brüderlichkeit treten konnte und mußte, zeigte sich dann auch im Zionismus. 1913 hielt Salman Schocken jr. *Eine Maccabäerrede*, in der er diejenigen Juden heftig kritisierte, die ihrem Judentum entfliehen wollten:

Denn wozu sich mit einem Namen belegen, der jahrhundertelang zum Schimpfnamen geworden war, wozu die Last der Abstammung, die Last der Gemeinschaft mit großen, von schwerer Not zerdrückten Menschenmassen auf sich nehmen, wenn man mit ein paar geschickten Mißdeutungen des französischen Gleichheitsideals sich zu Allerweltsmenschen machen kann.[49]

Die Ideale der Französischen Revolution waren für ihn eine »gekünstelte Freiheits- und Gleichheitsrechnung«.[50]

Zu dieser Kritik an der Französischen Revolution gehört auch die Kritik an Clermont-Tonnerre. Als eine der Stimmen, die sich kritisch gegen ihn wendeten, sei auf den zionistisch orientierten Joachim Prinz hingewiesen, der noch 1934 schrieb:

›*Den Juden als Menschen alles*‹, rief *Clermont-Nonnerre* in der Nationalversammlung des Wendejahres 1791 aus, ›*den Juden als Nation nichts.*‹ In solche Unwirklichkeit-Wirklichkeit gestoßen, ging der Jude seinen Weg. Aber es war der Weg des Seiltänzers über den Abgrund, den auch Zarathustra nur als Symbol nehmen konnte.[51]

Freilich hatte diese Kritik eine Konsequenz, die Prinz dann auch zog:

---

[48] Ebd., S. 272.
[49] S[alman] Schocken jr: Eine Maccabäerrede. Hg. von der zionistischen Ortsgruppe Chemnitz. Leipzig: Poeschel & Trepte o. J. [um 1913], S. 25f.
[50] Ebd., S. 33.
[51] Joachim Prinz: Wir Juden. Berlin: Reiss 1934, S. 32; s. a. ebd., S. 136.

> Diesen [...] Weg, den uns das Schicksal wies, sind wir *gegangen*. Da er am Rande
> der Wirklichkeit ging, wurden wir Juden am Rande. Unser ist zwar die Schuld. Aber
> es ist eine tragische Schuld. Denn wir sind nur Akteure (und noch dazu Komparse-
> rie) in der großen europäische Tragödie, die man den *Liberalismus* nennt.[52]

Die Zeit des Liberalismus war die Epoche der Emanzipation, in der der Indivi-
dualismus in seinen verschiedenen Ausprägungen tief verankert war. Mit der
Ablehnung des Liberalismus hat Prinz konsequent auch die Emanzipation in
Frage gestellt.

Die Französische Revolution führte in ganz Europa zu einer Radikalisierung
des Denkens und zu einer Messianisierung der Zielvorstellungen angesichts
des offensichtlichen Bruchs im Verlauf der Geschichte. Die Ideale, die die Französische Revolution realisieren wollte, waren einerseits nicht geschichtlich gewachsen, sie waren ohne geschichtliche Legitimität gesetzte moralische Normen
– und gerade dies erlaubte die Verbindung mit den Normen und Gesetzen, die
den Juden in der mosaischen Gesetzgebung durch Gott gegeben wurden. Diese
Radikalisierung mußte dann auch bei den Gegnern Napoleons fortwirken, was
sehr deutlich bei Johann Gottlieb Fichte nachzuvollziehen ist. Andererseits ist
hieraus auch erklärlich, daß die restaurative Gegenbewegung der späten Romantik sich nicht nur wieder der Religion allgemein, sondern dezidiert dem Katholizismus zuwandte, der eine weit größere historische Legitimation anbot als das
reformatorische Christentum, gleichzeitig aber auch die alten antijüdischen Einstellungen weitergab. Dennoch sind einige gebildete Juden selbst diesen Schritt
mitgegangen, wobei kaum zu entscheiden ist, ob in diesen Fällen tatsächlich die
religiösen Vorstellungen im engeren Sinne entscheidend waren, oder ob die mit
ihnen verbundenen gesellschaftlich-politischen Vorstellungen wichtiger und aus-
schlaggebend waren – viele Katholiken sahen die Nation als Familie mit dem
König als Oberhaupt und der Königin als Mutter.

Der gerade in Deutschland so erbittert geführte Kampf zwischen Partikularismus, Nationalismus und Deutschtümelei auf der einen Seite und Universalismus, Kosmopolitismus und später französisch beeinflußtem Republikanis-
mus auf der anderen Seite wurde durch die Revolution erheblich verschärft.
Dieser Kampf, bei dem sich die Linien durchaus, wie bei Moses Hess, kreuzen
und verbinden konnten, hielt über ein Jahrhundert an und prägte die deutsche
Geistesgeschichte. Erst in den zwanziger Jahren des 20. Jahrhunderts schien es
so, als könnte diese die Nation lähmende Kontroverse beendigt werden.

---

[52] Ebd.

7 Idee Europa

In seinem großen Werk *Europabild und Europagedanke* hat Heinz Gollwitzer bemerkt:

> Heines Leben und literarisches Wirken bilden eine vielbewegte, freilich durchaus zeitgebundene Paraphrase zu dem Thema »Das Judentum und Europa«, dessen zusammenfassende und großzügige Darstellung eine der wichtigsten, aber auch schwierigsten Aufgaben wäre, die sich für einen Geschichtsschreiber denken ließe.[1]

Es versteht sich von selbst, daß diese Aufgabe hier nicht einmal im Ansatz gelöst werden kann. Dennoch aber lenkt Gollwitzer auf eine Frage, die in unserem Zusammenhang von größter Bedeutung ist. Wenn es in Europa ein Volk gab, das stärker als andere an einem vereinigten Europa Interesse haben mußte, dann waren es die über ganz Europa verstreuten Juden, sie waren das ›europäischste‹ Volk in Europa.

Und sie agierten auch europäisch. Rabbiner wurden über die Grenzen hinweg von Ost nach West und umgekehrt berufen, die Hilfen meist materieller Art wurden, wenn eine Gemeinde in Not geraten war, in ganz Europa gesammelt, die Juden handelten traditionell als Volk, das über alle europäischen Grenzen – und über diese hinweg – verstreut dennoch eine Einheit bildeten. Deutlicher als die durch die Symbiose geprägten Juden betonten dies die Zionisten. Joachim Prinz z. B. beschrieb es 1934 so:

> Das heroische Leben des mittelalterlichen Juden kam nicht aus der Luft. Es wuchs aus der nationalen Geschlossenheit ihres Daseins. Das Ghetto war ihnen zur Heimat geworden. Sie wußten dort ihr Volk. Sie wußten, daß dieses Volk nach einer gigantischen Geschichte in der Verbannung lebte, aber daß es in sich stark war und Blut und Ideen der Großen in sich barg. Sie fühlten, daß das Schicksal dieses Volkes ihr eigenes Schicksal war, und deshalb gab es die Hilfsbereitschaft des polnischen Juden für die deutschen Juden, des deutschen Juden für die Brüder im Osten, die Bürgschaft der holländischen Juden für die in der Türkei und die Sorge der spanischen Juden um den Judenstamm der Chasaren an der Wolga und um die ausgewanderten Juden von Venezia bis nach Pernambuco. Die gemeinsame nationale Verbundenheit schuf das Verantwortungsgefühl des einen für den anderen, das etwas anderes ist als die philantropischen Bemühungen des 19. Jahrhunderts und der Gegenwart.[2]

---

[1] Heinz Gollwitzer: Europabild und Europagedanke. Beiträge zur deutschen Geistesgeschichte des 18. und 19. Jahrhunderts. 2., neubearb. Aufl., München: Beck 1964, S. 247f.
[2] Joachim Prinz: Wir Juden. Berlin: Reiss 1934, S. 112.

Hier ist die im vorigen Abschnitt dargestellte Ablehnung der Französischen Revolution und der Emanzipation durch Prinz erneut erkennbar. Der Zerfall des Judentums habe mit Beginn der Neuzeit begonnen und dadurch seien die regionalen und nationalen Unterschiede hervorgetreten – so der Zionist Hans Goslar (1889–1945) 1919 in einer anti-antisemitischen Schrift:

> Seit Jahrhunderten schon ist zwischen den Juden der einzelnen Länder der politische Zusammenhang verloren gegangen. Die Reformbewegungen im religiösen Kultus, die Assimilation in den einzelnen Ländern haben aus dem ursprünglich einen und in sich geschlossenen Judentum eine ganze Anzahl von territorial abgegrenzten einzelnen Judentümern gemacht, die so gut wie keine intimen politischen Berührungspunkte miteinander haben. Die vorhandene *geistige Solidarität* bezweckt bei den einen die Erhaltung der historischen jüdischen Kulturgüter und erstrebt bei den anderen auch noch die Erfüllung der altjüdischen Hoffnung auf eine Zukunft in Palästina.[3]

Selbst wenn man in Rechnung stellt, daß Goslar hier gegen das antisemitische Bild der jüdischen Weltherrschaft argumentiert und daher die Spaltungen innerhalb des Judentums betont, ist zweifellos richtig, daß vor allem eine ›geistige Solidarität‹ die Juden einte. Es gab im Judentum eine deutliche Disposition zu übernationalen geistigen Themen und Denkstrukturen. Robert Weltsch beschrieb dies in seinem Aufsatz »Die Idee Europa« so:

> Infolge ihrer andersartigen geistigen Herkunft haben die Juden zu vielen bestehenden Einrichtungen eine kritische Distanz, und ihre nonkonformistische Haltung erzeugt oft Unwillen. So sehr sie sich auch vorbehaltlos in das Staatsgefüge eingeordnet haben, macht sie doch die Erinnerung an die voremanzipatorische lebensmäßige Einheit ihrer Gruppe über alle Landesgrenzen hinweg und der – wenn auch in anderer Form – weiterbestehende Zusammenhang der ethnisch und geistig verbundenen Weltjudenheit in den Augen der Emanzipationsgegner zu einem Volk quer durch die Völker.[4]

Die meisten gebildeten Juden waren – wie schon dargestellt – der Meinung, »die politische Emanzipation könne nur aus einer universalistischen Weltanschauung hervorgehen, die die eingeborene Gleichheit der Menschen statt ihrer Verschiedenheit betonte«.[5] Dies war in vielen Fällen sicherlich auch dann so, wenn Juden gerade deswegen eine besonders nationale Position vertraten, um sich nicht dem Verdacht auszusetzen, ›vaterlandslos‹ zu gelten und doch Palästina als eigentliches Vaterland anzusehen. Daß es daneben auch Juden gab, die an dieser europäischen Grundrichtung nicht teilhatten, ist selbstverständlich.

Europa war nicht nur Gegenstand politischer und kultureller Überlegungen, als 1803 das Heilige Römische Reich Deutscher Nation formell aufgelöst wurde, man begann Europa auch als konkrete Möglichkeit zu denken angesichts des

---

3 Hans Goslar: Jüdische Weltherrschaft! Phantasiegebilde oder Wirklichkeit? Berlin: Philo 1919, S. 14.

4 Robert Weltsch: Die Idee Europa. In: ders., An der Wende des modernen Judentums. Betrachtungen aus fünf Jahrzehnten. Tübingen: Mohr 1972 (Veröffentlichung des Leo Baeck Instituts), S. 144–150, hier S. 148.

5 Michael A. Meyer: Von Moses Mendelssohn zu Leopold Zunz. Jüdische Identität in Deutschland 1749–1824. München: Beck 1994, S. 100.

Siegeszuges Napoleons; und Europa wurde sich seiner Besonderheiten bewußt, da man die Geschichte der Quellen des Europäertums erforschte. Außerdem wurde gerade in der zweiten Hälfte des 18. Jahrhunderts immer mehr von außereuropäischen Kulturen bekannt. Religion und Philosophie der ›Indier‹ waren Gegenstand von Vorlesungen, *Sakontala* von Kalidasa wurde übersetzt, die Mythenforschung begann, vergleichende Sprachforschungen ergänzten sie, die Reiseberichte von James Cook und Georg Forster brachten umfassende Kenntnisse vom Leben auf den fernsten Inseln, und im Vergleich zu diesen fremden Kulturen bildete sich immer klarer ein europäisches Selbstbewußtsein heraus. Rolf Hellmut Foerster beschrieb, daß trotz der Auseinandersetzung mit der außereuropäischen Welt, trotz des Bildes vom ›edlen Wilden‹ und trotz der staunenswerten Weisheit der ›weisen Ägypter und Chinesier‹, trotz der Utopien über ferne Idealstaaten doch Europa als »das Alpha und Omega der Menschheit« angesehen wurde, denn:

> Die Ideen der Aufklärung verbanden die Gebildeten aller europäischen Nationen miteinander, und es gibt aus jener Zeit zahllose Äußerungen, in denen ein starkes gesamteuropäisches Bewußtsein anklingt, etwa wenn Voltaire sagte, Europa sei im Grunde eine aus vielen Provinzen bestehende, große Republik.[6]

Die Grundlage dieses europäischen Selbstbewußtseins bildete eine zunächst philosophische Idee, nämlich die des Menschenrechts. Sie war der Ausgangspunkt für die Abschaffung der Leibeigenschaft ebenso wie für die Emanzipation der Juden. Noch einmal Robert Weltsch:

> Die Idee der Einheit des Menschengeschlechtes selbst ist ja niemals aus dem jüdischen Bewußtsein geschwunden. [...] In der Aufklärung des achtzehnten Jahrhunderts haben die Juden eine Bestätigung dieser Einheitsidee empfunden, die in der Verkündung der Menschenrechte ihre programmatischen Ausdruck fand. Denn hier wurde der Mensch schlechthin, ohne Rücksicht auf die Zugehörigkeit zu einer Gruppe, als gleichberechtigtes Wesen anerkannt. Diese Ideen führten, wenn auch in einer schmerzvollen und heftig umkämpften Entwicklung, zum Eintritt der Juden in die europäische Gesellschaft und Kultur. Die Ghettomauern fielen. Als der erste ›europäische Jude‹ wird oft Moses Mendelssohn bezeichnet [...].[7]

Für Moses Mendelssohn gab es »keine andere Existenzweise als die eines jüdischen Europäers und europäisierten Juden«.[8] Als Lessing ihm den jüdischen Studenten Alexander Daveson[9] schickte, schrieb er:

---

6 Rolf Hellmut Foerster: Europa. Geschichte einer politischen Idee. Mit einer Bibliographie von 182 Einigungsplänen aus den Jahren 1306 bis 1945. München: Nymphenburger Verlagshandlung 1967, S. 172.

7 Weltsch, Die Idee Europa (Anm. 4), S. 146f.

8 Yirmiyahu Yovel: Mendelssohns Projekt: Vier Herausforderungen. In: Die philosophische Aktualität der jüdischen Tradition. Hg. von Werner Stegmaier. Frankfurt a. M.: Suhrkamp 2000 (Suhrkamp-Taschenbuch Wissenschaft; 1499), S. 331–350, hier S. 333f.

9 Vgl. über Daveson: Theodor Wilhelm Danzel / Gottschalk Eduard Guhrauer: Gotthold Ephraim Lessing. Sein Leben und seine Werke. 2., berichtigte und vermehrte Aufl., hg. von W. von Maltzahn, Berlin: Hofmann 1880/1881, 2. Bd, S. 594f.

Er will von Ihnen nichts, lieber *Moses*, als daß Sie ihm den kürzesten und sichersten Weg nach dem europäischen Lande vorschlagen, wo es weder Christen noch Juden gibt.[10]

Am Tag, als Lessing starb, war Daveson bei ihm.[11]

Die Französische Revolution konkretisierte die philosophischen Menschenrechte in ihren Idealen und verwandelte sie in politische Forderungen, welche zunächst nur in Europa realisierbar schienen oder nur dort angestrebt werden konnten. Eine neue ›Idee Europa‹ entstand. Die Idee des christlichen Europa war weitgehend verblaßt, Europa hatte fast ausschließlich in einer Politik des Austarierens der Mächte, in einer Gleichgewichtspolitik, bestanden. Jetzt wurde Europa wieder mit einer ethischen Idee verbunden, die aber unmittelbar politisch verstanden wurde: Ein friedlicher Ausgleich der europäischen Nationen war nur denkbar, wenn diese durch das Volk selbst regiert würden, wenn also, wie Kant dies forderte, die bürgerlichen Verfassungen der Staaten republikanisch wären.[12]

Im deutschen Geistesleben traten, wie schon betont, wegen des Fehlens eines nationalen Rahmens die Extreme schärfer auseinander als in vergleichbaren europäischen Nationen. So stand dem übersteigerten Nationalismus ein ebenso übersteigerter, weil politisch und gesellschaftlich nicht realistischer Kosmopolitismus gegenüber. Hier nahm die Diskussion um Europa eine besondere Färbung an:

In vielen Hinsichten legt die öffentliche Meinung weniger den intellektuellen als den moralischen Maßstab an. [...] Die einen waren Kosmopoliten, zum mindesten Europäer, die anderen schlossen sich an ihr Vaterland an. Die Kosmopoliten rekrutierten sich gewöhnlich aus dem inzwischen stark in den Vordergrund gerückten wohlhabenden Mittelstand.[13]

Walter H. Bruford kam sogar zu folgendem Urteil:

Die führenden deutschen klassischen Dichter waren nicht nur in ihrer Bildung weltbürgerlich, sie waren vielleicht die nächste Annäherung an die Gestalt des ›guten Europäers‹, die je erreicht wurde.[14]

Die Weltoffenheit der Klassiker aber war vor allem eine Offenheit gegenüber der Weltliteratur. Die Idee Europa war für sie zunächst eine geistige, eine Idee

---

[10] Gotthold Ephraim Lessing: Brief an Moses Mendelssohn vom 19. Dezember 1780 (letzter Brief). In: Moses Mendelssohn's gesammelte Schriften, Hg. von G. B. Mendelssohn, 5. Bd, Leipzig 1844, S. 202.

[11] Vgl. Wolfgang Drews: Gotthold Ephraim Lessing in Selbstzeugnissen und Bilddokumenten. Reinbek bei Hamburg: Rowohlt 1962 (Rowohlts Monographien; 75), S. 146.

[12] Hierzu Foerster, Europa (Anm. 6), S. 209ff.

[13] Cay von Brockdorff: Die deutsche Aufklärungsphilosophie. München: Reinhardt 1926 (Geschichte der Philosophie in Einzeldarstellungen; 26 – Abt. 6, Die Philosophie der neuesten Zeit 3), S. 155.

[14] Walter Horace Bruford: Die gesellschaftlichen Grundlagen der Goethezeit [1936]. Frankfurt a. M., Berlin, Wien: Ullstein 1975 (Ullstein-Bücher; 3142), S. 287.

der Bildung. Klopstock, der 1792 zum Ehrenbürger der Französischen Republik
ernannt wurde, dichtete:

> Europa herrschet. Immer geschmeichelter
> Gebietest du der Herrscherin, Sinnlichkeit![15]

Oder:

> Europa, Erdekönigin! Dich hebt, bis hinauf
> Zu dem hohen Ziel, deiner Bildung Adlerschwung.[16]

Gegen die materialistische Sinnlichkeit, für die Bildung – dies charakterisierte
jene politikferne Idee Europa, in die sich auch Juden einfinden konnten. Diese
Eigenheit der deutschen Idee Europa erhielt sich ein Jahrhundert lang, über die
Friedrich Paulsen 1899 schrieb:

> Die europäischen Völker sind und fühlen sich als Glieder einer sittlichen Welt. Wie
> der einzelne am geistig-sittlichen Leben teil hat als Glied eines Volks, so die Völker
> als Glieder eines größeren Ganzen, einer Völkerfamilie, eines umfassenden Kultur-
> kreises, zuletzt der einheitlichen Menschheit. [...] Die Völker Europas bilden eine
> einheitliche Völkerfamilie, dem geistigen Leben nach; sie sind verbunden durch die
> Gemeinsamkeit des ganzen Lebensinhalts, der Religion, der Sittlichkeit, des Rechts
> und der Staatseinrichtungen, der Philosophie und Wissenschaft, der Dichtung und
> Kunst. Jedes Volk hat zu dem gemeinsamen Besitz an menschlichen Lebensgütern
> beigesteuert, jedes ist durch Teilnahme an den Ereignissen der anderen bereichert wor-
> den. [...] Mit dem Namen des Reichs Gottes auf Erden können wir dieses Ziel der ge-
> schichtlichen Entwicklung, das der Glaube in Hoffnung vorausnimmt, bezeichnen.[17]

Die bildungsgeleitete Idee Europa schloß die alten Religionen aus. Diese Idee
Europa aber war nicht das wirkliche Europa. 1819 war für Moses Moser, ein
Mitglied des ›Vereins für Kultur und Wissenschaft der Juden‹, die europäische
Kultur eine christliche,[18] und noch genau hundert Jahre nach dem Brief Les-
sings an Mendelssohn war das Wort ›Christenheit‹ oft »immer noch das einzi-
ge Wort, welches den Charakter der heutigen internationalen Civiliation zu-

---

[15] Friedrich Gottlieb Klopstock: Die Wahl. In: ders., Ausgewählte Werke. Hg. von Karl
August Schleiden. München: Hanser 1962, S. 173.

[16] Zit. nach: Thomas Grüning: Das Prinzip List. Erklärung und Verklärung der geschichtlichen Metamorphose Europas in der Philosophie Hegels. In: Die Europaidee
im deutschen Idealismus und in der deutschen Romantik. Hg. von Forum für Philosophie Bad Homburg. Bad Homburg 1993 (Schriften – Forum für Philosophie, Bad
Homburg; 1), S. 70, dort kein Nachweis.

[17] Friedrich Paulsen: Politik und Moral [1899]. In: ders., Zur Ethik und Politik. Gesammelte Vorträge und Aufsätze. 2. verm. Aufl., Berlin: Verlag Deutsche Bücherei
o. J. [um 1907] (Deutsche Bücherei; 32), 2. Bd, S. 3–31, hier S. 16f.

[18] Vgl. Moses Moser: Vereinsprotokoll vom 16. Februar 1822. Zit. nach: Sinai (Siegfried) Ucko: Geistesgeschichtliche Grundlagen der Wissenschaft des Judentums. In:
Wissenschaft des Judentums im deutschen Sprachbereich. Ein Querschnitt. Mit einer
Einführung hg. von Kurt Wilhelm. Tübingen: Mohr 1967 (Schriftenreihe wissenschaftlicher Abhandlungen des Leo Baeck Instituts; 16,1/2), S. 315–352, hier S. 328.

sammenfaßt« – wie Theodor Mommsen schrieb.[19] Allerdings hatte auch dieses
›christliche‹ Europa nur sehr wenig mit den sozialpolitischen Realitäten zu tun
– der Aufsatz »Die Christenheit oder Europa« von Novalis,[20] 1799 verfaßt, aber
auf Goethes Rat hin nicht in der Zeitschrift *Athenäum* veröffentlicht, blieb ge-
schichtsferne Literatur.

1819 wurde in Berlin der ›Verein für Kultur und Wissenschaft des Judentums‹ gegründet,[21] der von Beginn an eine europäische Ausrichtung hatte. 1821
bis 1823 gab der Präsident Eduard Gans (1798–1839), Jurist und Hegelianer,[22]
der erst nach seiner Taufe 1825 ordentlicher Professor werden konnte, in drei
Reden Berichte, die er für eine grundsätzliche Standortbestimmung nutzte. Seine
erste Rede beendete er mit der Feststellung, daß, wenn sich die guten Menschen in einer »festen Verbrüderung« zusammenschließen, die »messianische
Zeit herangebrochen« sei[23] – unverkennbar ist diese Formulierung eine Nach-
wirkung der Französischen Revolution.

In der zweiten Rede am 28. April 1822 legte Gans seine Vorstellungen von
der Rolle der Juden in Europa dar:

> Was ist heute Europa? Und was sind die Juden? [...]
> Wie das heutige Europa uns darstellt, so ist es nicht das Werk und die Geburt eines
> zufälligen Wurfes, der möglicherweise anders, besser oder schlechter hätte ausfallen
> können, sondern das notwendige Ergebnis der vieltausendjährigen Anstrengung des
> vernünftigen Geistes, der sich in der Weltgeschichte offenbart. Treten wir seinem Be-
> griffe näher, so ist er, abstrakt ausgedrückt, der der Vielheit, deren Einheit allein im
> Ganzen ist. Wenn wir die Eigentümlichkeit des heutigen Europas ins Auge fassen, so
> beruht diese hauptsächlich auf dem Reichtum seines vielgliedrigen Organismus. Da ist
> kein Gedanke, der nicht zu seinem Dasein und zu seiner Gestaltung gekommen wäre,
> da ist keine Richtung und keine Tätigkeit, die nicht ihre Dimensionen gewonnen hätte.
> Überall zeigt sich die fruchtbarste Mannigfaltigkeit von Ständen und Verhältnissen,
> das Werk des seiner Vollendung immer näher rückenden Geistes. [...]

---

[19] Theodor Mommsen: Auch ein Wort über unser Judenthum. In: Der Berliner Antisemitismusstreit. Hg. von Walter Boehlich. Frankfurt a. M.: Insel-Verlag 1965, S. 212–
227, hier S. 226.

[20] Novalis: Die Christenheit oder Europa. In: ders., Werke, Tagebücher und Briefe Friedrich von Hardenbergs. Hg. von Hans-Joachim Mähl und Richard Samuel. Bd 2: Das
philosophisch-theoretische Werk. München, Wien: Hanser 1978, S. 731–750, hier
S. 732ff., vgl. hierzu Gollwitzer, Europabild und Europagedanke (Anm. 1), S. 146f.

[21] Vgl. Hanns Günther Reissner: Eduard Gans. Ein Leben im Vormärz. Tübingen: Mohr
1965 (Schriftenreihe wissenschaftlicher Abhandlungen des Leo-Baeck-Instituts; 14),
S. 59ff.

[22] Über den Einfluss Hegels auf die folgenden Äußerungen vgl. Roland Goetschel: Die Beziehung zu Europa im deutsch-jüdischen Denken. In: Judaica 51 (1995), S. 154–177.

[23] Eduard Gans: Rede bei der Wiedereröffnung der Sitzungen des Vereins für Kultur
und Wissenschaft des Judentums. Gehalten am 28. Oktober 1821. In: Salman Rubaschoff: Erstlinge [im Inhaltsverzeichnis hinzugefügt: der Entjudung]. In: Der Jüdische Wille. Zeitschrift des Kartells Jüdischer Verbindungen 1 (April 1918/April 1919),
S. 36–42, hier S. 42.

Das ist des europäischen Menschen Glück und Bedeutung, daß er in den mannigfaltigen Ständen der bürgerlichen Gesellschaft frei den seinigen sich erwählen darf,
daß er in dem erwählten alle übrigen Stände der Gesellschaft fühlt. Nehmen Sie diese Freiheit hinweg, und Sie haben auch seine Grundlage und seinen Begriff genommen. Also ist das europäische Leben.[24]

Und dann kam er auf das Judentum zu sprechen:

Ihm gegenüber wollen wir die Juden und das jüdische Leben treten lassen. Haben
wir jenes abstrakt als die Vielfalt bezeichnet, die ihre Einheit nur im Ganzen habe,
so können wir bei diesem uns füglich so ausdrücken: es sei die noch garnicht zur Viel-
heit gekommene Einheit. [...] Daß diese [Möglichkeit der Entwickelung] sich dennoch
Jahrtausende verzögerte, ist zunächst darin zu suchen, daß die Gesellschaft selbst
noch zu keiner vollständigen Entwickelung gekommen war, daß die eine Besonderheit kaum als solche erschien, wo noch so viele nicht zur Uebereinstimmung ge-
brachte Massen vorhanden waren. Ausgeschlossen und ausschließend gingen sie daher, eine eigene Geschichte, parallel neben der Weltgeschichte her, gehalten durch das
kunstreiche Ineinander ihres häuslichen, politischen und religiösen Lebens sowohl
als durch das Auseinander aller übrigen Stände der Gesellschaft.

Was aber die Sache der Juden seit den letzten Decennien zur Sprache gebracht
und als eine besonders wichtige Angelegenheit hat erscheinen lassen, das findet seine Lösung in dem oben angegebenen Begriffe des heutigen Europas. Dessen Stärke
und Kräftigkeit haben wir nämlich in den Reichtum und in die üppige Fülle seiner
vielen Besonderheiten und Gestaltungen gesetzt, die doch alle in der Harmonie des
Ganzen ihre Einheit finden. Je weniger es nun der noch nicht zur Uebereinstimmung
gebrachten Einzelheiten gibt, desto störender werden die Wenigen, und es ist der
Drang des Zeitalters, ein nicht abzuweisender, auch jene Gestaltungen mit in die
harmonische Uebereinstimmung hinüberzuführen. Wo der Organismus die Wellen-
linie verlangt, da ist die gerade Linie ein Greuel. Also ist die Forderung des heutigen
Europas, daß die Juden sich ihm ganz einverleiben sollen, eine aus der Notwendigkeit seines Begriffes hervorgehende. Würde sie nicht aufgestellt, so würde es sich
selbst und seinen Begriff verleugnen. Die Zeit dieser Forderung und ihrer Erfüllung
ist gekommen. [...] Wie aber ein solches Aufgehen der jüdischen Welt in der europäischen gedacht werden müsse, das folgt wiederum aus dem oben angeführten Begriffe. Aufgehen ist nicht untergehen. Nur die störende und blos auf sich reflektie-
rende Selbständigkeit soll vernichtet werden, nicht die dem Ganzen untergeordnete,
der Totalität dienend, soll es sein Substantielles nicht zu verlieren brauchen. Das,
worin es aufgeht, soll reicher werden und das Aufgegangene, nicht blos ärmer um
den verlorenen Gegensatz. Auch würde dies dem Begriffe widersprechen, den wir
den des heutigen Europa genannt haben. [...] Keine Besonderheit schadet ihm, nur
die Alleinherrschaft, ihr ausschließendes Recht muß aufhören, sie muß ein abhängi-
ges Moment unter den Vielen werden. [...] Darum können weder die Juden untergehen, noch kann das Judentum sich auflösen, aber in die große Bewegung des Ganzen
soll es untergegangen scheinen und dennoch fortleben, wie der Strom fortlebt in
dem Ocean. Gedenken Sie, meine Herren und Freunde, gedenken Sie bei dieser Gelegenheit der Worte eines der edelsten Männer des deutschen Vaterlandes, eines seiner größten Gottesgelehrten und Dichter; sie drücken kurz aus, was ich weitläufiger
gesagt habe. »Es wird die Zeit kommen, wo man in Europa nicht mehr fragen wird,
wer Jude und wer Christ sei.«

---

[24] Die zweite der drei Reden von Eduard Gans im ›Kulturverein‹, ebd. S. 109–111.

Diese Zeit schneller herbeizuführen, als sie ohnedies sich herbeiführen möchte, mit aller Ihnen zu Gebot stehenden Kraft und Anstrengung sie herbei führe: das ist die Aufgabe, meine Herren, die Sie sich durch Ihre Vereinigung gesetzt haben.[25]

Das Zitat, das Gans hier heranzog, stammte von Herder, der in *Ideen zur Philosophie der Geschichte der Menschheit* geschrieben hatte:

Die Juden betrachten wir hier nur als die parasitische Pflanze, die sich beinah allen europäischen Nationen angehängt und mehr oder minder von ihrem Saft an sich gezogen hat. [...] Es wird eine Zeit kommen, da man in Europa nicht mehr fragen wird, wer Jude oder Christ sei; denn auch der Jude wird nach europäischen Gesetzen leben und zum Besten des Staates beitragen. Nur eine barbarische Verfassung hat ihn daran hindern oder seine Fähigkeit schändlich machen mögen.[26]

Hier ist bei Herder schon das Argumentationsmuster zu erkennen, das später auch Karl Marx verwendete: Die Juden sind der Beweis und das Sinnbild für die Verdorbenheit der Gesellschaft. Die Argumentation von Eduard Gans war anders: Für ihn war mit den großen Umwälzungen in Europa das Judentum als eigene Ganzheit, als Volk, überlebt, es solle und müsse in die großen Bewegungen Europas eingehen, es werde aber als Element dieser Bewegungen nicht verschwinden. Die Interpretation von Roland Goetschel, Gans habe »das Judentum zum Selbstmord« aufgefordert,[27] übersieht das von Gans nicht nur angestrebte, sondern seiner Meinung nach unvermeidbare Überleben der Juden. Er wendete sich an seine Vereinsmitglieder:

Sie wollen die Scheidewand einreißen helfen, die den Juden vom Christen, und die jüdische Welt von der europäischen Welt getrennt hält; Sie wollen jeder schroffen Besonderheit ihre Richtung gegen das Allgemeine anweisen; Sie wollen, was Jahrtausende neben einander einher ging, ohne sich zu berühren, versöhnt einander zuführen.[28]

Diese ›Versöhnung‹ sollte auf den Wegen erreicht werden, die damals dem Geist der Zeit entsprechend gewählt wurden: Erziehung, Bildung und Wissenschaft. In der vom Verein geführten ›Unterrichtsanstalt‹ wurden die Sprachen Latein, Griechisch, Deutsch, Hebräisch und Französisch gelehrt, wobei das Fehlen der englischen Sprache auffällt; außerdem sollte ein ›Archiv für die Correspondenz‹ und eine ›Bibliothek für die Wissenschaft des Judentums‹ eingerichtet werden.[29]

Knapp zwei Monate vor dieser Rede von Gans war das erste Heft der *Zeitschrift für die Wissenschaft den Judenthums* erschienen, die Leopold Zunz (1794–1886) redaktionell betreute. Der erste Beitrag dort hatte programmati-

---

[25] Ebd., S. 111–113.
[26] Johann Gottfried Herder: Ideen zur Philosophie der Geschichte der Menschheit. In: ders., Ausgewählte Werke in Einzelausgaben. Hg. von Heinz Stolpe. Berlin, Weimar: Aufbau 1965, Bd 2, S. 286f.
[27] Goetschel, Die Beziehung zu Europa im deutsch-jüdischen Denken (Anm. 22), S. 160.
[28] Eduard Gans: Die zweite der drei Reden von Eduard Gans im ›Kulturverein‹ (Anm. 24), S. 113.
[29] Vgl. ebd., S. 117.

sche Bedeutung: »Über den Begriff einer Wissenschaft des Judenthums« von Immanuel Wolf (Immanuel Wohlwill, 1799–1847).[30] Auf die Juden hätten immer »auch fremdartige Ansichten von außenher« eingewirkt, »aber was das Judenthum Fremdes in sich aufgenommen, das mußte seinem Grundprincip huldigen, ihm sich assimilieren«.[31] Die Assimilation wurde keineswegs überall als einseitige Entwicklung betrachtet, das jüdische Selbstbewußtsein war bei Einzelnen stark genug, das nationale und sogar europäische Geistesleben als tief vom Grundprinzip des jüdischen Denkens beeinflußt oder gar geformt zu sehen. Dieses Grundprinzip sei »die Idee der *unbedingten Einheit im All*« – als Auswirkung des Monotheismus. Und weiter:

> Während nun das geistige Princip des Judenthums im Jüdischen Staate, dessen Grundlage es ausmachte, sich immer mehr entfaltete, wurde das Jüdische Volk zur immer lebendigern Erkenntniß desselben erzogen.[32]

Daß sich diese Aussage über die frühe Zeit des Judentums mit dem Geist seiner Zeit deckte, ist deutlich und kein Zufall: Judentum als geistiges Prinzip und als entscheidende Bedeutung der Erziehung. Erst »mit dem Anfang der neueren Geschichte« sei das Judentum hinter der Kultur der anderen Völker zurückgeblieben, denn der »*Scholastizismus*« habe den Buchstaben als heilig und unantastbar angesehen und den Geist gehemmt.[33] Die zu gründende Wissenschaft des Judentums solle den Anschluß an die kulturelle Entwicklung leisten, indem sie das alte jüdische Prinzip wieder praktiziere. Die Wissenschaft des Judentums habe die Aufgabe, »die Hauptzweige der menschlichen Erkenntniß, die *einem Principe* angehören, in ihrer ganzen Ausbreitung und mit allem, was mit ihnen in Berührung und Verwandtschaft steht *zusammenzufassen*«.[34] Am Schluß heißt es dann über die innere Entwicklung der Juden:

> *Zeitgemäß* kann aber diese Entwickelung nur geschehen auf dem Wege der Wissenschaft. Denn der Standpunkt der Wissenschaftlichkeit ist der eigenthümliche unserer Zeit. Da nun die Bildung einer Wissenschaft des Judenthums ein *wesentliches Bedürfnis* der Juden selbst ist, so ist klar, daß, obgleich das Feld der Wissenschaften Gemeinplatz aller Menschen ist, doch Jüdische Männer vorzugsweise zur Bearbeitung derselben *berufen* sind. Die Juden müssen sich wiederum als rüstige Mitarbeiter an dem gemeinsamen Werke der Menschheit bewähren; sie müssen sich und ihr Princip auf den Standpunkt der Wissenschaft erheben, denn dies ist der Standpunkt des *Europäischen Lebens*. Auf diesem Standpunkte muß das Verhältnis der Fremdheit, in welchem Juden und Judentum bisher zur Außenwelt gestanden, – *verschwinden*. Und soll je *ein Band* das ganze Menschengeschlecht umschlingen, so ist es das *Band der Wissenschaft, das Band der reinen Vernünftigkeit, das Band der Wahrheit.*[35]

---

[30] Eduard Gans hatte von zwei Beiträgen Wolfs gesprochen (ebd., S. 116), von denen der zweite nicht gedruckt wurde.

[31] Immanuel Wolf: Ueber den Begriff einer Wissenschaft des Judenthums. In: Zeitschrift für die Wissenschaft des Judenthums 1 (1822), H. 1, S. 1–24, hier S. 2.

[32] Ebd., S. 4.

[33] Ebd., S. 12.

[34] Ebd., S. 21.

[35] Ebd., S. 24.

Was sich heute sehr abstrakt und abgehoben liest, hatte damals einen ganz anderen Klang. Luitpold Wallach kommentierte die Bestrebungen des Vereins:

> Ihr Glaube, durch eine Wissenschaft eine allgemeine Aufklärung bei der Umwelt über die verkannten Juden und über das unbekannte und mißverstandene Judentum zu erreichen, und gleichzeitig auch noch die Geschichtslosigkeit innerhalb der eigenen Reihen abzudämmen, war indessen sowohl von der echt aufklärerischen ratio getragen, als auch – und darin ganz hegelisch – durch die überzeugt geglaubte Gewißheit, daß Wissenschaft des Judentums verwirklichter geistiger Gehalt sein könne, also in sich total konkrete Idee. Wissenschaft schien ihnen als Idee die vergeistigte Form der Wirklichkeit zu sein und als solche die Erscheinungsweise des Wahren schlechthin.[36]

Das ›geistige Prinzip‹ des Judentums war zum Ethos der Wahrheit geworden, das nun nicht mehr national – weder jüdisch noch deutsch – gedacht wurde, sondern europäisch. Das europäische Leben, der Horizont friedlich nebeneinander lebender und vor allem geistig kommunizierender Völker, war nun das Band der Wahrheit. Fünfzehn Jahre vorher, 1807, hatte Schelling die ›deutsche Wissenschaft‹ ausgerufen. Hier finden wir das Gegenbild einer Wahrheit, die nur europäisch gedacht werden konnte.

Im dritten und letzten Bericht mußte Gans das Scheitern der Bemühungen des Vereins feststellen – jedenfalls gemessen an dessen hochfliegenden Zielen:

> Nicht *dieses* oder *jenes* Gute soll vollbracht, nicht *diese* oder *jene* Nützlichkeit soll ausgeführt werden; mit einer so atomistischen, vereinzelten Tätigkeit haben wir es hier überhaupt gar nicht zu tun [...].[37]

Nicht das einzelne und begrenzte Gute zählt, sondern allein die Totalität, also »das Bewußtsein alles dessen, was geschieht oder zur Erscheinung wird«.[38] Die Wissenschaft, wie sie hier als Wissenschaft des Judentums gedacht wurde, war keine positivistische, keine, die – nach Schelling – fragt: was ist? sondern eine, die mit ethischem Impetus fragt: was kann sein?

> Was sich vom Judentum nicht vor der Wissenschaft in ihrer heutigen Gestaltung auszuweisen vermag, das wird nicht erst fallen, sondern es ist schon dadurch gefallen und umgestoßen, daß es seine Verantwortung der Wissenschaft schuldig blieb.[39]

Die alten Verhältnisse seien vor allem durch Mendelssohn gestürzt worden, die Begeisterung für Religion, die »Gediegenheit der alten Verhältnisse« sei geschwunden, es sei aber »keine neue Begeisterung hereingebrochen«, und so sehe man »atome Teilchen zur Verfolgung unendlicher partikularer Zwecke«:

---

[36] Luitpold Wallach: Leopold Zunz und die Grundlegung der Wissenschaft des Judentums. Über den Begriff einer jüdischen Wissenschaft, Frankfurt a. M.: Kauffmann 1938, S. 13.

[37] Eduard Gans: Dritter Bericht im Verein für Kultur und Wissenschaft der Juden, abgestattet am 4. Mai 1823. In: Der Jüdische Wille. Zeitschrift des Kartells Jüdischer Verbindungen 1 (April 1918/April 1919), S. 193–203, hier S. 196.

[38] Ebd.

[39] Ebd.

Was von europäischer Bildung gewonnen ist, das ist nicht die echte Gediegenheit derselben, sondern jene schaale und leere Außenseite, jenes Prunken mit den Formen und Konvenienzen des Lebens [...].[40]

Wenn man, wie üblich, vom Scheitern der Bemühungen des Vereins spricht, sollte man hinzufügen, daß die Ziele gar nicht erreichbar waren. Das mindeste, was man sagen muß, ist, daß damals dem Verein das Bild einer Wissenschaft des Judentums als jene »Universalwissenschaft« vorgeschwebt hat, vor der Ismar Elbogen in diesem Zusammenhang später warnte.[41] Wahrscheinlich muß man noch hinzufügen, daß der damalige Begriff der Wissenschaft, wie er vom Verein gebraucht wurde und wie er in die Nähe zur ›Wahrheit schlechthin‹ gestellt wurde, philosophische Untertöne hatte und dadurch die ›Universalwissenschaft‹ zur ›Universalphilosophie‹ tendierte, nach deren Anleitung in der Zukunft die besten Pläne realisiert werden sollten. Das Abweisen der kleinen Schritte, das Fehlen des Blickes für das Realisierbare, die Überhöhung der Ansprüche – dies waren die Ursachen des Scheiterns. Nach Michael A. Meyer hat Gans die Integration der Juden in Europa gefordert, »nicht weil das der Wunsch der Aufgeklärten wäre oder weil humanitäre Prinzipien es verlangten, sondern weil die Idee von Europa das einfordert, weil die Geschichte unnachgiebig darauf besteht, weil das der Impuls des Zeitalters ist«.[42] Die Idee Europa mußte demnach nicht erst in einzelnen Schritten hergestellt und gegen nationalistische Tendenzen errungen werden, sie wurde von Gans fast wie eine platonische Idee als präexistent vorausgesetzt – eine unverkennbar idealistische Vorstellung, die mit den gesellschaftspolitischen Realitäten wenig oder nichts zu tun hatte.

1832 veranstalteten die deutschen Republikaner das Hambacher Fest. Der Jurist Johann Georg Wirth schloß seine Ansprache mit dem Ruf:

Hoch! Dreimal hoch leben die vereinigten Freistaaten Deutschlands! Hoch! Dreimal hoch das konföderierte republikanische Europa!

Ein anderer Redner sprach davon, daß die Idee der Freiheit und Gleichheit »ganz Europa zu Freistaaten gestalten« und Deutschland »als mächtiger, volkstümlicher Freistaat, mit schirmender und schützender Liebe über die Wiedergeburt des übrigen Europas wachen« werde. Der aus Baden stammende Philipp Jakob Seidenpfeiffer wurde neben vielen anderen wegen des Festes angeklagt; in seiner Verteidigungsrede sagte er:

Die Zukunft wird zeigen, daß Europa so geeignet wie Amerika für echt republikanische Gemeinwesen [ist].[43]

---

[40] Ebd., S. 198f.

[41] Ismar Elbogen: Ein Jahrhundert Wissenschaft des Judentums. In: Festschrift zum 50jährigen Bestehen der Hochschule für die Wissenschaft des Judentums. Berlin: Philo 1922, S. 103–144, hier S. 142.

[42] Meyer, Von Moses Mendelssohn zu Leopold Zunz (Anm. 5), S. 193.

[43] Alle Zitate nach dem Artikel »Republik«, in: Geschichtliche Grundbegriffe. Historisches Lexikon zur politisch-sozialen Sprache in Deutschland. Hg. von Otto Brunner u. a. Stuttgart: Klett 1984, Bd 5, S. 628–629.

Europa war immer eine politische Option in den freiheitlich-republikanischen Strömungen oppositioneller Deutscher. Walter Grab kommentierte das Hambacher Fest:

> Die Führer und Ideologen der demokratisch-revolutionären Bewegung, die die Organisation des Festes übernommen hatten, wirkten zwar begeistert für ihre politischen Ideale, scheuten sich nicht, schwere persönliche Opfer zu bringen und zeigten in vielen Fällen großen Mut; es fehlte ihnen jedoch eine theoretische Grundlage, ohne die keine zielbewußte Praxis auf die Dauer entstehen konnte. Ihr Demokratismus beruhte weniger auf der Analyse der konkreten Klassenverhältnisse und auf dem Verständnis der dem Kapitalismus inhärenten Widersprüche, sondern eher auf einem moralischen Gerechtigkeitsstreben und auf Mitgefühl mit den sozial unterdrückten Unterklassen. Diese Ideologie, die auf die radikale Aufklärung zurückging, vermochte keinen gangbaren Weg aufzuzeigen, um die politisch rechtlose Mehrheit des Volkes in den deutschen Teilstaaten zu einer kampffähigen und schlagkräftigen Einheit zusammenzuschließen.[44]

Das Apolitische der Idee Europa bei Eduard Gans, das zweifellos auch von einem ›moralischen Gerechtigkeitsstreben‹ getragen war, war keine Besonderheit. Die radikal-demokratischen Kräfte in Deutschland waren insgesamt nicht fähig, sich den politischen Realitäten zu stellen und konkrete Maßnahmen für die Überwindung des obrigkeitsstaatlichen Herrschaftsgefüges einzuleiten. Die noch so radikale Aufklärung, in der diese Kräfte ihre Wurzeln hatten, war für konkrete politische Handlungen nicht geeignet, die revolutionären Tendenzen hatten nicht die Kraft, breite Bündnisse herzustellen und sich mit ihnen gegen die scharfe Unterdrückung durchzusetzen – ein wichtiger, vielleicht der wichtigste Grund für die Besonderheit der deutschen Geschichte im 19. Jahrhundert.

Leopold Zunz, der dem Judentum weit enger verbunden war als Eduard Gans, war der europäischen Idee ebenso verpflichtet:

> Er wollte das Judentum seiner Zeit mit der Idee des neuen Europa, dem Geist der Rationalität, der modernen, objektiven Forschung durchdringen, und Europa, die neue Gemeinschaft politisch und kulturell freier Menschen, mit dem Judentum als einem legitimen Mitglied dieser Gemeinschaft konfrontieren.[45]

Nahum N. Glatzer wies zugleich auf die Probleme hin, mit denen sich Zunz konfrontiert sah:

> Europa, ein Begriff, der vom 17. und 18. Jahrhundert an die historische Realität der Kirche immer mehr zu ersetzen begann, umfaßte, in Zunz's Sicht, auch das Beste, was das Judentum im Westen zur Kultur der Menschheit beitragen konnte. Um diesen Gedanken sichtbar machen zu können, mußte Zunz dem entkirchlichten Europa ein religiös eingeschränktes, auf sein Schrifttum reduziertes Judentum entsprechen lassen.

---

44 Walter Grab: Zwei Seiten einer Medaille. Demokratische Revolution und Judenemanzipation. Köln: PapyRossa-Verlag 2000, S. 86f.
45 Nahum N. Glatzer: Einleitung. Das Werk von Leopold Zunz. In: Leopold Zunz. Jude – Deutscher – Europäer. Ein jüdisches Gelehrtenschicksal des 19. Jahrhunderts in Briefen an Freunde. Hg. und eingeleitet von N. N. Glatzer. Tübingen: Mohr 1964 (Schriftenreihe wissenschaftlicher Abhandlungen des Leo-Baeck-Instituts; 11), S. 3–72, hier S. 3.

Das Widerspruchsvolle dieser Position ist offensichtlich; ein neues Europa existierte wohl, aber meist nur im Verein mit neuen Formen des Christentums. Im jüdischen Bereich waren die Verhältnisse noch komplizierter. Zunz's Idee einer Versöhnung von Judentum, volkhaft und wissenschaftlich definiert, und Europa, war darum ein Versuch von tragischen Ausmaßen.[46]

Sein Hauptwerk *Die gottesdienstlichen Vorträge der Juden, historisch entwickelt* (1832) schloß Zunz mit den Worten:

> Segen dem freien Israel, Freude aber dem versöhnten Europa.[47]

Ein vereintes Europa erschien – wie problematisch die Situation auch war – als der einzig gangbare Weg in jenen Jahrzehnten des anwachsenden Nationalismus.

Auch nach Heinrich Heine verfolgte der Verein »eine hochfliegend große, aber unausführbare Idee«.[48] Er, der auf beiden Seiten des Rheins zu Hause war, sah zwar die Unterschiede zwischen Franzosen und Deutschen klarer als viele andere, eine geschichtliche Perspektive aber gab es für ihn dennoch nur in einem europäischen Rahmen. Wie viele andere sah er im Absolutismus das schlechte Erbe Europas, das den Frieden verhindere:

> Aber im allergrößten Teil Europas herrscht noch das Dogma des Absolutismus, wonach Land und Leute das Eigentum des Fürsten sind, und dieses Eigentum durch das Recht des Stärkeren, durch die ultima ratio regis, das Kanonenrecht, erwerbbar ist.[49]

Er sah Europa nicht mehr als Ansammlung von Nationen, sondern von ›Parteien‹, den Regierenden und den Regierten, und letztere

> [...] wollten Gleichheit der Rechte aller Menschen auf dieser Erde, keinen bevorrechteten Stand, keinen bevorrechteten Glauben, und keinen König des Adels, keinen König der Pfaffen, nur einen König des Volks.

Und diese »große Wahrheit« werde nirgends tiefer verstanden »als in dem vielseitigen, kosmopolitischen Deutschland, in dem Lande, das die Humanität am ersten und tiefsten gefühlt hat«.[50] Er fragte:

> Was aber ist diese große Aufgabe unserer Zeit?
> Es ist Emanzipation. Nicht bloß die der Irländer, Griechen, Frankfurter Juden, westindischen Schwarzen und dergleichen gedrückten Volks, sondern es ist die Emanzipation der ganzen Welt, absonderlich Europas, das mündig geworden ist, und sich jetzt losreißt von dem eisernen Gängelbande der Bevorrechteten, der Aristokratie.[51]

---

[46] Ebd., S. 3f.

[47] Zit. ebd., S. 37.

[48] Heinrich Heine: Ludwig Marcus Denkworte. In: ders., Sämtliche Schriften. Hg. von Klaus Briegleb. 5. Bd, München: Hanser 1974, S. 175–191, hier S. 179.

[49] Heinrich Heine: Lutetia. Berichte über Politik, Kunst und Volksleben. In: ebd., S. 217–548, hier 353.

[50] Heinrich Heine: Skizzen zu ›Die Bäder von Lucca‹. In: ebd., 2. Bd (1969), S. 629–637, hier S. 634.

[51] Heinrich Heine: Reisebilder. Dritter Teil. In: ebd., S. 309–389, hier S. 376.

Nicht eine Nation sei mündig geworden, sondern Europa.

Nach Heine verband Juden und Germanen eine »innige Wahlverwandtschaft« (s. Kap. 5). Er zog den Kreis der Verwandtschaft aber noch viel weiter:

> Aber nicht bloß Deutschland trägt die Physiognomie Palästinas, sondern auch das übrige Europa erhebt sich zu den Juden. Ich sage erhebt sich, denn die Juden trugen schon im Beginne das moderne Prinzip in sich, welches sich heute erst bei den europäischen Völkern sichtbar entfaltet.[52]

Das ›Prinzip Europa‹, das mit dem absolutistischen Prinzip zu brechen habe, sah Heine im alten Judentum vorgeprägt.[53] Leo Loewenthal beschrieb Heines Idee Europa so:

> Was aber bedeutet für Heine ›europäische Kultur‹? Europäische Kultur – das bedeutet für Heine das Europa der Französischen Revolution, es bedeutet die Möglichkeit eines frohen, freien, wirklichkeitserfüllten Lebens. Die Sehnsucht nach dem konkreten, diesseitigen, erdgebundenen Leben, das ist es, was Heine in der europäischen Kultur suchte. Daß dies die größtmögliche Entfernung vom Sinn des das Leben negierenden Christentums bedeutet, ist ja ganz selbstverständlich.[54]

In seinem ersten selbständigen Buch analysierte Moses Hess 1837 *Die heilige Geschichte der Menschheit*. Er teilte die Geschichte gut hegelianisch in drei Hauptperioden, von denen die ersten beiden jeweils in sieben Perioden zerfielen, die dritte Hauptperiode, die »Offenbarungsgeschichte von Gott, dem heiligen Geist«,[55] aber nur in drei. Die erste Periode davon befaßt sich mit Amerika, die zweite mit Europa, die dritte Periode aber stehe der Menschheit bevor. Dies sei die Zeit der »*dritten* Offenbarung«[56] – nach Moses und Christus. Europa ist hier das Europa der Französischen Revolution, nach der Wasserflut nach Adam und der Völkerflut nach Christus habe die Revolution eine Ideenflut hervorgebracht,[57] die ähnlich vernichtend sei wie die ersten beiden, die aber die Keime für die neue Offenbarung in sich trage. Seinen eigenen Ausführungen hatte Hess einen sechs Seiten langen Auszug aus Joel

---

52 Heinrich Heine: Shakespeares Mädchen und Frauen. In: ebd., 4. Bd (1971), S. 171–293, hier S. 258.

53 Vgl. zum Gesamtzusammenhang: Michael Werner: Heinrich Heine – Über die Interdependenz von jüdischer, deutscher und europäischer Identität in seinem Werk. In: Juden im Vormärz und in der Revolution von 1848. Hg. von Walter Grab und Julius H. Schoeps. Stuttgart, Bonn: Burg-Verlag 1983 (Studien zur Geistesgeschichte; 3), S. 9–28.

54 Leo Löwenthal: Judentum und deutscher Geist. In: ders., Untergang der Dämonologien. Studien über Judentum, Antisemitismus und faschistischen Geist. Leipzig: Reclam 1990 (Reclam-Bibliothek; 1376 – Philosophie, Geschichte, Kulturgeschichte), S. 26–82, hier S. 41.

55 Moses Hess: Die heilige Geschichte der Menschheit. Von einem Jünger Spinozas. Neudruck der Ausg. Stuttgart, 1837. Hildeheim: Gerstenberg 1980, S. 151.

56 Ebd., S. 199.

57 Vgl. ebd., S. 165.

Jacobys[58] Buch *Klagen eines Juden*, das im selben Jahr erschienen war, vorangestellt. Dort heißt es gleich zu Beginn:

> Es wehet ein Verwesungshauch durch diese Welt, und Grabgeläute tönet rings umher. Wer ist der große Todte, den man seit Jahrzehnten will bestatten? Wie heißt sein Name, sein Geschlecht?
> Das eben ist Europa's Leid, sein Wehe und sein Gram.[59]

Der alte Gott solle begraben werden, obwohl der neue noch nicht erschienen sei:

> Im Herzen Europa's wird das neue Jerusalem gegründet werden. Deutschland und Frankreich sind die beiden Endpunkte des Osten und Westen – die Extreme, aus deren Berührung die göttliche Frucht hervorgehen wird. Denn der Charakter der Franzosen ist dem der Deutschen entgegengesetzt – jener ist nämlich als ein *politischer*, dieser als ein *religiöser* zu bezeichnen. Das Interesse an politisch-socialen Problemen ist dem *Franzosen* gemeinschaftlich; der *Deutschen* Band aber ist ein geistiges Bedürfnis, ein religiös-sociales Moment.[60]

Die politische und soziale Rückständigkeit Deutschlands wird hier in einem metageschichtlichen Konzept einer heiligen Geschichte nicht nur beschönigt, sondern geradezu als absolute Notwendigkeit dargestellt.

Je weiter sich Hess von seinen frühen Geschichtskonstruktionen entfernte, desto positiver wurde sein Europabild, zu dem jetzt England als dritte Großmacht Europas hinzutrat. In *Die europäische Triarchie* – eigentlich sollte das Werk ›Europäische Wiedergeburt‹ heißen[61] –, anonym 1841 erschienen, wird die Rolle Europas klar bezeichnet:

> Nur das *römisch-germanische Europa* ist der eigentlich historische Welttheil; Asien ist wohl das Land des Anfanges, aber nicht des Fortganges.[62]

Knapp zehn Jahre vorher hatte Eduard Gans im Rahmen der Rezension eines Geschichtswerks von Jules Michelet geschrieben:

> Europa ist artikulierter und akzentuierter als Asien: es ist eine freie Welt. Der Sklave, der sie berührt, ist frei.[63]

---

58 Zu Hess und Jacoby vgl. Shlomo Na'aman: Emanzipation und Messianismus. Leben und Werk des Moses Hess. Frankfurt a. M., New York: Campus 1982 (Quellen und Studien zur Sozialgeschichte; 3), S. 60f.

59 Hess, Die heilige Geschichte der Menschheit (Anm. 55), S. 7; Anon. [= Joël Jacoby]: Klagen eines Juden. Mannheim: Hoff 1837, S. 88f.

60 Ebd., S. 308f.

61 Vgl. Moses Hess: Die europäische Triarchie. In: ders., Philosophische und sozialistische Schriften 1837–1850. Eine Auswahl. Hg. und eingeleitet von Auguste Cornu und Wolfgang Mönke. Berlin: Akademie-Verlag 1961, S. 491, Anm. 288.

62 Ebd., S. 92.

63 Eduard Gans: Introduction à l'histoire universelle par Michelet [Rezension]. In: ders., Philosophische Schriften. Hg. von Horst Schröder. Berlin: Akademie-Verlag 1971 (Philosophische Studientexte), S. 260–276, hier S. 269.

Damit hatte er – und nach ihm Hess – das Stichwort geliefert für eine nicht
enden wollende Diskussion um ›westliches‹ und ›östliches‹ Denken, um West-
und Ostjudentum, die hier nicht dargestellt werden kann. Bei Hess jedenfalls
hat sich in der *Europäischen Triarchie* das Geschichtsbild völlig verschoben,
in dem Deutschland jetzt eine ganz andere Rolle zugewiesen wird:

> Die Sache ist ganz einfach diese: wir Deutschen sind das universalste, das *europäisch-*
> *ste* Volk Europas. Es dauert lange, bis wir zu einem Entschluß kommen, und unsere
> Thaten tragen immer ›des Gedankens Blässe‹ an sich, aber desto vielseitiger sind wir
> auch. Die Neuzeit fand in Deutschland ihre spätesten, aber gründlichsten Verehrer. Eng-
> land ist auf das *Gesetz*, Frankreich auf die *That* angewiesen; Deutschland aber, vor-
> nehmlich dem *Gedanken* zugewendet, umfaßt eben deshalb, wenn auch nur in der Idee,
> nebst seinem eigenen Elemente, dem Gedanken, auch noch die That und das Gesetz.[64]

Hess baute sein Werk »auf der deutschen Philosophie als ihrer Voraussetzung
und Grundlage« auf.[65] So erscheint Deutschland nun als Wurzel, nicht aber als
Frucht der europäischen Entwicklung:

> Religion, Sitten und Gesetze müssen durch unsere vereinte Thätigkeit errungen wer-
> den. Zwar Jedes an seinem Orte: in Deutschland die social-*geistige* Freiheit, weil hier
> die Geisteskraft vorherrscht, in Frankreich die social-*sittliche* Freiheit, weil hier die
> Willenskraft mächtig, – in England die social-*politische* Freiheit, weil hier der practi-
> sche Sinn am meisten entwickelt ist. Soll aber die Arbeit erfolgreich werden, so müs-
> sen Deutsche, Franzosen und Engländer zusammen wirken. Deutschland muß sich an
> Frankreich und dieses an England anschießen, sonst bleibt die Wurzel ohne Blüthe,
> und die Blüthe ohne Frucht, – und umgekehrt wiederum muß sich England auf Frank-
> reich und dieses auf Deutschland stützen; denn es treibt keine Blüthe ohne Wurzel, und
> keine Frucht reift ohne Blüthe.[66]

Nach Heinz Gollwitzer betrachtete Hess Europa »als ein Heiligtum, in dessen
Mitte Deutschland das Allerheiligste bildet, auf das sich der Kontinent beziehen muß, wie das kaiserliche Mittelalter auf Rom oder die Israeliten auf Jerusalem.«[67] Shlomo Na'aman diagnostizierte in diesem Buch eine »*Hinwendung*
zum deutschen Idealismus«, die »ernste politische Rückschritte« mit sich brachte. Gleichzeitig aber habe dieses Buch »den Weg von einer vorgestellten ›Tat‹
zur realen Praxis« vorbereitet.[68] Dieser Weg führte Hess an die Seite von Karl
Marx und zum Sozialismus, von dem er sich wieder trennte und in *Rom und
Jerusalem* zu seinen jüdischen Wurzeln zurückkehrte – es ist auf seine Beschreibung des deutschen Sonderwegs hingewiesen worden (Kap. 4.1).

Heute fast vergessen ist Eduard Loewenthal (1836–1917). Er gründete 1869
in Dresden den ›Europäischen Unions-Vereins‹, »der die Gestaltung Europas
zu einer Völkerbundsgemeinschaft erstrebt«, und hat damit »in durchaus selb-

---

[64] Hess, Die europäische Triarchie (Anm. 61), S. 118.
[65] Ebd., S. 82.
[66] Ebd., S. 150.
[67] Gollwitzer, Europabild und Europagedanke (Anm. 1), S. 217.
[68] Na'aman, Emanzipation und Messianismus (Anm. 58), S. 104.

ständiger Weise die Friedensbewegung in Deutschland eröffnet«.[69] Er sah den Krieg 1870/71 kommen und hielt zwei Tage vor seinem Ausbruch eine Volksversammlung in Dresden ab, bei der eine Resolution beschlossen wurde, in der festgestellt wurde, »daß die Reibungen der Dynastien keinen vernunftgemäßen Grund für einen Völkerkrieg abgeben könnten, daß weder die französische noch die deutsche Nation ein Interesse an einem Kriege hätte«.[70] 1871 mußte er in die Schweiz fliehen und arbeitete dort weiter für den Frieden. Loewenthal war damals so bekannt, daß er ab 1900 mehrfach für den Nobelpreis vorgeschlagen wurde. Seine wichtigsten Veröffentlichungen sind: *Der Militarismus als Ursache der Massenverarmung in Europa und die europäische Union als Mittel zur Überflüssigmachung der stehenden Heere* (1870), *Zur internationalen Friedenpropaganda* (1874) und *Der wahre Weg zum bleibenden Frieden, letzter Entwurf zur Konstitution des Völkerrechts* (1896). Loewenthal führte die Tradition der Friedensarbeit fort, an der sich z. B. der Berliner Liberale Moritz Veit beteiligte, der 1834 eine Doktorarbeit mit dem Titel *Saint Simon und der Saint Simonismus. Allgemeiner Völkerbund und der ewige Friede* veröffentlichte.[71] 1848 war Veit Mitglied der Nationalversammlung in Frankfurt.

Die sozialistische Bewegung, die Arbeiterbewegung, an der sehr viele Juden in wichtigen Positionen beteiligt waren,[72] war von Beginn an international. Dies hatte tiefe, auch philosophische Wurzeln. Moses Hess nahm, wie dargestellt (Kap. 4.5), gegen das Konzept der Bildung Stellung, denn für ihn war Gemeinschaft nicht ein Ergebnis des Zusammentretens von Individuen, sondern erst aus der Gemeinschaft könnten Individuen heraustreten:

> Denken und Handeln gehen nur aus dem Verkehr, dem *Zusammenwirken* der Individuen hervor – und was wir mystisch ›Geist‹ nennen, ist eben diese unsere Lebensluft, unsere Werkstätte, dieses *Zusammenwirken*.[73]

Es ist nicht schwierig, hier die Grundauffassung des klassischen Judentums wiederzuerkennen, nach der sich das Individuum nur aus der Gemeinschaft heraus und von ihr getragen entwickeln kann.

Der Sozialdemokrat Eduard Bernstein (1850–1932) betonte den ›Mittlerberuf der Juden‹:

---

[69] Veit Valentin: Geschichte des Völkerbundgedankens in Deutschland. Ein geistesgeschichtlicher Versuch. Berlin: Engelmann 1920, S. 137.

[70] Ebd., S. 138.

[71] Vgl. Ludwig Geiger: Die Deutsche Literatur und die Juden. Berlin: Reimer 1910, S. 195.

[72] Vgl. z. B. Juden und deutsche Arbeiterbewegung bis 1933. Soziale Utopien und religiös-kulturelle Tradition. Hg. von Ludger Heid und Arnold Paucker. Tübingen: Mohr 1992 (Schriftenreihe wissenschaftlicher Abhandlungen des Leo-Baeck-Instituts; 49).

[73] Moses Hess: Über das Geldwesen [1845]. In: ders., Philosophische und sozialistische Schriften (Anm. 61), S. 329–348, hier S. 331; vgl. zum Zusammenhang: Zwi Rosen: Moses Hess' Einfluß auf die Entfremdungstheorie von Karl Marx. In: Juden im Vormärz und in der Revolution von 1848 (Anm. 53), S. 169–198, hier S. 179f.

Wenn dem Judentum heute überhaupt noch eine besondere Aufgabe in der Kulturwelt zugesprochen werden kann, so nur die, als vermittelndes Glied der Nationen sich zu betätigen. Die Gottesidee der Juden und ihre Ethik sind keine Besonderheit mehr, kraft deren sie beanspruchen könnten, über dem geistigen Höhepunkt ihrer Zeit zu stehen, Lehrer der Völker zu sein. Sie haben in bezug auf sie nichts zu bieten, was nicht auch andere, sei es in gleicher Reinheit, sei es in höherer Erkenntnisform verkünden. Aber ihre völkerpolitische Lage ist einzigartig, und aus ihr ergeben sich, wenn sie nach ihrer vollen Bedeutung erfaßt wird, Aufgaben, die keine andere Volksgenossenschaft in gleicher Erhabenheit und gleichem Umfange zu erfüllen den Beruf hat.[74]

Bernstein kämpfte gegen den Nationalismus und die mit ihm verbundenen Leidenschaften:

Von solchen Leidenschaften sich freizuhalten, zu allen Zeiten das die Völker Verbindende zu betonen, in Zeiten des Streites aber ganz besonders durch Eintreten für maßvolles Urteil der Stimme der Vernunft zu ihrem Recht zu verhelfen und dadurch als Mittler der Nationen sich zu betätigen, das ist nach meiner Ansicht eine Mission, zu der neben anderen gerade die Juden berufen wären, und für die die Erinnerung daran, daß die Juden Eingebürgerte und Gäste *aller* Nationen sind, das Gefühl in ihnen wacherhalten und sie vor der Teilnahme an Ausschreitungen des Nationalismus bewahren müßte.[75]

Der Sozialismus war in seiner Programmatik nicht europazentriert, wenn auch die Hauptaktivitäten sich in Europa entfalteten. Mit der Russischen Revolution wurde aber auch dieser Rahmen gesprengt. Der Feind war der Kapitalismus und später der Imperialismus; eine ›Idee Europa‹ hatte hier keinen Platz. Dennoch ist die starke jüdische Beteiligung hier ein deutliches Zeichen für das nationenübergreifende Engagement vieler Juden – und Sozialismus wie Kommunismus waren Teile der europäischen Geschichte – das tief gekennzeichnet war von europäischem Denken. Neben einer evolutionistisch-materialistischen Begründung des Sozialismus gab es immer auch eine ethische Begründung, die sich auf Kant – Hermann Cohen war hier eine herausragende Persönlichkeit – oder Fichte – Ferdinand Lassalle ist hier zu nennen – bezogen. Zu erinnern ist außerdem daran, daß es seit Marx und Engels bis in die Weimarer Republik hinein eine ständige Diskussion um die Bedeutung Spinozas für den Sozialismus gegeben hat.[76]

Je stärker man im europäischen Rahmen dachte, je konkreter die Idee Europa wurde, desto klarer konnte man sich vom ›typisch deutschen‹ Denken lösen. Auch wenn der deutsche Geist, die deutsche Philosophie als Vorbild für Europa dargestellt wurden, auch wenn, was sehr häufig getan wurde, Deutschland als Herz Europas, als Vermittler zwischen West- und Osteuropa eine besondere Rolle einnehmen sollte – und nach Bernstein hatten Juden hier eine besondere Aufgabe und Verantwortung –, war hier letztlich die Möglichkeit gegeben, den

---

[74] Eduard Bernstein: Vom Mittlerberuf der Juden. In: Neue Jüdische Monatshefte 1 (1916/1917), H. 14, 25. April 1917, S. 397–401, hier S. 398.

[75] Ebd., S. 400.

[76] Vgl. Ernst Erdös: Die Tradition Spinozas in der sozialistischen Bewegung bis 1927. In: Ethischer Sozialismus. Zur politischen Philosophie des Neukantianismus. Hg. von Helmut Holzhey. Frankfurt a. M. Suhrkamp 1994 (Suhrkamp-Taschenbuch Wissenschaft; 949), S. 316–349.

Sonderweg Deutschlands als solchen zu erkennen und dadurch eine Annäherung an Westeuropa zu ermöglichen. Dies wird besonders deutlich in den Jahren ab etwa 1900, die später zu behandeln sind (Kap. 8.4).

Wenden wir uns abschließend noch einmal zurück zum Eintritt der Juden in
die ›europäische Welt‹ und dem Gesamtvorgang der Europäisierung der Juden.
Der Fall der Ghettomauern und die schrittweise vollzogene Annäherung der
Juden an die Lebensverhältnisse der Völker, in denen sie lebten, hat unterschiedlichste Beschreibungen und Bewertungen erfahren. Gingen schon vor
Hitler und der Shoah hier die Meinungen auseinander, so traten sie danach in
scharfen Widerspruch zueinander. Ging es zunächst zentral um die Auswirkungen dieser Entwicklung auf die Juden, so wurde nach 1945 vor allem über
das Bild Europa gestritten. In diesem großen Rahmen sind die Realität Europa
und die Idee Europa nicht voneinander trennbar, und schon hieraus ergeben
sich Unterschiede, die dann noch verstärkt werden durch die unterschiedlichen
Positionen innerhalb des Judentums selbst.

Beginnen wir mit Julius Guttmann, der in seiner Gesamtbewertung die her-
vorgehobene Rolle des deutschen Judentums im 19. Jahrhundert betonte:

> Innerhalb des modernen Europa hörte das Judentum auf, eine Lebenstotalität zu sein.
> Der Jude stand mit entscheidenden Momenten seines Daseins in einer außerjüdischen
> Welt und blieb Jude nur in bestimmten Lebensbezirken. Sollte das nicht zu einem
> völligen Verschwinden des Judentums führen, so war eine Auseinandersetzung mit
> dieser veränderten Situation, die Begründung eines jüdischen Lebens auf neuen
> Grundlagen, gefordert. In der großen geschichtlichen Bewegung, die aus dieser Si-
> tuation erwachsen ist, hat das deutsche Judentum die Führung inne gehabt.[77]

Für Robert Weltsch, der trotz seiner zionistischen Überzeugungen immer die
Realität der deutsch-jüdischen Symbiose betonte, führte diese Auseinandersetzung zu einer ›Synthese‹:

> Allein die grundlegende Veränderung, die sich im Denken der europäisierten Juden
> vollzog, und ihre Auseinandersetzung mit abendländischer Philosophie, hat auf diesem
> Gebiet zu neuem Suchen und neuer Orientierung geführt; man darf sogar von einer
> Synthese zwischen jüdischen religiösen Ideen und zeitgenössischem Denken sprechen,
> die es übrigens, obwohl weniger auffallend, auch in anderen Perioden gegeben hat.[78]

Gustav Krojanker war gegenüber der Symbiose wesentlich skeptischer, seine
Argumentation betonte aber dennoch den europäischen Charakter der Juden in
Deutschland:

> Die Juden in Deutschland waren gewissermaßen dem ›reinen‹ Europäertum am näch-
> sten, eben gerade deswegen, weil die spezifisch deutschen Züge ihnen fremd geblie-
> ben waren.[79]

---

[77] Julius Guttmann: Das geistige Erbe des deutschen Judentums [1939]. In: Bulletin des
Leo Baeck Instituts, Nr 58 (1981), S. 3–10, hier S. 3f.

[78] Weltsch, Die Idee Europa (Anm. 4), S. 149.

[79] Gustav Krojanker zit. nach: Alfred Bodenheimer: Die Verewigung der deutsch-
jüdischen Symbiose. In: Jüdischer Almanach 1994, S. 131–140, hier S. 140.

Es wird zu zeigen sein (Kap. 8.4), daß es zahlreiche Stimmen gab, die dies anders beurteilten.

Nach 1945 waren die Einschätzungen meist kritisch bis negativ. Besonders scharf beurteilte Zygmunt Baumann den Eintritt der Juden in die europäischen Nationen:

> Die Juden waren die prototypischen Fremden in einem Europa, das in Nationalstaaten zersplittert war, welche entschlossen waren, alles ›Dazwischenliegende‹, alles Unterdeterminierte, weder Freundliche noch Feindliche zu vernichten. Auf dem Kontinent der Nationen und Nationalismen erinnerten nur noch die Juden an die Relativität der Nationalität und der äußeren Grenzen des Nationalismus [...]. Sie stellten genau die Gefahr dar, gegen die die Nationen sich zu konstituieren hatten. Sie waren die letzte Inkongruenz – eine *nicht-nationale Nation*. Ihre Fremdheit war nicht auf einen bestimmten Ort beschränkt; sie waren *universale* Fremde. Sie waren nicht Besucher aus einem anderen Land, da ein solches ›anderes Land‹ nicht existierte – ja, es gab überhaupt kein Land, wo sie das Recht beanspruchen konnten, nicht Besucher oder Fremde zu sein.[80]

Jost Hermand zitierte den Historiker Istvan Deak, der eine ähnliche Position vertrat:

> »In a way«, schreibt Istvan Deak in seiner Studie über die *Weltbühne*, »these intellectuals proposed their complete assimilation, not into Germandom, but into a community of progressive Europeans.« Da es jedoch eine solche »community« nicht gegeben habe, seien die *Weltbühne*-Autoren, fährt Deak fort, zwangsläufig »homeless« und damit ineffektiv geblieben.[81]

Es gab aber für die Intellektuellen der *Weltbühne*, an der sehr viele Juden mitarbeiteten, sehr wohl eine Gemeinschaft, der sie angehörten, nämlich das politisch links stehende Bildungsbürgertum, das von links-katholischen Kreisen bis weit in die sozialistisch-kommunistischen Parteien reichte. Die Gemeinschaft fortschrittlicher Europäer begann Realität zu werden.

---

[80] Zygmunt Baumann: Moderne und Ambivalenz. Das Ende der Eindeutigkeit. Frankfurt a. M.: Fischer-Taschenbuch-Verlag 1995 (Fischer-Taschenbuch; 12688), S. 111.

[81] Jost Hermand: Judentum und deutsche Kultur. Beispiele einer schmerzhaften Symbiose. Köln, Weimar, Wien: Böhlau 1996, S. 149.

8 Auflösung der Symbiose

8.1 Hundert Jahre

Julius Guttmann hatte 1939 geschrieben – es wurde schon zitiert (1. Kap.):

Ich weise [...] noch mit einem Wort auf den Verlauf der *geistigen Bewegung* im deutschen Judentum hin. Sie ist von höchster Intensität in der ersten Hälfte des 19. Jahrhunderts, in der sich die Auseinandersetzung mit der neuen Lebenssituation des modernen Judentums vollzieht. Dann folgte eine Zeit des bloßen Beharrens in den einmal abgesteckten Bahnen, eine Zeit ohne neue Impulse und neue Ideen. Erst der Ausgang des 19. Jahrhunderts brachte solche Impulse, die teils von der unter dem Einfluß des wiedererwachten Antisemitismus entstandenen zionistischen Bewegung, teils von den Wandlungen des allgemeinen europäischen Kulturbewußtseins ausgingen.[1]

Dies ist nun genauer zu betrachten. Dabei geht es zwar vor allem um das Festhalten des Bildungsbürgertums an den alten Idealen, aber auch um die Spaltung der deutschen Gesellschaft, die durch das Fehlen demokratischer Traditionen und demokratischer Teilhabe der Massen begünstigt wurde und eine wichtige Voraussetzung des immer stärker werdenden Einflusses des Antisemitismus war.

In den bisherigen Erörterungen sind immer wieder Sprünge in der Geschichte vollzogen, sind Probleme über Jahrzehnte, über ein Jahrhundert verfolgt worden, als ob sich die deutsche Geschichte in diesem Zeitraum nicht verändert hätte. Tatsächlich hat sich Deutschland zwischen 1800 und 1900, vor allem in der zweiten Jahrhunderthälfte schneller und tiefgreifender verändert als andere europäische Länder, die diese Entwicklung schon früher begonnen hatten. Die Industrialisierung und die kapitalistische Umgestaltung der Gesellschaft wurde zum Teil trotz, zum Teil wegen der ›Junkerherrschaft‹ mit größter Energie vorangetrieben. Deutschland entwickelte sich von einem rückständigen Land zu dem führenden Industriestaat Europas. Das für unser Thema Entscheidende ist nun, daß das Selbstbewußtsein des Bildungsbürgertums, das neben dem Großbürgertum und dem Kleinbürgertum eine eigenständige, gelegentlich vermittelnde Rolle spielte, diesen Weg nicht mitgegangen ist. Die innere Substanz des Bildungsbegriffs änderte sich nicht und die Klassiker sowie ihre Vorbildfunktion blieben unangetastet. Allerdings mußte sich die Idee der Bildung immer stärkeren Angriffen von außen, von den Naturwissenschaften, der Technik und dann auch von den sozialen Wissenschaften, erwehren, wobei sich der Bildungsbegriff verengte und begann sich im Kern zu verändern, während Technik und Wirtschaft das Arbeits- und das Sozialleben umformten.

---

[1] Julius Guttmann: Das geistige Erbe des deutschen Judentums [1939]. In: Bulletin des Leo Baeck Instituts, Nr 58 (1981), S. 3–10, hier S. 4f.

Daß mit der Zulassung des Neuen auch und gerade die letzten Voraussetzungen und die grundlegenden Wertungen des überlieferten Bildungsdenkens in Frage gestellt werden mußten – davon gab man sich keine Rechenschaft.[2]

Und auch die neue, an der Arbeitswelt orientierte Pädagogik von Georg Kerschensteiner und seinen Schülern konnte dies nicht ändern, die »Kraft der Selbstbehauptung« der »einmal eingewurzelten Bildungsideale« widerstand den »zuwiderlaufenden Tendenzen der Zeit«.[3]

Es kann hier nicht Aufgabe sein, die Geschichte Deutschlands von 1813 – der Niederlage Napoleons – bis 1914 – dem Beginn des Ersten Weltkrieges – nachzuzeichnen. Es reicht aus, zwei Seiten eines 1943 von Benedetto Croce verfaßten Aufsatzes zu zitieren; Croce, Philosoph und Historiker, zeitweilig Unterrichtsminister in Italien, war vor 1933 lange Zeit in Deutschland. Er war ein großer Bewunderer der ›großen Epoche‹ des deutschen Geisteslebens:

> Ja, es war eine glanzvolle Epoche gewesen –, aber daß sie keineswegs als Funktion eines bestimmten Volkes oder einer bestimmten Rasse betrachtet werden darf, beweist die Tatsache, daß sie vorüberging. Sie ging vorüber wie das perikleische Zeitalter, wie das Renaissance-Italien, wie das Frankreich Ludwigs XIV. Derartige große Leistungen, wobei eine ganze Schar von genialen Persönlichkeiten auftritt, vollbringt die Geschichte der Menschheit nur in Abständen von Jahrhunderten. Schon um 1830 machten begeisterte Verfechter der deutschen Kultur in Frankreich, wie Quinet und Michelet, darauf aufmerksam, daß Deutschland nunmehr, neben zahlreichen Epigonen, nur wenige originelle Köpfe aufzuweisen hatte. Abgesehen von dem nie sich verringernden Fleiß der deutschen Universitäten glitt der Gedanke von den Höhen, die er erreicht hatte, herab; er wurde auf dem Gebiet der Philosophie schüchtern, indem er sich zum Trabanten der Naturwissenschaften zurückdrängen ließ; schüchtern auch auf dem Gebiet der Geschichte, die er wieder von der Philosophie löste, mit der sie im klassischen Zeitalter eng verknüpft war. Im Zeitalter des Positivismus, der Evolutionslehre, des Soziologismus nahm der deutsche Gedanke nicht einmal die ersten Plätze ein, sie wurden von Engländern, Franzosen und Italienern besetzt. Daß die geistige und wirkliche Macht jener großen Epoche keineswegs eine Funktion der politischen Macht und der Rasse war, das beweist die Tatsache, daß, als Deutschland ein einheitlicher Staat war und ein Kaiserreich wurde und das Gewicht seiner Autorität und seiner Macht fühlen ließ, es keine gleichwertigen Früchte in der Dichtung und auf dem Gebiet des Denkens erzeugt und keineswegs ähnlichen Einfluß auf das geistige Leben der Menschheit ausübte wie in jener politisch ohnmächtigsten Situation. Die annehmbarste philosophische Lehre, die es damals hervorbrachte, war die sogenannte ›Werttheorie‹, die im Grunde ein Ausläufer des alten Herbartismus war. [...] Die Klassiker der deutschen Philosophie standen noch in hohem Ansehen und wirkten in England, in Italien und auch in Frankreich (es ist bekannt, daß z. B. Bergson über Ravaisson Anregungen von Schelling empfing); aber in ihrem Vaterland waren sie entweder vergessen und verkannt, oft auch mit verächtlicher Überlegenheit als Metaphysiker und Phantasten abgetan –, oder bildeten lediglich den Gegenstand schulmäßiger

---

2 Theodor Litt: Das Bildungsideal der deutschen Klassik und die moderne Arbeitswelt. Bonn: Bundeszentrale für Heimatdienst 1955 (Schriftenreihe der Bundeszentrale für Heimatdienst; 15), S. 66.
3 Ebd., S. 68.

Darstellungen und gelehrter Forschung und nicht mehr einer lebendigen Tradition. Zuweilen wurden sie auch zu Bannerträgern irgendeiner sogenannten ›Rückkehr‹ gewählt, die immer nur ein Zeichen ohnmächtiger Velleität ist. Die deutsche Kultur, die einst universell, kosmopolitisch gewesen war, offen zugewandt den Kulturen anderer Völker, versperrte sich in den Kreis der eigenen Nation und war schließlich nicht mehr imstande, ihre eigenen großen Männer zu verstehen, die unbedingt die Welt und nicht ein einzelnes Land als Hintergrund erfordern.[4]

In diesem Jahrhundert, in dem Deutschland politisch zusammengefaßt und vor allem durch den ungeheuren Fortschritt der Naturwissenschaften und der Technik zu einer Weltmacht wurde, war die rein geistige Bildung anachronistisch geworden: Westeuropa hatte sich naturwissenschaftlich orientiert und ging »ohne Unterbrechung auf diesem Kurs des Empirismus fort, während Deutschland sich in den idealistischen Systemen Kants, Fichtes, Hegels und Schellings davon löste«.[5] Weder materielles Interesse noch praktischer Nutzen oder einfaches menschliches Bedürfnis waren hier von Bedeutung, man dachte weiterhin mit Schiller:

> Der Lauf der Begebenheiten hat dem Genius der Zeit eine Richtung gegeben, die ihn je mehr und mehr von der Kunst des Ideals zu entfernen droht. Diese muß die Wirklichkeit verlassen und sich mit anständiger Kühnheit über das Bedürfnis erheben; denn die Kunst ist eine Tochter der Freiheit, und von der Notwendigkeit der Geister, nicht von der Notdurft der Materie will sie ihre Vorschrift empfangen. Jetzt aber herrscht das Bedürfnis und beugt die gesunkene Menschheit unter sein tyrannisches Joch. Der *Nutzen* ist das große Ideal der Zeit, dem alle Kräfte fronen und alle Talente huldigen sollen. Auf dieser großen Waage hat das geistige Verdienst der Kunst kein Gewicht, und, aller Aufmunterung beraubt, verschwindet sie von dem lärmenden Markt des Jahrhunderts.[6]

Aber damals hatte es noch Verbindungen zu den Naturwissenschaften gegeben – nicht nur Goethe war brennend an ihnen interessiert, sondern auch Novalis, der Salinendirektor war. Am Magnetismus waren nicht nur romantische Kreise interessiert – der elektrische Strom wurde erforscht und mit verschiedensten Theorien verbunden: der mystisch-spekulative Philosoph Franz Baader wurde von der österreichischen Regierung mit 12.000 Gulden für die Entdeckung belohnt, daß man in einer Glashütte statt Pottasche auch Glaubersalz verwenden kann.[7] Der Biologe Hans Mohr erinnerte 1967 an Kant:

---

[4] Benedetto Croce: Europa und Deutschland. Bekenntnisse und Betrachtungen. Bern: Francke o. J. [1946/47], S. 44f.

[5] Hajo Holborn: Deutsche Geschichte in der Neuzeit. Bd 2: Reform und Restauration, Liberalismus und Nationalismus (1790–1871). Frankfurt a. M.: Fischer-Taschenbuch-Verlag 1981 (Fischer-Taschenbücher; 6415), S. 8.

[6] Friedrich Schiller: Über die ästhetische Erziehung des Menschen in einer Reihe von Briefen. In: ders., Sämtliche Werke. Hg. von Gerhard Fricke und Herbert G. Göpfert. 2., durchges. Aufl., München: Hanser 1960, S. 572.

[7] Vgl. Karl Joël: Die Kultur vor hundert Jahren. In: ders., Antibarbarus. Vorträge und Aufsätze. Jena: Diedrichs 1914, S. 1–123, hier S. 84f.

Welch ein Wandel, wenn man bedenkt, daß in der klassischen Philosophie, etwa bei Kant, der Vorrang der Naturwissenschaften unbestritten war! Dieser Vorrang wurde dann allerdings in der spekulativen idealistischen Philosophie, insbesondere durch Hegel, ignoriert. Damals begann die zumindest für die europäische Philosophie so verhängnisvolle Entfremdung von Naturwissenschaften und Philosophie. Die Universitas der idealistischen Philosophie des neunzehnten Jahrhunderts zerfiel in die oppositionellen Gruppen der natur- und geisteswissenschaftlichen Richtung. Den Geisteswissenschaften wurde dabei eine Art ›Bildungsmonopol‹ vorbehalten. Diese Entwicklung ist aus der kulturellen Situation des neunzehnten Jahrhunderts heraus verständlich.[8]

Diese Aussagen machte Mohr im Zusammenhang mit der Diskussion um C. P. Snows These von den ›zwei Kulturen‹, die zwar in den USA begonnen wurde, aber eigentlich Deutschland betraf. Im demselben Zusammenhang schrieb der Soziologe Hans Paul Bahrdt:

> Als gegen Ende des 19. Jahrhunderts sich die alte Herrenschicht immer mehr in eine Expertengruppe für Herrschaft eines an Kopf und Gliedern verbürgerlichten Industriestaates verwandelte, war das Bildungsbürgertum bereits von der industriellen und kommerziellen Bourgeoisie überflügelt worden. Diese Tatsache gestand es sich nur ungern ein. Dennoch befand es sich auf dem Wege, ebenfalls zu einer gehobenen Spezialistenschicht zu werden, die niemals die Funktion einer Elite gewinnen konnte.
>
> Inzwischen aber hatte die Bildung der Gebildeten einen Wandel durchgemacht, indem sie ihre politische Dynamik, die sie immerhin vorher besessen hatte, einbüßte. Sie hat eine ganz andere Funktion erhalten. In ihrer neuen Gestalt kann sie Eliteträume ermöglichen, hat aber endgültig aufgehört, eine ernstzunehmende elitäre Qualifikation zu sein.
>
> Das, was heute diesem inzwischen traditionell, allzu traditionell gewordenen Bildungstyp in Deutschland oft zum Vorwurf gemacht wird, ist, daß er den Menschen zwar vielleicht als Individuum, als Persönlichkeit zu formen vermag, jedoch nicht als gesellschaftliches und politisches Wesen. Im Gegenteil: Dieser Bildungstyp steht unter dem Verdacht, daß er das Individuum seinen sozialen und politischen Verpflichtungen entfremdet, indem er ihm ein harmonisches Reich des Geistes, in dem es keine dissonierenden Realitäten gibt, als Fluchtburg anbietet.[9]

Während sich das durch den politikfernen Individualismus geprägte Bildungsbürgertum, das sich langsam aber immer deutlicher in Kleinbürgertum und Bildungsphilistertum aufspaltete, zwischen denen das klassische Bildungsbürgertum eine weiter schwindende Basis fand, von der vermeintlich schlechten Politik abwendete – Schopenhauer war hier von großer Bedeutung –, wurde seit den 1850er Jahren ›Realpolitik‹ gemacht, ein Begriff, den Ludwig August von Rochau (1810–1873) mit *Grundsätze der Realpolitik* (erster Band 1853,

---

[8] Hans Mohr: Wissenschaft und Bildung. Stellungnahme eines Naturwissenschaftlers zu den Thesen von C. P. Snow. In: Die zwei Kulturen. Literarische und naturwissenschaftliche Intelligenz. C. P. Snows These in der Diskussion. Hg. von Helmut Kreuzer. München: Klett-Cotta im Deutschen Taschenbuch-Verlag 1987 (dtv/Klett-Cotta; 4454), S. 229–253, hier S. 249.

[9] Hans Paul Bahrdt: Literarische Bildung und technische Intelligenz. In: ebd., S. 296–312, hier S. 302f.

zweiter Band 1869) in Umlauf brachte.[10] Rochau war es auch, der die Idee, vormals Sphäre des Idealismus, der Politik unterstellte:

> Ideen seien nur subjektive Überzeugungen. Ihre Wahrheit sei weniger wichtig als die Intensität, mit der sie geglaubt werden und die öffentliche Meinung beeinflussen. Da die Regierung nicht auf lange Sicht den Staat entgegen der öffentlichen Meinung beherrschen kann, sind die Ideen die »Brücken«, die eine Klasse nach der anderen auf dem Weg zur politischen Macht beschreiten.[11]

1869 schon sprach Rochau vom »Weltkrieg«.[12]

Zur Realpolitik gehörte der Krieg. Der Hegelianer Adolph Lasson verkündete in *Das Kulturideal und der Krieg* von 1868: »Daß der Krieg der normale Zustand unter den Staaten sei, die Freundschaft dagegen Zufall und Ausnahme.«[13] Allein schon die bloße Gegenüberstellung von Freundschaft – einem zentralen Teil des praktizierten Idealismus – und Krieg, die ein ›normales‹ Verhältnis der Staaten ausschließt, das in Verträgen und Handel realisiert werden könnte, verengt die Sicht; den Krieg als Normalfall darzustellen, widerspricht dem Erbe der Klassik vollständig.[14] 1918 hat der jüdische Philosoph des Austromarxismus, Max Adler, darauf hingewiesen, daß es seit Leibniz die Tradition einer Philosophie des Krieges gegeben hat.[15] Leopold von Ranke hatte zustimmend Heraklit zitiert, nach dem der Krieg der Vater aller Dinge sei;[16] schon Heraklit wohl eher an den Kampf der Gegensätze allgemein gedacht hat, übertrug Ranke diesen Gedanken ohne viele Umstände auf die kriegerischen Auseinandersetzungen seiner Zeit. Heinrich von Treitschke vertrat die Meinung:

---

[10] Vgl. Hajo Holborn: Deutsche Geschichte in der Neuzeit. Bd II: Reform und Restauration, Liberalismus und Nationalismus (1790–1871). Frankfurt a. M.: Fischer-Taschenbuch-Verlag 1981 (Fischer-Taschenbücher; 6415), S. 348.

[11] Ebd., S. 348f.

[12] Ludwig August von Rochau: Grundsätze der Realpolitik. Angewendet auf die staatlichen Zustände Deutschlands. Hg. und eingeleitet von Hans-Ulrich Wehler. Frankfurt a. M., Berlin, Wien: Ullstein 1972 (Ullstein-Bücher; 2915), S. 194.

[13] Zit. nach: Hermann Voss: Deutsche Selbstkritik. Starnberg am See: Bachmair 1947, S. 90; zu Lassons Rolle im Ersten Weltkrieg s. Kurt Flasch: Die geistige Mobilmachung. Die deutschen Intellektuellen und der Erste Weltkrieg. Ein Versuch. Berlin: Fest 2000 und: Romain Rolland: Das Gewissen Europas. Tagebuch der Kriegsjahre 1914–1919. Aufzeichnungen und Dokumente zur Moralgeschichte Europas in jener Zeit. Berlin: Rütten & Loening 1983, Bd 1, S. 191f.

[14] Vgl. zur Problematik: Egon Flaig: Kultur und Krieg. Antihumanismus bei Jacob Burckhardt und Friedrich Nietzsche. In: Streit um den Humanismus. Hg. von Richard Faber. Würzburg: Königshausen & Neumann 2003, S. 137–156.

[15] Max Adler: Politik und Moral. Leipzig: Verlag Naturwissenschaften 1918 (Nach dem Weltkrieg; 5), S. 14; er wies hin auf Heinrich Gomperz: Philosophie des Krieges in Umrissen. Gotha: Perthes 1915 (Perthes' Schriften zum Weltkrieg; 9).

[16] Vgl. Leopold von Ranke: Die großen Mächte. In: ders., Geschichte und Politik. Ausgewählte Aufsätze und Meisterschriften. Hg. von Hans Hofmann. Stuttgart: Kröner 1940 (Kröners Taschenausgabe; 146), S. 1–53, hier S. 46.

Krieg muß als ein Teil der göttlich festgesetzten Ordnung betrachtet werden. Er ist
moralisch zu rechtfertigen, und die Vorstellung eines ewigen Friedens ist nicht nur
unmöglich, sondern auch unmoralisch.[17]

Bald nach Kriegsbeginn schrieb Max Scheler, der Krieg habe »eine Wurzel im
Wesen des Lebens überhaupt«. Das »Sichzurückbeugen auf ihr wahres Kräfte-
zentrum, aus dem die Lebensquelle mit wachsender Konzentration immer reiner
fließt«, sei den Völkern und Nationen nur im Kriege möglich.[18] Auch Hermann Voss erinnerte nach dem Zweiten Weltkrieg an diese den Krieg rechtfer-
tigende Tradition.[19] Es war eine wichtige Aufgabe der Symbiose, diesen anti-
humanistischen Tendenzen entgegenzutreten.

1867, einhundert Jahre nach dem Erscheinen von Lessings militärkritischen
Lustspiel *Minna von Barnhelm*, schrieb der ›Vater‹ der deutschen Geistesgeschichte, Wilhelm Dilthey (1833–1911), in einem Aufsatz über Lessing:

> Ja uns dünkt, daß ein Mann seiner Art unter uns sich besser, weit besser befunden
> hätte, als in der engbrüstigen Epoche, in welcher er aufwuchs, eingeklemmt zwischen
> Klopstocks, Gellerts, Kramers religiösen Empfindsamkeiten und die pedantischen
> Nachahmungen der großen Formen Corneilles, welche unseren kleinbürgerlichen
> Dichtern schlecht auf den Leib paßten – eingeklemmt zwischen Gelehrtenhochmut
> und Predigerhochmut.[20]

Erst jetzt, nämlich ein Jahrhundert später – dies ging in das Selbstbewußtsein
der Geisteswissenschaften ein –, könnten die Ziele Lessings wirklich angestrebt und vielleicht erreicht werden. Und auch hier noch sind Ziele der Kritik
das Vorbild Frankreich und die christlichen Kirchen.

Friedrich Paulsen schrieb um 1907:

> Das abgelaufene Jahrhundert zerfällt in zwei Hälften, die durch die große Krise der
> Jahre 1848 bis 1850 getrennt sind.
>   Das halbe Jahrhundert vor der Revolution hat zum Kennzeichen den *Glauben an
> Ideen*, das nachfolgende halbe Jahrhundert den *Glauben an die Macht*.[21]

Die Klagen über ein moralisches Absinken wurden stärker,[22] der Untertanen-
geist, ein beschränkter Horizont gesellschaftlicher und politischer Reflexionen

---

17 Zit. nach: Hans Kohn: Propheten ihrer Völker. Mill, Michelet, Mazzini, Treitschke,
    Dostojewski. Studien zum Nationalismus des 19. Jahrhunderts. Bern: Francke 1948
    (Sammlung Dalp; 47), S. 146f.
18 Max Scheler: Der Genius des Krieges und der Deutsche Krieg. Leipzig: Verlag der
    Weißen Bücher 1915, S. 36, 65.
19 Vgl. Voss, Deutsche Selbstkritik (Anm. 13), S. 89f.
20 Wilhelm Dilthey: Gotthold Ephraim Lessing. In: ders., Das Erlebnis und die Dich-
    tung. Lessing / Goethe / Novalis / Hölderlin. Göttingen: Vandenhoeck & Ruprecht
    1965 (Kleine Vandenhoeck-Reihe; 191), S. 18–123, hier S. 18.
21 Friedrich Paulsen: Das geistige Leben des deutschen Volkes im neunzehnten Jahr-
    hundert. In: ders., Gesammelte Vorträge und Aufsätze, 1. Bd: Zur Politik und Ethik,
    2. verm. Aufl., Berlin: Verlag Deutsche Bücherei o. J. [um 1907] (Deutsche Bücherei;
    31), S. 59–66, hier S. 59.

und der Mangel an demokratischem Bewußtsein bestimmten das Geistesleben immer stärker.[23] Eva G. Reichmann wies auf die verhängnisvolle Rolle der fehlenden demokratischen Tradition hin:

> Eine demokratische Tradition fehlte in Deutschland völlig. Die wirkliche Demokratisierung erfolgte mit großer Verspätung, – eine Tatsache, deren Bedeutung für das Entstehen des Nationalsozialismus und den Ausbruch der Judenkatastrophe gar nicht genug unterstrichen werden kann. Eine echte demokratische Tradition wäre die einzige Kraft gewesen, die den anti-demokratischen Tendenzen innerhalb der deutschen Zwischenkriegskrise wirksam hätte begegnen können.[24]

Es gab aber auch Gegenkräfte, die sich mit dieser die Gesellschaft immer tiefer verändernden Geisteshaltung nicht abfinden und die humanistische Tradition retten wollten. Nicht selten entwickelten sie sich aus der deutsch-jüdischen Symbiose heraus. Moritz Lazarus schrieb:

> Man muß eine produktive und eine unproduktive Bildung wohl unterscheiden; diese ist lediglich auf den Genuß, demgemäß auf den Geschmack, die Verfeinerung u. dergl. gerichtet. Jene aber auf Erweiterung der Erkenntnis, auf Vertiefung der Gesinnung usw. Dort Memoiren und Chronique scandaleuse, hier Geschichte.
>
> Wenn die höheren Schichten der Gesellschaft, die Begüterten, Angesehenen, die *Arbeit* scheuen, dann werden sie notwendig den unteren Klassen die Bildung zu entziehen suchen; umgekehrt gewähren sie den unteren Klassen die Bildung, wenn sie selbst die Arbeit nicht verachten.
>
> Auch die Bildung verflacht bei den oberen Schichten, wenn sie die Arbeit scheuen; umsoweniger dürfen sie dann den unteren Klassen die geistige Auszeichnung zugestehen.[25]

Walter Rathenau sah 1919 realistisch, daß die Begabung der Deutschen als ›Volk der Dichter und Denker‹ nur auf die Begabung einer »bürgerlich-patrizischen Schicht« zurückging:[26]

> Ein Volk von Dichtern und Denkern sind wir nie gewesen, so wenig wie die Juden ein Volk von Propheten, die Franzosen oder Holländer ein Volk von Malern oder die Königsberger Einwohner Bürger der reinen Vernunft sind.[27]

Dennoch galt es, das Erbe der ›produktiven‹ Klassiker gegen Angriffe und Verfälschungen zu bewahren, gerade weil es nur die »Vorbereitung einer Zukunft« war, wie Theodor Heuss mit Blick auf das Hambacher Fest formu-

---

[22] Vgl. Eva G. Reichmann: Flucht in den Haß. Die Ursachen der deutschen Judenkatastrophe. Frankfurt a. M.: Europäische Verlagsanstalt 1956, S. 92.

[23] Vgl. ebd., S. 146f.

[24] Ebd., S. 147.

[25] Moritz Lazarus: Die Ethik des Judenthums [2. Bd]. Aus dem handschriftlichen Nachlasse des Verfassers hg. von Jacob Winter und August Wünsche. Frankfurt a. M.: Kauffmann 1911, S. 104f.

[26] Walther Rathenau: Der Kaiser [1919]. In: ders., Schriften und Reden. Hg. von Hans Werner Richter. Frankfurt a. M.: Fischer 1964, S. 235–272, hier S. 260f.

[27] Walther Rathenau: Die neue Gesellschaft [1919]. In: ebd., S. 278–358, hier S. 322.

lierte.[28] Diese Zukunft galt es, als Möglichkeit zu wahren. Eine der Strategien der Verfälschung war die Einbeziehung der Klassiker in das militaristische Denken. So wurde Kants zentraler Gedanke der moralischen Pflicht zur Legitimierung des Obrigkeitsstaates und des Militarismus umgelogen. Hermann Rösemeier bekämpfte diese ›neudeutsche Mentalität‹ und verteidigte die Aufklärung:

> Nur eine äußerste gewagte Konstruktion kann einen Zusammenhang zwischen *Kant*, dem Verfasser des Büchleins »Zum ewigen Frieden«, und der neudeutschen Mentalität herstellen. Das gilt für ihre Bekämpfer wie für ihre Verfechter. Es wäre Tollheit, zu leugnen, daß Kants Pflichtenlehre von großem Einfluß auf die besseren und besten Träger des preußischen Bureaukratismus gewesen ist. Aber den Mann, der als Vorbedingung des europäischen Friedens die allgemeine Einführung der »republikanischen« Staatsform verlangte, unter die geistigen Nährväter des preußischen Militarismus und des größenwahnsinnigen Pangermanismus aufzunehmen, geht denn doch wahrhaftig nicht an.[29]

Diese Hinweise auf die ›Realpolitik‹, auf die kriegsverherrlichenden Tendenzen und die Fälschungen der klassischen Tradition, sind notwendig, um deutlich zu machen, daß das Erbe der Klassik weiterhin nicht nur geschützt, sondern vertreten werden mußte. Über die Rolle der Juden in diesem Zusammenhang schrieb George L. Mosse:

> Der Optimismus, der das Bildungsideal in seinen Anfängen so deutlich geprägt hatte, überlebte in den Juden, deren Hoffnungen sich immerhin in vieler Hinsicht erfüllt hatten.[30]

Viele gebildete Juden waren den anderen Gebildeten trotz deutlicher Behinderungen, z. B. in den akademischen Laufbahnen, weitgehend gleichgestellt. Dennoch waren die Hoffnungen der Klassiker insgesamt nirgends erfüllt worden.[31] Deshalb bestimmten die geistigen Grundlagen der Debatten um 1800 die folgenden Diskussionen für ein ganzen Jahrhundert.[32] Nicht nur Eduard Spranger[33] betrachtete »die Epoche um 1800 als Vorbild für seine eigene Zeit«.[33] Viele Intellektuelle dachten ebenso. Leo Strauss (1899–1973), Mitarbeiter der Akademie für die Wissenschaft des Judentums in Berlin und später Professor für politische Philosophie in den USA, ging 1935 noch weiter:

---

28 Zit. nach: Richard Faber: Ernst Bloch und das Hambacher ›Fest der Hoffnung‹. In: Liberalismus und Geschichte und Gegenwart. Hg. von Richard Faber. Würzburg: Königshausen & Neumann 2000, S. 21–37, hier S. 22.

29 Hermann Rösemeier: Die Wurzeln der neudeutschen Mentalität. Bern: Der Freie Verlag 1918, S. 5f.

30 George L. Mosse: Jüdische Intellektuelle in Deutschland. Zwischen Religion und Nationalismus. Frankfurt a. M., New York: Campus 1992 (Edition Pandora), S. 37.

31 Vgl. Franz Schnabel: Das humanistische Bildungsgut im Wandel von Staat und Gesellschaft. Festrede, gehalten in der öffentlichen Sitzung der Bayerischen Akademie der Wissenschaften in München am 3. Dezember 1955. München: Verlag der Bayerischen Akademie der Wissenschaften 1956, S. 71.

32 Fritz K. Ringer: Die Gelehrten. Der Niedergang der deutschen Mandarine 1890–1933. Stuttgart: Klett-Cotta 1983, S. 113.

33 Ebd., S. 115.

Die gegenwärtige Lage des Judentums ist als solche – also abgesehen von der auch in ihr und durch sie nicht angetasteten Grundverfassung des Judentums – bestimmt durch die Aufklärung. Denn auf die Aufklärung, d. h. auf die Bewegung des siebzehnten und achtzehnten Jahrhunderts, die durch Descartes' Meditationen und durch Hobbes' Leviathan eingeleitet worden ist, verweisen alle der Gegenwart eigentümlichen Erscheinungen, wenn man sich durch die Vordergründe und Vorwände nicht betrügen läßt, als auf ihren Ursprung zurück.[34]

Das Festhalten an den Idealen der Klassiker war durch die Besonderheit der deutschen Geschichte bedingt. Einerseits mußte die Tradition gegen Verfälschungen geschützt werden, andererseits aber wurden auch die Beschränkungen und Mängel der deutschen Bildung fortgetragen. Der deutsch-nationale und antisemitische Wilhelm Stapel – auf den wir zurückkommen werden, weil er den Begriff der ›deutsch-jüdischen Symbiose‹ als erster formulierte – stellte 1923 fest:

Es mutet wie Degeneration an, wenn wir sehen, wie wenig wir aus Jakob Böhme, Goethe, Kant, Fichte, Hegel als *Nation* gewonnen haben. Philosophiegeschichtlich etikettiert und in den Bibliotheken eingesargt! Zu Präparaten verarbeitet, die man in möglichst geringen Dosen einnimmt, wenn man die Prüfung für das höhere Lehramt zu bestehen hat! Wie wenig ist noch immer die große durchgehende Struktur ›unserer‹ Philosophie in den individuellen Ausprägungen der einzelnen Denker ins Bewußtsein gehoben! Wie wenig hat sich das Volksbewußtsein und die Volkssittlichkeit gestaltet! Statt dessen wuchert die gemeine Wasserpest des historischen und sonstigen Materialismus.[35]

Es ist zwar richtig, daß die Klassiker weder Volksbewußtsein noch Volkssittlichkeit in größerem Maße geprägt und gehoben haben. Friedrich Heer erinnerte an die »Warnung Henri Brémonds vor einer deutschen Buchbildung, die Monomane und Monologe erzeuge und keine gesellschaftlichen Verpflichtungen und Kommunikationen bilde« und auch die gebildeten Juden hätten die »deutschen Juden nicht erreicht«.[36] Hätten die Klassiker jedoch das Volk erreicht, hätte eine Zeitschrift wie *Deutsches Volkstum*, die Stapel edierte, keinen so großen Einfluß haben können.

Ein besonders klares Bild vermittelt die Auseinandersetzung von Max Adler mit dem Buch *Machtverhältnis und Machtmoral* des Soziologen Alfred Vierkandt. Adler faßte Vierkandt zusammen:

Der ältere Idealismus hatte sich entweder von der ihn abstoßenden Wirklichkeit direkt abgewendet oder sich den gegebenen Machtverhältnissen äußerlich angepaßt, um seine

---

[34] Leo Strauss: Philosophie und Gesetz. Beiträge zum Verständnis Maimunis und seiner Vorläufer (1935). In: ders., Gesammelte Schriften. Hg. von Heinrich Meier. Stuttgart, Weimar: Metzler 1997, Bd 2, S. 3–123, hier S. 10.

[35] Wilhelm Stapel: Othmar Spanns Schrift vom Wesen des Volkstums. In: Deutsches Volkstum. Monatsschrift für das deutsche Geistesleben, März 1923, S. 119–120, hier S. 120.

[36] Friedrich Heer: Gottes erste Liebe. Die Juden im Spannungsfeld der Geschichte. Durchgesehene und um das Schlußkapitel »Rückblick und Ausblick« erweiterte Lizenzausg., Frankfurt a. M., Berlin: Ullstein 1986 (Ullstein-Buch; 34329 – Ullstein-Sachbuch), S. 341.

ganze Wirksamkeit nur auf die Verinnerlichung des seelischen Lebens zu konzentrie-
ren. Mit Recht wendet *Vierkandt* sich scharf gegen diese im Grunde reaktionäre Form
des älteren Idealismus, welche die gefährliche Duplizität einer offiziellen und inoffizi-
ellen Moral ermöglicht hat. Ihr entgegen tritt nun der neue Idealismus, der Idealismus
der Aktivität. [...] So wird der neue Idealismus vor allem Antitraditionalismus.[37]

So sympathisch Adler dieser Ansatz auch ist, er widerspricht der »Vorstellung
einer Versittlichung des Machtverhältnisses«,[38] weil Macht und Sittlichkeit »*auf
verschiedenen Ebenen des menschlichen Wesens*« liegen.[39] Er selbst stehe »auf
dem Boden der Ethik Kants« und er fordert deshalb »nicht eine andere Moral für
den Staat, sondern einen anderen Staat für die Moral zu begründen«.[40] Max
Adler faßte seine ›Gedanken über sozialistische Erziehung‹ unter dem Titel *Neue
Menschen* zusammen.[41] Realismus und Radikalismus fanden keinen gemeinsamen Boden, weil sie sich gegenseitig nicht stärkten, sondern gegeneinander
in dem Kampf um die Köpfe antraten.

Gustav Landauer argumentierte in einer seiner wichtigsten späten Schriften,
Ein Weg deutschen Geistes, typisch für das Bildungsbürgertum. Für ihn war
Goethe »schon 1781 der acht Jahre später einsetzenden französischen Revolution um wer weiß wie viele Jahrhunderte voraus«.[42] Die »geniale Epoche« war
für ihn »wie der zusammengedrängte Traum eines Dichters, wie ein vorauswe-
hendes Banner«, eine »fast unwirkliche Verheißung, der die erfüllenden Zeiten
langsam folgen«.[43] Er nahm die überhöhte und tief unpolitische Stilisierung
des Dichters als Führer, ja als Begründer der Nation wieder auf, die um 1800
das Geistesleben prägte:

> Ist nicht alle Nation aus dem geistigen Bande, aus einigender Seelengewalt, aus dem
> Mythos eines Dichters oder dem verheißenen Ziel eines Propheten und aus gemein-
> samer Verehrung und gemeinsamem Werk entstanden?
>   Und hebt in dieser unserer Stadt des Werks nicht ein neuer Geist und eine *neue
> Nation* an?[44]

Gegen Ende des 19. Jahrhunderts änderte sich das geistige Klima in Deutschland langsam damit, daß »eine neue Epoche in der Philosophie« begann.[45] 1894

---

[37] Adler, Politik und Moral (Anm. 15), S. 66f.
[38] Ebd., S. 70.
[39] Ebd., S. 71.
[40] Ebd.
[41] Max Adler: Neue Menschen. Gedanken über sozialistische Erziehung. Berlin: Laub 1924.
[42] Gustav Landauer: Ein Weg deutschen Geistes [1916]. In: ders., Zeit und Geist. Kulturkritische Schriften 1890–1919. Hg. von Rolf Kauffeldt und Michael Matzig-keit. München: Boer 1997, S. 231–248, hier S. 231f.
[43] Ebd., S. 232.
[44] Ebd., S. 244.
[45] Friedrich Ueberwegs Grundriß der Geschichte der Philosophie, 4. Teil: Die deutsche Philosophie des XIX. Jahrhunderts und der Gegenwart. 12. Aufl., völlig neubearbei-tet von Traugott Konstantin Oesterreich. Berlin: S. Mittler & Sohn 1923, S. 313.

erschien von Georg Simmel *Die Probleme der Geschichtsphilosophie*, 1892 von Wilhelm Windelband *Geschichte und Naturwissenschaft*, 1896 von Heinrich Rickert *Die Grenzen der naturwissenschaftlichen Begriffsbildung*. Es wurde versucht, die Spaltung des Geisteslebens in Geistes- und Naturwissenschaften zu reflektieren, zu problematisieren und schließlich zu überwinden. Hier begann, was in den 1920er Jahren auf höchster Ebene fortgeführt wurde – es sei nur an die Kontroversen zwischen Max Weber und Erich von Kahler oder zwischen Ernst Robert Curtius und Karl Mannheim erinnert. Juden spielten dabei eine herausragende Rolle: »Das eine Prozent deutscher Juden stellte in den ersten vierzig Jahren des 20. Jahrhunderts fast ein Drittel der damals noch zahlreichen deutschen Nobelpreisträger.«[46] In dem 1929 gegründeten und so einflußreichen ›Wiener Kreis‹ des logischen Positivismus waren acht von vierzehn Mitgliedern Juden.[47] Diese Diskussionen aber befaßten sich nicht mehr mit Fragen der Nation oder des nationalen Selbstbewußtseins, sondern waren vielmehr methodische Fragen, die erörtert wurden. In ihnen löste sich das deutsche Geistesleben aus der nationalen Beschränktheit und öffnete sich dem europäischen Rahmen.

Und um 1900 wurde dann doch versucht, was bisher versäumt worden war: In den Jahren vor und nach dem Ersten Weltkrieg stiegen die Intellektuellen »vom Gipfel einer klassischen Bildung zum Volk herab, in der Hoffnung, dieses für die Botschaft bereit zu finden«. Und George L. Mosse fügte über die Juden hinzu:

Auch wenn sie hinsichtlich ihres unmittelbaren Erfolges oft Illusionen unterlegen waren, schufen sie doch langfristig eine attraktive Definition des Judentums jenseits von Religion und Nationalismus.[48]

Aber diese volkspädagogischen Versuche kamen zu spät, so daß die liberalen Kräfte stetig an Stärke verloren:

Am Ende des 19. und zu Beginn des 20. Jahrhunderts standen die zwei liberalen Lager, das jüdische und das christliche, einer jungen Generation gegenüber, die tief enttäuscht nicht mehr an die erlösende Macht der Vernunft, der Bildung und selbst des Intellekts glaubte. Die Frage war, ob das liberale Judentum und das liberale Christentum die Kraft haben würden, sich den Strömungen des Kulturpessimismus, in denen eine Stimmung der Verzweiflung und Kulturüberdruß zum Ausdruck kamen, zu widersetzen, Strömungen, die in der neuen Ära der Technologie, der Tat und der positiven Wissenschaften nach Antworten auf ihre existentiellen Probleme suchten.[49]

---

[46] Helmuth Kiesel: Woraus resultiert die außerordentliche kulturelle Leistung des Judentums zu Beginn der Moderne? In: Das Judentum im Spiegel seiner kulturellen Umwelten. Symposium zu Ehren von Saul Friedländer. Hg. von Dieter Borchmeyer und Helmuth Kiesel. Neckargemünd: Edition Mnemosyne 2002 (Reihe ›GegenSatz‹; 5), S. 71–110, hier S. 85.

[47] Paul Mendes-Flohr: Juden innerhalb der deutschen Kultur. In: Avraham Barkai / Paul Mendes-Flohr: Deutsch-jüdische Geschichte in der Neuzeit. Bd 4: Aufbruch und Zerstörung 1918–1945. München: Beck 1997, S. 167–190, hier S. 171.

[48] Mosse, Jüdische Intellektuelle in Deutschland (Anm. 30), S. 44.

[49] Uriel Tal: Die Polemik zu Anfang des 20. Jahrhunderts über das Wesen des Judentums nach jüdischen und christlichen Quellen. In: Zur Geschichte der Juden in Deutsch-

Der von dem klassischen Humanismus geprägte Liberalismus hatte diese Kraft nicht mehr. Der Weltkrieg wurde als ›reinigendes Gewitter‹ begrüßt. Eine typische Formulierung stammt von Erich Unger, der dem frühexpressionistischen ›Neuen Club‹ nahestand: »Was dieser gegenwärtige Krieg heraufbringen wird, wissen wir nicht. Aber er ist wie jedes gewaltige Ereignis ein Tor zur Verwirklichung.«[50] Andere sahen im Krieg die Möglichkeit, die Überlegenheit des ›deutschen Wesens‹ zu beweisen, und sehnten ihn geradezu herbei. Selbst die Niederlage brachte keine Wende:

> Gehörte schon vor 1918 das deutsche ›Sonderbewußtsein‹ zur Vorstellung vom als überlegen angesehenen deutschen Weg, so gewann diese Bedeutung erst recht nach dem Zusammenbruch des Kaiserreiches im November 1918 an Gewicht.[51]

Noch einmal – und dies nicht das letzte Mal – führte der Sonderweg der deutschen Geschichte zu katastrophalen Ergebnissen.

Der Rückblick auf dieses Jahrhundert darf nicht beendet werden, ohne auf das gewandelte Ansehen der deutschen Juden in Europa hinzuweisen. Hatte das Judentum im 18. Jahrhundert – wie dargestellt – einen sehr mäßigen Ruf, so besserte sich dieser im Verlaufe des 19. Jahrhunderts stetig. Die Wissenschaft des Judentums, entwickelt von Leopold Zunz und anderen, war »eine der zentralen Leistungen der deutschen Judenheit im 19. Jahrhundert«, sie »erregte die Bewunderung der Juden überall in Europa und Amerika«.[52] Aber nicht nur wissenschaftlich wurde das deutsche Judentum geradezu beispielgebend:

> Durch die deutsch-jüdische Assimilation und was mit ihr, wie die religiöse Reform, einherging, wurden die Juden Ungarns, Skandinaviens, Hollands, Englands, Nordamerikas, in geringerem Maße auch Frankreichs und Italiens in den deutschen Bannkreis gezogen. Die Anzahl der aus Mitteleuropa stammenden Rabbiner war in diesen Ländern bis zum Ende des neunzehnten Jahrhunderts erheblich; sie alle standen unter dem Einfluß Deutschlands und des Judentums Deutschlands, ihre Nachwirkungen auf die Juden vieler Länder bis heute ist nicht zu unterschätzen.[53]

Schon 1913 hat Ismar Elbogen auf den ganz Europa und Nordamerika erfassenden Einfluß der jüdischen Reformbewegung in Deutschland hingewiesen

---

land im 19. und 20. Jahrhundert. Hg. vom Leo Baeck Institut Jerusalem. Jerusalem: Academic Press 1971 (Veröffentlichungen des Leo Baeck Instituts Jerusalem zur Geschichte der Juden in Mitteleuropa), S. 69–75, hier S. 73f.

[50] Erich Unger: Brief an Kurt Breysig, 7. Februar 1915. In: ders., Vom Expressionismus zum Mythos des Hebräertums. Schriften 1909–1931. Hg. von Manfred Voigts. Würzburg: Königshausen & Neumann 1992, S. 40–43, hier S. 41.

[51] Helga Grebing: Einleitung: Der deutsche Weg – ein Sonderweg? In: dies., Der ›deutsche Sonderweg‹ in Europa 1806–1945. Eine Kritik. Stuttgart, Berlin, Köln, Mainz: Kohlhammer 1986 (Urban-Taschenbücher; 381), S. 11–22, hier S. 12.

[52] Michael A. Meyer: Jüdisches Selbstverständnis. In: Michael Brenner / Stefi Jersch-Wenzel / Michael A. Meyer: Deutsch-jüdische Geschichte in der Neuzeit. Bd 2: Emanzipation und Akkulturation 1780–1871. München: Beck 1996, S. 135–176, hier S. 139f.

[53] Hans G. Adler: Die Juden in Deutschland. Von der Aufklärung bis zum Nationalsozialismus. 2. Aufl., München: Kösel 1961, S. 107.

und durch einzelne Beispiele belegt.[54] Auch die *Deutsch-jüdische Geschichte in der Neuzeit* widmet dem Einfluß der deutschen Juden im Ausland einen, wenn auch nur kurzen Abschnitt.[55] Es kann wohl angenommen werden, daß dieses Bild der deutschen Juden im Ausland viel zur inneren Stabilität der Symbiose beigetragen hat. Der Blick nichtdeutscher Juden auf die deutsch-jüdische Symbiose kann auch heute noch einseitig kritische Urteile relativieren.

Nach einhundert Jahren war die deutsche Kultur tief gespalten. Schon seit 1879, seit dem ›Berliner Antisemitismusstreit‹, verschärfte sich die Situation im deutschen Geistesleben. Der Antisemitismus war nun keine Randerscheinung bei einzelnen Intellektuellen mehr, sondern bestimmte das gesamte Geistesleben:

> Die Wilhelminische Gesellschaft machte einen Prozeß der kulturellen Polarisierung durch. [Es] [...] entstanden zwei hauptsächliche Ideengruppen, zwei konzeptionelle Lager, zwei Systeme von Werten und Normen, kurzum: zwei Kulturen. Zu ihrer Symbolisierung und Bezeichnung dienten oft zwei Begriffe: Antisemitismus und Emanzipation.[56]

Dieser Vorgang hätte vielleicht nicht diese große Bedeutung erlangt, wenn er nicht mit einer anderen Spaltung und Extremisierung in Zusammenhang gestanden hätte und dadurch seine Wirkung verschärfen konnte. Das, was Eberhard Kolb für die Weimarer Republik diagnostizierte, hatte seine Ursachen schon in den Jahren vor 1914:

> Die deutsche Kultur in der Weimarer Zeit war daher eine tief gespaltene Kultur, zugespitzt gesagt: es gab in Weimar-Deutschland zwei Kulturen, die sich gegenseitig kaum etwas zu sagen hatten und sich mit tiefer Fremdheit und Feindseligkeit gegenüberstanden, jede der anderen – wenn auch mit sehr unterschiedlicher Berechtigung – die »Kultur«-Qualität absprechend. Diese Feststellung zwingt jedoch nicht zu der Folgerung, bei den als »Weimarer Kultur« apostrophierten Leistungen handle es sich um eine Kultur der Außenseiter oder um eine reine Minderheiten-Kultur. [...] Doch diese Vorherrschaft der modernen Literatur, Malerei, Architektur, Bühnenkunst, aber auch die Manifestationen einer freieren Einstellung im Bereich von Sitte und Lebensgestaltung wurden erbittert bekämpft von starken kulturkonservativen und antimodernistischen Kräften, die in breiten Schichten der Bevölkerung Rückhalt besaßen. Ihre Stunde schlug im Jahre 1933.[57]

---

54 Vgl. Ismar Elbogen: Der jüdische Gottesdienst in seiner geschichtlichen Entwicklung. 3., verb. Aufl., Frankfurt a. M.: Kauffmann 1931 (Grundriß der Gesmtwissenschaft des Judentums); Nachdruck Hildesheim, Zürich, New York: Olms 1995 (Olms-Paperbacks; 30), S. 430ff.

55 Vgl. Steven M. Lowenstein: Die Gemeinde. In: Steven M. Lowenstein / Paul Mendes-Flohr / Peter Pulzer / Monika Richarz: Deutsch-jüdische Geschichte in der Neuzeit. Bd 3: Umstrittene Integration 1871–1918. München: Beck 1996, S. 123–150, hier S. 120ff.

56 Shulamit Volkov: Antisemitismus als kultureller Code. In: dies., Jüdisches Leben und Antisemitismus im 19. und 20. Jahrhundert. Zehn Essays. München: Beck 1990, S. 13–36, hier S. 23.

57 Eberhard Kolb: Die Weimarer Republik. 3. überarb. Aufl., München: Oldenbourg 1993 (Oldenbourg-Grundriß der Geschichte; 16), S. 93.

In diesen beiden Kulturen standen sich die im deutschen Idealismus angelegten Widersprüche nun unvermittelbar gegenüber: der Kosmopolitismus und Internationalismus auf der einen und der Nationalismus, der jetzt zum Chauvinismus geworden war, auf der anderen Seite. Die Tradition von 1789 stand jetzt gegen die von 1813, und diese Traditionen wurden auf beiden Seiten hochgehalten und gefeiert.

Wie tief die Spaltung schon vor dem Ersten Weltkrieg war, zeigt ein Blick in Hermann Cohens Vorrede zur zweiten Auflage seines Buches *Ethik des reinen Willens* von 1907, wo klar und unmißverständlich zwei Arten des Deutschtums unterschieden werden:

> Man hat in Deutschland nicht immer das als deutsche Art gedacht und zu entfalten gestrebt, was jetzt, auch im Gehalt einseitig und eng, dafür ausgegeben wird. Die junge Welt und das Ausland sollen aber nicht denken, daß der heutige Ton der echte deutsche Grundton wäre. Indem ich zu dieser modernen Art des Deutschtums in prinzipiellen Gegensatz mich stellen muß, werde ich von dem Bewußtsein getragen, daß ich, einer vorüberrauschenden Abart entgegen, auf die ursprüngliche Kraft deutschen Geisteswesens zurücklenke; auf das klassische Zeitalter deutscher Humanität in Philosophie und Kunst, und nicht minder im Staatsleben. Aus jenem Einklang ist auch die neue Macht des Deutschtums entsprungen; und das Gute, was auf allen Gebieten hier erreicht wurde, ist in seinem besten Teile Nachwirkung und Nachblüte jener klassischen Urkraft.[58]

Hier schon deutet sich an, was später die jüdischen Emigranten als zweierlei Deutschlands beschreiben: ein humanistisches und ein barbarisches.

Shulamit Volkov zog die notwendige Konsequenz aus dieser Spaltung, weil sie erkannte, daß diese auch heute noch nicht grundsätzlich überwunden ist:

> Die Fronten des Konflikts waren klar, und man mußte entweder die Emanzipation *in toto* oder den Antisemitismus *in toto* akzeptieren. Für die meisten Deutschen war das selbstverständlich. Ein besonderes Problem schuf es nur für die patriotischen, nationalistischen Juden sowie für eine kleine Minderheit von Antisemiten im emanzipatorischen Lager.[59]

Hier hatte seine Wurzeln, was noch heute als Widerspruch zwischen ›Symbiotik‹ und ›Holocaustismus‹ von Edward Timms benannt wurde[60] und was zu der irrigen Auffassung führte, die deutsche Geschichte könne nur entweder durch die Symbiose oder durch die antijüdischen Tendenzen gekennzeichnet sein. Beide Seiten aber kann man nicht ausreichend verstehen, wenn nicht erkannt wird, daß die besondere deutsche Geschichte eine Parallelentwicklung beider ermöglichte. Antisemitismus und Emanzipation waren in der tief zerklüfteten und widersprüchlichen Geistesgeschichte gleichzeitig vorhanden aber keine der Traditionen gibt diese Geistesgeschichte vollständig wieder.

---

[58] Hermann Cohen: Ethik des reinen Willens. 3. Aufl., Berlin: Cassirer 1921, S. X.
[59] Volkov, Antisemitismus als kultureller Code (Anm. 56), S. 34f.
[60] Edward Timms: Zwischen Symbiotik und Holocaustismus. Neue Ansätze in der deutsch-jüdischen Geschichtsschreibung. In: Menora. Jahrbuch für deutsch-jüdische Geschichte 7 (1996), S. 25–40, hier S. 32.

8.2 Zionismus

In diesem Abschnitt soll der erste Teil – die eine Seite der Auflösung der deutsch-jüdischen Symbiose – dargestellt werden, der zweite Teil folgt in den Ausführungen über Europa (Kap. 8.4). Die Auflösung vollzog sich in den vorgegebenen Bahnen der Spaltung des deutschen Geisteslebens. Beide Seiten strebten eine Distanzierung von den spezifisch deutschen Problemen an; die Zionisten, indem sie sich von der deutschen Kultur abwendeten, die Europäer, indem sie diese auf eine höhere Ebene fortentwickeln wollten. Die Zionisten – dies soll nun genauer dargestellt werden – sahen ihre Situation in Parallele zur Situation der Deutschen nach 1800, sie stellten sich gegen das Konzept der Bildung und gegen Europa, und sie interpretierten als Verbindung dieser Konzepte die Geschichte der Emanzipation vollständig um.

Innerhalb der Spannungen zwischen Emanzipation und Antisemitismus entstand der Kulturzionismus in Deutschland – und nur um diesen kann es in diesem Zusammenhang gehen – als eine Richtung innerhalb des Judentums, die die Assimilation bekämpfte und die Symbiose rückgängig machen wollte. Die zionistische Bewegung spielte »im Gesamtrahmen des deutschen Judentums zahlenmäßig keine besondere Rolle«, sie war »im wesentlichen eine Bewegung von Akademikern und einer geringen Schicht von intellektuell aufgeschlossenen Wirtschaftlern«.[61] Für das Verständnis des Zionismus ist die Erkenntnis unerläßlich, daß er durch den wachsenden Antisemitismus hervorgebracht wurde und gleichzeitig nach voller Emanzipation strebte, aber nicht innerhalb der deutschen Gesellschaft, sondern in einem eigenen Gemeinwesen. Dieses Gemeinwesen konnte entweder in Palästina errichtet werden oder in Deutschland durch Dissimilation und den Aufbau eigener jüdischer Gesellschaftsstrukturen entstehen. Der Zionismus entsprach scheinbar den Zeitströmungen, stand ihnen aber dennoch entgegen.[62] Der Zionismus war wie die Moderne eine »kulturelle Revolution«.[63] Zu erinnern ist daran, daß Nathan Birnbaum, einer der Väter des Zionismus, 1905 in Wien einen Vortrag mit dem Titel »Die Jüdische Moderne« gehalten hat.[64] Kurt Wilhelm sprach im Rückblick von einem »Kulturkampf«,[65] Kurt

---

61 Max Kreutzberger: Einleitung. In: Georg Landauer: Der Zionismus im Wandel dreier Jahrzehnte. Hg. von Max Kreutzberger. Tel Aviv: Bitaon-Verlag 1957, S. 13–46, hier S. 14.

62 Vgl. Richard Lichtheim: Die Geschichte des deutschen Zionismus. Jerusalem: Mass 1954, S. 109f.

63 Walter Laqueur: Zwischen zionistischer Utopie und israelischer Realität. In: Zionistische Utopie – israelische Realität. Religion und Nation in Israel. Hg. von Michael Brenner und Yfaat Weiss. München: Beck 1999 (Beck'sche Reihe; 1339), S. 123–137, hier S. 126.

64 Nathan Birnbaum: Die jüdische Moderne. Frühe zionistische Schriften. Augsburg: Ölbaum-Verlag 1989 (Juden zur Judenfrage; 2), S. 39ff.

65 Kurt Wilhelm: Der zionistische Rabbiner. In: In zwei Welten. Siegfried Moses zum 75. Geburtstag. Hg. von Hans Tramer. Tel-Aviv: Bitaon 1962, S. 55–70, hier S. 60.

Blumenfeld von einem »Kulturkonflikt«.[66] Der junge Zionist Hugo Bergmann, Schulfreund von Franz Kafka und später erster Rektor der Hebräischen Universität in Jerusalem, schrieb 1913:

> Im Kampf um Gott ist alles eher am Platze als Nachsicht, weichliche Milde, Kompromiß. Nur unbeugsame Starrheit, rücksichtsloser Kampf für die Idee, unbedingte Forderung ist da am Platz.[67]

Noch im selben Jahr publiziert, aber mit der Jahreszahl 1914 versehen, erschien der Sammelband *Vom Judentum*, für den Bergmann den Aufsatz »Die Heiligung des Namens« verfaßt hatte, der dann auf Ernst Bloch, Leo Loewenthal und viele andere gewirkt hat und von Nietzsche beeinflußt war.[68] Dort heißt es ganz ähnlich:

> Dasjenige Leben wird also Gott bewähren, das sich heraushebt aus der Verflechtung der Bedingtheiten, der Rücksichten und Kompromisse, das *unbedingte Leben*. So wird die Heiligung des Gottesnamens zur Forderung des heroischen Lebens.[69]

Zu Beginn seines Beitrags hat er das Thema der Ablehnung Europas angesprochen:

> Wir werden vielleicht den Gegensatz der heutigen Anschauung gegenüber der jüdischen am besten so charakterisieren können, daß das Verhältnis von Gott und Welt in der europäischen Anschauung ein statisches, in der jüdischen ein dynamisches ist. Nach jener *ist* Gott und *ist* einer und *ist* heilig und so fort. Die jüdische Ansicht betrachtet Gott vom Standpunkt des Menschen aus, als des menschlichen Lebens Ziel und Aufgabe.[70]

Schärfer ist die Frontlinie zwischen dem ›alten Europa‹ und den jungen Zionisten kaum zu markieren.

Die Modernen führten, wie die jungen Zionisten, einen erbitterten Kampf gegen die Generation der Eltern – für orthodoxe Juden eine fast unerträgliche Situation, denn Liebe und Ehrerbietung gegenüber den Eltern gehörte zum Grundbestand des orthodoxen Lebens. Damals war die Vorstellung eines jüdischen Gemeinwesens in Palästina reine Utopie, weshalb der Kampf um so radikaler im geistigen Raum ausgetragen werden konnte. Aber anders als die Moderne blickte der Zionismus nicht nach vorn, sondern zurück:

---

[66] Kurt Blumenfeld: Ursprünge und Art einer zionistischen Bewegung. In: Bulletin des Leo Baeck Institute, Nr 4 (1958), S. 129–140, hier S. 135.

[67] Hugo Bergmann: Einleitung. In: Worte Mosis. Hg. von Hugo Bergmann. Minden: Bruns 1913 (Die Weisheit der Völker; 18), S. 28.

[68] Vgl. Manfred Voigts: Mathematik und Telepathie. Zu Hugo Bergmanns umgreifender Weltsicht. In: Mystik, Mystizismus und Moderne in Deutschland um 1900. Hg. von Moritz Baßler und Hildegard Châtellier. Strasbourg: Presses Université de Strasbourg 1998 (Faustus), S. 133–148, hier S. 142.

[69] Hugo Bergmann: Die Heiligung des Namens (Kiddusch Haschem). In: Vom Judentum. Ein Sammelbuch. Hg. vom Verein jüdischer Hochschüler Bar Kochba in Prag. 3. Aufl., Leipzig: Wolff 1914, S. 32–43, hier S. 42.

[70] Ebd., S. 33.

Diese Revolution war umfassend. Erst recht, als sie von einer offenen Revolte gegen die religiöse Lebensweise und die traditionellen Denkmuster begleitet wurde. Auf der anderen Seite jedoch war der Zionismus zugleich auch eine Renaissance- und Erneuerungsbewegung. Das bedeutet, daß im Unterschied zu anderen Revolutionsbewegungen der Moderne, die ihre Symbole – ihren Mythos und Ethos – auf das Morgen richteten, der Zionismus seine wesentlichen Symbole ausgerechnet aus der Vergangenheit bezog.[71]

Diese Situation quer zu den großen Spaltungen von Gesellschaft und Geistesleben hatte zur Folge, daß der Zionismus in komplizierte und problematische Beziehungen zu den anderen geistigen Strömungen trat.

Die Ablösung der jungen Zionisten, die vollständig im deutschen Bildungsbetrieb groß geworden, mit der deutschen Geistesgeschichte weit besser vertraut und ihr enger verbunden waren als heutige Studenten, die aber durch ihre Eltern oder Großeltern mit jüdischen Traditionen verbunden blieben, vollzog sich als Umkehrung des Eintritts der gebildeten Juden in die sich konstituierende Schicht der Gebildeten. Waren damals die idealistischen Klassiker die Grundlage für Assimilation und Symbiose, so wurde nun diese Intention völlig umgekehrt: Sie wurden jetzt zur Grundlage für Dissimilation und Aufkündigung der Symbiose. Die Situation hatte sich für diese jungen Schüler und Studenten, die von den kulturellen Umwälzungen erfaßt und von der Jugendbewegung zumindest gestreift wurden, um 1900 völlig umgedreht: Nun fühlten sie sich nicht mehr wie damals die Juden, als sie von den Deutschen unterdrückt wurden, sondern wie die damaligen Deutschen, die eine einheitliche Nation anstrebten und von den Franzosen unterdrückt wurden, und dies wurde nun der Rahmen ihrer Klassiker-Rezeption. Was Hans Kohn in dem Geleitwort zu dem außerordentlich wichtigen Buch *Vom Judentum. Ein Sammelbuch*, herausgegeben vom Verein jüdischer Hochschüler Bar Kochba in Prag, schrieb, könnte vor 1813 über die Deutschen geschrieben worden sein – und ist auch ähnlich geschrieben worden:

> Wir sehen das jüdische Volk, kaum ein Volk mehr, eine zerrissene, verlorene Herde, ängstlich und feige, tatenlos und stumpf, dem Alltag ergeben, in Ehrfurcht allein vor seinen Bedingtheiten, seine Schwäche als seine Norm empfindend. Nirgendwo ein großes Gefühl, das das Netz der Bedingtheiten zerrisse und ihm ein neues Reich, dem Geiste und der alle Materie formenden Idee entsprossen, entgegensetzte, nirgendwo ein großes Wollen, das eine schöpferische Tat zeugte.[72]

Ohne Fichtes *Reden an die deutsche Nation* sind diese Sätze kaum zu verstehen, hier wurde das damalige Pathos des Existenzkampfes Deutschlands gegen die Franzosen reproduziert.

Zu Beginn sah sich der Kulturzionismus durch eine europäische Bewegung, durch die nationalen Bewegungen des 19. Jahrhunderts in den kleineren europäischen Ländern gestützt; Martin Buber schrieb 1900 in »Jüdische Renaissance«:

---

71 Aviezer Ravitzky: Religiöse und Säkulare in Israel: Ein Kulturkampf? In: Zionistische Utopie – israelische Realität (Anm. 63), S. 148–172, hier S. 154.

72 Hans Kohn: Geleitwort. In: Vom Judentum (Anm. 69), S. V–IX, hier S. VII.

> Wir leben in einer Zeit, die eine Epoche der Kulturkeime einzuleiten scheint. Wir
> sehen die nationalen Gruppen sich um neue Fahnen scharen. Es ist nicht mehr der
> elementare Selbsterhaltungstrieb, der sie bewegt; nicht die äußere Abwehr feindli-
> chen Völkeransturms ist der Grundzug dieser Erscheinung. Nicht der Besitzdrang
> und die territoriale Expansionskraft der Nationen will sich nun ausleben, sondern
> ihre individuelle Nuance. Es ist eine Selbstbesinnung der Völkerseelen. Man will
> die unbewußte Entwicklung der nationalen Psyche bewußt machen; man will die
> spezifischen Eigenschaften eines Blutstammes gleichsam verdichten und schöpfe-
> risch verwerten; man will die Volksinstinkte dadurch produktiver machen, daß man
> ihre Art verkündet. Goethes Traum einer Weltliteratur nimmt neue Formen an: nur
> wenn jedes Volk aus seinem Wesen heraus spricht, mehrt es den gemeinsamen
> Schatz.[73]

Schon hier zeigt sich die Übernahme eines Volksbegriffs, den vor allem Herder geprägt hatte. Dieser Begriff wurde vom Beginn des Zionismus an gegen
die ursprünglichen Ziele gewendet, wurde uminterpretiert und sollte die Herauslösung der Juden als eigenes Volk aus dem deutschen Volk stützen. Während der nationale Individualitätsbegriff übernommen wurde, war die Tendenz,
den persönlichen Individualitätsbegriff zu übernehmen, deutlich geringer, denn
er hatte bei der Lockerung der jüdischen Gemeinschaft eine große Rolle gespielt. Nachum Goldmann schrieb 1916:

> Alle anderen Nationalideen Europas fassen die eigene Nation als Endzweck, als
> ›Ding an sich‹ auf, während die deutsche das Volk in den Dienst einer höheren Auf-
> gabe stellt. Nur im Nationalgedanken des prophetischen Judentums finde ich die
> Parallele zu dieser ethisch-menschlichen Konzeption der deutschen Nationalidee.
> [...] Ist das Leben eine Mission, besteht der Sinn und Zweck des Volksdaseins in der
> Erfüllung dieser Mission, dann ist von den beiden Elementen Individuum – Gesell-
> schaft die Gesellschaft unzweifelhaft die höhere [...].[74]

Ganz zu der alten Unterordnung des Individuums unter die Gemeinschaft aber
wollten die Zionisten nicht zurückkehren, denn dazu waren sie zu sehr von der
individualistischen Bildung geprägt. An den Satz Martin Bubers: »Meine Seele
ist nicht bei meinem Volke, sondern mein Volk ist meine Seele«,[75] schloß Adolf
Böhm, der erste Historiker des Zionismus, folgende Überlegungen an:

> Dies ist nicht der Individualismus, der in die Vereinsamung führt, weil er den diffe-
> renzierten Einzelnen zum Mikrokosmos macht, zu einer vollkommen abgeschlosse-
> nen, in sich ruhenden Welt, hier liegt aber auch nicht jene Gemeinschaftsidee vor,
> die die völlige Unterwerfung des Einzelnen unter die von der Gesamtheit geschaffe-
> nen Lebensform verlangt (eine Forderung, die das traditionelle Judentum aufstellt),

---

73 Martin Buber: Jüdische Renaissance [1900] . In: ders., Die Jüdische Bewegung. Ge-
    sammelte Aufsätze und Ansprachen 1900–1914. Erste Folge, Berlin: Jüdischer Ver-
    lag 1920, S. 7–16, hier S. 7f.
74 Nachum Goldmann: Von der weltkulturellen Bedeutung und Aufgabe des Juden-
    tums. München: Bruckmann 1916 (Weltkultur und Weltpolitik – Deutsche Folge; 8),
    S. 37.
75 Martin Buber: Drei Reden über das Judentum. Frankfurt a. M.: Rütten & Loening
    1911, S. 29.

denn Buber verwirft nicht die Werte, die der Jude durch sein Leben in der nichtjüdischen Kulturwelt erworben hat.[76]

1911 erschien ein Buch, das die bisher unklar empfundenen Befürchtungen der jungen Zionisten statistisch belegte: *Der Untergang der deutschen Juden* von Felix A. Theilhaber. Hier wurde belegt, daß wegen der an das deutsche Familienleben angepaßten geringen Geburtenrate bei den Juden – Hugo Bergmann schrieb in diesem Jahr von der »abnehmenden Fruchtbarkeit unter den Juden«[77] –, wegen Verheiratungen mit Nichtjuden und wegen Krankheit das Judentum innerhalb weniger Generationen verschwunden sein würde, wenn es keinen radikalen Wandel im jüdischen Leben geben werde. Im Winter 1911/12 wurde in der Prager zionistischen Zeitung *Selbstwehr* eine Diskussion über Literatur geführt, in der die kulturelle Trennung von Deutschen und Juden gefordert wurde.[78] Hans Kohn erinnerte sich an jene Jahre:

> [...] das Judentum selber schien seiner Auflösung entgegenzugehen, eine Verdorrung saß zu tief in dem uralten Stamme, ganze Zweige starben ab und andere schien nur das gesetzliche Zwangghetto noch mit Leben zu erfüllen.
> Auch hier schien der Weltkrieg manchem Aussichten zu eröffnen, um diesem Zustande ein Ende zu bereiten.[79]

Wie die Deutschen vor 1813, sahen sich die deutschen Juden vor der Gefahr, als Nation aufgelöst zu werden und völlig zu verschwinden. Kohn war es auch, der den Zionismus mit dem Idealismus in Verbindung setzte:

> Leben war stets Kampf. Zionismus ist der Kampf der Jugend, die höher will, gegen die Alten, die Trägen, die Müden, die nicht mehr wachsen können und die kein Sturm der Begeisterung mehr aufrütteln kann. [...] Dieses Ringen mit dem Volke kann nichts weniger bedeuten wollen, als daß wir uns in selbstgenügsamer Höhe mit unsern Idealen von der Masse entfernen und entfremden wollen. Im Gegenteil! *Dies* ist jüdischer Idealismus! Das Hohe und Große am Alltag und an seiner Wirklichkeit bewahren. Wie der Zionismus unsere heilige Sprache aus ihrer Tagesfremdheit erlöst und wieder zur Sprache des Alltags gemacht hat, nicht um sie zu profanieren, vielmehr um diesen Alltag durch seine Sprache zu heiligen, so ist uns dies eine große Wunder, das wir schon erlebt haben, die Verlebendigung des Hebräischen, nur ein Symbol für den Sinn unseres ganzen Kampfes mit dem Volke und um dieses Volk.[80]

---

[76] Adolf Böhm: Die zionistische Bewegung. 1. Bd: Die zionistische Bewegung bis zum Ende des Weltkrieges. 2., erweiterte Aufl., Berlin, Tel Aviv: Jüdischer Verlag 1935, S. 524.

[77] Hugo Bergmann: Größerer Zionismus [1911]. In: ders., Jawne und Jerusalem. Gesammelte Aufsätze. Nachdruck der 1. Aufl. Berlin, Jüdischer Verlag 1919. Königstein/Ts: Jüdischer Verlag 1981, S. 7–11, hier S. 10.

[78] Vgl. Enzo Traverso: Die Juden und Deutschland. Auschwitz und die »jüdisch-deutsche Symbiose«. Berlin: BasisDruck 1993 (BasisDruck Zeitgeschichten; 12), S. 44.

[79] Hans Kohn: Aufgaben der Stunde [Februar 1921]. In: ders., Nationalismus. Über die Bedeutung des Nationalismus im Judentum und in der Gegenwart. Wien, Leipzig: Löwit 1922, S. 87–100, hier S. 88.

[80] Hans Kohn: Geleitwort. In: Vom Judentum (Anm. 69), S. VIIIf.

Es ist beste deutsche und deutsch-nationale Tradition, daß hier die Sprache in den Mittelpunkt der Auseinandersetzungen gestellt wurde. Als wohl erster hatte Friedrich Schlegel in seinen Vorlesungen 1804/06 die Sprache als Beweis der gemeinschaftlichen Abstammung dargestellt und hinzugefügt: »[...] je älter, reiner und unvermischter der Stamm, desto mehr Sitten, und je mehr Sitten und wahre Beharrlichkeit und Anhänglichkeit an diese, desto mehr wird es eine Nation sein«, was Friedrich Meinecke so kommentierte: »Wir begegnen hier wohl zum ersten Male in Deutschland der spezifisch konservativen Ausdeutung des Nationalitätsprinzips.«[81] So wurde die Reinheit und das Fehlen von außen herantretender Beeinflussung der Tradition zum Ausweis der nationalen Würde. Jakob Klatzkin stellte in seiner Polemik gegen Hermann Cohen fest:

> *Auch das jüdische Bewußtsein blieb national unverletzt*; nicht das leiseste Gefühl einer Zugehörigkeit zum Deutschtum oder auch nur einer geistigen Gemeinschaft mit deutscher Art ist im jüdischen Bewußtsein anzutreffen. Wir haben die fremde Sprache judaisiert; sie heißt auch: Jüdisch.
> Viele, wie auch Cohen, wollen jetzt im Jargon ein kulturelles Bindeglied zwischen Judentum und Deutschtum entdeckt haben. Aber gerade das Schicksal dieses deutschen Dialektes spricht gegen sie. *Er zeugt von der Wesensfremdheit zwischen Judentum und Deutschtum, da nicht einmal der mächtige Einfluß der Sprache imstande war, uns auch im mindesten im Denken und Fühlen zu germanisieren.*[82]

Dies ist das präzise Gegenteil von dem, was Ludwig Bamberger und viele andere gesagt hatten. Schon hier ist deutlich, daß führende Zionisten bereit waren, die Geschichte des deutschen Judentums umzuschreiben und sie nun von völlig anderen Grundansichten aus vorzutragen. Martin Buber schrieb in seiner Entgegnung auf Cohen über die hebräische Sprache:

> So ist sie uns zwiefach ein Wegbahner zum verschütteten Judentum; inhaltlich, indem sie uns wesentliche und verschollene Werte übermittelt: so die urzeitlichen, die von den notwendigerweise paraphrasierenden Übersetzungen*) verdeckt werden, als auch jene späteren, von denen überhaupt keine Übersetzung Kunde bringt und die auch dem, der Hebräisch schon erlernt hat, erst erschlossen werden müssen; formal, indem sie die alten jüdischen Denkformen, die von denen der europäischen Kultursprachen, unserer »Muttersprachen«, verdrängt worden sind, in uns wieder lebendig macht, wie es nur die Sprache, in der sie sich einst verkörperten, in innerlicher Wirkung vermag.

> *) Nicht bloß die christlichen, wie Sie meinen, modeln den ursprünglichen Sinn und Geist, alle tun es, denn keine abendländische Sprache vermag die Urworte der Bibel, jedes einzelnen elementare Wucht und ihrer Verbindungen zyklopische Fügung, irgend wiederzugeben.[83]

---

81 Friedrich Meinecke: Weltbürgertum und Nationalstaat. Hg. und eingeleitet von Hans Herzfeld. 9. Aufl., 2. Aufl. im Rahmen der Friedrich-Meinecke-Werke. München: Oldenbourg 1969, S. 77f.
82 Jakob Klatzkin: Deutschtum und Judentum. Eine Besprechung. In: Der Jude 2 (1917/18), S. 358–370, hier S. 364.
83 Martin Buber: Begriffe und Wirklichkeit. Brief an Herrn Geh. Regierungsrat Prof. Dr. Hermann Cohen. In: Der Jude 1 (1916/17), S. 281–289, hier S. 289.

Hier sehen wir – was noch umfassender dargestellt wird – die Gegnerschaft vieler Zionisten zum abendländischen Europa: Die hebräische Sprache wird aus dem europäischen Kontext herausgelöst und als unübersetzbar dargestellt. Dies ist die Tradition von Fichte, der in den *Reden an die deutsche Nation* die deutsche Sprache als ›Ursprache‹ dargestellt hat; jetzt, auf das Hebräische übertragen, kann sie kritisch auch gegen Moses Mendelssohn und seine Übersetzung der Thora gewendet werden, auch wenn dies hier nicht ausgesprochen wurde.

Der gesamte geistige Hintergrund dieser jungen Zionisten blieb weitgehend durch die deutsche Tradition bestimmt. In seinem zionistischen Buch *Der neue Jude* von 1911 hatte Georg Hecht auch ein Kapitel über »Die Organisation der Judenheit« geschrieben; diesem Kapitel setzte er folgendes Motto voran:

> »Diene der Gemeinschaft, der du angehörst.«
> »Fühle dich als Werkzeug im Dienste des sittlichen Ideals.«
> »Du sollst dich selbst dahingeben für den Zweck, den du als deine ideale Aufgabe erkannt hast.«
>
> W. Wundt: »*Ethik.*«[84]

Der Philosoph und (Völker-)Psychologe Wilhelm Wundt, der 1920 starb, hätte sich sicher sehr gewundert, in einem zionistischen Buch zitiert zu werden. Max Sternberg, der zeitweilig im Präsidium des Herzl-Bundes tätig war, wandte gegen einen Bundesbruder, der mehr praktische Arbeit gefordert hatte, ein:

> Stellen wir uns das deutsche Volk vor ohne Fichte, ohne Schleiermacher, ohne Kant, ohne die vielen Professoren, die die Erziehung des deutschen Volkes geleitet haben – und was bliebe übrig?[85]

Die Theorie, die Philosophie solle vor der Praxis Vorrang haben, ist eine typisch deutsche bildungsbürgerliche Auffassung.

Eine besondere Rolle spielte hier Johann Gottlieb Fichte (1762–1814)[86] mit seinem Begriff der deutschen Nation. 1915 schrieb Hugo Bergmann an Buber:

> Nur weil wir Fichte hatten, fanden wir die entsprechenden Strömungen der jüdischen Kultur, verstanden wir erst das Judentum. Dort wurden wir erzogen, hier haben wir entdeckt.[87]

Und Hans Kohn erinnerte sich später:

> Für uns war der Sinn dieser Lektion klar. Die Lage der Juden in unserer Zeit erschien uns nicht anders als die der Deutschen am Vorabend ihres nationalen Erwachens.[88]

---

[84] Georg Hecht: Der Neue Jude. Leipzig: Engel 1911, S. 161.

[85] Max Sternberg: Eine Antwort an Walter Roth. In: Herzl-Bund-Blätter, Nr 29/30 Juni/Juli 1915, S. 228–230, hier S. 228.

[86] Vgl. Manfred Voigts: »Wir sollen alle kleine Fichtes werden!« Johann Gottlieb Fichte als Prophet der Kultur-Zionisten. Berlin: Philo 2003.

[87] Martin Buber: Briefwechsel aus sieben Jahrzehnten. Bd 1: 1897–1918. Hg. und eingeleitet von Grete Schäder. Heidelberg: Schneider 1972, S. 389.

[88] Ebd., S. 93.

Um diese Übertragung möglich zu machen, mußte die deutsche Ideologie von ihnen bestätigt werden. George L. Mosse sah nicht nur einen Einfluß des Freiheitsbegriffes Fichtes bei den Zionisten, er sah auch »die Verbindung des Nationalen mit dem Universalistischen von einigen Autoren in Herzls *Die Welt* gepriesen, aber auch als deutsches Monopol verherrlicht«. Mosse ging von der Übertragung aus: »Die Feinde der Freiheit und des Universalismus waren zugleich die Feinde Deutschlands, so etwa die Franzosen in den Freiheitskriegen.«[89]

Für Kurt Blumenfeld waren 1915 »die Führer des deutschen Zionismus heute in ihrem *jüdisch*-nationalen Empfinden durch Fichte, Paul de Lagarde und durch die besten Vertreter des nationalen Idealismus bestärkt worden«.[90] Und mit der Nennung des Namens von Paul de Lagarde (1827–1887)[91] wird deutlich, in welch große Nähe sich die Zionisten zu deutsch-nationalen, ja völkischen Strömungen stellten. Der Philosoph Jakob Friedrich Fries (1773–1843), Teilnehmer am Wartburgfest 1817 und wegen ›demagogischer Umtriebe‹ seiner Stellung an der Universität enthoben, beschrieb ein Volk so:

> Auf die Zahl kommt es nicht an, nicht auf die Betriebsamkeit oder den Gewerbefleiß; nur auf den Geist, der ein Volk belebt, der es vereinigt und die Einzelnen zu einem unauflöslichen Ganzen an einander kettet, auf die Treue, die es bewahrt, auf die Liebe für das Vaterland, auf seinen Glauben an Gott und an sich, auf seine Bereitwilligkeit, die irdischen Güter gering zu achten, und alles, selbst das Leben, den unwandelbaren Heiligthümern und den Forderungen des Gemüths zum Opfer zu bringen. Ein Volk kann nur zu einem Ganzen werden durch ein inniges Zusammenwachsen aller seiner Eigenthümlichkeiten, durch die gleiche Art ihrer Äußerung: Durch Gesinnung, Sprache, Glauben, durch die Anhänglichkeit an seine Verfassung.[92]

Dieser Beschreibung des Volkes hätte jeder Kulturzionist folgen können – jedoch war Fries zu Lebzeiten einer der schärfsten Feinde der Juden. 1816 erschien seine Schrift *Über die Gefährdung des Wohlstandes und Charakters der Deutschen durch die Juden.*

Es gab auch andere Positionen innerhalb des Judentums, und auf eine von ihnen muß deshalb hingewiesen werden, weil hier deutlich wird, daß die zentrale Problematik auch damals, zumindest bei einigen Juden, bekannt war und kritisch

---

[89] George L. Mosse: Juden im Zeitalter des modernen Nationalismus. In: Die Konstruktion der Nation gegen die Juden. Hg. von Peter Alter, Claus-Ekkehard Bärsch und Peter Berghoff. München: Fink 1999, S. 15–25, hier S. 17.

[90] Kurt Blumenfeld: Der Zionismus. Eine Frage der deutschen Orientpolitik. Berlin: Stilke 1915, S. 26.

[91] Zu de Lagarde s. Fritz Stern: Kulturpessimismus als politische Gefahr. Eine Analyse nationaler Ideologie in Deutschland. München: Deutscher Taschenbuch-Verlag 1986 (dtv; 4448), S. 23ff.

[92] Zit nach: Gerald Hubmann: Völkischer Nationalismus und Antisemitismus im frühen 19. Jahrhundert. Die Schriften von Rühs und Fries zur Judenfrage. In: Antisemitismus – Zionismus – Antizionismus 1850–1940. Hg. von Renate Heuer und Ralph-Rainer Wuthenow. Frankfurt a. M., New York: Campus 1997 (Campus Judaica; 10), S. 9–34, hier S. 17.

beurteilt wurde. Heinrich Margulies (1890–1989) trat als Zionist für ein säkulares Judentum ein, war kurzzeitig Vorsitzender des Herzl-Bundes und ab 1925 in Palästina im Bankenwesen tätig.[93] In seinem zweibändigen Werk *Kritik des Zionismus* stellte er den Kulturzionismus als Teil der deutschen Geistesgeschichte dar, deren Mängel er deutlich machte: »Der deutsche Geist war also in nationaler Hinsicht nur eine Hemmung, keine Förderung.«[94] Er kritisierte die ideologischen Grundeinstellungen der idealistischen Zionisten heftig:

> Die Einstellung »jüdisch oder deutsch«, die eigentliche *nationale* Einstellung wurde durch die Frage: »sittlich oder gottlos, idealistisch oder materialistisch«, die Eingangspforte zur Gemeinschaftsbewegung, ersetzt.[95]

Er forderte, daß der geistige Volksbegriff der Gemeinschaft durch den soziologischen der Gesellschaft ersetzt werden solle und er wies auf das wichtige Werk des Soziologen Ferdinand Tönnies *Gemeinschaft und Gesellschaft* hin.[96] Er stellte sich der »Diktatur des Geistes«,[97] die durch die Kulturzionisten ausgeübt werde, entgegen, und benannte das Erbe des idealistischen Volksverständnisses:

> Wenn die Gesellschaft [...] ein ausgesprochener Zweck- und Zwangsverband ist, so ist für eine Gemeinschaftsforderung, die eine Überwindung dieses Zweckhaften und Zweckmäßigen verlangt, für eine sittliche Forderung, die eine Verwerfung alles Relativen und Bedingten proklamiert, in ihr kein Platz.[98]

Margulies hielt an dem alten umfassenden Begriff des Judentums fest:

> Wir sind ein Volk – *und nicht nur eine Konfession*, nicht nur eine *Geistesrichtung* und nicht nur *eine* Geistesrichtung![99]

Und er erkannte – was uns gleich beschäftigen wird – die Abkehr dieses Kulturzionismus von Europa:

> Das Zion, das gebaut wird, dürfe nichts gemeinsames haben mit jenen europäischen Staatsgebilden, deren sittliche Verworfenheit sich durch den Krieg, jedoch nicht nur durch diesen, sondern auch durch alle seine Vorstufen wie Kapitalismus, Welthandel usw. erwiesen habe.[100]

In dieser breit angelegten Kritik, die sich vor allem gegen Martin Buber und seine Schüler richtete, ist die Besonderheit der deutschen Geistesgeschichte als

---

[93] Vgl. Manfred Voigts: Kämpfer für einen säkularen Staat Israel, Heinrich Margulies und sein Buch ›Kritik des Zionismus‹. In: Frankfurter Jüdische Nachrichten, September 1998, Rosch-Haschana-Ausgabe 5759, Nr. 97, S. 30–31.

[94] Heinrich Margulies: Kritik des Zionismus. 1. Teil: Volk und Gemeinschaft. Wien, Berlin: Löwit 1920, S. 83.

[95] Ebd., 2. Teil: Der Zionismus als Volksbewegung, S. 100.

[96] Ebd., 1. Teil, S. 72.

[97] Ebd., S. 100.

[98] Ebd., S. 144.

[99] Ebd., S. 137.

[100] Ebd., S. 113.

Grundlage eines Zionismus erkannt, der einen geistig-moralischen Volksbegriff konstruierte und dadurch das Judentum in ›gute‹ und ›schlechte‹ Juden
spaltete.

Sobald dieser geistige Volksbegriff mit einem realen Volk verbunden und
identifiziert wird – und dies tat Fichte ebenso wie die Kulturzionisten –, war
eine klare Abgrenzung vom deutsch-völkischen Volksbegriff nicht mehr möglich. Es unterschied beide, bildlich gesprochen, nur das Plus oder Minus vor
den Begriffen, die sich sonst glichen. Julius H. Schoeps stellte fest:

> Der ohne Zweifel vorhandene völkische Anspruch des Zionismus brachte die Natio-
> naljuden in eine grundsätzliche Übereinstimmung mit den antisemitischen deutsch-
> völkischen Theoretikern.[101]

Dies war die fast notwendige Folge der Tradition von 1813, die möglichst viele
kosmopolitische und franzosenfreundliche Elemente des deutschen Selbstbewußtseins zurückdrängen wollte. Salman Schocken jr. (1877–1959), der Besitzer
mehrerer Kaufhäuser und bedeutende Verleger,[102] sprach in seiner berühmten
Maccabäerrede von 1913 davon, daß man »mit ein paar geschickten Mißdeutungen des französischen Gleichheitsideals sich zu Allerweltsmenschen machen
kann«.[103] War hier der ›Allerweltsmensch‹ noch durch ›Mißdeutungen‹ entstanden, so sprach er später in dieser Rede von »der neuen jüdischen Art, mit freiem
Blick und geradem Nacken, die ohne gekünstelte Freiheits- und Gleichheitsrechnung« sei.[104] Der Grund für diese Kritik an den Idealen der Französischen Revolution ist klar: Die Emanzipation war von der Grundidee der Gleichheit aller
Menschen ausgegangen und nicht von der Ungleichheit der Völker. 1934 schrieb
der Berliner Rabbiner Joachim Prinz über die Französische Revolution – wie
teilweise schon zitiert:

> »*Den Juden als Menschen alles*«, rief *Clermont-Nonnerre* in der Nationalversamm-
> lung des Wendejahres 1791 aus, »*den Juden als Nation nichts.*« In solche Unwirk-
> lichkeit-Wirklichkeit gestoßen, ging der Jude seinen Weg. Aber es war der Weg des
> Seiltänzers über den Abgrund, den auch Zarathustra nur als Symbol nehmen konnte.
> [...]
>   Weil wir ein Volk sind – hat die Französische Revolution gelogen, als sie uns
> »als Menschen alles« gab, statt uns auch als Angehörige dieses Judenvolkes als voll-
> gültige Menschen in die Gesellschaft der Völker zu akzeptieren. Weil wir ein Volk
> sind, ein Volk mit einer großen, eigenen Geschichte, ein Volk mit großen, unbesieg-
> baren Werten, haben wir ein eigenes Schicksal und eine eigene Not.

---

[101] Julius H. Schoeps: Einleitung: Zionismus oder der Kampf um die nationale Wieder-
         geburt. In: Zionismus. Texte zu seiner Entwicklung. Hg. von Julius H. Schoeps. 2.,
         überarb. Aufl., Dreieich: Melzer-Productions 1983, S. 9–45, hier S. 30.
[102] Vgl. Volker Dahm: Das jüdische Buch im Dritten Reich. 2., überarb. Aufl., Mün-
         chen: Beck 1993, S. 220ff.
[103] S[alman] Schocken jr: Eine Maccabäerrede. Hg. von der zionistischen Ortsgruppe
         Chemnitz. Leipzig: Poeschel & Trepte o. J. [um 1913], S. 26.
[104] Ebd., S. 33.

Diese besondere Situation besteht seit dem Eintritt der Juden in die europäische Zivilisation. In diesem Augenblick nämlich wird das Judenvolk und die Welt zugleich betrogen.[105]

Nicht der Gedanke des Volkes, sondern der der Nation stand bei der Französischen Revolution im Vordergrund. Wäre dies anders gewesen, hätte sich keine einheitliche Nation bilden können (s. Kap. 6). Aber der Gedanke einer Nation, in der Angehörige verschiedener Völker als Bürger zusammenleben könnten, war für die Kulturzionisten fast undenkbar und erschien ihnen als gefährlich.

Nicht mehr überraschend ist, daß es auch Tendenzen im Kulturzionismus gegen die Bildung selbst gab – es ist schon darauf hingewiesen worden (Kap. 4.5). Der Zionist Karl Glaser schrieb Ende der 1920er Jahre:

> Wir aber versuchen, uns mit der Oberschicht der Assimilierten auseinanderzusetzen, mit jenen, die so tief die Kultur der Umwelt erfaßt haben, die bis zu solchem Grade im Geistesleben der europäischen Nationen wurzeln, daß sie sich den Dingen nicht mehr einzufügen brauchen, sondern glauben dürfen, sie zu beherrschen. [...] Zu ihnen gehören die meisten geistigen Menschen im europäischen Judentum der Gegenwart: Dichter, Künstler, Gelehrte, Politiker von Format, große Wirtschaftler, kultivierte Kaufleute und jene Kritiker, deren Kritik Schöpfung ist, zu ihnen die Feinsinnigen, Einfühlsbereiten, Einfühlungsfähigen, die in den seit Generationen wohlhabenden und kultivierten jüdischen Kreisen häufig sind, jene Rezeptiven, deren Aufnahmebereitschaft und Aufnahmefähigkeit mit Bildungsphilistertum nichts zu tun hat.[106]

Glaser versuchte nachzuweisen, »daß noch dieser freieste Typ des westeuropäischen Juden innerlich und äußerlich dem allgemeinen Judenschicksal unterliegt«, und kritisierte deshalb: »Sie sehen in der Errichtung des jüdischen Nationalheims die Zurückführung auf eine niedrigere Stufe als die bereits erreichte [...].«[107]

Der hoch gebildete Felix Weltsch sprach dieses Problem Ende 1919 an, und man spürt in seinem Beitrag zur *Selbstwehr*, wie schwer ihm diese Kritik der Bildung gefallen ist:

> Die Assimilation ist nicht nur eine ökonomische, nicht nur eine gesellschaftliche, sondern auch – und das ist das Gefährliche an ihr – eine moralische Verlockung. Der Jude erblickt im Material europäischer Kultur, die ihn freudig in ihre höchsten Sphären aufnimmt, ein ungeheures Arbeitsgebiet. Welch unerhörte Leistungsmöglichkeiten in Wissenschaft und Kunst, in Philosophie und Literatur vermag diese Kultur seinem beweglichen Geist, seinem lebhaften Fühlen zu bieten! Was für Kulturwerte vermag er in diesem Milieu zu schaffen! Und was hat er schon geschaffen! Hohe Menschheitsideale schweben vor ihm, das Vorgefühl allgemeiner Menschenliebe im Reiche des reinen Geistes, der allen Menschen gleich und gemeinsam ist, beseitigt [begeistigt?] ihn. Das Alles kann er haben, und wie wenig braucht er dafür zu geben!

---

[105]   Joachim Prinz: Wir Juden. Berlin: Reiss 1934, S. 32, 136, 146.

[106]   Karl Glaser: Der Jude in der europäischen Welt. Das Problem seiner Sendung. Berlin: Verlag der Jüdischen Rundschau o. J. [1928/29] (Jüdische Rundschau – Schriftenreihe; 2), S. 4.

[107]   Ebd.

> Er soll nur auf die eigensinnige Betonung bedeutungsloser Verschiedenheiten verzich-
> ten, er soll bloß die Vergangenheit um der Zukunft willen Vergangenheit sein lassen,
> er soll nur seinen provinziellen Eigenheitsegoismus aufgeben zu Gunsten eines reinen
> Menschentums! [...]
>   Nur wer die Verlockung der Assimilation ganz durchkostet hat, vermag den jüdi-
> schen Renaissancegedanken ganz zu fühlen. Nur wer den Preis kennt, weiß den Wert.
> Da wir den Sirenengesängen einer europäischen Menschheitskultur lauschten, ertönte
> ernst und tief der Ruf aus unserem Innern. Da wir uns begeistert verschenken woll-
> ten, spürten wir, daß wir mehr verschenken, als wozu wir das Recht haben; daß wir
> unsere Aufgabe, die nur von uns gelöst werden kann, wenn wir – wir selbst bleiben,
> schmählich im Stich lassen; daß wir von unserem Gesetz abfallen; daß wir den Bund
> zwischen unserem Wesen und unserem Gott leichtsinnig zerschneiden.[108]

Dies schrieb ein Dr. jur. und Dr. phil., der bei seinen Vortragsreihen 1918 und
1919 in Prag seine Kenntnis der deutschen und europäischen Geistesgeschichte
glänzend unter Beweis gestellt hatte.

   Im Juni 1933 äußerte sich Martin Buber in der *Jüdischen Rundschau* über
»Unser Bildungsziel«. Die klassische Bildung des Weltbürgers, »der die Gegen-
stände und Werte einer ganzen Menschheit aufnimmt und in seine eigentümliche, organische, volksbedingte Form verarbeitet«, sei zerfallen, und aus diesem
Zerfall sei die ›allgemeine Bildung‹ hervorgegangen.[109] Für ihn als Zionisten
folge daraus:

> Sinnlos und nichtig wäre das Unterfangen, uns dem völkischen Bild gegenüber als
> Hüter der ›allgemeinen Bildung‹, etwa einer durch etliche jüdische Inhalte verbrämten,
> zu behaupten, in einem Raum bewußter Bild-Erzeugung das bildlose Zerfalls-
> produkt als unser Monopol bewahren zu wollen.[110]

Das ›Bildungsziel‹ der Juden – also der Zionisten – sei »die Wiedererweckung
der Urkräfte [...] durch die Wiederknüpfung der Urverbundenheit« (des jüdischen Volkes).[111] Auch hier erkennen wir ein bildungsfernes, ja bildungsfeind-
liches Selbstverständnis.

   Joachim Prinz, dessen Ausführungen über die Französische Revolution wir
schon zitiert haben, schrieb auch:

> In der Überschätzung der Bildungswerte fanden sich beide, Juden und Völker, zu-
> sammen. Sie hielten deshalb das Reifezeugnis der höheren *Schule* bereits für das Rei-
> fezeugnis des *Volkes*. So emanzipierte man die Juden als *gebildete Europäer*.[112]

Und das war nach seiner Meinung der große Fehler der Emanzipation.

---

[108]   Felix Weltsch: Die Lockungen der Assimilation. In: Die Selbstwehr, 19. Dezember
        1919, S. 1–2, hier S. 1f.
[109]   Martin Buber: Unser Bildungsziel. In: ders., Der Jude und sein Judentum. Gesam-
        melte Reden und Aufsätze. 2., durchgesehene und um Register erweiterte Aufl., Neu-
        ausg., Gerlingen. Schneider 1992 (Bibliotheca judaica), S. 583–587, hier S. 584.
[110]   Ebd., S. 585.
[111]   Ebd., S. 587.
[112]   Prinz, Wir Juden (Anm. 105), S. 147.

Kurz zuvor hatte Wilhelm Hartnacke (1898–1952) im Auditorium Maximum der Universität München für die Deutsche Gesellschaft für Rassenhygiene den Vortrag »Bildungswahn – Volkstod!« gehalten[113] und schon 1930 hatte er über die *Naturgrenzen geistiger Bildung* geschrieben.[114] Dies hatte ihn für das Amt des Bayerischen Ministers für Volksbildung empfohlen, das er von 1933 bis 1935 inne hatte.

In diesem Zusammenhang sei auf Werner Sombarts Stellung zu den Zionisten hingewiesen, denn hier wird deutlich, daß antisemitische Kräfte ihrerseits dem Zionismus positiv gegenüber standen. Sombart glaubte 1912, die »spezifische Begabung« der Juden im »Kommerzialismus« feststellen zu können.[115] Er sprach sich gegen jedes »Assimilationsbestreben« aus, weil »die Behauptung der jüdischen Eigenart [...] mehr aufrechte Männer« erheische[116] – eine durchaus merkwürdige Feststellung nach der Beschreibung der spezifisch jüdischen Begabung. Sombart lobte dagegen die Zionisten, denn »rein charakterologisch angesehen« sei »ein aufrechter Nationaljude ein ganz anderer Kerl, den man hassen mag, aber vor dem man Respekt haben muß«. Den Zionisten beschrieb er so: »Wer sich für etwas begeistert, ganz gleichgültig für was, ist ein wertvollerer Mensch als der, der nur ›Interessen‹ hat.«[117] Die ›Begeisterung‹ wurde von Fichte zu einem der wichtigsten Kampfbegriffe gegen Napoleon geformt, deren Leerheit und Gleichgültigkeit gegenüber dem Inhalt des idealistischen Messianismus geschuldet waren;[118] die Ablehnung der Vertretung von Interessen war ebenfalls das schon mehrfach angesprochene idealistische Erbe. In dieser höchst zwiespältigen Hochachtung der Zionisten zeigt sich die einhundertjährige Kraft der nationalistischen Tradition.

Mit der zionistischen Ablehnung des Liberalismus, der politischen Kraft, die die Emanzipation durchzusetzen bestrebt war und mit der Ablehnung der Bildung, die den sozialen Ort für die Symbiose schuf, ging eine grundsätzliche Uminterpretation der Geschichte des Judentums seit Moses Mendelssohn einher. In seiner Darstellung des Zionismus lesen wir bei Simon Bernstein über die jüdische Bourgeoisie und die jüdische Intelligenz zur Zeit Mendelssohns:

> Es ist bezeichnend für das ethische Niveau dieser Generation, daß diese beiden Schichten, die dem Christentum vollkommen fremd gegenüberstanden – man denke nur an Heine und Börne – ohne weiteres die christliche Religion annahmen, einzig

---

113 Wilhelm Hartnacke: Bildungswahn – Volkstod! Vortrag gehalten am 17. Februar 1932 im Auditorium Maximum der Universität München für die Deutsche Gesellschaft für Rassenhygiene. München: Lehmann 1932.

114 Wilhelm Hartnacke: Naturgrenzen geistiger Bildung. Inflation der Bildung, schwindendes Führertum, Herrschaft der Urteilslosen. Leipzig: Quelle & Meyer 1930.

115 Werner Sombart: Judentaufen. Vorwort von Arthur Landsberger. München: Müller 1912, S. 9.

116 Ebd., S. 16.

117 Ebd., S. 17.

118 Vgl. Voigts, Wir sollen alle kleine Fichtes werden! (Anm. 86), S. 207ff.

und allein aus Gründen materieller Zweckmäßigkeit. *Es waren dies die Folgen des von Moses Mendelssohn gepredigten Judentums.* [...] Es war der Ausdruck einer verfehlten grobmateriellen Lebensauffassung einer von der Sklaverei befreiten Volksschicht. [...] Der Gedanke des Assimilationsjudentums ist seinem ganzen Wesen nach ein *Überrest des Ghettos.* Die Selbstverleugnung, die sklavische Unterwürfigkeit, das Verheimlichen des eigenen Ichs ist sein Wesen. Das Assimilationsjudentum ist eine *unethische* Erscheinung.[119]

Der Kern der Assimilation und der der Symbiose, die Übereinstimmungen von christlichen und jüdischen Gebildeten in der gegen den Feudaladel gerichteten bürgerlichen Moral und philosophischen Ethik werden hier vollständig umgewertet; die ›materielle Zweckmäßigkeit‹, gegen die der Idealismus angetreten war, wird als dessen innerster Kern dargestellt, und der ethische Impetus der Emanzipation wird zum exklusiven Besitz des Zionismus erklärt. Schon vier Jahre vorher hatte es in einer Denkschrift *Die Juden im Krieg* geheißen:

> Die Assimilation berief sich ohne jeden Grund auf den Humanismus und das Weltbürgertum, denn sie war in ihrer Art stets durchaus imperialistisch und bedeutete die Annahme der Nationalität der in ihrem Wirtschaftsbereiche herrschenden Bourgeoisie.[120]

Diese Umschreibung der Geschichte ist hoch politisch und wenig gebildet. Eine Bourgeoisie gab es damals in Deutschland als eigene soziale Schicht nicht; in unserem Zusammenhang ist aber besonders auf die Denunzierung des Weltbürgertums als imperialistische Bezeichnung hinzuweisen. Auch den Imperialismus im modernen, wirtschaftlichen Sinne, gab es damals nicht, aber es wird insinuiert, das Weltbürgertum habe etwas mit jenem Imperialismus zu tun, der – es ging in dieser Schrift um die Lage der Juden im Kriege – den Weltkrieg zu verantworten habe. Für viele Zionisten war der Weltkrieg der Beweis für das vollständige Versagen der Idee Europa und bedeutete für sie daher eine Unterstützung für den nationalen Weg. Auch hier zeigte sich die tiefe Spaltung des deutschen Geisteslebens.

Die Idee Europa war für die Zionisten entsprechend ihrer Grundentscheidung zur nationalen Tradition kein Thema einer breiteren Auseinandersetzung. Es gab allerdings eine Strömung innerhalb des Zionismus, die sozialistisch orientiert war und daher versuchte, die übernationalen Tendenzen mit der jüdischen Tradition zu begründen.[121] Überall aber stand bei ihnen die europäische Lebensform in der Kritik. Der »Ausweg in eine palästinensische Zukunft« hatte die Zionisten »verzaubert auf diesen Ausweg aus Europa«, wie Franz Rosenzweig Anfang

---

[119] Simon Bernstein: Der Zionismus, sein Wesen und seine Organisation. 3. (Volks-) Auflage Berlin: Jüdischer Verlag 1919, S. 13f.
[120] Die Juden im Kriege. Denkschrift des Jüdischen Sozialistischen Arbeiterverbandes Poale-Zion an das Internationale Sozialistische Bureau. Den Haag 1915, S. 32.
[121] Vgl. Eleonore Lappin: Der Jude 1916–1926. Jüdische Moderne zwischen Universalismus und Partikularismus. Tübingen: Mohr Siebeck 2000 (Schriftenreihe wissenschaftlicher Abhandlungen des Leo-Baeck-Instituts; 62), S. 203.

1920 feststellte.[122] Schon 1898 gab Maximilian Stein die Position der Zionisten so wieder:

> Das ›gesittete Europa‹ ist den Zionisten ein unverläßlicher Idealbegriff der europäischen Intelligenz, mit dem die breiten Volksschichten nicht Schritt gehalten haben. Keineswegs ist ihnen das ›Gesittete Europa‹ Machtbegriff genug, daß mit ihm Völkern und Staaten zu gebieten wäre. Wo ist das Europa zu suchen, das Neigung hätte, um der Juden willen einem Rußland oder auch nur einem Rumänien Halt zu gebieten?[123]

Nicht die Stärkung der Idee Europa war das Ziel der Zionisten, sondern ihre Schwächung. Wieder gab Martin Buber die grundsätzliche Orientierung vor:

> Wir sollten uns frei machen von dem Zweckgetriebe der modernen Gesellschaft und anheben, eine Wahrheit aus unserem Leben zu machen![124]

Und gegen Moritz Lazarus und seine Reformbestrebungen gewendet, schrieb er:

> Dies hier war nicht Reformation, es war nur Reform – nicht Umbildung, nur Erleichterung – nicht Erneuerung des Judentums, sondern dessen Fortsetzung in einer leichteren, eleganteren, europäischeren, salonfähigeren Form.[125]

Es ist kein Zufall, daß Buber genau die Elemente hervorhob, die einhundert Jahre zuher vom erstarkenden Bürgertum gegen die Kultur der Höfe erhoben wurden: Das Handeln nach Zwecken habe die wahren und wahrhaften Beziehungen zwischen den Menschen zerstört und der französische Einfluß habe die falschen, eleganten und salonfähigen Geselligkeitsstandards hervorgebracht, die eine Rückkehr zur wahren Menschlichkeit verhindere. 1917 schrieb Buber noch deutlicher:

> Denn die Menschheit [...] ist ein Größeres als der Staat. Nicht die gestrige »europäische« Scheinmenschheit, die unfähig war, die Staaten aus ihrer Verstrickung in den unsichtbaren Krieg aller gegen alle zu lösen, sondern die werdende, die durch das Rote Meer gegangen ist, die erwachte, in der sich die künftige, um den lebendigen Gott gesammelte bereitet, deren Organe die Völker und deren Werkzeuge die Staaten sein werden.[126]

Ludwig Strauß (1892–1953), Schwiegersohn von Buber, sah in Palästina die Möglichkeit, dem europäischen Leben, das er heftig kritisierte, zu entkommen:

---

[122] Franz Rosenzweig: Bildung und kein Ende. In: ders., Der Mensch und sein Werk. Gesammelte Schriften. Bd III: Zweistromland. Kleine Schriften zu Glauben und Denken. Hg. von Reinhold Mayer und Annemarie Mayer. Den Haag: Nijhoff 1984, S. 491–503, hier S. 498.

[123] Maximilian Stein: Zionismus. Referat nach dem ersten Zionistenkongreß [1898]. In: Vorträge und Ansprachen. Mit einem Geleitwort von Leo Baeck hg. von der Großloge für Deutschland VIII. U. O. B. B., Frankfurt a. M. 1928, S. 61–73, hier S. 67.

[124] Buber, Drei Reden über das Judentum (Anm. 75), S. 65f.

[125] Ebd., S. 66f.

[126] Martin Buber: Zion, der Staat und die Menschheit. Bemerkungen zu Hermann Cohens »Antwort«. In: Der Jude 1 (1916/17), S. 425–433, hier S. 428.

> Wir müssen die Sünden der europäisch-amerikanischen Umwelt hinter uns lassen,
> wenn wir nach Palästina gehen. Alle diese Sünden stammen aus der Leere des Geistes
> und der Herzen. Der Stoff, der nicht innen ist und den das Lebendige dem Unberei-
> ten nicht gibt, wird ersetzt durch die Fülle der toten Dinge, die von außen hereinge-
> rafft werden: Das ist die Habsucht, der Trieb, die innere Leere mit eingefressenen
> Massen zu stopfen, den Hunger mit dem zu stillen, was nie nähren kann, der maßlo-
> se Trieb nach Geld, nach konkretem oder geistigem falschen Besitz.[127]

Max Brod beschrieb in seinem 1911 erschienenen Roman *Jüdinnen* einen »von
westeuropäischer ›Kultur‹ und Intellektualismus-Streberei gründlich verdorbe-
nen Jüdinnentypus«.[128] Dies war um so erstaunlicher, als Brod nur wenige Jahre
vorher, nämlich 1908, den Roman *Schloß Nornepygge* veröffentlicht hatte, der
von den Expressionisten als ihr Roman gefeiert wurde. Die Expressionisten
aber standen, wie noch zu zeigen sein wird, auf der anderen Traditionslinie –
sie waren für die Französische Revolution und Europa. Mit Franz Werfel,
seinem Freund, führte Brod folgendes Gespräch:

> Auf die spitzfindige Frage Franz Werfels – »Kann bei strengster Wahrhaftigkeit die-
> ser Gegensatz in Dir standhalten zwischen der momentanen Universalkultur und
> dem ostjüdischen Leben?« – vermag er 1917 lediglich zu antworten, ohnehin nie
> »die westliche, europäische Identifizierung von Kultur und Badezimmer, Kultur und
> Smoking« geteilt zu haben [...].[129]

Noch vor dem Weltkrieg befaßte sich auch Nathan Birnbaum kritisch mit der
europäischen Lebensform. Über die griechisch beeinflußten Juden der Antike
schrieb er:

> Was will man von den Hellenisten? Warum verkleinert man sie zu einfachen nationa-
> len Verrätern? Da sie doch weit mehr sind als das: die ersten Opfer der großen euro-
> päischen Suggestion. Die ersten jüdischen Intelligenten, die sich von diesem tönenden
> und strahlenden Kulturkoloß verblüffen ließen. [...]
>   Ich stelle Europa nicht in Gegensatz zum Orient. Ich weiß nicht, ob das, was der
> absolute Gegensatz des Europäismus ist, Orientalismus heißen darf. Vor allem weiß
> ich nicht, ob und welche orientalischen Völker diesen absoluten Gegensatz ebenso
> oder ähnlich verkörpern, wie ihn die Juden ihrer Bestimmung nach verkörpern sollen
> und trotz allem in ihrer Geschichte verkörpert haben. [...] Eine Europäerin [gemeint:
> Yvette Guilbert], der – übrigens ähnlich, wie vielen anderen, größeren, als sie, mir fällt
> Tolstoi ein – diese wirbelnde Jagd nach dem funkelnden Scheine, dieses Losrasen auf
> ein absolutes Seelenvakuum der Menschheit, – in der Seele zuwider geworden ist![130]

---

[127] Ludwig Strauß: Palästina und die Erneuerung der Gemeinschaft. In: Der Jude 2
(1917/18), S. 740–742, hier S. 741.

[128] Max Brod: Jüdinnen. In: Neue Jüdische Monatshefte 2 (1917/18), H. 20/22: Sonderheft »Die jüdische Frau«, S. 481–483, hier S. 482.

[129] Mathias Heydenbluth: Nachwort. In: Max Brod: Notwehr. Frühe Erzählungen.
Berlin: Rütten & Loening 1990, S. 184, dort ohne Nachweis.

[130] Nathan Birnbaum: Europa. Einige Gedanken an einem Chanuka-Abend [13. Dezember 1912]. In: ders., Um die Ewigkeit. Jüdische Essays. Berlin: Welt-Verlag 1920,
S. 174–177, hier S. 174f.

Hier wird das einseitige Bild Europas über zweitausend Jahre zurückprojiziert und mit ihm die Figur des ›Intelligenten‹, die sich erst in der zweiten Hälfte des 20. Jahrhunderts herausbildete.

Der Weltkrieg war für viele Zionisten der endgültige Beweis dafür, daß Europa dem Untergang geweiht war. In seiner heftigen Auseinandersetzung mit dem ›Aktivisten‹ Kurt Hiller schrieb Siegmund Kaznelson[131] 1917 – er hatte schon als Schüler an Theodor Herzls Zeitschrift *Die Welt* mitgearbeitet – vom »Gestank des ›europäischen Fortschritts‹«, der die Realität verdecke: »Das System der europäischen Welt ist das System der nackten oder maskierten *Gewalt*«. Für ihn war Europa ein »Machtsystem«, das »in den Sumpf« geraten war. Nur die Trennung von Europa könne den Juden retten:

> Alles, alles hat der Jude verloren und alles, alles zu gewinnen. Die anderen können nichts mehr gewinnen als immer wieder Europa, diese Hure eines wüsten Gottes nach dem tiefen griechischen Mythos.[132]

Auch hier mußten das Griechentum und sein Mythos zum Negativbild von Europa herhalten, dem das Judentum positiv gegenübergestellt wurde.

Natürlich gab es auch andere Stimmen, so die von Hans Kohn, der trotz seiner früheren heftigen Ablehnung Europas 1920 aus Paris schrieb:

> Wir alle sehen Erez Israel, nicht wie es ist, sondern mit den Augen des Träumers. Man muß sehr stark sein, um unten sich behaupten zu können, oder man muß in Gemeinschaften hinuntergehen. Und selbst dann müssen es Menschen von – ich finde keinen andern Ausdruck – europäischem Bewußtsein sein.[133]

1925 ging Kohn nach Palästina, trat aber nach den Unruhen 1929 aus der Zionistischen Organisation aus und emigrierte 1931 in die USA.

Trotz solcher Gegenstimmen aber ist eine deutliche Ablehnung Europas bei den Zionisten zu verzeichnen. Sie sahen Europa nur als kapitalistisch, machtversessen, unmoralisch und – als Summe all dessen – als kriegslüstern an. Dies war für sie das Wesen Europas, nicht eine Fehlentwicklung, die es zu bekämpfen gälte, um dem besseren Europa wieder zum Durchbruch zu verhelfen.

Eine besondere Position vertrat Moritz Goldstein (1880–1977), der aber kaum als typischer Zionist angesehen werden darf. Sein aufsehenerregender Aufsatz »Deutsch-jüdischer Parnaß«, veröffentlicht in der deutsch-nationalen Zeitschrift *Der Kunstwart*, der eine teilweise erbitterte Kontroverse nach sich

---

[131] Vgl. Biographie Siegmund Kaznelson. In: Almanach 1902–1964. Berlin: Jüdischer Verlag 1964, S. 155.

[132] Albrecht Hellmann [= Siegmund Kaznelson]: Geist und Judentum. In: Die Selbstwehr, 12. April 1917, S. 3–5; wieder in: Aktivistischer oder zionistischer Geist? Eine Debatte zwischen Kurt Hiller und Siegmund Kaznelson aus den Jahren 1916/17. Hg. von Manfred Voigts. In: Aschkenas. Zeitschrift für Geschichte und Kultur der Juden 11 (2001), H. 2, S. 424–428, hier S. 424, 425, 427 u. 428.

[133] Hans Kohn: Briefe an Freunde. In: Der Jude 5 (1920/21), S. 645–657, hier S. 653.

zog,[134] stellte ihn in die Nähe des Zionismus, und so wurde sein kurz vorher veröffentlichter Aufsatz »Wir und Europa«[135] in den Sammelband *Vom Judentum* aufgenommen.[136] Aber auch schon in dem *Kunstwart*-Aufsatz hatte Goldstein sich zu Europa geäußert.

Denjenigen Juden, die sich »im Vollbesitz westeuropäischer Kultur« wissen und die den Weg nach und in Europa suchen, hält er entgegen: »Den Juden zum Europäer zu wandeln, war freilich die Aufgabe – vor 150 Jahren.« Derjenige Jude, der noch heute nichts weiter von sich verlange »als daß er sich des Europäertums bemächtige, ist von vorgestern. Er steht noch immer an derselben Stelle, an der einst Moses Mendelssohn stand.«[137] In »Wir und Europa« ging er dann davon aus, daß der Humanismus als das »allen Menschen Gemeinsame« zugunsten des Individualismus überwunden worden sei:

> Mit dem individuellen Wert des einzelnen entdeckte man auch die Nation; man erfand den nationalen Individualismus. [...] Nicht als Reaktionäre, sondern als sehr moderne Menschen sind wir Nationaljuden geworden.[138]

Auch hier sehen wir eine Übernahme des Herderschen Nationalbegriffs. Über die Juden hieß es dann:

> Dieser Charakter als Volk der Idee hat Israel von jeher – wenn ich mich so ausdrücken darf – außerhalb des *jeweiligen Europa* gestellt.

Der jüdische Nationalismus dürfe daher auch keinen europäischen Staat anstreben, das wäre »eine ganz arge Assimilation an dieses Europa« und »höchst gefährlich«. Und Goldstein vollzog den entscheidenden Schritt:

> Europäisch sein heißt für uns über Europa hinausgehen. Wollen wir eine jüdische Nation sein, so müssen wir uns aufs neue außerhalb Europas stellen und das werden, was wir im Grunde sind: das Volk der Idee.[139]

Doch was ist das ›Volk der Idee‹? Die Antwort, die Moritz Goldstein gab, ist für ihn selbst, für seine Zeit und für den Kultur-Zionismus höchst bezeichnend:

> Wenn man überhaupt von geistigem Nationalcharakter sprechen will, so darf man von Israel sagen, daß es vor anderen Völkern die Gabe und den Trieb besitze, nach

---

[134] Jetzt in: Menora. Jahrbuch für deutsch-jüdische Geschichte 13 (2002), S. 39–59.
[135] Moritz Goldstein: Wir und Europa. In: Die Grenzboten, Jg 72, Nr 38, September 1913, S. 543–554.
[136] Vgl. zum Folgenden: Manfred Voigts: Der ›hypereuropäische‹ Zionist. Moritz Goldstein, die ›Kunstwart‹-Debatte und Europa. In: Menora 13 (2002), S. 271–287.
[137] Moritz Goldstein: Deutsch-jüdischer Parnaß. In: ebd., S. 39–59, hier S. 50.
[138] Moritz Goldstein: Wir und Europa. In: Vom Judentum. Ein Sammelbuch. Hg. vom Verein jüdischer Hochschüler Bar Kochba in Prag. Leipzig: Kurt Wolff Verlag, 1913, S. 195–209, hier S. 195f.
[139] Ebd., S. 204f.

dem letzten Sinn und Zweck des Daseins zu fragen, oder vielmehr: nicht zu fragen, sondern eine Antwort zu geben.[140]

Und wenn Goldstein dann schreibt: »Israel ist das Volk der ethischen Idee.« – dann wird schon erkennbar, welchen Weg er einschlagen wird. Nun nämlich wird Kant mit seinem kategorischen Imperativ[141] zum Gewährsmann für den jüdischen Geist. Die von der Bibel immer wieder eingeschärfte Tugend der Gerechtigkeit »ist im Grunde nichts als Kants Moralformel«, und daraus folgt:

> Mit dieser Kantischen Entdeckung nun finden wir, daß die Erscheinung des kategorischen Imperativs in Europa oder für Europa [...] zuerst und bis heute am intensivsten die Juden dargestellt haben.[142]

Im Judentum sei der kategorische Imperativ »zur Volksreligion geworden«. Das bedeutet: »Die Juden waren Voreuropäer.«[143] Und nun sollten sie eben Nacheuropäer werden, Europa positiv überwinden.

Es war das erklärte Ziel der Zionisten, die deutsch-jüdische Symbiose zu beenden. Sie konnten dies nur tun durch eine radikale geistige Einstellung, zu der sie bei jenen deutschen Denkern Vorbilder fanden, die mit derselben Radikalität gegen die kulturelle Übermacht Frankreichs gekämpft hatten. Sie traten damit auf die nationale Seite des tief gespaltenen deutschen Geisteslebens. Auch bei ihnen war – wie in Deutschland generell – eine Korrektur ihrer Radikalität durch die politische Realität nicht möglich, denn die aus jahrhundertealten Traditionen bezogenen Ziele konnten zunächst nicht realisiert werden. Dennoch war hier eine Beendigung der Symbiose den Intentionen nach vollzogen worden.

Wie klar zumindest einigen die Spannung zwischen dem sich realisierenden Europa und den zionistischen Bestrebungen war, zeigt Heinrich Mann. 1925 wies er auf das ›Phänomen‹ des Zionismus hin:

> Das Phänomen ist mehrdeutig. Es könnte einer der gewohnten Irrgänge des Weltgeschehens sein. Der Eine, Europa, wäre im Begriff, endlich menschlicher und reiner zu werden. Nationalistische und antisemitische Zuckungen würden nur noch bedeuten, daß ein Zeitalter ausgeht. Das neue steht vor der Tür, da bekommt der Andere, der Jude, es grade satt und verläßt drüben den Raum.[144]

---

[140] Ebd., S. 205.
[141] Später hat Goldstein die philosophischen Fragen dieses Aufsatzes breiter behandelt in Der Wert des Zwecklosen, Dresden: Sibyllen-Verlag 1920.
[142] Goldstein, Wir und Europa (Anm. 138), S. 206.
[143] Ebd.
[144] Heinrich Mann: Das auferstehende Land. In: Der Jude 9 (1925/27), Sonderheft: Antisemitismus und jüdisches Volkstum (1925), S. 98–102, hier S. 101.

8.3 Begriff der ›deutsch-jüdischen Symbiose‹

Der Begriff der deutsch-jüdischen Symbiose – oder wie Enzo Traverso sagt: jüdisch-deutschen Symbiose[145] – bleibt problematisch. Moshe Zimmermann sieht in ihm sogar einen Grund, warum die Kontroversen über diesen Gegenstand so scharf geführt wurden:

> Es ist möglich, daß die Diskussion nicht diese extremen Ausmaße angenommen hätte, wenn man, statt von einer Symbiose zu reden, die Begriffe ›Assimilierungsgrad‹ oder ›Akkulturation‹ gewählt hätte. Im Kontext von Assimilierung und Akkulturation wird deutlich, daß die Judenheit Deutschlands ein eindeutig assimiliertes Judentum bot und praktisch ein Modell für andere Judenheiten war.[146]

Woher kam der Begriff der Symbiose? Er war immer schon als sehr unscharf kritisiert worden, und 1959 wurde vom Leo Baeck Institut in Jerusalem Yehiel Ilsar beauftragt, eine Studie über diesen Begriff zu erarbeiten, die dann 1975 im *Bulletin des Leo Baeck Instituts* veröffentlicht wurde.[147] Dort war ein kurzer Hinweis auf Wilhelm Stapel[148] und dessen Verwendung des Begriffs ›deutsch-jüdische Symbiose‹ zu finden.[149] Und 1980 wies Alex Bein darauf hin,[150] daß dieser deutsch-völkische Autor und Herausgeber der Zeitschrift *Deutsches Volkstum* 1928 Aufsätze aus dieser Zeitschrift in einem Buch zusammengestellt hat, das den Titel trägt: *Antisemitismus und Antigermanismus. Über das seelische Problem der Symbiose des deutschen und des jüdischen Volkes*. Im Vorwort sprach Stapel vom »Problem der Symbiose«. Im letzten Aufsatz mit dem Titel *Auswirkungen des Antigermanismus* heißt es: »Die Symbiose der Juden mit den Deutschen ist nun einmal eine geschichtliche Tatsache.«[151] Einen Hinweis darauf, daß dies die erste Verwendung war, gab er wie Islar allerdings nicht. Dieser Hinweis erfolgte erst 1997 in Friedrich Niewöhners Artikel »Symbiose« im *Historischen Wörterbuch der Philosophie*.[152] Der Aufsatz Stapels war im Ge-

---

[145] Traverso, Die Juden und Deutschland (Anm. 78).

[146] Moshe Zimmermann: Die deutschen Juden 1914–1945. München: Oldenbourg 1997 (Enzyklopädie deutscher Geschichte; 43), S. 87.

[147] Yehiel Ilsar: Zum Problem der Symbiose. In: Bulletin des Leo Baeck Instituts 14 (1975), Nr 51, S. 122–165.

[148] Über Stapel siehe Biographisch-Bibliographisches Kirchenlexikon. Begründet und hg. von Friedrich Wilhelm Bautz. Fortgeführt von Traugott Bautz. Herzberg: Bautz 1995, 10. Bd, Sp. 1165–1200, und: Wolfgang Tilgner: Volksnomostheologie und Schöpfungsglaube. Ein Beitrag zur Geschichte des Kirchenkampfes. Göttingen: Vandenhoeck & Ruprecht 1966 (Arbeiten zur Geschichte des Kirchenkampfes; 16), S. 89ff.

[149] Ilsar, Zum Problem der Symbiose (Anm. 147), S. 130f.

[150] Alex Bein: Die Judenfrage. Biographie eines Weltproblems. Stuttgart: Deutsche Verlags-Anstalt 1980, Bd 1, S. 327.

[151] Wilhelm Stapel: Antisemitismus und Antigermanismus. Über das seelische Problem der Symbiose des deutschen und des jüdischen Volkes. Hamburg, Berlin, Leipzig: Hanseatische Verlagsanstalt 1928, S. 107.

[152] Historisches Wörterbuch der Philosophie. In Verbindung mit Günther Bien u. a. hg. von Joachim Ritter und Karlfried Gründer. Völlig neubearb. Ausg. des »Wör-

gensatz zu den anderen in seinem Buch nicht vorher veröffentlicht worden, daher kann 1928 als Geburtsjahr des Begriffes der deutsch-jüdischen Symbiose festgehalten werden. Breiter bekannt wurde er allerdings erst, als Martin Buber am 10. März 1939 in der *Jüdischen Weltrundschau* »Das Ende der deutschjüdischen Symbiose« feststellte.

Die Studie von Yehiel Ilsar wurde in einer Rezension des Bulletin-Bandes so zusammengefaßt: »Dabei kommt Ilsar zu dem verblüffenden Ergebnis, daß Akkulturation und Symbiose identische Begriffe sind.«[153] Und dies ist sicher das allgemeine Verständnis des Begriffs der Symbiose. Der Begriff der Akkulturation ist von dem der Assimilation nicht klar zu trennen. Der Fremdwörter-Duden beschreibt Akkulturation mit »Übernahme fremder geistiger und materieller Kulturgüter durch Einzelpersonen oder ganze Gruppen« und mit »Anpassung an ein fremdes Milieu«.[154]

Der Begriff der Assimilation war damals allgemein akzeptiert. Warum also hat Wilhelm Stapel dann diesen neuen Begriff eingeführt? Sehr einfach: Weil er den Vorgang der Assimilierung ablehnte. Mit dem neuen Begriff sollte eine neue Sicht des Verhältnisses von Juden und Deutschen lanciert werden, eine Sicht, die gerade nicht von einer Assimilation, einer Anpassung der Juden an die Deutschen ausging, sondern eine Sicht, die die Symbiose als Vor-Bild dieses Verhältnisses auffaßte. Yehiel Ilsar hat für den Begriff der Symbiose richtig festgestellt, daß »beide Partner ihre gesonderte Identität und besondere Funktion bewahren. Die Erhaltung der Eigenart, der Identität, der Funktion ist notwendig, sowohl für die Selbsterhaltung der Partner als auch für das Bestehen der Symbiose.«[155] Stapel wählte diesen Begriff, weil er gerade keine Assimilierung der Juden an die deutsche Bevölkerung wollte, sondern die klare Trennung und Scheidung forderte. Er sah die Zeit noch nicht gekommen, in der Deutsche und Juden sich wieder voneinander trennen könnten, man müsse

> [...] die Dinge *reifen* lassen. Sie reifen auf beiden Seiten. Auf jüdischer Seite gewinnen mehr und mehr (trotz aller Ableugnung durch die Assimilanten) zwei Richtungen an Stärke, einmal die zionistische (mit ihren mannigfaltigen Sondergruppen), zum andern jene Richtung, die, ohne zionistisch zu sein, doch die naturhaften Unterschiede des deutschen und des jüdischen Volkes anerkennt, sich ihres jüdischen Volkstums nicht schämt und die Konsequenzen der eigentümlichen Lage des jüdischen Volkes ohne Ressentiment auf sich nimmt. Beide Richtungen tragen zur Säuberung des Verhältnisses zwischen Deutschen und Juden bei.[156]

---

terbuchs der philosophischen Begriffe« von Rudolf Eisler. Bern u. a.: Schwabe 1971 ff., Bd 10 (1998), Art. »Symbiose«, Sp. 708–710, hier Sp. 708.

[153] Ifd.: Das neue Bulletin des Leo Baeck Instituts. In: MB Mitteilungsblatt. Wochenschrift des Irgun Olej Merkas Europa, 27. Februar 1976, S. 4.

[154] Duden. Fremdwörterbuch, 3., völlig neu bearbeitete und erweiterte Auflage. Mannheim, Zürich, Wien: Bibliographisches Institut 1974, S. 42.

[155] Ilsar, Zum Problem der Symbiose (Anm. 147), S. 129.

[156] Stapel, Antisemitismus und Antigermanismus (Anm. 151), S. 107f.

1912 war Stapel Schriftleiter des *Kunstwart* und wurde von Ferdinand Avenarius, dem Herausgeber dieser weitverbreiteten Zeitschrift, in seiner Position zum Judentum beeinflußt. Was Stapel 1928 vortrug, war eine Fortsetzung dessen, was Avenarius, ein Neffe Richard Wagners, anläßlich der *Kunstwart*-Debatte schon 1912 gegenüber den Juden gefordert hatte:

> Wir wollten uns ihrer so gern, und sie könnten sich unserer freuen. Wir wollen uns auch gegenseitig anregen, nur: *wir wollen einander nicht fälschen.* So schwierig ein reinliches Scheiden und nach ihm ein Sich-Verbünden oder Verbinden hier ist, möglich ist es wohl *noch* ohne ›Kulturkrach‹. Wie lange noch?[157]

Die Vorstellung einer Symbiose als Scheidung und Trennung von Juden und Deutschen war also schon weit verbreitet, es fehlte nur der bestimmte Begriff dafür. Bereits Moritz Goldstein hatte seinen, für ihn undurchführbaren Wunsch geäußert:

> So sehr wir wünschen müssen, jüdische und nichtjüdische Deutsche kulturell reinlich voneinander zu scheiden, um aus dem Kompromiß, der Halbheit, der Menschen- und Mannesunwürdigkeit herauszukommen, so unmöglich scheint das, wenigstens in absehbarer Zeit.[158]

Noch 1931 erinnerte Gustav Krojanker an die *Kunstwart*-Debatte, deren Verdienst es gewesen sei, eine »reinliche Scheidung« der vorhandenen Gegensätze vorgenommen zu haben;[159] alles, was nicht geschieden sei, erschien ihm folglich als unrein.

Im Vorwort seiner Aufsatzsammlung schrieb Stapel über jene Aufsätze, die er schon vorher veröffentlicht hatte:

> Meine Ausführungen hatten das Schicksal, von Assimilanten verketzert, von Zionisten anerkannt zu werden. Der größte Teil des ersten Aufsatzes wurde von einer zionistischen Zeitschrift zustimmend abgedruckt.[160]

Und in der Anmerkung verwies er auf *Die Arbeit. Organ der Zionistischen Volkssozialistischen Partei Hapoël Hazaïr* vom 5. November 1919, wo sein Aufsatz »Von der Fremdheit des deutschen und des jüdischen Volkstums« fast vollständig nachgedruckt wurde.[161] Der Titel lautete hier »Antisemitismus«, und in der redaktionellen Vorbemerkung heißt es:

> Um ein für allemal unsere Stellung prinzipiell zu klären, bringen wir heute den Aufsatz eines aufrechten und ehrlichen Deutschen, dessen Worten wir nichts hinzuzufügen haben.[162]

---

[157] A. [= Ferdinand Avenarius]: Aussprache mit Juden. In: Menora 13 (2002), S. 77–92, hier S. 92.
[158] Goldstein, Deutsch-jüdischer Parnaß (Anm. 137), S. 53.
[159] Gustav Krojanker: Kunstbetrieb und Judenfrage [1931]. In: Bulletin des Leo Baeck Instituts 7 (1964), Nr 27, S. 263–277, hier S. 265.
[160] Stapel, Antisemitismus und Antigermanismus (Anm. 151), S. 10.
[161] Vgl. einen Hinweis hierauf schon bei Friedrich Niewöhner, in: Historisches Wörterbuch der Philosophie (Anm. 152), Sp. 709.
[162] Wilhelm Stapel: Antisemitismus. In: Die Arbeit. Organ der zionistischen volkssozialistischen Partei Hapoël Hazaïr 1 (5679/5680 – 1919), H. 21, S. 252–255, hier S. 252.

Zwar distanzierte sich *Die Arbeit* später halbherzig von Stapel,[163] dies konnte aber die Intention der Einführung des Begriffs der deutsch-jüdischen Symbiose nicht berühren: Es ging den Zionisten, wie Stapel, um die Kritik der Assimilation und um eine Trennung der Juden und Deutschen voneinander als eigene und selbständige Völker.

Die Zionisten haben den Begriff der Symbiose m. W. nicht übernommen. Sie sahen die ›Assimilanten‹ als ihre schärfsten Feinde an und waren nicht bereit, durch eine Übernahme des Begriffs der Symbiose zuzugestehen, daß die Trennung der Völker schon vollzogen und ein Kampf für die Trennung nicht mehr notwendig sei. Spätestens 1932 aber wurde klar, daß Stapel andere Ziele verfolgte als die Zionisten. In einem Briefwechsel zwischen Robert Weltsch und Wilhelm Stapel äußerte letzterer sich sehr deutlich, indem er feststellte, »daß ich Gleichrangigkeit im Menschen- oder im Gottes-Sinne nicht als Grund für staatsbürgerliche und gesellschaftliche Gleichstellung gelten lassen kann«.[164]

Die Einführung des Begriffs der deutsch-jüdischen Symbiose hatte klare politische Gründe, die aber im allgemeinen Sprachgebrauch später keine Rolle mehr spielten, weil die eigentliche Bedeutung des Begriffs der Symbiose nicht mehr ernst genommen wurde und dieser mit dem der Assimilation gleichgesetzt wurde. Dennoch sollte bei der Verwendung des Begriffs der deutsch-jüdischen Symbiose die ursprünglich gegen jede Assimilation gerichtete Intention bewußt bleiben.

8.4 Europa

Der größte Teil der Kulturzionisten wollte mit den Mitteln eines gebildeten Deutschen das gebildete Deutschland verlassen und begann dadurch, die Symbiose aufzulösen und die Assimilation zu kritisieren. Es gab im breit gefächerten Spektrum des Zionismus aber auch Persönlichkeiten, die nicht ausschließlich national orientiert waren – unter ihnen Elias Hurwicz, der nach dem Krieg schrieb:

> Man muß [...] dem Vorwurf des jüdischen Kosmopolitismus nicht feige ausweichen, sondern [...] diesen Kosmopolitismus (natürlich im ideellen Sinne und nicht im Sinne der von der alldeutschen Phantasie geschaffenen internationalen Verschwörung) unumwunden zugeben und nur das bedauern, daß er auch anderen Völkern nicht in dem gleichen Maße innewohnt – denn dann wäre die Weltkatastrophe – und mit ihr der Zusammenbruch Deutschlands – vielleicht nicht gekommen.[165]

---

[163] Vgl. Stilblüten aus einem Artikel über Antisemitismus. In: ebd., H. 22 (November 1919), S. 273.

[164] Robert Weltsch / Wilhelm Stapel: Liberalismus und Judentum. Ein Briefwechsel. In: Deutsches Volkstum. Monatsschrift für das deutsche Geistesleben, 2. Novemberheft 1932, S. 944–946, hier S. 946.

[165] Elias Hurwicz: Judentum – Sozialismus – Christentum. In: Neue Jüdische Monatshefte 3 (1918/19), H. 19/20, S. 412–416, hier S. 413.

Hans Kohn erinnerte zur gleichen Zeit an die »große Zeit der Aufklärung, zu der wir in unserer Lage werden wieder zurückkehren müssen«, und zitierte zunächst Wilhelm Dilthey:

> Ob wir nicht manches von dem zurückholen müssen, was wir von den Idealen der Aufklärung aufgegeben haben?

Danach zitierte er den Philosophen Wilhelm Windelband, der 1909 geschrieben hatte:

> In vielen Dingen sind wir heutzutage in der Lage, für die Errungenschaften der Aufklärung an Klarheit und Freiheit des Lebens noch einmal in den Kampf, vielleicht in einen schwereren Kampf treten zu müssen, als die Aufklärung ihn siegreich bestanden hat.[166]

Hurwicz und Kohn knüpften hiermit an die Hoffnung auf einen völkerverbindenden und aufgeklärten Kosmopolitismus an, die schon vor dem Kriege gewachsen war.

Robert Weltsch erinnerte sich an die frühen Jahre des Zionismus und sprach von

> [...] zwei miteinander konkurrierenden Tendenzen, die sich der jüdischen Jugend anzubieten schienen: Zionismus und Sozialismus. Diese Spaltung zwischen einem ›allmenschlichen‹, universalen und einem vorwiegend ›nationalen‹, also partikularistischen Ideal war nichts spezifisch Jüdisches, sondern ein Nebenprodukt der im ersten Jahrzehnt des Jahrhunderts zu einer eigenständigen Existenz aufgeschossenen deutschen Jugendbewegung, die ja gleichfalls aus einer Opposition gegen das selbstzufriedene Wohlbehagen des ›satten Bürgertums‹ der Elterngeneration und ihrer Einrichtungen und aus einem romantischen Willen zur Lebensreform erwachsen war.[167]

Die universalen Tendenzen kamen aber nicht nur in der Jugend zum Tragen, sie traten im gesamten Kulturbereich stärker hervor. Nicht nur, wie Hans Liebeschütz schrieb, »in den Kreisen junger nichtjüdischer Gelehrter in Berlin«, sondern auch in jüdischen Kreisen. Auch in anderen Städten als Berlin war »der Konflikt zwischen den neuen Strömungen in der europäischen Gedankenwelt und dem deutschen Idealismus sehr stark fühlbar«.[168] Gegen Ende des 19. Jahrhunderts begann in ganz Europa die ›Moderne‹, die mit den Grundori-

---

166 Hans Kohn: Nationalismus [1919–1922]. In: ders., Nationalismus. Über die Bedeutung des Nationalismus im Judentum und in der Gegenwart. Wien, Leipzig: Löwit 1922, S. 110–128, hier S. 115, Anm.; zit. nach: Wilhelm Dilthey: Das Erlebnis und die Dichtung. Lessing / Goethe / Novalis / Hölderlin. Leipzig: Teubner 1912, S. 174, und: Wilhelm Windelband: Die Philosophie im deutschen Geistesleben des XIX. Jahrhunderts. Fünf Vorlesungen. Tübingen: Mohr 1909, S. 94.

167 Robert Weltsch: Die schleichende Krise der jüdischen Identität. In: ders., Die deutsche Judenfrage. Ein kritischer Rückblick. Königstein/Ts: Jüdischer Verlag im Athenäum Verlag 1981, S. 9–22, hier S. 18.

168 Hans Liebeschütz: Die Bedeutung der Ideengeschichte für das Verständnis der jüdischen Situation in Deutschland. In: Zur Geschichte der Juden in Deutschland im 19. und 20. Jahrhundert (Anm. 49), S. 65–68, hier S. 66.

entierungen der Vergangenheit brach. Nach Julius Bab rang schon im letzten Jahrzehnt des 19. Jahrhunderts »der europäische *Geist* um neue Macht«.[169] Die Moderne als »durchaus internationale Bewegung«[170] sah das Nationale nicht mehr als Ursprung und Ziel des geistigen Lebens an, die Begegnung mit anderen kulturellen Traditionen wurde nicht mit argwöhnischen oder ängstlichen Augen betrachtet, sondern als Ergänzung verstanden und als Möglichkeit, die engen Horizonte zu durchbrechen und eine weltoffene geistige Tätigkeit zu beginnen.

Dies änderte sich aber schlagartig: Mit Beginn des Krieges rollte eine Welle des Nationalismus durch Europa, der sich kaum jemand entgegenstellte. Hermann Hesse schrieb zurecht, »daß wir Fortgeschrittenen mit unseren Kultur- und Menschheitsgedanken nur eine schwächliche Minderzahl von Sonderlingen sind«.[171] Im Oktober 1916 bekam dieser Nationalismus eine antisemitische Richtung durch eine vom preußischen Kriegsministerium angeordnete ›Judenzählung‹.[172] Ein Jahr zuvor war Davis Trietsch (1870–1935), der schon am ersten Zionistenkongreß in Basel 1897 teilgenommen und sich als Publizist einen Namen gemacht hatte, allen Tendenzen entgegengetreten, die zwischen Deutschen und Juden eine Feindschaft erkannten. Seine Schrift *Juden und Deutsche* hatte den Untertitel »Eine Sprach- und Interessengemeinschaft«: »Die Judenschaft der ganzen Welt ist zu fast neun Zehnteln eine deutschsprachige Gemeinschaft.«[173] Seine Untersuchung der Verbreitung der deutschen und der jiddischen Sprache über Europa und darüber hinaus hatte keine in erster Linie geistig-kulturelle, sondern sehr handfeste Ziele: Trietsch sah in der Verbreitung der deutschen Sprache durch die Juden vor allem einen politischen und ökonomischen Vorteil, den man bewußt nutzen solle.

Der Verlauf des Krieges entwickelte sich für Deutschland zu einer Katastrophe, die die nationalen Kräfte schwächte. Gegen Ende des Krieges waren Pazifismus und Internationalismus stärker als je zuvor. Als eine von vielen Stimmen sei Ludwig Rubiner genannt, der im Mai 1917 an das Kriegsende dachte:

---

[169] Julius Bab: Fortinbras oder Der Kampf des 19. Jahrhunderts mit dem Geiste der Romantik. 3. Aufl., Berlin: Oesterheld 1921 [1914], S. 160.

[170] Peter Gay: Einleitung. Deutsche Fragen. In: ders., Freud, Juden und andere Deutsche. Herren und Opfer in der modernen Kultur. Hamburg: Hoffmann und Campe 1986, S. 23–50, hier S. 49.

[171] Hermann Hesse bei Kriegsausbruch an Conrad Haussmann. In: Helga Abret: Fernziel Europa. In: Le discours européen dans les revues allemandes (1871–1914) / Der Europadiskurs in den deutschen Zeitschriften (1871–1914). Études réunies par Michel Grunewald, en collaboration avec Helga Abret et Hans-Manfred Bock. Bern, Berlin, Frankfurt a. M., Paris, Wien: Lang 1996 (Convergences; 1), S. 59–82, hier S. 81.

[172] Vgl. Werner Jochmann: Die Ausbreitung des Antisemitismus. In: Deutsches Judentum in Krieg und Revolution 1916–1923. Ein Sammelband. Hg. von Werner E. Mosse. Tübingen: Mohr 1971 (Schriftenreihe wissenschaftlicher Abhandlungen des Leo-Baeck-Instituts; 25), S. 425–510 und: Eva G. Reichmann: Der Bewußtseinswandel der deutschen Juden. In: ebd. S. 511–612.

[173] Davis Trietsch: Juden und Deutsche. Eine Sprach- und Interessengemeinschaft. Wien: Löwit 1915, S. 5.

Es wird nicht sein, daß das Geistige – welches allein den Menschen formt unter allen Wesen der Erde –, daß die göttliche Würde des Menschen überkarrt werde von den Rädern der Kriegsmaschinen. [...] Es handelt sich um nichts anderes, als daß im Moment des Kriegsendes die Übervölkischen, die *Panhumanisten*, die Menschgesinnten auf der Erde zusammenstehen. Die Geistigen.[174]

Die Betonung des Geistigen erscheint einerseits als typisch deutsch, andererseits aber müssen diese nationalen Eigenheiten in den Hintergrund treten, sobald der Geist übernational, sobald er europäisch verstanden wird.

Nach dem Krieg ergab sich eine Situation, in der sich zunächst völlig neue Möglichkeiten zu eröffnen schienen. Stefan Zweig beschrieb dies so:

Als der Krieg sich zu Ende neigte, gab es einen ganz wunderbaren Augenblick in Europa, es war ein Augenaufschlagen, ein Erwachen aus einem wüsten Traum, ein Sichbesinnen. [...] Das seit hundert Jahren geträumte Sternbild der vereinigten Staaten Europas, des friedlichen Völkerbundes, stand mit einem Male glühend am Horizonte.[175]

Obwohl Zweig sich später enttäuscht sah, war die politische Situation zunächst durchaus positiv. Die Verhandlungen in Locarno eröffneten Deutschland eine Perspektive als gleichberechtigtes Mitglied der europäischen Nationen. Stresemann hielt es für berechtigt, von einer »europäischen Idee« zu sprechen, die die Verhandlungen geleitet habe.[176] Die drei europäischen Außenminister, die an diesen Verhandlungen teilgenommen hatten, erhielten 1926 den Friedensnobelpreis für ihre Verhandlungsleistung, »die allerdings in keinem der beteiligten Länder tatsächlich auf gesellschaftlichem oder haltbarem parlamentarischen Konsens basierte«.[177] Was die Politik noch nicht erreichen konnte, begann im kulturellen Bereich innerhalb der Avantgarde aber schon Realität zu werden.

Klaus Mann beschrieb das geistige Klima des Expressionismus, das über den Weltkrieg hinaus reichte:

Was ist da alles unterwegs gewesen! An was verzückte sich da nicht das verwundete, zukunftsschwangere Land! Vom Ganges und von New York kamen neue Stimmungen – oder ganz alte, die man neu begriff –: mit der gleichen Gier wurden beide empfangen. Film und Jazz-Rhythmus beeinflußten die Literatur, gleichzeitig mit dem Buddhismus. Dostojewskis Religiosität wurde innig nachgelebt – oder auch nur kopiert –; »dumpfe Trommeln und berauschtes Gong« des Fernen Ostens tönten in

---

174 Ludwig Rubiner: Europäische Gesellschaft. In: Zeit-Echo, Jg 3, 1. und 2. Maiheft 1917, S. 6–9, hier S. 6f.

175 Stefan Zweig: Die Tragik der Vergeßlichkeit. In: ders., Die Monotonisierung der Welt. Aufsätze und Vorträge. ders., Die Monotonisierung der Welt. Aufsätze und Vorträge. Ausgewählt und mit einem Nachwort von Volker Michels. Frankfurt a. M.: Suhrkamp 1976 (Bibliothek Suhrkamp; 493), S. 72–77, hier S. 73f.

176 Vgl. Hans Mommsen: Die verspielte Freiheit. Der Weg der Republik von Weimar in den Untergang 1918–1933. Berlin: Propyläen-Verlag 1989 (Propyläen-Geschichte Deutschlands; 8), S. 216.

177 Charlotte Schoell-Glass: Idea vincit? Das humanistische Projekt Kulturwissenschaftliche Bibliothek Warburg (1926–1929). In: Humanismus in Geschichte und Gegenwart. Hg. von Richard Faber und Enno Rudolph. Tübingen: Mohr Siebeck 2002 (Religion und Aufklärung; 10), S. 57–75, hier S. 64.

den polyphonen Wirrwarr; die Farben des Nahen Orients glühten in den Gedichten der Else Lasker-Schüler, aus ihren ›Hebräischen Melodien‹ aber kamen die tiefen Töne einer jüdischen Frömmigkeit; neuen Zauber und eine neue Bedeutung spürte man aus der Formen- und Erlebniswelt der Gotik kommen (strenger Faltenwurf um Barlachs gedruckte Figuren); gleichzeitig entdeckte man die Negerkunst, die Kunst der Südsee-Insulaner; gleichzeitig gingen die geistigen Türen nach dem nachbarlichen Westen wieder auf – wie lange waren sie versperrt gewesen! –: Kunde traf ein wie von fernen Eilanden, die plötzlich wieder nahe rückten, über das, was man inzwischen in Frankreich und in England entdeckt und erlebt hatte. Die Gewalt wurde gehaßt, beinah überall und von ganzem Herzen; das schauerliche Zauberwort ›Nation‹, mit dem man allen Unfug und Schlimmeres gerechtfertigt hatte, besaß – eine wie kurze Zeit lang! – nicht mehr die zerstörerische Kraft. Herzen erglühten. Was wollte man denn empfangen? Diesen Kuß der ganzen Welt![178]

Hier fand das Jüdische seinen richtigen Platz in der Kultur verschiedenster Länder und Zeiten, das Europäische hatte es keineswegs ausgelöscht, sondern als Teil der Weltkultur aufgenommen.

Das Selbstverständnis des literarischen Expressionismus wurde stark durch die Französische Revolution bestimmt. Der Schriftsteller Kasimir Edschmid, kein Jude, gab 1922 die Grundstimmung innerhalb der avantgardistischen Kunst sehr gut wieder, als er über den ›Zauber der Französischen Revolution‹ schrieb:

Die ganze Generation Europas während des Krieges hat sich irgendwie für oder gegen ihn entschieden und damit irgendwie einen übernationalen und europäischen Standpunkt eingenommen, wie er kaum vorher erreicht worden ist. Die Lyriker und die Maler sind mit an der Spitze marschiert, und manche Gedichte der Russen hätten in Italien, manche der Franzosen aber in Deutschland geschrieben sein können.[179]

Das Gedicht »Weltende« von Jakob van Hoddis, dessen Brüder zionistisch tätig waren, gilt als Auftakt zu dieser tiefen Zäsur innerhalb der deutschen Literatur und wurde von Johannes R. Becher als »Marseillaise der expressionistischen Rebellion« bezeichnet.[180] Die bedeutende Zeitschrift *Die Aktion* veranstaltete 1913 einen ›Revolutionsball‹: »Man erscheine im Kostüm der Revolutionen von 1789–1989 [sic].«[181] Georg Heym notierte 1911 in seinem Tagebuch:

Ich sehe mich in meinen wachen Phantasieen, immer als einen Danton, oder einen Mann auf der Barrikade, ohne meine Jakobinermütze kann ich mich eigentlich gar nicht denken. [...] Mein Gott, wäre ich in der französischen Revolution geboren, ich

---

[178] Klaus Mann: 1919 – Der literarische Expressionismus [1934]. In: ders., Das innere Vaterland. Literarische Essays aus dem Exil. Hg. und mit einem Nachwort von Martin Gregor-Dellin. München: Edition Spangenberg im Ellermann-Verlag 1986, S. 61–77, hier S. 75f.

[179] Kasimir Edschmid: Das Bücher-Dekameron. Eine Zehn-Nächte-Tour durch die europäische Gesellschaft und Literatur. Berlin: Reiss 1923, S. 212.

[180] Zit. nach: Victor Lange: Jakob van Hoddis. In: Expressionismus als Literatur. Gesammelte Studien. Hg. von Wolfgang Rothe. Bern, München: Francke 1969, S. 344–353, hier S. 346.

[181] Die Aktion. Wochenschrift für Politik, Literatur, Kunst, 3. Jahr, Nr 4 und 5, Rückseite des Titelblattes.

hätte wenigstens gewußt, wo ich mit Anstand hätte mein Leben lassen können, bei Hohenlinden oder Jémappes.[182]

Noch 1927 versammelte der Kurt Wolff Verlag in seinem Almanach die Gedichte in dem Kapitel »Aus europäischer Lyrik«[183]. Die Position der Zionisten gegenüber diesem der modernen Literatur aufgeschlossenen Verlag war durchaus kritisch. Als Josef Kastein 1918 fragte »Gibt es eine moderne jüdische Literatur?«, da fand er nicht viel, fuhr dann aber fort:

> Und was bleibt uns endlich zur Betrachtung? O es bleiben eine Menge Namen von gutem Klang, Namen von Schriftstellern, die gelesen und sogar gekauft werden: Baum, Werfel, Kafka, Fuchs, Brod, Zweig und noch andere, auch solche, die noch weiter östlich wohnen und nicht Parade stehen zu Kurt Wolffs Reklameumschlägen.[184]

Man sieht, daß die kritisierte Werbung doch gewirkt hat, denn genannt hat er die Autoren dieses Verlages, während er zu den ›östlichen‹ Autoren keine Verlage nannte; dies ist übrigens wohl die früheste Nennung Kafkas als jüdischem Autor.

Als Hugo von Hofmannsthal 1927 seine berühmte Rede »Das Schrifttum als geistiger Raum der Nation« hielt, wies er auf die besondere Problematik Deutschlands hin. In der alten Konkurrenz zwischen Deutschland und Frankreich trat er für Frankreich als ›geselligste Nation‹ ein:[185]

> Die Literatur der Franzosen verbürgt ihnen ihre Wirklichkeit. Wo geglaubte Ganzheit des Daseins ist – nicht Zerrissenheit –, dort ist Wirklichkeit.[186]

Deutschland war für ihn dagegen eine ›tragisch veranlagte Nation‹.[187] Der deutsche Geistige hatte für ihn »eine gefährliche hybride Natur«:

> Er, der darum revolutionär in der geistigen Welt ist, weil ihm, als einem wahren Deutschen und Absoluten, die Formen der gesellschaftlichen, der geschichtlichen Welt nicht des Zerbrechens wert erscheinen, so wenig nimmt er ihr Gewaltiges wahr, so wenig gilt ihm ihr Gewaltiges für wirklich [...].[188]

Über die Hauptfiguren von Lessings _Nathan_ schrieb er:

---

[182] Georg Heym: Dichtungen und Schriften. Gesamtausgabe. Hg. von Karl Ludwig Schneider. Bd 3: Tagebücher Träume Briefe. Hamburg, München: Ellermann 1960, S. 164.

[183] 1927. Ein Almanach für Kunst und Dichtung aus dem Kurt Wolff Verlag. München: Wolff 1926, S. 83.

[184] Josef Kastein: Gibt es eine moderne jüdische Literatur? In: Der Jüdische Wille. Zeitschrift des Kartells Jüdischer Verbindungen 1 (April 1918/April 1919), S. 121–125, hier S. 122.

[185] Hugo von Hofmannsthal: Das Schrifttum als geistiger Raum der Nation. In: ders., Gesammelte Werke in zehn Einzelbänden. Bd 10: Reden und Aufsätze III. Frankfurt a. M.: Fischer 1980, S. 24–41, hier S. 25.

[186] Ebd., S. 27.

[187] Ebd., S. 30.

[188] Ebd., S. 32.

Jede von ihnen hat etwas von ihrem Urheber: wie er, stehen sie mitten in einer Nation von Grüblern als höchst ungrüblerische Naturen; den Genuß des Denkens kennen sie alle (das ist, wenn man will, das Unrealistische an ihnen), aber Denken und Handeln sind ihnen eins; das ist das Undeutsche an ihnen.[189]

Von dieser Auffassung des problematischen Geisteslebens der Deutschen ausgehend war Hofmannsthal ein überzeugter Europäer. Als 1926 die von Karl Anton Rohan geleitete *Europäische Revue* zwei Jahre alt war, schrieb Hofmannsthal über die Zeitschrift:

> Der Gedanke, in dem sie von Rohan geleitet wird, ist dieser: daß Politik und Geist zu lange voneinander getrennt existierten. [...] Sein Gegenstand, von Heft zu Heft, ist die Diskussion eines einzigen, politisch-überpolitischen Begriffes, des Begriffes Europa. Aber, von den religiösen Konzeptionen abgesehen, wird dieser Begriff, in dem Rohanschen Sinne gefaßt, zum umfassendsten und wichtigsten Begriff unserer Existenz (nicht unserer spekulativen, sondern unserer wirklichen Existenz) [...].[190]

Ein politisches, deswegen aber nicht geistfernes Europa war das Ziel. Hier war zumindest im Bereich der Literatur und Kunst in Europa ein Horizont erreicht, der ein produktives Zusammenleben der verschiedenen Nationen erreichbar scheinen ließ; ein Horizont, innerhalb dessen nicht nur die ›jüdische Frage‹, sondern zugleich mit ihr auch jede ›nationale Frage‹ überwunden und gelöst werden könnte. Peter Gay erinnerte an die vielen Deutschen, die

> [...] beiden Spielarten des teutonischen Stammesdünkels entwachsen waren; gegen Ende des 19. Jahrhunderts sah es tatsächlich so aus, als nähmen sie in erfreulicher Zahl zu. Die deutschen Juden hatten daher guten Grund, sich als jüdische Deutsche zu fühlen oder danach zu streben. Sie verwarfen entrüstet jedes Gerede über eine ›jüdische Frage‹ als Überbleibsel einer überwundenen Politik. Rückblickend wissen wir, daß sie in einem gewissen Sinne, einem Sinne, an den sie allerdings nicht dachten, recht hatten: die sogenannte jüdische Frage war, für sich betrachtet, keine Realität. Sie war Teil eines Problems und Schlüssel für ein größeres – die deutsche Frage.[191]

Innerhalb dieses Rahmens und dieser Perspektive, die eine Überwindung des deutschen Sonderwegs innerhalb Europas anstrebte, wurde auch die ›Judenfrage‹ immer nebensächlicher, und damit wurde auch die Symbiose als kulturelle Strömung überwunden. Nathan Birnbaum, der dem deutschen Kultur-Zionismus durchaus kritisch gegenüberstand, schrieb schon 1904:

> Vor allem gibt es eine Art von Assimilation, die mit dem intensivsten nationalen Leben vereinbar ist, ja ihm unter Umständen sogar förderlich sein kann. Ich meine jene, die nicht Anpassung an eine fremde nationale Individualität, sondern an eine internationale, in unserem Falle die moderne europäische Zivilisation bedeutet. Wohl wirken in dieser Zivilisation außer den eigentlich zivilisatorischen, aus der ökonomischen Entwicklung fließenden Elementen auch noch die Beiträge aus den einzelnen Kulturen der verschiedenen Nationen mit. Aber diese nationalen Elemente, einschließ-

---

[189] Hugo von Hofmannsthal: Gotthold Ephraim Lessing. In: ebd., S. 138–142, hier S. 140f.
[190] Hugo von Hofmannsthal: ›Europäische Revue‹. In: ebd., S. 78–83, hier S. 79.
[191] Gay, Freud, Juden und andere Deutsche (Anm. 170), S. 40.

lich der aus dem Judentum selbst stammenden, sind bereits derart ihres nationalen Charakters entkleidet, bereits so stark untereinander und mit den internationalen Bestandteilen verschmolzen, daß sie eine national ablenkende Wirkung gewiß nicht ausüben. Dafür liefert ja das Ostjudentum, welches den Weg der europäischen Zivilisation betreten hat, ohne seine nationale Kultur aufzugeben, den besten Beweis.[192]

Sigbert Feuchtwanger (1886–1956), verwandt mit Lion Feuchtwanger und nach 1933 stellvertretender Vorsitzender der Israelitischen Kultusgemeinde München, nahm einen wissenschaftlich orientierten und seiner Intention nach überparteilichen Standpunkt ein. Für ihn war das Judentum immer in die vielfältigen Traditionen Europas eingebunden:

> Unsere bisherige historische Erfahrung zeigt eins mit objektiver Gewißheit: es gibt nichts rein Jüdisches im strengen Sinn des Wortes; aber auch das gesamte Dasein Europas ist in wesentlichen Zügen mit bestimmt durch jüdische Einwirkung, vom Christentum selbst angefangen bis in die kleinsten Verrichtungen des wirtschaftlichen Lebens, die sozialen Tatsachen sowohl wie die individuelle Körperlichkeit und Geistigkeit des Einzelnen. [...] Man sieht die mächtigen Tatsachen der jüdisch-christlichen Wechselwirkung: wie die Juden ihr Größtes im fremden Kulturkreis gewirkt haben, wie Europa großartige Impulse aus jüdischem Geist empfangen hat, und wie jüdischer Geist an der Erschaffung der besten Güter Europas mitgewirkt hat: Das Christentum, den Pantheismus (Spinoza), den Sozialismus (Marx) hat der Jude mitgeschaffen. Die Kultur Europas, das geistige Leben jedes einzelnen ist so sehr von Juden mit erarbeitet, daß es eine reine Fiktion ist, wenn Europa den Juden und der Jude dort sich als Fremden betrachtet.[193]

Thomas Mann erinnerte in seiner frühesten, ausführlichen Stellungnahme zur Judenfrage von 1907, an dem seine zwiespältige Haltung gegenüber dem Judentum deutlich abzulesen ist, umgekehrt an den Ausschluß der Juden aus der europäischen Geschichte, betonte aber die Notwendigkeit ihrer Europäisierung:

> Ich meine nämlich, daß es weniger auf die *Nationalisierung* (das Aufgehen in den verschiedenen Nationen), als zunächst auf die *Europäisierung* des Judentums ankommt – gleichbedeutend mit einer Nobilisierung der zweifellos entarteten und im Ghetto verelendeten Rasse: einer Wiedererhöhung und Veredelung des jüdischen Typus, die ihm alles für gute Europäer Abstoßende nehmen würde und die allererst zu erstreben ist. [...] Die zweitausend Jahre schimpflicher Abgeschlossenheit sind nicht mitzurechnen, die *Möglichkeit* der Europäisierung ist seit kaum hundert Jahren vorhanden – eine kurze Zeit, die vielleicht genügt, ein Reichsdeutscher, aber nicht, um ein Europäer zu werden.[194]

---

192 Nathan Birnbaum: Das westjüdische Kulturproblem [1904]. In: ders., Ausgewählte Schriften zur jüdischen Frage. Czernowitz: Birnbaum & Kohut 1910, 1. Bd, S. 237–250, hier S. 237f.

193 Sigbert Feuchtwanger: Die Judenfrage als wissenschaftliches und politisches Problem. Berlin: Heymann 1916, S. 60f.

194 Thomas Mann: Die Lösung der Judenfrage. In: ders., Aufsätze – Reden – Essays. Hg. und mit Anm. versehen von Harry Matter. Berlin, Weimar: Aufbau 1983, Bd 1: 1893–1913, S. 128–132, hier S. 130f.

1921 stellte der Schriftsteller Hans Schiebelhuth (1895–1944) in der *Frankfurter Zeitung* fest, daß die »sogenannte Judenfrage« weder eine deutsche noch eine jüdische, sondern »eine rein antisemitische Frage« sei. Werde der Haß überwunden, so werde eine »Einbeziehung alles Gesonderten in den großen liebenden Zusammenhang auf deutsche Weise« möglich.[195] Als der Zionist Gustav Krojanker 1922 den bedeutenden Aufsatzband *Juden in der deutschen Literatur* herausgab, begann sein Vorwort fast entschuldigend:

> Das Unternehmen dieses Buches, den Juden innerhalb des deutschen Kulturkreises als eine Sondererscheinung zu sehen; mehr noch: diesen Gesichtspunkt in den geheiligten Bezirk der Literatur zu tragen, wo, wenn irgendwo, der gute Europäer gilt – es ist ein ungemein verdächtiges Unternehmen. Denn es scheint in diesem Deutschland fast nicht anders denkbar, als daß die Geschäfte einer finsteren Reaktion betreibt, wer das Wesen des Juden als ein unterschiedliches überhaupt nur zu betrachten wagt.[196]

Er gab dann seine Gründe an, weshalb es doch notwendig sei, nach der jüdischen Sondererscheinung zu suchen, wobei die europäische Tradition unübersehbar geworden war. Später erinnerte sich Ernst Bloch an diese Jahre:

> Daß Reinhardt oder S. Fischer oder auch Bruno Walter und Otto Klemperer oder Josef Kainz Juden waren, Piscator oder Rowohlt oder Furtwängler oder Bassermann keine, das interessierte außer in schmutzigen Winkeln oder sinistren Organen überhaupt niemand, die meisten wußten gar nichts davon. Wer auch entdeckte noch in der ›Dreigroschenoper‹ Weills Musik als jüdisch, Brechts Text dagegen als deutsch wie Wildenbruch?[197]

Ernst Cassirer hat nach den Erinnerungen seiner Frau gar nicht gewußt, ob seine Freunde Juden oder Nichtjuden waren, und es hat ihn auch nicht interessiert.[198] In diesen Kreisen war die Judenfrage von keinem besonderen Interesse; in der *Frankfurter Zeitung* war die Judenfrage »subsumiert unter das größere, allgemeinere Problem der Durchsetzung einer demokratischen, freiheitlichen, fortschrittlichen, toleranten Politik«.[199]

Die Europäisierung der Kultur war so weit vorangeschritten, daß es einige Juden ablehnten, die jüdische Kultur wieder herauszulösen. Der Prager Schriftsteller Johannes Urzidil (1896–1970), ein Bekannter Kafkas, schrieb 1962 in New York:

---

[195] Zit. nach: Almut Todorow: Deutsche Philologie und Judentum im Feuilleton der ›Frankfurter Zeitung‹ während der Weimarer Republik. In: Jüdische Intellektuelle und die Philologien in Deutschland 1871–1933. Hg. von Wilfried Barner und Christoph König. Göttingen: Wallstein-Verlag 2001 (Marbacher Wissenschaftsgeschichte; 3), S. 35–40, hier S. 36.
[196] Gustav Krojanker: Vorwort. In: Juden in der deutschen Literatur. Essays über zeitgenössische Schriftsteller. Hg. von Gustav Krojanker. Berlin: Welt-Verlag 1922, S. 7–16, hier S. 7.
[197] Ernst Bloch: Die sogenannte Judenfrage [1963]. In: ders., Gesamtausgabe. Bd 9: Literarische Aufsätze. Frankfurt a. M.: Suhrkamp 1965, S. 549–554, hier S. 553.
[198] Vgl. Toni Cassirer: Mein Leben mit Ernst Cassirer. Hamburg: Meiner 2003, S. 238.
[199] Werner Becker: Die Rolle der liberalen Presse. In: Deutsches Judentum in Krieg und Revolution 1916–1923 (Anm. 172), S. 67–135, hier S. 78.

Die Unterscheidung zwischen ›nichtjüdischen‹ und ›jüdischen deutschen Dichtern‹ scheint mir lächerlich. Sie wurde von literaturfernen Dummköpfen in einer Zeit gezogen, die sich als erheblicher Nachteil für alle Beteiligten erwies und die von Neuem durch solche Unterscheidungen einzuleiten ich von Amerika aus auf das Entschiedenste widerraten muß.[200]

Auch wenn man die Befürchtungen Urzidils nicht wie Ernst H. Gombich teilt,[201] entspricht die Ablehnung der Teilung jüdisch / nichtjüdisch dem europäischen und internationalen Geist dieser Zeit.

Bei den sozialistischen Autoren war die europäische, ja kosmopolitische Einstellung selbstverständlich. Ernst Toller (1893–1939) schrieb in seinen Jugenderinnerungen:

> Die Worte ›Ich bin stolz, daß ich ein Deutscher bin‹, oder ›Ich bin stolz, daß ich ein Jude bin‹, klingen mir so töricht, wie wenn ein Mensch sagte: ›Ich bin stolz, daß ich braune Augen habe‹.
> Soll ich dem Wahnwitz der Verfolger verfallen und statt des deutschen Dünkels den jüdischen annehmen? Stolz und Liebe sind nicht eines, und wenn mich einer fragte, wohin ich gehöre, ich würde antworten: eine jüdische Mutter hat mich geboren, Deutschland hat mich genährt, Europa mich gebildet, meine Heimat ist die Erde, die Welt mein Vaterland.[202]

1920 nahm Erich Mühsam (1878 – 1934) zur ›Judenfrage‹ Stellung:

> Eigentlich ist es gar nicht meine Sache, mich mit einem Gegenstand zu beschäftigen, der seit langem Monopol der Antisemiten und der Zionisten ist. Wir anderen Europäer, ob arischen oder semitischen Stammes, sind, wie mir scheint, darüber einig, daß eine ›Judenfrage‹ allenfalls rassenpsychologisch oder biologisch, bestenfalls kulturhistorisch interessant sein mag, mit den Geschehnissen der Gegenwart aber kaum etwas zu schaffen hat, es sei denn, daß ihre Aufrollung durch die Antisemiten dazu beiträgt, den Tiefstand des Kulturniveaus noch sinnfälliger zu machen. Der Zionismus dagegen wäre für den zu aktiver Beteiligung an der Zeitgeschichte Entschlossenen nur dann als Problem von ernsthafter Bedeutung anzusehen, wenn er minder betont als Lösung einer ›Judenfrage‹ in Erscheinung träte.[203]

Um und nach 1933 gaben sich viele Juden Rechenschaft über diese Wendung zu Europa und zum Internationalismus. Erich von Kahler schrieb noch kurz

---

[200] Zit. nach: Prager Literatur vom Expressionismus bis zu Exil und Verfolgung. Ausstellungsbuch. Erarbeitet und hg. von Ernest Wichner und Herbert Wiesener. Berlin: Literaturhaus 1995 (Texte aus dem Literaturhaus Berlin; 11), S. 9.

[201] Vgl. Ernst H. Gombrich: Jüdische Identität und jüdisches Schicksal. Eine Diskussionsbemerkung. Mit einer Einleitung von Emil Brix und einer Dikussionsdokumentation von Frederick Baker. Hg. von Emil Brix. Wien: Passagen-Verlag 1997 (Passagen Forum), S. 49.

[202] Ernst Toller: Eine Jugend in Deutschland. Reinbek bei Hamburg: Rowohlt 1963 (Rororo; 583), S. 162.

[203] Erich Mühsam: Zur Judenfrage [Dezember 1920]. In: ders., Ausgewählte Werke. Bd 2: Publizistik, Unpolitische Erinnerungen. Hg. von Christlieb Hirte unter Mitarbeit von Roland Links und Dieter Schiller. Berlin: Rixdorfer Verlagsanstalt 1985, S. 328–335, hier S. 328.

vor 1933, daß das Judentum keinen Widerspruch zu den europäischen Nationen darstelle, sondern

> [...] geradezu einen Antrieb zu den europäischen Nationen. Dadurch gilt für die Juden in ihrer europäischen Heimat kein Entweder-Oder zwischen ihrem eigenen und dem umliegenden Artgrund sondern ein Und, ein lückenloser sinnvoller Übergang: ihr Europäertum ist die Erfüllung ihres Judentums.[204]

Ganz ähnlich argumentierte Alfred Wolfenstein (1883–1945), für den die Nähe der Juden zum Internationalismus eine Selbstverständlichkeit war:

> Es ist nicht erstaunlich, daß der jüdische Dichter zur Einung der Menschen aufruft. Diese Gesinnung hat nicht allein den Grund, daß derjenige, dem die Gemeinschaft unmittelbar erschwert ist, leicht den ferneren weiteren Kreis suchen und preisen wird: Dieser Hang zur Gesamtheit der Menschen gehört vielmehr zu den ursprünglichsten Gedanken und Trieben des Juden, – und er dichtet dieses stets in ihm wartende Ideal grenzlosen Lebens mit besonderem Recht in deutscher Sprache.[205]

Georg Hermann (1871 – 1943), der Autor von *Jettchen Gebert* und *Henriette Jacoby* schrieb 1936:

> Ein so eminent literaturbeflissener Mensch wie der Jude kann sich natürlich nicht mit seinem Werk und seiner Arbeit aus dem europäischen Kulturkreis drängen lassen. Er wird und muß *Europäer* bleiben von jeweils verschiedener nationaler Note und Differenziertheit. Aber er wird deshalb ebenso *Jude* bleiben, weil ers nicht anders kann. Sein Werk, in dem sich seine Seele spiegelt, wird das nie verleugnen können und wollen. Und hier, für diesen Vortrupp jüdischer Schriftsteller, muß über das Trennende von verschiedenen Sprachen und verschiedener Verwurzeltheit in vielen Heimatländern eine zusammenfassende jüdische Schriftstellergemeinschaft geschaffen werden; und sie muß *demnächst* einmal geschaffen werden.[206]

Auch Hermann sah keinen Widerspruch zwischen der jüdischen Identität und der europäischen Kultur. Sobald durch die – zumindest in Grenzen – veränderten politischen und kulturellen Bedingungen eine Überwindung des deutschen Sonderwegs möglich erschien, begann sich die deutsch-jüdische Symbiose in eine europäische Kultur aufzulösen. Enzo Traverso beschrieb dies so:

> Das Judentum wurde zu einem konstitutiven Element des kosmopolitischen und nationenübergreifenden Denkens in Mitteleuropa, das als einheitlicher kultureller Raum jenseits der staatlichen Grenzen gedacht war und von Berlin bis Prag, von Wien bis Budapest reichte.[207]

---

[204] Erich von Kahler: Israel unter den Völkern. Zürich: Humanitas-Verlag 1936, S. 45.

[205] Alfred Wolfenstein: Vom deutschjüdischen Dichter der Gegenwart [1934]. In: ders., Werke. 5. Bd: Vermischte Schriften. Hg. von Hermann Haarmann und Günter Holtz. Mainz: v. Hase und Koehler 1993 (Die Mainzer Reihe; 53), S. 394–398, hier S. 397.

[206] Georg Hermann: [Umfrage]. In: Hans Bach: Gegenwart und Zukunft der jüdischen Literatur. In: Der Morgen 12 (1936/37), Heft 6 (September 1936), S. 245–265, hier S. 252f.

[207] Traverso, Die Juden und Deutschland (Anm. 78), S. 58.

Es soll und kann nicht behauptet werden, daß die so problematische deutsch-jüdische Symbiose in den 1920er Jahren entweder durch die Zionisten oder durch die Europäisierung des deutschen Geisteslebens tatsächlich beendet wurde. Zwischen diesen beiden Extremen gab es weiterhin die Symbiose mit ihren besonderen deutschen Charakterzügen, jedoch die Möglichkeit zu ihrer Überwindung gegeben war. Ernst Schulin stellte fest,

> [...] daß dieses Modell einer aufeinander abgestimmten doppelten Nationalität mit entsprechend beschränktem Nationalismus und internationaler Offenheit keineswegs utopisch war, sondern weitgehend die verwirklichte Lebensform der deutsch-jüdischen Subkultur bis 1933 darstellte.[208]

Im weiteren Verlauf der Geschichte erwiesen sich deutschnationale und antisemitische Kräfte wieder als stärker. »Der wiederauflebende Antisemitismus gestattete dem Prozeß der Modernisierung keinen natürlichen Verlauf.«[209] Die Ansätze zur Lösung der ›deutschen Frage‹ waren gegeben, in ihr war die ›jüdische Frage‹ enthalten. Eine Umgestaltung Deutschlands zu einem demokratischen und europäisch orientierten Land hätte die Symbiose und ihre deutsche Besonderheit aufgelöst. Aber die demokratischen und europäisch orientierten Kräfte waren zu schwach, sie waren nur eine ›Subkultur‹. Wilhelm Ihde, der Geschäftsführer der Reichsschrifttumskammer unter Hitler, verfaßte 1941 ein umfangreiches Werk, das die *Wegscheide 1789* als entscheidenden Schritt in die seiner Meinung nach verfehlten europäischen Geschichte darstellt.[210] So konnte Joseph Goebbels sagen:

> 1933 – damit wird das Jahr 1789 aus der Geschichte gestrichen.[211]

Friedrich Schulze-Maizier erkannte 1946 den Fehler des deutschen Bildungsbürgertums:

> Der Platz der ethisch inspirierten deutschen Intelligenz wäre an der Seite des prophetischen Judentums gewesen (dessen eschatologischer Impuls, wie Tillich aufzeigte, noch im Karl Marx fortwirkte) [...].[212]

---

208 Ernst Schulin: »Das geschichtlichste Volk«. Die Historisierung des Judentums in der deutschen Geschichtswissenschaft des 19. Jahrhunderts. In: ders., Arbeit an der Geschichte. Etappen der Historisierung auf dem Weg zur Moderne. Frankfurt a. M., New York: Campus 1997 (Edition Pandora; 35), S. 114–163, hier S. 116f.

209 Michael A. Meyer: Jüdische Identität in der Moderne. Frankfurt a. M.: Jüdischer Verlag 1992, S. 63.

210 Wilhelm Ihde: Wegscheide 1789. Darstellung und Deutung eines Kreuzweges der europäischen Geschichte. 3. Aufl., Berlin: Lühe 1941 [1940].

211 Zit. nach: Friedrich Heer: Gottes erste Liebe (Anm. 36), S. 400; dort: Karl Dietrich Bracher: Deutschland zwischen Demokratie und Diktatur. Beiträge zur neueren Politik und Geschichte. Bern: Scherz 1964, S. 147.

212 Friedrich Schulze-Maizier: Generation Kassandra. Seelische Kernspaltung. In: Deutsche Rundschau, Jg 69, H. 2, Mai 1946, S. 121–127, hier S. 123.

9 Resümee

Das Ziel dieser Untersuchung war es, einen Beitrag zur Überwindung der tiefen Spaltung der Beurteilung der deutsch-jüdischen Kulturleistungen zu leisten. Sie ist geleitet worden von Werner E. Mosses Satz:

> Jede umfassende Sicht der deutsch-jüdischen Geschichte führt also zu der Erkenntnis, daß ihre Probleme in nicht geringem Maße der Problematik der deutschen Geschichte zugehören und nur von ihr aus verstanden werden können.[1]

Dies wurde im Rahmen einer Tagung gesagt, die im Sommer 1970 stattfand; hier wollte das Leo Baeck Institut in Jerusalem die Ergebnisse der von ihr geförderten Forschungen zusammenfassen und Forschungsperspektiven erörtern. Anhand dieser nicht sehr breit bekannten Diskussion soll die grundsätzliche Problematik noch einmal dargestellt werden. In einem späteren Redebeitrag dieser Tagung unterstrich Werner E. Mosse:

> Die Beziehungen zwischen Judentum und deutscher Kultur waren einzigartiger Natur. Es ist schwer vorstellbar, daß sie sich anderswo wiederholen könnten.[2]

Es wurde – von Franz Meyer – kritisch beurteilt, daß die deutschen Juden den Idealen der deutschen Klassik anhingen, »als in Deutschland schon ganz andere Winde wehten«.[3] Es wurde aber auch – von Max Kreutzberger – umgekehrt gewarnt:

> Es wäre eine Ironie der Geschichte ganz eigener Art, wenn nachträglich und heute Juden zu einer Revision der deutsch-jüdischen Geschichte im Sinne einer zustimmenden Bewertung der grundsätzlich anti-emanzipatorischen Haltung, der Rühs, Bauer, Konstantin Frantz, Treitschke und ihren Nachfolgern beitragen würden oder gar den Anstoß dazu gäben.[4]

---

[1] Werner E. Mosse: Grundprobleme der Geschichte des deutschen Judentums. Kolloquium. In: Zur Geschichte der Juden in Deutschland im 19. und 20. Jahrhundert. Hg. vom Leo Baeck Institut Jerusalem. Jerusalem: Academic Press 1971 (Veröffentlichungen des Leo Baeck Instituts Jerusalem zur Geschichte der Juden in Mitteleuropa), S. 20–34, hier S. 22.
[2] Werner E. Mosse: Schlußwort. In: ebd., S. 32.
[3] Ebd., S. 28.
[4] Max Kreutzberger: Bedeutung und Aufgabe deutsch-jüdischer Geschichtsschreibung in unserer Zeit. In: ebd., S. 101–119, hier S. 115.

Durch fast alle Beiträge zog sich als roter Faden die Unsicherheit der Bewertung der deutsch-jüdischen Symbiose. Moshe Schwarz stellte die unterschiedlichen Positionen von Julius Guttmann und Leo Strauss gegenüber und erklärte:

> Beide Auffassungen gehen fehl. Guttmann malt ein zu idyllisches Bild von der jüdisch-deutschen Symbiose, während Strauss ein vollkommen negatives Bild gibt. Guttmann stellt die Verwandtschaft der beiden Kulturen so eng dar, daß die große Spannung zwischen ihnen gar nicht mehr zu erkennen ist, eine Spannung, die die besten und schöpferischsten Leistungen modernen jüdischen Denkens hervorgebracht hat, während Strauss zwischen authentischem und modernem Judentum so unterschiedet, daß er diesem jede jüdische Substanz abspricht.[5]

Jochanan Bloch ging auf die positive Beurteilung des deutsch-jüdischen Verhältnisses ein und fragte am Schluß seines Redebeitrags:

> Wenn alles so gut war, warum war es so schlecht?[6]

Dieser Widerspruch ist nach wie vor ungelöst. Als Edward Timms 1996 die neuen Ansätze der deutsch-jüdischen Geschichtsforschung untersuchte (s. Kap. 8.1), sah er weiterhin den Gegensatz zwischen jener Geschichtsinterpretation, die die Symbiose in den Mittelpunkt stellte und jener, die den Antisemitismus als roten Faden ansah:

> Es ist offensichtlich, daß man einen Mittelweg zwischen diesen beiden konkurrierenden Paradigmen finden muß, zwischen zwei Extremhaltungen in der deutsch-jüdischen Geschichtsforschung, die man als ›Holocaustismus‹ und ›Symbiotik‹ bezeichnen könnte.[7]

Diese Extrempositionen wurden nicht aus wissenschaftlicher Einseitigkeit entwickelt, sie entsprachen einer bestimmten historischen Situation. Der Holocaustismus wie die Symbiotik können sich auf jahrhundertealte Traditionslinien berufen. Deutschland war ein tief gespaltenes Land, ein Land, das nie zu einer umfassenden und allgemein akzeptierten nationalen Identität hat finden können – und diese gerade deswegen öffentlich zelebrierte.

Jakob Wassermann, der 1921 seine Abrechnung *Mein Weg als Deutscher und Jude* veröffentlichte, erkannte im Vergleich zur französischen Kultur sehr realistisch:

> Das deutsche Wesen ist Zerstückung; Zerstückung bis ins Mark; deutsche Entwicklung gehr von Ruck zu Ruck; Epochen des Reichtums und der Blüte münden jäh in eine Ödnis; große Erscheinungen sind unbegreiflich abseitig; zwischen bewegten Teilen fehlen Vermittlungen und Übergänge, so daß an ein lebendige Glied ein totes angenietet und Kaste von Kaste durch unübersteigbare Mauern geschieden ist. Ein

---

5   Moshe Schwarz: Die verschiedenen Strömungen der deutsch-jüdischen Orthodoxie in ihrem Verhältnis zur Kultur der Umwelt. In: ebd., S. 53–58, hier S. 53f.

6   Mosse, Schlußwort (Anm. 2), S. 33.

7   Edward Timms: Zwischen Symbiotik und Holocaustismus. Neue Ansätze in der deutsch-jüdischen Geschichtsschreibung. In: Menora. Jahrbuch für deutsch-jüdische Geschichte 7 (1996), S. 25–40, hier S. 32.

Zentrum gibt es nicht und hat es nie gegeben, die vier Jahrzehnte des geeinten Reiches haben nicht einmal eines der Verwaltung geschaffen; der Künstler, der Dichter, konnte er nicht als Beamter subordiniert werden, so war er ein verlorenes Individuum, und seine Position hing vom Ungefähr des ökonomischen Gelingens ab. Die eine Schicht der Gesellschaft verdammt, was die andere preist; Traditionen brechen über Nacht, Bildung vernichtet das Bild, Gelehrsamkeit die Lehre, Gesinnung den Sinn, Erfolg die Folge, Liebhaberei die Liebe, Betriebsamkeit den Trieb.[8]

Zehn Jahre später bestätigte Gustav Krojanker diese Darstellung und leitete aus ihr Fremden- und Judenfeindlichkeit ab:

Dazu muß man vielmehr Deutschland, dies zerklüftete und zerrissene Land, in Gegensatz stellen zu den geschlossenen Nationen des Westens mit ihrer geprägten Form, ihrer seit Jahrhunderten errungenen Einheitlichkeit und ihren Lebenszentren, die wirklich Ausdruck des ganzen Landes sind. Welche Vielfalt dagegen und welches Durcheinander schon im äußeren Bilde Deutschlands. Hier existiert kein einheitlicher Typ, der eine deutsche Gesellschaft zu repräsentieren vermöchte; kaum eine Form, die für alle Teile von gleicher Gültigkeit wäre. Und dieser Zustand hat den Deutschen zu jener Unsicherheit gegenüber allem Fremdartigen geführt, die zwischen einer bewundernden Nachahmung und einer ausschließenden Intoleranz hin- und herschwankt. Dem Deutschen fehlt gegenüber den Juden die überlegene Stärke des geschlossenen Menschen, deshalb fühlt er sich durch Andersartigkeit sofort bedroht und kann sich gegen sie nicht anders schützen, als daß er das Andere das Mindere nennt.[9]

Es gab nicht ein kulturelles Deutschland, sondern mehrere, die sich in politisch zugespitzten Zeiten zu zwei Deutschlands sammelten und konzentrierten. Peter Gay hat mit Juden gesprochen, die aus Deutschland vertrieben worden waren:

Für die meisten deutschen Juden, wohin sie auch verschlagen worden waren, was immer sie auch durchlitten hatten, war die deutsch-jüdische Symbiose kein Trugbild gewesen, das sich plötzlich aufgelöst hatte, sondern eine Realität, die willkürlich zerstört worden war. Sie postulierten zwei Deutschlands, ein zivilisiertes und ein barbarisches: Hitlers Machtergreifung hatte das zweite zur Herrschaft gebracht, ohne jedoch dem ersten die Existenz abzusprechen.[10]

Die Herausgeber der Tagebücher des Publizisten Ernst Feder (1881–1964), 1919 bis 1931 Redakteur des *Berliner Tageblatt*, beschrieben dessen Lebensgefühl während der letzten Jahre der Weimarer Republik:

---

[8] Jakob Wassermann: Mein Weg als Deutscher und Jude [1921]. In: ders., Deutscher und Jude. Reden und Schriften 1904–1933. Hg. und mit einem Kommentar versehen von Dierk Rodewald. Mit einem Geleitwort von Hilde Spiel. Heidelberg: Schneider 1984 (Veröffentlichungen der Deutschen Akademie für Sprache und Dichtung Darmstadt; 57), S. 35–131, hier S. 84f.

[9] Gustav Krojanker: Kunstbetrieb und Judenfrage [1931]. In: Bulletin des Leo Baeck Instituts 7 (1964), Nr 27, S. 263–277, hier S. 271.

[10] Peter Gay: Begegnung mit der Moderne. Die deutschen Juden in der Wilhelminischen Kultur. In: ders., Freud, Juden und andere Deutsche. Herren und Opfer in der modernen Kultur. Hamburg: Hoffmann und Campe 1986, S. 115–188, hier S. 185.

Es ist fast, als ob sich das Leben nunmehr auf zwei Ebenen abzuspielen begann, zwei Wirklichkeiten hier zwar aufeinanderstießen, sich aber nicht durchdrangen. Selbst als der Chor des Hasses und die Gewalttätigkeiten immer mehr überhandnahmen, als sich eine Flut von mit Pseudowissenschaft verbrämten Anschuldigungen über die Juden ergoß, als tagtäglich vor ihren Augen die braunen Kolonnen der Unmenschlichkeit durch die Straßen stapften, blieb es dennoch ihnen *allen* unvorstellbar, bis zum bitteren Ende, daß die Welt des rechtsextremen Rowdytums, des nationalistischen Obskurantismus und der Anti-Kultur, die sie umbrandete, die ›wirkliche‹ Welt, die der bürgerlichen Anständigkeit und Kultur, der humanistischen und weltbürgerlichen Tradition der deutschen Klassiker, für immer hinwegfegen sollte, daß das in den Augen der Juden *wahre* Deutschland vernichtet werden würde, mit dem sie so fest verwurzelt waren.[11]

Noch 1944 verteidigte Ernst Cassirer das Festhalten der Juden am ethischen Idealismus:

What the modern Jew had to defend in this combat was not only his physical exis-tence or the preservation of the Jewish race. Much more was at stake: We had to rep-resent all those ethical ideals that had been brought into being by Judaism and found their way into general human culture, into the life of all civilized nations. And here we stand on firm ground. These ideals are not destroyed and cannot be destroyed. They have stood their ground in these critical days. If Judaism has contributed to break the power of the modern political myths, it has done its duty, having once more fulfilled its historical and religious mission.[12]

Gerade angesichts des Kriegs, des Terrors und der Vernichtung muß an den Idealen festgehalten werden – so Ernst Cassirer. Aber auch hier ist zu fragen, ob es wirklich diesen ›firm ground‹, diesen festen Boden gab, von dem Cassi-rer sprach. Fest waren diese Ideale nur als Ideale, nicht als gesellschaftliche Realität. Dies war die Schwäche der Tradition von Humanismus und Demo-kratie, und diese Schwäche war gleichzeitig die Stärke der anderen Tradition, des Chauvinismus, der Kriegsverherrlichung und des biologistischen Weltbil-des, dem die Rassenlehre und der Rassenhaß entsprangen.

Jede Darstellung der Weimarer Republik, die diese tiefe Spaltung der deut-schen Gesellschaft und ihr Zustandekommen, ihre Geschichte nicht beachtet, muß zu einseitigen und falschen Bewertungen kommen. Es war nicht das Ziel der hier vorgelegten Untersuchung, jenen ›Mittelweg‹ zu finden, den Edward Timms forderte. Es wurde versucht, den Zusammenhang zwischen den beiden ›Deutschlands‹ zumindest anzudeuten. Nicht der Ausgleich der Spannung, son-

---

[11] Cécile Lowenthal-Hensel / Arnold Paucker: Einleitung. In: Ernst Feder: Heute sprach ich mit ... Tagebücher eines Berliner Publizisten 1926–1932. Hg. von Cécile Lowen-thal-Hensel und Arnold Paucker. Stuttgart: Deutsche Verlags-Anstalt 1971 (Veröf-fentlichungen des Leo-Baeck-Instituts), S. 7–28, hier S. 25f.

[12] Zit nach: Heinz Paetzold: Ernst Cassirer – Von Marburg nach New York. Eine philo-sophische Biographie. Darmstadt: Wissenschaftliche Buchgesellschaft 1995, S. 146f.; Nachweis: ders., Judaism and the Modern Political Myth. In: Symbol, Myth and Culture. Essays and Lectures of Ernst Cassirer 1935–1945. Hg. von D. P. Verene. New Haven, London: Yale University Press 1979 (Boston University Studies in Phi-losophy and Religion; 1), S. 233–241, hier S. 241.

dern gerade nur das Verdeutlichen der Spannung zwischen den Traditionslinien kann zur Lösung der Fragen beitragen, die bisher unlösbar erschienen. Die Symbiose war, gerade weil sie so politikfern, so kulturell war, am Aufstieg der national-völkischen Bewegung mitschuldig. Wenn Moshe Schwarz von den »besten und schöpferischsten Leistungen modernen jüdischen Denkens« sprach, wenn Max Kreutzberger von einer kulturellen Symbiose sprach, »die eine echte Bereicherung des deutschen kulturellen Lebens brachte und zu seiner Weltbedeutung nicht wenig beitrug«[13] – oder wenn man gar wie Kurt Blumenfeld in einem Brief an Hannah Arendt von einem »Höhepunkt nicht nur der jüdischen Geschichte, sondern der Geschichte der Menschheit« spricht[14] –, dann mag dies einerseits und innerhalb der einen Traditionslinie richtig sein, andererseits aber ist solch eine Einschätzung höchst problematisch, weil der Beziehungsrahmen immer nur die Kultur ist. Wer von den großen Leistungen der Klassiker spricht und die deutsch-jüdische Symbiose auf diesen Leistungen aufgebaut sieht, muß auf die Problematik des deutschen Kulturbegriffs hinweisen, der sich in der Unterscheidung und später in der Konfrontation mit dem französisch-englischen Begriff der Zivilisation gebildet hat.[15] Die ›Kulturnation‹ Deutschland – schon vor 1850 wurde der verfassungsrechtliche Begriff des »Culturstaates« geprägt[16] – war ohnmächtig gegenüber der Politik, und diese Ohnmacht wurde von der Symbiose geteilt. Die Kulturnation entstand und war möglich ohne Demokratie, ohne Rechtssicherheit und ohne allgemeine Bildung. Sie war eingeschlossen in die immer kleiner werdende Schicht der wirklich Gebildeten, die an die Macht des Geistes glaubte und die sich daher mit antisemitischen Tendenzen nicht abgab und nicht abgeben konnte, weil dies eine zu tiefgreifende Selbstkritik vorausgesetzt hätte. Für Hermann Cohen war der Antisemitismus, den er durchaus ernst nahm, ein ›unvernünftiger religiöser Partikularismus‹, wie Helmut Holzhey feststellte,[17] und daher ein »Relikt der Vergangenheit«.[18] Margarete

---

13 Max Kreutzberger: Bedeutung und Aufgabe deutsch-jüdischer Geschichtsschreibung in unserer Zeit (Anm. 4), S. 114.

14 Kurt Blumenfeld an Hannah Arendt, 1. Februar 1957. Zit. nach: Hannah Arendt / Kurt Blumenfeld: »... in keinem Besitz verwurzelt«. Die Korrespondenz. Hg. von Ingeborg Nordmann und Iris Pilling. Hamburg: Rotbuch-Verlag 1995, S. 177.

15 Vgl. z. B. Norbert Elias: ›Kulturgeschichte‹ und ›politische Geschichte‹. In: ders., Studien über die Deutschen. Machtkämpfe und Habitusentwicklung im 19. und 20. Jahrhundert. Hg. von Michael Schröter. 3. Aufl., Frankfurt a. M.: Suhrkamp 1990, S. 161–174; Georg Bollenbeck: Bildung und Kultur. Glanz und Elend eines deutschen Deutungsmusters. Frankfurt a. M.: Insel-Verlag 1994.

16 Vgl. Hubert Cancik / Hildegard Cancik-Lindemaier: Das Thema ›Religion und Kultur‹ bei Friedrich Nietzsche und Franz Overbeck. In: Rationalität im Diskurs. Wolfgang Müller zum 60. Geburtstag. Hg. von Detlef Thofern, Sonja Gabbani und Wilhelm Vosse. Marburg: Diagonal-Verlag 1994, S. 49–67, hier S. 49.

17 Helmut Holzhey: Cohen und Natorp. Bd 1: Ursprung und Einheit. Die Geschichte der ›Marburger Schule‹ als Auseinandersetzung um die Logik des Denkens. Basel, Stuttgart: Schwabe 1986, S. 345.

18 Ulrich Sieg: Bekenntnis zu nationalen und universalen Werten. Jüdische Philosophen im Deutschen Kaiserreich. In: Historische Zeitschrift 263 (1996), S. 609–639, hier S. 619.

Susman sah eine Möglichkeit der Versöhnung zwischen Deutschen und Juden nur »auf dem Boden der Religion«, und dort sei »im Ernst kein Antisemitismus möglich«.[19] Das *Berliner Tageblatt*, dem Theodor Wolff als Chefredakteur vorstand, hielt den Antisemitismus auch Anfang der 1930er Jahre »einer Diskussion für nicht würdig«.[20] Wir hatten auf Arnold Zweig hingewiesen, der den Antisemitismus dem ausgehenden Zeitalter zurechnete – eine kleine Auswahl aus vielen Belegen –, denn auch Zweig war den Idealen der klassischen Philosophie verpflichtet. Diese Blindheit gegenüber dem Antisemitismus sagt nichts gegen die Ideale der Klassiker, wohl aber gegen ihre Unfähigkeit, sie in der geschichtlichen Realität, in der politischen Auseinandersetzung durchzusetzen. 1889, genau 100 Jahre nach Schillers Antrittsrede »Was heißt und zu welchem Ende studiert man Universalgeschichte?« veröffentlichte Ernst Gothein, ein enger Bekannter Max Webers, sein Buch *Die Aufgaben der Kulturgeschichte*. Norbert Elias schrieb dazu:

> Die Kontinuität, die von Schillers Überlegungen zu denen Gotheins genau 100 Jahre später führte, springt ins Auge. Man erkennt immer noch die apolitischen, oder gar antipolitischen, und humanistischen Implikationen des Kulturbegriffs.[21]

Genau in diesem Sinne hat der deutsch-französische Literaturwissenschaftler Robert Minder Karl Philipp Moritz als »Repräsentanten eines Volkes von Unpolitischen« beschrieben.[22]

Robert Weltsch schrieb in seiner Charakterisierung Georg Landauers:

> Das Scheitern eines Politikers, der seinen Grundsätzen treu bleibt, legt Zeugnis ab für seinen Charakter. Das ist auch für die Nation wichtiger als die Philosophie derjenigen, die sich auf den Boden der Tatsachen stellen.[23]

Die Vorstellung, daß es eine Politik geben könne, die nicht ›auf dem Boden der Tatsachen‹ steht, und daß diese Politik ›Charakter‹ offenbare, ist typisch deutsch – es erübrigt sich, hier die einschlägigen Fichtezitate heranzuziehen. Jochanan Bloch warnte daher: »Bis heute sind wir einer Geistigkeit verfallen, die in einer Art messianischen Triumphs sich zumutet, der konkreten Grundlagen entbehren zu können.«[24]

---

[19] Margarete Susman: Die Brücke. In: Der Jude 9 (1925/27), Sonderheft: Antisemitismus und jüdisches Volkstum (1925), S. 76–84, hier S. 84, 79.

[20] Gotthart Schwarz: Theodor Wolff und das ›Berliner Tageblatt‹. Eine liberale Stimme in der deutschen Politik 1906–1933. Tübingen: Mohr 1968 (Tübinger Studien zur Geschichte und Politik; 25), S. 266.

[21] Elias, ›Kulturgeschichte‹ und ›politische Geschichte‹ (Anm. 15), S. 168.

[22] Robert Minder: Glaube, Skepsis und Rationalismus. Dargestellt aufgrund der autobiographischen Schriften von Karl Philipp Moritz. Frankfurt a. M.: Suhrkamp 1974 (Suhrkamp-Taschenbuch Wissenschaft; 43), S. 25.

[23] Robert Weltsch: Nachwort. In: Georg Landauer: Der Zionismus im Wandel dreier Jahrzehnte. Hg. von Max Kreutzberger. Tel Aviv: Bitaon-Verlag 1957, S. 453–465, hier S. 465.

[24] Jochanan Bloch zu: Grundprobleme der Geschichte des deutschen Judentum. In: Zur Geschichte der Juden in Deutschland im 19. und 20. Jahrhundert (Anm. 1), S. 20–34, hier S. 24.

Die deutsch-jüdische Symbiose war ein Höhepunkt deutscher und europäischer Kultur, aber dennoch nicht die Lösung, sondern Teil der Probleme, denn die Problematik lag in der Kultur selbst, und diese Problematik wirkte sich in Deutschland stärker aus als in den westlichen europäischen Ländern. Als in Deutschland politische und gesellschaftliche Kräfte unter dem Eindruck des Weltkrieges begannen, diese Problematik aufzuarbeiten, begann die Symbiose zu zerfallen, denn sie hatte sich geschichtlich überlebt. Diese Entwicklung aber wurde von nationalistischen Kräften erschwert und schließlich unterdrückt. Gerade im Bezug auf die Bildung stellte Max Scheler 1925 fest, daß die Schwierigkeit, in diesem Bereich das Notwendige zu tun, »bei vergleichender Betrachtung, in unserem Lande, in Deutschland, *sehr* groß« sei.[25] Im Lande der Dichter und Denker, in der Kulturnation Deutschland sah Scheler das große Problem der Verwirklichung wahrer Bildung. Wäre diese Verwirklichung besser gelungen, hätte die Ideologie des Nationalsozialismus und Rassismus vielleicht keinen so großen und zuletzt katastrophalen Einfluß gewinnen können.

Schelling erinnerte sich an die große Zeit der deutschen Philosophie:

> Es war eine schöne Zeit, in der diese Philosophie entstanden war, wo durch Kant und Fichte der menschliche Geist entfesselt sich in der wirklichen Freiheit gegen alles Seyn und berechtigt sah zu fragen, nicht: was ist, sondern: was *kann* seyn, wo zugleich Goethe als hohes Muster künstlerischer Vollendung vorleuchtete.[26]

›Freiheit gegen alles Sein‹ – dies faßte die Radikalität des idealistischen Denkens, aber auch dessen politische Ohnmacht in einem Begriff zusammen. Gerhard Szczesny kritisierte die Deutschen:

> Der Deutsche ist ständig auf der Jagd nach Objektivität, nach absoluter, uneingeschränkter Wahrheit; er ist unfähig die Wirklichkeit geschichtlichen Lebens als Bestätigung eines Allgemeinen durch ein Besonderes, eines Objektiven durch ein Subjektives hindurch, als Sichtbarwerden der absoluten in einer relativen Wahrheit zu begreifen. Er verwechselt Beschränkung mit Beschränktheit, Takt mit Verlogenheit, das, was gegeben ist, mit dem, was man daraus zu machen hat [...].[27]

Es gab bedeutende Stimmen, die die Problematik der deutschen Klassik und des Selbstbewußtseins der Deutschen als Volk der Dichter und Denker erkannt haben. Hier sei an Walter Rathenau erinnert, der nach dem Weltkrieg in zwei Schriften seine skeptische Position darlegte:

---

[25] Max Scheler: Die Formen des Wissens und der Bildung [Vortrag 1925]. In: ders., Philosophische Weltanschauung. München: Lehnen 1954 (DALP-Taschenbücher; 301), S. 16–48, hier S. 16.

[26] Friedrich Wilhelm Joseph Schelling: Philosophie der Offenbarung. Unveränderter reprographischer Nachdruck der aus dem Nachlaß hg. Ausg. von 1858. Darmstadt: Wissenschaftliche Buchgesellschaft 1955, S. 89.

[27] Gerhard Szczesny: Europa und die Anarchie der Seele. München: Desch 1946 (Europäische Dokumente; 6), S. 18.

Das neue Deutschland ist das unbekannteste aller Völker. Was wir seine Begabung nennen – »Dichter und Denker« –, war die Begabung der aufgesogenen bürgerlich-patrizischen Schicht, die seit hundert Jahren dahin ist; was wir seinen Charakter nennen, ist der Charakter des feudalen Herrentums, das jetzt verendet.[28]

Und noch deutlicher:

Ein Volk von Dichtern und Denkern sind wir nie gewesen, so wenig wie die Juden ein Volk von Propheten, die Franzosen oder Holländer ein Volk von Malern oder die Königsberger Einwohner Bürger der reinen Vernunft sind. Die alten deutschen Ober-schichten haben in drei großen, scharf begrenzten Epochen die Kraft gehabt, gewal-tige Einzelbegabungen der Musik, der Dichtung und Philosophie emporzuheben, die ehemaligen Unterschichten, die dem Blute nach neun Zehntel der heutigen Bevölke-rung ausmachen, haben zu dieser Blüte so gut wie nichts beigetragen. Sie haben sich in den letzten Jahren als überaus tätig, bildsam, disziplinierbar, ordnungsliebend, auf-fassungsfähig, sachlich, ehrenhaft, zuverlässig, warmherzig, besonnen und hilfsbe-reit erwiesen und über Erwartungen geeignet für die Aufgaben der Mechanisierung; von ihrer talentbildenden Kraft wissen wir wenig, außer etwa auf den Gebieten der Forschung und Technik, die weniger ein Prüffeld des schöpferischen Geistes als des angewandten Wissens und des methodischen Fleißes sind.[29]

Jakob Wassermann klagte:

Es ist vergeblich, das Volk der Dichter und Denker im Namen seiner Dichter und Denker zu beschwören. Jedes Vorurteil, das man abgetan glaubt, bringt, wie Aas die Würmer, tausend neue zutage.[30]

Es gab das ›Volk der Dichter und Denker‹ nicht, es gab nur Dichter und Den-ker, die keinen nennenswerten Einfluß auf das Volk hatten. Bestätigend schrieb Florens Christian Rang:

Die Abstraktheit, die irdische Unwirksamkeit, des Staats-Baus und des philosophi-schen Denkens in Deutschland laufen parallel, ja dies Denken hat jenen Fehlbau er-zeugt. [...]
  Der deutsche Idealismus ist die deutsche Tragik. Ganz im eigentlichen Sinn: er anlernt uns, die tragische Person zu spielen. [...] Diese tragische Präge aufdrückt der deutsche Idealismus unserem Geist eben durch seine Überspannung der Idee von Allgemeinheit. [...]
  Wir wollen scheitern und die Wirklichkeit scheitern lassen an dem, was wir hö-here Wirklichkeit nennen, an einem Glauben, der die Wirklichkeit nicht erglaubt, nein verwirft und veruntreut.[31]

---

[28] Walther Rathenau: Der Kaiser [1919]. In: ders., Schriften und Reden. Hg. von Hans Werner Richter. Frankfurt a. M.: Fischer 1964, S. 235–272, hier S. 260f.

[29] Walter Rathenau: Die neue Gesellschaft [1919]. In: ebd., S. 278–358, hier S. 322.

[30] Wassermann, Mein Weg als Deutscher und Jude (Anm. 8), S. 127.

[31] Florens Christian Rang: Deutsche Bauhütte. Ein Wort an uns Deutsche über mögli-che Gerechtigkeit gegen Belgien und Frankreich und zur Philosophie der Politik. Sannerz, Leipzig: Arnold 1924, S. 45, 50, 51.

Max Rychner (1897–1965), ein Schweizer Literaturkritiker, der mit Hugo von Hofmannsthal, Thomas Mann, Paul Celan und Paul Valéry in Briefkontakt stand, ein Europäer, der 1954 von einer ›schöpferischen Liebesbindung des germanischen an den jüdischen Geist‹ sprach, gleichzeitig aber auch Theodor Fontanes gebrochenes Verhältnis zu den Juden thematisierte,[32] gab schon 1929, zum gefeierten 200. Geburtstag Lessings (und Mendelssohns), eine realistische Beschreibung der deutschen Klassik, die gerade in ihrem Rückblick auf das Urbild der deutsch-jüdischen Symbiose wichtig ist:

> Die deutsche Klassik hat das Paradox verwirklicht, daß sie den Nationalgeist ohne Nation als wirkendes Wesen erfaßte [...], wobei unter Nationalgeist etwas weniger Patriotisches, mehr Geistiges verstanden sein will, als was das 19. Jahrhundert dafür ausbot. Die innere Bildung des Volkes hatte die politische Entwicklung weit überholt und brach zur Blüte auf, als die äußeren Verhältnisse noch gar nicht so weit waren, daß man sie in einen Sinnbezug von welthafter Bedeutung zu jenen hätte bringen können. Das geistige Deutschland, wie es in der Klassik erstmals in Erscheinung trat, entbehrte der nach außen sinnfälligen, werbenden und überzeugenden Gebärde und Kräfte, weil ihm die glückliche historische Konstellation fehlte, die im Übereinklang von staatlich-gesellschaftlicher und geistiger Entfaltung ihre harmonische Bedeutung offenbart. So hat die deutsche Klassik einen extramundanen Zug an sich; sie ist mehr im reinen Geist beheimatet und weniger von dieser Welt als die wahrhaft erdenglücklichen Epochen der andern Völker; sie hat für die Angehörigen des romanischen und angelsächsischen Kulturkreises etwas weltfern Gelegenes, ja Provinzielles an sich, das ihnen einzig im persönlichen Ingenium Goethes überwunden und über sich selber hinaus gesteigert erscheint. Das schwere Schicksal, nachgeboren zu sein, hat sie betroffen; sie hat in vielem einzig für Deutschland nachgeholt, was anderswo längst gültig und endgültig geformt bestand. Klopstock wollte ein deutscher Milton sein und war es nicht, der ganze Sturm und Drang, Goethe und Schiller in ihren Anfängen mitgezählt, eiferte im Wettkampf des Shakespearisierens; Wieland hat sich die Elemente von Griechentum, Voltaire, Ariost usw. auf reizende Art wielandisch verbunden, ohne in einem Werk von dauernder Form deutschen Weltgehalt von der historischen Bedingtheit ins Überzeitliche zu retten; [...] Und Lessing? [...] Lassen wir den Kritiker beiseite: hat der ›Nathan‹ jene dichterisch überzeugende Gewalt, die ihm das Leben für immer retten würde, auch wenn die Dauerwirkung der edlen Toleranzidee in Abzug gebracht würde? Wieviel Sympathie mit der humanitären Tendenz mischt sich da in die Bewunderung der dichterischen Leistung?[33]

Ob Rychner der hier vertretenen These, daß gerade die von ihm beschriebene schwierige Identitätsfindung der deutschen Kultur gegenüber der englischen, vor allem aber der französischen Kultur die Grundlage für die ›schöpferische Liebesbindung‹ zwischen Deutschen und Juden war, zugestimmt hätte, ist unklar. Seine Beschreibung des Blicks auf die Besonderheit der deutschen Kultur,

---

[32] Vgl. Max Rychner: Theodor Fontane: Briefe an Georg Friedländer. In: ders., Bei mir laufen Fäden zusammen. Literarische Aufsätze, Kritiken, Briefe. Hg. von Roman Bucheli. Göttingen: Wallstein-Verlag 1998 (Veröfflichungen der Deutschen Akademie für Sprache und Dichtung; 74), S. 169–175, hier S. 172ff.

[33] Max Rychner: Lessing und die Klassik. Zum 200. Geburtstag, 22. Januar 1929. In: ebd., S. 97–103, hier S. 98f.

auf ihren »extramundanen Zug« der besonderen Geistigkeit, unterstützt aber das hier Vorgetragene: Die deutsch-jüdische Symbiose entstand in einer historischen Situation, in der die deutsche Kultur ähnlich mit außerdeutschen Kulturen rang wie die jüdische mit der deutschen. Da die Kulturbildung durch keine Nationenbildung unterstützt wurde, mußte sie in einem Raum erkämpft werden, der von der sozial-ökonomischen und politischen Realität getrennt war, in dem Raum möglichst reiner Geistigkeit. Hier, tief gezeichnet vom deutschen Sonderweg, entstand die Symbiose zwischen deutschen und jüdischen Gebildeten, und der Geschichtsverlauf brachte es mit sich, daß diese Grundkonstellation einhundert Jahre lang, und noch darüber hinaus, nicht überwunden werden konnte. Diese innere Problematik der Symbiose darzustellen, war Ziel dieses Buches, es war nicht das Ziel, sie als ›positive‹ Seite der deutsch-jüdischen Geschichte der negativen Seite der Tradition der Judenfeindlichkeit entgegenzustellen.

Nicht nur in Bezug auf den deutschen Antisemitismus muß Selbstkritik geübt werden, ›deutsche Selbstkritik‹ ist auch ohne Einbeziehung der judenfeindlichen Strömungen notwendig, wie dies kurz vor Hitlers Machtergreifung und kurz nach dem Zweiten Weltkrieg aufgezeigt worden ist, gerade in Bezug auf die Tradition der klassischen Bildung und deren Ideale.[34] In die zwei Bereiche, die die Geschichte spätestens seit 1860 entscheidend prägten, die Bereiche von Industrie und Arbeitswelt und von Politik, trat die Bildung nicht oder in völlig unzureichendem Maße ein. Hier fand jene Radikalisierung und Extremisierung statt, die dann zum Zerfall der Weimarer Republik führte; hier hat die Bildung, also die sie tragende Schicht des Bildungsbürgertums, versagt. In einer Geistesgeschichte Deutschlands, die diese Probleme und Versäumnisse reflektiert, findet die deutsch-jüdische Symbiose ihren angemessenen Ort.

---

[34] Vgl. Friedrich Schulze-Maizier: Deutsche Selbstkritik. Probleme der nationalen Selbsterkenntnis im neueren deutschen Schrifttum. Berlin: Schneider 1932; Hermann Voss: Deutsche Selbstkritik. Starnberg am See: Bachmair 1947.

Literaturverzeichnis

1927. Ein Almanach für Kunst und Dichtung aus dem Kurt Wolff Verlag. München: Wolff 1926.

A. [= Ferdinand Avenarius]: Aussprache mit Juden. In: Menora. Jahrbuch für deutsch-jüdische Geschichte 13 (2002), S. 77–92.

Abret, Helga: Fernziel Europa. In: Le discours européen dans les revues allemandes (1871–1914) / Der Europadiskurs in den deutschen Zeitschriften (1871–1914). Études réunies par Michel Grunewald, en collaboration avec Helga Abret et Hans-Manfred Bock. Bern, Berlin, Frankfurt a. M., Paris, Wien: Lang 1996 (Convergences; 1), S. 59–82.

Adler, Hans G.: Die Juden in Deutschland. Von der Aufklärung bis zum Nationalsozialismus. 2. Aufl., München: Kösel 1961.

Adler, Max: Neue Menschen. Gedanken über sozialistische Erziehung. Berlin: Laub 1924.

– Politik und Moral. Leipzig: Verlag Naturwissenschaften 1918 (Nach dem Weltkrieg; 5).

Almanach 1902–1964. Berlin: Jüdischer Verlag 1964.

Anders, Günther: Besuch im Hades. Auschwitz und Breslau 1966 nach »Holocaust« 1979. München: Beck 1979 (Beck'sche Schwarze Reihe; 202).

Anonym [= Joël Jacoby]: Klagen eines Juden. Mannheim: Hoff 1837.

Arendt, Hannah: Elemente und Ursprünge totaler Herrschaft. Bd 1: Antisemitismus, Frankfurt a. M., Berlin, Wien: Ullstein 1975 (Ullstein-Bücher; 3181).

– Über die Revolution. Neuausg., 2. Aufl., München: Piper 1974 (Serie Piper; 76).

– Von der Menschlichkeit in finsteren Zeiten. In: dies., Denken als Widerspruch. Reden zum Lessing-Preis. Hg. von Volker F. W. Hasenclever. Frankfurt a. M.: Eichborn 1982, S. 39–66.

– / Kurt Blumenfeld: »... in keinem Besitz verwurzelt«. Die Korrespondenz. Hg. von Ingeborg Nordmann und Iris Pilling. Hamburg: Rotbuch-Verlag 1995.

Arndt, Ernst Moritz: Du hast ein Vaterland. In: 1813. Ein Lesebuch für unsere Zeit. Hg. von Gerhard Steiner und Manfred Häckel. Weimar: Volksverlag 1960, S. 123.

Aschheim, Steven E.: German Jews Beyond Bildung and Liberalismus. The Radical Jewish Revival in the Weimar Republic. In: The German-Jewish Dialogue Reconsidered. A Symposium in Honor of George L. Mosse. Ed. by Klaus L. Berghahn. New York u. a.: Lang 1996 (German life and Civilization; 20), S. 125–140.

Assmann, Jan: Nachwort. In: Carl Leonhard Reinhold: Die Hebräischen Mysterien oder die älteste religiöse Freymaurerey. Hg. und kommentiert von Jan Assmann. Neckargemünd: Edition Mnemosyne 2001 (Reihe GegenSatz; 4), S. 157–192.

Bab, Julius: Fortinbras oder Der Kampf des 19. Jahrhunderts mit dem Geiste der Romantik. 3. Aufl., Berlin: Oesterheld 1921 [¹1914].

Bach, Hans: Gegenwart und Zukunft der jüdischen Literatur. In: Der Morgen 12 (1936/37), Heft 6 (September 1936), S. 245–265.

Baeck, Leo: Aus den Jugenderinnerungen Steinthals mit einer Vorbemerkung. In: Der Morgen 8 (1932/33), H. 2 (Juni 1932), S. 141–146.

Bahr, Hermann: Der Antisemitismus. Ein internationales Interview [1894]. Hg. und mit einem Anhang versehen von Hermann Greive. Königstein/Ts: Jüdischer Verlag 1979.

Bahrdt, Hans Paul: Literarische Bildung und technische Intelligenz. In: Die zwei Kulturen. Literarische und naturwissenschaftliche Intelligenz. C. P. Snows These in der Diskussion. Hg. von Helmut Kreuzer. München: Klett-Cotta im Deutschen Taschenbuch-Verlag 1987 (dtv/Klett-Cotta; 4454), S. 296–312.

– Soziologische Reflexionen über die gesellschaftlichen Voraussetzungen des Antisemitismus in Deutschland. In: Entscheidungsjahr 1932. Zur Judenfrage in der Endphase der Weimarer Republik. Ein Sammelband. Hg. von Werner E. Mosse unter Mitwirkung von Arnold Paucker. Tübingen: Mohr 1965 (Schriftenreihe wissenschaftlicher Abhandlungen des Leo-Baeck-Instituts; 13), S. 135–155.

Bamberger, Ludwig: Deutschthum und Judenthum. In: Der Berliner Antisemitismusstreit. Hg. von Walter Boehlich. Frankfurt a. M.: Insel-Verlag 1965, S. 151–181.

Barkai, Abraham: Die Juden als sozio-ökonomische Minderheitsgruppe in der Weimarer Republik. In: Juden in der Weimarer Republik. Hg. von Walter Grab und Julius H. Schoeps. Stuttgart, Bonn: Burg-Verlag 1986 (Jahrbuch des Instituts für Deutsche Geschichte; Beiheft 9 – Studien zur Geistesgeschichte; 6), S. 330–346.

Barner, Wilfried: Von Rahel Varnhagen bis Friedrich Gundolf. Juden als deutsche Goethe-Verehrer. Göttingen: Wallstein 1992 (Kleine Schriften zur Aufklärung; 3).

Baron, Salo W.: Deutsche und Juden ein unlösbares Problem. Reden zum Jüdischen Weltkongress 1966. Düsseldorf: Verlag Kontakte 1966, S. 81–102.

Battenberg, Friedrich: Das Europäische Zeitalter der Juden. Darmstadt: Wissenschaftliche Buchgesellschaft 1990.

Baumann, Zygmunt: Moderne und Ambivalenz. Das Ende der Eindeutigkeit. Frankfurt a. M.: Fischer-Taschenbuch-Verlag 1995 (Fischer-Taschenbuch; 12688).

Becker, Werner: Die Rolle der liberalen Presse. In: Deutsches Judentum in Krieg und Revolution 1916–1923. Ein Sammelband. Hg. von Werner E. Mosse. Tübingen: Mohr 1971 (Schriftenreihe wissenschaftlicher Abhandlungen des Leo-Baeck-Instituts; 25), S. 67–135.

Bein, Alex: Die Judenfrage. Biographie eines Weltproblems. 2 Bde, Stuttgart: Deutsche Verlags-Anstalt 1980.

Belke, Ingrid: »Der Mensch ist eine Bestie ...« Ein unveröffentlichter Brief Theodor Fontanes an den Begründer der Völkerpsychologie, Moritz Lazarus. In: Bulletin des Leo Baeck Instituts 13 (1974), Nr 50, S. 32–50.

Benbassa, Esther: Geschichte der Juden in Frankreich. Berlin, Wien: Philo 2000.

Benjamin, Walter: Zentralpark. In: ders., Gesammelte Schriften. Unter Mitwirkung von Theodor W. Adorno und Gershom Scholem hg. von Rolf Tiedemann und Hermann Schweppenhäuser. Frankfurt a. M.: Suhrkamp 1974, Bd I.2, S. 655–690.

Bergmann, Hugo: Die Heiligung des Namens (Kiddusch Haschem). In: Vom Judentum. Ein Sammelbuch. Hg. vom Verein jüdischer Hochschüler Bar Kochba in Prag. 3. Aufl., Leipzig: Wolff 1914, S. 32–43.

– Einleitung. In: Worte Mosis. Hg. von Hugo Bergmann. Minden: Bruns 1913 (Die Weisheit der Völker; 18), S. 2–51.

– Größerer Zionismus. In: ders., Jawne und Jerusalem. Gesammelte Aufsätze. Nachdruck der 1. Aufl. Berlin, Jüdischer Verlag 1919. Königstein/Ts: Jüdischer Verlag 1981, S. 7–11.

Bernfeld, Simon: Juden und Judentum im neunzehnten Jahrhundert. Berlin: Cronbach 1898 (Am Ende des Jahrhunderts; 3).

Bernstein, Eduard: Vom Mittlerberuf der Juden. In: Neue Jüdische Monatshefte 1 (1916/ 17), H. 14, 25. April 1917, S. 397–401.

– Vorbemerkung. In: Ferdinand Lasalle: Gesammelte Reden und Schriften. 6. Bd: Philosophisch-literarische Streifzüge. Hg. von Eduard Berstein. Berlin: Cassirer 1919, S. 105–108.

Bernstein, Simon: Der Zionismus, sein Wesen und seine Organisation. 3. (Volks-) Auflage Berlin: Jüdischer Verlag 1919.

Berwin, Beate: Moses Mendelssohn im Urteil seiner Zeitgenossen. Berlin: Reuther & Reichard 1919 (Kant-Studien; Ergänzungsheft 49).

Bieber, Hugo: Der Kampf um die Tradition. Die deutsche Dichtung im europäischen Geistesleben 1830–1880. Stuttgart: Metzler 1928 (Epochen der deutschen Literatur; 5).

Biedermann, Karl: Deutschland im 18. Jahrhundert. Hg. und eingeleitet von Wolfgang Emmerich. Ausg. in einem Bd, Frankfurt a. M., Berlin, Wien: Ullstein 1979 (Ullstein-Buch; 35013 – Ullstein-Materialien).

Biographisch-Bibliographisches Kirchenlexikon. Begründet und hg. von Friedrich Wilhelm Bautz. Fortgeführt von Traugott Bautz. Herzberg: Bautz 1995.

Birnbaum, Nathan: Das westjüdische Kulturproblem. In: ders., Ausgewählte Schriften zur jüdischen Frage. Czernowitz: Birnbaum & Kohut 1910, 1. Bd, S. 237–250.

– Die jüdische Moderne. Frühe zionistische Schriften. Mit einem Vorwort von Henryk M. Broder. Augsburg: Ölbaum-Verlag 1989 (Juden zur Judenfrage; 2). Erstdruck: Czernowitz: Birnbaum & Kohut 1910.

– Europa. Einige Gedanken an einem Chanuka-Abend. In: ders., Um die Ewigkeit. Jüdische Essays. Berlin: Welt-Verlag 1920, S 174–177.

Bloch, Ernst: Die sogenannte Judenfrage. In: ders., Gesamtausgabe. Bd 9: Literarische Aufsätze. Frankfurt a. M.: Suhrkamp 1965, S. 549–554.

– Differenzierungen im Begriff Fortschritt. In: ders., Tübinger Einleitung in die Philosophie I. 7. Aufl., Frankfurt a. M.: Suhrkamp 1971, S. 160–203.

Bloch, Jochanan: Grundprobleme der Geschichte des deutschen Judentum. In: Zur Geschichte der Juden in Deutschland im 19. und 20. Jahrhundert. Hg. vom Leo Baeck Institut Jerusalem. Jerusalem: Academic Press 1971 (Veröffentlichungen des Leo Baeck Instituts Jerusalem zur Geschichte der Juden in Mitteleuropa), S. 20–34.

Blumenfeld, Kurt: Der Zionismus. Eine Frage der deutschen Orientpolitik. Berlin: Stilke 1915.

– Ursprünge und Art einer zionistischen Bewegung. In: Bulletin des Leo Baeck Institute, Nr 4 (1958), S. 129–140.

Bodenheimer, Alfred: Die Verewigung der deutsch-jüdischen Symbiose. In: Jüdischer Almanach 1994, S. 131–140.

Böckh, Richard: Die statistische Bedeutung der Volkssprache als Kennzeichen der Nationalität. In: Zeitschrift für Völkerpsychologie und Sprachwissenschaft 4 (1886), S. 259–402.

Bödeker, Hans Erich: Die ›gebildeten Stände‹ im spätern 18. und frühen 19. Jahrhundert. Zugehörigkeiten und Abgrenzungen. Mentalitäten und Handlungspotentiale. In: Bildungsbürgertum im 19. Jahrhundert. Teil 4: Politischer Einfluß und gesellschaftliche Formation. Hg. von Jürgen Kocka. Stuttgart: Klett-Cotta 1989 (Industrielle Welt; 48), S. 21–52.

Böhm, Adolf: Die zionistische Bewegung. 1. Bd: Die zionistische Bewegung bis zum Ende des Weltkrieges. 2., erweiterte Aufl., Berlin, Tel Aviv: Jüdischer Verlag 1935.

Bollenbeck, Georg: Bildung und Kultur. Glanz und Elend eines deutschen Deutungsmusters. Frankfurt a. M., Leipzig: Insel-Verlag 1994.

– Tradition, Avantgarde, Reaktion. Deutsche Kontroversen um die kulturelle Moderne 1880–1945. Frankfurt a. M.: Fischer 1999.

Bousset, Wilhelm: Die Religion des Judentums im späthellenistischen Zeitalter. Hg. von Hugo Gressmann. 4., photomechanisch gedruckte Aufl., Tübingen: Mohr 1966 (Handbuch zum Neuen Testament; 21).

Bracher, Karl Dietrich: Deutschland zwischen Demokratie und Diktatur. Beiträge zur neueren Politik und Geschichte. Bern: Scherz 1964.

Brenner, Michael / Stefi Jersch-Wenzel / Michael A. Meyer: Deutsch-jüdische Geschichte in der Neuzeit. Bd 2: Emanzipation und Akkulturation 1780–1871. München: Beck 1996.

Breuer, Isaac: Lehre, Gesetz und Nation. In: ders., Wegzeichen. Frankfurt a. M.: Kaufmann 1923, S. 1–39.

Breuer, Mordechai: Frühe Neuzeit und Beginn der Moderne. In: Mordechai Breuer / Michael Graetz: Deutsch-jüdische Geschichte in der Neuzeit. Bd 1: Tradition und Aufklärung 1600–1760. München: Beck 1996, S. 85–247.

Brockdorff, Cay von: Die deutsche Aufklärungsphilosophie. München: Reinhardt 1926 (Geschichte der Philosophie in Einzeldarstellungen; 26 – Abt. 6, Die Philosophie der neuesten Zeit 3).

Brod, Max: Jüdinnen. In: Neue Jüdische Monatshefte 2 (1917/18), H. 20/22: Sonderheft »Die jüdische Frau«, S. 481–483.

– Zum Problem der Gemeinschaft. In: Das jüdische Prag. Eine Sammelschrift. Prag: Selbstwehr 1916, S. 8–10.

Bruford, Walter Horace: Die gesellschaftlichen Grundlagen der Goethezeit [1936]. Frankfurt a. M., Berlin, Wien: Ullstein 1975 (Ullstein-Bücher; 3142).

Buber, Martin: Begriffe und Wirklichkeit. Brief an Herrn Geh. Regierungsrat Prof. Dr. Hermann Cohen. In: Der Jude 1 (1916/17), S. 281–289.

– Briefwechsel aus sieben Jahrzehnten. Bd 1: 1897–1918. Hg. und eingeleitet von Grete Schäder. Heidelberg: Schneider 1972.

– Das Ende der deutsch-jüdischen Symbiose. In: ders., Der Jude und sein Judentum. Gesammelte Reden und Aufsätze. 2., durchgesehene und um Register erweiterte Aufl., Neuausg., Gerlingen. Schneider 1992 (Bibliotheca judaica), S. 629–632.

– Das Ende der deutsch-jüdischen Symbiose. In: ders., Der Jude und sein Judentum (wie oben), S. 629–632.

– Der Jude in der Welt. In: ders., Der Jude und sein Judentum (wie oben), S. 211–215.

– Drei Reden über das Judentum. Frankfurt a. M.: Rütten & Loening 1911.

– Jüdische Renaissance. In: ders., Die Jüdische Bewegung. Gesammelte Aufsätze und Ansprachen 1900–1914. Erste Folge, Berlin: Jüdischer Verlag 1920, S. 7–16.

– Unser Bildungsziel. In: ders., Der Jude und sein Judentum (wie oben), S. 583–587.

– Zion, der Staat und die Menschheit. Bemerkungen zu Hermann Cohens »Antwort«. In: Der Jude 1 (1916/17), S. 425–433.

Buck, Henning: Zum Spannungsfeld der Begriffe Volk – Nation – Europa vor der Romantik. In: Volk – Nation – Europa. Zur Romantisierung und Entromantisierung politischer Begriffe. Hg. von Alexander von Bormann. Würzburg: Königshausen & Neumann 1998 (Stiftung für Romantikforschung; 4), S. 21–34.

Bürger, Gottfried August: Gedanken über die Beschaffenheit einer Deutschen Übersetzung des Homer. In: Gottfried August Bürger's sämmtliche Werke. Neue Original-Ausgabe in vier Bänden. Göttingen: Dieterich 1844, 2. Bd, S. 1–25.

Burdach, Konrad: Die Wissenschaft von deutscher Sprache. Ihr Werden, ihr Weg, ihre Führer. Berlin, Leipzig: de Gruyter 1934.

– Schiller-Rede. In: ders., Goethe und sein Zeitalter. Halle/Saale: Niemeyer 1926 (Deutsche Vierteljahrsschrift für Literaturwissenschaft und Geistesgeschichte; Buchreihe 3), S. 238–262.

Campe, Johann Heinrich: Väterlicher Rath für meine Tochter. In: ders., Briefe aus Paris, während der Französischen Revolution geschrieben. Hg. von Helmut König. Berlin: Rütten & Loening 1961, S. 5–60.

– Wörterbuch der deutschen Sprache. In: ders., Briefe aus Paris (wie oben), S. 55.

Cancik, Hubert / Hildegard Cancik-Lindemaier: Das Thema ›Religion und Kultur‹ bei Friedrich Nietzsche und Franz Overbeck. In: Rationalität im Diskurs. Wolfgang Müller zum 60. Geburtstag. Hg. von Detlef Thofern, Sonja Gabbani und Wilhelm Vosse. Marburg: Diagonal-Verlag 1994, S. 49–67.

Cassirer, Ernst: Die Philosophie der Aufklärung. 3. Aufl., unveränd. Nachdruck der 2. Aufl., Tübingen: Mohr 1973 [¹1932].

– Die Philosophie Moses Mendelssohns. In: Moses Mendelssohn. Zur 200jährigen Wiederkehr seines Geburtstages. Hg. von der Encyclopaedia Judaica. Berlin: Schneider 1929, S. 40–68.

– Judaism and the Modern Political Myth. In: Symbol, Myth and Culture. Essays and Lectures of Ernst Cassirer 1935–1945. Ed. by D. P. Verene. New Haven, London: Yale University Press 1979 (Boston University Studies in Philosophy and Religion; 1), S. 233–241.

Cassirer, Toni: Mein Leben mit Ernst Cassirer. Hamburg: Meiner 2003.

Cohen, Arthur A.: Der natürliche und der übernatürliche Jude. Das Selbstverständnis des Judentums in der Neuzeit. Freiburg, München: Alber 1966.

Cohen, Hermann: Antwort auf das offene Schreiben des Herrn Dr. Martin Buber an Hermann Cohen. In: Hermann Cohens jüdische Schriften. Hg. von Bruno Strauß. Berlin: Schwetschke 1924 (Veröffentlichungen der Akademie für die Wissenschaft des Judentums), 2. Bd., S. 328–340.

– Deutschtum und Judentum. Mit grundlegenden Betrachtungen über Staat und Internationalismus. Gießen: Töpelmann 1915 (Von deutscher Zukunft; 1).

– Ethik des reinen Willens. 3. Aufl., Berlin: Cassirer 1921.

– Über das Eigentümliche des deutschen Geistes. Berlin: Reuther & Reichard 1914 (Philosophische Vorträge; 8).

Conze, Werner / Jürgen Kocka: Einleitung. In: Bildungsbürgertum im 19. Jahrhundert, Teil 1: Bildungssystem und Professionalisierung in internationalen Vergleichen. Hg. von W. Conze und J. Kocka. 2. Aufl., Stuttgart: Klett-Cotta 1992 (Industrielle Welt; 38), S. 9–26.

Croce, Benedetto: Europa und Deutschland. Bekenntnisse und Betrachtungen. Bern: Francke o. J. [1946/47].

Curtius, Ernst Robert: Deutscher Geist in Gefahr. Stuttgart, Berlin: Deutsche Verlags-Anstalt 1932.

Dahm, Volker: Das jüdische Buch im Dritten Reich. 2., überarb. Aufl.. München: Beck 1993.

Danzel, Theodor Wilhelm: Gottsched und seine Zeit. Auszüge aus seinem Briefwechsel zusammengestellt und erläutert von Th. W. Danzel. 2. wohlfeile Ausg., Leipzig: Dyk 1855.

– / Gottschalk Eduard Guhrauer: Gotthold Ephraim Lessing. Sein Leben und seine Werke. 2., berichtigte und vermehrte Aufl., hg. von W. von Maltzahn. 2 Bde, Berlin: Hofmann 1880/1881.

Das Buch deutscher Reden und Rufe. Aus vier Jahrhunderten. Hg. von Anton Kippenberg und Friedrich von der Leyen. Leipzig: Insel-Verlag 1942.

Dawson, Christopher: Europa. Idee und Wirklichkeit. München: Heyne 1953.

Der Berliner Antisemitismusstreit. Hg. von Walter Boehlich. Frankfurt a. M.: Insel-Verlag 1965.

Der deutsche Genius. Ein Sammelwerk aus deutscher Vergangenheit und Gegenwart für Haus und Schule. Hg. von Hanns Martin Elster mit einem Geleitwort von Thomas Mann. Berlin: Deutsche Buchgemeinschaft 1926.

Der junge Goethe im zeitgenössischen Urteil. Bearb. und eingeleitet von Peter Müller. Berlin: Akademie-Verlag 1969 (Deutsche Bibliothek; 2).

Der Midrasch Bereschit Rabba. Das ist die haggadische Auslegung der Genesis. Zum ersten Male ins Deutsche übertragen von August Wünsche. Leipzig: Schulze 1881 (Bibliotheca rabbinica), S. 379; Nachdruck: Hildesheim: Olms 1967 (Par. LXXVIII V. 26).

Der Pentateuch. Übersetzt und erläutert von Samson Raphael Hirsch. Zweiter Teil: Exodus. 2. Neuaufl., Frankfurt a. M.: Rosenzweig 1994.

Deutsche und Juden. Beiträge von Nahum Goldmann, Gershom Scholem, Golo Mann, Salo W. Baron, Eugen Gerstenmaier und Karl Jaspers. Frankfurt a. M.: Suhrkamp 1967 (Edition Suhrkamp; 196).

Deutsche Weltbetrachtung. Ein Lesebuch. Hg. von Joachim G. Boeckh. Heidelberg: Kerle 1946 (Heidelberger Texte – Deutsche Reihe; 2).

Deutscher Geist. Ein Lesebuch aus zwei Jahrhunderten. Hg. von Oskar Loerke. 2 Bde, Berlin: Fischer 1940.

Die Französische Revolution. Eine Dokumentation. Hg. von Walter Grab. München: Nymphenburger Verlagshandlung 1973 (Nymphenburger Texte zur Wissenschaft – Modelluniversität; 14).

Die Juden im Kriege. Denkschrift des Jüdischen Sozialistischen Arbeiterverbandes Poale-Zion an das Internationale Sozialistische Bureau. Den Haag 1915.

Die Lehren des Judentums nach Quellen. Hg. von Verband der deutschen Juden. Neu hg. und eingeleitet von von Walter Homolka. München: Knesebeck 1999.

Die Parabel von den zwei Edelsteinen. In: Der Born Judas. Erster Teil: Legenden, Märchen und Erzählungen. Gesammelt von Micha Josef bin Gorion. Neu hg. und mit einem Nachwort versehen von Emanuel bin Gorion. Leipzig: Insel-Verlag 1978, S. 603–604.

Die Tora. Buch der Friedenspfade. Nach der Übersetzung von Moses Mendelssohn. Mit den Prophetenlesungen im Anhang. Hg. im Auftrag des Abraham Geiger Kollegs und des Moses Mendelssohn Zentrums Potsdam von Annette Böckler. Mit einem Vorwort von Tovia Ben-Chorin. Berlin: Jüdische Verlagsanstalt 2001.

Dienemann, Max: Zu Kants 200. Geburtstag. In: K. C.-Blätter 14 (1924), H. 1 (Januar/April 1924), S. 2–6.

Diesterweg, Adolph: Wegweiser zur Bildung für deutsche Lehrer. Hg. von Julius Scheveling. Paderborn: Schöningh 1958 (Schöninghs Sammlung pädagogischer Schriften).

Dilthey, Wilhelm: Das Erlebnis und die Dichtung. Lessing / Goethe / Novalis / Hölderlin. Leipzig: Teubner 1912. Nachdruck: Göttingen: Vandenhoeck & Ruprecht 1965 (Kleine Vandenhoeck-Reihe; 191).

– Über die Einbildungskraft der Dichter. Mit Rücksicht auf Hermann Grimm, Goethe, Vorlesungen. In: Zeitschrift für Völkerpsychologie und Sprachwissenschaft 10 (1878), S. 49–64.

Diner, Dan: Negative Symbiose. Deutsche und Juden nach Auschwitz. In: Babylon. Beiträge zur jüdischen Gegenwart, H. 1 (1986), S. 9–20.

Dränger, Jacob: Nahum Goldmann. Ein Leben für Israel. 2 Bde, Frankfurt a. M.: Europäische Verlags-Anstalt 1959.

Drews, Wolfgang: Gotthold Ephraim Lessing in Selbstzeugnissen und Bilddokumenten. Reinbek bei Hamburg: Rowohlt 1962 (Rowohlts Monographien; 75).

Dubnow, Simon M.: Die Jüdische Geschichte. Ein geschichtsphilosophischer Versuch. 2. Aufl., Frankfurt a. M.: Kauffmann 1921.

Duden. Fremdwörterbuch, 3., völlig neu bearbeitete und erweiterte Auflage. Mannheim, Zürich, Wien: Bibliographisches Institut 1974.

Dülmen, Richard van: Kultur und Alltag in der frühen Neuzeit. Bd 3: Religion, Magie, Aufklärung. München: Beck 1994.

Eckardt, Georg: Einleitung in die historischen Texte. In: Völkerpsychologie – Versuch einer Neuentdeckung. Texte von Lazarus, Steinthal und Wundt. Hg. von Georg Eckardt. Weinheim: Beltz, Psychologie-Verlags Union 1997, S. 7–123.

Edinger, Fritz: Deutschtum und Judentum. In: Die Tat 15 (1923), H. 5 (August 1923), S. 374–378.

Edschmid, Kasimir: Das Bücher-Dekameron. Eine Zehn-Nächte-Tour durch die europäische Gesellschaft und Literatur. Berlin: Reiss 1923.

Ehrlich, Ernst Ludwig: Geistige und religiöse Strömungen im heutigen Judentum. In: Die geistige Gestalt des heutigen Judentums. Hg. von Franz Henrich. München: Kösel 1969 (Münchener Akademie-Schriften; 47), S. 13–38.

Eisner, Kurt: Über Schillers Idealismus. In: ders., Gesammelte Schriften. Berlin: Cassirer 1919, 2. Bd, S. 217–234.

Elbogen, Ismar: Der jüdische Gottesdienst in seiner geschichtlichen Entwicklung. 3., verb. Aufl., Frankfurt a. M.: Kauffmann 1931 (Grundriß der Gesamtwissenschaft des Judentums); Nachdruck Hildesheim, Zürich, New York: Olms 1995 (Olms-Paperbacks; 30).

– Ein Jahrhundert Wissenschaft des Judentums. In: Festschrift zum 50jährigen Bestehen der Hochschule für die Wissenschaft des Judentums. Berlin: Philo 1922, S. 103–144.

Elias, Norbert: ›Kulturgeschichte‹ und ›politische Geschichte‹. In: ders., Studien über die Deutschen. Machtkämpfe und Habitusentwicklung im 19. und 20. Jahrhundert. Hg. von Michael Schröter. 3. Aufl., Frankfurt a. M.: Suhrkamp 1990, S. 161–174.

Erb, Rainer / Werner Bergmann: Die Nachtseite der Judenemanzipation. Der Widerstand gegen die Integration der Juden in Deutschland 1780–1860. Berlin: Metropol 1989 (Antisemitismus und jüdische Geschichte; 1).

Erdös, Ernst: Die Tradition Spinozas in der sozialistischen Bewegung bis 1927. In: Ethischer Sozialismus. Zur politischen Philosophie des Neukantianismus. Hg. von Helmut Holzhey. Frankfurt a. M. Suhrkamp 1994 (Suhrkamp-Taschenbuch Wissenschaft; 949), S. 316–349.

Euchner, Walter: Qu'est-ce qu'une nation? Das Nationenverständnis Ernest Renans im Kontext seine politischen Denken. In: Ernest Renan: »Was ist eine Nation?« und andere Schriften. Hg. von Walter Euchner. Wien, Bozen: Folio 1995 (Transfer Kulturgeschichte; 2), S. 7–39.

Eucken, Rudolf: Geistige Strömungen der Gegenwart. 6., umgearb. Aufl., Berlin, Leipzig 1928.

Faber, Richard: Ernst Bloch und das Hambacher ›Fest der Hoffnung‹. In: Liberalismus und Geschichte und Gegenwart. Hg. von Richard Faber. Würzburg: Königshausen & Neumann 2000, S. 21–37.

Fenske, Hans / Dieter Mertens / Wolfgang Reinhard: Geschichte der politischen Ideen. Von Homer bis zur Gegenwart. Durchgesehene Ausg., Frankfurt a. M.: Fischer-Taschenbuch-Verlag 1987 (Fischer-Taschenbücher; 4367).

Fertig, Ludwig: Einleitung: Staatsräson und Armeleutebildung. In: Die Volksschule des Obrigkeitsstaates und ihre Kritiker. Texte zur politischen Funktion der Volksbildung im 18. und 19. Jahrhundert. Hg. von Ludwig Fertig. Darmstadt: Wissenschaftliche Buchgesellschaft 1979 (Texte zur Forschung; 30), S. VII–XLII.

Fetscher, Iring: Zur Entstehung des politischen Antisemitismus in Deutschland. In: Antisemitismus. Zur Pathologie der bürgerlichen Gesellschaft. Hg. von Hermann Huss und Andreas Schröder. Frankfurt a. M.: Europäische Verlags-Anstalt 1965 (Sammlung »Res novae«; 36), S. 9–33.

Feuchtwanger, Sigbert: Die Judenfrage als wissenschaftliches und politisches Problem. Berlin: Heymann 1916.

Fichte, Johann Gottlieb: Johann Gottlieb Fichte's sämmtliche Werke. Hg. von J. H. Fichte. 8 Bde, Berlin: Veit 1845/46. Nachdruck: Berlin: de Gruyter 1971.

Flaig, Egon: Kultur und Krieg. Antihumanismus bei Jacob Burckhardt und Friedrich Nietzsche. In: Streit um den Humanismus. Hg. von Richard Faber. Würzburg: Königshausen & Neumann 2003, S. 137–156.

Flake, Otto: Die großen Worte. In: Der Neue Merkur, Jg 4, 1. Halbbd, April–September 1920, S. 68–72.

Flasch, Kurt: Die geistige Mobilmachung. Die deutschen Intellektuellen und der Erste Weltkrieg. Ein Versuch. Berlin: Fest 2000.

Floerke, Hanns: Deutsches Wesen im Spiegel der Zeiten. Berlin: Reichl 1916.

Foerster, Rolf Hellmut: Europa. Geschichte einer politischen Idee. Mit einer Bibliographie von 182 Einigungsplänen aus den Jahren 1306 bis 1945. München: Nymphenburger Verlagshandlung 1967.

Forster, Georg: Über Proselytenmacherei. In: ders., Werke in vier Bänden, Hg. von Gerhard Steiner. 3. Bd: Kleine Schriften zu Kunst, Literatur, Philosophie, Geschichte und Politik. Frankfurt a. M.: Insel-Verlag 1970, S. 91–120.

Friedell, Egon / Alfred Polgar: Goethe. Groteske in zwei Bildern. Wien u. a.: Stern 1926.

Friedrich der Große: Über die deutsche Literatur. Übersetzt und mit Justus Mösers Gegenschrift. Hg. von Heinrich Simon. Leipzig: Reclam 1886 (Reclams Universal-Bibliothek; 2211).

Friedrich, Paul: Schiller und der Neuidealismus. Leipzig: Xenien-Verlag 1909 [²1910].

Fritsch, Theodor: Handbuch der Judenfrage. Die wichtigsten Tatsachen zur Beurteilung des jüdischen Volkes. 42. Aufl., Leipzig: Hammer 1938.

Fuchs, Eugen: Um Deutschtum und Judentum. Gesammelte Reden und Aufsätze (1894–1919). Im Auftrage des Centralvereins deutscher Staatsbürger jüdischen Glaubens hg. von Leo Hirschfeld. Frankfurt a. M.: Kauffmann 1919.

Gans, Eduard: Rede bei der Wiedereröffnung der Sitzungen des Vereins für Kultur und Wissenschaft des Judentums. Gehalten am 28. Oktober 1821. In: Salman Rubaschoff: Erstlinge der Entjudung. In: Der Jüdische Wille. Zeitschrift des Kartells Jüdischer Verbindungen 1 (April 1918/April 1919), S. 36–42.

–   Die zweite der drei Reden von Eduard Gans im ›Kulturverein‹. In: Rubaschoff, Erstlinge der Entjudung (wie oben), S. 109–111.

–   Dritter Bericht im Verein für Kultur und Wissenschaft der Juden, abgestattet am 4. Mai 1823. In: Rubaschoff, Erstlinge der Entjudung (wie oben), S. 193–203.

–   Introduction à l'histoire universelle par Michelet [Rezension]. In: ders., Philosophische Schriften. Hg. und eingeleitet von Horst Schröder. Berlin: Akademie-Verlag 1971 (Philosophische Studientexte), S. 260–276.

Gartzen, Wilhelm: Das Wesen und die Entwicklung der kämpferischen Freundschaft in der Dichtung des 18. Jahrhunderts. Wuppertal-Elberfeld: Pfriem 1935.

Gay, Peter: Begegnung mit der Moderne. Die deutschen Juden in der Wilhelminischen Kultur. In: ders., Freud, Juden und andere Deutsche. Herren und Opfer in der modernen Kultur. Hamburg: Hoffmann und Campe 1986, S. 115–188.

–   Einleitung. Deutsche Fragen. In: ders., Freud, Juden und andere Deutsche (wie oben), S. 23–50.

Gebauer, Curt: Geistige Strömungen und Sittlichkeit im 18. Jahrhundert. Beiträge zur deutschen Moralgeschichte. Berlin: Volksverband der Bücherfreunde, Wegweiser-Verlag 1931 (Zweite Wissenschaftliche Jahresreihe für die Mitglieder des Volksverbandes der Bücherfreunde; 12,3).

Geiger, Ludwig: Die Deutsche Literatur und die Juden. Berlin: Reimer 1910.

– Geschichte der Juden in Berlin. 2 Bde, Berlin: Guttentag 1871. Neudruck in einem Band: Leipzig: Zentralantiquariat der DDR 1989.

– Sechs Briefe David Friedländers (1789–1799). In: ders., Vorträge und Versuche. Beiträge zur Litteratur-Geschichte. Dresden: Ehlermann 1890, S. 131–153.

Geis, Robert Raphael: Einleitung. In: Versuche des Verstehens. Dokumente jüdisch-christlicher Begegnung aus den Jahren 1918–1933. Hg. und eingeleitet von Robert Raphael Geis und Hans-Joachim Kraus. München: Kaiser 1966 (Theologische Bücherei; 33 – Systematische Theologie), S. 13–38.

Geldsetzer, Lutz: Geistesgeschichte. In: Historisches Wörterbuch der Philosophie. Hg. von Joachim Ritter. Darmstadt: Wissenschaftliche Buchgesellschaft 1974, Bd 3, Sp. 207–210.

Gerth, Hans H.: Bürgerliche Intelligenz um 1800. Zur Soziologie des deutschen Frühliberalismus [1935]. Hg. von Ulrich Herrmann. Göttingen: Vandenhoeck Ruprecht 1976 (Kritische Studien zur Geschichtswissenschaft; 19).

Gervinus, Georg Gottfried: Aus der Geschichte der poetischen Nationalliteratur der Deutschen. In: ders., Schriften zur Literatur. Berlin: Aufbau-Verlag 1962, S. 278–291.

– Einleitung in die Geschichte des neunzehnten Jahrhunderts. Hg. von Walter Boehlich. Frankfurt a. M.: Insel-Verlag 1967 (Sammlung Insel; 24/1).

Glaser, Karl: Der Jude in der europäischen Welt. Das Problem seiner Sendung. Berlin: Verlag der Jüdischen Rundschau o. J. [1928/29] (Jüdische Rundschau – Schriftenreihe; 2).

Glatzer, Nahum N.: Einleitung. Das Werk von Leopold Zunz. In: Leopold Zunz. Jude – Deutscher – Europäer. Ein jüdisches Gelehrtenschicksal des 19. Jahrhunderts in Briefen an Freunde. Hg. und eingeleitet von N. N. Glatzer. Tübingen: Mohr 1964 (Schriftenreihe wissenschaftlicher Abhandlungen des Leo-Baeck-Instituts; 11), S. 3–72.

Goethe, Johann Wolfgang: Die Farbenlehre. In: ders., Sämtliche Werke nach Epochen seines Schaffens. Münchner Ausgabe. München: Hanser 1989, Bd 10.

– Tagebücher. Hg. von Peter Boerner. Zürich, Stuttgart: Artemis 1964.

– Goethes Gespräche ohne die Gespräche mit Eckermann. In Auswahl hg. von Flodoard Freiherr von Biedermann. Leipzig: Insel-Verlag o. J. [1929].

– Goethes Unterhaltungen mit dem Kanzler Friedrich von Müller. Hg. von C. A. H. Burkhardt. 3. vermehrte und verbesserte Aufl., Stuttgart, Berlin: Cotta 1904.

– / Friedrich Schiller: Xenien. In: Johann Wolfgang Goethe: Berliner Ausgabe. Bd 2: Gedichte und Singspiele II. Berlin, Weimar: Aufbau 1980, S. 429–487.

– / Johann Caspar Lavater: Briefe und Tagebücher. Hg. von Heinrich Funck. Weimar: Verlag der Goethe-Gesellschaft 1901 (Schriften der Goethe-Gesellschaft; 16).

Goetschel, Roland: Die Beziehung zu Europa im deutsch-jüdischen Denken. In: Judaica 51 (1995), S. 154–177.

Goldmann, Nachum: Von der weltkulturellen Bedeutung und Aufgabe des Judentums. München: Bruckmann 1916 (Weltkultur und Weltpolitik – Deutsche Folge; 8).

Goldschmidt, Hermann Levin: Das Vermächtnis des deutschen Judentums. Frankfurt a. M.: Europäische Verlagsanstalt 1957.

Goldstein, Julius: Das deutsche Geistesleben und die Juden. In: K. C.-Blätter. Monatsschrift der im Kartell-Konvent vereinigten Korporationen 1 (1910/11), S. 169–175.

Goldstein, Moritz: Der Wert des Zwecklosen. Dresden: Sibyllen-Verlag 1920.

– Deutsch-jüdischer Parnaß [1912]. In: Menora. Jahrbuch für deutsch-jüdische Geschichte 13 (2002), S. 39–59.

– Die Überwindung des europäischen Nihilismus. In: Die Grenzboten 72 (1913), 598–605.

– Wir und Europa. In: Die Grenzboten, Jg 72, Nr 38, September 1913, S. 543–554; dass. in: Vom Judentum. Ein Sammelbuch. Hg. vom Verein jüdischer Hochschüler Bar Kochba in Prag. Leipzig: Kurt Wolff Verlag, 1913, S. 195–209.

Gollwitzer, Heinz: Europabild und Europagedanke. Beiträge zur deutschen Geistesgeschichte des 18. und 19. Jahrhunderts. 2., neubearb. Aufl., München: Beck 1964.

Gombrich, Ernst H.: Jüdische Identität und jüdisches Schicksal. Eine Diskussionsbemerkung. Mit einer Einleitung von Emil Brix und einer Dikussionsdokumentation von Frederick Baker. Hg. von Emil Brix. Wien: Passagen-Verlag 1997 (Passagen Forum).

Gomperz, Heinrich: Philosophie des Krieges in Umrissen. Gotha: Perthes 1915 (Perthes' Schriften zum Weltkrieg; 9).

Goslar, Hans: Jüdische Weltherrschaft! Phantasiegebilde oder Wirklichkeit? Berlin: Philo 1919.

Gottsched, Johann Christoph: Gottsched und seine Zeit. Auszüge aus seinem Briefwechsel zusammengestellt und erläutert von Th. W. Danzel. 2. wohlfeile Ausg., Leipzig: Dyk 1855.

– Von dem verderblichen Religionseifer und der heilsamen Duldung aller Religionen. In: ders., Reden / Vorreden / Schriften. Hg. und mit einem Vorwort versehen von Marianne Wehr. Leipzig: Reclam 1974 (Reclams Universal-Bibliothek; 565 – Sprache und Literatur), S. 65–72.

Grab, Walter: Saul Ascher, ein jüdisch-deutscher Spätaufklärer zwischen Revolution und Restauration. In: Jahrbuch des Instituts für Deutsche Geschichte 6 (1977), S. 131–179.

– Zwei Seiten einer Medaille. Demokratische Revolution und Judenemanzipation. Köln: PapyRossa-Verlag 2000.

Graetz, Heinrich: Die Konstruktion der jüdischen Geschichte. Eine Skizze. Berlin: Schocken 1936 (Bücherei des Schocken-Verlags; 59).

– Geschichte der Juden von den allerältesten Zeiten bis auf die Gegenwart. 11. Bd: Vom Beginn der Mendelssohn'schen Zeit (1750) bis in die neueste Zeit (1848). Leipzig: Leiner 1870.

Graetz, Michael: Jüdische Aufklärung. In: Mordechai Breuer / Michael Graetz: Deutsch-jüdische Geschichte in der Neuzeit. Bd 1: Tradition und Aufklärung 1600–1760. München: Beck 1996, S. 251–350.

– Jüdischer Messianismus in der Neuzeit. In: Zukunftshoffnung und Heilserwartung in den monotheistischen Religionen. Hg. von Abdoldjavad Falaturi, Walter Strolz und Shemaryahu Talmon. Freiburg, Basel, Wien: Herder 1983 (Veröffentlichungen der Stiftung Oratio Dominica – Weltgespräch der Religionen – Schriftenreihe zur großen Ökumene; 9), S. 167–188.

Graupe, Heinz Mosche: Die Entstehung des modernen Judentums. Geistesgeschichte der deutschen Juden 1650–1942. Hamburg: Leibniz-Verlag 1969 (Hamburger Beiträge zur Geschichte der deutschen Juden; 1).

– Kant und das Judentum. In: Zeitschrift für Religions- und Geistesgeschichte 13 (1961), H. 1, S. 308–333.

Grebing, Helga: Der ›deutsche Sonderweg‹ in Europa 1806–1945. Eine Kritik. Stuttgart, Berlin, Köln, Mainz: Kohlhammer 1986 (Urban-Taschenbücher; 381).

Grimm, Hermann: Das Leben Schleiermacher's von Dilthey. In: Die Grenzboten 2 (1870), S. 1–8.

Grimm, Jakob: Über den Ursprung der Sprache. In: ders., Auswahl aus den Kleinen Schriften. Hamburg: Gutenberg-Verlag 1904, S. 161–213.

– Über die Beziehungen von Sprachwissenschaft, Geschichte und Rechtswissenschaft. In: ders., Auswahl aus den Kleinen Schriften (wie oben), S. 257–268.

Grüning, Thomas: Das Prinzip List. Erklärung und Verklärung der geschichtlichen Metamorphose Europas in der Philosophie Hegels. In: Die Europaidee im deutschen Idealismus und in der deutschen Romantik. Hg. von Forum für Philosophie Bad Homburg. Bad Homburg 1993 (Schriften – Forum für Philosophie, Bad Homburg; 1), S. 56–75.

Güdemann, Moritz: Jüdische Apologetik. Nachdruck der Ausg. Glogau: Flemming, 1906. Hildesheim, New York: Olms 1981.

Gundolf, Friedrich: Rede zu Goethes hundertstem Todestag. Berlin: Bondi 1932.

Guttmann, Julius: Das geistige Erbe des deutschen Judentums. In: Bulletin des Leo Baeck Instituts, Nr 58 (1981), S. 3–10.

– Die Philosophie des Judentums. München: Reinhardt 1933 (Geschichte der Philosophie in Einzeldarstellungen; 3 – Abt. I: Das Weltbild der Primitiven und die Philosophie des Morgenlandes).

Habermas, Jürgen: Strukturwandel der Öffentlichkeit. Untersuchungen zu einer Kategorie der bürgerlichen Gesellschaft. Neuwied, Berlin: Luchterhand 1971 (Politica; 4 – Sammlung Luchterhand; 25).

Hahn, Barbara: Die Jüdin Pallas Athene. Auch eine Theorie der Moderne. Berlin: Berlin-Verlag 2002.

Halévy, Jacques Fromental: Die Jüdin. Große Oper in fünf Akten. Neue Ausgabe von Georg Hartmann. Berlin: Bühnenverlag Ahn & Simrock o. J.

Hartnacke, Wilhelm: Bildungswahn – Volkstod! Vortrag gehalten am 17. Februar 1932 im Auditorium Maximum der Universität München für die Deutsche Gesellschaft für Rassenhygiene. München: Lehmann 1932.

– Naturgrenzen geistiger Bildung. Inflation der Bildung, schwindendes Führertum, Herrschaft der Urteilslosen. Leipzig: Quelle & Meyer 1930.

Hartung, Günter: Goethe und die Juden. In: Weimarer Beiträge 40 (1994), H. 3, S. 398–416.

Hecht, Georg: Der Neue Jude. Leipzig: Engel 1911.

Heer, Friedrich: Gottes erste Liebe. Die Juden im Spannungsfeld der Geschichte. Durchgesehene und um das Schlußkapitel »Rückblick und Ausblick« erweiterte Lizenzausg., Frankfurt a. M., Berlin: Ullstein 1986 (Ullstein-Buch; 34329 – Ullstein-Sachbuch).

Hegel, Georg Wilhelm Friedrich: Werke in 20 Bänden. Frankfurt a. M.: Suhrkamp 1970.

Heine, Heinrich: Sämtliche Schriften. Hg. von Klaus Briegleb. München: Hanser 1968ff.

Herder, Johann Gottfried: Adrastea. In: Herder's Werke. Hg. und mit Anm. begleitet von Heinrich Düntzer und Wollheim von Fonseca. Berlin o. J. [1879ff.], 14. Bd, S. 1–708.

– Humanitätsbriefe. Briefe zu Beförderung der Humanität. 2 Bde, Berlin, Weimar: Aufbau 1971.

– Ideen zur Philosophie der Geschichte der Menschheit. In: ders., Ausgewählte Werke in Einzelausgaben. Hg. von Heinz Stolpe. 2 Bde, Berlin, Weimar: Aufbau 1965.

Hermand, Jost: Judentum und deutsche Kultur. Beispiele einer schmerzhaften Symbiose. Köln, Weimar, Wien: Böhlau 1996.

Herre, Franz: Nation ohne Staat. Die Entstehung der deutschen Frage. Köln, Berlin: Kiepenheuer & Witsch 1967.

Hertzberg, Arthur: The French Enlightenment and the Jews. New York, London: Columbia University Press 1968.

Herzig, Arno: Das Assimilationsproblem aus jüdischer Sicht (1780–1880). In: Conditio Judaica. Judentum, Antisemitismus und deutschsprachige Literatur vom 18. Jahrhundert bis zum Ersten Weltkrieg. Hg. von Otto Horch und Horst Denkler. Tübingen: Niemeyer 1988, 1. Teil, S. 10–28.

– Das Problem der jüdischen Identität in der deutschen bürgerlichen Gesellschaft. In: Deutsche Aufklärung und Judenemanzipation. Internationales Symposium anläßlich der 250. Geburtstage Lessings und Mendelssohns. Hg. von Walter Grab. Tel-Aviv 1980 (Jahrbuch des Instituts für Deutsche Geschichte; Beiheft 3), S. 243–262.

Hess, Moses: Briefwechsel. Hg. von Edmund Silberner. 'S-Gravenhage: Mouton 1959 (Quellen und Untersuchungen zur Geschichte der deutschen und österreichischen Arbeiterbewegung; 2).

– Die europäische Triarchie. In: ders., Ausgewählte Schriften. Ausgewählt und eingeleitet von Horst Lademacher. Köln: Melzer 1962, S. 81–128.

– Rom und Jerusalem, die letzte Nationalitätsfrage. In: ders., Ausgewählte Schriften (wie oben), S. 221–320.

– Die europäische Triarchie. In: ders., Philosophische und sozialistische Schriften 1837–1850. Eine Auswahl. Hg. und eingeleitet von Auguste Cornu und Wolfgang Mönke. Berlin: Akademie-Verlag 1961, S. 75–166.

– Über das Geldwesen. In: ders., Philosophische und sozialistische Schriften 1837–1850 (wie oben), S. 329–348

– Die heilige Geschichte der Menschheit. Von einem Jünger Spinozas. Neudruck der Ausg. Stuttgart, 1837. Hildeheim: Gerstenberg 1980.

– Mein Messiasglaube. In: ders., Jüdische Schriften. Hg. und eingeleitet von Theodor Zlocisti. Berlin: Lamm 1905, S. 1–8.

Heuss, Theodor: Staat und Volk. Betrachtungen über Wirtschaft, Politik und Kultur. Berlin: Deutsche Buch-Gemeinschaft 1926 (Veröffentlichung der Deutschen Buch-Gemeinschaft).

Heydenbluth, Mathias: Nachwort. In: Max Brod: Notwehr. Frühe Erzählungen. Berlin: Rütten & Loening 1990, S. 169–192.

Heym, Georg: Dichtungen und Schriften. Gesamtausgabe. Hg. von Karl Ludwig Schneider. Bd 3: Tagebücher Träume Briefe. Hamburg, München: Ellermann 1960.

Hirsch, Samson Raphael: Choreb. Versuche über Jissroels Pflichten in der Zerstreuung. Zunächst für Jissroels denkende Jünglinge und Jungfrauen. 5. Aufl., Frankfurt a. M.: Kauffmann 1921.

– Der Jude und seine Zeit. In: ders., Gesammelte Schriften. Hg. von Naphtali Hirsch. Frankfurt a. M.: Kauffmann 1912, 1. Bd, S. 149–159.

– Der Sabbath und die Erziehung. In: ders., Gesammelte Schriften (wie oben), 1. Bd, S. 205–211.

– ›Glauben‹ und ›Wissen‹. In: ders., Gesammelte Schriften (wie oben), Bd 6, S. 12–22.

– Pädagogische Plaudereien XII. In: ders., Gesammelte Schriften (wie oben), 6. Bd, S. 215–240.

– Worte am Vorabend der Schillerfeier. In: ders., Gesammelte Schriften (wie oben), 6. Bd, S. 308–321.

– Über die Beziehung des Talmuds zum Judenthum und zu der sozialen Stellung seiner Bekenner. Frankfurt a. M.: Kauffmann 1884.

Historisches Wörterbuch der Philosophie. In Verbindung mit Günther Bien u. a. hg. von Joachim Ritter und Karlfried Gründer. Völlig neubearb. Ausg. des »Wörterbuchs der philosophischen Begriffe« von Rudolf Eisler. Bern u. a.: Schwabe 1971ff.

Hochschild, Ernst: Deutschenhaß und Judenhaß. In: K. C.-Blätter, Jg 9, H. 11/12, November/Dezember 1919, S. 189–190.

Hölderlin, Friedrich: Sämtliche Werke. Kleine Stuttgarter Hölderlin-Ausgabe. Im Auftrag des Kultusministeriums Baden-Württemberg hg. von Friedrich Beißner. Stuttgart: Kohlhammer 1953ff.

Hölscher, Lucian: Die Entdeckung der Zukunft. Frankfurt a. M.: Fischer-Taschenbuch-Verlag 1999 (Fischer-Taschenbücher; 60137 – Europäische Geschichte).

– Weltgericht oder Revolution. Protestantische und sozialistische Zukunftsvorstellungen im deutschen Kaiserreich. Stuttgart: Klett-Cotta 1989 (Industrielle Welt; 46).

Hofmannsthal, Hugo von: Gesammelte Werke in zehn Einzelbänden. Bd 10: Reden und Aufsätze III. Frankfurt a. M.: Fischer 1980.

Holborn, Hajo: Deutsche Geschichte in der Neuzeit. Bd II: Reform und Restauration, Liberalismus und Nationalismus (1790–1871). Frankfurt a. M.: Fischer-Taschenbuch-Verlag 1981 (Fischer-Taschenbücher; 6415).

Holzhey, Helmut: Cohen und Natorp. Bd 1: Ursprung und Einheit. Die Geschichte der ›Marburger Schule‹ als Auseinandersetzung um die Logik des Denkens. Basel, Stuttgart: Schwabe 1986.

Hortian, Ulrich: Zeit und Geschichte bei Franz Rosenzweig und Walter Benjamin. In: Der Philosoph Franz Rosenzweig (1886–1929). Internationaler Kongress – Kassel 1986. Hg. von Wolfdietrich Schmied-Kowarzik. Freiburg: Alber 1988, Bd II, S. 815–827.

Hubmann, Gerald: Völkischer Nationalismus und Antisemitismus im frühen 19. Jahrhundert. Die Schriften von Rühs und Fries zur Judenfrage. In: Antisemitismus – Zionismus – Antizionismus 1850–1940. Hg. von Renate Heuer und Ralph-Rainer Wuthenow. Frankfurt a. M., New York: Campus 1997 (Campus Judaica;10), S. 9–34.

Humboldt, Wilhelm von: Sein Leben und Wirken. Dargestellt in Briefen, Tagebüchern und Dokumenten seiner Zeit. Ausgewählt und zusammengestellt von Rudolf Freese. Berlin: Verlag der Nation 1953.

Hurwicz, Elias: Judentum – Sozialismus – Christentum. In: Neue Jüdische Monatshefte 3 (1918/19), H. 19/20, S. 412–416.

Ihde, Wilhelm: Wegscheide 1789. Darstellung und Deutung eines Kreuzweges der europäischen Geschichte. 3. Aufl., Berlin: Lühe 1941 [[1]1940].

Ilsar, Yehiel: Zum Problem der Symbiose. In: Bulletin des Leo Baeck Instituts 14 (1975), Nr 51, S. 122–165.

Jahn, Friedrich Ludwig: Deutsches Volkstum. Berlin, Weimar: Aufbau 1991 (Hacks-Kassette; 3).

Jean Paul. Ein Lebensroman in Briefen mit geschichtlichen Verbindungen von Ernst Hartung. Ebenhausen: Langewiesche-Buchhandlung 1925 (Die Bücher der Rose – Neue Friedensreihe).

Jochmann, Werner: Die Ausbreitung des Antisemitismus. In: Deutsches Judentum in Krieg und Revolution 1916–1923. Ein Sammelband. Hg. von Werner E. Mosse. Tübingen: Mohr 1971 (Schriftenreihe wissenschaftlicher Abhandlungen des Leo-Baeck-Instituts; 25), S. 425–510.

Joël, Karl: Die Kultur vor hundert Jahren. In: ders., Antibarbarus. Vorträge und Aufsätze. Jena: Diedrichs 1914, S. 1–123.

Juden im deutschen Kulturbereich. Ein Sammelwerk. Hg. von Siegmund Kaznelson. 3. Ausg., mit Ergänzungen und Richtigstellungen. Berlin: Jüdischer Verlag 1962.

Juden und deutsche Arbeiterbewegung bis 1933. Soziale Utopien und religiös-kulturelle Tradition. Hg. von Ludger Heid und Arnold Paucker. Tübingen: Mohr 1992 (Schriftenreihe wissenschaftlicher Abhandlungen des Leo-Baeck-Instituts; 49).

Juden und Judentum in deutschen Briefen aus drei Jahrhunderten. Hg. von Franz Kobler. Wien: Kobler 1935, S. 119f. (Nachdruck: Königstein/Ts 1984).

Kahler, Erich von: Israel unter den Völkern. Zürich: Humanitas-Verlag 1936.

– Juden und Deutsche. In: Europäische Revue 6 (1930), H. 10, S. 744–756.

Kaiser, Gerhard: Pietismus und Patriotismus im literarischen Deutschland. Ein Beitrag zum Problem der Säkularisation. Wiesbaden: Steiner 1961 (Veröffentlichungen des Instituts für europäische Geschichte Mainz; 24 – Abteilung für abendländische Religionsgeschichte).

Kampmann, Wanda: Deutsche und Juden. Studien zur Geschichte des deutschen Judentums. Heidelberg: Schneider 1963.

Kant, Immanuel: Werke in sechs Bänden. Hg. von Wilhelm Weischedel. Wiesbaden: Insel-Verlag 1956ff.

– Über den Gemeinspruch: Das mag in der Theorie richtig sein, taugt aber nicht für die Praxis. In: ders. / Friedrich von Gentz / August Wilhelm Rehberg: Über Theorie und Praxis. Einleitung von Dieter Henrich. Frankfurt a. M.: Suhrkamp 1967 (Theorie; 1), S. 39–87.

Kastein, Josef: Gibt es eine moderne jüdische Literatur? In: Der Jüdische Wille. Zeitschrift des Kartells Jüdischer Verbindungen 1 (April 1918/April 1919), S. 121–125.

Katz, Jacob: Aus dem Ghetto in die bürgerliche Gesellschaft. Jüdische Emanzipation 1770–1870. Frankfurt a. M.: Athenäum 1986.

– Die Anfänge der Judenemanzipation. In: Bulletin des Leo Baeck Instituts 13 (1974), Nr 50, S. 12–31.

– Messianismus und Zionismus. In: ders., Zwischen Messianismus und Zionismus. Zur jüdischen Sozialgeschichte. Frankfurt a. M.: Jüdischer Verlag 1993, S. 21–36.

– Die Entstehung der Judenassimilation in Deutschland und deren Ideologie. Frankfurt a. M.: Droller 1935.

Kaznelson, Siegmund: Geist und Judentum. In: Aktivistischer oder zionistischer Geist? Eine Debatte zwischen Kurt Hiller und Siegmund Kaznelson aus den Jahren 1916/17. Hg. von Manfred Voigts. In: Aschkenas. Zeitschrift für Geschichte und Kultur der Juden 11 (2001), H. 2, S. 424–428.

Keberweg, Friedrich: Grundriß der Geschichte der Philosophie, 4. Teil: Die deutsche Philosophie des XIX. Jahrhunderts und der Gegenwart. 12. Aufl., völlig neubearbeitet von Traugott Konstantin Oesterreich. Berlin: S. Mittler & Sohn 1923.

Kiesel, Helmuth: Woraus resultiert die außerordentliche kulturelle Leistung des Judentums zu Beginn der Moderne? In: Das Judentum im Spiegel seiner kulturellen Umwelten. Symposium zu Ehren von Saul Friedländer. Hg. von Dieter Borchmeyer und Helmuth Kiesel. Neckargemünd: Edition Mnemosyne 2002 (Reihe ›GegenSatz‹; 5), S. 71–110.

Kippenberg, Anton / Friedrich von der Leyen: Geleitwort. In: Das Buch deutscher Reden und Rufe. Aus vier Jahrhunderten. Hg. von Anton Kippenberg und Friedrich von der Leyen. Leipzig: Insel-Verlag 1942, S. 5*–7*.

Klatzkin, Jakob: Deutschtum und Judentum. Eine Besprechung. In: Der Jude 2 (1917/18), S. 358–370.

Klopstock, Friedrich Gottlieb: Die Wahl. In: ders., Ausgewählte Werke. Hg. von Karl August Schleiden. München: Hanser 1962, S. 173.

– Von der Freundschaft. In: ders., Ausgewählte Werke (wie oben), S. 934–942.

– Vom edlen Ausdrucke. In: Klopstock's sämmtliche Werke. Leipzig: Göschen 1857, 9. Bd, S. 425–442.

Koebner, Thomas: ›Feindliche Brüder‹. Stereotypen der Abgrenzung jüdischen und deutschen Wesens. In: Jahrbuch des Archivs Bibliographia Judaica e.V. 1 (1985), S. 29–55.

Kohn, Hans: Aufgaben der Stunde. In: ders., Nationalismus. Über die Bedeutung des Nationalismus im Judentum und in der Gegenwart. Wien, Leipzig: Löwit 1922, S. 87–100.

– Brief an die Jugend. In: ders., Nationalismus (wie oben), S. 53–60.

– Nationalismus. In: ders., Nationalismus (wie oben), S. 110–128.

– Geleitwort. In: Vom Judentum. Ein Sammelbuch. Hg. vom Verein jüdischer Hochschüler Bar Kochba in Prag. 3. Aufl., Leipzig: Wolff 1914, S. V–IX.

– Briefe an Freunde. In: Der Jude 5 (1920/21), S. 645–657.

– Die politische Idee des Judentums. München: Meyer & Jessen 1924.

– Propheten ihrer Völker. Mill, Michelet, Mazzini, Treitschke, Dostojewski. Studien zum Nationalismus des 19. Jahrhunderts. Bern: Francke 1948 (Sammlung Dalp; 47).

– Über einige Gesichtspunkte des politischen Judenproblems in Deutschland und in Europa. In: Europäische Revue 8 (1932), H. 8, S. 479–489.

Kolb, Eberhard: Die Weimarer Republik. 3. überarb. Aufl., München: Oldenbourg 1993 (Oldenbourg-Grundriß der Geschichte; 16).

Kreutzberger, Max: Bedeutung und Aufgabe deutsch-jüdischer Geschichtsschreibung in unserer Zeit. In: In zwei Welten. Siegfried Moses zum 75. Geburtstag. Hg. von Hans Tramer. Tel-Aviv: Bitaon 1962, S. 627–642.

– Bedeutung und Aufgabe deutsch-jüdischer Geschichtsschreibung in unserer Zeit. In: Zur Geschichte der Juden in Deutschland im 19. und 20. Jahrhundert. Hg. vom Leo Baeck Institut Jerusalem. Jerusalem: Academic Press 1971 (Veröffentlichungen des Leo Baeck Instituts Jerusalem zur Geschichte der Juden in Mitteleuropa), S. 101–119.

– Einleitung. In: Georg Landauer: Der Zionismus im Wandel dreier Jahrzehnte. Hg. von Max Kreutzberger. Tel Aviv: Bitaon-Verlag 1957, S. 13–46.

Krojanker, Gustav: Kunstbetrieb und Judenfrage. In: Bulletin des Leo Baeck Instituts 7 (1964), Nr 27, S. 263–277.

– Vom falschen Geist des Judentums. In: Der Jüdische Wille 2 (1919/20), S. 117–131.

– Vorwort. In: Juden in der deutschen Literatur. Essays über zeitgenössische Schriftsteller. Hg. von Gustav Krojanker. Berlin: Welt-Verlag 1922, S. 7–16.

Kuh, Anton: Juden und Deutsche. Hg. und mit einer Einleitung von Andreas B. Kilcher. Wien: Löcker 2003.

Lässig, Simone: Jüdische Wege ins Bürgertum. Kulturelles Kapital und sozialer Aufstieg im 19. Jahrhundert. Göttingen: Vandenhoeck & Ruprecht 2002 (Bürgertum; N. F. 1).

Landauer, Gustav: Aufruf zum Sozialismus. Hg. von Hans-Joachim Heydorn. Frankfurt a. M.: Europäische Verlags-Anstalt 1967 (Politische Texte).

– Die vereinigten Republiken Deutschlands und ihre Verfassung. In: ders., Zeit und Geist. Kulturkritische Schriften 1890–1919. Hg. von Rolf Kauffeldt und Michael Matzigkeit. München: Boer 1997, S. 294–301.

– Ein Weg deutschen Geistes. In: ders., Zeit und Geist (wie oben), S. 231–248.

– Sind das Ketzergedanken? In: Vom Judentum. Ein Sammelbuch. Hg. vom Verein jüdischer Hochschüler Bar Kochba in Prag. 3. Aufl., Leipzig: Wolff 1914, S. 250–257.

Landmann, Michael: Universalismus und Partikularismus im Judentum. In: Jüdische Miniaturen. Erster Band: Messianische Metaphysik. Bonn: Bouvier 1982, S. 13–49.

Lange, Victor: Jakob van Hoddis. In: Expressionismus als Literatur. Gesammelte Studien. Hg. von Wolfgang Rothe. Bern, München: Francke 1969, S. 344–353.

Lanzmann, Claude: Shoah. Düsseldorf: Claassen 1986.

Lappin, Eleonore: Der Jude 1916–1926. Jüdische Moderne zwischen Universalismus und Partikularismus. Tübingen: Mohr Siebeck 2000 (Schriftenreihe wissenschaftlicher Abhandlungen des Leo-Baeck-Instituts; 62).

Laqueur, Walter: Zwischen zionistischer Utopie und israelischer Realität. In: Zionistische Utopie – israelische Realität. Religion und Nation in Israel. Hg. von Michael Brenner und Yfaat Weiss. München: Beck 1999 (Beck'sche Reihe; 1339), S. 123–137.

Lasalle, Ferdinand: Der Mensch und Politiker in Selbstzeugnissen. Hg. und eingeleitet von Konrad Haenisch. Leipzig: Kröner 1925 (Kröners Taschenausgabe; 43).

– Die Philosophie Fichtes und die Bedeutung des deutschen Volksgeistes. In: ders., Gesammelte Reden und Schriften. 6. Bd: Philosophisch-literarische Streifzüge. Hg. von Eduard Berstein. Berlin: Cassirer 1919, S. 103–152.

Lauer, Gerhard: Die verspätete Revolution. Erich von Kahler. Wissenschaftsgeschichte
  zwischen Konservativer Revolution und Exil. Berlin, New York: de Gruyter 1995
  (Philosophie und Wissenschaft; 6).
Lazarus, Moritz: An die deutschen Juden. In: ders., Treu und frei. Gesammelte Reden
  und Vorträge über Juden und Judenthum. Leipzig: Winter 1887, S. 157–180.
– Was heißt national? In: ders., Treu und frei (wie oben), S. 53–113.
– Zwei Reden auf Moses Mendelssohn zur Gedenkfeier seines hundertjährigen Todes-
  tages. In: ders., Treu und frei (wie oben), S. 181–223.
– Das Leben der Seele in Monographien über seine Erscheinungen und Gesetze. Erster
  Band, Berlin: Schindler 1917.
– Die Ethik des Judenthums [1. Bd]. Frankfurt a. M.: Kauffmann 1898.
– Die Ethik des Judenthums [2. Bd]. Aus dem handschriftlichen Nachlasse des Ver-
  fassers hg. von Jacob Winter und August Wünsche. Frankfurt a. M.: Kauffmann
  1911.
– Eine kleine Gemeinde. In: Jüdische Memoiren aus drei Jahrhunderten. Ausgewählt
  und hg. von Hans Bach. Berlin: Schocken 1936 (Bücherei des Schocken-Verlags;
  52/53), S. 165–181.
– Gedanken über Aufklärung. In: ders., Ideale Fragen in Reden und Vorträgen. 2.,
  unveränderte Aufl. Berlin: Hofmann 1879, S. 267–362.
– Über Gespräche. In: ders., Ideale Fragen in Reden und Vorträgen (wie oben), S. 232–
  265; wieder als: ders., Über Gespräche. Hg. und mit einem Nachwort von Klaus Christian Köhnke. Berlin: Henssel 1986 (Textura; 36).
– Lebenserinnerungen. Bearb. von Nahida Lazarus und Alfred Leicht. Berlin: Reimer
  1906.
– / Heymann Steinthal: Einleitende Gedanken über Völkerpsychologie. Als Einladung
  zu einer Zeitschrift für Völkerpsychologie und Sprachwissenschaft. In: Zeitschrift
  für Völkerpsychologie und Sprachwissenschaft 1 (1860), S. 1–73.
Leisegang, Hans: Nathan der Weise. In: Lessings »Nathan der Weise«. Hg. von Klaus
  Bohnen. Darmstadt: Wissenschaftliche Buchgesellschaft 1984 (Wege der For-
  schung; 587), S. 116–132.
Lessing, Gotthold Ephraim: Werke. Hg. von Herbert G. Göpfert. Darmstadt: Wissen-
  schaftliche Buchgesellschaft 1996.
– Gotthold Ephraim Lessings Gespräche nebst sonstigen Zeugnissen aus seinem Um-
  gang. Zum ersten Mal gesammelt und Hg. von Flodoard Freiherrn von Biedermann.
  Berlin: Propyläen-Verlag 1924.
Levinson, Nathan Peter. In: Jüdisches Leben in Deutschland. Siebzehn Gespräche.
  Geführt, hg. und mit einem Vorwort versehen von Ingrid Wiltmann. Frankfurt a. M.:
  Suhrkamp 1999 (Suhrkamp-Taschenbuch; 3009).
Lewkowitz, Albert: Das Judentum und die geistigen Strömungen des 19. Jahrhunderts.
  Breslau: Marcus 1935 (Grundriß der Gesamtwissenschaft des Judentums).
lfd.: Das neue Bulletin des Leo Baeck Instituts. In: MB Mittelungsblatt. Wochenschrift
  des Irgun Olej Merkas Europa, 27. Februar 1976, S. 4.
Lichtheim, Richard: Die Geschichte des deutschen Zionismus. Jerusalem: Mass 1954.
– Rückkehr. Lebenserinnerungen aus der Frühzeit des deutschen Zionismus. Stuttgart:
  Deutsche Verlags-Anstalt 1970 (Veröffentlichung des Leo Baeck Instituts).
Liebeschütz, Hans: Das Judentum im Geschichtsbild von Hegel bis Max Weber. Tübin-
  gen: Mohr 1967 (Schriftenreihe wissenschaftlicher Abhandlungen des Leo-Baeck-
  Instituts; 17).
– Die Bedeutung der Ideengeschichte für das Verständnis der jüdischen Situation in
  Deutschland. In: Zur Geschichte der Juden in Deutschland im 19. und 20. Jahrhun-

dert. Hg. vom Leo Baeck Institut Jerusalem. Jerusalem: Academic Press 1971 (Veröffentlichungen des Leo Baeck Instituts Jerusalem zur Geschichte der Juden in Mitteleuropa), S. 65–68.

- Von Georg Simmel zu Franz Rosenzweig. Studien zum Jüdischen Denken im deutschen Kulturbereich. Tübingen: Mohr 1970 (Schriftenreihe wissenschaftlicher Abhandlungen des Leo-Baeck-Instituts; 23).

Literaturwissenschaft und Geistesgeschichte 1910 bis 1925. Hg. von Christoph König und Eberhard Lämmert. Frankfurt a. M.: Fischer-Taschenbuch-Verlag 1993 (Fischer-Taschenbücher; 11471 – Literaturwissenschaft).

Litt, Theodor: Das Bildungsideal der deutschen Klassik und die moderne Arbeitswelt. Bonn: Bundeszentrale für Heimatdienst 1955 (Schriftenreihe der Bundeszentrale für Heimatdienst; 15).

Löwenthal, Leo: Judentum und deutscher Geist. In: ders., Untergang der Dämonologien. Studien über Judentum, Antisemitismus und faschistischen Geist. Leipzig: Reclam 1990 (Reclam-Bibliothek; 1376 – Philosophie, Geschichte, Kulturgeschichte), S. 26–82.

Lowenstein, Steven M.: Die Gemeinde. In: Steven M. Lowenstein / Paul Mendes-Flohr / Peter Pulzer / Monika Richarz: Deutsch-jüdische Geschichte in der Neuzeit. Bd 3: Umstrittene Integration 1871–1918. München: Beck 1996, S. 123–150.

Lowenthal-Hensel, Cécile / Arnold Paucker: Einleitung. In: Ernst Feder: Heute sprach ich mit ... Tagebücher eines Berliner Publizisten 1926–1932. Hg. von Cécile Lowenthal-Hensel und Arnold Paucker. Stuttgart: Deutsche Verlags-Anstalt 1971 (Veröffentlichungen des Leo-Baeck-Instituts), S. 7–28.

Löwy, Michael: Messianismus im Frühwerk Gershom Scholems. In: Im Gespräch. Hefte der Martin Buber-Gesellschaft, Nr 2 (Frühjahr 2001), S. 24–42.

Luden, Heinrich: Über das Studium der vaterländischen Geschichte. Darmstadt: Wissenschaftliche Buchgesellschaft 1955.

- Vom freien Geistesverkehr. Pressfreiheit, Censur, Buchhandel und Nachdruck. Nachdruck des Beitrags aus *Nemesis, Zeitschrift für Politik und Geschichte*, 2. Band, Weimar 1814. Heidelberg: Winter 1990 (Jahresgabe – Carl-Winter-Universitätsverlag Heidelberg; 1990/91).

Lukács, Georg: Die Zerstörung der Vernunft. Der Weg des Irrationalismus von Schelling zu Hitler. 3. Aufl., Berlin, Weimar: Aufbau 1984.

Luserke, Matthias: Die Bändigung der wilden Seele. Literatur und Leidenschaft in der Aufklärung. Stuttgart, Weimar: Metzler 1995 (Germanistische Abhandlungen; 77).

Maimon, Salomom: Geschichte des eigenen Lebens (1754–1800). Berlin: Schocken 1935 (Bücherei des Schocken-Verlags; 33/34).

Mann, Heinrich: Das auferstehende Land. In: Der Jude 9 (1925/27), Sonderheft: Antisemitismus und jüdisches Volkstum (1925), S. 98–102.

- Der Haß. Deutsche Zeitgeschichte. Berlin, Weimar: Aufbau 1983.

Mann, Klaus: 1919 – Der literarische Expressionimus. In: ders., Das innere Vaterland. Literarische Essays aus dem Exil. Hg. und mit einem Nachwort von Martin Gregor-Dellin. München: Edition Spangenberg im Ellermann-Verlag 1986, S. 61–77.

Mann, Thomas: Die Lösung der Judenfrage. In: ders., Aufsätze – Reden – Essays. Hg. und mit Anm. versehen von Harry Matter. Berlin, Weimar: Aufbau 1983, Bd 1: 1893–1913, S. 128–132.

- Warum braucht das jüdische Volk nicht zu verzweifeln? In: ders., Das essayistische Werk. Taschenbuchausgabe in acht Bänden. Politische Schriften und Reden. Hg. von Hans Bürgin. Frankfurt a. M.: Fischer 1968 (Moderne Klassiker – Fischer Bücherei), 2. Bd, S. 334–335.

Margulies, Heinrich: Kritik des Zionismus. 1. Teil: Volk und Gemeinschaft; 2. Teil: Der Zionismus als Volksbewegung. Wien, Berlin: Löwit 1920.

Mattenklott, Gert: Jüdische Intelligenz in deutschen Briefen 1619–1988. Frankfurt a. M.: Frankfurter Bund für Volksbildung 1988 (Zerstörung, Verlust, Erinnerung).

Mayer, Hans: Das unglückliche Bewußtsein. Zur deutschen Literaturgeschichte von Lessing bis Heine. Berlin: Aufbau 1990.

Meinecke, Friedrich: Deutung eines Ranke-Wortes. In: ders., Aphorismen und Skizzen zur Geschichte. Leipzig: Koehler & Amelang 1942, S. 127–162.

– Die Entstehung des Historismus. Hg. und eingeleitet von Carl Hinrichs. München: Oldenbourg 1959 (Werke; 3).

– Weltbürgertum und Nationalstaat. Studien zur Genesis des deutschen Nationalstaates. 3., durchgesehene Aufl., München, Berlin: Oldenbourg 1915.

– Weltbürgertum und Nationalstaat. Hg. und eingeleitet von Hans Herzfeld. 9. Aufl., 2. Aufl. im Rahmen der Friedrich-Meinecke-Werke. München: Oldenbourg 1969.

Meixner, Horst: Berliner Salons als Ort deutsch-jüdischer Symbiose. In: Gegenseitige Einflüsse deutscher und jüdischer Kultur von der Epoche der Aufklärung bis zur Weimarer Republik. Internationales Symposium Tel-Aviv, April 1982. Hg. von Walter Grab. Tel-Aviv 1982 (Jahrbuch des Instituts für deutsche Geschichte; Beiheft 4), S. 97–107.

Mendelssohn, Moses: Moses Mendelssohn's gesammelte Schriften. Hg. von G. B. Mendelssohn. 4. Bd, 1. Abt., Leipzig: Brockhaus 1844.

– Brautbriefe. Berlin: Schocken 1936.

– Phaedon oder Über die Unsterblichkeit der Seele. In: Moses Mendelssohn's Schriften zur Philosophie, Aesthetik und Apologetik. Mit Einleitungen, Anmerkungen und einer biographisch-historischen Charakteristik Mendelssohn's. Hg. von Moritz Brasch. Breslau: Jacobsohn 1892, Bd 1.

– Über die Frage: was heißt aufklären? In: Was ist Aufklärung? Beiträge aus der Berlinischen Monatsschrift. Hg. von Norbert Hinske. 2., um ein Nachwort vermehrte Aufl., Darmstadt: Wissenschaftliche Buchgesellschaft 1977, S. 444–451.

Mendes-Flohr, Paul: Juden innerhalb der deutschen Kultur. In: Avraham Barkai / Paul Mendes-Flohr: Deutsch-jüdische Geschichte in der Neuzeit. Bd 4: Aufbruch und Zerstörung 1918–1945. München: Beck 1997, S. 167–190.

Merck, Johann Heinrich: Galle genug hab ich im Blute. Fabeln, Satiren, Essays. Hg. von Hedwig Voegt. Berlin: Rütten & Loening 1973.

Meyer, Michael A.: Jüdische Identität in der Moderne. Frankfurt a. M.: Jüdischer Verlag 1992.

– Von Moses Mendelssohn zu Leopold Zunz. Jüdische Identität in Deutschland 1749–1824. München: Beck 1994.

Michel, Wilhelm: Verrat am Deutschtum. Eine Streitschrift zur Judenfrage. Hannover, Leipzig: Steegemann 1922.

Minder, Robert: Glaube, Skepsis und Rationalismus. Dargestellt aufgrund der autobiographischen Schriften von Karl Philipp Moritz. Frankfurt a. M.: Suhrkamp 1974 (Suhrkamp-Taschenbuch Wissenschaft; 43).

Minssen, Friedrich: Perspektiven politischer Bildung in der Gegenwart. In: Antisemitismus. Zur Pathologie der bürgerlichen Gesellschaft. Hg. von Hermann Huss und Andreas Schröder. Frankfurt a. M.: Europäische Verlags-Anstalt 1965 (Sammlung »Res novae«; 36), S. 141–165.

Mohr, Hans: Wissenschaft und Bildung. Stellungnahme eines Naturwissenschaftlers zu den Thesen von C. P. Snow. In: Die zwei Kulturen. Literarische und naturwissenschaftliche Intelligenz. C. P. Snows These in der Diskussion. Hg. von Helmut Kreuzer.

München: Klett-Cotta im Deutschen Taschenbuch-Verlag 1987 (dtv/Klett-Cotta; 4454), S. 229–253.

Mommsen, Hans: Die verspielte Freiheit. Der Weg der Republik von Weimar in den Untergang 1918–1933. Berlin: Propyläen-Verlag 1989 (Propyläen-Geschichte Deutschlands; 8).

Mommsen, Theodor: Auch ein Wort über unser Judenthum. In: Der Berliner Antisemitismusstreit. Hg. von Walter Boehlich. Frankfurt a. M.: Insel-Verlag 1965, S. 212–227.

Mosse, George L.: Das deutsch-jüdische Bildungsbürgertum. In: Bildungsbürgertum im 19. Jahrhundert. Teil 2: Bildungsgüter und Bildungswissen. Hg. von Reinhard Koselleck. Stuttgart: Klett-Cotta 1990 (Industrielle Welt; 41), S. 168–180.

– Juden im Zeitalter des modernen Nationalismus. In: Die Konstruktion der Nation gegen die Juden. Hg. von Peter Alter, Claus-Ekkehard Bärsch und Peter Berghoff. München: Fink 1999, S. 15–25.

– Jüdische Intellektuelle in Deutschland. Zwischen Religion und Nationalismus. Frankfurt a. M., New York: Campus 1992 (Edition Pandora).

Mosse, Werner E.: Einleitung: Deutsches Judentum und Liberalismus. In: Das deutsche Judentum und der Liberalismus – German Jewry and Liberalism. Dokumentation eines internationalen Seminars der Friedrich-Naumann-Stiftung in Zusammenarbeit mit den Leo Baeck Institute London. Sankt Augustin: COMDOK-Verlagsabteilung 1986 (Schriften der Friedrich-Naumann-Stiftung – Liberale Texte), S. 15–21.

– Grundprobleme der Geschichte des deutschen Judentums. Kolloquium. In: Zur Geschichte der Juden in Deutschland im 19. und 20. Jahrhundert. Hg. vom Leo Baeck Institut Jerusalem. Jerusalem: Academic Press 1971 (Veröffentlichungen des Leo Baeck Instituts Jerusalem zur Geschichte der Juden in Mitteleuropa), S. 20–34.

– Schlußwort. In: Zur Geschichte der Juden in Deutschland im 19. und 20. Jahrhundert (wie oben), S. 31–32.

Mühsam, Erich: Zur Judenfrage. In: ders., Ausgewählte Werke. Bd 2: Publizistik, Unpolitische Erinnerungen. Hg. von Christlieb Hirte unter Mitarbeit von Roland Links und Dieter Schiller. Berlin: Rixdorfer Verlagsanstalt 1985, S. 328–335.

Müller, Adam H.: Die Elemente der Staatskunst. Mit einer Einführung, erklärenden Anmerkungen und bisher ungedruckten Orginaldokumenten versehen von Jakob Baxa. Jena: Fischer 1922 (Die Herdflamme; 1,1/1,2).

Na'aman, Shlomo: Emanzipation und Messianismus. Leben und Werk des Moses Hess. Frankfurt a. M., New York: Campus 1982 (Quellen und Studien zur Sozialgeschichte; 3).

Naudh, H. [= Heinrich Nordmann]: Professoren über Israel. Von Treitschke und Bresslau. Berlin: Hentze 1880. In: Der Berliner Antisemitismusstreit. Hg. von Walter Boehlich. Frankfurt a. M.: Insel-Verlag 1965, S. 182–204.

Naumann, Friedrich: Die politische Mattigkeit der Gebildeten. In: ders., Ausgewählte Schriften. Eingeleitet und mit Anmerkungen versehen von Hannah Vogt. Frankfurt a. M.: Schauer 1949 (Civitas gentium; 6), S. 188–194.

Nietzsche, Friedrich: Sämtliche Werke. Kritische Studienausgabe in 15 Einzelbänden. Hg. von Giorgio Colli und Mezzino Montinari. München, Berlin, New York: de Gruyter 1980.

Niewöhner, Friedrich: Judentum, Wesen des Judentums. In: Historisches Wörterbuch der Philosophie. Hg. von Joachim Ritter. Darmstadt: Wissenschaftliche Buchgesellschaft 1976, Bd 4, Sp. 649–653.

Nipperdey, Thomas: Deutsche Geschichte 1800–1866. Bürgerwelt und starker Staat. 3. Aufl., München: Beck 1985.

Nordau, Max: I. Kongreßrede. In: Max Nordau's zionistische Schriften. Hg. vom Zionistischen Aktionskomitee. Köln, Leipzig: Jüdischer Verlag 1909, S. 39–57.

Novalis: Werke, Tagebücher und Briefe Friedrich von Hardenbergs. Hg. von Hans-Joachim Mähl und Richard Samuel. Bd 2: Das philosophisch-theoretische Werk. München, Wien: Hanser 1978.

Nowak, Kurt: Schleiermacher und die Emanzipation des Judentums am Ende des 18. Jahrhunderts in Preußen. In: Friedrich Schleiermacher: Briefe bei Gelegenheit der politisch theologischen Aufgabe und des Sendschreibens jüdischer Hausväter von einem Prediger außerhalb Berlin. Faksimile der Ausg. Berlin 1799. 1. Aufl., Berlin: Evangelische Verlags-Anstalt 1984.

Och, Gunnar: Imago judaica. Juden und Judentum im Spiegel der deutschen Literatur 1750–1812. Würzburg: Königshausen & Neumann 1995.

Oken, Lorenz: Gesammelte Schriften. Die sieben Programme zur Naturphilosophie, Physik, Mineralogie, vergleichenden Anatomie und Physiologie. Berlin: Keiper 1939 (Schöpferische Romantik).

Otto, Berthold: Warum feiern wir Schillers Todestag? Halle a. S.: Buchhandlung des Waisenhauses 1905.

Paetzold, Heinz: Ernst Cassirer – Von Marburg nach New York. Eine philosophische Biographie. Darmstadt: Wissenschaftliche Buchgesellschaft 1995

Paulsen, Friedrich: Bildung. In: ders., Zur Ethik und Politik. Gesammelte Vorträge und Aufsätze. 2. verm. Aufl., Berlin: Verlag Deutsche Bücherei o. J. [um 1907] (Deutsche Bücherei; 31), 1. Bd, S. 78–103.

– Das geistige Leben des deutschen Volkes im neunzehnten Jahrhundert. In: ders., Zur Politik und Ethik (wie oben), 1. Bd., S. 59–66.

– Deutsche Bildung – Menschheitsbildung. In: ders., Zur Politik und Ethik (wie oben), 1. Bd., S. 67–77.

– Goethes ethische Anschauungen. In: ders., Zur Politik und Ethik (wie oben), 1. Bd., S. 3–40.

– Politik und Moral. In: ders., Zur Ethik und Politik. Gesammelte Vorträge und Aufsätze. 2. verm. Aufl., Berlin: Verlag Deutsche Bücherei o. J. [um 1907] (Deutsche Bücherei; 32), 2. Bd, S. 3–31.

Pestalozzi, Johann Heinrich: Die Abendstunde eines Einsiedlers. In: ders., Sämtliche Werke und Briefe. Bd 2: Schriften zur Menschenbildung und Gesellschaftsentwicklung. Zürich: Verlag Neue Zürcher Zeitung 1986, S. 29–44.

Philippson, Ludwig: Deutschtum und Judentum. In: ders., Gesammelte Abhandlungen. Leipzig: Fock 1911, Bd 1, S. 161–170.

– Stoff und Geist in der Menschheit. In: ders., Gesammelte Abhandlungen (wie oben), Bd 1, S. 11–24.

– Die Israelitische Religionslehre. Erste Abtheilung: Die Einleitung. Leipzig: Baumgärtner 1861, S. 262.

– Die rechte Politik. In: ders., Weltbewegende Fragen in Politik und Religion. Aus den letzten dreißig Jahren. Erster Theil: Politik. Leipzig: Baumgärtner 1868 (Schriften), S. 12–15.

– Die Theokratie. In: ders., Weltbewegende Fragen in Politik und Religion (wie oben), S. 134–139.

– Staat und Religion, die religiöse Gemeinschaft. In: ders., Weltbewegende Fragen in Politik und Religion (wie oben), S. 84–112.

Picard, Max: Hitler in uns selbst. Erlenbach-Zürich, Stuttgart: Rentsch 1969 [[1]1946].

Plessner, Helmuth: Die verspätete Nation. Über die politische Verführbarkeit bürgerlichen Geistes. 2., erweiterte Aufl., Stuttgart: Kohlhammer 1959.

– Ein Volk der Dichter und Denker? In: ders., Diesseits der Utopie. Ausgewählte Beiträge zur Kultursoziologie. Frankfurt a. M.: Suhrkamp 1974 (Suhrkamp-Taschenbuch; 148), S. 66–73.

Poliakov, Léon: Geschichte des Antisemitismus. Bd 6: Emanzipation und Rassenwahn. Worms: Heintz 1987.

Prager Literatur vom Expressionismus bis zu Exil und Verfolgung. Ausstellungsbuch. Erarbeitet und hg. von Ernest Wichner und Herbert Wiesener. Berlin: Literaturhaus 1995 (Texte aus dem Literaturhaus Berlin; 11).

Prinz, Joachim: Wir Juden. Berlin: Reiss 1934.

Quellenbuch zur jüdischen Geschichte und Literatur. Bearb. von Julius Höxter. 5. Teil: Neueste Zeit. 1789 bis zur Gegenwart. Frankfurt a. M.: Kauffmann 1930.

Rang, Florens Christian: Deutsche Bauhütte. Ein Wort an uns Deutsche über mögliche Gerechtigkeit gegen Belgien und Frankreich und zur Philosophie der Politik. Sannerz, Leipzig: Arnold 1924.

Ranke, Leopold von: Die großen Mächte. In: ders., Geschichte und Politik. Ausgewählte Aufsätze und Meisterschriften. Hg. von Hans Hofmann. Stuttgart: Kröner 1940 (Kröners Taschenausgabe; 146), S. 1–53.

– Über die Epochen der neueren Geschichte. In: ders., Geschichte und Politik (wie oben), S. 138–347.

Rathenau, Walther: Die neue Gesellschaft. In: ders., Schriften und Reden. Hg. von Hans Werner Richter. Frankfurt a. M.: Fischer 1964, S. 278–358.

– Der Kaiser. In: ders., Schriften und Reden (wie oben), S. 235–272.

Ravitzky, Aviezer: Religiöse und Säkulare in Israel: Ein Kulturkampf? In: Zionistische Utopie – israelische Realität. Religion und Nation in Israel. Hg. von Michael Brenner und Yfaat Weiss. München: Beck 1999 (Beck'sche Reihe; 1339), S. 148–172.

Rebmann, Andreas Georg Friedrich von: Über den Unfug vieler deutschen Schriftsteller unserer Zeit und über die Richtung, welche sie der Nation geben wollen. In: ders., Werke und Briefe in drei Bänden. Hg. von Hedwig Voegt, Werner Greiling und Wolfgang Ritschel. Berlin: Rütten & Loening 1990, Bd 3, S. 397–411.

Reichmann, Eva G.: Flucht in den Haß. Die Ursachen der deutschen Judenkatastrophe. Frankfurt a. M.: Europäische Verlagsanstalt 1956.

– Vom Sinn deutsch-jüdischen Seins. In: dies., Größe und Verhängnis deutsch-jüdischer Existenz. Zeugnisse einer tragischen Begegnung. Heidelberg: Schneider 1974 (Bibliotheca Judaica; 2), S. 48–62.

– Der Bewußtseinswandel der deutschen Juden. In: Deutsches Judentum in Krieg und Revolution 1916–1923. Ein Sammelband. Hg. von Werner E. Mosse. Tübingen: Mohr 1971 (Schriftenreihe wissenschaftlicher Abhandlungen des Leo-Baeck-Instituts; 25), S. 511–612.

Reissner, Hanns Günther: Eduard Gans. Ein Leben im Vormärz. Tübingen: Mohr 1965 (Schriftenreihe wissenschaftlicher Abhandlungen des Leo-Baeck-Instituts; 14).

Reißner, Hanns: Mirabeaus Judenpolitik. In: Der Morgen 8 (1932/33), H. 2 (Juni 1932), S. 122–130.

– Weltgeschichte und jüdische Geschichte. In: Der Morgen, Jg 7 (1931), Nr 2, S. 191–197.

Renan, Ernest: Was ist eine Nation? In: ders., »Was ist eine Nation?« und andere Schriften. Hg. von Walter Euchner. Wien, Bozen: Folio 1995 (Transfer Kulturgeschichte; 2), S. 41–58.

Revolutionäre Vernunft. Texte zur jakobinischen und liberalen Revolutionsrezeption in Deutschland 1789–1810. Hg. von Jörn Garber. Kronberg/Ts: Skriptor 1974 (Skripten Literaturwissenschaft; 5).

Riemenschneider, Hartmut: Sprachpatriotismus. Nationale Aspekte in der literarischen Kultur des deutschen Barock. In: Dichter und ihre Nation. Hg. von Helmut Scheuer. Frankfurt a. M.: Suhrkamp 1993 (Suhrkamp-Taschenbuch; 2117 – Materialien), S. 38–52.

Ringer, Fritz K.: Die Gelehrten. Der Niedergang der deutschen Mandarine 1890–1933. Stuttgart: Klett-Cotta 1983.

Ritter, Gerhard: Europa und die deutsche Frage. Betrachtungen über die geschichtliche Eigenart des deutschen Staatsdenkens. München: Münchener Verlag 1948.

Rochau, Ludwig August von: Grundsätze der Realpolitik. Angewendet auf die staatlichen Zustände Deutschlands. Hg. und eingeleitet von Hans-Ulrich Wehler. Frankfurt a. M., Berlin, Wien: Ullstein 1972 (Ullstein-Buch; 2915).

Rösemeier, Hermann: Die Wurzeln der neudeutschen Mentalität. Bern: Der Freie Verlag 1918.

Rolland, Romain: Das Gewissen Europas. Tagebuch der Kriegsjahre 1914–1919. Aufzeichnungen und Dokumente zur Moralgeschichte Europas in jener Zeit. Berlin: Rütten & Loening 1983.

Rosen, Zwi: Moses Hess' Einfluß auf die Entfremdungstheorie von Karl Marx. In: Juden im Vormärz und in der Revolution von 1848. Hg. von Walter Grab und Julius H. Schoeps. Stuttgart, Bonn: Burg-Verlag 1983 (Studien zur Geistesgeschichte; 3), S. 169–198.

Rosenberg, Hans: Politische Denkströmungen im deutschen Vormärz. Göttingen: Vandenhoeck & Ruprecht 1972 (Kritische Studien zur Geschichtswissenschaft; 3).

Rosenheim, Jacob: Das Bildungsideal S. R. Hirschs und die Gegenwart. Frankfurt a. M.: Hermon-Verlag o. J. [1935].

Rosenthal, L. A.: Deutsche und Juden. In: Jüdisches Literatur-Blatt 30 (1902), H. 4, S. 38–40, H. 5, S. 50–52 u. H. 6, S. 62–65.

Rosenzweig, Franz: Apologetisches Denken. Bemerkungen zu Brod und Baeck. In: Der Jude 7 (1923), S. 457–464.

– Der Mensch und sein Werk. Gesammelte Schriften. Bd 2: Der Stern der Erlösung. Hg. von Reinhold Mayer. Den Haag: Njihoff 1976.

– Bildung und kein Ende. In: ders., Der Mensch und sein Werk. Gesammelte Schriften. Bd 3: Zweistromland. Kleine Schriften zu Glauben und Denken. Hg. von Reinhold Mayer und Annemarie Mayer. Den Haag: Nijhoff 1984, S. 491–503.

– Der jüdische Mensch. In: ders., Der Mensch und sein Werk (wie oben), Bd 3, S. 559–575.

– Zu Lessings Denkstil. In: ders., Der Mensch und sein Werk (wie oben), Bd 3, S. 455.

– Hegel und der Staat. 2 Bde, München, Berlin: Oldenbourg 1920, Nachdruck: Aalen: Scientia 1982.

– La Bible. In: Der Morgen 5 (1929/30), H. 1 (April 1929), S. 95.

Rothacker, Erich: Logik und Systematik der Geisteswissenschaften. Bonn: Bouvier 1948 [¹1927].

Rubiner, Ludwig: Europäische Gesellschaft. In: Zeit-Echo, Jg 3, 1. und 2. Maiheft 1917, S. 6–9.

Ruiz, Alain: Auf dem Wege zur Emanzipation. Der ideologische Werdegang des aufgeklärten ›Gelehrten jüdischer Nation‹ H. S. Pappenheimer (1769–1832) bis zur Französischen Revolution. In: Deutsche Aufklärung und Judenemanzipation. Internationales Symposium anläßlich der 250. Geburtstage Lessings und Mendelssohns. Hg. von Walter Grab. Tel-Aviv 1980 (Jahrbuch des Instituts für Deutsche Geschichte; Beiheft 3), S. 183–222.

Rychner, Max: Lessing und die Klassik. Zum 200. Geburtstag, 22. Januar 1929. In: ders., Bei mir laufen Fäden zusammen. Literarische Aufsätze, Kritiken, Briefe. Hg. von Roman Bucheli. Göttingen: Wallstein-Verlag 1998 (Veröffentlichungen der Deutschen Akademie für Sprache und Dichtung; 74), S. 97–103.

– Theodor Fontane: Briefe an Georg Friedländer. In: ders., Bei mir laufen Fäden zusammen (wie oben), S. 169–175.

Sautermeister, Gert: Literarischer Messianismus in Deutschland. Politische Ästhetik im Banne der Revolution (1789–1914). In: Schreckensmythen – Hoffnungsbilder. Die Französische Revolution in der deutschen Literatur. Essays. Hg. von Harro Zimmermann. Frankfurt a. M. 1989 (Athenäums Taschenbuch; 130), S. 122–161.

Schaeffler, Richard: Die Wissenschaft des Judentums in ihre Beziehung zur allgemeinen Geistesgeschichte im Deutschland des 19. Jahrhunderts. In: Wissenschaft des Judentums. Anfänge der Judaistik in Europa. Hg. von Julius Carlebach. Darmstadt: Wissenschaftliche Buchgesellschaft 1992, S. 113–131.

Scheler, Max: Der Genius des Krieges und der Deutsche Krieg. Leipzig: Verlag der Weißen Bücher 1915.

– Die Formen des Wissens und der Bildung. In: ders., Philosophische Weltanschauung. München: Lehnen 1954 (DALP-Taschenbücher; 301), S. 16–48.

Schelling, Friedrich Wilhelm Joseph: Philosophie der Mythologie. Erster Band. Darmstadt: Wissenschaftliche Buchgesellschaft 1957.

– Philosophie der Offenbarung. Unveränderter reprographischer Nachdruck der aus dem Nachlaß hg. Ausg. von 1858. Darmstadt: Wissenschaftliche Buchgesellschaft 1955.

– Über das Wesen deutscher Wissenschaft. Fragment. In: ders., Ausgewählte Schriften in sechs Bänden. Frankfurt a. M.: Suhrkamp 1985 (Suhrkamp-Taschenbuch Wissenschaft; 524), Bd 4, S. 11–28.

Schiller, Friedrich: Sämtliche Werke. Hg. von Gerhard Fricke und Herbert G. Göpfert. 2., durchges. Aufl., München: Hanser 1960.

Schilson, Arno: »... auf meiner alten Kanzel, dem Theater« Über Religion und Theater bei Gotthold Ephraim Lessing. Göttingen: Wallstein 1997 (Kleine Schriften zur Aufklärung; 9).

Schlegel, Friedrich: 1794–1802. Seine prosaischen Jugendschriften. Hg. von Jacob Minor, 2. (Titel-)Auflage, Wien: Konegen 1906.

– Kritische Schriften. Hg. von Wolfdietrich Rasch. 2., erw. Aufl., München: Hanser 1964.

Schleiermacher, Friedrich: Friedrich Schleiermacher's sämmtliche Werke. Zweite Abtheilung: Predigten. Erster Band, Berlin: Reimer 1834.

– Versuch einer Theorie des geselligen Betragens. In: Rahel Varnhagen: Rahel-Bibliothek. Gesammelte Werke. Hg. von Konrad Feilchenfeldt, Uwe Schweikert und Rahel E. Steiner. München: Matthes & Seitz 1983, Bd 10, S. 253–279.

Schlösser, Manfred: Über das Verhältnis der Deutschen zu den Juden. In: Bulletin des Leo Baeck Instituts 8 (1965), Nr 30, S. 158–166.

Schmid Noerr, Gunzelin: Wahrheit, Macht und die Sprache der Philosophie. In: Max Horkheimer heute. Werk und Wirkung. Hg. von Alfred Schmidt und Norbert Altwicker. Frankfurt a. M.: Fischer-Taschenbuch-Verlag 1986 (Fischer-Taschenbücher; 6559), S. 349–370.

Schnabel, Franz: Das humanistische Bildungsgut im Wandel von Staat und Gesellschaft. Festrede, gehalten in der öffentlichen Sitzung der Bayerischen Akademie der Wissenschaften in München am 3. Dezember 1955. München: Verlag der Bayerischen Akademie der Wissenschaften 1956.

– Deutsche Geschichte im neunzehnten Jahrhundert. Bd 4: Die religiösen Kräfte. Freiburg i. Br.: Herder 1937 [Nachdruck München: Deutscher Taschenbuch-Verlag 1987].

Schnädelbach, Herbert: Philosophie in Deutschland 1831–1933. Frankfurt a. M.: Suhrkamp 1983 (Suhrkamp-Taschenbuch Wissenschaft; 401).

Schneiders, Werner: Die wahre Aufklärung. Zum Selbstverständnis der deutschen Aufklärung. Freiburg, München: Alber 1974 (Alber Broschur Philosophie).

Schochat, Asriel: Der Ursprung der jüdischen Aufklärung in Deutschland. Frankfurt, New York: Campus 2000 (Campus Judaica; 14).

Schocken jr, Salman: Eine Maccabäerrede. Hg. von der zionistischen Ortsgruppe Chemnitz. Leipzig: Poeschel & Trepte o. J. [um 1913].

Schoell-Glass, Charlotte: Idea vincit? Das humanistische Projekt Kulturwissenschaftliche Bibliothek Warburg (1926–1929). In: Humanismus in Geschichte und Gegenwart. Hg. von Richard Faber und Enno Rudolph. Tübingen: Mohr Siebeck 2002 (Religion und Aufklärung; 10), S. 57–75.

Schoeps, Julius H.: Einleitung: Zionismus oder der Kampf um die nationale Wiedergeburt. In: Zionismus. Texte zu seiner Entwicklung. Hg. von Julius H. Schoeps. 2., überarb. Aufl., Dreieich: Melzer-Productions 1983, S. 9–45.

Scholem, Gershom (Gerhard): Politik der Mystik. Zu Isaac Breuers »Neuem Kursari«. In: Jüdische Rundschau, Jg 39, Nr 57, 17. Juni 1934, S. 1–2.

– Die Theologie des Sabbatianismus im Lichte Abraham Cardosos. In: ders., Judaica 1. Frankfurt a. M.: Suhrkamp 1963 (Bibliothek Suhrkamp; 106), S. 119–146.

– Erlösung durch Sünde. In: ders., Judaica 5. Erlösung durch Sünde. Hg., aus dem Hebräischen übersetzt und mit einem Nachwort versehen von Michael Brocke. Frankfurt a. M.: Suhrkamp 1992 (Bibliothek Suhrkamp; 1111), S. 7–116.

– Juden und Deutsche. In: ders., Judaica 2. Frankfurt a. M.: Suhrkamp 1970 (Bibliothek Suhrkamp; 263), S. 20–46.

– Noch einmal: das deutsch-jüdische Gespräch. In: ders., Judaica 2 (wie oben), S. 12–19.

– Wider den Mythos vom deutsch-jüdischen Gespräch. In: ders., Judaica 2 (wie oben), S. 7–11.

– Tagebücher nebst Aufsätzen und Entwürfen bis 1923, 2. Halbband 1917–1926. Hg. von Karlfried Gründer, Herbert Kopp-Oberstebrink und Friedrich Niewöhner. Frankfurt a. M.: Jüdischer Verlag 2000.

Schulin, Ernst: »Das geschichtlichste Volk«. Die Historisierung des Judentums in der deutschen Geschichtswissenschaft des 19. Jahrhunderts. In: ders., Arbeit an der Geschichte. Etappen der Historisierung auf dem Weg zur Moderne. Frankfurt a. M., New York: Campus 1997 (Edition Pandora; 35), S. 114–163.

Schulte, Christoph: Die jüdische Aufklärung. Philosophie, Religion, Geschichte. München: Beck 2002.

Schulz, Gerhard: Der späte Nationalismus im deutschen politischen Denken des neunzehnten Jahrhunderts. In: Das Judentum in der Deutschen Umwelt 1800–1850. Studien zur Frühgeschichte der Emanzipation. Hg. von Hans Liebeschütz und Arnold Paucker. Tübingen: Mohr 1977 (Schriftenreihe wissenschaftlicher Abhandlungen des Leo-Baeck-Instituts; 35), S. 95–137.

Schulz, Johann Heinrich: Anleitung zur Sittenlehre für alle Menschen, ohne Unterschied der Religionen. Berlin: Stahlbaum 1783.

Schulz, Walter: Philosophie in der veränderten Welt. Pfullingen: Neske 1972.

Schulze, Hagen: Staat und Nation in der europäischen Geschichte. München: Beck 1999 (Beck'sche Reihe; 4024).

Schulze-Maizier, Friedrich: Deutsche Selbstkritik. Probleme der nationalen Selbsterkenntnis im neueren deutschen Schrifttum. Berlin: Schneider 1932.

– Generation Kassandra. Seelische Kernspaltung. In: Deutsche Rundschau, Jg 69, H. 2, Mai 1946, S. 121–127.

Schwarz, Gotthart: Theodor Wolff und das ›Berliner Tageblatt‹. Eine liberale Stimme in der deutschen Politik 1906–1933. Tübingen: Mohr 1968 (Tübinger Studien zur Geschichte und Politik; 25).

Schwarz, Mosche: Die verschiedenen Strömungen der deutsch-jüdischen Orthodoxie in ihrem Verhältnis zur Kultur der Umwelt. In: Zur Geschichte der Juden in Deutschland im 19. und 20. Jahrhundert. Hg. vom Leo Baeck Institut Jerusalem. Jerusalem:

Academic Press 1971 (Veröffentlichungen des Leo Baeck Instituts Jerusalem zur Geschichte der Juden in Mitteleuropa), S. 53–58.

Seeba, Hinrich C.: Zum Geist- und Struktur-Begriff in der Literaturwissenschaft. In: Literaturwissenschaft und Geistesgeschichte 1910 bis 1925. Hg. von Christoph König und Eberhard Lämmert. Frankfurt a. M.: Fischer-Taschenbuch-Verlag 1993 (Fischer-Taschenbücher; 11471 – Literaturwissenschaft), S. 240–254.

Sheehan, James J.: Nation und Staat. Deutschland als ›imaginierte Gemeinschaft‹. In: Nation und Gesellschaft in Deutschland. Historische Essays. Hg. von Manfred Hettling und Paul Nolte. München: Beck 1996, S. 33–45.

Sicker, Martin: What Judaism Says about Politics. The Political Theology of the Torah. Northvale/NJ, London: J. Aronson 1994.

Sie saßen und tranken am Teetisch. Anfänge und Blütezeit der Berliner Salons 1789–1871. Hg. von Rolf Strube. 2. Aufl., München: Piper 1992 (Serie Piper; 1204).

Sieg, Ulrich: Bekenntnis zu nationalen und universalen Werten. Jüdische Philosophen im Deutschen Kaiserreich. In: Historische Zeitschrift 263 (1996), S. 609–639.

Sierig, Hartmut: Die große Veränderung. Reimarus – Lessing – Goeze. In: Hermann Samuel Reimarus: Vorrede zur Schutzschrift für die vernünftigen Verehrer Gottes. Facsimile, Göttingen: Vandenhoeck & Ruprecht 1967 (Veröffentlichung der Joachim-Jungius-Gesellschaft der Wissenschaften Hamburg; 9).

Silvio Lanaro: Nachwort. In: Ernest Renan: »Was ist eine Nation?« und andere Schriften. Hg. von Walter Euchner. Wien, Bozen: Folio 1995 (Transfer Kulturgeschichte; 2), S. 175–203.

Simon, Ernst: Lessing und die jüdische Geschichte. In: ders., Brücken. Gesammelte Aufsätze. Heidelberg: Schneider 1965, S. 215–219.

– Zum Verständnis Bialiks. Aus einer größeren Arbeit über den Dichter. In: Der Morgen 1 (1925/26), S. 606–616.

Sohn-Rethel, Alfred: Geistige und körperliche Arbeit. Zur Theorie der gesellschaftlichen Synthesis. Frankfurt a. M.: Suhrkamp 1970.

– Warenform und Denkform. Aufsätze. Frankfurt a. M., Wien: Europäische Verlagsanstalt 1971 (Kritische Studien zur Philosophie).

Sombart, Werner: Judentaufen. Vorwort von Arthur Landsberger. München: Müller 1912.

Sorkin, David: The Transformation of German Jewry 1780–1840. New York, Oxford: Oxford University Press 1987 (Studies in Jewish History).

Staël, Anne Germaine de: Über Deutschland. Vollständig und neu durchgesehene Fassung der deutschen Erstausgabe von 1814. Hg. und mit einem Nachwort versehen von Monika Bosse. Frankfurt a. M.: Insel-Verlag 1985 (Insel-Taschenbuch; 623).

Stapel, Wilhelm: Antisemitismus und Antigermanismus. Über das seelische Problem der Symbiose des deutschen und des jüdischen Volkes. Hamburg, Berlin, Leipzig: Hanseatische Verlagsanstalt 1928.

– Antisemitismus. In: Die Arbeit. Organ der zionistischen volkssozialistischen Partei Hapoël Hazaïr 1 (5679/5680 – 1919), H. 21, S. 252–255.

– Othmar Spanns Schrift vom Wesen des Volkstums. In: Deutsches Volkstum. Monatsschrift für das deutsche Geistesleben, März 1923, S. 119–120.

Stefan George: Ihr Äusserste. In: ders., Werke. Ausgabe in vier Bänden. München: Deutscher Taschenbuchverlag 1983, Bd 2: Der Stern des Bundes, S. 145.

Stein, Maximilian: Zionismus. Referat nach dem ersten Zionistenkongreß. In: Vorträge und Ansprachen. Mit einem Geleitwort von Leo Baeck hg. von der Großloge für Deutschland VIII. U. O. B. B., Frankfurt a. M. 1928, S. 61–72.

Steinthal, Heymann: Das erwählte Volk oder Juden und Deutsche. In: Über Juden und Judentum. Vorträge und Aufsätze. Hg. von Gustav Karpeles. Berlin: Poppelauer 1906 (Schriften / Gesellschaft zur Förderung der Wissenschaft des Judentums), S. 12–17.

Stern, Alfred: Der Einfluß der Französischen Revolution auf das deutsche Geistesleben. Stuttgart, Berlin: Cotta 1928.

Stern, Fritz: Der Traum vom Frieden und die Versuchung der Macht. Deutsche Geschichte im 20. Jahrhundert. Erweiterte Neuaufl., Berlin: Siedler 1999.

– Kulturpessimismus als politische Gefahr. Eine Analyse nationaler Ideologie in Deutschland. München: Deutscher Taschenbuch-Verlag 1986 (dtv; 4448).

Sternberg, Max: Eine Antwort an Walter Roth. In: Herzl-Bund-Blätter, Nr 29/30 Juni/ Juli 1915, S. 228–230.

Stilblüten aus einem Artikel über Antisemitismus. In: Die Arbeit. Organ der zionistischen volkssozialistischen Partei Hapoël Hazaïr 1 (5679/5680 – 1919), H. 22 (November 1919), S. 273.

Strauß, Eduard: Vom Lesen der Heiligen Schrift. In: ders., Aufsätze und Anmerkungen 1919–1945. New York: Congregation Habonim 1946, S. 36–38.

Strauss, Leo: Philosophie und Gesetz. Beiträge zum Verständnis Maimunis und seiner Vorläufer (1935). In: ders., Gesammelte Schriften. Hg. von Heinrich Meier. Stuttgart, Weimar: Metzler 1997, Bd 2, S. 3–123.

Strauß, Ludwig: Palästina und die Erneuerung der Gemeinschaft. In: Der Jude 2 (1917/ 18), S. 740–742.

Strich, Fritz: Goethe und unsere Zeit. Rede, gehalten an der Feier der Berner Universität zum hundertsten Todestag Goethes 1932. In: Der Dichter und die Zeit. Ein Sammlung von Reden und Vorträgen. Bern: Francke 1947, S. 149–169.

– Natur und Geist der deutschen Dichtung. In: ders., Dichtung und Zivilisation. München: Meyer & Jessen 1928, S. 1–24.

Sturm und Drang. Kritische Schriften. Hg. von Erich Loewenthal. 3. Aufl., Heidelberg: Schneider 1972.

Susman, Margarete: Die Brücke. In: Der Jude 9 (1925/27), Sonderheft: Antisemitismus und jüdisches Volkstum (1925), S. 76–84.

Szczesny, Gerhard: Europa und die Anarchie der Seele. München: Desch 1946 (Europäische Dokumente; 6).

Tal, Uriel: Die Polemik zu Anfang des 20. Jahrhunderts über das Wesen des Judentums nach jüdischen und christlichen Quellen. In: Zur Geschichte der Juden in Deutschland im 19. und 20. Jahrhundert. Hg. vom Leo Baeck Institut Jerusalem. Jerusalem: Academic Press 1971 (Veröffentlichungen des Leo Baeck Instituts Jerusalem zur Geschichte der Juden in Mitteleuropa), S. 69–75.

Tilgner, Wolfgang: Volksnomostheologie und Schöpfungsglaube. Ein Beitrag zur Geschichte des Kirchenkampfes. Göttingen: Vandenhoeck & Ruprecht 1966 (Arbeiten zur Geschichte des Kirchenkampfes; 16).

Tillich, Paul: Hegel und Goethe. Zwei Gedenkreden. Tübingen: Mohr 1932 (Sammlung gemeinverständlicher Vorträge und Schriften aus dem Gebiet der Theologie und Religionsgeschichte; 158).

Timm, Hermann: Bildungsreligion im deutschsprachigen Protestantismus – eine grundbegriffliche Perspektivierung. In: Bildungsbürgertum im 19. Jahrhundert. Teil 2: Bildungsgüter und Bildungswissen. Hg. von Reinhard Koselleck. Stuttgart: Klett-Cotta 1990 (Industrielle Welt; 41), S. 57–79.

Timms, Edward: Zwischen Symbiotik und Holocaustismus. Neue Ansätze in der deutschjüdischen Geschichtsschreibung. In: Menora. Jahrbuch für deutsch-jüdische Geschichte 7 (1996), S. 25–40.

Todorow, Almut: Deutsche Philologie und Judentum im Feuilleton der ›Frankfurter Zeitung‹ während der Weimarer Republik. In: Jüdische Intellektuelle und die Philologien in Deutschland 1871–1933. Hg. von Wilfried Barner und Christoph König. Göttingen: Wallstein-Verlag 2001 (Marbacher Wissenschaftsgeschichte; 3), S. 35–40.

Toller, Ernst: Eine Jugend in Deutschland. Reinbek bei Hamburg: Rowohlt 1963 (rororo; 583).

Toury, Jacob: Die politischen Orientierungen der Juden in Deutschland. Von Jena bis Weimar. Tübingen: Mohr 1966 (Schriftenreihe wissenschaftlicher Abhandlungen des Leo-Baeck-Instituts; 15).

– Die Sprache als Problem der jüdischen Einordnung in den deutschen Kulturraum. In: Gegenseitige Einflüsse deutscher und jüdischer Kultur von der Epoche der Aufklärung bis zur Weimarer Republik. Internationales Symposium Tel-Aviv, April 1982. Hg. von Walter Grab. Tel-Aviv 1982 (Jahrbuch des Instituts für deutsche Geschichte; Beiheft 4), S. 75–95.

– Soziale und politische Geschichte der Juden in Deutschland 1847–1871. Zwischen Revolution, Reaktion und Emanzipation. Düsseldorf: Droste 1977 (Schriftenreihe des Instituts für Deutsche Geschichte; 2).

Traverso, Enzo: Die Juden und Deutschland. Auschwitz und die »jüdisch-deutsche Symbiose«. Berlin: BasisDruck 1993 (BasisDruck Zeitgeschichten; 12).

Treitschke, Heinrich von: Unsere Ansichten. In: Der Berliner Antisemitismusstreit. Hg. von Walter Boehlich. Frankfurt a. M.: Insel-Verlag 1965, S. 7–14.

Trietsch, Davis: Juden und Deutsche. Eine Sprach- und Interessengemeinschaft. Wien: Löwit 1915.

Ucko, Sinai (Siegfried): Geistesgeschichtliche Grundlagen der Wissenschaft des Judentums. In: Wissenschaft des Judentums im deutschen Sprachbereich. Ein Querschnitt. Mit einer Einführung hg. von Kurt Wilhelm. Tübingen: Mohr 1967 (Schriftenreihe wissenschaftlicher Abhandlungen des Leo Baeck Instituts; 16,1/2), S. 315–352.

Uhland, Ludwig: Die deutsche Sprachgesellschaft. In: 1813. Ein Lesebuch für unsere Zeit. Hg. von Gerhard Steiner und Manfred Häckel. Weimar: Volksverlag 1960, S. 430.

Unger, Erich: Brief an Kurt Breysig, 7. Februar 1915. In: ders., Vom Expressionismus zum Mythos des Hebräertums. Schriften 1909–1931. Hg. von Manfred Voigts. Würzburg: Königshausen & Neumann 1992, S. 40–43.

Valentin, Veit: Geschichte des Völkerbundgedankens in Deutschland. Ein geistesgeschichtlicher Versuch. Berlin: Engelmann 1920.

Vennebusch-Beaugrand, Theresia: Die Sammlung. Zeitschrift für Kultur und Erziehung. Ein Beitrag zur deutschen Nachkriegspädagogik. Köln, Weimar, Wien: 1993 (Studien und Dokumentationen zur deutschen Bildungsgeschichte; 50).

Voigts, Manfred: »Wir sollen alle kleine Fichtes werden!« Johann Gottlieb Fichte als Prophet der Kultur-Zionisten. Berlin: Philo 2003.

– Der ›hypereuropäische‹ Zionist. Moritz Goldstein, die ›Kunstwart‹-Debatte und Europa. In: Menora 13 (2002), S. 271–287.

– Der Kompromiß. Plädoyer für einen umstrittenen Begriff. In: Zeitschrift für Religions- und Geistesgeschichte 46 (1994), H. 3, S. 193–210.

– Kämpfer für einen säkularen Staat Israel, Heinrich Margulies und sein Buch ›Kritik des Zionismus‹. In: Frankfurter Jüdische Nachrichten, September 1998, Rosch-Haschana-Ausgabe 5759, Nr 97, S. 30–31.

– Mathematik und Telepathie. Zu Hugo Bergmanns umgreifender Weltsicht. In: Mystik, Mystizismus und Moderne in Deutschland um 1900. Hg. von Moritz Baßler und Hildegard Châtellier. Strasbourg: Presses Université de Strasbourg 1998 (Faustus), S. 133–148.

– Naturrecht und Ästhetik bei Moses Mendelssohn. In: Mendelssohn-Studien 4 (1979), S. 161–198.

Volkov, Shulamit: Antisemitismus als kultureller Code. In: dies., Jüdisches Leben und Antisemitismus im 19. und 20. Jahrhundert. Zehn Essays. München: Beck 1990, S. 13–36.

– Die Verbürgerlichung der Juden in Deutschland als Paradigma. In: dies., Jüdisches Leben und Antisemitismus (wie oben), S. 111–130.

– Juden und Judentum im Zeitalter der Emanzipation. Einheit und Vielfalt. In: Die Juden in der europäischen Geschichte. Sieben Vorlesungen. Hg. von Wolfgang Beck. München: Beck 1992 (Beck'sche Reihe; 496), S. 86–108.

Voss, Hermann: Deutsche Selbstkritik. Starnberg am See: Bachmair 1947.

Vossler, Otto: Geschichte als Sinn. Frankfurt a. M.: Suhrkamp 1983 (Suhrkamp-Taschenbuch; 893).

Wachler, Ludwig: Vorlesungen über die Geschichte der teutschen Nationallitteratur. 2. Aufl., Frankfurt a. M.: Verlag der Hermann'schen Buchhandlung, G. F. Kettembeil 1834.

Wallach, Luitpold: Leopold Zunz und die Grundlegung der Wissenschaft des Judentums. Über den Begriff einer jüdischen Wissenschaft, Frankfurt a. M.: Kauffmann 1938.

Wassermann, Jakob: Mein Weg als Deutscher und Jude. In: ders., Deutscher und Jude. Reden und Schriften 1904–1933. Hg. und mit einem Kommentar versehen von Dierk Rodewald. Mit einem Geleitwort von Hilde Spiel. Heidelberg: Schneider 1984 (Veröffentlichungen der Deutschen Akademie für Sprache und Dichtung Darmstadt; 57), S. 35–131.

Weber, Alfred: Gedanken zur deutschen Sendung. In: Alfred-Weber-Gesamtausgabe. Bd 7: Politische Theorie und Tagespolitik (1903–1933). Hg. von Eberhard Demm unter Mitwirkung von Nathalie Chamba. Marburg: Metropolis-Verlag 1999, S. 116–177.

Wehler, Hans-Ulrich: Deutsches Bildungsbürgertum in vergleichender Perspektive – Elemente eines ›Sonderwegs‹? In: Bildungsbürgertum im 19. Jahrhundert. Teil 4: Politischer Einfluß und gesellschaftliche Formation. Hg. von Jürgen Kocka. Stuttgart: Klett-Cotta 1989 (Industrielle Welt; 48), S. 215–237.

Weidner, Daniel: Das Dämonische. Gershom Scholem über Stefan George. In: »Verkannte Brüder«? Stefan George und das deutsch-jüdische Bürgertum zwischen Jahrhundertwende und Emigration. Hg. von Gert Mattenklott, Michael Philipp und Julius H. Schoeps. Hildesheim, Zürich, New York: Olms 2001, S. 231–246.

Weil, Hans: Die Entstehung des deutschen Bildungsprinzips. 2. Aufl., Bonn: Bouvier 1967 [[1]1930].

Weisgerber, Adam: Gustav Landauers mytischer Messianismus. In: Aschkenas. Zeitschrift für Geschichte und Kultur der Juden 5 (1995), H. 2, S. 425–439.

Weltsch, Felix: Die Lockungen der Assimilation. In: Die Selbstwehr, 19. Dezember 1919, S. 1–2.

– Sinn und Leid. Hg. von Manfred Voigts, Berlin: Philo 2000 (Studien zur Geistesgeschichte; 26).

Weltsch, Robert: 1918 – Die Krise der herkömmlichen Einstellung zu jüdischen Problemen. In: Zur Geschichte der Juden in Deutschland im 19. und 20. Jahrhundert. Hg. vom Leo Baeck Institut Jerusalem. Jerusalem: Academic Press 1971 (Veröffentlichungen des Leo Baeck Instituts Jerusalem zur Geschichte der Juden in Mitteleuropa), S. 87–93.

– Die Idee Europa. In: ders., An der Wende des modernen Judentums. Betrachtungen aus fünf Jahrzehnten. Tübingen: Mohr 1972 (Veröffentlichung des Leo Baeck Instituts), S. 144–150.

– Die schleichende Krise der jüdischen Identität. In: ders., Die deutsche Judenfrage. Ein kritischer Rückblick. Königstein/Ts: Jüdischer Verlag im Athenäum Verlag 1981, S. 9–22.

– Einleitung. In: Deutsches Judentum – Aufstieg und Krise. Gestalten, Ideen Werke. Vierzehn Monographien. Hg. von Robert Weltsch. Stuttgart: Deutsche Verlags-Anstalt 1963 (Veröffentlichungen des Leo Baeck Instituts), S. 7–24.

– Nachwort. In: Georg Landauer: Der Zionismus im Wandel dreier Jahrzehnte. Hg. von Max Kreutzberger. Tel Aviv: Bitaon-Verlag 1957, S. 453–465.

– / Wilhelm Stapel: Liberalismus und Judentum. Ein Briefwechsel. In: Deutsches Volkstum. Monatsschrift für das deutsche Geistesleben, 2. Novemberheft 1932, S. 944–946.

Werner, Hans-Georg: Zum Verhältnis zwischen ›öffentlicher‹ und ›privater‹ Sphäre im dichterischen Weltbild Lessings. In: Humanität und Dialog. Lessing und Mendelssohn in neuer Sicht. Beiträge zum Internationalen Lessing-Mendelssohn-Symposium anläßlich des 250. Geburtstages von Lessing und Mendelssohn, veranstaltet im November 1979 in Los Angeles, Kalifornien. Beiheft zum Lessing Yearbook. Hg. von Ehrhard Bahr, Edward P. Harris und Lawrence G. Lyon. Detroit: Wayne State University Press 1982, S. 83–102.

Werner, Michael: Heinrich Heine – Über die Interdependenz von jüdischer, deutscher und europäischer Identität in seinem Werk. In: Juden im Vormärz und in der Revolution von 1848. Hg. von Walter Grab und Julius H. Schoeps. Stuttgart, Bonn: Burg-Verlag 1983 (Studien zur Geistesgeschichte; 3), S. 9–28.

Wieland, Christoph Martin: Nationalpoesie. In: Meisterwerke deutscher Literaturkritik. 1. Bd: Aufklärung, Klassik, Romantik. Hg. und eingeleitet von Hans Mayer. Berlin: Rütten & Loening 1954, S. 206–213.

Wienbarg, Ludolf: Zur neuesten Literatur. In: ders., Ästhetische Feldzüge. Berlin, Weimar: Aufbau 1964, S. 195–280.

Wiener, Max: Einfluß auf grundlegende Anschauungen der Umwelt in Religion und Kultur. In: Die Lehren des Judentums nach Quellen. Hg. von Verband der deutschen Juden. Neu hg. und eingeleitet von von Walter Homolka. München: Knesebeck 1999, Bd 3, S. 430–468.

– Jüdische Religion im Zeitalter der Emanzipation. Berlin: Philo-Verlag 1933.

Wiese, Leopold von: Deutschtum und Judentum. Ein Versuch. In: Neue Jüdische Monatshefte 1 (1916/17), H. 13, S. 372–376, H. 14, S. 401–407.

Wilhelm, Kurt: Der zionistische Rabbiner. In: In zwei Welten. Siegfried Moses zum 75. Geburtstag. Hg. von Hans Tramer. Tel-Aviv: Bitaon 1962, S. 55–70.

– Religiöse Weltanschauungen im neuzeitlichen Judentum. In: Juden – Christen – Deutsche. Hg. von Hans Jürgen Schultz. Stuttgart, Olten, Freiburg i. Br.: Kreuz-Verlag 1961, S. 66–75.

Wilke, Carsten: Jüdische Kultur vor der Aufklärung. In: Jüdisches Leben und jüdische Kultur in Deutschland. Geschichte, Zerstörung und schwieriger Neubeginn. Hg. von Hans Erler und Ernst Ludwig Ehrlich. Frankfurt a. M., New York: Campus 2000.

Windelband, Wilhelm: Die Philosophie im deutschen Geistesleben des XIX. Jahrhunderts. Fünf Vorlesungen. Tübingen: Mohr 1909.

Windmüller, M.: Religion und Erziehung vom Standpunkte des Judentums. Eine Bekenntnisschrift. Rheda: Röttger 1913.

Winnig, August: Europa. Gedanken eines Deutschen, Berlin-Steglitz: Eckart-Verlag 1938.

Wohlgemuth, Joseph: Der Weltkrieg im Lichte des Judentums. Berlin: Jeschurun 1915.

Wolf, Immanuel: Ueber den Begriff einer Wissenschaft des Judenthums. In: Zeitschrift für die Wissenschaft des Judenthums 1 (1822), H. 1, S. 1–24.

Wolfenstein, Alfred: Das neue Dichtertum des Juden. In: Juden in der deutschen Literatur. Essays über zeitgenössische Schriftsteller. Hg. von Gustav Krojanker. Berlin: Welt-Verlag 1922, S. 333–359.

— Jüdisches Wesen und neue Dichtung. Berlin: Reiss 1922 (Tribüne der Kunst und Zeit; 29); wieder in: ders., Werke. 5. Bd: Vermischte Schriften. Hg. von Hermann Haarmann und Günter Holtz. Mainz: v. Hase und Koehler 1993 (Die Mainzer Reihe; 53), S. 176–207.

— Vom deutschjüdischen Dichter der Gegenwart. In: ders., Werke. 5. Bd (wie oben), S. 394–398.

Yerushalmi, Yosef Hayim: Zachor! Erinnere Dich! Jüdische Geschichte und jüdisches Gedächtnis. Berlin: Wagenbach 1988.

Yovel, Yirmiyahu: Mendelssohns Projekt: Vier Herausforderungen. In: Die philosophische Aktualität der jüdischen Tradition. Hg. von Werner Stegmaier. Frankfurt a. M.: Suhrkamp 2000 (Suhrkamp-Taschenbuch Wissenschaft; 1499), S. 331–350.

Ziegler, Theobald: Die geistigen und sozialen Strömungen Deutschlands im neunzehnten Jahrhundert. 5.–20. Tsd, Berlin: Bondi 1911.

Zimmermann, Moshe: Die deutschen Juden 1914–1945. München: Oldenbourg 1997 (Enzyklopädie deutscher Geschichte; 43).

Zöckler, Christofer: Dilthey und die Hermeneutik. Diltheys Begründung der Hermeneutik als »Praxiswissenschaft« und die Geschichte ihrer Rezeption. Stuttgart: Metzler 1975.

Zunz, Leopold: Deutsche Briefe. Leipzig: Brockhaus 1872.

— Revolution. In: ders., Gesammelte Schriften. Hg. vom Kuratorium der Zunzstiftung. Berlin: Gerschel 1875, Bd 1, S. 347–354. Neudruck: Hildesheim, New York: Olms 1976.

Zur Jahrhundert-Feier des Judenedikts vom 11. März 1812. Ein Rückblick auf den Kampf der preußischen Juden um die Gleichberechtigung von Prediger Dr. Paul Rieger. Berlin: Rosenthal & Co 1912.

Zweig, Stefan: Der europäische Gedanke in seiner historischen Entwicklung. In: ders., Die Monotonisierung der Welt. Aufsätze und Vorträge. Ausgewählt und mit einem Nachwort von Volker Michels. Frankfurt a. M.: Suhrkamp 1976 (Bibliothek Suhrkamp; 493), S. 47–71.

— Die Tragik der Vergeßlichkeit. In: ders., Die Monotonisierung der Welt (wie oben), S. 72–77.

Personenregister